KB068648

신민사소송법 강의

강현중 저

박영사

머리말

1. 저자는 1988. 7. 박영사에서 약 900면 정도의「민사소송법」이라는 저서를 출간하여 2004년까지 6판이나 개고를 거듭하였다. 그러다가 2013년에 약 600면 정도의 분량으로 된「민사소송법강의」를 출간하였다. 이 책은 앞의「민사소송법」을 기초로 하였지만 학생들이 알기 쉽도록 정리하면서도 책의 분량을 줄이느라고 민사소송법의 일부 내용을 생략한 아쉬움이 적지 아니하였다. 사실 우리나라의 민사소송법 교과서 대부분은 저자의 대학 은사이시고 법조계의 선배이신 전 감사원장 이시윤 선생님의「신민사소송법」을 토대로 하였다고 해도 과언이 아니다. 이시윤 선생님의「신민사소송법」은 이전까지의 일본 민사소송법 교과서를 벗어나서 우리나라 민사소송법 독자의 체계를 이룩하여 다른 모든 교과서들이 이를 따르고 있고, 민사소송법 이론부분은 물론이고 실무분야에서도 거의 대부분의 논점 제기와 해답을 주셔서 다른 교과서들은 선생님의 견해에 찬부(贊否)만을 표시한 정도에 불과할 뿐이어서 우리나라에서는 민사소송법 교과서에 관한 한 사실상 선생님의 교과서 한 권만 존재한다고 하여도 과언이 아니었다. 우리 민사소송법 학계와 실무계는 선생님에게 큰 신세를 지고 있다고 할 수 있다. 아마 단일한 법률분야에서 선생님처럼 후학들에게 큰 영향을 주신 예는 거의 찾아보기 어려울 것이다. 새삼 선생님에게 감사를 표하는 마음을 금할 수 없다. 저자의「민사소송법」역시 선생님의 틀을 크게 벗어나지 못하였고 대부분의 논점에 관해서도 선생님의 교시에 힘입었다고 솔직히 시인하지 아니할 수 없다. 저자가 2004년까지 출간된「민사소송법」을 더 이상 개고하지 않은 이유도 2002년 민사소송법이 개정되면서 그때까지 문제되던 학설들이 거의 마무리됨으로써 새로운 이론을 전개할 여지가 줄어들었고 또 선생님 교과서의 틀을 크게 넘어서지 못하였기 때문이다. 그런데 저자가 대학에서 법학공부를 하지 않은 로스쿨 학생들의 편의를 위해「민사소송법강의」를 작성하면서 느꼈던 것은 주로 우리 민사소송 실무에서의 문제이지만

2002년 민사소송법의 개정 이후 여러 논제들이 계속 제기되고 있으나 학계가 이에 대하여 효과적으로 대처하지 못하고 있다는 점이다. 따라서 학계에서도 근래의 실무상 문제점에 관하여 연구하고, 깊은 토론이 절실하게 요구되었다. 원래 천학비재(淺學非才)인 저자가 이 문제를 제기하는 것은 능력 밖이다. 그러나 천리길도 한 걸음부터 시작하듯이 우선 이 부족한 교과서를 통해서나마 그러한 문제점을 제기하고 이에 대한 해결책을 제시한다는 의욕으로 새로이 교과서를 꾸미게 된 것이다. 그러한 점에서 책의 제목도 「민사소송법강의」를 「신 민사소송법강의」로 바꾸어 보았다. 그러나 책의 순서나 체제는 모두 「민사소송법강의」와 동일하면서도 초학자들의 편의를 위해서 종전 「민사소송법」에서 빠졌던 내용의 대부분을 간략하나마 취급하여 책의 분량은 약 700면 가까이 늘어나게 되었다. 독자들의 이해를 부탁한다.

2. 저자가 이 책에서 새로이 제기하는 논점 가운데서 중요한 것을 열거하면 다음과 같다. 가) 국제재판관할권에서는 통설인 관할배분설에 의하여 설명하면서도 관할배분 자체의 기준이 애매하여 그 애매성을 시정하고자 하였다. 그 결과 국제재판관할권은 궁극적으로 이번에 개정된 외국재판의 승인에 관한 제217조 및 제217조의2와 밀접한 관련이 있다고 생각되어 이와 관련하여 설명하여 보았다. 나) 파산관재인에 관해서는 지금까지 교과서에서는 파산자의 법정소송담당으로만 설명하고 있는데 최근 판례에서는 파산관재인을 파산자로부터 독립된 제3자로서의 이중적 성격을 인정하고 있으므로 판례를 토대로 파산관재인의 지위에 관한 새로운 민사소송이론을 전개하여 보았다. 다) 일부청구에 관한 판례의 명시적 일부청구설을 과연 무비판적으로 따르는 것이 정당한지 재검토하였고, 채무부존재확인소송을 일부청구와 관련하여 알기 쉽게 설명하여 보았다. 라) 위법수집증거는

법정에 제공되어 증거로 사용되어서는 안되므로 이를 신의칙과 관련하여 설명하였고 아울러 이에 관한 최근의 법원실무를 취급하여 보았다. 마) 고유필수적 공동소송에서 필수적 공동소송인 일부의 자가 제소에 반대하는 경우 필수적 공동소송인 전체의 제소가 막히게 된다. 이는 헌법상의 재판청구권 침해까지도 문제될 수 있어 이에 관하여 제소의 길을 열 수 있는 새로운 시도를 하여 보았다. 아울러 민사소송의 실무에서 가장 어려운 공동소송 부분을 집중 검토하여 소송공동 강제의 확대 및 그 축소의 필요성, 재판실무에서 증거공통의 원칙의 적용가능성 등 저자의 능력이 허용되는 범위에서 연구하여 보았다. 이 점에 관해서 기탄없는 비판과 토론을 바라마지 않는다. 바) 재판상 화해의 효력을 소송행위 및 무제한 기판력설의 입장에 있는 종전 판례의 변경 필요성을 「민사소송법강의」에서와 동일하게 다시 강조하였고, 특히 대법원에서 금년 1월에 선고한 민주화보상법 제18조 2항 소정의 보상금지급결정동의의 재판상 화해에 관한 전원합의체 판결을 자세히 검토하면서 왜 종전 판례의 변경이 필요한지 논하여 보았다. 사) 마지막으로 작년 12월에 선고된 헌법재판소의 통진당 소속 국회의원의 의원직 상실결정을 검토하였다. 사실 이 문제는 헌법 관련 학회 등에서 충분히 검토하여야 할 논제로서 거기에서 어떤 결론이 나왔다면 저자가 구태여 이 문제를 취급할 이유가 없었다. 그러나 헌법 관련 학회 등에서는 무슨 이유 때문인지 현재까지 이에 관한 아무런 논의가 없어 저자는 이 문제를 순전히 민사소송법의 입장에서, 형성을 청구하는 소와 기판력의 주관적 범위 부분에서 취급하여 보았다. 독일과 달리 우리 헌법재판소법은 헌법재판소의 심판절차에 관하여는 헌법재판의 성질에 반하지 아니하는 한도에서 민사소송에 관한 법령을 준용하고 있으므로(헌재 제40조 1항) 국회의원의 의원직 상실에 관한 위 헌재 결정은 민사소송법의 입장에서 검토할 필요가 있기 때문이다. 아) 병합청구소송이나 다수당사자 소송에서 상소가 제기된 경우에 상소불가분의 원칙과 관련하여 하급심에서의 잘못된 판단이 대법원판결에서 종종 눈에 띄어 이 부분을 집중 검토하였다. 자) 그 외에도 실무에서 일어나는 여러 문제들에 관한 판례들을 교과서에서는 의외로 이를 취급하지 아니하여 로스쿨이나 사법연수원을 막 마친 초급 법률가들이 당황하는 경우를 적지 않게 목격하였다. 이들의 요구에 부응하고자 실무에 관한 판례를 되도록 많이 취급하고자 하였으나 과연 기대에 부응할 수 있을지 걱정스럽다.

3. 민사소송법은 기본적으로 소송현장의 기본 룰을 정한 것이라 할 수 있다. 민사소송법을 축구라는 스포츠에서 본다면 그 경기 규칙에 해당할 것이다. 축구의 경기 규칙은 직접 경기에 임하는 선수에게도 중요하지만 관전하는 일반인들도 이 규칙을 제대로 알아야 경기를 즐길 수 있으므로 중요하다. 민사소송법 역시 이를 직접 운영하는 당사자나 법원에게 중요하지만 일반 국민들에게도 중요하므로 되도록 모든 사람이 다 잘 알 필요가 있는 것이다. 21세기에 들어서 이제는 국민들이 민사소송절차를 국가의 통치수단이 아니라 민사소송을 통한 국민의 「복지확대」 방법으로 인식하고 있는 이상 민사소송법을 과거와 같이 특정 계층의 전유물로 남겨두어서는 안 될 것이다. 저자는 이러한 인식 아래에서 민사소송법을 주권자인 국민의 입장에서 또 국민 일반이 알기 쉽도록 풀이하는데 최선의 노력을 다하였으나 과연 그만한 성과가 있을지 걱정스럽다.

4. 마지막으로 이 책을 출간함에 있어서 많은 분들의 도움이 컸다. 한경환 대법원 재판연구관, 김 앤 장 법률사무소의 최건호 변호사는 바쁜 업무와 번잡함 속에서도 판례들을 일일이 검색하고 내용의 적정성을 살펴 주었다. 법무법인 에이펙스의 강지현, 김연수 변호사와 이혜숙 과장은 바쁜 업무 중에도 이 책의 저술에

여러 방면으로 도움을 주었다. 모든 분들에게 고마움을 표시하지 아니할 수 없다. 이 책의 출간을 쾌히 승낙해주신 박영사의 안종만 회장님과 기획과 편집, 교정에 누구보다 수고를 많이 해주신 조성호 상무이사, 김선민 편집부장과 한두희 씨에게 감사드린다.

5. 끝으로 이 책을 완성할 수 있도록 건강과 기회를 주신 하나님께 감사와 영광을 돌리며, 사랑하는 아내 김숙자 배화여자대학교 총장과 세 딸 수진, 유진, 효진 그리고 지훈, 지승, 지민과 더불어 이 책을 출간하는 기쁨을 함께 나누고자 한다.

2015년 여름을 맞이하면서

저 자

차례   Contents

제 3 장   소송행위

제2편 ▌본   론

제 1 장   소송의 주체

제 2 장 제1심의 소송절차

제 3 장 복잡한 소송

제 4 장 상소와 재심

제 5 장　특별절차

◇ 약 어 표 ◇

<참고문헌 약어표>

강현중	강현중, 민사소송법(제6판), 박영사, 2004.
	강현중, 민사소송법강의, 박영사, 2013.
김상수	김상수, 민사소송법개론(제5판), 법우사, 2009.
김상원외	김상원 외 3인 집필대표, 주석민사소송법(Ⅰ-Ⅶ), 한국사법행정학회.
김용욱	김용욱, 전정판 민사소송법, 학연사, 1988.
김용진	김용진, 실체법을 통해본 민사소송법(제5판), 신영사, 2008.
김홍규/강태원	민사소송법(제2판), 삼영사, 2010.
김홍엽	김홍엽, 민사소송법(제5판), 박영사, 2014.
박상일	박상일, 신민사소송법(상), 법문사, 1963.
박찬주	박찬주, 새로 쓴 민사소송법, 조선대학교출판부, 2007.
방순원	방순원, 전정개판 민사소송법(상), 한국사법행정학회, 1989.
송상현/박익환	송상현/박익환, 민사소송법(신정6판), 박영사, 2011.
이시윤	이시윤, 신민사소송법(제9판), 박영사, 2015.
이영섭	이영섭, 신민사소송법(상)(제7개정판), 박영사, 1972.
전병서	전병서, 민사소송법강의, 법문사, 2003.
정동윤/유병현	정동윤/유병현, 민사소송법(제3판), 법문사, 2010.
한종열	한종열, 민사소송법(상), 경북대학교출판부, 1993.
호문혁	호문혁, 민사소송법(제9판), 법문사, 2011.
홍기문	홍기문, 민사소송법, 대명출판사, 2014.

<법령 약어표>

가사소송법　　　　(가소)
국제민사공조법　　　(국민사공)
개인정보보호법　　　(개인정보)
공익사업을 위한 토지등의 취득 및 보상에 관한 법률　　　(공익)
공직선거법　　　(공직선거)
국가를 당사자로 하는 소송에 관한 법률　　　(국가소송)
국세기본법　　　(국세기본)

국제사법　　(국사)
국토의 계획 및 이용에 관한 법률　　(국토계획)
금융실명거래 및 비밀보장에 관한 법률　　(금융실명)
농업협동조합법　　(농협)
민법　　(민)
민사소송규칙　　(민소규)
민사소송인지법　　(민인)
민사소송인지에 관한 규칙　　(민인규)
민사조정법　　(민조)
민사조정규칙　　(민조규)
민사집행법　　(민집)
법원조직법　　(법조)
변리사법　　(변리)
변호사법　　(변)
부동산등기법　　(부등)
부동산등기규칙　　(부등규)
비송사건절차법　　(비송)
민사소송 및 가사소송의 사물관할에 관한 규칙　　(사물관할)
사립학교법　　(사립)
상고심절차에 관한 특례법　　(상고특례)
상법　　(상)
소송촉진등에 관한 특례법　　(소촉)
소액사건심판법　　(소심)
소액사건심판규칙　　(소심규)
소비자기본법　　(소비기)
수산업법　　(수산)
수표법　　(수표)
신탁법　　(신탁)
어음법　　(어음)
언론중재 및 피해구제등에 관한 법률　　(언론 중재)
민사소송등에서의 전자문서 이용등에 관한 규칙　　(전자소송규칙)
민사소송등에서의 전자문서 이용등에 관한 법률　　(전자소송법)
중재법　　(중재)

증권관련집단소송법　　　(증집소)
지방교육자치에 관한 법률　　　(지방교육)
지방자치법　　　(지자)
집합건물의 소유 및 관리에 관한 법률　　　(집합건물법)
채무자회생 및 파산에 관한 법률　　　(회생 파산)
특허법　　　(특허)
금융기관의 부실자산등의 효율적 처리 및 한국자산관리공사의 설립에 관한 법률
　　(한국자산관리공사법)
해난사고의 조사 및 심판에 관한 법률　　　(해심)
해양사고의 조사 및 심판에 관한 법률　　　(해양사고)
행정소송법　　　(행소)
행정심판법　　　(행심)
헌법재판소법　　　(헌재)
형법　　　(형)

＊ 조문만을 표시한 법률은 민사소송법임

서론
민사소송으로의 초대

Lecture Zivilprozessrecht

제 1 장

민사소송

Ⅰ. 처음에

우리나라의 민사소송에 관해서 다음의 두 가지를 알아둘 필요가 있다.

첫째, 우리 민사소송은 우리나라의 고유한 법에 기초한 국가제도가 아니라는 점이다. 민사소송 운영의 기본법인 민사소송법은 1960년 4월 4일 법률 제547호로 제정되어 그해 7월 1일부터 시행되어 왔지만 1910년 한일합병이 될 때까지 존재하고 있었던 우리나라의 고유법이나 지난 수천년간 우리나라에 가장 큰 영향을 끼쳤던 중국의 법률체계에 터 잡은 것이 아니다. 우리나라는 1910년 일본에 합병되어 1945년 8월 15일까지 일본의 통치를 받으면서 민사소송도 「조선민사령」 (1912. 3. 18. 조선총독부제령 제7호)에 의하여 일본 민사소송법이 적용·실시되었고, 해방 후 1960년에 민사소송법이 제정될 때까지도 미군정법령 또는 헌법에 의하여 그 효력이 유지되었다. 그 후 우리 민사소송법이 제정된 뒤에도 일본민사소송법의 영향은 절대적이었다. 그런데 일본 민사소송법 역시 일본의 고유법이나 동양 법사상을 기반으로 한 것이 아니라 1868년의 메이지 유신이후 유럽대륙의 여러 나라 법률들을 받아들이면서 그 하나인 1877년의 독일통일민사소송법전(ZPO)을 모범으로 하여 만든 것이다. 한편 독일 민사소송법 역시 독일 고유법에 기초한 것이 아니라 기원전부터 상당기간 유럽대륙을 다스리던 로마의 법체계를 계수하여 여기에다 자기들 고유의 게르만법을 덧붙여 만들었던 것이다. 이렇게 보면 우리 민사소송의 뿌리는 기원전의 로마시대까지 올라가게 된다.

둘째, 우리 민사소송은 기본적으로 법원이 스스로 나서서 개인 간의 분쟁을 해결해주는 것이 아니라 당사자들이 서로 다른 주장을 하면 법원은 당사자 사이의 분쟁을 참과 거짓의 대립으로 보고 무엇이 참인지를 선언하는 형식으로 분쟁을 해결한다는 점이다. 여기서 참과 거짓의 분별은 아리스토텔레스의 3단 논법에 의한다는 점에서 민사소송에 의한 분쟁해결은 논리학의 적용범위에 있다.

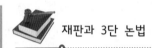

재판과 3단 논법

법원은 아리스토텔레스의 3단 논법이라는 논리적 방법으로 원고 주장의 당부에 관한 재판을 한다. 3단 논법(syllogism)이란 두 개의 명제를 전제로 하여 세 번째의 명제를 결론으로 이끌어내는 논법이다. 두 개의 전제들에서 결론이 추리되는 형식이므로 간접추리이다. 아리스토텔레스와 그의 후예들은 3단 논법의 정당성이 논법의 형식에 의하여 결정된다는 사실을 알고 3단 논법의 형식을 고정시켜서 참과 거짓, 정당한 것과 부당한 것을 가려내고자 했다. 즉, 대개념(P-술어), 소개념(S-주어), 매개념(M)의 세 가지 개념을 등장시키고 대개념이 있는 것을 대전제, 소개념이 있는 것을 소전제라고 한 다음 논법의 형식을 고정시키기 위하여 먼저 대전제, 이어서 소전제를 등장시켜 결론을 낸다.

이렇게 본다면 우리 민사소송의 운용은 로마의 합리적 정신과 그리스 논리학의 3단 논법에 대한 이해를 전제로 한다고 할 것이다.

Ⅱ. 민사소송의 뜻과 목적

1. 소 송

가. 뜻

1) 소송이란 사회생활에서 빚어지는 분쟁을 법적으로 해결하는 절차이다.

사람은 사회적 동물이라고 하였다. 동물의 세계는 평화스런 공존의 경우도

있지만 먹이 등을 이유로 싸우는 경우가 많다. 사람들도 사회생활을 하다보면 이해가 충돌되어 여러 가지 분쟁이 발생하므로 이를 어떠한 모습으로든지 해결하여야 한다. 아마도 가장 쉬운 분쟁해결방법은 동물들의 경우와 같이 개인의 힘에 의해서 스스로 해결하는 자력구제일 것이다. 그러나 자력구제는 사회구성원들이 납득할 수 있는 합리적인 방법이 아니라 오로지 개인의 힘으로 분쟁을 해결하는 것이기 때문에 힘의 대결로 인하여 오히려 더 큰 혼란이 일어날 수 있다. 사람은 짐승과 달리 논리적으로 말하고 글을 쓰는 능력이 있기 때문에 이성적이고 합리적으로 분쟁을 해결하는 절차를 요구한다. 그 요구에 의하여 태어난 분쟁해결절차 가운데 하나가 소송이다.

2) 소송이란 법원이 사회에서 일어나는 분쟁을 공정하게 처리하기 위하여 이해관계인을 당사자로 관여시켜 심판하는 절차이다.

이렇게 보면 소송의 3요소는 법원, 당사자와 분쟁이 될 것이다.

아무리 사람이 논리적으로 말하고 글을 쓰는 능력이 있다고 하더라도 힘에 의한 강제가 따르지 않고서는 종국적인 분쟁해결을 기대할 수 없다. 그런데 국가를 이루는 사회에서 가장 힘이 강한 존재는 국가 자체이다. 막스 베버(Max Weber)는 국가를 '합법적 폭력의 독점체제(The monopoly of the legitimate violence)'라고 정의하였다. 그러므로 국가기관인 법원이 분쟁해결의 주체가 될 필요성이 있고 법원이 해결하여야 할 분쟁의 주체로서 당사자가 등장한다.

법원은 사회의 법규범에 따라 당사자들 사이에서 일어나는 분쟁을 참과 거짓을 구별하는 방법을 통하여 해결하는데 그 절차가 소송이다.

3) 소송은 분쟁을 해결하는 절차이므로 당사자의 대립을 전제로 한다.

분쟁이란 당사자가 대립된다는 것을 의미하므로 소송은 당사자의 대립을 전제로 하며 이 대립관계는 소송의 처음부터 끝까지 존속되어야 한다. 이를 쟁송성(爭訟性)이라고 하며 당사자 사이에 쟁송성이 있어야 하는 원칙을 대립당사자원칙이라고 한다. 소송 중이라도 이 대립관계가 끝나면 소송도 종료된다. 예를 들어 아들의 아버지에 대한 소송에서 그 아버지가 사망하여 아들이 상속을 받으면 대립관계가 소멸되므로 더 이상 소송을 계속할 필요가 없게 되는 것과 같다.

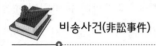

비송사건(非訟事件)

(1) 자유민주사회에서는 개인 사이에서 일어나는 생활관계의 처리를 각자의 뜻에 맡기는 것이 원칙이지만 국가가 후견적 입장에서 관여할 필요가 있는 사항이 있다. 예를 들어 국가는 개인 간의 분쟁을 예방하거나 분쟁 중에 입을 생활상 불편을 줄여주기 위해 가족관계의 등록, 등기, 공탁 등의 제도를 두어서 개인들의 편의에 제공하고, 자기 재산을 관리할 수 없거나 생활할 수 없는 사람들을 위해서 후견인, 재산관리인, 유언집행자 등을 선임하거나 감독하고 또는 생활관계의 새로운 형성에 관해서 자주적인 협의가 이루어지지 않은 경우에 관여하는 것(예, 친권자의 지정, 상속재산분할 등) 등이다. 이러한 사항가운데서 연혁적 이유 또는 정책적 배려에 기하여 법원의 관할사항이 된 것이 비송사건이다. 즉, 쟁송성이 희박하지만 개인들의 생활관계와 밀접한 관련을 맺고 있기 때문에 법원이 후견자적 입장에서 처리하는 사건을 비송사건이라고 한다. 그 일반법이 비송사건절차법(非訟事件節次法)이다.

(2) 비송사건은 그 처리 주체가 법원이지만 하는 일은 쟁송성이 희박한 가족관계등록, 등기 따위이기 때문에 사법(司法)이라고 하기보다는 행정에 가까워서 쟁송성이 있는 소송사건과 구별된다. 사법과 행정을 어떻게 구별하는가에 관해서는 학설의 대립이 있지만 일반적으로는 사법은 법관이 분쟁의 해결을 인간의 논리작용에 의하여 참과 거짓을 판단하는 작용으로 하는데 대하여 행정은 행정청이 국가목적을 구체적으로 실현하는 재량적 결단작용을 하는 것으로 본다. 비송사건은 그 사건 처리에서 법원의 판단작용보다는 재량에 의한 결단작용이 많이 요구되므로 행정에 가깝다고 보는 것이다.

그런데 가사소송, 가압류·가처분과 같은 보전처분, 형식적 형성소송, 개인회생절차 등은 비송사건절차법이 적용되지 아니하므로 소송에 속하여 그 성질이 사법이지만 그 절차는 탄력적이면서도 신속, 간편하게 운영하여야 하기 때문에 법원에 그 절차진행에 관해서는 많은 재량권이 인정된다. 이와 같이 비송사건절차법이 적용되지 아니하더라도 소송운영에 있어서 법원의 재량범위가 커지고 있는 현상을 소송의 비송화(非訟化)현상이라고 한다.

우리나라가 복지국가로 나아가면서 개인의 생활관계에 대한 국가의 후견적 관여가 높아짐에 따라 비송사건이 증가되는 것은 당연하다. 동시에 실체법상 권리의무의 적용도 탄력적이 되었다. 즉, 요건사실을 획일적 입법에 맡겨 그것을 한칼로 잘라 구체적 사건에 적용하는 방식이 아니라 분쟁당사자의 여러 가지 사정을 비교하고 살펴서 구체적 사정에 따라 양쪽 당사자에게 공평한 권리 의무의 분배를 꾀하는 것이다. 특히 이른바 「정당한 이유」(민 제126조)라든가 「혼인을 계속하기 어려운 중대한 사유」(민 제840조 6호)

와 같은 일반조항이 많아지면서 그 해석에 관하여 실제로 재판을 담당하고 있는 법관의 재량이 커지게 되자 위와 같은 경향이 확대되는 것은 당연하다. 그리하여 당사자들도 일도양단(一刀兩斷)적 분쟁해결보다는 소송목적의 틀에 구애받지 않는 절충적 해결을 소망하게 되면서 법원은 실질적으로 공평한 해결을 얻기 위하여 직권에 의한 증거조사를 하고 사실의 해명에 바람직하다면 비공개 재판을 확대하기도 한다. 따라서 지금까지 소송사건으로 취급되던 것을 비송사건으로 취급하는 「소송의 비송화」 현상이 나타나게 된 것이다.

현대사회가 급속한 기술혁신으로 한층 공업화됨에 따라 분쟁은 다양화 · 복잡화 · 대량화하면서 소송의 운영에 있어서도 법관에게 정확한 판단작용 못지 않게 재량권행사에 의하여 탄력적이고 신속 · 간편한 재판운영을 요구하는 경우가 많아지면서 소송의 비송화현상이 점차 증가되고 있는 것이 현실이다.

나. 사법행위(私法行爲)와의 구별

1) 법원은 분쟁에 관하여 참과 거짓을 판단할 때 원칙적으로 민법이나 상법 등 실체법을 기준으로 한다. 실체법은 국회에서 제정된 법률이 기본이 되지만 명령, 규칙은 물론 경우에 따라서는 조리(條理)도 포함된다. 한편 법원이 실체법에 근거하여 분쟁에 관해 판단하는 절차를 정한 법이 절차법, 즉 소송법이다. 로마법에서는 실체법과 절차법이 구별되지 아니하였지만 법이 발전하면서 지금은 엄격하게 구별되고 있어 실체법상의 효과를 생기게 하는 행위를 사법행위, 절차법상의 효과를 생기게 하는 행위를 소송행위라고 한다. 실체법과 절차법이 구별되는 이상 사법행위와 소송행위도 구별되고 그 성질도 다르다.

2) 사적자치의 원칙은 실체법의 대원칙이다. 개인 각자는 법이 제한을 하지 않는다면 자기의 의사에 따라 사회생활을 안심하고 영위할 수 있다는 이 원칙은 18세기 프랑스 대혁명이래 근대국가들이 소유권 절대의 원칙과 더불어 이룩한 위대한 성과 중의 하나일 것이다. 따라서 사람들이 공동생활을 하더라도 다른 사람의 생활에 함부로 간섭해서는 안 되는 것이다. 사람들의 사법행위는 이 원칙에 따라 각각 독립적이므로 어떤 사람의 사법행위가 무효이거나 취소되더라도 원칙적으로 다른 사람에게 영향을 주지 않는다.

3) 그러나 소송행위들은 서로 고립될 수 없다. 예를 들어 당사자가 어떤 분쟁

을 해결하기 위해서 법원에 소장을 제출하면 법원은 당사자를 출석시켜서 변론 및 증거조사를 한 다음 변론을 종결하고 판결을 선고함으로써 그 분쟁을 해결하려 하는데 이와 같은 당사자의 소제기행위, 법원의 증거조사행위, 판결선고행위 등과 같은 소송행위들은 선행행위(예, 소제기행위)가 없다면 후행행위(예, 법원의 변론 및 증거조사 행위)도 없게 되어 후행행위는 선행행위가 이루어진 상태에서 펼쳐지는 것이다. 이와 같이 소송행위들은 사법행위와 같이 독립적이 아니라 연쇄적(chain of process)이어서 선행행위가 무효이거나 취소되면 후행행위도 무효이거나 취소된다. 그러다 보면 여러 개의 후행행위가 모두 정당하게 이루어졌더라도 전제되는 선행행위(예, 소송능력 없는 당사자의 소제기 행위)에 흠이 생겨 무효가 되면 후행행위(예, 소송무능력자의 법원에서의 변론 및 증거조사 행위)들도 모두 효력이 없게 되므로 다시 정당한 소송행위를 하지 않으면 안 된다. 이것은 시간이 걸리는 행위로서 소송경제에 반한다는 문제가 생기므로 그 해결방법이 소송법의 한 과제가 된다.

 임의소송금지의 원칙

(1) 소송행위들은 서로 연결될 뿐 아니라 많은 사람들이 동시에 다발적으로 하는 경우가 많다. 이 경우에 사람들이 소송행위를 사법행위와 같이 각자의 취향에 따라 자유로운 형태로 할 수 있게 한다면 법원은 그 각각의 소송행위들을 취급하는데 많은 시간과 노력이 소비되고 또 당사자들도 소송의 장래를 예측하기 어려울 것이다.

(2) 그러므로 법원은 소송행위를 법에 따라 획일적으로 처리하여야 하며 편의에 따라 함부로 바꿔서는 안 된다. 이 원칙을 임의소송금지의 원칙이라고 하는데 실체법에서의 사적 자치 원칙과 대비되는 소송법의 큰 원칙 중 하나이다. 원래 법원은 다수의 사건을 한정된 인원으로 신속하게 처리하지 않으면 안 된다. 이런 집단적 처리 과정에서 하나 하나의 사건을 각각의 개성에 따라 처리하는 것은 곤란하고 또 효율도 나쁘다. 이때에는 다수의 사건을 획일적으로 취급하여 개개의 소송행위에 관해서는 처리방식을 일률적으로 정하여 소송관계인들로 하여금 이를 준수하게 함으로써 신속하고 확실한 처리를 확보한다고 하는 형식 중시의 요청이 강하게 대두되는 것이다. 임의소송을 원칙적으로

금지하는 것은 획일적 처리의 현저한 모습이라 할 수 있다.

(3) 그러나 본래 당사자는 자기의 이익을 처분할 자유와 권능이 있기 때문에 이 권능과 임의소송금지의 원칙과는 서로 충돌을 피할 수 없다. 또 소송의 행위면에서는 획일적 처리의 요청이 강하더라도 문제가 있을 때 소송의 평가 면에서까지 모든 사건을 똑같이 만족시킬 필요가 있는가는 개별적으로 음미할 여지가 있다. 그러므로 일반적으로 임의소송금지의 원칙은 모든 소송절차에서 엄격하게 적용되는 것이 아니라 법원이 직권으로 주도하는 소송진행(예, 법원의 기일의 지정·변경 등)에 가장 두드러지게 나타난다. 그러나 실체법에서의 사적자치 원칙이 많이 반영된 소송절차, 즉 법원이 심리하고 판결하는 심판대상의 선정(예, 소의 제기 또는 취하 등)이나 심판자료의 수집(예, 증거자료의 제출 또는 재판상 자백) 절차에서는 당사자의 주도권이 인정되고 있으므로 여기에서는 임의소송금지의 원칙이 엄격하게 적용되지 않는다.

의사표시의 흠 불고려의 원칙

(1) 실체법상의 법률행위는 그 의사표시에 사기·강박·착오 등 흠이 있으면 당사자는 민법 제110조 등 법률행위에 관한 민법의 일반원칙에 따라 이를 취소할 수 있고, 그 경우에 실체법상의 법률행위는 처음부터 소급하여 무효가 된다(민 제141조 참조). 그러나 연속되는 소송행위에 관해서도 당사자들의 흠이 있는 선행 소송행위를 민법총칙의 일반원칙에 따라 모두 취소할 수 있게 한다면 그 소송행위는 효력이 없게 되어 이를 전제로 한 후행 소송행위도 무효가 된다. 그러므로 당사자들은 후행 소송행위가 무효가 될지 모른다고 걱정하지 아니할 수 없어 소송행위를 주저하는 결과 소송절차가 불안해지고 또 소송경제에도 반하게 되므로 소송행위에 관해서는 법률행위의 취소에 관한 민법총칙의 일반원칙을 적용하거나 유추적용을 할 수 없는 원칙이 서 있다. 이를 의사표시의 흠 불고려(不考慮)의 원칙이라고 한다. 따라서 예를 들어 상고를 취하하는 행위가 정당한 당사자에 의하여 이루어졌다면 기망을 이유로 취소할 수 없고, 적법하게 제출된 상고취하의 서면을 함부로 철회할 수 없으며,[1] 원고가 착오로 소를 취하하더라도 착오를 이유로 소취하의 의사표시를 취소할 수 없으므로 그 소취하는 효력이 있고,[2] 지급명령이의신청의 취하에 관해서도 의사표시의 취소에 관한 법률행위의 일반원칙이 적용되지 않는다.[3]

---

1) 대판 2007. 6. 15, 2007다2848 · 2855.
2) 대판 2004. 7. 9, 2003다46758.
3) 대결 2012. 11. 21, 2011마1980.

(2) 이와 같이 소송절차에서는 일단 이루어진 소송행위가 뒤에 가서 무효로 되는 당사자의 취소행위를 가장 싫어한다. 다만 철회와 같은 의사표시는 취소와 달리 소급효가 없기 때문에 소송절차를 불안하게 하거나 소송경제에 반하지 아니하므로 그 소송행위의 효력이 완성되기 이전에는 언제든지 철회가 허용된다.

다. 소송 외의 분쟁해결제도

1) 자주적 분쟁해결제도

민사소송의 대상이 되는 분쟁은 사적 자치의 원칙이 적용되는 경우가 대부분이므로 그 해결도 다른 사람의 관여 없이 자주적으로 해결하는 것이 바람직할 것이다. 그러므로 민사분쟁을 해결하기 위하여 국가가 재판제도를 설치·운영하고 있다고 해서 사람들의 자주적 분쟁해결권능을 부정 또는 제약해서는 안 될 것이고 오히려 국가는 사람들이 스스로 민사 분쟁을 해결할 수 있도록 조력해주어야 한다. 이와 같이 사람들이 분쟁을 스스로 해결하는 제도를 자주적 분쟁해결제도라고 한다. 소송은 법관이 법적 3단 논법을 엄격하게 적용하여 결론을 내야 하는 제약이 있는데 대하여 자주적 분쟁해결제도는 법적판단과 관계없이 분쟁을 해결할 수 있다는 점에서 법적 3단 논법의 적용이 완화되고 있다.[4] 그 때문에 자주적 분쟁해결은 법률전문가인 법관에 의존하지 않을 수 있어 소송으로 해결할 수 없는 분쟁의 해결에도 이용될 수 있다.

2) 대체적 분쟁해결제도(ADR)

가) 취 지 제2차 세계대전 이후 경제가 고도로 성장함에 따라 사회생활이 복잡화·다양화하고 각 방면의 거래가 활발해지면서 민사 분쟁도 폭발적으로 증가하게 되었다. 이에 따라 소송으로는 분쟁해결의 수요를 제대로 채울 수 없게 되자 자주적 분쟁해결수단이 소송의 대안으로까지 인식되었다. 그래서 자주적 분쟁해결제도를 대체적 분쟁해결제도(Alternative Dispute Resolution)라고도 한다.

---

4) 중재법 제29조 제3항은, 중재 판정부는 당사자들이 명시적으로 권한을 부여하는 경우에는 형평과 선(善)에 따라 판정을 내릴 수 있다고 이를 명시하고 있다.

나) 형 태

a) 화 해 화해란 당사자들이 사적 분쟁을 자주적으로 해결하는 가장 전형적인 방식이다. 화해에 관해서는 어떤 형식으로 분쟁을 해결할 것인가에 관하여 아무런 규제가 없고 분쟁의 해결은 오로지 당사자의 의사가 합치되느냐에 달려 있으므로 한 쪽 당사자가 화해를 거부하면 분쟁은 화해로 해결될 수 없다. 화해는 소송의 개시 여부를 묻지 아니하며 또 소송이 개시되었더라도 법관은 어느 단계에서든지 화해가 되는 것을 조력하여야 한다(제145조 참조). 화해가 성립하면 이를 조서에 기재함으로써 소송은 마치게 되는데 그 조서는 확정판결과 같은 효력이 있다(제220조).

b) 조 정 조정이란 국가기관인 법원이나 조정위원회가 분쟁당사자를 중개하여 화해의 성립을 원조하거나 협력하는 제도를 말한다. 가사소송법상의 가사조정제도와 민사조정법상의 민사조정이 대표적인 조정제도이다. 물론 이런 공적 조정 이외에 사람들이 국가기관의 관여 없이 사적 조정을 하는 것도 가능하다. 일단 조정이 성립되어 조서에 기재하면 재판상 화해와 같은 효력이 있어(민조 제29조 참조) 결국 조정조서는 확정판결과 같은 효력이 있다.

c) 중 재 중재란 사람들이 분쟁에 관하여 중재인에게 그 해결을 맡기고 그 판정에 복종할 것을 약정(이를 '중재계약'이라 한다)하면 중재인이 이 약정에 터 잡아 행하는 분쟁해결절차를 말한다. 일반법으로 중재법이 있다. 분쟁의 강제적 해결방식이라는 점에서 화해나 조정과 다르지만 당사자 사이에 중재계약의 존재를 필요로 한다는 점에서 자주적 분쟁해결방식이다. 중재판정은 양쪽 당사자 간에 확정판결과 동일한 효력이 있다(중재 제35조). 상행위로 인하여 발생되는 법률관계에 관한 중재에 관하여는 사단법인 대한상사중재원의 상사중재규칙에 의한다. 우리나라는 1958년의 외국중재판정의 승인과 집행에 관한 유엔협약(일명 뉴욕협약)에 가입하고 있다. 전 세계적으로 국제적 분쟁에 관해서는 다른 나라의 재판권에 복종하기보다 중재방식에 의하는 경우가 많으므로 국제상공회의소 중재규칙(The International Chamber of Commerce〈ICC〉 Rules of Arbitration)이 많이 이용되고 있다.

원래 우리나라 영토 내에서 행하여진 외국의 사법적 행위가 주권적 활동에 속하는 것이거나 이와 밀접한 관련이 있어서 이에 대한 재판권행사가 외국의 주권적 활동에 대한 부당한 간섭이 될 우려가 있다는 등의 특별한 사정이 없는 한, 외국의 사법적 행위에 대하여서도 해당 국가를 피고로 하여 우리나라 법원이 재판권을 행사할 수 있다.[5] 그런데 외국에 투자한 투자자가 상대국가의 협정상 의무나 투자계약의 위반으로 손해를 입었을 경우에는 국가 사이에 자유무역협정, 즉 FTA(Free Trade Agreement)가 이루어지면 필수적으로 체결하는 투자자국가소송협정(Investor-State Dispute, 약칭 ISD)을 이용하여 분쟁을 해결하는 경우가 많아졌다. 즉, 투자자는 투자협정을 어긴 상대국 정부를 상대로 제3자되는 민간기구인 국제투자분쟁해결기구(International Centre for Settlement of Investment Disputes, 약칭 ICSID)에 국제중재신청을 해서 손해배상을 받을 수 있다. ICSID는 현재 한국계 미국인 김용 박사가 총재로 있는 세계은행(IBRD) 산하기관이다. ICSID는 중재절차가 시작되면 3인의 중재인으로 구성된 중재판정부에 사건을 회부한다. 중재인은 양측에서 한 명씩 선임하고 의장중재인은 양측의 합의에 의해 선임한다. 만일 합의가 되지 않으면 ICSID사무총장이 선임한다. 오늘날 국가사이의 FTA가 국제무역의 추세인 이상 ISD가 많이 이용될 전망이다. 이렇게 보면 국제상거래나 국제투자분쟁에서는 중재가 소송보다 더 중요한 분쟁해결방법이라고 할 수 있다.

2. 민사소송

가. 뜻

1) 민사소송은 민사사건에 관한 소송을 뜻한다. 민사사건이란 법률상 지위가 서로 대등한 사람들 사이에서 민법·상법 등 사법(私法)으로 규율되는 가족관계 또는 경제적 생활관계에 관한 분쟁사건을 말한다. 국가도 경제적 생활관계에서 개인과 대등한 지위에 있을 때에는 민사소송의 당사자가 된다.

2) 소송에는 민사소송 이외에 형사소송, 행정소송이 있다. 형사소송은 검사에 의하여 기소된 피고인의 유·무죄 여부, 유죄일 때 적용하는 형량에 관한 심판절차이다. 행정소송은 행정처분에 의하여 불이익을 받은 사람이 그 처분의 적법 여부를 다투는 사건의 심판절차이다.[6] 민사소송과 형사소송 및 행정소송은 각 소

---

5) 대판 2011. 12. 13, 2009다16766 참조.
6) 민사소송과 행정소송과의 구별

송에 관여하는 국가가 당사자와의 관계에서 어떤 지위에 있느냐에 따라 차이가 있다. 민사소송에서는 국가가 법원으로 소송주체가 되어 등장하고 양쪽 당사자와의 관계에서는 중립이다. 설령 국가 자신이 소송에서 당사자로 등장하더라도 법원은 절대 중립적 지위에 있다. 형사소송에서는 국가기관인 검사가 소추관이 되므로 민사소송의 원고와 같은 지위에 있다. 행정소송에서 국가기관소송(행소 제5장)을 제외하고 행정청은 언제나 피고의 지위에 있다. 이는 행정소송의 목적이 궁극적으로 행정청으로 하여금 공정하게 권력행사를 하게 함으로써 개인의 권리를 보장하는데 있기 때문이다. 행정청은 피고의 지위에서 법원의 심판을 받게 된다.

나. 분   류

민사소송은 모든 일반 민사사건에 관하여 적용되는 절차(이를 통상절차라고 한다)와 법이 정한 일정한 민사사건에 한정하여 적용되는 절차(이를 특별절차라고 한다)로 분류할 수 있다.

1) 통상절차

가) 판결절차 - 수소법원(受訴法院)   법원은 법규(명령, 규칙 조리 등을 포함하나 간편하게 법규라고 한다)를 대전제로 사실을 소전제로 하여 사실이 법규에 맞는가를 3단 논법으로 판단하여 그 법률효과(이를 보통 권리 또는 법률관계, 권리관계라고 표현한다)의 존부를 판결 주문에서 결론으로 선언한다. 판결절차란 원고가 분

어떤 사건이 민사소송의 대상이 되는가 아니면 행정소송의 대상이 되는가의 구별은, 그 사건에 관하여 행정소송법의 적용을 받는가의 문제에 지나지 아니한다. 하지만 그 한도에서 양자를 구별할 필요가 있다. 민사사건인가 아닌가는 원고가 소로 심판을 구하는 대상인 소송목적에 의하여 결정되는데 소송목적이 사법에 의하여 규율되는 대등당사자 간의 권리관계라면 민사사건이다. 가령 소송목적인 권리관계를 판단하는 전제로서 행정법상 또는 형사상 법률효과가 문제되더라도 권리관계가 대등하다면 민사사건이 되는 것이다. 따라서 공무원의 위법한 직무집행에 기한 국가배상청구나 토지수용의 무효를 이유로 수용토지의 반환청구를 하는 경우에도 모두 민사사건이다. 문제는 공법상의 법률관계와 사법상의 법률관계의 구별이 애매한 경우가 많다는 것이다. 결국 그 종국적 판단은 법원의 해석에 맡기지 않을 수 없는데 행정소송법 제8조 2항에 따라 행정소송법에 특별한 규정이 없는 사항에 대하여 법원조직법과 민사소송법 및 민사집행법의 규정을 준용할 수 있는지 여부가 그 해석의 핵심이라 할 것이다.

쟁에서 권리 또는 법률관계가 존재하거나 부존재한다고 소(訴)로 주장하면 법원이 심리를 하여 재판(裁判)으로 원고 주장의 당부를 확정하는 절차이다. 민사소송의 가장 일반적인 모습이며 판결절차를 맡은 법원을 수소법원(受訴法院)이라 한다. 수소법원은 해당사건의 증거보전(제376조), 가압류·가처분(민집 제278조, 제303조), 작위·부작위를 목적으로 하는 청구의 집행(민집 제260조, 제261조)도 아울러 처리할 수 있다.

주의하여야 할 것은 법원이 결론으로 판단·선언하는 법률효과는 원고가 소로써 주장하여야 하며 법원은 원고 주장이 옳은지 틀린지를 밝히는 형식으로 법률효과를 판단·선언하는 것에 그치고 원고가 주장하지도 않은 법률효과를 법원 스스로 연구하여 판단하는 것이 아니라는 점이다. 이는 로마법과 이를 계수한 문명국가 소송법의 확고한 태도이다.

법관은 재판할 때 3단 논법을 제대로 적용하여야 적정한 결론을 이끌어낼 수 있다. 따라서 논리적 사고는 법관의 가장 중요한 덕목이다. 우리 민사소송법 제424조 1항 6호의 "판결의 이유를 밝히지 아니하거나 이유에 모순이 있는 때"를 절대적 상고이유로 한 것도 바로 그와 같은 이유일 것이다. 적정한 재판은 민사소송의 큰 이상이 된다.

나) 민사집행절차 - 집행법원　　　a) 판결절차에서 확정된 사법상의 이행의무가 이행되지 않는 경우 국가의 강제력으로 그 이행의무를 실현하는 강제집행절차를 민사집행절차라고 한다. 민사집행을 할 수 있는 자를 채권자, 민사집행을 당하여야 하는 자를 채무자, 민사집행을 실시하는 법원을 집행법원이라고 한다. 민사집행절차는 민사집행을 담당하는 집행법원의 직분에 속한다(민집 제3조). 집행법원은 채권이나 부동산에 대해 직접 집행처분을 할 뿐 아니라 집행관의 집행감독(민집 제16조), 급박한 경우에 집행정지명령권(민집 제46조 4항, 제48조 3항) 등이 있다. 집행법원의 업무는 원칙적으로 지방법원에 소속된 사법보좌관(법조 제54조 2항 2호)이나 단독판사(법조 제54조 2항 2호)가 맡는다. 민사집행을 실시할 수 있는 권원을 집행권원이라고 하며 확정된 이행판결이 대표적인 집행권원(민집 제24조)이다. 민사집행에 부수하는 절차로서 민사집행을 실현하기까지 그 이행의무를 잠정적으로 보전하는 처분을 보전처분(민집 제4편 이하)이라고 하며 여기에는 가압류·가처분이 있다.

b) 확정된 이행판결이 대표적인 집행권원이므로 판결절차와 민사집행절차는 불가분의 관계에 있다. 그렇다고 하여 판결절차의 흠이 바로 집행절차의 흠이 된다면 강제집행의 실현이 지연되기 쉽다. 강제집행이 신속하게 실시될 수 있도록 민사집행절차는 판결절차와 엄격하게 구별되어 판결절차의 흠은 바로 집행절차의 흠이 되지 아니하고 집행절차에서 별도로 구제를 받아야 한다(판결절차와 집행절차의 분리 원칙).

다) 부수(附隨)절차   판결절차나 민사집행절차가 제대로 작동하도록 하는 절차들을 말한다. 판결절차에는 증거보전절차(제375조 이하)·소송비용의 확정절차(제110조 이하) 등이, 민사집행절차에는 앞에서 설명한 민사보전처분 이외에 집행문부여(민집 제30조) 등이 부수한다.

2) 특별절차

가) 간이소송절차   금전 그 밖의 대체물이나 유가증권의 일정 수량의 지급을 목적으로 하는 청구에 적용되는 절차이다. 통상의 판결절차보다 간편하고 쉽게 집행권원을 얻을 수 있다. 소액사건심판법에서 정하고 있는 소액사건심판절차, 독촉절차(제462조 이하)에 의한 지급명령 등이 이에 속한다.

나) 가사소송절차   가족관계의 확정, 형성을 목적으로 하거나 이와 관련된 민사사건의 처리를 위한 절차를 말한다. 그 일반법이 가사소송법이다. 가사소송은 가족생활에 관한 분쟁을 다루는 심판절차로서 성질상 민사사건이지만 이를 가정법원이 관할한다(가소 제12조).

다) 채무자 회생 및 파산절차   채무자의 무자력으로 다수 채권자를 만족시킬 수 없을 때 채권자의 개별적 민사집행을 금지하고 채무자의 총재산을 총 채권자를 위하여 공평하게 청산하거나 채무자의 재건방법을 도모하는 절차를 말한다. 그 일반법이 채무자 회생 및 파산에 관한 법률이다. 채무자 회생 및 파산절차에는 회생·파산, 개인회생, 국제도산제도가 있다.

개별집행과 일반집행

민사집행은 채무자의 개별 재산에 대한 집행을 원칙으로 한다. 예를 들어 특정물인 도청구권의 민사집행은 그 특정물에 한해서, 금전채권의 경우에는 채무자의 일반 재산에 대한 개별적인 민사집행을 통하여 채권자는 만족을 얻는다. 그러나 채무자 회생 및 파산절차에서는 이런 개별적 집행을 금지하고 채무자의 총재산을 환가하여 얻은 환가금을 채권액에 따른 안분비례로 총채권자에게 공평하게 분배한다. 이를 개별적 민사집행과 비교하여 일반집행 또는 포괄집행이라고 한다. 일반집행은 채무자가 무자력인 경우에 채권자들의 경쟁적 집행에 의하여 총채권자나 채무자가 입을 피해를 줄이기 위한 것이다.

다. 민사소송의 목적과 이상

1) 민사소송의 목적

가) 목 적 론   국가가 많은 비용을 들여 민사소송제도를 설치하고 국민들로 하여금 이를 이용하게 하는 목적은 무엇인가 하는 것이 민사소송의 목적론이다. 사실 사람들은 민사소송제도를 이용하지 아니하고서도 자기식 방법으로 분쟁을 해결할 수 있다. 그럼에도 국가가 민사소송제도를 둔 이유는 일정한 국가목적을 수행하기 위한 것이다. 따라서 민사소송의 목적론은 국가 재판제도의 목적론이라고 할 수 있다.

나) 학   설

a) **권리보호설**   민사소송은 국가가 사람들의 자력구제를 금지하는 대신에 개인의 권리를 보호해 주기 위한 제도라는 견해이다. 우리나라의 다수설이다.

b) **법질서유지설**   민사소송은 국가가 제정한 사법법규의 실효성을 보장하기 위한 제도라는 견해이다.

c) **권리보호 및 법질서유지설**   민사소송의 목적은 개인의 권리보호와 사법질서의 유지로 보는 견해이다.

d) **분쟁해결설**   민사소송의 목적은 국가의 강제력에 의하여 사람들 사

이의 분쟁을 해결하는 것이라는 견해이다.

e) 절차보장설   민사소송은 소송의 결말이 아니라 소송의 과정에서 하는 당사자들의 공격·방어에 대한 가치를 정당하게 평가하고 그로부터 목적을 찾아야 한다는 견해이다. 즉, 소송절차의 역할은 소송과정에서 양 쪽 당사자의 실질적 대등화를 꾀하는데 있으므로 소송절차는 판결 결과와 동등 내지 그 이상으로 중요하다고 볼 수 있다. 따라서 소송의 목적은 소송과정에서 양 쪽 당사자로 하여금 이성적인 토론 또는 대화를 하게 함으로써, 소송이전이나 소송 외에서 깨어진 당사자의 자치를 다시 실현시키는데 있다는 것이다. 그러나 소송에서 대등 변론의 보장은 중요한 이념이 될 수 있으나 이를 소송의 목적으로까지 보는 것은 지나친 면이 있다. 소송절차에서 당사자의 대등변론을 보장하여야 하는 목적이 무엇이냐가 바로 소송목적론이라고 할 수 있는데 소송목적을 대등변론의 보장이라고 한 것은 물음에 대한 물음으로 대답하는 것이 되기 때문이다. 그러나 이 학설이 전개되면서 소송절차에서 당사자의 권리를 강조하는 당사자권이 정착되고, 기판력의 정당화 근거의 하나가 되었다는 점은 큰 성과라고 할 수 있다.

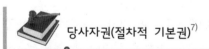

당사자권(절차적 기본권)[7)]

(1) 사람이 소송의 주체로서 절차상 인정되어야 할 여러 권리를 당사자권이라고 한다. 이송신청권, 제척·기피신청권, 소송대리인선임권, 소장이나 판결을 송달받을 권리, 기일지정신청권, 기일에 소환을 받을 권리, 구문권, 소송기록열람권, 소송절차에 관한 이의권, 상소권 등은 모두 이에 속한다. 처분권주의와 변론주의의 내용으로서 당사자가 재판을 구할 범위를 지정하고 재판 자료를 한정할 권능, 소의 취하, 청구의 포기·인낙, 화해 등을 할 권능 등도 이에 속한다. 특히 사건의 법률문제와 사실문제에 관해서 필요한 정보 수집권의 보장을 전제로 자기의 주장과 견해를 진술하고 상대방의 것을 청취할 기회를 평등하게 가질 수 있는 지위 및 그 기회가 배제된 채 수집한 자료에 의한 재판을 금지할 수 있는 권리 등이 중요하다. 이 당사자권 가운데에서 재판을 받을 권리(헌 제27조 1항), 평등권(헌 제11조 1항) 및 재판공개의 원칙(헌 제109조) 등은 헌법에 의해서도

---

7) 당사자권의 개념, 효용 및 전망에 관한 상세 내용은 이시윤, 129면 이하 참조.

보장된다.

사람이 소송에서 이런 여러 가지 당사자권을 보장받아서 자기의 이익과 권리를 주장할 수 있는 기회를 갖는다면 그 절차의 결과로 이루어진 재판에 구속되는 것이 정당하다. 따라서 당사자권은 왜 판결이 당사자에게 미치는가를 정당화하는 근거가 될 수 있다.

(2) 그런데 현행법에서 인정되고 있는 당사자권은 판결의 효력이 미치는 것을 정당화할 수 있을 만큼 만족한 것인가, 당사자권이 없는 보조참가인·제3자 등이 판결의 효력을 받는 경우에 그 판결은 어째서 정당한 것인가, 이들 당사자 아닌 자에게 판결의 효력이 미칠 필요가 있다면 어떤 형식으로라도 이들에게 일정 범위에서 당사자권을 보장하여야 하지 않을까, 각종 비송사건절차에서 그 소송관계인은 당사자권 중 어느 범위까지 보장되어야 헌법상 「재판을 받을 권리」의 침해가 되지 않을 것인가 등이 당사자권에서의 문제점이다.

(3) 절차보장설에 의하면 그 논리적 결과로서 당사자는 법원에 대하여 제기된 소송사건마다 헌법상 「재판을 받을 권리」의 보장 내용을 일일이 명확하게 해줄 것을 요구할 수 있는 권리가 있으므로, 평등 심리청구권의 보장, 절차상 평등의 원칙, 공개재판의 원칙 등 헌법상의 요청은 각 개별적 소송법규가 이를 구체화 하는 범위에서 그 보호를 받는다 할 것이다. 그러나 만약 이들 개별법규가 없다면 위의 헌법상 원칙은 소송절차에서 소송관계인의 행동상 지도원리에 불과하다는 데서 당사자권의 한계가 있다 할 것이다.

다) 결   론   a) 솔직하게 표현하자면 사람들이 민사소송제도를 이용하는 것은 승소판결을 받기 위한 것이다. 사람들은 승소하기 위하여 인지를 첨부하고 변호사를 선임하여 민사소송에 임하는 것이다. 그러므로 소송당사자의 최고 목적은 승소판결을 받는데 있을 것이다. 그런 실정에서 패소한 사람들에게 민사소송의 목적이 법질서유지니 분쟁해결이니 절차보장이니 하면서 비록 소송에 패소하였다하더라도 그 목적들을 달성하였으니 만족하라고 한다면 그 누구도 납득할 수 없을 것이다. 한편 민사소송제도를 설치하여 운영하는 국가가 개인들로 하여금 민사소송을 이용하게 하는 이유는 자력구제를 금지하자는데 있다. 그런데 우리 헌법은 그 전문(前文)과 제10조에서 국민의 기본권보장을 근본이념으로 삼고 있으며 모든 국가권력에게 국민의 기본권을 보장할 의무를 지우고 있다. 따라서 사법권(司法權)도 헌법의 뜻에 따라 국민의 민사재판권을 보장하기 위하여 민사소송제도를 설치하고 운영한다고 하여야 한다. 그러므로 권리보호설이 개인에

게나 국가에게나 민사소송의 목적론으로 가장 타당하다.

　　b) 원래 개인이 자주적으로 분쟁을 해결하지 못하고 방치하면 폭력사태가 초래되어 사회질서를 유지할 수 없다. 이 해결을 위하여 나라가 민사소송제도를 설치하였다. 따라서 만약 민사소송으로 개인 간에 생긴 분쟁을 해결할 수 없다면 이 제도를 설치할 의미가 없게 된다. 그 의미에서 개인 간의 분쟁해결이 민사소송제도의 목적이 될 필요가 있는 것이다. 그러나 분쟁은 해결되어야 하지만 그 해결내용이 어떠한지도 따져야 할 것이다. 원래 법치국가는 입법 작용을 통하여 개인 간의 이해관계를 조절하기 위한 기준을 미리 사법법규로 제정하고 법관에게 그 기준으로 재판할 것을 요구한다. 따라서 실체법상 권리자가 승소하는 절차가 정당한 재판이다. 그러므로 민사소송에 의한 해결은, 실체법에 따라서 승소하여야 할 자를 승소하게 하는 것이 절차상 보장된 해결이 아니면 안 된다. 이 해결이 담보되기 때문에 개인은 재판결과를 예측할 수 있고, 사람들의 생활관계에서 실체법을 기준으로 자율적인 규율을 할 수 있어 사회생활 전반에 걸쳐 안정을 이룰 수 있는 것이다. 따라서 사법을 기준으로 해결을 하고 사법법규의 실효성을 보장하여야 하는 것도 소송의 목적이 된다. 이와 같이 소송을 제기하기 이전에 먼저 사법의 존재를 인정하고 그에 따라 승소하여야할 자를 승소하게 한다는 목적을 달성할 수 있도록 소송제도의 운영을 엄격하게 감시하여야 할 것이다.

　　c) 그런데 국가는 자발적으로 개인 간의 분쟁을 들어내서 그 해결을 꾀할 수 없다. 개인이 자기의 분쟁을 해결할 필요를 느껴서 민사소송에 의한 재판이나 집행을 요구할 때 비로소 국가는 그 사명을 직접 수행할 기회를 갖는다. 결국 국가가 민사소송제도를 설치하는 이유는, 개별적 민사소송을 통하여 권리를 갖는 자를 보호하는 편의를 개인에게 제공하기 위한 것이다. 그 편의는 되도록이면 시간이 걸리지 않고 저렴한 비용으로 이용할 수 있어야 할 것이다. 또한 누구에게나 평등하게 제공되고 양쪽 당사자를 절차상 공평하게 취급하며, 자기가 할 말을 다할 수 있도록 함으로써 실체법에 따른 적정한 재판이 보장되지 않으면 안 된다. 결국 민사소송의 이상은 적정·공평과 더불어 경제·신속이라고 할 수 있는데 그 이상을 실현할 수 있는 절차를 제공하고 모두가 이를 신뢰하여 이용할 수 있는 것이 민사소송 이용자 측의 기대라 할 수 있다.

　　이것은 실체법적 측면에서 보면 권리보호라는 가치를, 절차법적 측면에서 보

면 소송절차 참가의 기회를 실질적으로 보장하는 것이 민사소송제도의 목적으로
보아야 한다는 의미가 된다. 그런데 세금을 투입하는 국가적 입장에서 본다면 제
도의 효율·합리화의 추구는 당연하고 그 추구는 분쟁해결이라는 가치의 추구에
기초가 있다. 이 국가의 시각을, 민사소송으로 권리보호를 구하는 능동적 이용자
의 입장에서 보면 상당한 비판과 반성을 촉구할 면이 있는 것이다. 효율화의 이름
으로 권리보호 편의의 제공을 거부하거나 그 내용의 품질이 떨어진다면 민사소송
은, 이용할 가치가 떨어지는 제도가 될 우려가 있기 때문이다. 그러므로 그 이용
도를 최대한 높이기 위해서는 민사소송의 소송목적을 이용자의 권리보호에 둘 필
요가 있다. 그러나 권리구제에 급급한 나머지 수동적 이용자인 피고로 하여금 자
기의 말을 충분하게 할 수 없는 상태에서 상대의 권리주장을 참아야 한다면 이
또한 제도의 신뢰를 상실하게 한다. 이것이 바로 당사자들로 하여금 자기의 주장
과 이익을 충분하게 주장할 수 있는 절차보장의 가치를 민사소송에서 견지하지
않으면 안 되는 이유이다.

2) 민사소송의 이상

가) 제1조 1항은 「법원은 소송절차가 공정(公正)하고 신속(迅速)하며 경제적
(經濟的)으로 진행되도록 노력하여야 한다」고 되어 있다. 즉 소송절차의 적정(適
正)과 공평(公平), 그리고 신속과 경제가 민사소송의 이상이다.

나) 적정한 재판은 민사사건에 관하여 법관이 법적 3단 논법을 제대로 구사
할 때 이루어진다. 대전제인 법규의 정확한 이해, 소전제인 구체적 사실의 올바른
확정 그리고 이에 의한 명확한 결론을 내는 것이 바로 재판의 적정을 실현하는
것으로서 누구나 바라는 민사소송의 이상이다. 인간은 논리적으로 말하고 글을
쓸 수 있기 때문에 사물을 판단함에 있어서 의식 또는 무의식적으로 3단 논법을
적용하는 경향이 있으므로 정확한 법적 3단 논법의 적용에 의한 적정한 재판은
보통 사람들의 의사에 부합하여 법적 예측가능성을 높인다. 그 결과 사람들은 어
떤 민사 분쟁에 관하여는 어떤 판단이 나온다는 것을 미리 예상할 수 있어 소송
자체를 자제하거나 소송제기 이후에라도 화해, 조정 등으로 분쟁을 해결하기가
쉽다. 사회가 고도로 발전함에 따라 민사분쟁도 다양화·복잡화·대량화하면서 법
관 재량의 폭이 커지는 소송의 비송화 현상이 두드러지고 있지만 그렇다고 하여

재판의 적정까지 희생하여 사람들의 예측가능성을 무너뜨려서는 안 될 것이다.

다) 민사재판은 대등당사자 사이에서 이루어지므로 당사자 사이의 형식적 공평은 법정에서도 이루어져야 할 것이다. 그러나 본인소송주의가 허용되는 우리 민사소송제도 아래에서 한 쪽 당사자는 실력이 특출하면서 유능한 변호사의 조력을 받고 상대방 당사자는 법에 무지하면서도 경제적 빈곤 등의 이유로 변호사 없이 소송에 관여하였을 때 양쪽 당사자 사이에 실질적 공평이 실현되기는 매우 어려울 것이다. 특히 개인과 대기업 사이, 개인과 국가 또는 지방자치단체 사이의 분쟁이나 고도의 지식수준을 요구하는 지적재산권분쟁이나 의료분쟁 등에서는 실질적 공평의 이상은 더욱 절실하다. 이 경우 법원의 후견자적 역할이 매우 필요한데 그 범위와 한계는 우리 민사소송법이 앞으로 연구할 과제이다. 소송의 비송화로 인한 법관의 재량권 확대는 재판의 진행에 관한 문제이지만 실질적 공평의 실현은 재판의 진행뿐 아니라 재판의 결론에 관한 암시를 포함하여야 하기 때문에 그 한계를 정하는 것이 매우 어렵다.

라) 민사재판의 신속과 경제도 소송의 중요한 이상이다. 1,000만원짜리 금전소송에 10년이 걸려야 한다든지 5,000만원의 손해배상소송에서 소송비용이 수억이 넘는다고 한다면 사람들은 소송을 포기하고 '해결사' 등에 의뢰하여 자력구제를 도모할 유혹에 빠지기 쉬울 것이다.

제2장

소권 등 민사소송의 기본요소

I. 소　　권

1. 뜻

　　민사소송은 사람이 법원에 소를 제기하여야 시작되고 또 아무리 소송이 진행되었더라도 소를 제기한 사람이 소장 송달이후 피고의 동의를 받아야 소취하를 할 수 있는 경우(제266조 2항)를 제외하고는 소송을 스스로 마칠 수 있다. 이 점이 형사소송과 다르다. 형사소송은 형법 등에 위반되는 행위가 있는 경우에 친고죄를 제외하고는 행위자나 피해자의 의사와 관계없이 검사의 소추에 의하여 시작되고 법원의 판결이 있어야 끝이 나는데 민사소송은 당사자가 아무리 큰 피해를 입더라도 소를 제기하지 아니하면 시작되지 않고 일단 제기된 소라고 하더라도 당사자는 법원의 확정판결이 없는 한 자기의 의사에 따라 소송을 마칠 수 있다. 이와 같이 민사소송은 소를 제기한 사람, 즉 원고의 지배를 받는다. 원고의 이와 같은 지배권이 법원에 소를 제기하여 판결을 구할 수 있는 지위에서 나온 권리라고 한다면 이 권리를 소권(訴權)이라 부를 수 있다. 당사자가 소권을 행사하여 소송을 제기하는 것이 소권의 행사라고 한다면 법원은 판결 등 재판으로 이에 응답하여야 하므로 소권을 판결(또는 재판)청구권이라고도 한다.

 **로마의 민사소송**

우리 민사소송을 이해하기 위해서는 로마의 민사소송제도를 먼저 알아둘 필요가 있다. 간단하게 로마의 민사소송제도를 설명한다.

(1) 「악치오(actio)」

「악치오(actio)」라는 말을 현대적 법 개념으로 설명하기는 매우 어렵다. 왜냐하면 현대에서는 실체법과 절차법이 구별되어 있고, 법규범과 사실을 달리 취급하고 있는데 대하여 로마시대에는 법이 아직 발달하지 아니하여 실체법과 절차법이 구별되지 아니하였을 뿐 아니라 법규범과 사실도 분리되지 않았었기 때문이다. 그러나 이 악치오를 근간으로 근대법의 근간인 법치주의가 생성되었으므로 그 의미를 이해할 필요가 있다. 동로마제국의 유스티니아누스 황제시대에 편찬된 법학제요(Institutiones)를 보면 악치오란 「사람들이 얻어야 할 것을 소송으로 청구할 권능이다」[1]라고 설명하고 있다. 여기서 「사람들이 얻어야 할 것」이란 사람들이 원하는 모든 것이 아니라 국가권력으로 실현할 수 있는 것 중에서 당시의 법률에 개별적으로 정하여진 「것」에 한정된다. 또 「것」은 당시에는 아직 사실과 규범이 분리되지 아니하여 추상화된 규범이 아니라 구체적 사실이라는 매우 좁은 범위에 속하였다. 그러나 「것」이 뒤에 시간이 경과하고 법에 관한 인식이 발전됨에 따라 사실과 규범으로 분리되면서 추상적인 법규범이 생성되어 그 범위가 확대되었지만 현대에서도 여전히 법 규정에 있는 「것」만 권리구제가 가능하다는 점(법치주의)에서 악치오의 흔적은 남아있다. 또한 「것」에 한정해서 소송상 청구가 가능하다는 점에서 악치오는 오늘날의 사법상의 청구권과 소송상의 소권을 겸하였다. 그 후 법의 발달은 소송법과 실체법의 분리를 초래하였고 그 결과 사법상의 청구권과 소송상의 소권도 분리되면서 악치오도 소멸되었다.

(2) 법무관 소송과 심판인 소송

로마의 민사소송구조는 법무관 소송(in jure)과 심판인 소송(apud judicem)의 2단계구조이다. 이는 모든 소송이 악치오와 관련되기 때문이다. 법무관 소송은 원고의 청구가 악치오에 해당하는지를 심사하는 절차이다. 심사결과 악치오에 해당되지 않으면 법무관은 심리를 종결하고 소송을 거절하였다. 법무관이 원고의 청구가 악치오에 해당한다고 판단하면 쟁점결정을 하여 사건을 심판인에게 넘겼고 그 때 비로소 심판인은 악치오가 정한 사실의 존부를 심리하여 원고청구의 당부를 판단하였다. 처음의 법무관 소송은 악

---

1) 원문은 actio auten nihil aliud est, quam jus persequendi judicio quod sibi debetur{Inst. Pr. 1, deact (4.6)}.

치오를 12표법 및 그 후 제정된 시민법에 의해서 엄격하게 인정하다가(법률소송절차) 그 후 사회생활이 복잡하게 되면서 법무관의 방식서에 의하여 쟁점결정을 하는 방식서 소송절차, 국가와 개인 사이의 분쟁을 해결하기 위한 비상소송절차로 발전되었지만 법무관과 심판인의 2단계 소송구조는 1789년 프랑스대혁명이 될 때까지 형태를 달리하면서도 유지되었다. 그러나 프랑스대혁명 이후 재판을 받을 권리가 기본적 인권으로 자리잡으면서 사람들은 누구나 법관에 의한 재판을 받을 권리를 인정받았다. 그러면서 법무관이 심판인의 지위를 겸하게 되어 양쪽을 구별할 의미가 없어지자 로마의 2단계 소송구조도 막을 내렸다.

하지만 악치오를 주로 심사하는 법무관소송은 현재의 민사소송에도 영향을 미치고 있다. 법관은 민사소송을 심리함에 있어서 본안(本案)의 당부를 판단할 때에는 먼저 본안심리의 전제요건, 즉 소송요건부터 심리한다. 그 결과 소송요건에 흠이 있을 때에는 본안심리에 들어가지 않고 소송을 마치는 데 이와 같은 심리방법은 로마시대의 법무관소송에서 유래한 것이라고 할 수 있다.

2. 소 권 론

소권의 본질이 무엇인가에 관한 학설 대립을 말하는 것으로서 이론적인 문제이다.

가. 학   설

1) 사법적 소권설

19세기 중엽 독일의 보통법시대에 악치오로부터 사법상의 청구권이 분리되면서 소송법과 실체법이 비로소 구별되었다. 이때는 민사소송을 사법상의 권리행사수단으로만 이해하였기 때문에 소권(訴權)이란 실체법상의 사권(私權)이 침해될 때 생기는 그 변형물 혹은 실체법상의 사권이 강제력으로 현실화된 것으로 보았다. 그러나 사권은 다른 사람에 대한 권리이고 소권은 법원에 대한 권리이므로 성질이 다르다. 사법적 소권설은 이를 잘 설명할 수 없어 곧 공법적 소권설로 발전되었다.

2) 공법적 소권설

사람들이 소송제도를 이용할 수 있는 관계는 국민 대 국가의 관계, 즉 공법
관계이다. 따라서 소권도 그 성질을 굳이 따진다면 공법관계에 관한 것이라 할 것
이므로 공법적 소권이 된다. 구체적으로 다음과 같은 학설이 있다.

가) 추상적 소권설   이 학설은 소권을 소제기 이전에는 소송을 시작할
수 있는 권리로, 소제기 이후에는 어떠한 내용이든 판결을 구할 수 있는 권리로
본다. 구하는 판결의 종류·내용을 묻지 않는다는 점에서 추상적 소권설이라고 하
였다. 이 학설에 의하면 법원이 어떤 내용으로든지 판결만 해주면 소권이 만족된
다는 결론이 된다. 소권이 권리의 하나라고 한다면 이 학설은 그 권리의 내용이
없다는 점에서 공허하다는 비판을 받는다. 사법적 소권설에서 권리보호청구권설
로 넘어가는 중간단계의 이론이었다.

나) 권리보호청구권설   이 학설은 국가가 개인의 자력구제를 금지하고
분쟁해결기능을 독점한 결과, 국가는 국민의 권리를 보호할 의무가 있고 국민은
국가에 대하여 권리보호를 청구할 권리를 갖게 되었는데 이 권리가 소권이라는
것이다. 소권을 비로소 개인의 권리로 파악하였다는 점에서 아주 우수하다. 그러
나 이 학설은 원고의 소권을 설명할 수 있어도 피고의 권리보호청구권을 제대로
설명할 수 없는 문제점이 있다는 비판을 받았다. 즉, 청구기각판결로 피고는 어떠
한 권리보호도 얻을 수 없기 때문이다. 그러나 소송은 원고의 지배하에 있고 소권
도 이를 반영하는 것으로 생각한다면 청구기각판결은 법원이 원고에 대하여 그 승
소목적을 달성할 수 없다고 하는 응답이라고 하여야 할 것이지 피고의 권리보호를
위한 것이라고 할 수 없을 것이다. 따라서 청구기각판결을 이유로 권리보호청구권
이 부당하다고 비판할 수는 없다.

다) 본안판결청구권설   이 학설은 소권을 원고가 본안판결을 요구하는
권리로 보고 소송의 목적을 권리관계를 둘러싼 분쟁의 실체적 해결에 둔다. 본안
판결에는 원고의 청구를 인용하는 판결과 원고의 청구를 기각하는 판결을 포함하
므로 소권을 피고의 입장에서도 설명할 수 있는 장점이 있다. 그러나 원고가 청구
기각판결을 받고도 분쟁이 해결되었다고 만족해야 한다는 것은 아무래도 어색하
다. 소송이란 원래 원고의 의사에 터 잡은 행위인데 그 행위의 목적을 원고의 일

반적 의사를 떠나서 분쟁해결에 둔다는 것도 이해하기 어렵다.

　　라) 사법행위(司法行爲)청구권설　　이 학설은 소권을 국민이 국가가 의무를 지고 있는 여러 사법상(司法上)의 행위를 요구할 수 있는 권리로 본다. 이 학설에 의하면 소권의 목적이 되는 판결은 일체의 판결2)이므로 추상적 소권설과 비슷하지만 소권을 국민의 재판청구권이라고 하는 기본권보장을 목적으로 하는 개인적 권리로 본다는 점에서는 권리보호청구권설과도 같은 입장이다. 이 학설에 의하면 헌법상의 재판청구권과 소권은 본질적으로 같게 된다. 우리나라의 통설이다.

---

2) 판결의 종류

　여기서는 민사소송의 기본 요소에 관한 이해를 위해서 우선 판결의 종류를 간략하게 설명한다.

　(1) 소송판결

　　소송요건에 흠이 있을 때에 그 흠을 확인하는 판결이다. 법조문에 규정된 것이 아니고 학교 강단에서의 용어이다. 보통 판결 주문에서 「각하한다」라고 표시한다. 소송판결을 하면 본안에 관해서는 더 이상 심리하지 않는다.

　(2) 본안판결

　　소송요건을 갖추었을 때에 원고의 청구에 관하여 그 당부를 판단하는 판결이다. 본안판결에는 다음의 두 가지가 있다.

　　(개) 청구기각판결　　원고의 청구를 배척하는 판결이다. 판결주문에서 「기각한다」라고 표시한다.

　　(내) 청구인용(認容)판결　　원고의 청구를 인용하여 받아들이는 판결이다. 다음의 세 가지가 있다.

　　　(a) 확인판결　　원고가 확인을 구하는 소송을 받아들이는 판결이다. 판결주문에 「확인한다」라고 표시한다.

　　　(b) 이행판결　　원고가 이행을 청구하는 소송을 인용하는 판결이다. 판결주문에 「이행하라」, 「지급하라」 등 「..하라」라고 표시한다. 확정된 이행판결은 강제집행을 실시할 수 있는 집행권원이 된다.

　　　(c) 형성판결　　원고가 형성을 청구하는 소송을 인용하는 판결이다. 판결주문에 예컨대 「이혼한다」 등으로 표시한다.

　(3) 종국판결과 중간판결

　　판결을 하면 사건이 그 해당 심급(예를 들어 제1심, 항소심, 상고심)을 떠나는 판결을 종국판결이라고 한다. 앞의 소송판결과 본안판결은 모두 종국판결이다. 종국판결을 준비하여 심리를 정리하는 판결을 중간판결이라고 한다. 중간판결을 할 것인가의 여부는 소송지휘의 문제로서 법원의 재량에 맡겨져 있지만 실무상으로는 별로 예가 없다.

Ⅱ. 당사자주의와 직권주의

1. 개 념

민사소송절차를 자세히 살펴보면 결국 당사자와 법원의 공동 작업으로 심리가 진행되고 정리되는 것을 알 수 있다. 그렇다면 이때 당사자와 법원이 실제 소송에 관여할 권능과 책임을 어떻게 분배할 것인지 문제된다. 여기서 소송에 관여할 권능과 책임, 즉 소송운영의 주도권을 당사자에게 맡기자는 당사자주의와 법원에 맡기자는 직권주의가 등장한다. 당사자주의와 직권주의는 다음의 세 가지 측면에서 나타난다.

2. 나타나는 모습

가. 당사자진행주의와 직권진행주의

소송절차가 진행될 때 그 주도권을 당사자에게 맡기자는 원칙을 당사자진행주의, 법원에 주도권을 맡기자는 원칙을 직권진행주의라고 한다. 우리 민사소송법은 소송의 진행에 관해서는 법원에 주도권을 인정하고 당사자에 대해서는 법원의 직권진행을 감시하는 권능, 즉 소송절차에 관한 이의권(제151조)을 부여하고 있다.

나. 처분권주의와 직권조사주의

법원이 법적 3단 논법을 적용하여 결론을 내릴 때 어떤 사항을 심판대상으로 할 것인가에 관한 문제이다. 당사자에게 심판대상의 선택에 관한 주도권을 인정하자는 원칙을 처분권주의, 법원에 주도권을 인정하자는 원칙을 직권조사주의라고 한다. 우리 민사소송법은 처분권주의를 원칙으로 한다. 따라서 어떤 사항에 관하여 법원의 심판을 받을 것인가는 전적으로 당사자의 책임과 권능이 된다. 다만 법적 3단 논법의 대전제가 되는 법규의 해석이나 적용, 심판의 전제가 되어야 할 재판권, 관할 등은 성질상 법관이 당사자의 주장이나 해석에 구애받아 심판하여야 할 사항이 아니므로 법원이 직권으로 고려하여야 한다. 이를 직권조사주의라고 하며 이 원칙이 적용되는 사항을 직권조사사항이라고 한다. 직권조사사항은 로마법상의 악치오에 대한 법무관심사사항과 비슷하며 이에서 유래되었다고 할 수 있다. 다만 로마법에서는 당사자가 구하는 것이 악치오에 해당되지 아니할 때에는 소송거절을 하였는데 지금은 직권조사사항에 흠이 있는 경우라도 소송거절을 할 수 없고 소송판결이라는 판결을 해준다는데 차이가 있다. 그러나 로마법에서나 지금이나 본안에 관해서 심리를 하지 않는다는 점은 모두 같다.

다. 변론주의와 직권탐지주의

법원이 법적 3단 논법을 적용하여 재판을 하려면 법적 3단 논법의 소전제가 되는 사실이 있는지 여부를 판단할 수 있는 재판자료를 수집하여야 한다. 이때 재판자료를 수집할 책임과 권능을 당사자로 하여금 담당하게 하자는 원칙을 변론주의, 법원으로 하여금 담당하게 하자는 원칙을 직권탐지주의라고 한다. 우리 민사소송법은 원칙적으로 재판자료의 수집에 관해서는 당사자에게 주도권을 인정하는 변론주의를 채택하면서 예외적으로 법원에 의한 진실발견의 필요성이 높고 판결의 효력이 제3자에게 미치는 경우, 예를 들어 가사소송이나 선거소송 등에서는 직권탐지주의를 채택하고 있다.

3. 당사자주의와 직권주의의 조화

당사자주의와 직권주의는 서로 대립되는 것으로 끝나서는 안 된다. 민사소송의 이상을 실현하기 위해서는 양쪽이 서로 조화되어 운영되어야 할 것이다. 우선 심판대상의 선정에 관하여 처분권주의를 취한다고 하여 재판자료를 수집할 때에도 반드시 변론주의를 취해야 할 것이 아니라 직권탐지주의를 채택할 수도 있다(예, 가사소송). 또 직권조사사항에 관한 사실자료를 수집할 때에도 직권탐지주의가 아니라 변론주의가 적용되는 경우도 있다(예, 임의관할). 이와 같이 당사자주의와 직권주의는 서로 견제와 협력을 함으로써 법원이 분쟁에 관하여 신속, 적정, 공평한 심리를 다할 수 있도록 역할을 한다.

Ⅲ. 소송요건

1. 개 념

원고가 소를 제기하여 승소판결을 받기 위해서는 피고에 대한 권리주장이 법원에서 받아들여져야 한다. 그런데 법원이 그 권리주장을 받아들일 만한가를 심리하고 판단하기 위해서 먼저 갖추어야 할 사항이 있다. 이 사항을 소송요건이라한다. 즉, 소가 법원에서 적법한 것으로 취급되어 본안판결을 받기 위한 사항이다. 이 개념은 독일 보통법 말기에 O. Bülow가 로마법상의 법무관소송에서 힌트를 얻어 생각한 것이다. 처음에는 재판권, 당사자능력 등 일정한 사항을 소송의 성립요건으로 파악하여 이것들에 흠이 있으면 소송자체가 성립되지 않은 것으로 고려하였다. actio의 영향을 받았기 때문일 것이다. 용어도 소송요건이라 하였으나 재판청구권이 헌법상의 기본권으로 자리 잡은 오늘날에는 Bülow식 소송요건 개념은 유지될 수 없게 되었다. 그러나 국가의 재판권행사를 효율적으로 운영하기 위해서는 소송요건사항을 먼저 심리한 다음 이 사항에 흠이 없을 때에만 본안심리를 할 필요가 있다. 그 의미에서 소송요건은 본안판결의 전제요건이 되었다.

소송요건에 흠이 생기면 로마법에서는 소송자체의 심리를 거절하였고, 우리 민사소송법에서도 본안에 관한 심리를 거절하여 법원의 노고를 덜 수 있다. 결국 소송요건에 흠이 있으면 본안심리에 관한 노고를 덜게 되므로 법원은 심리의 부담을 줄이기 위해서라도 스스로 소가 소송요건을 갖추었는지를 심사하여야 한다. 재판상 화해의 경우를 보면 그 심리는 소송요건에 관한 것보다 노고가 가벼우므로 법원은 당사자 사이에 화해가 성립될 때에는 제461조에서 정하고 있는 준재심의 사유가 없는 한 소송요건을 갖추었는지 여부조차 따지지 않고 제소전 화해로서라도 화해의 성립을 인정한다. 소송요건에 관한 심리도 같은 맥락이라고 할 수 있다.

2. 소송요건이 되는 사항

무엇이 소송요건인가에 관해서 통일적인 규정이 없다. 아래에서 열거하는 사항이 주요한 소송요건 사항이지만 이것 말고도 법원이 심리에 필요할 때에는 다른 사항도 소송요건사항으로 할 수 있다.

가. 법원에 관한 사항

1) 피고 및 사건이 우리나라의 재판권에 복종할 것
2) 법원이 관할권을 가질 것
3) 소의 제기행위 및 소장송달 등 소송계속을 구성하는 행위가 유효할 것
4) 법원에 심판권이 있을 것

나. 당사자에 관한 사항

1) 당사자가 실제로 있고 당사자능력을 갖출 것
2) 당사자에게 당사자적격이 있을 것
3) 당사자가 소송능력이 있어야 하고 대리인은 법정대리권이나 소송대리권이, 법인의 대표자는 대표권이 있을 것
4) 원고가 소송비용의 담보를 제공할 필요가 없거나 그럴 필요가 있을 때에는 담보를 제공하도록 할 것(제117조, 상 제176조 3항)

다. 소송목적[3]에 관한 사항

1) 소의 이익(권리보호의 자격 또는 필요)이 있을 것

---

3) 일반적으로 소송의 대상 또는 심판의 객체를 흔히 「소송물」이라고 한다. 그러나 우리 민사소송법은 이를 「소송목적」이라고 규정하고 있다(제26조, 제27조, 제65조, 제81조, 제82조, 제83조 등 참조). 민사집행법 제48조 2항 단서는 「소송물」, 같은 법 제309조 1항은 「소송물인 권리 또는 법률관계」라고 규정하고 있지만 민사소송법에는 「소송물」이라는 단어를 사용하지 않는다. 소송의 대상 또는 심판의 객체는 구체적 사실이 아니라 권리 또는 법률관계라고 하는 추상적 존재인데 「소송물」이라는 용어는 매우 구체적이어서 추상적인 심판대상과는 친하지 않다. 원래 「소송물」이라는 용어는 일본학자들이 독일어 Streitgegenstand를 일본어로 번역한 것을 그동안 우리나라에서 비판 없이 사용하여 왔던 것이다. 이 책에서는 소송의 대상 또는 심판의 객체를 비록 판례가 「소송물」이라고 표현하는 경우가 있더라도 우리 민사소송법의 규정에 따라 모두 「소송목적」이라고 일관하여 쓰기로 한다.

2) 소송목적의 대상 물건이 특정될 것[4]

민사소송에서 당사자가 소송목적으로 하는 권리 또는 법률관계의 대상 물건이 특정되어야 법원이 심리·판단할 대상의 효력·범위가 특정되기 때문이다.

3) 같은 사건에 관하여 다른 소송이 법원에 계속되지 아니할 것

라. 기   타

1) 소를 제기하는 데 기간이 정해 있으면 그 기간을 준수할 것
2) 소송중의 소 또는 병합의 소에서는 그 고유한 요건을 구비할 것

3. 소송요건의 모습

가. 적극적 요건과 소극적 요건

적극적 요건이란 소송요건의 존재가 본안판결의 전제요건이 되는 경우(예, 관할권·당사자능력 등)이고, 소극적 요건이란 그 부존재가 본안판결의 전제요건이 되는 경우(예, 중복된 소제기)이다.

나. 직권조사사항과 항변사항

소송요건 가운데에서 법원이 그 존재에 관하여 의심이 있을 때에는 당사자의 주장을 기다리지 않고 직권으로 고려하지 않으면 안 되는 사항, 즉 직권조사주의가 적용되는 사항을 직권조사사항이라고 하며 소송요건사항의 대부분이 이에 속한다. 비법인사단[5] 및 종중이 당사자인 사건에서 대표자의 대표권 유무,[6] 확정판결의 존부,[7] 채권자대위소송에서 피보전채권의 존재 여부,[8] 상속회복청구의 소에서 제척기간의 준수여부[9] 등 직권조사사항에 해당되는 사항은 많다. 직권조사사

---

4) 민사소송에서 당사자가 소송목적으로 하는 권리 또는 법률관계의 대상 물건이 특정되어야 법원이 심리·판단할 대상의 효력과 범위가 특정된다(대판 2011. 3. 10, 2010다87641 참조).
5) 대판 2011. 7. 28, 2010다97044.
6) 대판 1995. 5. 23, 95다5288.
7) 대판 1992. 5. 22, 92다3892.
8) 대판 2009. 4. 23, 2009다3234.
9) 대판 2010. 1. 14, 2009다41199.

항은 원칙적으로 법원이 고려하여야 할 사항이다. 따라서 소송절차에 관한 이의권(제151조)을 포기하거나 상실의 대상이 되지 아니하며, 피고가 답변서를 제출하지 않는 경우에도 직권조사사항에 흠이 있는 한 무변론 판결(제257조)을 할 수 없다. 변론준비기일이 지나더라도 변론에서 그 흠에 관한 주장을 할 수 있고 직권조사사항에 관한 상고이유를 법에서 정한 기일보다 늦게 내어도 상고를 기각할 수 없다(제429조). 자백(제288조) 또는 자백간주(제150조 3항)에 관한 규정이 적용될 여지도 없다.[10]

이에 대하여 법원이 그 존재여부에 관하여 의심이 있다 하더라도 피고가 주장하지 않으면 문제삼을 필요가 없는 사항을 항변사항이라고 한다. 소송비용담보제공의 항변(제119조), 중재계약존재의 항변, 부제소의 합의 등이 이에 속한다. 소송비용담보제공의 항변을 하였는데도 상대방이 담보제공을 거부하면 응소를 거부할 수 있고 중재계약존재의 항변이 인정되면 본안에 관한 심리를 할 수 없다. 모두 본안에 관한 심리 여부와 관련된다는 점에서 소송요건이 되지만 당사자의 항변이 있어야 한다는 점에서 직권조사사항과 구별된다. 방소항변(妨訴抗辯)이라고도 한다.

4. 소송요건의 조사

가. 직권조사

1) 개   념

직권조사사항에 흠이 있으면 법원은 본안에 관하여 심리할 필요가 없게 된다. 그러므로 법원은 당사자가 주장하느냐를 기다릴 것 없이 직권조사사항에 관한 흠이 있는지를 먼저 조사하여야 한다. 명문의 규정이 있는 경우도 있지만(예, 제32조) 그 규정이 없어도 성질상 직권조사사항에 해당되면 직권으로 조사를 하여야 한다. 이와 같이 직권조사사항의 존재에 의문이 있는 경우 당사자의 항변을 기다릴 필요가 없이 법원이 이를 먼저 심리하는 것을 직권조사라고 한다. 직권조사는 소송요건에 한정되고 본안에 관하여서는 할 수 없다. 예를 들어 법인의 대표자

---

10) 대판 1999. 2. 24, 97다38930.

에게 적법한 대표권이 있는지 여부는 직권조사사항이지만 법인이 행한 어떤 법률행위가 적법한 대표권에 기하여 이루어졌는지 여부는 본안에서 당사자의 주장·증명을 기다려 판단할 사항이므로 이를 직권으로 조사해서는 안 된다.[11]

2) 직권조사의 방법

직권조사사항은 재판상 자백이나 자백간주의 대상이 될 수 없고, 그 흠의 존재를 시기에 늦게 주장하더라도 실기(失機)한 공격방어의 방법이라고 하여 제149조에 의하여 각하할 수 없으며, 당사자의 이의 유무와 관계없이 이를 조사하여 설령 이의가 철회되어도 심리해야 한다.[12] 상대방이 그 존재를 부인하면 필요에 따라 직권으로라도 증거조사를 할 수 있지만 법원에 제출된 모든 소송자료를 통하여 직권조사사항의 존재를 의심할 만한 사정이 발견되지 않은 경우에는 직권으로 추가적인 증거조사를 할 필요가 없다.[13] 예를 들어 법인대표자의 적법한 대표권 유무에 관하여 의문이 제기될 사정이 있을 때는 법원이 이를 석명하거나 조사할 의무가 있는데[14] 상대방이 그 존재를 부인하지 않는다면 법원이 적극적으로 이를 석명하거나 심리 판단할 의무까지 있는 것은 아니다.[15]

법원이 심리하는 사건에서 소송요건의 흠이 인정되어 본안에 관한 심리를 하지 않으려고 하는데 당사자가 소송요건에 흠이 없다고 자백한다고 하여 이에 구속된다면 법원은 본안심리를 불필요하게 계속하여야 하는 번거로움이 있고, 거꾸로 법원이 소송요건의 흠이 존재하지 않는다고 하여 본안의 심리를 하고자 하는 경우에도 당사자가 소송요건에 관한 흠이 있다고 다투어서 소송요건에 관한 흠의 존재여부에 관하여 일일이 심리를 하여야 한다면 그만큼 시간이 걸리기 때문에 법원의 직권조사에 대한 위와 같은 심리방법은 법원의 그러한 심리 부담을 덜게 된다. 직권조사사항인 소송요건에 관해서도 그 사실의 존부가 명백하지 아니한 경우에는 증명책임의 원칙이 적용되는데 본안판결을 받는 것 자체가 원고에게 유

---

11) 대판 2004. 5. 14, 2003다61054.
12) 대판 1971. 3. 23, 70다2639.
13) 대판 2012. 4. 12, 2011다110579.
14) 대판 1997. 10. 10, 96다40578.
15) 대판 1996. 3. 12, 94다56999.

리하다는 점에 비추어 소송요건에 관한 증명책임은 원고에게 있다.[16]

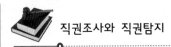

직권조사와 직권탐지

　　모두 직권이라는 용어를 사용하기 때문에 혼동하기 쉽다. 그러나 직권조사는 직권조사사항에 관하여 적용되는 데 대하여 직권탐지는 법적 3단 논법의 소전제인 사실의 인정에 관하여 적용되는 점에 차이가 있다. 실제로 조사방법에서도 직권조사에 의한 재판자료의 수집은 주로 법원이 석명권을 행사하는 방법을 이용하고 증거조사절차에 잘 들어가지 않는데 대해 직권탐지에 의한 재판자료의 수집은 증거조사절차를 거친다. 그러나 재판권의 존재여부와 같이 너무도 공익성이 크기 때문에 법원이 석명권을 행사하는 정도로 그 존재여부를 판단해서는 안 되는 경우에는 필요하다면 직권으로라도 증거조사절차를 거쳐 그 존재여부를 명백하게 하여야 할 것이다.

3) 직권조사의 범위

　　직권조사사항의 대부분은 직권조사의 방법에 의하여 재판자료를 수집할 수 있다. 그러나 공익성이 아주 강한 직권조사사항, 예를 들어 국가주권과 관련된 재판권의 존재나 당사자의 실재(實在)여부는 상대방이 그 존재를 부인하지 않는다고 해서 적극적 석명을 게을리하거나 심리판단을 생략할 사항이 아니다. 또 임의관할 따위는 설령 관할이 없다고 하더라도 당사자의 변론이나 합의에 의하여 관할이 인정되고 또 관할권의 부존재를 제1심 법원이 간과하였다고 하더라도 항소사유가 되지 아니하는데 이것까지도 재판상 자백을 부인할 필요가 없다. 그렇다면 직권조사의 범위는, 공익성이 강한 재판권과 같은 경우에는 직권탐지가 가능하다고 하여야 하고 공익성이 아주 약한 임의관할과 같은 경우에는 재판상 자백 등 변론주의 방법에 의한 자료 수집을 허용하여야 할 것이다.

---

16) 대판 1997. 7. 25, 96다39301.

 소의 이익

가. 개　념

우리 헌법은 국민의 재판을 받을 권리(헌 제27조 1항)를 기본권으로 보장하고 있으므로 국민 누구나 사법상(私法上)의 권리 또는 법률관계에 관하여 분쟁이 생긴 경우에는 법원에 소송을 제기하여 그 해결을 요구할 수 있다. 그러나 이 권리는 무제한으로 허용되는 것이 아니다. 모든 국민이 일상생활에서 발생하는 일체의 분쟁을 일일이 법원에 가지고 가서 그 처리를 요구한다면 법원은 시설·인원·비용 등의 제약으로 이들을 전부 다 심리하는 것이 불가능하기 때문이다. 그러므로 꼭 필요하다고 생각되는 사건에 한하여 본안에 관한 심리를 할 수 밖에 없다. 결국 민사소송제도를 설치·운영하는 국가쪽의 입장에서 보면 그 처리능력의 한계로 인하여 판결을 할 만한 필요성이 있는 사건에 대해서만 심리를 제한할 필요성이 생긴다. 아마도 로마법시대에 법무관이 악치오에 한정해서 심리를 한 이유도 이와 동일한 이유에서일 것이다. 다만 로마법시대에는 악치오에 해당되지 않으면 소송을 거절하였는데 재판을 받을 권리를 헌법상의 기본권으로 인정하고 있는 우리나라에서는 법원의 처리능력의 한계를 이유로 소송을 거절할 수는 없다. 그래서 이 문제를 국가의 입장에서 재판을 받을 국민의 입장으로 슬그머니 돌려놓았다. 즉, 당사자가 민사소송제도를 이용하여 판결을 받으려면 그 실질상의 이익 내지 필요성이 있어야 한다고 하여 이를 소송요건의 하나로 한 것이다. 그 이익 내지 필요성을 「소의 이익」이라고 한다. 그 결과 당사자는 「소의 이익」이 없으면 본안판결을 받을 수 없다. 다만 소송요건은 원고의 청구내용과 관계없이 일률적으로 판단하는 데 대해 「소의 이익」은 원고의 청구내용과 관련하여 판단해야 하므로 일반적인 소송요건과 별개로 취급되고 있다. 그렇다면 「소의 이익」은 청구내용과 밀접한 관련이 있기 때문에 오히려 「청구적격」 또는 「권리보호의 자격」이라는 용어가 타당할 것이다. 다만 「소의 이익」 중 법률상 쟁송이라든가 소제기 금지사유 등은 원고의 청구내용과 관련되기는 하지만 모든 소송에서 공통되므로 이곳에서 우선 취급한다.

나. 법률상 쟁송(법조 제2조 1항)

1) 법원조직법 제2조 1항의 역사적 성격

법원조직법 제2조 1항은 「법원은 헌법에 특별한 규정이 있는 경우를 제외한 일체의 법률상 쟁송을 심판하고, 이 법과 다른 법률에 의하여 법원에 속하는 권한을 가진다」고 규정하여 법원의 심판권이 법률상 쟁송에 있음을 명백히 하고 있다. 법원조직법 제2조 1항은 법규, 즉 헌법을 비롯하여 우리 국민의 대표기관인 국회에서 정한 법률과 그 체계에 관한 쟁송만을 법원에서 처리하고 그 이외의 사항은 이를 심판하지 않는다고 함으로써 법규만이 법적 3단 논법의 대전제임을 분명하게 하였다. 그러므로 민사재판권은 법률상 쟁송에 국한된다고 하는 내재적 제약을 받게 됨으로써 어떤 특정인이나 정당 등 특정단체의 의견이나 사상, 이념 등 법규가 아닌 것은 사법의 범위에 속하지 아니하게 하여 결국 이 규정은 우리나라의 법체제가 전제주의나 절대주의로 회귀하는 것을 방지하는 구실을 한다고 할 것이다.

2) 법률상 쟁송의 의미

법률상 쟁송이란 법령의 해석·적용에 의하여 해결할 수 있는 당사자 사이의 구체적 권리·의무에 관한 분쟁을 뜻한다. 즉, 법적 3단 논법의 대전제인 법규와 소전제인 사실 모두에 걸친 분쟁이 법률상 쟁송이다.

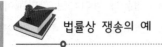

법률상 쟁송의 예

원고가 피고에게 금 1천만원을 빌려주었는데 이를 돌려주지 않는다고 하여 그 반환을 구하는 소송을 제기하는 경우 여기서 대전제인 법규는 민법 제598조의 소비대차규정이고 소전제인 사실은 돈을 빌려준 것이므로 분쟁이 법규와 사실 모두에 걸쳐 있다. 따라서 법률상 분쟁이 된다. 그러나 예를 들어 어느 여학생이 그 대학의 미인 컨테스트에 나와서 선전하였으나 낙선되자 자기가 그 대학의 최고 미인이라는 확인을 구하는 소송을 제기하였다고 하는 경우 여기서 소전제인 사실, 즉 미인인지 여부에 관한 분쟁은 존재하지만 해당 대학에 미인선발에 관한 기준이 없이 심사위원 마음대로 선발할 수 있다면 미인 확정에 관한 법규는 존재하지 아니하므로 대전제인 법규는 없다. 따라서 이 분쟁은 사실에 관하여서만 존재하여 법률상 분쟁이 되지 아니하는 것이다.

3) 법률상 쟁송의 구현

이와 같이 원고의 피고에 대한 청구내용이 법률상 쟁송이 되기 위해서는 당사자 사이의 구체적 권리의무에 관한 분쟁, 즉 구체적 사건성(=사실)과 동시에 법령을 해석·적용함으로써 해결할 수 있는 분쟁, 즉 법적 해결성(=법규)을 필요로 한다. 사건이 법률상 쟁송이 아니면 본안판결을 받을 수 없으므로 법률상 쟁송은 「소의 이익」이 된다.

가) 구체적 사건성　　원고의 청구는 법적 3단 논법의 소전제인 구체적 사실에 의하여 뒷받침되는 법률요건에 관한 것이어야 법원이 그 당부를 판단할 수 있다. 그러므로 원고의 청구는 법률요건에 해당하는 구체적인 권리·의무에 관한 것이어야 한다. 따라서 법률요건에 해당하지 않는 사실상 또는 간접적인 이해관계나 구체적인 사실이 수반되지 않는 추상적·법적 상태에 관한 분쟁은 민사소송의 대상이 될 수 없다. 특히 문제되는 점을 검토한다.

a) 법령의 효력 및 해석　　당사자 사이의 구체적인 권리·의무를 떠난 일반적·추상적인 법령의 효력 내지 그 해석은 오직 법적 3단 논법의 대전제에 관한 것이어서 민사소송의 대상이 되지 않는다. 다만 예를 들어 특정인에게 훈장을 수여한다든지, 어떤 국가유공자에게 매년 일정액의 연금을 지급하도록 법령이 만들어진 경우와 같이 법령이 그 구체화를 위한 어떤 처분행위를 기다릴 것 없이 그 자체로서 구체적 효력이 생기는데도 불구하고 이에 따른 행정청의 조치가 없어 직접 개인의 권리 또는 이익이 침해될 때에는 그 법규의 구체적 처분성으로 인해서 소송이 허용된다.

b) 반사적 이익　　행정상의 방침규정 또는 일정한 행정목적을 위하여 일반적·추상적 제도를 시행한 결과 반사적으로 개인이 받은 이익을 말한다. 예를 들어 어느 국공립 대학에서 학생들의 건강을 위해 구내의 담배가게를 세 군데로

제한하고 나머지 담배가게는 모두 폐쇄한 경우 세 군데의 담배가게가 받는 이익을 말한다. 반사적 이익은 개인의 이익을 직접적인 목적으로 하는 것이 아니기 때문에 이로 인해 생기는 이익은 사실상의 것으로 평가되어 소송으로 주장할 수 없다. 즉, 위의 예에서 어느 대학이 담배가게의 수를 열군데로 늘여서 기존 가게의 판매수입이 줄었다고 하여 그 손실을 소송으로 주장할 수 없는 것이다. 그러나 현대국가에 있어서 행정작용이 다양화되고 그 기능·내용이 확대·변화되면서 「권리의 보호에서 이익의 보호」로 국가의 개인에 대한 권리보호의 방향이 확대되는 경향에 비추어 실체법적으로는 반사적 이익에 지나지 아니하더라도 소송으로 보호할 만한 개인의 실질적·구체적 이익은 소송으로 주장할 수 있다고 하여야 한다.[17]

　　c) 객관적 소송　　개인의 구체적인 권리·이익의 구제를 직접적인 목적으로 하는 것이 아니라 법규적용의 적정성 또는 공익의 보호를 목적으로 하는 소송은 법률에 특별한 규정이 있는 경우(예, 지자 제17조 1항에서 정한 주민소송 등)를 제외하고는 허용되지 않는다. 공해·환경 등 현대형 소송에서는 판결의 파급적 효력을 중시하므로 공익의 보호를 목적으로 하는 일반 민사소송도 등장하고 있으나 우리나라 판례는 아직 당사자의 구체적인 이익을 목적으로 하지 않는 공공소송은 허용하지 않고 있다(천성산 도롱뇽사건[18]). 이와 같이 법률적 권리관계와 관련이 없는 사항은 소의 대상이 되지 않는다.[19]

---

17) 예컨대 면허나 인·허가 등 수익적 행정처분의 근거가 되는 법률이 해당업자들 사이의 과당경쟁으로 인한 경영의 불합리를 방지하는 목적도 가지고 있는 경우 담배 일반소매인으로 지정되어 영업을 하고 있는 기존업자가 해당 행정처분의 직접 상대방이 아니더라도 경업자에 대한 면허나 인·허가 등 수익적 행정처분의 취소를 구할 수 있다(대판 2008. 3. 27, 2007두23811 참조).

18) 한국철도시설공단이 국가의 전 지역에서 고속철도사업을 시행할 때 헌법 제35조 1항에 정한 환경기본권에 터 잡은 환경·교통·재해 등에 관한 영향평가법상의 환경영향평가절차를 충실히 이행하지 아니하여 사업시행구간의 관련토지소유자들의 환경이익을 침해할 수 있는 개연성이 있는 경우에도 그 개연성이 소유자들의 환경이익과의 관계에서 구체적인 피해가능성 내지 연관성을 인정하기 어려운 경우에는 그 침해의 예방에 적절한 조처를 사법상의 권리로 청구할 수 없다(대결 2006. 6. 2, 2004마1148·1149 참조).

19) 다만 판례는 확인하는 소에 의하여 위험·불안을 제거하려는 법률상 지위는 반드시 구체적 권리로 뒷받침될 것을 요하지 아니하고 그 법률상 지위에 터 잡은 구체적 권리발생이 조건 또는 기한에 걸려 있거나 법률관계가 형성과정에 있는 등 원인으로 불확정적이라고 하더라도 보호할 가치 있는 법적 이익에 해당하는 경우에는 확인의 이익이 인정될 수 있다고 하여 법률관계의 범위를 넓혀 나가고 있는 입장이다(대판 2000. 5. 12, 2000다2429 참조).

나) 법적해결성   분쟁이 구체적 사건에 관한 것(즉, 법적 3단 논법의 대전제 및 소전제에 걸친 분쟁)이라 하더라도 법적 측면보다는 정치적 성향이 강하거나 행정청의 자유재량에 속한 경우에는 법원이 법규의 해석·적용으로 그 분쟁을 근본적으로 해결하기 어려워 원칙적으로 소송의 대상이 되지 않는다.

a) 통치행위 또는 정치문제   통치행위라 함은 고도의 정치성을 띤 국가행위를 말한다. 어떤 행위가 통치행위인가에 관해서는 나라마다 입장이 조금씩 다르다. 영국에서는 주로 외교문제에 국한하며 미국에서는 외교문제는 물론 국내문제일 경우에도 대통령과 국회의 행위에 최종적 결정권을 부여하는 것이 합리적이라고 생각되는 정치적 부문은 통치행위에 포함시킨다. 우리나라의 판례[20]는, 「고도의 정치성을 띤 국가행위에 대하여 이른바 통치행위라 하여 법원 스스로 사법심사권의 행사를 억제하며 그 심사대상에서 제외하는 영역이 있을 수 있으나, 이와 같은 통치행위의 개념을 인정하더라도 과도한 사법심사의 자제(自制)로 인하여 기본권을 보장하고 법치주의 이념을 구현하여야 할 법원의 책무를 태만히 하거나 포기하는 것이 되지 않도록 지극히 신중하게 하여야 하며 그 판단은 오로지 사법부 만에 있다」고 판시하고 있어 통치행위의 개념에 매우 신중하게 접근하고 있다.

b) 자유재량행위   소송은 구체적 사건에 관한 법원의 법적판단에 주로 의존한다. 그런데 행정청의 자유재량행위는 공익성·합목적성의 판단에 의존하므로 법원의 판단과 친하지 않다. 따라서 행정청이 자유재량을 그르친 행위는 위법이 아니라 부당으로 평가되는 것이다. 판례[21]는 행정청의 재량행위를 기속재량행위와 자유재량행위로 구별한 다음 기속재량행위에 대해서는 그 행위의 근거가 된 법규의 체제형식, 문언, 그 행위가 속하는 행정 분야의 주된 목적과 특성 등을 고려하여 행정청이 한 판단의 적법여부를 사법부 독자적 입장에서 판정한다고 하여 사법심사의 대상으로 삼고 있다. 하지만 자유재량행위에 대해서는 행정청의 재량행위에 기한 공익판단의 여지를 감안하여 법원은 독자적인 사법심사를 하지 않고 그 행위에 재량권의 일탈·남용이 있는지 여부만 심사한다고 하였다. 이를 보면 법원은 행정청의 기속재량행위의 잘못이나 자유재량행위의 일탈 또는 남용

20) 대판 2004. 3. 26, 2003도7878; 대전판 2010. 12. 16, 2010도5986.
21) 대판 2001. 2. 9, 98두17593.

은 위법으로 평가하여 법원의 심판대상으로 하고 있다(행소 제1조 참조). 그러나 자유재량행위는 공익성, 합목적성의 판단에 관한 것이므로 위법이 아니라 부당으로 평가하여 행정심판의 대상으로 삼을 수 있을 뿐(행심 제1조 참조) 행정소송의 대상으로 삼지 아니한다. 즉, 자유재량행위에 대해서는 사법심사를 자제한다 할 것이다.

c) 종교단체의 징계결의 등 내부문제   종교단체의 내부분쟁은 원칙적으로 사법심사의 대상이 되지 아니한다.[22] 이를 허용하면 헌법이 정한 종교의 자유(헌 제20조 1항)를 침해할 우려가 있기 때문이다. 판례[23]도 종교단체 내부의 종교적인 비리에 관한 제재에 대해서는 사법심사를 자제한다고 하였다. 그러므로 종교단체의 대표자 등의 선임이나 제명처분 등을 둘러싸고 심각한 분쟁이 생겨 소송으로 분쟁을 해결하여야 할 필요성이 극도로 높은 경우에도 법원은 선임·제명처분 등 실체적 요건에 관해서는 단체의 자율적 결정을 그대로 존중하여야 하고 다만 해당 선임·제명처분의 절차가 그 단체에서 정한 절차를 제대로 준수하였는가의 여부 또 현실로 행하여진 절차가 적정·공정하게 행하여졌는가 등 선임·제

---

22) 지교회의 위임목사의 청빙과 관련되어 교단 내 하급 종교단체로서의 지교회가 상급 종교단체인 소속 교단의 의사결정에 불복하여 사법심사를 요청하는 것은 교단의 내부관계에 관한 사항으로서 각 종교단체의 자율권에 관한 것이므로 사법심사의 대상이 되지 않는다(대판 2014. 12. 11, 2013다78990 참조).

23) i) 대판 2011. 10. 27, 2009다32386:「종교활동은 헌법상 종교의 자유와 정교분리의 원칙에 의하여 국가의 간섭으로부터 그 자유가 보장되어 있다. 따라서 국가기관인 법원으로서도 종교단체 내부관계에 관한 사항에 대하여는 그것이 일반 국민으로서의 권리의무나 법률관계를 규율하는 것이 아닌 이상 원칙적으로 실체적인 심리·판단을 하지 아니함으로써 당해 종교단체의 자율권을 최대한 보장하여야 한다. 한편 종교단체가 그 교리를 확립하고 종교단체 및 신앙의 질서를 유지하기 위하여 교인으로서의 비위가 있는 사람을 종교적인 방법으로 제재하는 것은 종교단체 내부의 규제로서 헌법이 보장하는 종교의 자유의 영역에 속하는 것임에 비추어, 교인의 구체적인 권리 또는 법률관계에 관한 분쟁이 있어서 그에 관한 청구의 당부를 판단하는 전제로 종교단체의 교인에 대한 징계의 당부를 판단하는 것은 별론으로 하더라도, 법원이 그 징계의 효력 자체를 사법심사의 대상으로 삼아 효력 유무를 판단할 수는 없다고 할 것이다.」
ii) 대판 1983. 10. 11, 83다233:「피고(기독교 대한성결교회)의 장로면직 및 출교처분이 종교단체의 교리를 확립하고 단체 및 신앙상의 질서를 유지하기 위하여 교인으로서 비위가 있는 자에게 종교적인 방법으로 징계한 종교단체내의 규제에 불과하고 그것이 교인 개인의 특정한 권리·의무에 관계되는 법률관계를 규율하는 것이라고 볼 수 없다면 확인소송의 대상이 될 수 없고 이 같은 판단은 평등권 등의 헌법상 규정에 위배되지 아니한다.」

명 절차의 적법성만을 심사하여 그 선임·제명의 효력을 판단하여야 할 것이다. 그러나 징계결의와 같이 종교단체 내부의 규제라고 할지라도 그 효력의 유무와 관련하여 구체적인 권리 또는 법률관계를 둘러싼 분쟁, 예를 들어 교회 또는 사찰의 법적관리자, 소유권 및 그 점유와 관련된 분쟁 등이 존재하고 그 청구의 당부를 판단하기에 앞서 위 징계의 당부를 판단할 필요가 있는 경우에는 그 판단의 내용이 종교 교리의 해석에 미치지 아니하는 한 법원으로서는 위 징계의 당부를 판단하여야 한다고 하였다.[24] 따라서 예를 들어 사찰의 주지는 종교상의 지위와 함께 비법인 사단의 대표자로서 사찰재산의 관리처분권자의 지위를 겸하고 있어 주지해임무효확인 청구는 권리 또는 법률관계에 관한 분쟁이 되고, 교회의 대표자인 담임목사도 비법인 사단의 대표자로서 교회재산의 관리처분권자의 지위에 있어 이에 관한 분쟁도 권리 또는 법률관계에 관한 것이어서[25] 사법심사의 대상이 된다. 또한 어떤 불교종단에서는 사찰의 주지직에 있는 사람 명의로 부동산에 관한 명의신탁이전등기를 하는데 그 종단에서 주지직 제명을 이유로 명의신탁해지로 인한 소유권이전등기청구를 하였을 경우 이 청구의 전제로서 주지직 제명이 정당하였는지 여부는 사법심사의 대상이 된다.[26] 다만 종교단체 안에서 개인이 누리는 지위에 영향을 미칠 결의나 처분이 당연무효가 되려면 종교 단체 아닌 일반 단체의 결의나 처분을 무효로 돌릴 정도의 절차상의 흠이 있는 것으로는 부족하고 그 흠이 매우 중대하여 이를 그대로 방치할 경우에는 현저히 정의의 관념에 반하는 경우라야 한다.[27]

  d) 단체내부의 자율권   우리 헌법은 결사의 자유(헌 제21조 1항)를 보장하므로 정당, 대학, 지방의회 등 자율적인 법규범을 가진 단체에서의 해당 규범의 실현은 내부규율의 문제로서 자치적 조치에 맡겨야 하고 꼭 재판을 하게 하는 것은 적당하지 않다. 이는 존 로크와 몽테스키에의 이념에서 출발하여 해롤드 라스키에 의하여 완성된 다원주의(pluralism)가 법률분야에도 영향을 준 것을 의미한다. 참된 민주주의는 개인이나 어떤 집단이 기본으로 삼는 원칙이나 목적이 국가

---

24) 대판 2011. 5. 13, 2010다84956; 대판 2005. 6. 24, 2005다10388; 대판 2012. 8. 30, 2010다
   52072 등 참조.
25) 대판 2007. 11. 16, 2006다41297.
26) 대판 2011. 5. 13, 2010다84956.
27) 대판 2006. 2. 10, 2003다63104.

의 그것과 다를 수 있으므로 국가도 이를 존중하여야 한다는데 있다고 하는 다원주의의 이념 아래에서 국가는 단순한 내부사항 아닌 중대한 사항 또는 국민 일반의 법질서와 관련된 사항을 제외한 단체의 일반적 사항에 관해서는 정당, 대학 등 단체가 자치능력이 있는지 여부를 묻지 말고 그 단체의 자치권을 존중하여 단체의 자치에 맡겨야 할 것이다. 따라서 정당이나 단체 등 대표자의 선임이나 제명처분 등을 둘러싸고 심각한 분쟁이 생겨 소송으로 분쟁을 해결하여야 할 필요성이 극도로 높은 경우에도 종교단체 대표자 등의 경우와 같이 법원은 선임·제명처분 등 실체적 요건에 관해서는 단체의 자율적 결정을 그대로 존중하여야 하고 다만 해당 선임·제명처분의 절차가 그 단체에서 정한 절차를 제대로 준수하였는가의 여부 또 그 절차가 존재하지 않는 경우에는 현실로 행하여진 절차가 적정·공정하게 행하여졌는가 등 적법성만을 심사하여 그 선임·제명의 효력을 판단하여야 할 것이다. 물론 위에서 본 바와 같이 단순한 내부사항이 아닌 국민 일반의 법질서와 관련된 사항은 사법심사의 대상이 되지만 그 개입의 정도는 자치단체의 성격·목적·자치능력 등을 감안하여야 할 것이다.

다. 소극적 소의 이익(각 종의 소에 공통된 소의 이익)

위에서 설명한 법률상 쟁송은 원고의 청구 내용과 관련되기는 하지만 모든 소송에서 갖추어야 할 공통된 소의 이익이다. 법률상 쟁송 이외에도 다른 공통된 소의 이익이 있는데 이들은 그 부존재가 소의 이익이 된다는 점에서 이를 소극적 소의 이익이라고 할 수 있다.

1) 소제기 금지사유

가) 법률상 소제기 금지사유　　소의 제기는 중복된 소제기 금지(제259조 1항)와 종국판결선고 이후 소취하된 경우의 재소금지(제267조 2항) 등 법률상 소제기 금지사유에 해당되지 아니하여야 한다.

나) 계약에 의한 소제기 금지사유　　어떤 권리 또는 법률관계에 관하여 당사자들이 소를 제기하지 아니하겠다는 특약을 한 경우에는 유효하므로[28] 이 계약이 있는데도 소를 제기하면 소의 이익이 없다.

---

28) 대판 1993. 5. 14, 92다21760.

다) **중재합의**(중재 제3조 2호), **소취하계약 또는 상소권포기계약**　　이들 계약
이 있을 때에 소를 제기하면 소의 이익이 없다. 소가 제기된 법원에서 피고가 중
재합의의 항변을 제출하려면 본안에 관한 최초의 변론을 할 때까지 하여야 하고
(중재 제9조 2항), 피고가 중재합의가 있다는 항변을 하였을 때에는 그 항변이 없
거나 무효이거나 효력을 상실하였거나 그 이행이 불가능한 경우를 제외하고는 법
원은 그 소를 각하하여야 한다(중재 제9조 1항). 따라서 제소된 사건에 관하여 비
록 당사자가 소송 외에서 중재합의를 하였다고 하더라도 중재법 제9조 2항의 규
정에 따라 중재심판을 거쳐야 한다는 중재항변을, 법원의 본안심리에 들어가기
이전에 하지 아니하면 중재절차는 개시되지 아니한다.[29]

2) 소송에 의한 분쟁해결의 금지

법률이 어떤 법률관계에 관하여 통상의 민사소송절차가 있음에도 이와 다른
특별한 소송 기타 구제절차를 마련해 놓은 경우에는 그 절차를 먼저 이용함이 합
리적이라는 것이 입법자의 의도이다. 따라서 이 절차를 이용하지 않고 제기한 소
송은 소의 이익이 없다고 하여야 한다.[30] 예를 들어 소송비용확정절차(제110조)에
의하지 않고 제기한 소송비용배상이행청구의 소,[31] 비송사건(예, 비송 제33조의 임
시이사의 선임, 비송 제119조의 청산인의 선임·해임 등)을 비송사건절차법에 의하지
아니하고 제기한 형성을 청구하는 소, 중재판정이 있는 경우에 집행판결(중재 제
37조)을 구하지 아니하고 제기하는 이행을 청구하는 소, 승계집행문(민집 제31조)
을 신청하지 아니하고 제기하는 이행을 청구하는 소, 집행절차에서 변상받지 못
한 집행비용을 받고자 집행비용액확정결정신청에 의하지 아니하고 제기하는 이행
을 청구하는 소,[32] 행정대집행의 방법으로 의무의 내용을 실현할 수 있는데도 민
사소송으로 공작물의 철거를 구하는 이행을 청구하는 소,[33] 상소로 시정하여야
할 원심의 잘못을 별소로 제기하는 경우,[34] 재판 외에서 독자적으로 행사할 수 있

---

29) 대판 1991. 4. 23, 91다4812.
30) 대판 2002. 9. 4, 98다17145.
31) 대판 2011. 3. 24, 2010다96997.
32) 대결 1996. 8. 21, 96그8.
33) 대판 2000. 5. 12, 99다18909.
34) 대판 2002. 9. 4, 98다17145.

는 형성권(계약의 해제, 취소, 상계등)을 소로서 청구하는 경우, 재판상 화해를 하면서 법원에 계속중인 다른 소송을 취하하기로 하는 내용의 화해조서가 작성되었는데도 소를 취하하지 아니한 경우,[35] 경정등기절차를 밟아야 할 등기사항을 표시변경등기의 말소로 구하는 경우[36] 등에는 소의 이익에 흠이 있다. 그러나 국유재산법에 의한 국가의 공법상 권리인 변상금부과징수권과 민법상의 부당이득반환청구권은 법적 성질을 달리하므로 국가는 무단점유자를 상대로 변상금부과징수권을 행사하는 것과 별개로 민사상 부당이득반환청구권을 행사할 수 있다.[37] 또 개정 사립학교법 시행 이전에 재임용이 거부된 사립대학교 기간임용제 교원에 관하여 대학교원 기간임용제 탈락자 구제를 위한 특별법에 따른 행정적구제절차가 있다고 하더라도 해당 대학교원은 재임용심사신청권을 가지기 때문에 민사소송으로 재임용거부결정 및 통지의 무효확인을 구할 이익이 있다.[38]

3) 승소확정판결 등의 존재

소제기의 궁극적인 목적은 승소판결을 받거나 권리의 실현에 있으므로 승소판결이 확정되거나 권리를 실현한 당사자는 소의 이익이 소멸되었다고 할 수 있다. 따라서 원고가 이미 승소확정판결을 받아놓아서 즉시 강제집행을 할 수 있는데도 새로 제기하는 이행을 청구하는 소,[39] 소송이 아닌 다른 절차로 권리가 실현되었는데도 새로 제기하는 이행을 청구하는 소[40]는 모두 소의 이익에 흠이 있다. 다만 이 경우에도 판결원본이 멸실되어 집행문을 부여받을 수 없다든가[41] 재소 이외의 방법으로는 시효를 중단할 수 없는 경우[42] 또는 판결내용이 특정되지 아니하여 재소할 필요가 있는 경우[43]에는 소의 이익이 인정된다.

---

35) 대판 2005. 6. 10, 2005다14861.
36) 대판 2012. 3. 15, 2011다9136.
37) 대전판 2014. 7. 16, 2011다76402.
38) 대판 2010. 1. 14, 2007다55057.
39) 대판 2006. 12. 7, 2004다54978.
40) 대판 1996. 10. 15, 96다11785.
41) 대판 1981. 3. 24, 80다1888 · 1889.
42) 대판 1987. 11. 10, 87다카1761.
43) 대판 1998. 5. 15, 97다57658.

6. 소송요건 흠의 효과

가. 소송요건의 흠 판단의 표준시

1) 원   칙

그 판단의 표준시는 본안판결의 경우와 같이 사실심의 변론이 종결될 때이다. 예를 들어 종중이 비법인사단의 형태가 되어 당사자능력을 갖추었는지 여부도 사실심의 변론종결시를 기준으로 판단한다.[44] 우리 민사소송법은 로마법의 경우와 같이 2단계 소송구조가 아니기 때문이다. 따라서 소를 제기할 때 소송요건을 갖추지 아니하여도 변론을 종결할 때에 갖추게 되면 소송요건의 흠이 되지 않는다. 거꾸로 소를 제기할 때에 소송요건이 있더라도 변론을 종결할 때에 없으면 소송요건의 흠이 된다.

2) 상고심의 경우

그러나 상고가 되어 사건이 상고심에 계속중인 경우에는 확정판결에서 판결의 표준시인 사실심의 변론종결시와 달리 보아야 할 것이다.

사실심에서 변론을 종결할 때에는 소송요건을 갖추고 있었는데 상고심 계속중에 소송요건에 흠이 생긴 경우에도 사실심의 변론종결시를 고집하면 소송요건을 갖춘 것으로 보아야 할 것이나 확정판결의 존재와 같은 직권조사사항은 상고심에서도 직권으로 조사하여야 하므로[45] 소송요건의 흠에 관해서 그 존재를 주장할 수 있고, 비록 상고심이 법률심이긴 하지만 파기환송판결을 하면 다시 사건이 사실심에 계속된다는 점을 생각하여 보면 상고심 심리종결시(즉, 상고심판결 선고시)를 표준시로 보아서 소송요건에 흠이 있는 것으로 취급하는 것이 심리의 안정 측면에서 좋다.

사실심에서 소송요건의 흠을 간과하여 본안판결을 하였는데 상고심에서 그 흠을 보완하였다면 소송요건에 흠이 없는 것으로 취급하는 것이 파기환송으로 인한 사실심의 재심리를 절약할 수 있어 소송경제의 측면에서 바람직하다. 판

---

44) 대판 2013. 1. 10, 2011다64607.
45) 대판 2011. 5. 13, 2009다94384 · 94391 · 94407.

례[46])도 적법한 대표자 자격이 없는 비법인 사단의 대표자가 한 소송행위를 적법한 대표자가 상고심에서 추인할 수 있다고 하였다.

반대로 사실심에서 소송요건의 흠을 이유로 소각하판결을 하였는데 상고심에서 그 흠을 보완한 경우에는 상고를 기각하여 다시 소를 제기하게 하는 것 보다는 본안에 관한 심리를 할 수 있도록 원심판결을 파기하여 사실심에 환송하여야 할 것이다.

3) 관할권 등

관할권은 소를 제기할 때를 표준으로 하여 정한다(제33조). 소송절차의 안정을 위한 것이다. 그러므로 소를 제기한 때에 관할이 인정되면 그 뒤에 소장이 송달불능이 되거나 피고의 주소가 이전되더라도 관할에는 아무런 영향이 없다.

또 당사자가 소를 제기하고 그 소장이 피고에게 송달되어 법원이 심리할 단계까지는 당사자능력이나 소송능력이 있었는데 그 후에 소멸한 경우에는 소송절차가 중단될 뿐 소송요건의 흠이 되지 않는다.

나. 본안전 항변(本案前 抗辯)

피고가 원고의 소송이 소송요건에 흠이 있다고 다투는 것을 본안전 항변이라고 한다. 그러나 직권조사사항에 관한 본안전 항변은 법원의 직권발동을 촉구하는 의미에 불과할 뿐 원래의 항변이 아니다. 본안전 항변의 결과에도 불구하고 소송요건을 구비한 경우에는 중간판결(제201조) 또는 종국판결의 이유 가운데에서 소송요건에 흠이 없다고 판단하면 충분하다.

다. 소송판결

1) 소송요건에 흠이 발견되어도 법원은 이를 보정할 수 있는 경우라면 상당한 기간을 정하여 보정을 명하고 그래도 당사자가 이에 응하지 아니할 때에는 본안에 들어갈 필요도 없이 소를 부적법하다 하여 각하한다. 예를 들어 원고가 소송요건에 해당하는 당사자능력이나 당사자적격이 없는 자를 당사자로 잘못 표시한 경우에는 우선 상당한 기간을 정하여 당사자표시정정의 보정명령을 명하고 그래

---

46) 대판 2012. 4. 13, 2011다70169.

도 당사자가 이에 응하지 아니한 때에 소를 부적법하다 하여 각하하여야 한다.[47] 만약 그 흠을 보정할 수 없는 경우에는 변론 없이 판결로 소를 각하할 수 있는데 (제219조) 이 판결을 소송판결이라고 한다. 그러나 소송요건에 흠이 있더라도 임의관할 위반의 경우에는 소 각하 판결을 하지 않고 관할권 있는 법원으로 이송하여야 하며(제34조 1항) 병합된 소송에서 병합요건에 흠이 있는 경우에도 소를 각하할 것이 아니라 독립된 소송으로 취급하여야 한다. 모두 소송경제를 이루기 위한 조치이다. 또한 당사자 사이에 대립이 없어 법원에 소송계속이 없는 경우에는 판결로 소송종료를 선언한다.

    2) 소송요건 흠의 존부를 확실하게 하지 아니한 채 청구기각의 본안판결을 한 경우에, 원고는 이 판결에 대한 상소로써 소송요건의 흠을 주장할 수 없다고 하여야 한다. 설령 소송요건에 흠이 있다고 하여도 청구가 이유 없다고 하는 본안판결의 이유가 더 중대하기 때문이다. 피고로서도 청구기각판결에 대하여 소의 각하를 구할 상소의 이익은 당연히 인정되지 않는다. 반면에 소송요건을 갖추고 있는데 원심이 소송요건에 흠이 있다고 잘못하여 소 각하 판결을 하였다면 원고는 물론 청구기각을 구하는 피고 모두 상소로 그 취소를 구할 이익이 있다.

라. 소송요건 흠의 간과

    1) 소송요건에 흠이 있는 것을 간과한 본안판결은 위법하므로 임의관할 위반의 경우를 제외하고(제411조) 상소에 의하여 취소할 수 있다.

    2) 소송요건의 흠은 판결이 확정된 경우라도 재심사유(제451조 1항)가 있으면 재심의 소에 의하여 취소할 수 있다.

    3) 소송요건을 갖추고 있는데도 흠이 있다고 잘못 판단하여 소를 각하한 판결도 위법하므로 상소를 제기할 수 있는데 상소가 이유 있을 때에는 원심판결을 파기 또는 취소하고 사건을 원심법원에 환송하여야 한다(제418조, 제425조).

---

47) 대판 2013. 8. 12, 2012다68279.

Ⅳ. 신 의 칙

1. 개 념

사람은 사회적 동물이다. 생존을 위해서 서로 싸우는 경우도 허다하지만 다른 사람이 잘되어야 내가 잘되는 경우가 더 많을 것이다. 그러므로 사람이 사회공동생활의 구성원으로서 서로 상대방의 신뢰를 헛되이 하지 않도록 성의 있게 행동하여야 한다는 원칙, 즉 신의칙이 우리 사회의 한 규범으로 형성되어 있다. 주로 채무의 이행에 관하여 요구되다가 권리의 공공성과 사회성이 강조되면서 사법(私法) 전체에 적용되었으며 이제는 제1조 2항에도 규정되어 있다.

원래 민사소송법에는 신의칙이 적용되지 않는 것으로 이해되어 왔다. 민사소송이란 국가가 개인의 자력구제를 금지하는 대신 법에 따라 자기의 권리를 실현하는 절차로 생각되었기 때문에 구태여 신의칙이란 일반원칙을 적용할 필요가 없다고 풀이하였던 것이다. 그러나 소송의 당사자는 이해가 대립되고 있으나 정당한 재판을 바란다는 점에서 공통된다. 비록 패소당사자라 하더라도 정당한 재판에 의한 결과라고 한다면 자기의 다른 권리도 재판에 의하여 보호되리라는 기대를 할 수 있기 때문이다. 법원도 정당한 재판을 추구하여야 하는 문화적 사명을 띠고 있으므로 당사자와 서로 협력하여 그 사명을 완수할 임무가 있다. 따라서 소송관계는 채권·채무와 유사한 협동적 법률관계라고 할 수 있다.

민사소송은 당사자의 행위에 관하여 상세한 규정을 두고 있고 당사자는 승소를 목적으로 법에서 정한 절차에 따른 여러 가지 권리를 행사할 수 있다. 그런데 그러한 권리행사가 법의 취지를 벗어나서 당사자 사이의 형평(衡平)을 깨뜨릴 경우에 신의칙이 이를 조절하는 역할을 하는 것이다. 이 요청은 당사자 사이의 소송행위에서만 아니라 당사자와 법원 사이의 소송행위에서도 필요하다. 즉, 재판은 당사자들 사이의 적정·공평한 처리를 목적으로 하기 때문에 구체적 타당성(妥當性)의 입장에서 신의칙이 요구된다 할 것이나 동시에 재판은 신속·경제적으로 운영할 필요가 있기 때문에 그 견지에서 법원과 당사자와의 사이에서도 신의칙이 요청된다. 이와 같이 신의칙은 적정·공평의 이념 및 신속·경제의 이념에 봉사한다.

2. 적용모습

신의칙은 실체법상의 개별규정이나 특정한 해석이론을 형식적으로 적용하여서는 타당한 결과를 얻을 수 없을 때에 비로소 작동되어야 하는 일반조항이다. 그런데 그 적정한 적용을 확보하기 위해서 신의칙의 적용모습이 유형화·요건화 되었다. 그 적용모습은 보통 다음의 네 가지 유형으로 나눈다.

가. 소송상태의 부당형성배제

당사자 한쪽이 간책(奸策)을 부려 소송법규의 요건에 해당하는 상태를 고의로 만들어 냄으로써 부당하게 법규의 적용을 꾀하거나 정당한 법규의 적용을 회피하는 경우이다. 전형적인 예가 재판적(裁判籍)의 도취(盜取)이다. 예를 들어 채권자가 채무자를 상대로 소송을 제기하려고 하는데 채무자의 재판적이 없어 소의 제기가 어려운 경우에 일부러 채무자에게 가벼운 불법행위를 저질러 손해배상채권을 취득시킨 다음 그가 제11조에서 정한 재산이 있다고 하여 채무자를 상대로 소송을 하는 경우 또는 제25조의 관련재판적에 의한 재판적을 생기게 하려고 본래 제소할 의사가 없는 청구를 소로 제기하여 병합한 것이 명백한 경우[48] 등이다. 이들 경우에는 재판적이 부당하게 형성되었으므로 원고의 관할권을 부정하고 제2조에서 정한 피고의 보통재판적에 관할권을 인정하여야 할 것이다. 또한 수집절차가 위법한 증거를 정당하게 수집한 것처럼 법원을 속여서 증거로 제출하는 행위도 소송상태의 부당형성 배제원칙에 위반된다 할 것이다.

나. 「선행행위에 모순되는 거동」의 금지

1) 뜻

이 원칙은 영미법상의 estoppel의 원칙[49]을 독일법에서 수용하여 재구성한 법리이다. 소송에서 당사자 한쪽이 일정한 방향으로 태도를 취하다가 상대방이 이를 신뢰하여 소송상의 지위를 이룩하였을 때 갑자기 태도를 바꾸어 종래와 모

---

48) 대결 2011. 9. 29, 2011마62.
49) 금반언(禁反言)의 원칙이라고도 한다.

순된 거동을 하는 것을 금지하는 원칙이다. 이 원칙은 자본주의 경제발전에 따라 거래의 안전의식이 높아지면서 상사거래에 대한 적용여부를 중심으로 논하여지던 것이 민법과 행정법 영역에서도 취급되다가 민사소송법에서까지 받아들이기에 이르렀다. 판례는 피고의 추후보완항소를 받아들여 심리한 결과 본안판단에서 피고의 항소를 이유 없다고 기각하자 추완항소를 신청했던 당사자 자신이 상고이유에서 추후보완항소의 부적법을 주장하는 것,[50] 경매절차에서 임대차의 종료를 주장하여 배당요구를 하였다가 경락인이 제기한 명도청구소송에서는 임대차기간이 아직 끝나지 않았다고 주장하는 것[51]들은 선행행위와 모순되는 거동에 해당하여 허용할 수 없다고 하였다.

2) 적용범위

가) 민사소송법은 일정한 경우에 선행행위와 일치되지 않는 거동을 배제하거나 제한한다(제149조 1항, 제151조, 제266조 2항, 제285조 1항 등). 그러나 민사소송법은 동일 소송절차에서는 공격 또는 방어의 방법을 당사자가 유리하다고 생각하는 시기에 적절하게 제출할 수 있는 적시제출주의(제146조)를 취하고 있으므로 그 범위 내에서는 이 원칙이 적용되지 않는다. 예를 들어 1차적으로 물건의 매수를 주장하여 물품의 인도를 구하였다가 2차적으로 1차적 주장과 양립할 수 없는 매매계약의 무효를 이유로 하여 물품대금의 반환을 구하는 따위는 이 원칙에 위반되는 것이 아니다.

나) 선행행위와 모순되는 거동이 있다고 하여도 그 거동이 진실에 합치되는 경우까지 배제하여야 하는지 문제된다. 거래의 안전과 법적 안정의 요청만을 생각할 때에는 후행행위는 그것이 비록 진실에 들어맞는다고 하더라도 그 효력을 부정함이 옳다하겠으나 혼인관계와 같은 가족관계에서는 실체적 진실이 거래의 안전보다 더 강하게 요청되므로 선행행위에 모순되는 거동도 허용하여야 할 것이다.

다. 소송상 권능의 실효(失效)-실효의 원칙

실효의 원칙이라 함은 당사자 한쪽이 소송상의 권능을 오랫동안 행사하지 않

---

50) 대판 1995. 1. 24, 93다25875.
51) 대판 2001. 9. 25, 2000다24078.

고 방치하였기 때문에 상대방은 그가 더 이상 그 권능을 행사하지 아니할 것으로 믿고 신뢰할 만한 정당한 기대를 가지고 있는데 새삼스럽게 그 권리를 행사하는 것은 허용할 수 없다는 원칙을 말한다.[52]

실효의 원칙이 인정되려면 그 이전 단계에서 소송상의 여러 권능을 행사하여야 할 규범적 필요가 있어야 한다. 또 실효기간의 길이 및 권리가 행사되지 아니하리라고 신뢰할 상대방에게 정당한 사유가 있는지는 일률적으로 정할 수 없으므로 실효의 여부는 구체적인 경우에 권리를 행사하지 않는 기간의 장단과 권리자와 상대방의 사정 및 객관적인 여러 사정을 종합하여 판단하여야 한다. 판례에 의하면, 징계면직처분에 불복하던 근로자가 퇴직금을 이의 없이 수령하고 다른 직업에 종사하다가 징계면직일로 부터 2년 10개월 후에 제기한 해고무효확인의 소는 노동분쟁의 신속한 해결이라는 요청과 신의칙 및 실효의 원칙에 위반되어 허용할 수 없다고 하였고,[53] 소멸시효를 이유로 한 항변권의 행사도 채무자가 소멸시효 완성 후 시효를 원용하지 아니할 것 같은 태도를 보여 권리자로 하여금 이를 신뢰하게 하였고, 권리자가 소멸시효 완성시점으로부터 권리행사를 기대할 수 있는 상당한 기간 내에 자신의 권리를 행사하였다면, 채무자가 소멸시효 완성을 원용하는 것은 신의성실 원칙에 반하는 권리남용으로 허용될 수 없다[54]고 하였다.

실효의 원칙은 행사기간을 정하지 않은 각종 신청, 예를 들어 통상항고·이의 등에 적용될 여지가 크지만 앞의 요건을 갖추면 행사기간이 정하여진 항소권 등에 관해서도 적용될 수 있을 것이다.

라. 소송상 권능의 남용금지-권리의 남용금지의 원칙

민법 등 실체법에 적용되는 권리의 남용금지 원칙은 민사소송법에도 적용된다. 즉, 권리의 행사가 주관적으로 오직 상대방에게 고통을 주고 손해를 입히려는 데 있을 뿐 이를 행사하는 사람에게는 아무런 이익이 없고, 객관적으로 사회질서에 위반된다고 볼 수 있으면, 그 권리의 행사는 권리남용으로서 허용되지 아니한

---

52) 대판 1996. 7. 30, 94다51840.
53) 대판 1996. 11. 26, 95다49004.
54) 대판 2011. 9. 8, 2009다66969(이른바 '문경학살사건'의 피해자 유가족들이 국가를 상대로 손해배상을 청구한 사건이다); 대전판 2013. 5. 16, 2012다202819등 참조.

다.[55] 그 권리의 행사가 상대방에게 고통이나 손해를 주기 위한 것이라는 주관적 요건은 권리자의 정당한 이익을 결여한 권리행사로 보여지는 객관적인 사정에 의하여 추인할 수 있으며, 어느 권리행사가 권리남용이 되는가의 여부는 개별적이고 구체적인 사안에 따라 판단되어야 할 것이다. 따라서 소송 지연이나 민사집행의 지연을 목적으로 기피권을 남용하거나 상소권을 남용하는 경우, 이유 없는 것이 명백한 재심청구를 수차례 반복하는 경우,[56] 오로지 금전적 이득을 목적으로 하거나 탈법의 수단으로 소권을 행사하는 경우 등이 이에 해당한다.[57] 그러나 소권의 본질을 사법행위청구권으로 보고 소권을 국민의 기본권인 재판청구권과 같이 평가한다면 그 남용을 인정하는 것은 기본권의 실효를 인정하는 결론이 되기 때문에 소권의 남용이라고 판단함에는 신중을 기하여야 한다. 따라서 특별한 사정이 없는 한 제기된 소송을 소권의 남용이라는 명목으로 쉽게 배척해서는 안 될 것이다.[58]

3. 신의칙을 위반한 효과

1) 신의칙에 위반되는지 여부는 소송요건으로서 직권조사사항이 된다. 따라서 원고의 소제기 자체가 신의칙에 위반되면 소송요건의 흠으로서 부적법 각하하여야 할 것이다. 원고의 소제기 자체는 정당한데 피고의 응소(應訴)·항쟁(抗爭)이 신의칙에 위반되었을 때는 피고의 주장 자체를 배척하여야 하고[59] 경우에 따라

---

55) 대판 2010. 12. 9, 2010다59783.

56) 대판 2005. 11. 10, 2005재다303.

57) 그 외에도 판례에 의하면 (i) 학교법인의 경영권을 다른데 양도하기로 결의할 때 아무런 이의도 제기하지 않았을 뿐 아니라 법인이사직의 사임을 승인한 사람이 법인이사로서의 직무수행의사가 없으면서 법인으로부터 분배금을 받을 목적만으로 소를 제기한 경우(대판 1974. 9. 24, 74다767), (ii) 1인회사의 대표이사가 타인에게 주식을 양도한 뒤 8, 9년이 지나서 주권이 발행되지 아니하였음을 이유로 그 주식양도의 효력을 다투어 소를 제기한 경우(대판 1983. 4. 26, 80다580) 등은 신의칙에 위반되어 허용될 수 없다고 하였다.

58) 대판 2004. 12. 22, 2000다46399.

59) 대판 2011. 10. 13, 2011다36091:「…신병훈련을 마치고 부대에 배치된 군인이 선임병들에게 구타와 가혹행위 및 욕설과 폭언에 시달리다가 전임한 지 열흘이 지나지 않은 1991. 2. 3. 부대 인근 철조망에서 목을 메어 자살하였는데 그 유족들이 5년의 소멸시효기간이 훨씬 지난 2009. 12. 10. 에서야 국가를 상대로 손해배상을 청구하였다고 하여, 병영문화의 선진화

자백간주(제150조)의 성립을 인정하여야 할 것이다. 소의 제기는 적법하지만 원고 또는 피고가 하는 개개의 소송행위가 신의칙에 위반되었을 때에는 그 소송행위가 무효가 되므로 예를 들어 수집절차가 위법하여 증거능력이 없는 증거의 증거신청 은 이를 각하하여 법정제출을 금지하여야 할 것이다.

2) 원고의 소제기 또는 피고의 응소·항쟁이 신의칙에 현저하게 위반되었을 때에는 상대방에 대하여 불법행위로 인한 손해배상청구권이 생긴다.[60]

3) 신의칙을 위반한 소송행위를 간과하고 판결을 한 경우에는 그 판결이 확 정되기 이전에는 상소로 취소할 수 있으나 확정된 뒤에는 재심사유가 되지 아니 하며 당연 무효의 판결도 아니므로 효력이 있다.

4) 원고가 대한민국에 주소·사무소와 영업소를 두지 아니한 때 또는 소장· 준비서면 그 밖의 소송기록에 의하여 청구가 이유 없음이 명백함에도 불구하고 제기한 소송은 소권의 남용으로 볼 여지가 크다. 그러므로 이 경우에는 피고의 신 청(제117조 1항) 또는 직권으로 원고에게 소송비용에 대한 담보를 제공하도록 명 할 수 있다.

에 힘써야 할 책임이 있는 피고가 후진적 형태의 군대 내 사고의 발생을 막지도 못하였음은 물론 유족에 대하여 아무런 보상도 하지 아니하고서도 소멸시효의 항변을 하는 것은 신의칙 에 위반되어 허용할 수 없다.」

60) 대판 1999. 4. 13, 98다52513:「…소제기자가 주장한 권리 또는 법률관계가 사실적·법률적 근거가 없고 소제기자가 이를 알거나 혹은 보통사람들이 쉽게 알 수 있는데도 소를 제기하 는 등 소의 제기가 재판제도의 취지와 목적에 비추어 현저하게 상당성을 잃은 경우에는 소 의 제기도 불법행위를 구성한다.」

제 3 장

소송행위

Ⅰ. 소송행위

1. 개 념

1) 소송행위라 함은 소송절차를 이루는 법원·당사자 그 밖의 관계인들이 하는 소송법상의 행위를 말한다. 실체법상 법률행위에 대응한다. 당사자는 소를 제기한 다음 법원의 소송지휘에 따라 필요한 소송자료를 제출하면서 종국판결을 향해 여러 가지 행위를 하고 법원도 재판 혹은 여러 가지 소송지휘를 통하여 종국판결을 마련한다. 이와 같이 종국판결을 향한 법원 및 당사자의 의식적인 행위가 소송행위이다. 소송행위는 민사소송법이 정한 공법행위인데 대하여 실체법상 법률행위는 사법행위이므로 개념상 구별은 어렵지 않다. 특히 법원의 소송행위는 재판이나 소송지휘 등이므로 법률행위와는 쉽게 구별할 수 있다. 그러나 당사자의 소송행위는 비록 법원을 향한 것이지만 상대방 당사자에 대한 관계에서는 법률행위 등의 방법과 같이 행하는 경우가 많으므로 실제로는 구별이 그리 쉽지 않다.

2) 소송행위를 해석할 때에는 원칙적으로 표시주의와 외관주의를 따르도록 되어 있고 표시된 내용과 어긋나거나 모순되는 해석을 할 수 없다. 그러나 표시된 어구에 지나치게 구애되어 획일적이고 형식적인 해석에 집착한다면 도리어 당사자의 권리구제를 위한 소송제도의 목적과 소송경제에 반하는 부당한 결과를 초래할 수 있다. 그러므로 그 소송행위에 관한 당사자의 주장 전체를 고찰하고 소송행위를 하는 당사자의 의사를 참작하여 객관적이고 합리적으로 소송행위의 의미를

해석할 필요가 있다.[1]

법률행위

소송행위의 개념을 명백하게 하기 위해서는 실체법상 법률행위의 개념을 잘 알 필요가 있다. 왜냐하면 로마법상의 악치오에서는 실체법과 소송법이 분리되지 아니하다가 뒤에 법학의 발달로 인해서 양쪽이 갈라졌지만 원래의 뿌리나 모습은 같았기 때문이다. 따라서 실체법상 법률행위의 개념을 잘 알아두면 소송행위의 개념도 쉽게 이해할 수 있다. 여기에서는 소송행위를 이해하는 데 필요한 범위에서 법률행위의 개념을 설명한다.

(1) 법률관계와 법률요건, 법률효과

사람의 생활관계는 매우 다양하고 복잡하다. 그런데 이런 생활관계를 법(法)이란 안경을 통해서 보면 놀랍게도 단순하게 바뀌게 된다. 인간생활의 다양성은 오로지 권리(權利)와 의무(義務)라는 2진법식의 형태로 바뀌어서 그 권리의무가 발생·변경·소멸되는 형태가 되고[2] 이를 생활관계가 아닌 법률관계라고 표현한다. 즉 생활관계는 법을 통해서 보면 법률관계가 되는 것이다. 이 법률관계를 권리의무관계 혹은 권리관계라고도 하는데 모두 법률관계와 같은 의미이다. 살아 있는 생물은 일정한 원인에 기하여 모두 변하는 것처럼 법률관계도 고정되지 아니하고 항상 발생·변경·소멸되는 모습으로 변화한다. 이를 권리변동이라고 하는데 그 권리변동이 이루어지려면 원인이 있어야 한다. 그 원인을 법률요건(法律要件)이라고 하며 법률요건에 의하여 초래된 결과(즉, 권리관계의 발생·변경·소멸)를 법률효과(法律效果)라고 한다. 법규는 법률관계를 규정함에 있어서 「어떤 전제가 있으면 이런 효과가 생긴다」고 가언적(假言的) 판단의 모습을 하고 있는데 그 전제가 법률요건이고 그로 인해 주어지는 효력이 법률효과이다.

(2) 법률행위

㈎ **법률사실**　　법률요건을 구성하는 개개의 사실을 법률사실 또는 요소라고 한다. 법률사실은 여러 가지 관점에서 나눌 수 있는데 가장 중요한 것은 정신작용에 의한 법률사실이고 그 가운데에서 일정한 법률효과의 발생을 목적으로 하는 의사의 표현행위, 즉 의사표시가 중요하다.

㈏ **법률행위**　　의사표시를 요소로 하는 법률요건을 법률행위라고 한다. 1789년

---

1) 대전판 1984. 2. 28, 83다카1981; 대판 2008. 3. 27, 2007다80183 참조.
2) 이를 근대사법의 원자론적 구조라고 표현한다.

프랑스대혁명을 기점으로 봉건제도를 무너뜨리고 근대사회를 이룩한 사람들은 개인의 자유를 보호하고 개인에 대한 국가의 간섭을 최대한 배제한다는 자유(自由)를 그 출발점으로 삼았으므로 법률관계 형성의 중심 수단이 개인의 자유의사(自由意思)에 있다고 보았다. 여기서 사람들이 자기의 법률관계를 자유로운 의사에 따라 형성하여야 한다는 「사적자치(私的自治)의 원칙」이 근대사법의 기본원칙이 된 것이다. 사적자치의 원칙은 법률행위를 그 수단으로 하고 있으므로 「법률행위자유의 원칙」 또는 법률행위 중에서 사람들 사이에 가장 많이 나타나는 것이 계약이므로 「계약자유의 원칙」이라고도 한다.

(다) **법률행위의 종류**　　법률행위의 요소인 의사표시의 모습에 따라 다음의 세 가지로 나뉜다.

(a) **단독행위**　　한 개의 의사표시로 성립하는 법률행위이다. 계약의 취소나 해제, 상계와 같은 형성권의 행사는 언제나 단독행위이다. 단독행위는 의사표시가 상대방에게 도달하였을 때 성립하느냐에 따라 상대방 있는 단독행위와 상대방 없는 단독행위로 나뉜다.

(b) **계　　약**　　두 사람 이상의 당사자가 청약과 승낙이라는 대립하는 의사표시를 하고 그 합치로 성립하는 법률행위이다. 사람들의 일상생활에서 다른 사람과 생활을 같이 하는 경우가 가장 많기 때문에 계약이 법률행위 가운데에서 큰 비중을 차지한다. 계약은 널리 법률관계의 변동을 목적으로 하지만 좁게는 채권관계의 발생을 목적으로 하므로 채권계약만을 말한다. 우리 민법은 채권편에서 전형적인 채권계약 14종류를 들고 있는데, 계약자유의 원칙에 의하여 그 14종의 계약에 한정되지 않고 다른 계약도 얼마든지 맺을 수 있다. 그러나 적어도 14종의 채권계약을 익혀두어야 법률생활을 영위하는데 편리하다.

(c) **합동행위**　　두 사람 이상의 의사표시가 같은 방향으로 합치하여 성립하는 의사표시를 말한다. 사단법인의 설립행위가 그 예이다.

2. 종　　류

가. 법원의 소송행위

법원의 소송지휘와 재판이 이에 속한다. 다만 법원의 소송지휘 가운데에는 사실행위(예, 변론, 증거조사의 지휘)도 포함된다.

1) 법원의 소송지휘

주요한 것을 들어 보면 소송의 진행에 관한 기일의 지정·변경(제165조), 심리를 정리하려는 변론의 제한·분리·병합(제141조)·소송관계를 명료하게 하려는 석명권의 행사(제136조), 소송의 촉진 및 해결방법에 관한 조치로서 화해의 권고(제145조)·시기에 늦은 공격방어 방법의 각하(제149조) 등이다.

2) 법원의 재판

재판이라 함은 재판기관이 그 판단 또는 의사를 법이 정한 형식으로 표시하는 절차상의 행위를 말한다. 심리의 파생적 부수적 사항(예, 법관의 제척·기피, 관할의 지정)의 해결, 소송지휘로 하는 처분(예, 기일의 지정), 집행처분(예, 채권 압류명령, 전부명령) 등도 재판의 형식으로 이루어지지만 소송사건을 해결하기 위한 판결(특히 종국판결)이 가장 중요하다. 이외에 결정 및 명령도 법원의 재판에 속한다.

나. 당사자의 소송행위

당사자의 소송행위도 법률행위와 같이 단독행위, 계약(소송계약) 및 합동행위(예, 재판상 화해)가 있다. 다만 법률행위는 계약이 대부분인데 대해 소송행위는 주로 법원에서 이루어지므로 법원에 대한 상대방 있는 단독행위(이를 신청이라고 한다)가 압도적으로 많다. 따라서 재판상 화해나 소송계약을 제외한 당사자의 소송행위는 단독행위로 보아도 무방할 것이다.

소송계약

---

(1) 뜻

소송법상의 효과 발생을 목적으로 하는 당사자 사이의 합의를 말한다. 관할의 합의(제29조)와 같이 명문의 규정이 있는 경우에 그 성질을 소송행위로 보는 데 의문이 없다. 그러나 명문의 규정이 없는 경우에도 계약자유의 원칙이 서 있는 실체법에서와 같이 임의로 소송계약을 맺을 수 있는지 문제이다. 왜냐하면 소송절차에서는 당사자가 법률에 의하여 정형화된 소송심리의 방법과 소송행위의 방식·요건 등을 함부로 바꿀 수 없는 임의소송금지의 원칙이 적용되기 때문이다.

(2) 성   질

㈎ **부적법설**   임의소송금지의 원칙이 소송절차의 대원칙인 이상 사람들 사이의 합의에 의하여 소송심리의 방법을 바꾸는 것이 허용되지 않는다는 학설이다. 그러나 임의소송금지의 원칙은 소송절차에서의 주도권을 법원에 주는 직권조사주의나 직권탐지주의에서는 강하게 적용되지만 당사자에게 주도권이 있는 처분권주의나 변론주의에서는 별로 적용되지 아니하므로 여기까지 소송계약을 금지할 필요가 없어 이 견해는 타당하지 않다.

㈏ **적 법 설**

(a) **사법계약설**   여기에는, 소송계약은 소송이라는 단어를 쓰고 있지만 그 실질은 작위·부작위의무를 발생시키는 순수한 사법상 계약이므로 그 불이행의 경우에는 별개의 소송으로 작위 또는 부작위의무의 이행을 청구할 수 있다는 학설(제1설)과 상대방이 소송계약에서 정한 의무를 불이행할 때에는 별개의 소송을 제기할 필요 없이 해당 소송에서 소송계약을 맺은 사실을 항변으로 주장할 수 있고, 그 내용이 부제소 합의나 소취하계약일 경우에는 소의 이익이 상실되어 부적법 각하한다는 학설(제2설)이 있다. 제1설은 따로 별소를 제기하여야 한다는 점에서 환영받지 못하고 있다. 현재 제2설이 판례[3]이다.

(b) **소송계약설**   소송계약은 문자 그대로 소송법상 효과의 발생을 목적으로 하는 소송행위라는 견해이다. 이 학설에 의하면 당사자들이 소취하나 부제소계약을 맺으면 예를 들어 법원에 소취하를 하지 아니하였는데도 소취하된 것으로 본다든가 소가 제기되어 심리중인데도 이를 부제소로 보게 되므로 지나치게 현실성이 없어 부당하다.

(3) 개별적 검토

㈎ **부제소계약**   당사자가 소를 제기하지 않겠다고 하는 합의를 말한다. 일정 범위에서 특정한 분쟁을 대상으로 당사자들이 그 부제소로 인하여 입을 불이익을 명확하게 알면서도 이 계약을 맺었다면 유효하다. 그러므로 부제소의 계약을 맺었는데도 소를 제기하였다면 이는 부적법 각하하여야 할 것이다. 다만 이 계약이 소송 밖에서 이루어졌을 경우에는 당사자가 법정에서 이를 주장하지 아니하면 법원은 알 수가 없기 때문에 당사자가 부제소계약을 맺었다고 항변을 하여야 한다. 항변을 하면 소의 이익에 흠이 있다는 것을 이유로 각하한다.[4]

---

3) 대판 1968. 11. 5, 68다1665.
4) 대판 1993. 5. 14, 92다21760; 2011. 6. 24, 2009다35033.

(나) **소취하계약**　　당사자가 소송계속중에 소를 취하하겠다고 하는 합의를 말한다. 소의 취하를 하려면 원칙적으로 소송능력이 필요하며, 관할의 합의에서와 같이 서면에 의해서 명시적으로 할 필요가 있다. 소취하계약을 맺고도 소를 취하하지 않는 경우에는 소의 이익이 없다고 하여 소를 각하한다[5](소송행위설에 의하면 이미 소취하의 효과가 생겨 소가 없는 셈이므로 법원이 소송종료선언을 한다). 소취하계약도 명시적으로는 물론 묵시적으로도 합의하여 해제할 수 있으므로 환송판결 이전에 소취하계약을 맺었다가 환송판결 이후 변론기일에서 이를 주장하지 않은 상태에서 본안에 관한 변론을 하였다면 소취하의 합의는 묵시적으로 해제된 것이다.[6]

Ⅱ. 본안의 신청과 공격방어의 방법

　민사소송은 원고의 소제기로 시작되어 변론 및 증거조사를 거쳐 법원의 판결로 마친다. 이 과정에서 소의 제기는 원고가, 판결은 법원만 할 수 있으나 변론과 증거조사 절차에서는 원고와 피고가 법원의 소송지휘를 받아 상대방을 공격하고 자신을 방어하는 소송활동을 한다.

1. 본안의 신청

가. 개　념

　당사자가 법원에 대하여 일정한 행위를 요구하는 소송행위를 널리 신청이라고 하고 그 가운데에서 원고가 법원에 대하여 종국판결을 요구하는 신청, 즉 소(訴)를 본안의 신청이라고 한다. 원고의 소에 대하여 피고는 소송요건의 흠을 이유로 소각하의 판결을 구하는 신청 또는 원고의 소송이 이유 없다고 하는 청구기각의 판결을 신청한다. 피고의 소 각하 신청은 소송요건의 흠에 관한 것이므로 이 신청이 없더라도 법원은 소송요건에 관한 심리를 할 것이지만 피고가 청구기각판결의 신청을 하지 않으면 법원은 원고 청구의 당부를 심리하는 다음 단계의 소송절차로 들어가지 못한다. 그 의미에서 피고의 청구기각판결의 신청도 본안의 신

---

5) 대판 2005. 6. 10, 2005다14861.
6) 대판 2007. 5. 11, 2005후1202.

청이라고 한다. 이와 같이 소(訴)란 원고가 법원에 대하여 일정한 내용의 판결을 바라는 본안의 신청이다. 원고가 소송을 제기하기 위해서는 소송목적의 값이 2,000만원 이하로서 소액사건심판법 제4조의 적용을 받아 말로 하는 소제기를 제외하고는 소장(訴狀)이라는 서면을 법원에 제출하여야 한다(제248조). 소장에는 청구의 취지와 청구의 원인을 적어야 한다(제249조 1항). 결국 원고의 본안의 신청은 청구의 취지와 청구의 원인으로 표시된다고 할 수 있다.

따라서 본안의 신청에서는 청구의 취지와 청구의 원인이 무엇인지 그 개념을 아는 것이 무엇보다도 중요하다. 청구의 취지와 원인이 무엇인지는 뒤의 소제기 부분에서 다시 설명하겠지만 여기서 간단히 설명한다면 청구의 취지란 원고가 구하는 실체법상의 법률효과를 소제기의 형식에 맞게 적는 부분이고 청구의 원인은 그 법률효과를 발생시키는 법률요건사실을 적는 부분이다. 이에 대하여 본안의 신청 이외에 다른 부수적, 파생적 사항에 관한 신청을 소송상 신청이라고 한다.

나. 특 징

1) 본안의 신청은 법원에 대하여 일정한 행위(종국판결 등)를 요구하는데 그치고 그 자체에서 어떤 소송법상 효과가 생기지 않는다.[7] 그러나 단독적 소송행위인 소의 취하, 청구의 포기·인낙, 소송계약인 소송상 합의, 합동행위인 재판상 화해 등은 그 소송행위 자체에서 일정한 소송법상의 효과가 발생한다.[8]

2) 본안의 신청은 상대방에 대한 것이 아니고 법원에 대한 신청행위이므로 법원의 응답이 필요하다. 예를 들어 소를 제기한 경우 법원이 종국판결로 응답하는 것과 같다. 다만 법원의 직권발동을 촉구하는 신청에 대해서는 법원이 구태여 응답할 필요가 없다. 설령 이에 대하여 법원이 어떤 결정을 하더라도 당사자는 불복할 항고권도 없다.[9]

3) 소송행위도 법률행위와 같이 의사의 작용이므로 법률행위에서 권리능력이나 행위능력이 필요한 것과 마찬가지로 이에 대응한 당사자능력이나 소송능력이

---

7) 이를 취효적(取效的) 소송행위라고도 한다.
8) 이를 여효적(與效的) 소송행위라고 하여 본안의 신청과 구별한다.
9) 대판 2008. 4. 10, 2006후572. 다만 변론재개신청의 기각 결정에 대해서는 달리 보아야 한다 (제2장 제3절 I. 5. 다. 2) b) vi 참조).

필요하다.

4) 신청은 단독행위가 가장 많다. 그런데 실체법상의 단독행위는 당사자 한 쪽의 의사표시로 법률관계를 형성하는 행위이므로 조건이나 기한을 붙이게 되면 상대방의 법률상 지위가 너무도 불안하기 때문에 원칙적으로 붙일 수 없다. 민법은 상계의 의사표시에 관하여 조건 또는 기한을 붙일 수 없다고 규정한다(민 제493조 1항 단서). 신청도 실체법상의 법률행위와 같이 기한은 그 소송절차 내에서 도래하는 것이 보장되지 아니하므로 언제나 붙일 수 없고, 조건은 소송절차 내에서 그 성취 여부가 판명될 수 있는 경우에는 언제나 붙일 수 있다. 보통 예비적이나 선택적 형식으로 붙인다. 그러나 소송절차 내에서 조건의 성취 여부가 판명될 수 없는 경우에는 소제기에 대한 종국판결을 확정할 수 없으므로 붙일 수 없다.

5) 철회는 소급효가 없을 뿐만 아니라 예를 들어 소를 제기하였다가 취하하는 행위와 같이 법원의 심리부담을 줄여주므로 언제나 가능하다. 그러나 소의 취하로 소송계속이 소멸되었을 경우에는 이를 철회하더라도 다시 소송계속을 살릴 수는 없으므로 이런 철회는 허용되지 않는다. 소급효가 있는 취소는 이미 진행된 소송행위의 효력을 소급적으로 소멸시키므로 허용되지 아니한다.

2. 공격방어의 방법

가. 개   념

본안의 신청을 뒷받침하기 위해서 재판자료를 제출하는 행위를 널리 공격방어의 방법이라고 한다. 원고의 소제기에 대하여 법원은 논리적 3단 논법을 적용하여 판결로 응답을 하여야 하므로 당사자는 법원이 소에 대하여 이를 적용할 수 있도록 재판자료를 제출하여야 한다. 이것이 바로 공격방어의 방법으로서 여기에는 법률상의 주장, 사실상의 주장, 증명(입증)이 있다.

나. 법률상의 주장

1) 뜻

법률상의 주장이라고 하면 넓게는 법관이 재판에 적용하여야 할 법규의 해석, 관습법의 선택, 판례의 적용 등에 관한 당사자의 주장까지 포함하지만 이들이야 말로 법관이 할 본래의 직무에 속하기 때문에 이 주장들이 법원을 구속하지 아니함은 당연하다. 그러므로 일반적으로 법률상의 주장이라 함은 위의 것들을 제외한 법적 3단 논법의 결론인 법률효과에 관한 주장을 말한다. 당사자들은 보통 이 주장을 청구의 취지 란에 적는다. 그런데 우리나라의 확립된 판례[10]는 법률상의 주장을 청구의 취지로만 보지 아니하고 법칙 3단 논법의 대전제인 법률요건에서 초래된 법률효과에 관한 주장, 즉 청구원인에 기인한 청구의 취지로 본다. 예를 들어 청구의 취지에서 원고가 피고에 대하여 금 1억원의 지급을 청구한다고 하더라도 이 금전지급청구는 그 발생원인이 불법행위일 수도 있고, 채무불이행 또는 계약일 수도 있는데 발생 원인이 무엇인가는 모두 청구원인에 기재되어 있으므로 금 1억원 지급청구권의 법적 구성은 청구원인을 보아야 명백해지기 때문이다. 따라서 판례를 따르면 이 경우의 법률상 주장은 금 1억원의 지급청구가 아니라 그 발생원인(즉, 청구원인)이 불법행위인 경우에는 불법행위로 인한 금 1억원의 손해배상청구이고, 발생 원인이 계약일 경우에는 계약에 기한 금 1억원의 지급청구이다.

법률상 주장의 당부는 법관이 법적 3단 논법을 적용하여 판단한다. 그런데 법적 3단 논법의 적용은 당사자가 그 결론을 법률상 주장 형식으로 법원에 제출해야 법원은 비로소 그 당부를 판결로 판단한다는 것이다. 이와 같이 당사자의 법률상 주장이 없으면 법원의 판결도 없다는 원칙을 처분권주의라고 하며 우리 민사소송법의 움직일 수 없는 대원칙 중의 하나이다.

2) 법률상의 주장에 대한 상대방의 대응

가) 청구의 인낙　　피고가 원고의 법률상 주장이 이유 있다고 하는 진술을 말한다. 이 진술을 조서에 적으면 확정판결과 동일한 효력이 있어(제220조) 청구의 인낙은 원고가 전부승소한 확정판결과 같은 효력이 있다.

나) 청구의 포기　　원고 스스로 자기의 법률상 주장이 이유 없다고 하는

---

10) 「…두 개의 소의 소송물이 동일한 법률사실에 기하고 있더라도 청구원인이 다르다면 그 소송물은 별개이다.」(대판 1989. 3. 28, 88다1936; 대판 2008. 9. 11, 2005다9760·9777 등 참조).

진술을 말한다. 이 진술도 조서에 적으면 확정판결과 동일한 효력이 있어(제220조) 청구의 포기는 원고의 청구를 기각하는 확정판결과 같은 효력이 있다.

다) 재판상 화해   원고가 피고와 합의하여 법률상 주장의 일부를 양보하는 진술을 말한다. 이 진술도 조서에 적으면 확정판결과 동일한 효력이 있어(제220조) 재판상 화해는 원고청구의 일부가 승소한 확정판결과 같은 효력이 있다.

라) 각하 또는 기각   피고가 원고의 소제기에 대하여 소송요건의 흠을 이유로 각하판결을 구하거나 원고의 청구가 이유 없다고 하여 청구기각판결을 구하는 경우이다. 피고가 원고청구기각의 판결을 구하면 원고는 법률상 주장을 뒷받침할 재판자료를 제출하여야 소송은 다음 단계로 진행한다.

다. 사실상의 주장

1) 뜻

법관이 재판에서 법적 3단 논법을 적용하여 법률효과라는 결론을 이끌어 내려면 소전제가 되는 법률요건에 들어맞는 구체적 사실에 관한 당사자의 진술이 있어야 한다. 사실상의 주장이란 법적 3단논법의 소전제인 사실에 관한 당사자의 진술을 말하는데 이 사실은 소장의 청구원인란에 적어야 하므로 청구원인사실이라고도 한다. 결국 소전제인 사실상의 주장이 이유 있어야 대전제인 법률요건이 성립하고 그로 인해서 법률효과가 생기므로 사실상 주장의 당부는 원고청구의 승패를 좌우할 만큼 중요하다. 아마도 사실심에서 민사재판의 거의 대부분은 사실상 주장의 당부를 심리하는 데 걸린다고 해도 과언이 아닐 것이다.

2) 사실상 주장에 대한 상대방의 대응

가) 재판상 자백   원고의 청구원인사실을 피고가 인정하는 진술이다. 청구원인사실에 관한 자백은 증거를 필요로 하지 않으면서도 판결의 기초가 된다(제288조). 이를 자백의 구속력이라고 한다. 다만 뒤의 증거부분에서 설명하겠지만 법적 3단 논법의 소전제에 해당하는 선결적 법률관계에 관해서는 자백의 구속력이 없다.

나) 침   묵   원고의 청구원인사실에 대하여 피고가 맞느니 틀리느니

등을 진술하지 아니하고 가만히 있는 태도를 말한다. 변론전체의 취지로 보아 다툰다고 인정되는 경우를 제외하고는 자백으로 간주된다(제150조 1항).

다) 부　인　　피고가, 원고의 청구원인사실이 아니라고 하는 진술을 말한다. 부인은 피고가 「아니다」라고 처음부터 부인하는 경우(이를 직접부인이라고 한다)와 원고의 청구원인사실과 논리적으로 양립할 수 없는 사실을 들어 부인하는 경우(이를 간접부인이라고 한다)가 있으나 부인이라는 점에서는 똑같다. 예를 들어 원고가 피고에게 금 1,000만원을 빌려주었는데 이를 갚지 아니하였다고 하여 대여금의 지급을 청구하였을 때 돈을 빌린 사실이 없다고 진술하는 것은 직접부인이고, 돈을 빌린 것이 아니라 증여받은 것이라고 진술하는 경우에 대여는 증여와 논리적으로 양립할 수 없으므로 간접부인이다. 어느 경우에나 원고가 대여사실을 증거로 입증하여야 하는 것이고 피고가 증여에 관해서 입증하여야 하는 것이 아니다. 증거로 사실을 입증할 책임을 증명책임이라고 한다.

라) 항　변

a) 개　념　　원고의 청구원인사실과 논리적으로 양립할 수 있는 사실을 들어 원고 청구의 배척을 구하는 피고의 진술을 항변이라고 한다. 항변은 원고의 청구원인사실과 논리적으로 양립이 가능한 사실이다. 따라서 원고의 사실상 주장에 대한 묵시적 자백을 전제로 하므로 입증여부는 항변사실에만 남게 된다. 피고의 항변사실에 대해서도 원고가 자백을 하면 그 항변사실에 대한 입증이 필요하지 아니하며, 원고가 그 항변사실을 부인을 할 때는 피고가 증거로 항변사실을 입증하여야 한다. 피고의 항변에 대하여 원고의 재항변이 가능하고 이 재항변에 대하여 피고도 재재항변을 할 수 있다.

b) 부인과 항변의 차이　　부인은 상대방이 증명책임을 부담하는 사실에 대한 반대주장이고 항변은 자기가 증명책임을 부담하는 사실에 대한 주장이다. 부인은 상대방의 사실상 주장과 논리적으로 양립할 수 없으나 항변은 상대방의 사실상 주장과 논리적으로 양립할 수 있다. 부인은 「not」으로, 항변은 「yes, but~」이라고 표현할 수 있다. 예를 들면 대여금청구소송에서 돈을 빌린 사실이 없다는 주장은 부인이고, 돈을 빌린 것은 맞으나 이미 갚았다는 주장은 항변이다. 부인 여부는 상대방의 사실상 주장에 대한 응답으로서 반드시 필요하지만 항변여부는 당사자의 자유에 속한다.

라. 증명(입증)

증명이라 함은 사실상의 주장 또는 항변을 상대방이 부인하는 경우에 이를 뒷받침하기 위한 행위 또는 활동을 말한다. 사실상 주장 또는 항변은 증명이 되어야 법적 3단 논법을 적용할 수 있다.

3. 독립된 공격 또는 방어의 방법

다른 공격방어방법과 관계없이 분리하여 심판할 수 있는 공격 또는 방어의 방법을 말한다. 예를 들어 원고가 피고의 소유권이전등기가 원인무효라고 주장하면서 피고 이름의 소유권이전등기에 관한 말소등기청구를 하였더니 피고가 1차적으로 무권대리의 추인, 2차적으로 취득시효의 항변을 한 경우에 피고의 항변 중 어느 하나라도 인정되면 원고의 청구는 기각되어야 하므로 이를 독립된 공격 또는 방어의 방법이라고 한다. 법원은 독립된 공격 또는 방어의 방법에 대하여 필요한 때에는 중간판결을 할 수 있으나(제201조) 실무상 그 예가 별로 없다.

Ⅲ. 소송행위의 흠과 그 처리

소송행위와 사법행위는 엄격히 구별되고 있기 때문에 소송행위에 사기·강박·착오 등 실체법상 의사표시의 흠이 있더라도 민법규정을 적용하여 이를 취소할 수 없다(의사표시의 흠 불고려의 원칙). 따라서 소송행위의 흠과 그 처리는 소송법 독자적 입장에서 한다.

1. 흠의 원인

소송행위의 흠은 주로 성립된 소송행위의 적법성과 유효성의 문제이다. 흠이 되는 사유는 흔히 형식적 사유와 실질적 사유, 소송행위에 내재하는 사유와 외래의 사유로 구별한다.

가. 형식적·내재적 사유

1) 소송행위의 요건

개개의 소송행위에 관하여 방식·내용·능력 등 형식적·내재적 요소를 소송행위의 요건이라 한다. 서면의 요구(제248조, 제262조 2항, 제264조 2항), 신청방식의 구비(제72조, 제249조), 소송능력, 변론능력, 대리권 등의 존재가 이에 속한다. 소송행위의 요건은 법이 그 준수를 요구하고 있기 때문에 그 위반은 소송법상 부적법하게 되어 그 소송행위는 무효이고 취소할 수 있는 것이 아니다. 소송능력의 흠도 행위능력의 흠과 달리 취소할 수 있는 것이 아니라 무효이다.

2) 부작위와 추후보완

법에서 정해진 기간 안에 소송행위를 해야 함에도 이를 제때에 하지 않는 부작위는 의사표시의 작용이 아니므로 소송행위가 아니라 소송상의 사실이다. 이 부작위에 대해서는 추후보완이 허용된다. 추후보완이란 정해진 기간 안에 해야 할 소송행위가 기간을 넘긴 경우에 법이 정한 요건으로 소송행위를 다시 하여 마치 법정기간 안에 한 것과 같은 효과를 주는 것을 말한다(제173조). 추후보완은 부적법·무효인 소송행위를 대상으로 하는 것이 아니라 소송상 사실을 대상으로 하는 것이므로 흠 있는 소송행위의 처리방법이 아니다.

나. 형식적·외래적 사유

1) 개별적 사유

시기(時期)(제75조, 제149조), 금지(제267조 2항), 도달·조건·기한 등이다

가) 소송행위에 기한을 붙이는 것은 허용되지 아니하며 조건도 절차 내부에서 그 성공여부가 판명되는 경우에는 허용되지만 그러하지 아니하면 허용되지 아니한다는 점은 이미 본안의 신청부분에서 설명하였다.

나) 도달되지 않는 소송행위는 불성립이다. 도달되더라도 의사표시의 수령권한이 없는 자에 대한 것은 부적법하고 무효이다.

2) 심리방식·소송요건

심리방식(예, 법원의 구성·공개주의 등)에 위반된 소송행위나 소송요건을 갖추지 못한 소송행위는 부적법·무효이다. 그러나 소송요건의 경우에는 원칙적으로 변론이 종결될 때를 표준으로 하여 정해지며 그 때까지는 언제든지 부적법을 적법하게 보완할 수 있다.

다. 실질적·내재적 사유

행위자의 의사가 소송행위의 흠을 초래하는가의 문제이다. 그러나 의사표시의 흠 불고려의 원칙상 당사자의 소송행위는 원칙적으로 그 의사 여하에 불구하고 행위를 할 때의 표시행위를 표준으로 그 효력을 판정하여야 하며 행위자의 주관적 의도에 따라 달라지는 것이 아니다.

라. 실질적·외래적 사유

소송행위에 관해서 신의칙(제1조 2항)이 적용되는 것은 당연하고 민법 제103조에서 규정하고 있는 반사회질서 금지의 원칙도 적용된다고 하여야 한다. 그러나 일단 성립한 소송행위는 그 모습이 정해져 있기 때문에 주로 신의칙이 적용된다.

2. 흠의 처리

가. 흠 있는 소송행위의 배척

흠 있는 소송행위는 원칙적으로 부적법·무효이므로 배척되어야 한다.

1) 배척할 권한과 책임은 법원에 속한다. 흠이 있느냐 없느냐의 판단은 결국 법원이 하여야 하기 때문이다. 법원은 재판, 관여배척, 무시 등으로 흠 있는 소송행위를 배척한다.

2) 당사자 자신은 그 흠을 이유로 소송행위를 취소하여 그 효력을 소급하여 부정할 수 없다.

3) 그러나 소송행위가 소급효 없이 철회되는 것은 법원도 환영하고 있으므로 당사자는 흠 있는 소송행위를 철회하고 그 대신 흠 없는 소송행위를 함으로써 흠을 제거할 수 있다. 다만, 기간의 정함이 있는 경우에는 그 기간을 준수하여야 한다.

나. 흠 있는 소송행위의 치유(治癒)

소송행위는 법률행위와 같이 독립적으로 성립하지 아니하고 다른 소송행위와 어울려 선행 또는 후행행위로 소송절차를 구성한다. 그러므로 어떤 소송행위가 부적법·무효라고 하여 무조건 배척한다면 이에 터 잡은 후행행위도 모두 부적법·무효가 되어 소송절차의 안정을 해칠 뿐 아니라 이를 반복해야 하므로 소송경제에 위반된다. 이를 극복하기 위해서 일단 성립한 소송행위의 흠은 소송절차의 모든 단계에서 그 치유를 인정하여 절차의 안정과 소송경제를 도모하여야 할 것이다. 다음은 흠 있는 소송행위의 치유방법이다.

1) 보정·추인

예를 들어 소장에 붙인 인지가 부족하거나 주소불명 등 형식적 요건을 갖추지 아니하였을 때는 보정을 하면 유효하게 된다(제254조, 제255조). 소송능력의 흠은 법정대리인이나 소송능력을 회복한 본인의 추인에 의하여, 대리권의 흠은 본인의 추인에 의하여 소급적으로 유효하게 할 수 있다(제60조). 유효한 소송행위의 추인이 되기 위해서는 소송행위를 할 수 있는 정당한 당사자가 권한이 없는 자의 흠 있는 과거의 소송행위를 인식한 후 그것을 유효한 것으로 인정한다는 의사표시를 하여야 한다. 사실심의 행위는 상고심에서도 추인할 수 있지만[11] 법원이 그 소송행위를 확정적으로 배척하기 전에 하여야 하며 특별한 사정이 없는 한 소송행위 일부만 따로 할 수 없고 소송행위의 전체를 대상으로 하여야 한다.[12]

2) 소송절차에 관한 이의권의 상실·포기(제151조)

가) 당사자가 법원 또는 상대방의 법규를 위반한 소송행위에 대하여 이의하

---

11) 대판 2010. 12. 9, 2010다77583.
12) 대판 2008. 8. 21, 2007다79480.

고 그 효력을 다투는 소송법상의 권능을 소송절차에 관한 이의권이라고 한다. 이 권능은 당사자가 이를 적극적으로 행사하면 법원의 소송지휘가 합법적으로 실시되는 가를 감시할 수 있어 당사자로 하여금 소송절차에서 자기의 이익을 지키는 구실을 한다. 그러나 이 권능이 소송법적으로 의미 있는 것은 그 불행사가 법원의 절차규정 위반의 흠을 치유한다는 것이다. 일반적으로 소송절차에 관한 임의규정 가운데에서 효력규정에 위반된 흠이 있는 소송행위는 무효이므로 법원과 당사자는 다시 제대로 된 소송행위를 하여야 한다. 이것이 소송경제에 반하는 것은 당연한데 이 권능을 행사하지 않으면 그 흠이 치유되어 소송절차의 안정과 소송경제에 도움이 된다.

나) 당사자는 법원 또는 상대방의 소송행위가 주장 또는 내용에 관한 것이 아니라 소송절차에 관한 규정[13]에 어긋난 것을 알거나, 알 수 있었음에도 불구하고 바로 이의를 제기하지 않을 때에는 이의를 제기할 권리를 상실한다(제151조). 이의를 제기하지 않겠다는 의사를 명시하거나 묵시적으로 표시하여 이의권을 포기하는 경우에도 이의할 권리를 상실한다. 여기서 '바로'라고 함은 이의를 제기할 수 있는 첫 기회를 의미한다. 예를 들어 증거조사를 하려면 당사자에게 기일을 통지하여야 하는데 이를 어긴 채 증거조사를 한 경우에 바로 이의를 제기할 수 있는 다음번 변론 또는 증거조사기일을 말한다. 원고가 청구변경을 하였는데 피고가 이의하지 아니하고 본안에 관하여 다툰 경우에도 더 이상 다툴 수 없다.[14]

다) 소송절차에 관한 이의권을 포기하거나 상실하면 절차규정에 위반한 소송행위라도 그것이 강행규정에 어긋나지 않는 한 유효하게 된다. 다만 법원의 소송행위는 당사자 양쪽이 모두 이의권을 포기하거나 상실한 때 유효하게 된다.

---

13) 대판 2008. 2. 1, 2007다8914.
14) 대판 2011. 2. 24, 2009다33655.

 소송절차규정

(1) 효력규정과 훈시규정

그 규정을 위반하면 소송절차의 진행에 영향을 주는 규정을 효력규정이라고 한다. 법원의 소환, 송달, 증거조사의 방식 등은 효력규정이다. 한편, 그 규정에 위반되더라도 소송절차의 진행에 아무런 영향을 주지 않는 규정을 훈시규정이라고 한다. 판결의 선고기일(제207조) 등이다. 훈시규정 위반은 소송절차에 영향을 주지 아니하므로 당사자 누구도 무효를 주장할 수 없다.[15]

(2) 강행규정과 임의규정

법원이나 당사자가 반드시 준수하여야 할 규정을 강행규정이라고 한다. 법원의 구성, 전속관할 등이다. 한편 당사자의 소송수행의 이익과 편리를 위한 규정을 임의규정이라고 한다. 참가신청, 소송고지의 방식 등이 이에 속한다.

---

15) 대판 2008. 2. 1, 2007다9009.

제2편

본 론

Lecture Zivilprozessrecht

제1장

소송의 주체

제2편 본   론

제1절 민사재판권과 관할

Ⅰ. 민사재판권

1. 뜻

　재판에 의하여 법적 쟁송사건을 해결할 수 있는 국가권력을 재판권이라고 하며, 사법권이라고도 한다. 헌법 제101조 1항은 「사법권은 법관으로 구성된 법원에 속한다」고 하였다. 재판권 중 민사쟁송사건을 처리하는 권능을 민사재판권이라고 한다.

　아무리 사람이 이성적인 존재라 하더라도 궁극적으로는 힘에 의한 강제가 따르지 않고서는 종국적인 분쟁해결을 기대할 수 없다. 사회에서 가장 힘이 강한 존재는 '합법적인 물리력을 독점하는' 국가이므로 국가기관인 법원이 민사재판권을 가지고 분쟁해결의 주체가 되어야 법적 쟁송을 최종적으로 해결할 수 있다.

2. 민사재판권의 국제법적 제약

　우리 민사소송은 법률적 쟁송에 한정해서 민사재판권이 작동하는 내재적 제약이 있고, 한편 민사재판권은 우리나라 국가주권의 하나이므로 다른 나라에 적용될 수 없는 외부적 제약이 있다. 즉, 국제법적 관점에서 나오는 대인적, 대물적, 장소적 제약을 받게 된다.

가. 대인적 제약

국가는 자기의 영토 안에서는 배타적 주권이 있다. 따라서 국가 주권의 하나가 되는 민사재판권도 국적을 불문하고 우리나라에 있는 모든 사람에게 효력이 있는 것이 당연하다. 그러나 헌법 제6조 1항에 의하면「헌법에 의하여 체결·공포된 조약과 일반적으로 승인된 국제법규는 국내법과 동일한 효력이 있다」고 규정되어 있고 외국원수·수행원 및 그 가족 등은 주재국(駐在國)의 재판권을 면제받는 특권이 있다는 것이 국제관습법이다. 이와 같이 헌법과 국제관습법에 의해 일정한 사람들에 대해서는 우리의 영토 안에서도 민사재판권이 미치지 않는데 이것이 민사재판권에 관한 대인적 제약이다.

1) 외국국가

가) 원　칙　　　외국국가에 대하여 재판권이 면제된다는 것은 전통적 국제관습법이었다. 따라서 국가는 외국의 법원에 원고로서 소송을 제기할 수 있으나 피고로서 제소당하지 아니하였다. 여기에서 외국국가란 주권국가를 의미하지만 다른 국가 또는 다른 나라 정부의 승인이 반드시 요구되는 것은 아니다. 그러나 지금은 뒤에서 보는 것과 같이 외국국가에 대한 재판권의 면제범위가 수정되고 있는 것이다.

나) 면제의 범위　　　우리나라 판례[1]도 한 때 국가행위의 성질을 묻지 않고 외국국가에 대해서는 재판권이 모두 면제된다는 절대적 면제론의 입장이었으나 지금은 국가행위가 주권적 행위인 경우에만 재판권을 면제하고 사법적(私法的) 행위일 경우에는 재판권이 면제되지 아니한다고 한다(상대적 면제론[2]). 국가는 공권력의 주체이지만 사경제의 주체도 될 수 있다. 21세기에 들어서 각국은 특정 국가 사이에 배타적 무역 특혜를 서로 부여하는 지역무역협정인 FTA(Free Trade Agreement)를 통해서 개인과 다를 바 없는 사경제적 행위를 하는 경우가 많으므

---

1) 대결 1975. 5. 23, 74마281.
2) 대전판 1998. 12. 17, 97다39216.

로 그 경우에는 재판권을 면제할 필요가 없을 것이다. 따라서 국가 사이에 사경제활동이 커지면서 외국국가의 재판권면제 범위는 줄어들고 있다.

다) 예 외 　외국국가가 주권적 행위를 한 경우에도 재판권면제의 특권을 포기한 경우나 법정지(法廷地)국의 영토주권이 인정되는 부동산에 관한 소송에서는 재판권이 면제되지 않는다.

라) 민사집행의 면제 　원고가 외국국가를 피고로 하여 소송을 제기한 결과 승소판결이 확정되면 외국국가에 대한 재판권이 면제되지 않는 범위에서 민사집행을 할 수 있다. 그러나 이 민사집행은 외국국가의 주권과 권위에 대한 심각한 침해가 예상되므로 당연히 외교적 측면에서 신중한 배려가 요청된다. 그래서 외국국가가 재판권의 면제를 포기한 경우에도 민사집행을 하는 데는 재판권면제와 별개의 명시적인 포기를 필요로 한다는 것이 국제관습법이다. 판례[3]에 의하면 제3채무자에 대한 채권압류 및 추심명령(민집 제223조 및 제232조)은 제3채무자에 대한 집행권원이 아니라 집행채권자의 채무자에 대한 집행권원만으로 개시된다는 점을 고려하면 제3채무자를 외국으로 하는 채권압류 및 추심명령의 재판권행사는 외국을 피고로 하는 판결절차의 재판권행사보다 더 신중하게 행사할 것이 요구되므로 그 외국이 강제집행의 대상이 될 수 있다는 점에 대하여 명시적인 동의를 하였거나 재판권면제주장을 포기한 것으로 볼 수 있는 경우에 한하여 민사집행을 할 수 있다고 하였다. 외국을 피고로 하는 추심의 소(민집 제238조)도 같이 취급하여야 할 것이다.

외국에 대한 민사집행이 허용되는 경우에도 단순한 상사용 재산을 집행대상으로 하여야 하며 외교임무에 사용되는 공관이나 공적 시설은 민사집행에서 제외된다.

2) 외 교 관

가) 외교관 면제의 개념 　외교관과 그 가족에 대한 재판권면제는 우리나라가 가입한 1961년 「외교관계에 관한 비엔나 협약」에 규정되어 있다. 재판권면제는 외교관의 특권이지만 주재국은 외교관의 본국에 대하여 그 외교관의 비행을 항의하고 소환·퇴거를 요구할 수 있고 또 그 외교관은 본국에서 소를 제기당할

---

3) 대판 2011. 12. 13, 2009다16766.

수도 있다. 영사관원과 그 사무직원의 직무수행중 행위에 대한 재판권면제는 우리나라가 가입한 1963년 「영사관계에 관한 비엔나 협약」에 규정되어 있다.

나) 외교관 면제의 범위   외교관은 주재국 법원 및 기타 사법기관의 재판권을 면제받는다. 따라서 증인의 증언의무 및 민사집행도 면제된다.

3) 주한미군

주한미군의 법적 지위는 1967. 2. 9.에 체결된 「대한민국과 아메리카합중국간의 상호방위조약 제4조에 의한 시설과 구역 및 대한민국에서의 합중국 군대의 지위에 관한 협정(SOFA, 약칭 한미행협)」에 규정되어 있다. 한미행협에 의하면 미국은 기본적으로 미국군대의 구성원 또는 고용원의 공무집행으로 발생하는 사건에 관하여 재판권면제를 주장할 수 없다(한미행협 제23조 9항 가)고 하여 우리나라의 주권을 존중하는 태도를 취하고 있다.

4) 국제기구

국제기구 및 그 구성원에 대해서는 원칙적으로 국가에 준하여 재판권이 면제된다. 국제연합기구 및 산하 특별기구, 그 기구의 직원이 한 직무상 행위에 대해서는 외교관과 동일하게 재판권이 면제된다(UN헌장 제105조). 현재 국제연합기구의 수장은 우리나라의 반기문 사무총장이다.

나. 대물적 제약

이른바 국제재판관할권의 문제이다.

국제재판관할권

(1) 뜻

당사자의 한쪽 내지 양쪽이 외국인이든가 외국에 주소를 둘 때 혹은 소송목적이 외국과 관련을 갖는 것과 같이 민사분쟁이 섭외적(涉外的) 요소를 수반하는 경우에 관련국

가운데에서 어느 나라 법원이 사건을 재판하여야 할 것인가를 정하는 기준을 국제재판관할권이라 한다. 국제재판관할권은 우리나라 법원이 어떤 사건을 처리함에 있어서 국내에 재판적이 있느냐를 판단하는데 문제가 되지만 외국법원의 확정재판 등은 대한민국의 법령 또는 조약에 따른 국제재판관할의 원칙상 그 외국법원에 국제재판관할권이 인정되어야 우리나라에서 효력이 인정되므로(제217조 1항 1호) 그 경우에도 문제된다.

(2) 학설·판례

㈎ 역추지설(逆推知說)　　　국내에 재판적(즉, 토지관할)이 있느냐의 여부에 따라 국제재판관할권의 존부를 거꾸로 추지한다는 견해이다. 토지관할＝국제재판관할권이라는 입장이다. 이 학설은 토지관할이라는 명확한 규정을 국제재판관할권의 기준으로 삼고 있다는 점에서 섭외사건의 국내 재판적 존부를 판단하는데 우수하여 과거의 통설·판례였다. 하지만 이 학설은 내국재판적이나 외국재판적이 없는 경우에는 국제재판관할권도 없고, 양쪽이 다 있는 경우에는 국제재판관할권도 2중이 되는 불합리가 있어 우리나라 법원이 제217조 1항 1호를 적용하여 외국법원의 확정재판 등의 효력을 판단하는 데는 여러 가지 문제가 있었다.

㈏ 수정 역추지설(특단의 사정설)　　　원칙적으로 민사소송법의 토지관할규정을 유추하여 국제재판관할권을 정하되 특단의 사정이 있는 경우에는 뒤의 관할배분설에 의하여 수정하여야 한다는 견해이다.

㈐ 관할배분설　　　국제재판관할권과 토지관할의 존부를 자동적으로 연결시킬 것이 아니라 국제민사사건에 관하여 어느 나라에서 재판하는 것이 사건의 적정한 해결에 도움을 주며 당사자에게 공평하며 능률적인가를 따져 국제재판관할권의 배분을 정하여야 한다는 견해이다. 이 학설에 의하면 섭외사건의 국내재판적 존부를 판단하는데 문제가 없을 뿐 아니라 우리나라 법원이 제217조 1항 1호를 적용하여 외국법원의 확정재판 등에 대한 국제재판관할권의 존부를 판단하는데도 우수하여 국제사법 제2조로 입법화되었다.

㈑ 국제사법　　　2001년 4월 7일 법률 제6465호로 제정된 국제사법의 국제재판관할에 관한 규정인 제2조는「법원은 당사자 또는 분쟁이 된 사안이 대한민국과 실질적 관련[4]이 있는 경우에 국제재판관할권을 가진다. 이 경우 법원은 실질적 관련의 유무를

---

4) 여기에서 '실질적 관련'이라 함은 법정지국인 한국이 국제재판관할권을 행사하는 것을 정당화할 수 있을 정도로 당사자 또는 분쟁 대상이 우리나라와 관련성을 갖는 것, 즉 연결점의 존재를 의미한다(석광현, 국제민사소송법(2012), 박영사, 77면 참조). 대판 2014. 4. 10, 2012다7571은, 일본국에 주소를 둔 재외동포가 일본국에 주소를 둔 재외동포를 상대로 대한민국 법원에 대여금채무에 대한 변제를 구하는 소를 제기한 경우에 돈의 수령 및 사용장소가 대한민국이고 수령인도 대한민국 내 거주자라고 하여 대한민국과 실질적 관련성을 긍정한다.

판단함에 있어 국제재판관할 배분의 이념[5]에 부합하는 합리적인 원칙에 따라야 한다(위 법 제2조 1항). 법원은 국내법의 관할규정을 참작하여 국제재판관할권의 유무를 판단하되, 제1항의 규정의 취지에 비추어 국제재판관할의 특수성[6]을 충분히 고려하여야 한다(위 법 제2조 2항)」고 규정하여 국제재판관할권의 기준을 관할배분설에 입각하고 있다.

㈐ 판 례   판례[7]는 처음에, 국제재판관할권은 당사자 사이의 공평, 재판의 적정, 신속이라는 기본이념에 따라 조리에 의하여 결정함이 상당한데 우리 민사소송법의 토지관할규정은 이 기본이념에 따라 제정된 것이므로 기본적으로 이 규정에 의한 재판적이 국내에 있을 때에는 섭외사건에 관한 소송에 관해서도 우리나라에 재판권이 있다고 하여「국제재판관할규칙＝토지관할규정」이라는 기준을 명백하게 하면서도 내국재판적의 존재로 국제재판관할권이 인정되는 경우에는 사건과 관할법원 사이에 실질적 관련이 없는 등 조리에 반하는 특별한 사정이 있는 경우에는 국제재판관할권을 부정할 수 있다[8]고 하여 국제재판관할권을 정함에 있어서 토지관할규정을 조리에 의하여 수정하는 입장이었다.[9] 그런데 2001년에 국제사법이 제정되면서 판례[10]는, 국제재판관할권은 당사자 간의 공평, 재판의 적정, 신속 및 경제를 기한다는 기본이념에 따라 결정하여야 하는데, 구체적으로는 소송당사자들의 공평, 편의 그리고 예측가능성과 같은 개인적인 이익뿐만 아니라 재판의 적정, 신속, 효율 및 판결의 실효성 등과 같은 법원 내지 국가의 이익도 함께 고려하여야 하고, 이러한 다양한 이익 중 어떠한 이익을 보호할 것인지는 개별 사건에서 법정지와 당사자 사이의 실질적 관련성 및 법정지와 분쟁이 된 사안 사이의 실질적 관련성을 객관적인 기준으로 삼아 합리적으로 판단하여야 한다고 하여 관할배분설의 방향으로 나아가다가 대판 2010다18355[11]에서 관할배분설을 명백하게 하였다. 이 판례는 김해공항 부근에서 발생한 중국항공기 추락사고로 사망한 중국인 승무원의 유가족이 중국항공사를 상대로 대한민국 법원에 제소한 사건으로서 원·피고 모두 대한민국 사람이 아니라는 데서 우리 법원의 국제재판관할권에 관한 리딩케이스로 주목

---

5) 여기에서 '국제재판관할 배분의 이념'이라 함은 뒤의 대판 91다41897에서 설시하는「당사자 간의 공평, 재판의 적정, 신속」을 의미한다고 할 것이지만 굳이 그에 한정할 필요가 없다(석광현, 위 책, 79면 참조).
6) '국제재판관할의 특수성'이라 함은 국내 관할, 특히 토지관할과 구별되는 특성을 말하는데 토지관할은 단순한 관할의 장소적 배분의 문제이나 국제재판관할의 경우에는 그에 추가하여 법원의 조직, 법관과 변호사의 자격, 소송절차 및 실체의 준거법, 재판의 집행가능성 등에 차이를 초래할 수 있음을 의미한다(석광현, 위 책 82면 참조).
7) 대판 1992. 7. 28, 91다41897.
8) 대판 1995. 11. 21, 93다39607.
9) 대판 2000. 6. 9, 98다35037도 같은 입장이다.
10) 대판 2005. 1. 27, 2002다59788 등 참조.
11) 대판 2010. 7. 15, 2010다18355.

되었던 것이다. 판결이유는, 『국제재판관할권은 배타적이 아니라 대한민국법원의 재판관할권과 병존할 수 있으므로 준거법(중국법)이 국제재판관할권의 유일한 기준이 되지 않는다고 하면서 불법행위지 및 피고의 영업소재지 등 토지관할권, 소송당사자들의 공평, 편의 그리고 예측가능성과 같은 개인적 이익뿐만 아니라 재판의 적정, 신속, 효율 및 판결의 실효성 등과 같은 법원 내지 국가의 이익도 함께 고려하여 이러한 다양한 이익 중 어떠한 이익을 보호할 필요가 있을지 여부는 개별사건에서 법정지와 당사자의 실질적 관련성 및 법정지와 분쟁이 된 사건과의 실질적 관련성을 객관적 기준으로 삼아 합리적으로 판단하여야 할 것이다』라고 하여 이 사건에 대한 대한민국 법원의 국제재판관할권을 인정하였다.

이 판례에 의하면 당사자는 우리나라 국민이 아니더라도 외국법원과 국내법원 중에서 어느 쪽 판결이 자기에게 유리한가를 따져서 제소할 수 있게 되었다. 다만 대한민국에 국제재판관할권이 없는 사건의 경우에는 소송의 이송에 관한 제34조의 규정을 외국법원에 적용할 수 없기 때문에 각하하여야 할 것이다.

제조물책임에 관한 국제재판관할권에 관해서도, 물품을 제조·판매하는 제조업자에 대한 제조물책임 소송에서 손해발생지의 법원에 국제재판관할권이 있는지 여부를 판단하여야 하는 경우에는 제조업자가 그 손해발생지에서 사고가 발생하여 그 지역의 법원에 제소될 것임을 합리적으로 예견할 수 있을 정도로 제조업자와 손해발생지 사이에 실질적 관련성이 있는지를 고려하여야 한다[12]고 하여 관할배분설의 입장에 있다.

또 이혼소송에 관한 국제재판관할권에 관해서도, 원고는 대한민국의 국적, 피고는 대한민국과 스페인의 2중국적을 가지고 있으면서 결혼식과 혼인신고가 대한민국에서 이루어졌고 자녀도 대한민국 유치원에 다니고 있어 그 이혼소송이 제기되는 경우 당사자가 그 관할 법원이 대한민국 법원으로 예측할 수 있다면 대한민국 법원에 실질적 관련성이 있다고 하였다.[13]

(3) 결 론

(가) 국제사법 제2조는 관할배분설을 입법한 것이고 위에서 인용한 판례들은 국제사법 제2조에 입각한 판례이다. 관할배분설은 실제 적용에 있어서 어떤 일정한 기준을 구체적으로 정하기가 어렵다는 난점이 있으므로 이 판례들은 섭외사건의 국내재판적을 판단함에 있어서 법관에게 민사소송법상의 토지관할규정을 기준으로 여러 가지 사정을 참작하여 적절하게 국제재판관할권을 분배할 수 있는 재량권을 부여하였다고 볼 수 있다.

(나) 하지만 국내재판적의 판단의 경우는 물론 제217조 및 제217조의2를 적용함에 있어서는 다음의 점을 고려하여야 할 것이다. 우선 다른 나라의 영토주권, 대인주권에 관

---

12) 대판 2013. 7. 12, 2013다17553(베트남전 고엽제피해사건) 참조.
13) 대판 2014. 5. 16, 2013므1196 참조.

련된 사건 또는 오로지 다른 나라 자체의 이해관계에 관한 사건에 관해서는 다른 나라의 재판권 행사를 존중하여야 할 것이다. 위에서 설명한 바와 같이 부동산을 목적으로 하는 소송은 그 소재지국의 영토주권이 배타적으로 미쳐야 하기 때문에 그 나라의 재판권에 전속한다. 외국인들 사이의 이혼사건에 관해서는 우리나라에서 재판을 하더라도 외국인 본국의 대인주권을 존중하여야 하기 때문에 그 나라의 재판권을 부정할 수 없다. 또 어떤 사람이 어떤 나라의 국적을 보유하는가는 그 나라 자체의 이해관계에 관한 사항이기 때문에 그 나라의 재판권에 복종하여야 할 것이다. 다음, 국제재판관할권의 결정은 관할권의 국제규모에서의 장소적 분배의 문제라고 볼 수 있으므로 우리 국내의 관할권 분배에 관한 규정인 민사소송법의 토지관할 규정을 유추할 수 있다고 하여야 할 것이다. 그러므로 우리나라에 피고의 주소(제3조)가 있거나, 법인 그 밖의 사단 또는 재단의 경우에는 주된 사무소 또는 영업소 또는 업무담당자의 주소(제5조) 등 보통재판적이 있으면 원칙적으로 우리나라의 재판권을 인정하여 할 것이다. 그러나 소제기자의 편의를 위한 특별재판적은 다르다. 따라서 불법행위지의 재판적(제18조)에 의거하여 우리나라에 국제재판관할을 인정하려면 피고가 우리나라에서 원고의 법익에 손해를 끼친 것이 객관적 사실관계로 증명되어야 할 것이다. 또 단순히 피고의 의무이행지(제8조) 또는 재산이 있는 곳(제11조)이 우리나라에 있다는 것만으로는 우리나라의 재판권을 인정할 수 없는 것은 불법행위지의 재판적을 정하는 경우와 같을 것이다. 마지막으로 외국의 재판권에 전속하지 않은 사건에 관해서는 합의관할(제29조)이나 변론관할(제30조)[14]에 의하여 우리나라의 재판권을 인정할 수 있으므로 국제거래의 안전을 위해서는 외국법원의 관할을 배제하고 대한민국 법원을 관할법원으로 하는 전속적 관할합의를 미리 해두는 것이 좋을 것이다.

　(다) 어느 사건에 관하여 외국재판권이 미치는가의 여부는, 그 나라 법원이 그 사건에 관하여 한 재판 등을 우리나라에서 승인하고 우리나라에서의 집행을 허용하는 것(제217조 1항 3호 및 제217조의2, 민집 제26조)이 당사자 사이의 공평, 재판의 적정·신속의 이념에 합치하고, 조리에 맞는가의 문제에 귀착된다. 따라서 외국재판권의 존부판단은 제217조 1항 각호와 제217조의2 해석과 관련된다고 아니할 수 없다. 그 점에서 외국재판권의 존부판단 기준과 우리 재판권의 존부판단 기준을 반드시 일치시킬 필요가 없다. 그러므로 영미법상의 징벌적 손해배상은 우리나라의 공서에 반한다고 제217조의2에서 명백하게 규정하고 있는 이상 외국인 사이에서는 물론 우리나라 사람들도 외국에서 징벌적 손해배상을 목적으로 하는 제소는 공서에 반함이 명백하므로 이에 관한 외국의 재판 등에 대해서는 제217조 1항에 따라 승인이 거부됨으로써 국제재판관할권 자체도 인정될 수 없으며 따라서 설령 외국에서 판결로 징벌적 손해배상을 취득하더라도 그 취득

---

14) 대판 2014. 4. 10, 2012다7571.

자가 우리나라 사람이라면 이를 무효로 하여야 할 것이다. 이 점에 관할배분설의 참된 의미가 있을 것이다.

다. 장소적 제약

　민사재판권은 영토주권의 원칙에 따라 장소적으로는 우리나라에 국한하여 미친다. 그러므로 외국에 대해서는 사법공조협정이 없는 한 송달이나 증거조사 등이 불가능하다. 우리나라 법원이 이러한 권리들을 행사하려면 우리나라가 사법공조에 관한 쌍무협정이나 조약에 가입하고 있어야 한다. 사법공조협정이 있는 경우에는 우리나라의 외국주재 대사·공사 또는 영사 혹은 외국법원에 송달을 촉탁하거나 증거조사를 촉탁할 수 있으나 외국법원이 우리나라의 촉탁에 호의적으로 응하지 아니하면 공시송달(제194조 1항)의 방법으로 송달할 수밖에 없다. 다만 호주, 중국 및 몽골과는 사법공조에 관한 쌍무협정을 체결하였고, 미국은 1976. 2. 3. 미국정부가 비조약국에 대해서도 사법공조에 응할 의사가 있다고 천명함에 따라 이들 국가와는 송달이나 증거조사 등에 대한 사법공조가 가능하다. 송달받을 자 또는 증인신문을 받을 자가 대한민국 국민으로서 1963년 「영사관계에 관한 비엔나 협약」에 가입한 외국에 거주하는 경우에는 그 외국의 법령 또는 의사표시에 위반되지 아니하는 한 외국주재 대한민국의 대사, 공사 또는 영사에게 촉탁하여 실시할 수 있다(국민사공 제5조 2항 1호). 우리나라가 2000. 1. 13. 가입한 1965년 「민사 또는 상사의 재판상 및 재판외 문서의 해외송달에 관한 협약(헤이그 송달협약)」은 미국·중국·일본 및 EU국가 등 전 세계의 47개국이 가입하고 있는바 가입국가 사이에서 소송관련 서류의 해외 송달절차가 간소화되어 실무상 많이 이용되고 있다.

3. 민사재판권의 흠

　민사재판권의 존재는 당사자의 실재(實在)와 더불어 가장 대표적인 소송요건이고 직권조사사항이다. 왜냐하면 당사자가 없는 소송을 예상할 수 없는 것과 마찬가지로 국가의 주권이 미치지 아니하는 사건에 관한 소송도 상상할 수 없기 때문이다.

1) 중요한 소송요건이고 직권조사사항이므로 상대방이 민사재판권을 인정하더라도 실제로 민사재판권이 있는지 여부가 의심되는 경우에는 직권으로 탐지해야 한다(직권탐지주의).

2) 외국 대통령이나 외교관과 같이 재판권이 절대적으로 면제되는 경우에는 심리할 필요가 없으므로 소장 자체를 명령으로 각하한다.[15]

3) 그러나 국가와 같이 재판권의 면제가 상대적일 경우에는 재판권면제의 범위 및 재판권면제의 포기여부를 조사하여야 하므로 소장의 송달에 준하여 피고에게 소제기 사실을 알린 뒤 재판권의 존부를 직권으로 탐지하여야 한다. 탐지한 결과 재판권의 부존재가 명백하다면 판결로 소를 각하한다.

4) 민사재판권의 흠을 간과한 판결은 상소로 구제받을 수 있으나 재심사유에 해당되지 않아서 재심의 소로 시정할 수 없다. 그러나 민사재판권이 없으면 판결의 효력이 생기지 아니하므로 방치하더라도 재판권은 물론 기판력, 집행력 등이 생기지 않는다. 그 의미에서 재판권이 없는 판결은 무효의 판결이다.

Ⅱ. 법   원

1. 법원의 구성

가. 법원의 뜻

법원이라 함은 재판권(사법권이라고도 한다)을 행사하는 국가기관을 말한다. 실정법상 법원이라고 하면 넓은 의미에서는 법관 기타 법원직원이 배치된 사법관서로서의 통일적 조직체를 말한다. 「국법상 의미의 법원」이라고도 한다. 그 인적·물적 시설의 설치·관리·운영을 위하여 사법행정권이 발동되며 사법행정권을 행사하는 관계에서 법원은 관청이 된다. 좁은 의미에서는 사건을 심리·재판하기 위하여 한 사람 또는 여러 사람의 법관으로 구성된 재판기관을 말한다. 또 관서로서의 청사를 가리키는 의미로 법원이라는 용어가 사용되기도 한다(법조 제12조).

---

15) 대결 1975. 5. 23, 74마281.

나. 법원의 종류

헌법 제101조 1항은 사법권은 법관으로 구성된 법원에 속한다고 하고, 2항은 법원은 최고법원인 대법원과 각급법원으로 조직된다고 규정하고 있다. 법원조직법에서는 법원을 대법원·고등법원·특허법원·지방법원·가정법원·행정법원으로 나눈다(법조 제3조 1항), 이 가운데서 대법원·고등법원·지방법원은 민사사건을 다루는 통상의 민사법원이다. 지방법원지원이나 시·군법원(법조 제3조 2항, 제33조, 제34조)은 지방법원 사무의 일부를 처리하기 위하여 둔 것으로서 별개의 법원이 아니다. 고등법원지부(법조 제27조 4항·5항)도 고등법원과 별개의 법원이 아니다.

다. 재판기관

1) 재판기관

재판기관에는 법관 한사람으로 된 단독제와 여러 사람으로 구성된 합의부가 있다. 대법원·고등법원·특허법원·행정법원은 어느 경우에나 합의부를 채택하고 있으나(법조 제7조 3항) 지방법원·가정법원은 단독제를 원칙으로 하면서(법조 제7조 4항) 합의부를 병용한다(법조 제32조). 지방법원과 고등법원의 합의부는 언제나 3인의 법관으로 구성되는데 합의사건과 그 법원의 항소심재판을 담당한다. 대법원은 대법관 전원의 3분의 2 이상으로 구성되는 전원합의체와 대법관 3인 이상으로 구성되는 부를 두어(법조 제7조 1항) 심판기구를 2원화하였다.

2) 재판장

합의부에서는 법관 중의 한 사람이 재판장이 된다. 누가 재판장이 되느냐는 명문의 규정이 없으나 가장 선임자가 맡는 것이 관례이다. 재판장은 합의부를 대표해서 변론을 지휘하고(제135조) 판결을 선고(제206조)한다.

3) 수명법관

합의체는 그 구성 법관 중 한 사람을 수명법관으로 정하여 일정한 사항을 위임하여 처리할 수 있다. 수명법관의 지정은 재판장이 하는데(제139조) 화해의 권고, 변론준비절차 및 법원 밖에서의 증거조사 등을 처리한다(제145조, 제280조 3항, 제297조). 수명법관과 구별되어야 할 것으로서 수탁판사가 있다. 수탁판사는 수소법원이 같은 등급의 다른 법원에 일정한 재판사항의 처리를 촉탁한 경우(제139조 2항, 제145조, 제297조)에 그 처리를 맡은 단독판사를 말한다. 수탁판사가 한 처분 또는 재판은 소송법상 재판장이나 수명법관이 한 것과 동일하게 취급된다.

4) 그 밖의 사법기관

그 밖의 사법기관으로서 판사의 사무 중에서 재판 이외의 사무에 관하여 위임받아 처리하는 사법보좌관(법조 제54조), 각급법원에 배치되어 재판의 부수사무를 처리하는 단독제기관으로서 법원서기관·사무관 및 법원주사·주사보[16](법조 제53조), 각 지방법원에 배치되어 실력행위를 필요로 하는 강제집행과 소송서류의 송달을 실시하는 집행관(법조 제55조), 법정에서 법관이 명하는 사무 기타 대법원장이 정하는 사무를 집행하는 경위(법조 제64조 2항·3항) 등이 있다.

2. 법관의 제척·기피·회피

가. 제 척

1) 뜻과 제척의 이유

법관의 제척이라 함은 법관이 구체적인 사건에 관하여 법률이 규정하는 특별관계에 있을 때에 당연히 직무를 행할 수 없는 제도를 말한다. 그 제척이유는 ① 법관 또는 그 배우자나 배우자이었던 사람이 사건의 당사자가 되거나 사건의 당사자와 공동권리자·공동의무자 또는 상환의무자의 관계에 있을 때(제41조 1호) ② 법관이 당사자와 친족의 관계에 있거나 그러한 관계에 있었을 때(제41조 2호) ③ 법관이 사건에 관하여 증언이나 감정을 하였을 때(제41조 3호) ④ 법관이 사건 당사자의 대리인이 되었거나 대리인이 된 때(제41조 4호) ⑤ 법관이 불복사건의 이전심급의 재판에 관여한 때(다만, 다른 법원의 촉탁에 따라 그 직무를 수행한 경우에는 그러하지 아니하다)(제41조 5호) 등이다.

---

16) 법원사무관등이라고 한다.

여기서의 당사자는 광의로 풀이하여 보조참가인·선정당사자의 선정자 등 사건과 관련이 있는 일체의 관계자를 포함한다. 공동권리자·공동의무자 가운데에는 종중소송에서 해당 법관이 종중구성원인 경우를 포함한다.[17] 법관이 재판할 수 없는 친족의 범위는 민법 제777조에 국한된다. ⑤의 취지는 법관의 예단을 방지하자는데 뜻이 있으므로 여기서의 「이전심급」이란 불복의 직접 대상이 된 하급심의 종국판결에 한정되지 아니하며 그 전제가 된 중간판결(제201조) 기타 종국판결 이전의 재판(예, 소 변경의 불허, 소송절차의 수계여부, 소송인수, 공격방어방법 각하 등의 재판)으로서 항소심의 판단을 받는 경우(제392조)도 포함한다. 그러나 실질상 같은 심급의 판단과 같은 환송 또는 이송절차에 있어서의 같은 심급의 원심판결(제418조, 제419조, 제436조), 이의신청 후의 소송절차에 있어서의 지급명령(제472조), 재심의 소에서의 재심대상의 확정판결,[18] 청구이의소송에 있어서의 집행권원이 되는 확정판결(민집 제44조), 보전처분에 대한 이의에 있어서의 가압류·가처분명령(민집 제280조, 제301조) 등은 「이전 심급」에 해당되지 않는다.

2) 제척의 효과

제척의 이유가 있는 법관은 법률상 당연히 그 사건에 관하여 직무집행을 할 수 없다. 제척의 이유가 있는 법관이 잘못하여 소송행위를 하더라도 그 행위는 무효가 되고 만약 제척의 이유가 있는 법관이 종국판결을 하였을 때에는 그 판결에 대한 절대적 상고이유(제424조 1항 1호·2호)가 되며 재심사유(제451조 1항 1호·2호)가 된다. 그러나 제척신청이 각하된 때 또는 종국판결의 선고와 긴급을 요하는 행위(예, 멸실 우려 있는 증거의 조사)는 예외로 허용되고 있다(제48조 단서).

나. 기 피

1) 뜻

기피라 함은 법관에게 제척이유 이외에 재판의 공정을 기대하기 어려운 사정이 있는 경우에 당사자의 신청에 의하여 재판으로 그 직무집행을 배제하는 제도

---

17) 대판 2010. 5. 13, 2009다102254.
18) 대판 2000. 8. 18, 2000재다87.

를 말한다. 제척의 경우와 달리 당사자의 기피신청이 이유 있다고 하는 재판이 확정됨으로써 직무집행할 자격을 상실한다. 따라서 이 재판은 형성적 재판이다.

2) 기피의 이유

기피의 이유는「공정한 재판을 기대하기 어려운 사정」(제43조 1항)이다. 이는 당사자 쪽의 주관적 의혹만으로는 부족하고 사건과 특수관계, 예를 들어 당사자 한쪽과의 교우관계, 재산상 이해관계, 그 사건에 관한 재판 외에서 조언한 일, 객관적 원한관계 등이 있는 경우를 말한다.

3) 소송절차의 정지

기피신청이 이유 있는 때에는 그 재판이 확정될 때까지 소송절차를 정지하여야 한다(제48조 본문). 다만 기피신청이 각하된 때 또는 종국판결을 선고하거나 긴급을 요하는 행위를 하는 때에는 그러하지 아니하다(제48조 단서). 정지 없이 판결을 선고하였을 때에는 그 종국판결에 대한 불복절차로 당부를 다투어야 하지 별도로 항고를 할 수 없다.[19] 그 판결에 대하여 항소를 한 경우에 그 뒤의 소송절차를 정지하지 아니하여도 위법이 아니다.[20]

다. 회   피

법관의 회피라 함은 법관이 스스로 제척 또는 기피의 이유가 있다고 인정하여 자발적으로 직무집행을 피하는 것을 말한다. 사법행정상의 감독권이 있는 법원의 허가를 받아야 한다(제49조).

라. 법원사무관등에 대한 준용

법관의 제척·기피·회피에 관한 규정은 법원의 법원사무관등에 대하여도 직무의 성질에 비추어 준용할 수 없는 제41조 5호를 제외하고는 모두 준용된다(제50조 1항). 그 신청에 대한 재판은 법원직원이 속한 법원이 결정으로 하여야 한다(제50조 2항).

---

19) 대결 2000. 4. 15, 2000그20.
20) 대판 1966. 5. 24, 66다517.

Ⅲ. 관 할

1. 개 념

가. 뜻

1) 우리나라에는 대법원을 비롯하여 고등법원·지방법원·가정법원·지원·시·군법원 등 여러 종류의 법원들이 있다. 이들 법원은 모두 민사재판권을 갖고 있으므로 구체적으로 어느 법원이 어떠한 형태의 민사재판권을 행사하여야 하는지를 정할 필요가 있다. 관할은 재판권을 대법원 등 여러 법원의 어느 곳에 어떻게 분배하여 행사시킬 것인가를 구체적으로 정해 놓은 것을 말한다. 따라서 관할이란 재판권을 나눈 것이므로 관할권이라고도 한다. 이와 같이 관할이 재판권의 나눔인 이상 당연히 소송법상의 효과가 생긴다. 이 점에서 아무런 소송법상 효과가 생기지 아니하는 법원의 사무분배와 다르다.

2) 재판권은 국가주권인 사법권의 행사문제이므로 그 부존재의 경우에는 소송을 각하하여야 한다. 그러나 관할은 재판권이 있는 것을 전제로 하므로 어느 법원에 관할권이 없더라도 다른 법원에 관할권이 있을 것이므로 관할권이 있는 법원에 이송하여야 한다.

나. 전속관할과 임의관할

1) 뜻

관할은 재판권의 나눔이므로 그 범위는 원칙적으로 법으로 정한다(법정관할). 관할을 법정할 때 재판의 적정·공평 등 고도의 공익적 요구에 따라 특정법원이 배타적으로 관할권을 갖게 규정할 수도 있고 당사자의 편의와 공평이라는 사익(私益)의 눈으로 규정할 수도 있다. 앞의 경우를 전속관할, 뒤의 경우를 임의관할이라고 한다.

2) 전속관할인 경우

가) 심급관할은 명문의 규정이 있느냐를 불문하고 원칙적으로 전속관할이다. 다만 심급관할에서 비약적 상고(제390조 1항 단서)가 인정되는 범위에서는 임의관할이 인정된다.

나) 토지관할은 원칙적으로 임의관할이다. 그러나 정기금판결에 대한 변경의 소(제252조 2항), 재심사건(제453조 1항), 독촉절차(제463조), 공시최고절차(제476조), 민사집행사건(민집 제21조) 등은 법이 전속관할로 정하였고, 담보취소신청(제125조)은 직분관할로서 성질상 전속관할이다.[21)]

다) 판결 등의 효력이 제3자 등 여러 사람에게 미치는 경우에는 공익성을 고려하여 원칙적으로 전속관할이다. 그러므로 가사소송사건(가소 제2조 1항),[22)] 회사관계사건(상 제186조, 제376조 2항, 제380조), 채무자 회생 및 파산사건, 개인회생사건(회생 파산 제3조), 증권관련집단소송(증집소 제4조), 소비자단체소송(소비기 제71조 1항)등의 관할은 모두 전속관할이다.

라) 사회적 약자에 대한 부당한 관할합의를 막기 위해서 입법된 할부거래에 관한 법률 제44조, 방문·판매 등에 관한 법률 제53조 등의 관할도 전속관할이다.

3) 소송법상의 효과

가) 관할권은 재판권을 나눈 것이다. 따라서 재판권이 소송요건인 이상 그 아들 뻘 되는 관할권의 존재도 그것이 전속관할이든 임의관할이든 소송요건으로서 직권조사사항이다. 따라서 피고가 관할위반의 항변을 하지 아니하더라도 관할에 관한 사항을 직권으로 조사할 수 있다(제32조).

나) 전속관할은 합의(제29조), 변론(제30조)에 의하여 관할이 생길 수 없다. 따라서 관할위반에 의한 이송을 제외하고는 편의 또는 재량에 의하여 소송을 다른 법원에 이송할 수 없다. 그러나 임의관할은 합의나 변론에 의하여 관할권이 생기

---

21) 대결 2011. 6. 30, 2010마1001.

22) 이혼을 원인으로 하는 손해배상청구는 제3자에 대한 청구를 포함하여 가사소송법 제2조 1항 1호 다목 2)에서 다류 가사소송사건으로써 가정법원의 전속관할이다(대판 2014. 5. 16, 2013다101104 참조).

고 편의 또는 법원의 재량에 의하여 소송을 다른 경합 관할 법원에 이송할 수 있다(제35조).

다) 제1심 판결이 전속관할을 위반한 경우에는 항소로 불복할 수 있고(제411조 단서) 절대적 상고이유(제424조 1항 3호)가 되어 상고할 수 있다. 그러나 재심사유가 아니므로 판결이 확정되면 더 이상 관할위반을 주장할 수 없다. 임의관할을 위반한 경우에는 제1심 판결이 선고되면 더 이상 관할위반을 주장할 수 없다(제411조 본문).

2. 사물관할과 심급관할

가. 사물관할

1) 뜻

사물관할이라 함은 지방법원(시·군법원 포함) 단독판사와 지방법원 합의부 사이에서 제1심 소송사건의 분담을 정한 것이다. 법원조직법은 지방법원과 그 지원 및 시·군 법원의 심판권을 원칙적으로 단독판사가 행사하도록 하고(법조 제7조 4항), 법원조직법 제32조 제1항에 규정된 사건은 판사 3인으로 구성된 합의부의 심판사건으로 정하였다(법조 제7조 5항). 법원조직법은 시·군 법원의 관할사건을 따로 규정하고 있으나(법조 제33조, 제34조) 시·군 법원판사는 단독판사가 대법원장의 명을 받아 지방법원관할구역 내의 소액심판사건·화해·독촉 및 조정에 관한 사건, 20만원 이하의 벌금 또는 구류나 과료에 관한 범죄사건, 가족관계의 등록 등에 관한 법률 제75조에 의한 협의상 이혼의 확인 등(법조 제34조 1항)을 처리하도록 한 것이므로 사물관할이 아니라 단독판사의 사무분배이다.

2) 합의부의 관할(법조 제32조 1항: 민사 및 가사소송의 사물관할에 관한 규칙)

가) 재정합의부 사건(법조 제32조 1항 1호) 　단독판사의 관할에 속하는 사건이라 하더라도 합의부에서 심판할 것으로 결정하면 합의부사건이 된다. 지방법원 및 동 지원에서는 합의부에서 심판할 사건을 결정하기 위해서 재정합의부가 구성되어 있어 단독판사의 사건을 합의부에서 심판하는지 여부는 먼저 재정합의부가

결정하여 합의부에 배당한다(법관등의 사무분담 및 사건배당에 관한 예규 제12조 1항).

나) 소송목적의 값이 2억원을 초과하는 민사사건(위 규칙 제2조 본문)

다) 민사소송 등 인지법 제2조 4항에 해당하는 민사사건(위 규칙 제2조 본문)

a) 소송목적의 값을 산정할 수 없는 재산권상의 소송   주주의 대표소송, 이사의 위법행위유지청구소송 및 회사에 대한 신주발행유지청구의 소(민인규 제15조 1항), 특허소송(민인규 제17조의2), 무체재산권에 관한 소송(민인규 제18조) 등이다. 상호사용금지의 소송, 낙찰자지위 확인소송,[23] 소음·악취·일조방해 등 생활방해금지청구(민 제217조) 등은 재산권상의 소송이지만 소송목적의 값을 산정할 수 없거나 산정하기 곤란한 사건이다.

b) 비재산권상의 소송   비재산권상의 소송이라 함은 경제적 이익을 목적으로 하지 않는 권리관계에 관한 소송이다. 성명권·초상권의 침해 등 인격권에 관한 소송, 비영리법인의 사원권 확인, 해고무효확인(민인규 제15조 4항), 민인규 제15조 1항에 규정된 것을 제외하고 상법에 규정된 회사관계소송(민인규 제15조 2항), 회사 이외의 단체에 관한 소송으로서 민인규 제15조 2항에 준하는 소송(민인규 제15조 3항), 소비자기본법 제70조 및 개인정보보호법 제51조에 따른 각 금지중지청구에 관한 소비자단체소송(민인규 제15조의2) 등이다.

c) 소송목적의 값   그 소송목적의 값은 5,000만원이다(민인규 제18조의2 본문). 다만 주주의 대표소송, 이사의 위법행위유지청구소송 및 회사에 대한 신주발행유지청구의 소(민인규 제15조 1항), 민인규 제15조 1항에 규정된 것을 제외하고 상법에 규정된 회사관계소송(민인규 제15조 2항), 회사 이외의 단체에 관한 소송으로서 민인규 제15조 2항에 준하는 소송(민인규 제15조 3항), 특허소송(민인규 제17조의2), 무체재산권에 관한 소송(민인규 제18조)의 소송목적의 값은 1억원이다(민인규 제18조의2 단서).

라) 법률에 의하여 합의부의 권한에 속하는 사건   예를 들어 제3자 이의의 소(민집 제48조 1항)는 집행법원의 관할에 속하므로 단독판사의 관할에 속하여야 하나 소송목적의 값이 단독판사의 관할에 속하지 아니할 때에는 집행법원이 있는 곳을 관할하는 지방법원의 합의부가 이를 관할하는 것(민집 제48조 2항 단서), 회생사건 및 파산사건은 채무자의 주된 사무소 또는 영업소가 있는 지방법원 본

---

23) 대판 1994. 12. 2, 94다41454.

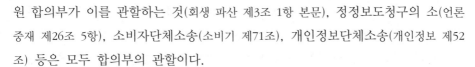

원 합의부가 이를 관할하는 것(회생 파산 제3조 1항 본문), 정정보도청구의 소(언론중재 제26조 5항), 소비자단체소송(소비기 제71조), 개인정보단체소송(개인정보 제52조) 등은 모두 합의부의 관할이다.

　　마) **지방법원판사에 대한 제척·기피사건**(법조 제32조 1항 5호)

　　바) **관련청구**　　본소와 반소(제269조), 중간확인의 소(제264조), 독립당사자참가(제79조) 등 관련되는 청구들 중에서 본소가 합의부 관할에 속하는 경우에는 관련청구의 소송목적의 값이 2억원 이하일 경우에도 본소와 함께 합의부의 관할에 속한다. 본소청구에 관련재판적(제25조)이 생기기 때문이다.

　　사) **지방법원 단독판사 사건에 대한 항소 등 사건**　　지방법원 본원합의부 및 춘천지방법원 강릉지원 합의부는 소송목적의 값이 제소 당시 또는 청구취지의 확장(변론의 병합 포함)시 1억원 이하의 민사소송사건의 판결·결정·명령에 대한 항소 또는 항고사건을 제2심으로 심판한다(법조 제32조 2항).

　3) 단독판사의 관할

　　법원조직법에는 지방법원 및 동 지원의 심판권을 단독판사가 행사한다고 규정하고(법조 제7조 4항) 합의부가 관장할 사건을 따로 규정한다(법조 제32조 1항). 따라서 제1심 민사사건 중에서 합의부의 관할사건을 제외한 나머지 사건은 모두 단독판사의 관할이다.

　　가) **재정단독사건**(민사 및 가사소송의 사물관할에 관한 규칙 제2조 단서 4호) 합의부의 관할에 속하는 사건이라 하더라도 재정합의부가 이를 단독판사가 심판할 것으로 결정하면 단독판사의 관할이 된다.

　　나) **재산권상의 소로서 소송목적의 값이 2억원 이하인 사건**(위 규칙 제2조 본문)

　　다) **수표금·약속어음금 청구사건**(위 규칙 제2조 단서 1호)

　　라) 은행·농업협동조합·수산업협동조합·축산업협동조합·신용협동조합·신용보증기금·기술신용보증기금·지역신용보증재단·새마을금고·상호저축은행·종합금융회사·시설대여회사·보험회사·신탁회사·증권회사·신용카드회사·할부금융회사 또는 신기술산업금융회사들이 원고가 된 대여금·구상금·보증금 청구사건(위 규칙 제2조 단서 2호)

　　마) 자동차손해배상보장법에서 정한 자동차·원동기장치자전거·철도차량운행의

운행 및 근로자의 업무상재해로 인한 손해배상청구사건과 이에 관한 채무부존재확인 사건(위 규칙 제2조 단서 3호)

바) 지방법원 단독판사 사건에 대한 고등법원의 심판범위　고등법원은 소송목적의 값이 제소당시 또는 청구취지 확장(변론의 병합 포함) 당시 1억원을 초과하는 민사소송사건과 위 사건을 본안으로 하는 민사신청사건 및 이에 부수하는 신청사건에 해당하는 지방법원단독판사의 제1심 판결·결정·명령에 대한 항소 또는 항고사건을 심판한다(위 규칙 제4조 본문).

사) 관련청구　본소가 단독판사의 관할이면 이에 병합하여 제기하는 단독판사 관할의 독립당사자참가, 반소, 중간확인의 소 등도 합산하여 처리하지 않고 모두 단독판사의 관할이 된다. 본소청구에 관련재판적(제25조)이 생기기 때문이다. 다만 반소의 경우에는 직권 또는 당사자의 신청에 의하여 결정으로 합의부에 이송한다(제269조 2항 단서).

나. 심급관할

심급관할이라 함은 재판의 적정과 법령해석의 통일을 이룩하기 위하여 같은 사건에 관하여 서로 종류를 달리하는 법원에서 거듭 재판을 받게 할 때에 이들 법원 사이에서 심판의 순서, 상하관계를 정해 놓은 것을 말한다. 즉, 어떤 종류의 법원이 처음 재판을 하고(이 법원을 제1심이라고 한다), 그 재판에 대하여 상급법원에 하는 불복신청을 상소라고 하는데 어떤 종류의 법원에 상소할 수 있는가를 정한 것이다. 심급관할은 비약적 상고의 합의(제390조 1항 단서)가 있는 경우를 제외하고는 모두 전속관할이다.

1) 판결절차에서는 상소로서 항소(이 법원을 항소심이라고 한다), 상고(이 법원을 상고심이라고 한다)의 2단계를 인정하는 3심제를 취하고 있다.

2) 제1심은 지방법원과 그 지원의 단독판사 또는 합의부이다.

3) 항소심은 제1심에 대한 불복신청을 심판하는 법원이다. 지방법원 본원 또는 춘천지방법원 강릉지원의 합의부(법조 제32조 2항, 제40조 2항), 고등법원 및 지방법원 본원의 고등법원 원외재판부[24]에 설치되어 있다.

---

24) 재판업무 수행상의 필요가 있는 경우 대법원규칙으로 정하는 바에 따라 고등법원의 부로 하여금 그 관할구역 안의 지방법원 소재지에서 사무를 처리할 수 있는데(법조 제27조 4항) 현재 제주 및 전주지방법원에 광주고등법원 원외재판부가, 청주지방법원에 대전고등법원 원외

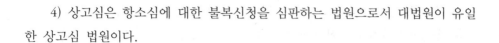

4) 상고심은 항소심에 대한 불복신청을 심판하는 법원으로서 대법원이 유일한 상고심 법원이다.

다. 소송목적의 값

1) 뜻과 산정기준

소송목적의 값이라 함은 원고가 소로써 주장하는 권리 또는 법률관계에 관하여 갖는 경제적 이익을 화폐단위로 표시한 것이다(제26조 1항). 사물관할을 정하는 표준이 되며 또 소장에 붙일 인지액을 정하는 기준이 된다.

소송목적의 값은 소를 제기한 때를 표준으로 산정하는데(민인규 제7조)[25] 상세한 기준은 대법원규칙인 민사소송 등 인지규칙 제2장 이하에서 정해놓고 있다.

2) 병합청구에서 소송목적의 값의 산정

가) 원 칙   하나의 소로써 여러 개의 청구를 하는 때에는 그것이 공동소송이냐 소의 객관적 병합이냐를 묻지 아니하고 소제기 당시 그 여러 청구의 값을 합산하여 사물관할을 정한다(제27조 1항). 그러나 소제기 당시가 아니라 소제기 이후에 법원이 여러 개의 청구를 병합한 경우에는 소제기 이후이므로 합산하여 소송목적의 값을 정할 수 없다.[26]

나) 예 외

a) 중복된 청구의 흡수   병합 청구한 경우에도 경제적 이익이 같거나 중복되는 때에는 중복되는 범위에서 흡수되고 그 중 가장 다액인 청구 값이 소송목적의 값이 된다(민인규 제20조)(예, 소의 선택적 또는 예비적 병합, 주위적 청구와 대상청구, 여러 연대채무자에 대한 청구, 주채무자와 보증인에 대한 청구, 선택청구, 동일한 권원에 기한 확인 및 이행청구 등).

b) 부대청구의 불산입   주된 청구와 그 부대목적인 과실(천연과실 및 법정

재판부가, 춘천지방법원에 서울고등법원 원외재판부가, 창원지방법원에 부산고등법원 원외재판부가 설치되어 있다(고등법원 부의 지방법원 소재지에서의 사무처리에 관한 규칙 제2조 참조).

25) 청구를 확장하는 경우, 확장된 청구에 관해서는 청구확장시가 소를 제기한 때이므로 확장액수를 표준으로 관할을 정한다.

26) 대판 1991. 9. 10, 91다20579·20586.

과실), 손해배상, 위약금 또는 비용의 청구를 하나의 소로 청구하는 때에는 소송목적의 값에 산입하지 아니한다(제27조 2항).

　　c) **수단인 청구의 흡수**　　건물철거와 동시에 대지인도를 구하는 경우와 같이 하나의 청구가 다른 청구의 수단에 지나지 않는 때에는 그 값을 소송목적의 값에 산입하지 않지만 수단인 청구가 주된 청구보다 다액인 경우에는 그 다액이 소송목적의 값이다(민인규 제21조).

　　d) **재산권상의 청구와 비재산권상의 청구의 병합**　　이 경우에는 합산함을 원칙으로 하나(민인규 제23조 1항) 비재산권상의 소송과 그 소송으로 인하여 생길 재산권을 목적으로 한 소송을 병합한 경우(예, 이혼청구와 이혼으로 인한 위자료청구의 병합, 해고무효확인청구와 임금지급청구의 병합 등)에는 다액인 1개의 소송목적 값에 의한다(민인규 제23조 2항).

3. 토지관할

가. 뜻

토지관할이라 함은 있는 곳을 달리하는 같은 종류의 법원 사이에 같은 종류의 직분을 어떻게 나눌 것인가를 정하는 기준을 말한다. 토지관할에 의하여 그 법원에 인정되는 지역을 관할구역이라고 한다. 그런데 민사소송법은 토지관할 대신에 재판적(裁判籍)이라는 용어를 쓰고 있다. 원래 토지관할은 사건이 어느 법원 관할구역 내의 일정한 지점과 사람 또는 소송목적과 관련되어 있는 경우에 그 지점을 기준으로 정해지는데 그 인적·물적 관련지점을 재판적이라고 한다. 그러므로 재판적은 관할을 법원의 입장이 아니라 당사자 및 소송목적의 입장에서 본 것이다. 민사소송법은 이용자의 편의를 위해 관할을 모두 재판적이라고 표현하고 있다. 토지관할은 원칙적으로 법원관할구역 사람들의 편의를 위한 것이다.

나. 보통재판적

소송사건에 관하여 일반적으로 인정되는 토지관할을 말한다. 민사소송을 제기하려는 원고 쪽에서 피고의 생활근거지에 있는 법원에 나가는 것이 공평하다고

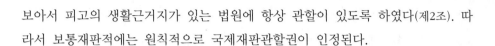

보아서 피고의 생활근거지가 있는 법원에 항상 관할이 있도록 하였다(제2조). 따라서 보통재판적에는 원칙적으로 국제재판관할권이 인정된다.

1) 사　　람

사람의 보통재판적은 제1차적으로 주소로 정하여지고(제3조 본문), 대한민국에 주소가 없거나 주소를 알 수 없을 때에는 거소(居所)로, 거소가 일정하지 아니하거나 거소도 알 수 없을 때에는 마지막 주소로 한다(제3조 단서). 대한민국에 마지막 주소도 없을 때에는 우리나라의 재판권이 미치지 아니하기 때문에 국제재판관할을 찾아야 할 것이다. 다만 재일교포와 같이 한국인으로서 외국에서만 거주하여 주소가 없는 사람의 이혼 등 가사소송은 대법원이 있는 곳인 서울가정법원에 관할권이 있다(가소 제13조 2항). 외국에 주재하는 한국의 대사·공사 등 한국인으로서 외국의 재판권행사의 대상에서 제외되는 사람이 보통재판적이 없을 때에는 대법원이 있는 곳인 서울에 있는 지방법원들에 관할권이 있다(제4조).

2) 법인 그 밖의 사단·재단

가) 원　　칙　　이 경우의 보통재판적은 제1차적으로 주된 사무소 또는 영업소이고 사무소나 영업소가 없는 때에는 주된 업무담당자의 주소이다(제5조 1항). 실제의 주사무소 등과 등기·공고된 사무소 등이 있는 곳이 다른 경우에는 어느 곳이든 보통재판적이 있다고 하여야 한다.

나) 외국법인등　　외국법인, 그 밖의 외국의 사단 또는 재단의 경우 보통재판적은 한국에 있는 사무소·영업소 또는 업무담당자의 주소에 따라 정한다(제5조 2항). 사무소 또는 영업소가 있는 사람에 대하여 그 사무소 또는 영업소의 업무와 관련이 있는 소를 제기하는 경우에는 그 사무소 또는 영업소가 있는 곳의 법원에 제기할 수 있다(제12조).

문제는 피고가 외국법인 등으로서 그 주된 사무소, 영업소 또는 그 업무담당자의 주소가 우리나라에 있는 경우에는 업무와 관련이 없어도 관할권이 인정되는지(제5조 2항 우선설), 업무와 관련이 있어야 관할권이 있는지(제12조 우선설)이다. 제5조 2항 우선설은 우리나라 하급심판례의 입장이다.[27] 이에 의하면, 최근의 기

---

27) 서울지판 1996. 11. 2, 94가합66533; 서울지판 1997. 7. 31, 96가합4126.

업은 고도의 조직과 통제력을 가지고 사무소와 영업소를 관리하므로 그 영업소 등과 무관한 업무에 관한 소송에 대하여 관할권을 인정하더라도 조리에 맞는다는 견해이다. 대법원판결[28]은 기본적으로 이 입장이면서도 「증거수집의 용이성이나 소송수행의 부담정도 등 구체적인 제반사정을 고려하여 그 응소를 강제하는 것이 민사소송법의 이념에 비추어 심히 부당한 결과에 이르는 특별한 사정」이 있으면 제5조 2항에 의한 관할권을 부정할 수 있다고 하였다(제5조 2항 수정우선설).

제12조 우선설은 다수설이라 할 수 있다.[29] 이 견해는, 그 사무소 또는 영업소의 업무와 관련이 있는 곳에 한하여 국제재판관할권을 인정하자는 것이다. 한편 절충설도 있다.[30] 이 견해는, 제12조를 우선하되 소송에 관한 증거자료가 대부분 한국에 있든지 원고가 소비자 개인이어서 외국에서의 소송강요가 사실상 구제를 부정하는 결과가 되면 영업소의 업무와 관련이 적은 경우에도 한국법원에 국제재판관할권을 인정하여야 한다는 견해이다. 생각건대 제5조 우선설에 의하면 다국적 기업은 전 세계의 국가마다 관할권이 인정되는 결과가 되고 절충설은 지나치게 우리에게 유리하여 상대국으로부터 보복당할 우려가 있기 때문에 제12조 우선설이 가장 타당하다.

3) 국   가

민사소송에서 국가를 대표하는 관청은 법무부장관이다. 따라서 법무부가 있는 수원지방법원이 국가의 보통재판적이다(제6조). 그러나 대법원이 있는 곳의 지방법원 본원에도 소를 제기할 수 있으므로(제6조) 서울에 있는 지방법원들도 국가에 대한 관할권이 있다.

4) 기   타

제3조 내지 제6조의 규정에 따라 보통재판적을 정할 수 없는 때에는 대법원이 있는 곳, 즉 서울에 있는 지방법원들을 보통재판적으로 한다(민소규 제6조).

---

28) 대판 2000. 6. 9, 98다35037.
29) 최공웅, 「국제소송」, 301면; 석광현, "국제재판관할에 관한 연구"(2000. 2. 서울대학교대학원 법학박사학위논문), 192면.
30) 강병섭, "국제재판관할," 「섭외사건의 제문제(하)」(법원행정처, 1986), 368면.

다. 특별재판적

제7조에서 제24조까지 규정되어 있다. 특별재판적이 서로 겹치거나 보통재판적과 겹치는 경우에 원고는 어느 곳이나 임의로 관할을 정하여 소를 제기할 수 있다. 특별재판적은 결국 원고의 소송상 편의를 위한 관할이라고 할 수 있다.

1) 근무지(제7조)

사무소 또는 영업소에 계속하여 근무하는 사람에 대하여 소를 제기하는 경우에는 그 사무소 또는 영업소가 있는 곳을 관할하는 법원에 제기할 수 있다. 직장에 근무하는 사람들의 편의를 위한 것이다.

2) 거소지 또는 의무이행지(제8조)

가) 거 소 지　　재산권에 관한 소송은 거소지 또는 의무이행지의 법원에 제기할 수 있다. 의무를 전제로 하는 재산권상의 소송, 예를 들어 계약상의 의무, 상대방 있는 단독행위(예, 유증), 불법행위·부당이득·사무관리 등 의무의 각 이행을 청구하는 소송은 모두 그 의무이행지에 소송을 제기할 수 있다. 물론 의무이행지가 없는 소유권 기타 절대권(예, 소유권의 확인)을 목적을 하는 소송에는 이 규정이 적용되지 않는다. 그러나 물권적 청구권도 그 이행이 문제되므로 그 의무이행지에 소송을 제기할 수 있다. 다만 사해행위취소에 따른 원상회복으로서 소유권이전등기의 말소등기와 같이 부동산 등기에 협조할 의무의 이행지는 제21조에 의하여 등기할 공공기관이 있는 곳이고 등기 청구하는 채권자의 주소지는 의무이행지가 아니다.[31]

나) 의무이행지　　의무이행지는 당사자 사이의 특약, 법률의 규정 또는 의무의 성질에 의하여 정해 진다. 그러나 특정물의 인도청구 이외의 채무는 특약이 없는 한 지참채무(민 제467조 2항, 상 제56조)이기 때문에 원고가 되는 채권자의 주소나 영업소가 있는 곳이 재판적이 된다. 이것은 피고의 주소지를 보통재판적으로 하는 취지에 크게 어긋난다. 그러므로 피고가 갖는 관할의 이익을 보호하기

---

31) 대결 2002. 5. 10, 2002마1156.

위하여 편의에 의한 이송제도(제35조)를 탄력적으로 운영할 필요가 있다.[32]

3) 어음·수표(제9조)

어음·수표에 관한 소송은 그 지급지의 법원에 제기할 수 있다. 그러나 이득상환청구(어음 제79조)와 같은 어음법상의 권리에 관한 소송에는 적용이 없다.

4) 선원·군인·군무원(제10조)

선원의 경우에는 선적(船籍)이 있는 곳(제10조 1항), 군인·군무원의 경우에는 군사용 청사가 있는 곳 또는 군용 선박이 있는 곳(제10조 2항)의 법원에 제기할 수 있다.

5) 재산이 있는 곳(제11조)

대한민국에 주소가 없는 사람 또는 주소를 알 수 없는 사람을 상대로 한 재산권에 관한 소송은 강제집행을 용이하게 할 수 있도록 청구의 목적 또는 담보의 목적이나 압류할 수 있는 피고의 재산이 있는 곳의 법원에 제기할 수 있다.

6) 사무소·영업소가 있는 곳(제12조)

가) 사무소 또는 영업소　　사무소 또는 영업소가 있는 사람에 대한 소송은 그 사무소 또는 영업소의 업무에 관한 것에 한하여 그 영업소가 있는 곳의 법원에 제기할 수 있다(제12조). 외국법인의 국내 사무소에도 본조의 적용이 있다.[33] 「업무에 관하여」는 업무수행에서 나오는 일체의 분쟁을 포함하며 재산권상의 청구에 한정되지 않는다. 사무소 또는 영업소의 업무에 관한 것이 아니더라도 그 사무소 또는 영업소가 있는 곳을 관할하는 법원에 제기할 수 있다(제7조).

나) 외국의 현지법인　　외국 기업이 우리나라에 사무소 또는 영업소를 차리고 독립 법인으로 한 경우 이를 모기업의 사무소 또는 영업소로 보아서 모기업에 대한 국제재판관할권을 행사할 수 있는지 문제된다.

그런데 국제재판관할권은 국가 간의 주권 저촉이 언제든지 생길 수 있는 민

---

32) 방문판매 등에 관한 법률 제46조는 그 적용대상이 되는 특수판매업자의 거래에 관한 소송은 소를 제기할 당시 소비자의 주소를 전속관할로 하여 피고를 보호한다.

33) 대판 1992. 7. 28, 91다41897.

감한 문제이므로 매우 신중하게 접근할 필요가 있다. 그렇지 않고 자기 나라 법의 유추해석까지 하면서 국제재판관할권을 행사하려든다면 이에 대한 보복소송도 예상되어 자칫 국제적인 재판관할권 전쟁이 유발될 수도 있기 때문이다. 따라서 유추해석은 엄격하게 금지하여야 할 것이다.

제12조에서 명백하게 「사무소 또는 영업소」라고 규정하고 있는 이상 독립된 법인의 실질이 설령 모기업의 사무소 또는 영업소의 성격이라고 하더라도 모기업에 대한 국제재판관할권은 부정하여야 하고, 그에 대한 소송은 국제재판관할권의 일반원칙에 따라 그 관할을 정하여야 할 것이다.

7) 선적(船籍) 및 선박이 있는 곳(제13조, 제14조)

선박 또는 항해에 관한 일로 선박소유자 그 밖의 선박을 이용하는 자에 대한 소송 또는 선박채권 기타 선박으로 담보한 채권에 관한 소송은 선적 및 선박이 있는 곳의 법원에 제기할 수 있다.

8) 회사 사원 등(제15조, 제16조, 제17조)

회사 그 밖의 사단의 사원에 대한 소송 또는 사원의 다른 사원에 대한 소송은 사원의 자격으로 말미암은 것이면 회사 그 밖의 사단의 보통재판적이 있는 곳의 법원에 제기할 수 있는데, 그 임원 및 그 회사의 발기인 또는 검사인과 사원 또는 사단채권자의 그 사원, 임원, 발기인 또는 검사인이었던 사람에 대한 소송과 사원이었던 사람(즉, 구임원 및 사원)의 그 사원에 대한 소송 역시 사원된 자격으로 말미암은 것에 한하여 회사 기타 사단의 보통재판적이 있는 곳의 법원에 제기할 수 있다.

9) 불법행위지(제18조)

가) 불법행위지 　　불법행위에 관한 소송은 그 행위지의 법원에 제기할 수 있다. 불법행위를 한 곳은 불법행위를 구성하는 법률요건사실이 발생한 곳은 물론 가해한 곳과 손해가 생긴 곳도 포함한다. 불법행위자는 직접행위자 이외에 공동불법행위, 방조자, 민법 제756조에서 정한 사용자도 포함한다.

나) 불법행위 　　불법행위라 함은 통상의 불법행위뿐 아니라 공작물의 설

치·보존의 흠으로 인한 책임 등 특수 불법행위도 포함된다.[34] 채무불이행도 광의의 위법행위이므로 여기에 포함된다. 그러나 공법상 손실보상청구는 적법행위로 인한 보상청구이므로 여기에 포함되지 않는다.

다) **선박 또는 항공기**　　선박 또는 항공기의 충돌 그 밖의 사고로 말미암은 손해배상소송은 그 선박 또는 항공기가 맨 처음 도착한 곳의 법원에 제기할 수 있다(제18조 2항).[35]

10) 해난구조지 등(제19조)

해난구조에 관한 소송은 구조된 곳 또는 구조된 선박이 맨 처음 도착한 곳의 법원에 제기할 수 있다.

11) 부동산이 있는 곳(제20조)

부동산에 관한 소송은 부동산이 있는 곳의 법원에 제기할 수 있다. 부동산에는 토지와 건물은 물론 공장재단·광업재단 등 법률의 규정에 의하여 부동산으로 취급되는 것, 광업권·어업권 등도 포함된다. 그러나 선박·자동차·중기·항공기 등 이동성이 있는 것은 부동산에 관한 규정이 준용되더라도 제20조가 적용되지 않는다.

부동산에 관한 소송은 부동산에 관한 권리를 목적으로 하여야 한다. 부동산 소유권의 확인·부동산의 인도나 명도 따위이다. 그러나 부동산의 매매대금·차임 등은 부동산에 관한 권리를 목적으로 하지 않기 때문에 여기에 속하지 않는다.

12) 등기·등록지(제21조)

등기·등록에 관한 소송은 등기 또는 등록할 공공기관이 있는 곳의 법원에 제기할 수 있다.

---

34) 반대: 이시윤, 104면.
35) 그러나 항공기 자체가 사고난 경우의 불법행위지에는 항공기의 도착지 이외에도 사고행위지 및 결과발생지를 포함한다(대판 2010. 7. 15, 2010다18355 참조).

13) 상속 · 유증 등(제22조, 제23조)

상속 · 유증 그 밖에 사망으로 효력이 생기는 행위에 관한 소송은 상속이 시작된 당시 피상속인의 보통재판적이 있는 곳의 법원에 제기할 수 있다.

상속채권 그 밖의 상속재산의 부담에 관한 소송으로서 앞의 경우에 해당하지 아니한 것은 상속재산의 전부나 일부가 있는 법원에 제기할 수 있다. 피상속인의 장례비용 · 유산관리비용 · 유언집행비용 등이 이에 해당한다.

14) 지적재산권 등(제24조)

지적재산권과 국제거래에 관한 소송을 제기하는 경우에는 앞에서 본 보통재판적 및 특별재판적에 의하여 관할이 정해진 경우 외에도 이와 경합하여 그 있는 곳을 관할하는 고등법원이 있는 곳의 지방법원에 제기할 수 있다. 예를 들면 대구지방법원 영덕지원에 지적재산권에 관한 소송을 제기하여야 하는 경우에는 이 지원을 관할하는 대구고등법원이 있는 대구지방법원에도 소송을 제기할 수 있다. 이들 사건은 높은 전문성이 있기 때문에 같은 종류의 사건을 많이 취급하는 전문부가 설치된 지방법원에 경합하여 토지관할을 인정하는 것이 당사자에게 편리하기 때문이다.

라. 관련재판적(제25조)

1) 뜻

원고가 하나의 소로서 여러 개의 청구를 하는 경우에 법원이 그 가운데 하나의 청구에 관하여 관할권이 있으면 나머지 청구에 관하여도 관할권이 생기는 것을 관련재판적이라고 한다.

원래 원고가 하나의 소송으로 여러 개의 청구를 하더라도 수소법원이 각각의 청구에 관하여 모두 관할권이 있지 않으면 안 되므로 원고는 청구들 전부에 관하여 일일이 관할을 갖추어야 한다. 그런데 병합된 청구 중에서 어느 하나에 대하여 관할권이 있는 경우에 나머지 관할권이 없는 청구에 관해서도 관할이 생긴다고 한다면 원고로서는 청구 전부에 대하여 관할을 갖출 필요가 없어 병합청구를 하기 쉬울뿐 아니라 피고로서도 어차피 원고의 청구들 중 하나에 대해서는 소송에 응하여야 하므로 다른 청구에 관하여 관할이 인정되더라도 특히 불편하지 않고 오히려 원고에 대한 관계에서 여러 분쟁을 한꺼번에 처리하여 해결한다는 이점이 있다. 또 법원으로서도 여러 개의 사건을 따로 따로 심판하지 않고 일거에 처리함으로써 소송경제를 기대할 수 있다.

2) 적용범위

가) 원   칙   관련재판적은 토지관할에만 적용되고 사물관할에는 적용이 없다(사물관할은 제27조에 의한다). 「하나의 청구에 대한 관할권이 있는 법원」이란 제2조 내지 제24조의 규정에 의한 경우로 한정시킬 필요가 없으며 관할의 합의(제29조) 또는 관할의 지정(제28조) 등 다른 원인에 의하여 관할권을 갖는 경우에도 적용된다. 그러나 다른 법원의 전속관할에 속하는 청구에는 관련재판적의 규정이 적용되지 않는다(제31조). 한편 원고가 다른 청구에 관하여 관할만을 발생시킬 목적으로 본래 제소할 의사가 없는 청구를 병합한 것이 명백한 경우에는 관할선택권의 남용으로서 신의칙에 위반되어 허용할 수 없으므로 그와 같은 경우에는 관련재판적에 관한 제25조의 규정을 적용할 수 없다.[36]

나) 제25조 1항   관련재판적은 하나의 소로 여러 개의 청구를 하는 소의 객관적 병합(제253조)의 경우에 적용된다는 데는 이론이 없다. 여기서 병합이라고 하면 처음 소를 제기하면서 여러 청구를 병합하는 원시적 병합의 경우 뿐만 아니라 소를 제기하여 소송계속중에 청구의 변경(제262조) 등으로 여러 개의 청구를 병합하는 후발적 병합의 경우도 포함한다.

다) 제25조 2항   관련재판적은 통상의 공동소송 중에서 소송목적이 되는 권리나 의무가 여러 사람에게 공통되거나 사실상 또는 법률상 같은 원인으로 말미암아 그 여러 사람이 공동소송인으로서 당사자가 되는 경우(제65조 전문)에도 적용이 있다. 그러나 통상의 공동소송 중에서 소송목적이 되는 권리나 의무가 같은 종류의 것이고, 사실상 또는 법률상 같은 종류의 원인으로 말미암은 것인 경우(제65조 후문)에는 적용이 없다.

관련재판적이 문제되는 경우는 원고가 여러 사람을 피고로 하여 공동소송을

---

36) 대결 2011. 9. 29, 2011마62.

제기하는 경우에 어떤 피고에 대하여 관할권이 있다고 하여 관할권이 없는 다른 피고에게까지도 강제로 응소하게 하는 것이 타당한지 여부이다. 민사소송법은 이를 입법적으로 해결하여 피고들 사이에 관련성이 깊은 제65조 전문(前文)의 경우(예, 여러 사람에 대하여 어떤 물건에 대한 소유권확인을 구하는 경우, 여러 연대채무자에 대한 채무의 이행을 청구하는 경우 등)에는 관련재판적을 긍정하고, 피고들 사이에 관련성이 희박한 제65조 후문의 경우(예, 여러 어음발행인에 대한 각 어음금청구, 여러 세입자에 대한 차임금 지급청구)에는 이를 부정하고 있다.

라) 필수적 공동소송　　필수적 공동소송(제67조)은 성질상 변론을 분리할 수 없으므로 당연히 관련재판적이 허용된다.[37]

마) 국제재판관할권에 대한 적용가부　　관련재판적(제25조)에 의거하여 우리나라 법원에 국제재판관할권을 인정할 수 있을가. 이를 인정하기 위해서는 병합하여야 할 양쪽 청구 사이에 우리나라 법원에서 이들을 심리하는 것이 합리적이라고 할 만한 상당히 밀접한 관계가 인정되어야 할 것이다. 밀접하지 않은 청구들을 병합하는 것은 국제사회에서 재판권능의 합리적 분배의 관점으로 보아 상당하지 않고, 또 그 병합에 의해서 재판이 장기화하고 복잡해질 우려가 있기 때문이다(관할배분설). 이 입장에서 본다면 제25조 2항에 의한 국제재판관할권은 부정되어야 할 것이고, 제1항의 경우에도 위의 관할배분설에 의거하여 국제재판관할권을 따져야 할 것이다.

4. 지정관할

가. 뜻과 지정원인

지정관할이라 함은 구체적인 소송사건에 관하여 상급법원이 관할법원을 지정해주어 생기는 관할을 말한다(제28조). 재정관할이라고도 한다. 법률에 관할에 관한 규정이 없어 재판권행사에 지장이 생길 경우에 이를 보충하기 위한 것으로서 관할법원이 법률상 또는 사실상 재판권을 행사할 수 없거나(제28조 1항 1호), 법원의 관할구역이 분명하지 아니한 때(제28조 1항 2호), 가정법원과 지방법원 사

---

37) 대판 1994. 1. 25, 93누18655.

이에 관할이 분명하지 아니한 때(가소 제3조) 등에 지정관할이 생긴다.

나. 효   과

상급법원의 관할지정결정이 있으면 어느 법원에 관할권을 주거나, 박탈하는 창설적 효력이 있다. 따라서 법원이나 당사자는 그 관할을 부인할 수 없다. 소송이 계속된 법원이 상급법원으로부터 다른 법원을 관할법원으로 지정하는 결정정본을 송달받으면 그 법원의 법원사무관등은 바로 그 결정정본과 소송기록을 지정된 법원에 보내야 한다(민소규 제8조 3항).

5. 합의관할

가. 뜻

합의관할이라 함은 당사자 사이의 합의에 의하여 생기는 관할을 말한다. 관할에 관한 법 규정에는 공익적 요청에 기한 전속관할 규정도 있지만 당사자의 편의를 위한 임의관할 규정도 있고 이것이 오히려 다수이다. 임의관할의 경우에는 당사자들이 합의하여 그들이 편리하다고 생각하는 법원을 관할로 정한 곳이 법정관할 규정과 다르다고 하여 배척할 일이 아니다. 그리하여 법은 전속관할을 제외하고 제1심에 한하여 합의로 관할법원을 정할 수 있도록 하였다(제29조).

나. 성   질

관할의 합의는 관할이라고 하는 소송법상의 효과 발생을 목적으로 하는 소송계약이다. 그러므로 그 요건이나 효과는 모두 소송법의 규율을 받는다. 따라서 당사자가 관할의 합의를 하려면 소송능력이 필요하고 사법상 계약과 같이 이루어지더라도 사법상 계약의 취소나 해제에 영향을 받지 않는다. 다만 관할의 합의를 소송 외에서 법원의 관여 없이 하는 경우에는 사법상의 법률행위이거나 그와 유사하게 보아야 한다. 이 경우에는 합의과정에 사기·강박·착오 등으로 의사표시에 흠이 있으면 민법의 일반원칙에 따라 취소권을 행사할 수 있다. 그러나 일단 소송절차에 들어가면 소송행위가 되므로 의사표시의 흠 불고려의 원칙에 따라 관할의

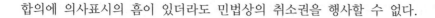

합의에 의사표시의 흠이 있더라도 민법상의 취소권을 행사할 수 없다.

다. 요 건

1) 제1심 법원의 임의관할(제29조 1항)

합의할 법원이 제1심 법원이므로 토지관할에 한정되지 아니하며 사물관할에 관하여도 합의할 수 있다. 그러나 전속관할에 관하여는 합의할 수 없으므로 민사집행을 실시하는 집행법원(민집 제3조)과 같은 전속관할은 합의에 의하여 바꿀 수 없다.

2) 일정한 법률관계로 말미암은 소송(제29조 2항)

관할의 합의를 하면 피고의 보통재판적과 다른 관할이 생기기 때문에 합의를 무한정 허용할 때에는 피고가 갖는 관할의 이익을 심각하게 침해할 가능성이 있다. 그러므로 막연하여 예측할 수 없는 법률관계, 예를 들어 일생 동안의 고용관계로 말미암아 생기는 일체의 분쟁에 관한 합의 따위는 그 범위가 지나치게 커서 허용되지 아니하고 일정한 법률관계, 예를 들어 특정 매매계약, 보험계약 또는 임대차관계로 말미암은 소송과 같이 그 범위를 한정할 수 있는 경우에 한하여 허용된다.

3) 관할법원의 특정

합의의 취지로 보아 관할법원을 특정할 수 있어야 한다. 그러나 법원을 하나만 지정할 필요가 없고 여러 개의 법정 관할 중에서 일부를 배제하는 형식으로도 할 수 있다. 모든 법원에 관할을 인정하는 합의는 피고가 갖는 관할의 이익을 박탈하기 때문에 허용되지 않는다. 반대로 모든 법원의 관할을 배척하는 합의는 소를 제기하지 않겠다는 합의 또는 외국 법원의 재판권에 복종하는 뜻의 합의로 보아 그 당부를 판단하여야 할 것이다.

4) 합의의 방식

합의는 당사자의 의사를 명확하게 하기 위하여 서면으로 하여야 한다(제29조

2항). 그러나 반드시 본래의 계약서와 같은 서면에 의할 필요가 없으며 별개의 서면으로도 할 수 있다. 어음발행인이 어음의 표면에 장래의 소지인에 대하여 합의의 청약을 적고 뒤에 어음의 소지인이 승낙하면 합의가 성립한다. 승낙의 의사표시는 청약한 사람이 지정한 법원에 소를 제기하여 소장이 상대방에게 도달할 때 이루어진다.

5) 합의의 시기

합의의 시기에는 특별한 제한이 없으나 소송을 제기하기 이전에 하는 경우가 많다. 소송을 제기한 이후에도 할 수 있으나 그로 인하여 이미 생긴 법원의 관할권은 상실되지 않기 때문에(제33조) 관할의 합의를 이유로 소송이송(제34조)을 신청할 수 있을 뿐이다.

라. 합의의 모습

1) 전속적 합의[38]와 부가적 합의

관할의 합의에는 특정한 법원에 대해서만 관할권을 인정하고 그 밖에 다른 법원의 관할권을 배제하는 전속적 합의와 법정관할 이외에 다른 법원을 부가하는 부가적 합의가 있다. 관할에 관한 합의를 할 때에 「전속적」 또는 「부가적」이라고 명시하였을 경우에는 이에 따르는 것이 당연하지만 그렇지 아니하고 법정관할법원 가운데에서 어느 하나를 지정하였다면 다른 법정관할법원을 제외한다는 의사가 있다고 보아 전속적 합의로 볼 것이고, 법정관할법원이 아닌 다른 법원을 지정하였다면 당사자가 법정관할법원을 배제한다는 명백한 의사가 없는 한 부가적 합의로 볼 것이다.[39] 예를 들어 서울 강남구에 사는 사람이 부산 중구에 거주하는

---

38) 중재판정의 승인과 집행청구의 소에 관해서는 중재합의로 관할법원을 지정할 수 있다(중재 제7조 4항 1호). 예를 들어 공사도급계약서를 작성하면서 「분쟁해결은 당사자 쌍방 모두 중재법에 의거하여 대한상사중재원의 중재에 따르고, 법률적 쟁송이 있을 경우 도급인의 주소지 관할법원으로 한다」는 내용의 중재조항을 두었다면 이것은 당사자가 중재신청도 할 수 있고 소송도 제기할 수 있는 선택적 중재조항이 아니라 그 중재절차, 중재판정과 관련하여 제기할 수 있는 소송에 관한 중재법 제7조 소정의 관할에 관한 전속적 합의이다(대판 2005. 5. 13, 2004다67264·67261 참조).

39) 전속적 합의관할에 관해서는 대판 2008. 3. 12, 2006다68209; 부가적 합의관할에 관해서는

사람에게 금 1억원을 빌려주고 부산지방법원을 관할법원으로 합의를 하였다면 이는 전속적 합의로 보아야 하지만 법정관할법원이 아닌 울산지방법원을 관할법원으로 합의하였다면 특별히 다른 의사가 없는 한 부가적 합의이다.

전속적 합의도 임의관할이므로 변론관할이 가능하고 전속적 합의관할법원으로부터 법정관할법원으로 소송이송도 가능하다. 다만 소송이송의 이유 중에서 당사자의 이익만을 위한 이유, 즉 당사자의 손해를 피하기 위한 이송은 전속적 합의에 구속받아 허용될 수 없고 소송의 지연을 피한다는 등 공익적 이유가 있을 경우에 한하여 소송의 이송을 허용하여야 할 것이다.

2) 외국법원을 관할법원으로 하는 합의

이것은 우리나라의 주권행사와 관련되므로 신중하게 고려하여야 할 것이다. 우선 부가적 합의는 우리나라의 관할권을 침해하지 아니하므로 유효하다. 그러나 외국법원만을 배타적 관할법원으로 하는 합의는 ① 사건이 우리나라에 전속하지 아니하고 ② 외국법원이 우리나라에서 한 합의의 효력을 인정하여 사건을 수리할 것이 명백하며 ③ 그 사건이 그 외국법원과 합리적 관련성이 있고[40] ④ 합의가 현저하게 불공정하거나 공서양속에 반해서는 안 된다[41]는 요건을 갖추어야 할 것이다. 위와 같은 요건을 갖추어 외국법원을 관할법원으로 하는 합의가 유효한 경우에는 우리나라 법원에 대한 소의 제기는 부적법하다고 각하하여야 한다. 외국법원의 관할을 배제하고 대한민국 법원을 관할법원으로 하는 전속적 관할합의를 하는 경우에도 위의 요건을 갖추어야 한다.[42]

마. 약관에 의한 합의

약관의 규제에 관한 법률 제14조는, 고객에게 부당하게 불리한 소제기나 재판관할에 관한 합의를 금지하고 이에 위반되는 것은 무효[43]로 하여 경제적 약자

대판 1963. 5. 15, 63다111 각 참조.

40) 대판 1997. 9. 9, 96다20093.

41) 대판 2004. 3. 25, 2001다53349.

42) 대판 2011. 4. 28, 2009다19093.

43) 대결 1968. 6. 29, 98마863은, 대전에 주소를 둔 계약자와 서울에 주영업소를 둔 건설회사 사이에서 서울지방법원을 관할법원으로 한 관할합의조항은 민사소송법상의 관할규정보다

를 보호하고 있다.[44]

바. 합의의 효력

1) 관할의 변동

관할의 합의가 이루어지면 합의된 법원에 관할권이 발생하여 관할이 변동된다. 전속적 합의를 하면 다른 법정관할법원의 관할권은 소멸된다. 새로이 합의하여 종전에 한 관할의 합의를 취소·변경할 수 있으나 소를 제기하면 그 때를 기준으로 관할이 정해져서(제33조) 새 합의로 관할을 바꿀 수 없으므로 관할합의를 이유로 소송이송신청을 할 수 있을 뿐이다.

2) 제3자에 대한 효력

가) 당사자 및 포괄승계인　　관할의 합의는 소송상 합의라고 하더라도 당사자 사이의 계약이기 때문에 그 효력은 원칙적으로 당사자나 그 포괄승계인(예를 들어 상속인이나 합병회사)에게만 효력이 있다.

나) 특정승계　　채권양도와 같이 당사자의 의사표시에 의하여 권리관계가 승계되는 특정승계의 경우에 관할을 갖추는 것은 실체법상 권리행사의 조건이므로 관할의 합의는 그 권리관계에 붙어 있는 실체적 이해관계의 변경이 된다. 따라서 지명채권과 같이 당사자가 그 권리관계를 자유롭게 정할 수 있는 때에는 그 권리관계의 특정승계인은 관할의 합의로 변경된 재판적을 승계한다.[45] 그러나 당사자가 양도한 권리관계가 물권인 경우에는 물권법정주의 원칙상 그 내용이 정형화되어 당사자가 함부로 바꿀 수 없고(민 제185조) 그 합의의 내용을 등기로 공시할 방법이 없어 합의의 효력이 제3자를 구속할 수 없다. 이 경우에 관할의 합의는

불리한 약관이므로 무효라고 판시하였다.

44) 「…사업자와 고객 사이에서 사업자의 영업소를 관할하는 지방법원으로 전속적 관할합의를 하는 내용의 약관조항이 고객에 대하여 부당하게 불리하다는 이유로 무효라고 보기 위해서는 그 약관조항이 고객에게 다소 불이익하다는 점만으로는 부족하고, 사업자가 그 거래상의 지위를 남용하여 이러한 약관조항을 작성·사용함으로써 건전한 거래질서를 훼손하는 등 고객에게 부당하게 불이익을 주었다는 점이 인정되어야 한다.」(대결 2009. 11. 13, 2009마 1482; 대결 2008. 12. 16, 2007마1328 참조).

45) 대결 2006. 3. 2, 2005마902.

특정승계인을 구속할 수 없다.[46]

6. 변론관할

가. 뜻

제1심 법원에서 피고가 관할위반의 항변을 제출하지 아니하고 본안청구의 당부에 관하여 변론을 하거나 변론준비기일에 진술한 경우에 그 법원에 생기는 관할을 변론관할이라고 한다(제30조). 공익적 요구가 강한 전속관할에까지 적용할 수 없고 당사자의 편의를 위주로 하는 임의관할에 생긴다.

나. 요 건

1) 제1심 법원에 대한 소제기가 관할위반이 되어야 한다.

제1심의 토지 및 사물관할에 걸쳐 임의관할을 위반한 소제기가 있어야 한다. 국제재판관할에 관해서도 변론관할을 인정할 수 있다.[47]

2) 피고가 관할위반의 항변을 하지 아니할 것

관할위반의 항변은 명시적으로 할 필요가 없다. 그러나 그 법원에 관할권이 있다는 것을 전제로 하여 일단 관할문제를 유보하고 본안에 관한 변론을 하였다면 변론관할이 생기지 아니한다.

3) 본안에 관하여 변론할 것

가) 말로 진술   변론기일 또는 변론준비기일에 출석하여 말로 진술하여야 한다. 따라서 변론기일에 출석하지 아니하거나 출석하더라도 말로 진술하지 아니할 때에는 그가 제출한 준비서면이 진술간주(제148조, 제286조)되는 것과 관계없이 변론관할이 생기지 않는다.

나) 본안에 관한 진술   진술은 본안에 관해서 하여야 한다. 여기서 '본안'

---

46) 대결 1994. 5. 26, 94마536.
47) 대판 2014. 4. 10, 2012다7571.

이라 함은 소송목적인 권리 또는 법률관계를 말한다. 따라서 변론의 연기, 법관의 기피, 소송요건의 흠에 관한 주장 등은 본안에 관한 진술이 아니다. 원고는 본안을 기재하는 소장에 청구의 취지와 청구의 원인을 적어야 하는데(제249조 1항) 청구의 취지에 대하여 피고가 청구기각의 답변만 하고 청구원인에 관한 답변을 보류한 경우라도 원고의 청구를 배척한다는 뜻을 명백하게 하였기 때문에 본안에 관하여 변론하였다고 볼 것이다.

다. 효 과

변론관할이 생긴다. 따라서 그 후에 피고가 관할위반의 항변을 하더라도 일단 생긴 관할은 소멸되지 않는다. 변론관할은 그 사건에 한하여 생긴다. 소의 취하 또는 각하 뒤에 제기하는 두 번째 소송에서는 변론관할이 생기지 않는다.

7. 관할권의 조사

가. 소송요건, 직권조사사항

관할권은 재판권의 분배이므로 본안판결을 받기 위한 소송요건이고 직권조사사항이다.

나. 관할결정의 시기

관할은 소송절차의 안정을 위하여 소를 제기한 때를 기준으로 하여 정해진다(제33조). '소를 제기한 때'라 함은 법원에 소장을 제출한 때(제248조)를 말한다. 그러므로 소제기 이후에 당사자가 주소를 이전하더라도 이미 생긴 관할에 영향을 주지 않는다. 관련재판적도 관할 원인을 이루는 병합청구 혹은 본소의 취하 등으로 소멸되지 않는다. 사물관할도 소를 제기한 뒤에 소송목적의 값이 변동되더라도 영향을 받지 않는다. 다만, 본소가 단독사건인 경우 소송계속중에 피고가 반소로 합의부사건에 속하는 청구를 한 때(제269조 2항), 단독판사의 소송에 대하여 청구취지의 확장으로 합의부의 관할이 되는 때(제34조 2항)에는 직권 또는 당사자의 신청에 따른 결정으로 합의부에 이송한다.

다. 조사의 결과

1) 관할권을 조사한 결과 관할이 있으면 심리를 속행하고 속행에 관하여 당사자가 다투면 중간판결이나 종국판결의 이유 중에서 이에 관한 판단을 한다.

2) 관할권이 없는 경우에는 관할권이 있는 법원으로 이송하여야 한다(제34조 1항). 어느 법원에도 관할권이 없으면 재판권이 부존재한 경우이므로 소를 각하하여야 한다.

3) 관할위반을 간과하고 본안판결을 하였을 때에는 전속관할위반의 경우에는 상소로 다툴 수 있으나(제424조 3호) 판결이 확정된 뒤에는 재심사유가 되지 아니하므로 재심의 소를 제기할 수 없다. 제1심 판결이 임의관할에 위반되는 판결을 하였더라도 항소로 더 이상 다툴 수 없다(제411조).

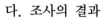

8. 소송의 이송

가. 뜻

소송의 이송이라 함은 어느 법원에 생긴 소송계속을 다른 법원에 옮기는 것을 말한다. 소송의 이송이 인정되는 이유는, 관할위반이 있는 경우에 소송요건에 흠이 있다고 하여 소를 각하하기보다는 관할권 있는 법원에 이송해주면 재차 소송으로 인한 시간·노력·비용을 절약하고 소송제기로 인한 시효중단이나 법률상 기간 준수의 효력을 유지시키는 장점이 있기 때문이다. 관할위반이 아닌 경우에도 당사자의 편의를 위한 소송이송은 소송촉진과 소송경제를 도모하는데 유용하다. 제1심의 소송이송에는 관할위반과 심판의 편의에 의한 이송이 있다.

제1심의 소송이송 이외에 상급심에서의 이송(제419조, 제436조), 상급심에서의 원심(原審)[48]으로의 환송(제418조, 제436조)도 넓은 의미의 이송이다.

---

48) 민사소송법에서의 「원심법원」(예를 들어 제436조)이란 직전의 심리법원을 뜻한다. 예를 들어 서울중앙지방법원 합의부의 항소심은 서울고등법원인데 그 판결을 대법원에서 파기하는 경우의 원심법원은 서울고등법원이고 서울중앙지방법원이 아니다. 이 경우에 서울중앙지방법원은 제1심 법원이라고 표현한다. 서울고등법원에서 직전심리법원인 서울중앙지방법원에 사건을 이송할 경우에는 원심법원이라고 하지만 제1심 법원이라고 하기도 한다.

나. 관할위반으로 인한 이송(제34조)

1) 토지 및 사물관할

제1심의 토지 및 사물관할이 없는 곳에 소를 제기한 경우에 적용된다. 토지관할은 거의 다 임의관할인데 이 경우에 관할 위반의 소송제기가 있더라도 변론관할이 생길 여지가 있으므로 피고가 관할위반의 항변을 하였는지 살핀 다음에 이송해야 한다. 소송전부가 관할위반이면 소송전부를 이송하여야 하나 소송의 일부가 전속관할에 속한 경우에는 소송의 나머지 일부만을 이송하여야 한다. 사물관할의 경우에는 재정합의부와 재정단독사건이 활성화되고 있어 관할위반으로 인한 소송이송은 그 예가 별로 없다.

2) 심급관할

가) 제1심소송을 제기할 법원을 그르쳐 상소심에 소를 제기한 경우   이 경우에는 제34조 1항을 적용하여 관할권 있는 제1심으로 이송하여야 한다.

나) 상소할 법원을 그르친 경우   예를 들어 소액사건의 항소를 지방법원합의부 아닌 고등법원에 제기한 경우 등이다. 소송이송제도의 취지에 비추어 정당한 상소법원으로 이송하여야 할 것이다. 원심법원에 제출하여야 할 상소장을 상소심법원에 제출한 경우에도 해당 원심법원에 이송하여야 할 것이다. 판례는 「소송기록의 송부」라고 하는 사법행정의 방법으로 이 문제를 해결하고 있다.[49]

다) 재심소송을 제기할 재심법원을 그르친 경우   이 경우에도 소송이송제도의 취지를 살려 정당한 재심법원으로 이송하여야 한다.[50]

3) 다른 종류의 법원 사이의 이송

가) 가사소송을 민사소송으로 제기한 경우   가사소송사건도 성질상 민사사건이지만 가정법원의 전속관할이므로 가사소송사건을 일반 민사법원에 제기하거나 그 반대의 경우에는 결정으로 관할 법원에 이송을 한다(가소 제13조 3항).[51]

---

49) 대결 1966. 7. 26, 66마579; 대결 1968. 11. 8, 68마1303.
50) 대전판 1984. 2. 28, 83다카1981.
51) 대결 1980. 11. 25, 80마445.

나) 행정사건을 민사소송으로 제기한 경우　　제척기간의 정함이 있는 행정
사건을 민사사건으로 오해하여 민사법원에 제기하거나 민사사건을 행정사건으로
오해하여 행정법원에 소송을 제기한 경우에는 당사자의 불이익을 구제하여야 한
다는 점에서 결정으로 관할 법원에 이송을 하여야 할 것이다.[52] 민사소송이 제기
된 수소법원에 민사소송의 관할권이 없으나 행정소송의 관할권이 있는 경우에는
청구의 변경(제262조)을 허용하여 행정소송으로 심판하는 것이 당사자의 권리구제
및 소송경제의 취지에 맞는다.[53]

다) 비송사건을 소의 형식으로 제기한 경우　　소송과 비송의 한계가 명백
하지 못하고 또 소송이송제도의 취지에 비추어 이 경우에도 이송을 긍정하여야
한다.

라) 각종 신청사건의 관할을 그르친 경우　　소송 이외의 신청, 예를 들어
증거보전신청(제376조), 집행에 관한 이의(민집 제16조), 판결정정신청,[54] 조정조서
경정신청[55] 등이 관할을 잘못 찾은 경우에는 소송경제와 당사자의 편의를 위해서
이송을 허용함이 좋다. 다만 지급명령신청의 경우에는 관할위반이 있을 때 신청
을 각하하여야 하므로(제465조) 이송할 수 없다.

4) 직권이송

관할위반 여부는 그 관할이 전속관할은 물론이고 임의관할이라고 하더라도
소송요건으로서 직권조사사항이다. 따라서 임의관할위반이 있더라도 변론관할이
생기는 경우를 제외하고는 당사자의 신청을 기다릴 필요 없이 직권으로 소송을
이송하여야 한다(제34조 1항). 그러므로 당사자의 이송신청은 법원의 직권발동을

---

52) 대판 1969. 3. 18, 64누51; 대판 2009. 9. 24, 2008다60568(주택재건축정비사업조합에 대한
　　행정청의 조합설립인가처분이 있은 후에 조합설립결의의 흠을 이유로 민사소송으로 그 결의
　　의 무효 등 확인을 구한 사안에서 이 소는 행정소송의 일종인 당사자소송으로 제기된 것으
　　로 봄이 상당하고, 이송 후 관할법원의 허가를 얻어 조합설립인가처분에 대한 항고소송으로
　　변경될 수 있어 관할법원인 행정법원으로 이송함이 마땅하다고 한 판례이다); 대전판 2009.
　　9. 17, 2007다2428(주택재건축정비사업조합의 관리처분계획에 대하여 그 관리처분계획안에
　　대한 총회결의의 무효확인을 구하는 소를 민사소송으로 제기한 사안에서 그 소는 행정소송
　　법상 당사자소송에 해당하므로 행정법원의 전속관할에 속한다고 본 판례이다).
53) 대판 1999. 11. 26, 97다42250.
54) 대결 2002. 4. 22, 2002그26.
55) 대결 2008. 8. 20, 2007그115.

촉구하는데 그쳐서 이에 대하여 따로 재판할 필요가 없으며 소송이송신청을 각하한 결정에 대하여는 즉시항고가 허용되지 않는다.[56][57]

다. 심판의 편의에 의한 이송

1) 지방법원 단독판사의 합의부에 재량이송(제34조 2항)

지방법원 단독판사는 자기의 관할에 속하는 사건이라 하더라도 전속관할에 속하지 아니하면 상당하다고 인정되는 경우에 직권 또는 당사자의 신청에 의하여 같은 지방법원합의부로 이송할 수 있다. 소액사건도 지방법원합의부로 이송할 수 있다.[58]

2) 손해 또는 지연을 피하기 위한 이송(제35조)

가) 원고는 여러 개의 법정관할 가운데서 어느 관할 하나를 임의로 선택하여 소송을 제기할 수 있다. 그런데 피고가 원고 선택의 관할법원보다도 다른 관할법원에서 심판받는 것이 현저한 손해 또는 지연을 피할 수 있다고 하여 이송신청을 한 경우에는 법원은 전속관할에 위반되지 않는 한 다른 관할법원으로 이송할 수 있고 이는 직권으로도 가능하다. 여기에서 「현저한 손해」라 함은 소송을 수행하는 과정에서 피고가 입을 현저한 경제적 부담을 의미하지만 원고 측이 입을 손해도 무시해서는 안 되며[59] 「지연」이라 함은 증거조사 등으로 소송이 끝나는 것이 늦어지는 것을 말한다. 전자는 개인적 이익을, 후자는 공익적 이익을 고려한 것이다.

나) 그런데 판례의 입장은 손해 또는 지연을 피하기 위한 이송의 해당범위를

---

56) 대전결 1993. 12. 6, 93마524.
57) 이에 대하여 이시윤 121면은 i) 관할권 있는 법원에서 재판을 받을 피고의 이익보호의 필요 ii) 관할위반이 아닌 다른 원인에 의한 이송에 이송신청권 인정되는 것과의 균형 등을 고려하여 이송신청권을 주자고 하며, 이 견해가 학설로는 오히려 다수설이다. 또 일본민소법 제16조는 이송신청권을 인정하고 있다. 그러나 관할위반여부는 직권조사사항인 점, 당사자에게 소송이송신청권을 허용하면 이것이 소송지연의 유력한 수단이 될 수 있다는 점에서 판례에 찬성한다.
58) 대결 1974. 8. 1, 74마71.
59) 대결 2010. 3. 22, 2010마215.

좁게 보아서 당사자의 이송신청을 불허하는 경향이다. 그러나 제25조 2항이 관련 재판적의 범위를 통상의 공동소송인에게 확대함으로써 피고가 갖는 관할이익을 침해할 염려가 크므로 손해 또는 지연을 피하기 위한 이송제도를 활용할 필요가 크다.

3) 지적재산권 등에 의한 소송의 이송(제36조)

법원은 지적재산권과 국제거래에 관한 소송이 제기된 경우에 직권 또는 당사자의 신청에 따른 결정으로 그 소송의 전부 또는 일부를 지적재산권 등에 관한 특별재판적(제24조)에 따른 관할법원에 이송할 수 있다(제36조 1항). 이로 인하여 소송절차를 현저히 지연시키는 경우(제36조 1항 단서)와 전속관할이 정하여져 있는 소송(제36조 2항)은 이송할 수 없다.

4) 신청 또는 직권에 의한 이송

관할위반의 경우와 달리 심판의 편의에 의한 이송은, 법원의 직권 이외에 당사자에게도 이송신청권이 있다. 따라서 당사자의 이송신청에 대하여 법원은 결정을 하여야 하며, 이송신청의 기각결정에 대하여는 즉시항고를 할 수 있다(제39조). 소송의 일부이송(예, 공동소송에서 어느 한사람에 대한 소송)은 이송할 소송에 관하여 먼저 변론의 분리(제141조)부터 하여야 할 것이다.

라. 반소제기에 의한 이송(제269조 2항)

본소가 단독사건이라 하더라도 피고의 반소가 지방법원 합의부의 사물관할에 속하는 사건인 경우에는 직권 또는 당사자의 신청에 의하여 결정으로 본소와 반소를 일괄하여 합의부로 이송한다. 피고의 반소에 대한 사물관할의 이익을 존중하기 위한 취지이다. 다만, 제30조의 변론관할이 생긴 때에는 이송하지 아니한다(제269조 2항 단서). 지방법원 단독사건에 관한 항소심 계속 중에 지방법원 합의부관할에 속하는 반소가 제기되더라도 이미 정하여진 항소심 관할에 영향을 주어서는 안 되므로 지방법원 합의부 사건에 대한 항소심(즉, 고등법원)으로의 이송은 할 수 없다.[60]

---

60) 대결 2011. 7. 14, 2011그65.

마. 항소심 또는 상고심이 하는 환송에 갈음하는 이송(제419조, 제436조)

제1심 판결이 전속관할에 관한 규정을 위반하였을 때에 항소심은 판결을 취소하고, 상고심은 파기하여 사건을 관할법원에 이송한다. 판결에 의한다는 점에서 결정으로 하는 제1심 법원의 이송과 다르다.

바. 이송절차와 효력

1) 이송절차

당사자가 소송의 이송을 신청하는 때에는 기일에 출석하여 하는 경우가 아니면 서면으로 신청의 이유를 밝혀야 한다(민소규 제10조). 이송재판은 결정으로 하므로 변론을 거칠 필요는 없으나 신청에 의한 이송의 경우에 법원은 결정에 앞서 상대방에게 의견을 진술할 기회를 주어야 하고(민소규 제11조 1항) 직권으로 이송결정을 할 때에도 당사자의 의견을 들을 수 있다(민소규 제11조 2항). 신청에 의한 경우에 그 신청이 이유 없으면 이송신청을 기각하며, 그 기각결정에 대하여는 즉시항고를 할 수 있다(제39조). 그러나 직권에 의한 이송신청은 법원의 직권발동을 촉구함에 그치므로 이송신청을 기각하더라도 즉시항고는 물론 특별항고도 할 수 없다.[61]

2) 이송의 효력

가) 구 속 력　　이송재판이 확정되면 그 재판은 이송받은 법원을 구속하므로(제38조 1항) 다시 이송한 법원으로 재이송하거나 다른 법원으로 전송(轉送)할 수 없다(제38조 2항). 따라서 전속관할규정에 위반하여 이송한 경우에도 재이송할 수 없고 상소심에서도 전속관할위반의 주장을 할 수 없다(즉, 제411조 단서와 제424조 1항 3호의 규정을 적용할 수 없다). 그러나 심급관할을 위반한 이송결정의 기속력은 이송받은 상급심의 법원에는 미치지 아니하므로 이송받은 상급심 법원은 사건을 관할법원에 이송하여야 한다.[62] 이송결정이 확정된 뒤에 청구의 변경이나 반

---

61) 대결 1995. 5. 15, 94마1059·1060.
62) 대판 2000. 1. 14, 99두9735; 대결 2007. 11. 15, 2007재마26.

소제기에 의하여 사물관할이 변동되는 등 새로운 사유가 생긴 때에는 재이송할 수 있다.

나) 소송계속의 유지　　이송결정이 확정되면 소송은 처음부터 이송받은 법원에 계속된 것으로 본다(제40조 1항). 그러므로 소제기에 의한 시효중단이나 법률상 기간준수의 효력은 소를 제기한 때로부터 그대로 지속되고,[63] 종전 소송행위의 효력도 유지된다.

다) 소송기록의 송부　　이송결정이 확정되면 이송법원의 법원사무관등은 이송결정의 정본을 작성하여 여기에 소송기록을 붙여 이송된 법원에 보내야 한다(제40조 2항). 소송기록이 이송법원에 있는 동안 급박한 사정이 있을 때에는 직권 또는 당사자의 신청에 의하여 증거조사나 가압류·가처분 등 필요한 처분을 할 수 있다(제37조).

제2절　당 사 자

Ⅰ. 당사자의 뜻

1) 당사자라 함은 자기의 이름으로 법원에 소송을 제기하거나 제기 당함으로써 판결의 명의인이 되는 자를 말한다. 보통 당사자를 제1심에서는 원고·피고, 항소심에서는 항소인·피항소인, 상고심에서는 상고인·피상고인, 민사집행 및 보전절차에서는 채권자·채무자라고 한다. 그러나 실제로 판결문에서는 당사자의 표시를 일관시키기 위하여 제1심의 원고와 피고를 상소심에서도 계속 쓰면서 다만 원·피고 표시의 곁에 항소인 또는 피항소인, 상고인 또는 피상고인이라고 적는다. 민사집행 및 보전절차에서도 채권자·채무자라는 표시 대신에 신청인·피신

---

63) 대판 2007. 11. 30, 2007다54610.

청인이라고 적기도 한다.

누가 당사자인가는 그 실질적인 권한 유무를 떠나 판결의 명의인이라는 형식적 표준에 의하여 정해진다(형식적 당사자 주의). 로마법에서는 악치오에 해당하는 실질적 권한이 있는 자만 당사자가 되었으나 1789년 프랑스대혁명 이후 재판을 받을 권리가 헌법상 기본권이 되면서 이제는 누구나 그 실질적인 권한의 유무를 떠나 소송을 제기하거나 제기당하면 당사자가 되어 법원에서 민사재판을 받을 수 있게 되고 그 실질적인 권한 유무는 판결이유에서 판단되는데 그친다.

2) 민사소송은 당사자가 대립되는 것을 기본구조로 한다. 당사자의 대립이 없다면 민사소송 자체가 성립되지 않으므로 대립당사자의 원칙은 재판권과 함께 가장 중요한 소송요건이 된다.

대립당사자의 원칙은 소송의 시작부터 마칠 때까지 당사자가 대립됨을 요구하므로 당사자의 대립이 해소되면 소송은 종료된다. 그러므로 대립당사자원칙이 지켜지지 아니하고 또 그에 관하여 다툼이 있다면 법원은 소송을 각하할 것이 아니라 소송을 마쳤다고 소송종료선언을 해야 한다(민소규 제67조 3항). 따라서 원고가 스스로에 대하여 소송을 제기할 수 없는 것은 물론이고 일단 소송이 성립된 뒤에라도 상속, 법인의 합병 등으로 대립당사자의 한쪽이 상대방의 승계인이 되면 소송도 종료된다. 일신전속적인 학교법인 이사장의 자격에서 학교법인 이사회결의 무효확인청구를 하였다가 사망한 경우와 같이 분쟁의 대상이 되는 권리 또는 법률관계가 성질상 승계할 수가 없을 때에도 소송은 종료된다.[64] 그러나 당사자가 될 자가 없더라도 반드시 소제기가 불가능한 한 것이 아니다. 예를 들어 부부의 한쪽이 배우자를 상대로 혼인무효의 소송을 제기하여 가족관계를 확정시키는 것과 같이 성질상 승계가 문제되지 않는 경우에는 상대방이 될 자가 사망하더라도 공익의 대표자인 검사를 상대방으로 하여 소송을 제기할 수 있게 하여(가소 제24조 3항) 가족관계를 확정시킬 수 있다. 한편 분쟁의 성격상 세 당사자가 서로 대립·항쟁할 필요가 있을 때에는 그들 사이의 분쟁을 대립당사자의 소송으로 나눌 것이 아니라 3면소송구조로 취급함으로써 하나의 소송에서 서로 대립되는 세 당사자 사이의 분쟁을 한꺼번에 일률적으로 처리하게 된다. 이를 3면소송 또는 3당사자 소송이라고 한다.

---

64) 대결 1981. 7. 16, 80마370; 대판 2004. 4. 27, 2003다64381.

Ⅱ. 당사자의 확정

1. 당사자의 특정과 확정

가. 당사자의 특정

당사자가 소송에 등장하기 위해서는 재판을 하는 법원이 누가 당사자인가를 알 수 있어야 한다. 법원은 소장에 적힌 당사자(제249조 1항)의 표시에 의하여 누가 당사자인지를 알게 된다. 법원이 소장에 적힌 당사자가 누구인지를 알려면 원고는 그 당사자가 다른 사람과 구별될 수 있도록 특정하여야 한다. 이를 당사자의 특정이라고 한다. 당사자의 특정은 법원이 누가 당사자인지 식별하는 사실판단의 문제로서 만약 소장을 접수한 재판장이 소장에 적힌 당사자가 누구인지 구별할 수 없다면 소장심사권(제254조)을 발동하여 당사자를 식별하여 특정할 수 있도록 조치하여야 하는 것이다. 따라서 당사자의 특정은 재판장의 몫이다.

나. 당사자의 확정

1) 당사자 확정의 개념

당사자가 특정되더라도 그 사람이 모두 소송에서 당사자로 취급되는 것이 아니다. 법원이 소송에서 특정된 당사자라 하더라도 법원이 다른 사람과의 관계에서 소송 법률관계가 성립된다고 취급하여야 비로소 당사자로 확정되는 것이다. 이와 같이 당사자의 확정은 특정된 당사자를 다른 사람과의 사이에서 소송관계가 성립한다고 하는 법원의 법률판단이다.[65] 당사자는 중복된 소제기의 금지, 기판력의 주관적 범위 등의 표준이 되므로 구체적 소송에서 당사자의 확정은 매우 중요하다.

---

65) '김씨'가 원고가 되어 피고를 상대로 금 1억원의 대여금 청구소송을 제기한 경우를 본다. 김씨는 헤아릴 수 없이 많기 때문에 '김씨'라는 기재만으로는 원고가 특정이 되지 않는 것은 너무도 당연하다. 그러나 만약 김 씨가 성은 '김'이고 이름은 '씨'로서 주민등록번호도 있다고 한다면 원고 특정에는 아무런 지장이 없다. 하지만 그 '김씨'가 사망하였는데 소장에는 여전히 '김씨'로 되어 있다면 소송관계가 성립할 수 없기 때문에 당사자 확정이 되지 않는다. 그렇지 않고 '김씨'가 건재하다면 그가 소송의 당사자로서 확정된다.

2) 소송요건·직권조사사항

당사자의 확정은 법원의 소송계속 중 누구와 누구 사이에서 소송관계가 성립된 것인가에 관한 문제이기 때문에 대표적인 소송요건이고 직권조사사항이다. 따라서 당사자의 확정은 재판장이 아니라 법원의 몫이다.

3) 당사자 확정의 기준

당사자의 확정은 실체법상의 권한 유무와 관계없이 형식적으로 정해진다.[66] 실체법상의 권한 유무는 판결이유에 불과하기 때문이다. 보통은 소장에 표시된 당사자가 그 소송의 당사자로 확정된다(표시설[67]). 그런데 소장의 기재만으로 당

---

66) 실체법상 당사자는 어떻게 정할 것인가. 특히 금융실명거래 및 비밀보장에 관한 법률 제3조 1항 소정의 실명확인과 관련하여 문제된다. 예를 들어 갑(원고)이 허무인 을 명의의 자동차 운전면허증과 인장을 위조한 후 이를 이용하여 증권회사인 병 주식회사(피고)에 을 명의로 증권위탁계좌를 개설한 경우에 위 증권위탁계좌 개설의 당사자는 갑과 병인가 아니면 허무인 을과 병인가 문제된다. 타인의 이름을 임의로 사용하여 계약을 체결한 경우에 행위자 또는 명의자 가운데 누구를 당사자로 할 것인지에 관하여 판례는, 행위자와 상대방의 의사가 일치한 경우에는 일치하는 의사대로, 그러한 일치하는 의사를 확정할 수 없을 경우에는 계약의 성질, 내용, 목적, 체결경위 및 계약체결을 전후한 구체적인 제반 사정을 토대로 당사자를 결정하고, 이에 터 잡아 계약의 성립 여부와 효력을 판단하여야 한다고 하면서 이는 그 타인이 허무인인 경우에도 마찬가지라고 하였다. 따라서 위의 경우에 금융기관인 병으로서는 위 법률 제3조 제1항에 따라 실명확인 절차를 거친 거래자의 실명에 의하여 금융거래를 하여야 할 의무를 부담하고 있는데, 위와 같이 갑이 허무인 을 명의의 운전면허증을 제시하며 실명확인 절차에 응하면서 계좌 개설을 신청하였고 이에 병이 을에 대하여 실명확인 절차를 진행하여 이 사건 계좌 개설계약의 체결에 이른 이상 달리 병이 위 법에 따라 실명확인 의무를 부담하고 있음에도 위 법 위반 및 그에 따른 제재 등의 위험을 감수하면서까지 실명확인 절차를 거치지 않은 갑을 계약당사자로 할 의사를 갖고 있었다고 볼 특별한 사정이 없는 이상 비록 을에 대한 실명확인 절차가 허무인에 대한 것으로서 적법하지 않다고 하더라도 을이 허무인임을 알지 못한 병으로서는 명의자인 을을 계약당사자로 인식하여 그와 사이에서 이 사건 계좌 개설계약을 체결한 것이라고 보아야 하고, 이러한 계약체결 당시 병의 계약당사자에 대한 인식은 사후에 을이 허무인임이 확인되었다고 하여 달라지지 아니한다고 하였다(대판 2012. 10. 11, 2011다12842 참조). 결국 판례에 의하면 허무인도 실체법상 증권위탁계좌의 계약당사자가 될 수 있으며, 다만 그 계약의 효력에 관한 구체적 법률관계는 이해관계인들 사이에서 부당이득반환 등의 법리에 따라 청산되어야 할 것이다.

67) 당사자 확정의 기준으로는 소장에 표시된 객관적 표시를 기준으로 당사자를 정하자는 표시설 이외에 원고 또는 법원의 의사를 기준으로 당사자를 정한다는 의사설, 당사자로 행동한 자, 법원에 의하여 당사자로 취급된 자가 당사자라는 행동설 등이 있다.

사자를 확정하는 것은 소송의 실체와 동떨어지는 경우가 생길 수 있기 때문에 지금은 사실심의 변론종결시를 기준으로 소장의 당사자 기재뿐만 아니라 청구의 취지, 원인 그 밖의 소송에 나타난 일체의 자료를 종합적으로 판단하여 합리적으로 정하자는 견해(수정된 표시설)가 판례[68]이다. 따라서 확정되어야 할 당사자의 표시가 애매하거나 부정확하게 기재된 경우에는 당사자의 동일성을 유지하는 범위 내에서 표시정정을 하여야 할 것이다.[69] 이 경우에 법원은 당사자를 소장의 표시만에 의할 것이 아니고 청구의 내용과 원인사실을 종합하여 확정한 후 원고가 법을 잘 몰라 당사자를 정확히 표시하지 못하거나 분명하지 아니하게 한 때에는 당사자의 표시를 정정하거나 보충시키는 조치를 취하여야 한다. 이러한 조치를 취함이 없이 단지 원고에게 막연히 보정명령 만을 명한 후 이에 불응하였다고 하여 소를 각하하는 것은 위법이다.[70]

표시설이든 수정된 표시설이든 그 바탕은 형식적 당사자 주의이므로 이것을 일관하다 보면 실제의 분쟁주체가 소송에서 배제되거나 반대로 소송에 관여하지 아니하였는 데도 소장에 당사자로 기재되었다는 이유로 불리하게 판결의 효력을 받는 경우가 생길 수 있다.

2. 당사자의 확정이 문제되는 경우

가. 표시정정과 당사자경정

1) 문제의 소재

예를 들어 갑이 을을 상대로 가옥명도소송을 제기한다는 것이 병을 을이라고 착각하여 병을 피고라고 소장에 기재하였는데 병이 소송에서 실제로 피고로 행동한 경우 표시설에 의하면 피고는 병이 된다.[71] 그러므로 소장에서 피고를 을로 바

---

68) 대판 1996. 3. 22, 94다61243; 대판 2003. 3. 11, 2002두8459; 대판 2011. 3. 10, 2010다99040.
69) 대판 2011. 7. 28, 2010다97044.
70) 대판 2013. 8. 22, 2012다68279.
71) 의사설에 의하면 피고는 을, 행동설에 의하면 병이다.

꾸어야 하는 문제가 생긴다.

2) 표시정정과 당사자경정

가) 개   념   a) 표시정정이란 소장, 판결 등의 당사자표시가 잘못된
경우에 당사자의 동일성이 유지되는 범위 안에서 그 표시를 고치는 것을 말한
다.[72] 예를 들어서 '강한국'이라고 표시한다는 것이 '강원국'이라고 기재한 경우에
이를 '강한국'이라고 고치는 것이다. 소송에서 당사자가 누구인가는 당사자능력,
당사자적격 등에 관한 문제와 직결되는 중요한 사항이므로, 사건을 심리·판결하
는 법원으로서는 직권으로 소송당사자가 누구인가를 확정하여 심리를 진행하여야
하며, 이때 당사자가 누구인가는 소장에 기재된 표시 및 청구의 내용과 원인 사실
등 소장전체의 취지를 합리적으로 해석하여 확정하여야 한다.[73]

당사자경정이란 어떤 당사자를 동일성이 없는 다른 당사자로 그 표시를 고치
는 것을 말한다. 예를 들어서 '강한국'이라고 표시하였으나 그것은 서울에 거주하
는 '강한국(姜韓國)'이 아니라 경기도 일산에 거주하는 '강한국'이라는 전혀 다른
사람을 기재한 경우에 이를 서울 거주 강한국이라고 제대로 고치는 것이다.

b) 결국 피고표시를 '병'에게서 '을'로 고치는 경우에 이제까지의 소송 진행
과정에서 '을'을 피고로 볼 수 있었다면 단순한 표시정정에 불과하지만 그렇지 아
니하고 그때까지의 소송 진행과정에서 '병'을 피고로 보아야 한다면 이를 '을'로
고치는 것은 당사자 경정이다.[74] 그러므로 단순히 표시정정만 하였다면 이전에
이미 진행된 소송절차의 모든 효과, 실체법적 소송 상태를 표시정정이 된 신 당사
자에게 전부 넘기더라도 특별한 문제가 없다. 그러나 당사자경정은 종전의 소송
진행과정에서 소송수행의 기회와 지위를 제대로 부여받지 못한 사람을 신 당사자
로 함으로써 그에게 소송수행의 기회와 지위를 보장하자는데 목적이 있으므로 원
칙적으로 종전 소송절차 및 실체법적 소송상태를 신 당사자에게 그대로 넘겨서는
안 되고 소장의 송달 등 소송 절차를 새롭게 할 필요가 있다. 따라서 당사자경정

---

72) 대판 2009. 10. 29, 2009다54744·54751.
73) 대판 2011. 3. 10, 2010다99040 참조.
74) 위의 예에서 피고 병을 을로 고치는 것은 의사설에 의하면 병과 을 사이에 동일성을 상실하
   지 아니하므로 표시정정이 되고, 행동설에 의하면 양자 사이에 동일성이 없으므로 당사자
   경정이 된다.

인가 아닌가의 판단은 현실적으로 소송과정에서 소송수행의 기회와 지위를 주어야 하는 것이 누구인가를 따져서 결정하여야 할 것이다. 예를 들어 채무자회생절차에서 채무자의 재산에 관한 소송의 당사자 적격은 관리인에게 있으므로(회생 파산 제78조) 관리인을 당사자로 하여야 하는데 관리인 A가 아니라 개인 A로 당사자를 표시한 경우에 이를 관리인 A로 고치는 것은, 청구의 취지, 원인 그 밖의 소송에 나타난 일체의 자료를 종합적으로 판단하여 볼 때 이제까지의 절차진행과정에서 개인 A가 자기가 당사자인 줄 알고 소송 활동하였을 것이므로 표시정정이 된다.[75] 그러나 원고의 표시를 개인에서 시민단체로 고치는 것,[76] 종전회사를 그 회사로부터 분할된 회사로 고치는 것[77] 등은 신 당사자가 종전의 소송절차에서 소송수행의 기회와 지위를 부여받았을 리 없으므로 표시정정이 아니라 당사자 경정이다.

나) 차　이　　a) 표시정정을 하면 당사자의 동일성이 인정되므로 소제기로 인한 시효중단 또는 기간준수의 효력이 처음에 소송을 제기한 때로 소급하지만 당사자경정은 이러한 효력들이 소송을 제기한 때가 아니라 당사자의 경정신청이 있는 때에 생긴다(제265조, 제260조 2항).

b) 표시정정은 심급에 관계없이 허용되나 당사자의 경정은 당사자를 잘못 지정한 것이 분명한 경우에 한정하여 제1심 변론을 종결할 때까지 허용된다(제260조 1항).

다) 현행법상의 취급　　따라서 표시설인 판례를 따르면 병을 을로 고치는 것은 당사자의 동일성이 없으므로 표시정정의 방법으로는 고칠 수 없고 오로지 피고를 잘못 지정한 것이 분명한 경우에 한정하여 제1심 변론을 종결할 때까지 피고경정의 방법(제260조 1항)에 의하여야 하고 항소심에서는 할 수 없다.

라) 표시정정되지 않은 당사자 표시의 효력　　예를 들어 앞의 '강한국'이 표시정정되지 않고 판결문상에 '강원국'으로 그대로 표시된 채 판결이 확정된 경우에 그 확정판결의 효력이 '강한국'에게 미치느냐이다. 판례[78]는 이에 관해서 그

---

75) 대판 2013. 8. 22, 2012다68279.
76) 대판 2003. 3. 11, 2002두8459.
77) 대판 2012. 7. 26, 2010다37813.
78) 대판 1987. 4. 14, 84다카1969; 대판 2011. 1. 27, 2008다27615.

확정판결을 당연무효라고 볼 수 없고 잘못 기재된 당사자와 동일성이 인정되는 범위에서 적법하게 확정된 당사자에게 미친다고 하고 있다. 요컨대 판결문상의 주소 기타 청구의 취지, 원인 그 밖의 소송에 나타난 일체의 자료를 종합적으로 판단하여 '강한국'과 '강원국'이 동일하다고 한다면 '강한국'을 당사자로 취급하여도 좋다는 의미이다. 따라서 법원은 판결의 확정과는 관계없이 당사자가 '강원국'을 '강한국'으로 당사자경정신청을 하면 이를 허용하여야 할 것이다.

나. 성명모용소송

1) 문제의 소재

갑이 을과는 관계없이 을 명의로 소송을 제기하여 소송을 수행한다든가(원고 성명모용소송), 병의 을에 대한 소송에서 갑이 을 몰래 소송대리인을 선임하여 소송에 응하는 경우(피고 성명모용소송)와 같이 소장에 표시된 성명에는 아무런 잘못이 없는데 제3자가 타인의 이름을 모용(冒用)하여 소송을 수행하는 경우에 그 효과가 소송에 관여한 바 없는 을에게 미치느냐이다. 왜냐하면 표시설에 의하면 소장에 기재된 을이 당사자가 되어 그에게 판결의 효력이 미치게 되기 때문이다.[79] 여기서 을이 패소판결을 받는다면 을은 소송에 관여하여 자기의 권리와 이익을 주장한 일이 없는데도 불리한 판결을 받는 결과가 되어 을의 헌법상의 절차기본권이 침해되는 결과가 초래되기 때문에 문제인 것이다.[80]

2) 표시설의 입장

표시설에 의하면 소장에 기재된 자(즉, 피모용자)가 당사자가 되므로 비록 소

---

79) 의사설에 의하면 원고 성명모용의 경우에는 갑이, 피고 성명모용의 경우에는 을이 당사자이고, 행동설에 의하면 어느 경우에나 갑이 당사자이다.

80) 이에 관해서는 규범분류설이 주목된다. 이 견해는 소송이 시작될 때에는 기준이 명확한 소장의 표시에 의하여 당사자를 정하여야 할 것이나 소송이 진행된 뒤에는 그 소송절차의 결과를 누구에게 귀속시키는 것이 분쟁해결기준에 효과적인가라는 기준에 의하여야 한다면서 당사자로서의 소송수행의 지위와 기회를 현실적으로 보장받은 자 만을 당사자로 하여 그에게 판결의 효력이 미치게 하여야 한다고 한다(자세하게는 강현중, 118면 참조). 이 견해가 성명모용소송에서 피모용자에게 판결의 효력이 미치느냐의 여부를 정하는데 다른 학설보다 뛰어나다.

송절차에 관여하지 아니하였다 하더라도 피모용자에게 판결의 효력이 미친다. 따라서 그 판결이 불리한 경우에 피모용자는 그 판결이 확정되지 아니하였다면 상소의 방법으로, 판결이 확정된 경우에는 적법한 대리인의 대리가 없는 것(제451조 2항 3호)과 같이 취급하여 재심의 방법으로 구제받을 수 있다. 그런데 재심소송은 본래의 소송절차를 이용하는 것이 아니라 재심소송이란 새로운 소송을 제기하여 종전 소송의 재심사를 청구하는 것이므로 재심소송이라는 새로운 소제기의 불편이 따르는 데다 재심에 관한 여러 가지 법적 제한 등이 있어 피모용자에게 불리하다. 이 점이 표시설의 난점이다.

 원고가 소장에 피고의 주소를 허위로 기재함으로써 제3자가 소장부본·판결정본을 송달받고 그 결과 피고가 패소한 경우

(1) 표시설에 의하면 이 경우에도 피고가 당사자가 되므로 피고는 반드시 재심을 거치지 아니하고서는 권리구제를 받을 수 없다. 그러나 대전판 1978. 5. 9, 75다634는 표시설과 관계없이 피고가 소장부본이나 판결정본을 받지 아니하였으므로 피고에 대한 판결은 미확정된 것으로 본다. 따라서 판례에 의하면 이 판결이 하급심에서 선고되었다면 피고는 상소를 제기하여 권리 구제를 받을 수도 있고, 별소를 제기하여 미확정판결에 의하여 이루어진 권리 관계의 취소를 구할 수도 있다. 판례의 이 입장은 재심절차를 거치지 아니하더라도 권리구제절차가 가능하다는 점에서 당사자의 권리구제의 폭을 넓혔다는데 의미가 있다.

(2) 다만 주의하여야 할 점은 원고가 소장에 기재한 피고의 허위주소에서 누구도 송달을 받지 아니하여 법원이 소송서류를 공시송달(제195조)한 경우에는 위 판례가 적용되지 않는다. 왜냐하면 공시송달은 그 요건에 흠이 있어도 재판장이 공시송달을 명하여 절차를 밟은 경우에는 유효한 송달이 되기 때문이다.[81] 따라서 공시송달이 부적법한 경우에는 별소를 제기할 수 없고 소송행위의 추후보완(제173조) 또는 재심(제451조 1항 11호)에 의해서 구제를 받아야 한다. 추후보완 사유와 제451조 1항에서 정한 재심사유가 동시에 존재하는 경우에는 추후보완할 기간이 경과되었더라도 재심기간이 있을 때에는 재심의 소를 제기할 수 있다.[82]

---

81) 대전결 1984. 3. 15, 84마20.
82) 대판 2011. 12. 22, 2011다73540.

3) 결   론

가) '갑'이 '을'이라고 하면서 소를 제기한 경우   '갑'이 '을'이라고 하면서 소를 제기한 경우에 소장에서 '을'이 원고로서 판결을 구하는 취지가 표현되었다면 '을'이 원고이다. 다만 '을'의 의사에 기하지 않은 경우에는 '갑'이 함부로 소를 제기하였다는 점에서 무권대리인의 제소와 동일하다. 따라서 법원이 심리를 하면서 이를 찾아냈다면 '갑'이 당사자가 아니므로 법원은 그의 소송관여를 배척하고 '을'이 '갑'의 소제기를 추인하지 않는 한 소송비용은 '갑'의 부담으로 하면서(제108조 참조) 그 소를 각하하여야 할 것이다. 법원이 이를 간과하여 '을'에게 패소판결을 하였더라도 '을'에게는 그 판결의 효력이 생길 수 없다. 왜냐하면 당사자에게 판결의 효력이 생기려면 소송수행의 지위와 기회가 보장되어야 하는데 '을'은 그러한 지위와 기회의 보장이 없었기 때문에 판결의 효력이 생길 근거가 없기 때문이다.

나) '갑'이 '을'을 피고로 하면서 그 주소를 허위로 기재한 경우   '갑'이 '을'을 피고로 하면서 그 주소를 허위로 기재함으로써 제3자가 소장부본이나 판결정본 등을 공시송달에 의하지 않은 송달을 받고 그 결과 '을'이 패소한 경우에도 소장부본이나 판결정본을 받지 아니하였으므로 '을'에게는 그 판결의 효력이 생길 수 없다. '을'은 재심으로 이 판결을 취소하지 않더라도 그 판결이 자기에게 효력이 생기지 않는다고 상소 또는 별소로 주장할 수 있다. 공시송달에 의한 경우에는 유효한 송달이 되므로 별소를 제기할 수 없고 소송행위의 추후보완(제173조) 또는 재심(제451조 1항 11호)에 의해서 구제를 받아야 한다.

다. 사망한 사람에 대한 소송

사망한 사람은 당사자가 아니므로 그에게 상속인이 없는 경우에는 대립당사자의 원칙이 성립되지 아니하여 누구하고도 소송법률관계가 성립되지 않는다.[83] 그 경우에 소송은 종료되고 이에 관해서 다툼이 있으면 법원은 판결로 소송종료선언을 한다(민소규 제67조 3항의 전단의 유추). 그러나 사람이 사망하였더라도 상속

---

83) 법인격이 소멸된 법인의 경우에도 동일하다.

인이 있는 경우에는 법인과 달리 그 상속인이 사망한 사람을 포괄승계하므로 당사자가 될 사람이 존재한다. 여기에서 승계인을 어떻게 소송에 관여시켜 소송법률관계를 이루게 하느냐가 사망한 사람에 대한 소송에서 당사자 확정의 문제이다.

1) 소송을 제기한 때에 이미 사망한 경우

이것은 피고가 소장을 송달받아(제255조 1항) 소송계속이 생기기 이전에 당사자가 사망한 경우의 문제이다. 사망한 사람을 피고로 하는 소제기는 대립당사자의 소송구조를 원칙으로 하는 민사소송법상의 기본원리가 무시된 부적법한 것으로서 실질적 소송관계가 이루어질 수 없으므로 그와 같은 상태에서 선고된 제1심 판결은 당연무효이며 그 판결에 대한 피고 상속인들의 항소나 소송수계신청도 부적법하고 나아가 소제기 이후 소장부본이 송달되기 이전에 피고가 사망한 경우에도 당연무효인 것은 변함이 없다.[84]

가) 소송요건·직권조사사항　당사자가 실제로 존재한다는 것은 중요한 소송요건이고 직권조사사항이다. 따라서 당사자가 사망하고 그에게 상속인이 있다고 하더라도 상속인이 아니라 사망한 사람을 당사자로 하여 소송을 제기한 때에는 소송요건의 흠이 되므로 부적법 각하하여야 한다. 부적법 각하되지 않고 판결이 확정되더라도 이 판결은 사망자를 당사자로 하였으므로 위에서의 설명과 같이 판결의 효력이 발생하지 않는 당연무효의 판결이다.

나) 상속인으로 표시정정 가능성　그런데 법원의 부적법 각하판결을 하기 이전에 사망한 사람을 상속인으로 표시정정을 할 수 있는지 문제이다. 판례[85]는 사망자의 상속인이 소장부본을 송달받는 등 현실적으로 소송을 수행한 경우에는 상대방과 상속인 사이에 소송법률관계가 성립한다고 보아 표시정정을 허용한다. 또 당해 소송을 통하여 분쟁을 실질적으로 해결하려는 원고의 소제기 목적 내지 여러 사정을 종합하여 실질적인 피고가 사망자가 아니라 사망자의 상속인인데 다만 그 표시가 잘못된 경우라면 상속인으로 피고의 표시를 정정할 수 있다고 하면서, 이 이치는 제1순위 상속인의 상속포기 사실을 알지 못하여 제1순위 상속인을

---

84) 대판 2015. 1. 29, 2014다34041 참조. 이시윤, 139면은 유효한 판결인 것으로 보이는 외관의 제거를 위해 상속인의 상소제기를 허용하여야 한다고 한다.

85) 대판 1979. 8. 14, 78다1283.

상대로 소를 제기한 경우에도 동일하다고 하였다.[86] 판례의 취지는 사망한 사람을 피고로 하였다고 하여 각하한 다음 다시 상속인을 상대로 재차 소송을 제기하게 하는 것은 소송의 신속성과 경제성을 저버리는 것이 되기 때문에 이를 극복하자는 것이다. 그렇다면 당사자가 사망한 사실을 모르는 경우는 물론 알고서도 사망한 사람을 당사자로 한 경우에도 표시정정을 허용하여야 할 것이다.[87] 설령 사망자 명의의 판결이 확정되더라도 상속인 명의로 판결의 경정을 허용하여야 할 것이다.

그러나 당사자가 소제기 이전에 이미 사망하였는데도 이를 간과하고 판결을 한 경우에는 상고심에서 당사자표시정정으로 흠을 보정할 수 없으며,[88] 소송수계신청을 할 수도 없고 또 사망한 자를 상대로 상소로서도 다툴 수 없다.[89] 따라서 이 경우에는 상속인을 상대로 새로운 소송을 제기하여야 할 것이다.

2) 소송계속 중에 당사자가 사망한 경우

이것은 피고가 소장을 송달받아 소송계속이 생겼는데 그 후 당사자가 사망한 경우의 문제이다. 이를 다시 사실심의 변론종결 이전에 사망한 경우와 변론종결 이후에 사망한 경우로 나누어 살핀다.

가) 변론종결 이전에 사망한 경우

a) 소송대리인이 없는 경우   상속인은 사망한 사람의 포괄승계인이므로 소송의 당사자가 될 사람이다. 따라서 이 경우에는 상속인이 소장에 표시되어 소송에 등장할 시간이 필요하므로 민사소송법은 소송절차를 중단하여 새로운 당사자가 소송에 관여할 수 있을 때까지 소송절차의 진행을 정지하도록 하였다(제233조). 만약 소송절차의 중단사유가 생겼는데도 이를 간과하고 판결을 선고한 경우에는 승계인의 권한을 배제한 위법은 있지만 적법한 대리인의 대리가 없는 것과 같이 취급하여(대리권의 흠) 상소나 재심으로 구제받을 수 있다.[90] 채무자회생 및

---

86) 대판 2009. 10. 15, 2009다49964.
87) 사망한 사실을 모르고 소송을 제기한 경우에만 표시정정을 허용하고 알고서 한 경우에는 당사자경정에 의하여야 한다는 견해는 이시윤, 139면 참조.
88) 대판 2012. 6. 14, 2010다105310.
89) 대판 2000. 10. 27, 2000다33775.
90) 대전판 1995. 5. 23, 94다28444; 대판 2013. 4. 11, 2012재두497.

파산에 관한 법률 제49조에서 정한 회생절차개시결정을 법원이 간과하여 관리인의 소송수계가 이루어지지 아니한 상태에서 판결이 선고된 경우에도 같다.[91] 다만 불이익을 받은 당사자가 추인하면 그 사유가 소멸된다.

b) 소송대리인이 있는 경우   이 경우에는 당사자가 사망하거나 회사가 합병 등으로 소멸하였지만 소송대리인이 현실적으로 소송을 수행할 수 있어 구태여 소송절차를 정지시킬 필요가 없으므로 소송절차가 중단되지 않고(제238조) 소송대리권도 소멸되지 않는다(제95조 3호). 먼저, 소송대리인은 사망한 사람의 상속인들의 소송대리인으로 취급되므로 사망한 사람이 생전에 소송탈퇴를 하였다면 상속인에게도 그 탈퇴의 효과가 생긴다.[92] 다음, 소송대리인은 새로운 소송수행권자로부터 종전대리권과 같은 내용의 위임을 받은 것으로 볼 수 있어 소송수계인을 당사자로 경정하여 소송을 수행하면 되고 판결선고 이후에도 위와 같은 취지에서 경정이 가능하여 상대방은 소송대리권의 흠을 이유로 상소 또는 재심으로 불복할 수 없다.[93] 설령 경정하지 아니하더라도 소송대리인은 당사자의 지위를 당연승계하는 새로운 소송수행권자를 위하여 소송을 수행하는 것이므로, 그 사건의 판결은 새로운 소송수행권자에 대하여 효력이 있다. 이때 새로운 소송수행권자로 당사자의 표시를 경정하지 아니한 채 종전 당사자를 그대로 당사자로 표시하여도 무방하고, 또 새로운 당사자의 표시가 잘못되었더라도 그 표시가 관리처분권을 승계한 자임을 나타내는 문구로 되어 있으면 잘못 표시된 당사자에 대하여는 판결의 효력이 미치지 아니하고 여전히 정당한 관리처분권을 가진 소송수계인에게 판결의 효력이 미친다.[94]

c) 망인을 그대로 당사자로 표시하여 판결한 경우   당연승계인을 당사자로 경정하지 아니하고 망인을 그대로 당사자로 표시하여 판결을 하였더라도 그 판결의 효력은 당연승계한 상속인들 전원에게 미친다.[95] 사망한 당사자와 상속인 사이에 동일성이 있기 때문이다. 이 점이 당사자가 소송을 제기하기 이전에 사망한 경우와 다른 부분이다. 이 경우 상대방 당사자가 당연승계인 전원을 상대로 하

91) 대판 2011. 10. 27, 2011다56057.
92) 대판 2011. 4. 28, 2010다103048.
93) 대판 2002. 9. 24, 2000다49374.
94) 대판 2014. 12. 24, 2012다74304.
95) 대판 2011. 4. 28, 2010다103048.

지 아니하고 실제로 소송수계절차를 밟은 일부 승계인을 상대로 항소한 경우에도 항소의 효력은 상속인들 전원에게 미친다.[96] 그러므로 항소심이 실제로 항소한 일부 승계인에 관해서만 판결을 한다면 여러 가지 문제가 생기는 것이다.

 i) 누락된 상속인에 대한 조치   이 문제는 공동상속인들의 관계가 통상의 공동소송인 관계인가, 고유필수적 공동소송인의 관계인가부터 따져야 한다. 판례는 상속재산의 협의분할청구소송,[97] 공동상속인이 다른 공동상속인을 상대로 어떤 재산이 상속재산이라는 확인을 구하는 소송,[98] 분할되기 이전의 상속재산에 관한 상속인들의 협의,[99] 공동상속인이 다른 공동상속인을 상대로 한 상속재산확인청구[100] 등은 모두 고유필수적 공동소송이라고 하고 있다. 따라서 위의 경우에 공동상속인들은 원칙적으로 고유필수적 공동소송들의 관계에 있으므로 항소심은 항소제기여부와 관계없이 공동상속인 전원에 대하여 판결을 선고하여야 할 것이다. 그렇지 아니하고 만약 항소심에서 승계절차를 밟은 일부 승계인들에게만 판결을 선고하였다면 위법이 된다.

 ii) 누락된 상속인을 간과한 판결에 대한 구제방법   따라서 누락된 상속인에 대해서는 제1심에서 추가판결을 할 수 없고 항소심에서 소송수계절차를 밟아야 할 것이다.[101] 그렇지 아니하고 항소심이 누락된 상속인을 간과하여 판결을 하였다면 고유필수적 공동소송에서 판결당사자에게 당사자 적격이 없는데도 법원이 이를 간과하고 판결한 경우에 해당하여 그 판결의 효력이 당사자는 물론 제3자에게도 생기지 아니하는 무의미한 판결이 된다. 그러므로 아직 상고기간이 남아 있을 경우에는 누락된 상속인이라고 하더라도 상고(제423조)를 제기하여 구제받을 수 있다. 만약 상고기간이 경과하였거나 상고심에서 이를 상고이유로 삼지 아니하여 확정된 경우에는 상속인의 누락은 당사자의 누락에 해당하고 공격방어방법의 누락이 아니므로 이 경우에는 제451조 1항 9호에서 정한 '판단누락'에 해당하지 아니하여 재심으로는 구제받을 수 없다. 따라서 누락된 상속인을 포함한

 96) 대판 2010. 12. 23, 2007다22859.
 97) 대판 1995. 4. 7, 93다54736.
 98) 대판 2007. 8. 24, 2006다40980.
 99) 대판 2010. 2. 25, 2008다96963 · 96970.
100) 대판 2007. 8. 24, 2006다40980.
101) 대판 2010. 12. 23, 2007다22859.

정당한 상속인들이 또는 정당한 상속인들에 대해서 새로운 소송을 제기하여야 할 것이다.

나) 변론종결 후에 사망한 경우

a) 변론종결 후 판결선고 전에 사망한 경우　　이 경우에 판결의 선고는 할 수 있지만 판결선고가 되면 바로 소송절차가 중단되므로 판결정본을 송달할 수 없다. 따라서 공시송달로 하는 판결의 송달도 무효가 되므로 망인의 상속인이 그 소송절차를 수계하여 판결정본을 송달받아야 항소기간 등 불변기간이 진행된다.[102]

b) 판결이 선고된 후 사망한 경우　　이 경우에는 변론종결 후의 승계인에 대한 기판력의 문제이다. 판결의 효력은 변론을 종결한 뒤의 승계인(변론 없이 한 판결의 경우에는 판결을 선고한 뒤의 승계인)에게 미치므로(제218조 1항) 승계인을 새로운 당사자로 표시정정을 하거나 경정할 필요가 없다. 다만 민사집행을 하려면 승계를 증명하여 승계집행문(민집 제31조)을 부여받아야 한다.

라. 법인격부인과 당사자의 확정

1) 법인격부인의 법리(Doctrine of the disregard of the corporate entity)

이 법리는 미국의 판례법에 의하여 발전되어온 이론이다. 회사의 법인으로서의 존재는 인정하지만 특정된 법률관계에 관하여 정의 혹은 형평(衡平)의 요구에 의하여 회사의 법인격을 무시하고 그 배후에 있는 사원 혹은 다른 회사를 실질적인 당사자로 취급하자는 이론이다.

2) 소송상의 문제

법인격부인 이론을 인정하면 회사의 사원 혹은 다른 회사는 모두 당사자가될 수 있다. 따라서 상대방은 회사의 사원 혹은 다른 회사 중에서 어느 한쪽 또는 양쪽을 피고로 할 수 있다. 판례도 기존회사를 위장 폐업하고 채무면탈을 목적으로 기업의 형태와 내용이 실질적으로 동일한 새로운 회사를 차린 경우 등에는 채무면탈이라는 위법한 목적을 달성하기 위하여 회사제도를 남용한 것이므로 별개

---

102) 대판 2002. 8. 23, 2000다66133.

의 회사라는 주장은 신의칙상 허용할 수 없어 기존회사의 채권자는 두 회사 어느 쪽에 대하여도 채무의 이행을 청구할 수 있다고 하였고,[103] 회사가 외형적으로는 법인이지만 실질적으로는 타인의 개인 기업에 불과한 경우에는 그 배후에 있는 사람에게 회사의 책임을 물을 수 있다고 하였다.[104] 그러나 소송절차 및 강제집행 절차에서는 권리관계의 공권적 확정 및 그 신속·확실한 실현, 소송절차의 명확·안정을 중시하여야 하기 때문에 신설회사와 종전회사가 기업의 형태·내용이 실질적으로 동일하고 신설회사는 종전회사의 채무를 면탈할 목적으로 설립되었더라도 종전회사에 대한 판결의 기판력 및 집행력은 신설회사에 미치지 않는다.[105]

문제는 회사를 당사자로 하다가 배후자를 당사자로 고치는 것이 당사자경정인가 표시정정인가이다. 생각건대 법인격부인이론이라고 해서 회사의 존재 자체를 부정하는 것이 아닌 것을 고려하면 표시정정이 아니라 당사자경정으로 보아야 할 것이다.[106]

Ⅲ. 당사자능력

1. 뜻

1) 당사자능력이라 함은 원고·피고 또는 참가인 등 소송의 주체가 될 수 있는 소송법상의 능력을 말한다. 실체법에서 권리의무의 주체가 되어 법률행위를 할 수 있는 능력을 권리능력이라고 하는데 당사자능력은 소송법상의 권리능력이라고 할 수 있다.

2) 당사자능력은 소송의 성질이나 내용과 관계없이 일반적으로 인정되어야 한다. 그 점에서 특정 소송의 당사자가 누구인가를 정하는 당사자 확정의 문제와 구별되고, 또 원고가 구하는 특정한 소송목적과의 관계에서 그에 관한 본안판결을 구할 수 있는 당사자 적격과도 구별된다. 그러나 당사자능력이 없는 자는 소송

---

103) 대판 2011. 5. 13, 2010다94472; 대판 2006. 7. 13, 2004다36130.
104) 대판 2008. 9. 11, 2007다90982.
105) 대판 1995. 5. 12, 93다44531
106) 같은 취지: 송상현/박익환, 119면. 표시정정설: 이시윤, 137면.

에 관여할 수 없다는 점에서 당사자능력은 형식적 당사자 가운데에서 실질적 당사자를 선별하는 기준 가운데 하나이다. 그 선별은 법원이 해야 하므로 당사자능력은 소송요건이고 직권조사사항이다. 따라서 소장에 표시된 피고에게 당사자능력이 인정되지 않는 경우에는 소장 전체의 취지를 합리적으로 해석해서 올바른 당사자능력자로 표시를 정정하여야 한다.[107]

2. 당사자능력자

가. 권리능력자(제51조)

1) 사 람

사람은 살아있는 동안 권리와 의무의 주체가 되므로(민 제3조) 소송법상으로도 당사자능력이 있다.[108] 재판권면제자에게는 우리나라의 재판권이 미치지 아니하지만 사람이므로 당사자능력이 있어 원고로서 소송을 제기하는 데는 아무런 지장이 없다. 태아는 사람이 아니므로 원칙적으로 당사자능력이 없다. 그러나 불법행위로 인한 손해배상청구(민 제762조), 상속(민 제1000조 3항), 유증(遺贈)(민 제1064조), 사인증여(死因贈與)(민 제562조)의 경우에는 이미 출생한 것으로 보고 있는데 판례[109]는 태아가 태어나는 것을 정지조건으로 하여 당사자능력을 인정한다. 통설은 태아가 태어나지 않는 것을 해제조건으로 하여 태아 상태에서의 당사자능력을 인정한다. 이론적으로는 통설이 우수하지만 판례는 태아가 사산되는 경우의 법적 혼란을 우려하여 소송절차의 안정과 명확성의 입장에서 태아 상태에서의 당사자능력을 부정한다.

사람은 사망으로 당사자능력을 상실하지만 파산선고를 받았다고 사망한 것이 아니므로 당사자능력을 상실하지 않으며, 실종선고를 받더라도 실종선고의 효력이 발생하기 이전에는 당사자능력을 상실하지 않는다.[110] 동물 또는 반려동물은

---

107) 대판 2011. 3. 10, 2010다99040.
108) 당연하지만 천성산 일원에 서식하는 도롱뇽은 양서류로서 당사자능력이 없다(대결 2006. 6. 2, 2004마1148 · 1149 참조).
109) 대판 1976. 9. 14, 76다1365.
110) 대판 1992. 7. 14, 92다2455.

사람이 아니므로 어느 경우에도 당사자능력이 없다.[111]

2) 법   인

법인은 모두 권리능력이 있으므로(민 제34조) 당사자능력이 있다. 법인이 해산 또는 파산되더라도 청산 또는 파산의 목적 범위 내에서 존속하기 때문에(민 제81조, 상 제245조, 회생 파산 제328조) 당사자능력이 있다. 청산이 끝나서 법인격이 소멸되면 당사자능력을 상실하지만 소송이 계속중이거나[112] 청산종결등기가 끝나더라도 청산사무가 남아있는 경우에는[113] 당사자능력이 존속한다.

3) 국가 등

국가 및 지방자치단체도 민법상 권리능력이 있기 때문에 당사자능력이 있다. 그러나 국가 기관인 행정청은 민법상 권리주체가 아니므로 당사자능력이 없고, 다만 행정소송에서는 관청인격이 인정되어 피고가 될 수 있다(행소 제13조). 지방자치단체의 하부행정기관(자치구가 아닌 구·동·읍·면·리)은 당사자능력이 없다(지방자치법 제3조).

나. 법인 아닌 사단 또는 재단(제52조)

1) 뜻

사회에 현실적으로 존재하는 온갖 종류의 법인이 아닌 단체, 즉 법인 아닌 사단 또는 재단은 여러 가지 사회 활동을 영위하며 타인과 거래하고 있는데 그 과정에서 허다하게 발생하는 분쟁을 소송으로 해결할 필요성이 적지 않다. 이 경우에 실체법과 동일하게 법인격이 없다고 하여 단체의 당사자능력을 부인한다면 소송을 제기한 단체의 구성원은 그 구성원 수의 많고 적음을 묻지 않고 전원이 당사가가 되어야 하는 번잡과 불편이 따른다. 민사소송법은 이 점을 고려하여 민법과 달리 실체법상으로는 법인이 아닌 단체라고 하더라도 대표자 또는 관리인이 있어서 외부에 대하여 명확한 조직을 갖고 있는 경우에는 당사자능력을 인정하여

---

111) 대판 2013. 4. 25, 2012다118594.
112) 대판 1969. 6. 24, 69다561.
113) 대판 1997. 4. 22, 97다3408.

그 단체의 이름으로 당사자(또는 참가인)가 될 수 있도록 하였다(제52조). 그러므로 예를 들어 비법인 사단인 교회가 건물을 다른데 매도하고 종교활동을 하지 아니하더라도 청산법인에 관한 민법의 규정이 유추적용되므로[114] 교회재산의 귀속관계를 다투는 소송의 당사자능력이 있다.[115]

2) 법인 아닌 단체의 종류

가) 사단(社團)   사단이라 함은 일정한 목적을 위하여 조직된 여러 사람의 결합체로서 업무집행방법이 다수결의 원칙에 의하여 행하여지며 대외적으로 그 결합체의 의사를 결정하고 업무를 집행할 기관들 및 대표자 또는 관리인을 두고 구성원이 가입·탈퇴 등으로 변경되는 것과 관계없이 구성원 각자의 생활·활동으로부터 독립하여 사회활동을 하는 단체를 말한다.[116]

동창회·정당·교회·사찰·종중·설립중의 회사·자연부락·불교신도회·건물의 관리단·공동주택의 입주자대표회의[117]·아파트부녀회[118]·상가번영회·특정채무자에 대한 채무청산을 목적으로 하는 채무자단[119]·복중(洑中)[120]·성균관[121]·임야조사령에 의하여 사정받은 동·리[122] 등이 사단에 속한다. 재건축조합이나 주택조합과 같이 조합의 명칭을 사용하더라도 그 실질이 사단이면 사단이다.

농지위원회[123]는 사단이 아니며, 대한불교조계종총무원[124]·전국버스운송사업조합연합회공제조합[125]·노동조합의 선거관리위원회[126]도 단체의 내부기관에 불과하므로 당사자능력이 없다. 그러나 단체의 하부기관이라 하더라도 독자적인

---

114) 대판 2003. 11. 14, 2001다32687.
115) 대판 2007. 11. 16, 2006다41297.
116) 대판 2008. 5. 29, 2007다63683.
117) 대판 2008. 9. 25, 2006다86597.
118) 대판 2006. 12. 21, 2006다52723.
119) 대판 1968. 7. 16, 68다736.
120) 대판 1995. 7. 21, 94다15288.
121) 대판 2004. 11. 12, 2002다46423.
122) 대판 2009. 1. 30, 2008다71469.
123) 대판 1962. 4. 18, 4294민상1397.
124) 대판 1967. 7. 4, 67다549.
125) 대판 1991. 11. 22, 91다16136.
126) 대판 1992. 5. 12, 91다37683.

규약을 가지고 독립된 활동을 하고 있다면 독자적인 단체로 인정할 수 있기 때문에 판례는 전국해원노동조합목포지부[127]와 같은 하부기관의 당사자능력을 인정한다.

나) 재 단　　　재단이라 함은 일정한 목적에 제공된 재산으로서 재산의 출연자를 벗어나 독립된 관리 기구에 의하여 운영되는 조직을 말한다. 대학교 장학회·보육원·유치원 등이 이에 해당한다. 판례[128]는 학교가 교육을 위한 시설에 불과하다는 이유로 당사자능력을 부정하므로 그 운영주체(국공립학교의 경우에는 국가·지방자치단체, 사립학교는 학교법인)가 당사자이다.

다) 민법상의 조합　　　조합이라 함은 두 사람 이상의 특정인이 함께 출자하여 공동사업을 경영할 것을 약정한 계약(민 제703조)을 말한다. 사단은 개개의 구성원들이 사단에 묻혀 단체성이 강한데 반해 조합은 조합원이 조합계약의 당사자로서 공동목적을 달성하는 데 필요한 범위의 제약을 받을 뿐이므로 조합원의 개성이 강하게 나타난다. 그러나 조합에서도 조합원 개인의 재산을 떠나 조합재산이라는 관념이 인정되고, 업무집행방법에서 다수결원칙의 채택(민 제706조), 조합원의 탈퇴(민 제716조 내지 제719조), 조합해산의 경우에 법인과 마찬가지로 청산절차를 밟도록 한 것(민 제720조 내지 제724조) 등은 조합의 단체적 성격 내지 단일성을 인정한 것이다. 그러므로 대외적으로 대표권이 있는 업무집행조합원이 있다면 조합에 관하여 당사자능력을 인정하여야 할 것이지만, 판례[129]는 당사자능력을 부정하고 있다. 다만 변호사법에 규정된 법무조합(변 제5장의3)은 민법의 조합에 관한 규정이 준용(변 제58조의31)되는데도 당사자능력이 있다(변 제58조의26). 농업협동조합(농협 제4조 1항)·수산업협동조합(수협 제4조 1항) 등은 모두 법인이다.

---

127) 대판 1977. 1. 25, 76다2194.
128) 대판 1975. 12. 9, 75다1048.
129) 대판 1991. 6. 25, 88다카6358.

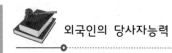

외국인의 당사자능력

(1) 민사소송법은 외국인의 당사자능력에 관하여 제53조와 같은 규정을 두고 있지 않기 때문에 법이론에 의하여 해결할 수밖에 없다. 종래 섭외사건의 당사자능력에 관해서는 외국인에 대한 당사자능력의 준거법이라는 형식으로 논하여졌었다. 자연인에 관하여는 현재 모든 나라의 법제가 일반적으로 당사자능력을 인정하고 있기 때문에 법의 저촉 문제는 거의 일어나지 않는다. 주로 문제되는 것은 국내법상 권리능력이 없으나 당사자능력이 인정되는 법인격 없는 사단이나 재단 등이다.

(2) 생각건대 국제거래 등 경제활동이 활발해지는 글로벌 시대에서 외국인에 대하여도 가급적 당사자능력을 확대 적용하여 우리나라 재판제도에 참여하게 하는 것이 바람직할 것이다. 따라서 법정지법이든 속인법이든 어느 한쪽에서 당사자능력이 인정된다면 우리나라 소송의 당사자로 인정하는 것이 정당하다.

3) 소송상의 취급

가) 비법인사단이 당사자가 된 경우   법인이 아닌 사단 또는 재단이 그의 이름으로 당사자가 될 때에는 법인과 동일하게 취급된다. 그 결과 판결의 명의인인 사단 또는 재단에게 권리의무가 귀속된다는 판결을 할 수 있게 되므로 일반적으로 인정되지 않는 실체법상의 권리능력이 개별적인 소송을 통하여 인정됨으로써 법인격을 취득하는 셈이 된다. 따라서 법인격이 없다면 인정되지 않는 등기청구권(부등 제30조) 등도 갖게 된다. 판결의 효력은 사단 또는 재단에 미치고 그 구성원에게는 효력이 없으므로[130] 그 구성원들도 판결에 나타난 사단 또는 재단의 책임을 다툴 수 없다.

나) 민사집행   민사집행은 사단 또는 재단 그 자체를 집행당사자로 하여야 하므로 그 고유재산에 한하여 집행할 수 있고 그 구성원이나 출연자의 재산에 대해서는 집행할 수 없다. 그러나 사단 또는 재단의 재산이 대표자 개인 명의로 되어 있거나 구성원 전원의 공유명의로 되어 있는 경우에는 제218조 1항을 유추

---

130) 대판 2005. 6. 23, 2004다3864.

하여 단체에 대한 집행권원으로 대표자 개인 또는 구성원 전원에 대하여 승계집
행문(민집 제31조)을 구할 수 있다고 해석하여야 한다.

　　다) 조　　　합　　　조합의 경우에 판례와 같이 당사자능력을 부정하면 조합
채무는 조합원 각자의 채무이므로 조합채권자는 직접 조합원을 상대로 소송을 제
기하여 조합원 개인재산에 관하여 집행할 수 있다. 다만 이 경우에도 조합채권자
는 각 조합원에 대하여 지분에 비례하여(민 제711조) 또는 균분하여(민 제712조) 변
제의 청구를 할 수 있을 뿐이다.[131]

3. 당사자능력 흠의 효과

가. 소송요건 · 직권조사사항

　　당사자능력의 존재는 소송요건이고 직권조사사항이다. 법인 또는 법인이 아
닌 단체가 당사자인 사건에서는 대표자에게 적법한 대표권이 있는지 여부도 소송
요건이요 직권조사사항[132]이므로 직권조사한 결과 그 흠이 인정될 때에는 그 소
를 각하하지 않으면 안 된다. 원고가 당사자능력에 흠이 있어 그 소를 각하할 때
에는 대표자 또는 관리인으로서 사실상 소를 제기한 자에 대하여 소송비용을 부
담시켜야 한다(제108조 참조).

나. 소를 제기할 때 당사자가 사망한 경우

　　소를 제기할 때 당사자가 사망하여 당사자능력이 없는 데도 법원이 그 당사
자 능력의 흠을 간과하여 본안판결을 하였을 때에는 판결이 확정되기 이전에는
항소 또는 상고에 의하여 이를 취소할 수 있으나 판결이 확정된 후에는 재심사유
가 아니므로 재심의 소송을 제기할 수 없다. 그러나 그 판결은 당연 무효이므로
판결의 효력이 발생할 수 없다. 다만 당사자능력이 없는 조합이나 농지위원회 같
은 경우에는 단체로서의 실질이 있고 사회적으로도 활동하고 있으므로 법원이 당
사자능력의 흠을 간과하였더라도 판결이 확정된 경우에는 당사자능력에 대한 흠

---

131) 대판 1992. 11. 27, 92다30405.
132) 대판 2011. 7. 28, 2009다86918.

의 간과를 상소 또는 재심 등으로 더 이상 다툴 수 없어 결국 당사자능력이 있게 되는 결과가 된다.

다. 소송계속중에 당사자가 사망한 경우

소를 제기한 후 소송계속중에 당사자가 사망(제233조), 합병(제234조) 등의 사유로 당사자능력을 상실한 경우에는 소송대리인이 있는 때를 제외하고(제238조) 소송절차는 중단되므로 상속인 또는 합병에 의하여 설립한 법인 또는 합병 후 존속하는 법인이 소송절차를 수계(受繼)하여야 한다. 소송대리인이 있는 경우와 그렇지 않은 경우의 취급이 다르다. 분쟁의 성질상 승계할 수 없을 때에는 소송은 중단되지 아니하고 종료된다.

1) 소송대리인이 없는 경우

이 경우 수계절차를 밟지 아니하고 선고한 판결은 무효가 아니고 다만 적법한 대리가 없는 경우와 마찬가지이므로 상소를 제기하여 상소심에서 수계절차를 밟거나 재심소송(제451조 1항 3호)을 제기하여 권리구제를 받을 수 있다. 그러나 수계절차를 밟지 아니하고서는 민사집행에서 승계집행문(민집 제31조)을 부여받을 수 없다. 소송절차가 중단되어서 승계가 이루어질 수 없기 때문이다.

2) 소송대리인이 있는 경우

당사자가 사망하더라도 소송대리인이 있어 소송절차가 중단되지 아니할 때에는 소송수계의 문제는 발생하지 아니하며, 소송대리인은 상속인을 위하여 소송을 수행한다. 이 경우 판결의 당사자 표시가 사망자 명의로 되었더라도 그 판결은 상속인에 대하여 효력이 있으므로[133] 상속인은 민사집행을 위하여 승계집행문을 부여받을 수 있다. 소송절차가 중단되지 아니하여 승계가 이루어졌기 때문이다.

---

133) 대판 1995. 9. 26, 94다54160.

Ⅳ. 당사자적격

1. 개 념

가. 뜻

당사자적격이라 함은 당사자가 소송목적이 되는 권리 또는 법률관계에 관하여 소송을 수행하고 본안판결을 받을 수 있는 자격을 말한다. 이 자격을 가진 자의 권능을 소송수행권, 이 자격 내지 권능을 가진 자를 정당한 당사자라고 한다. 모든 국민은 헌법이 기본권으로 보장하는 재판청구권(헌 제27조 1항)을 행사할 수 있으므로 누구든지 당사자가 될 수 있다(형식적 당사자 주의). 그러나 모든 당사자가 소송에 관여하였다고 해서 분쟁이 유효·적절하게 해결되거나 처리되는 것이 아니다. 소송목적이 되는 특정한 권리 또는 법률관계에 관한 분쟁을 해결할 수 있는 사람이 소송에서 대립·관여하여 본안판결을 받아야 분쟁이 유효·적절하게 해결될 수 있다. 그러한 분쟁해결의 자격이 있는 사람을 선별하는 작업이 당사자적격의 판단이다.

예

이웃집에 사는 부부가 계속 부부싸움을 하고 또 부부싸움하는 내용으로 보아서 도저히 부부생활을 계속하는 것이 어렵다고 하여 부부 아닌 이웃사람이 부부 양쪽 또는 어느 한 쪽을 상대로 이혼청구소송을 제기하였다고 하자. 이혼청구소송의 그 내용이 아무리 이유 있다고 하여도 부부가 당사자가 아닌 이상 이 소송은 부부사이의 분쟁해결에는 아무런 도움이 되지 않고 공연히 법원과 당사자만 노고를 더하는 것이다. 그러므로 법원은 부부 아닌 이웃사람의 이혼청구소송은 처음부터 심리를 할 필요가 없다.

위의 이혼청구소송에서 부부 아닌 사람을 당사자에서 선별하여 소송에서 제외하는 작업이 당사자적격의 판단이다. 그 판단의 주체는 법원이므로 당사자적격은 소송요건이고 직권조사사항이다. 당사자적격이 소송요건이고 직권조사사항으로서 기능하는 것은 소송의 유형 중에서 주로 확인소송과 형성소송에서이고 이행소송에서는 이런 기능이 거의 없다. 원래 이행소송의 목적가운데 하나는 다른 사람으로부터 받을 일정한 급부를 자력구제가 아닌 소송을 통하여 받도록 함으로써 법치주의를 구현하는 것이다. 따라서 이행소송에서 소송요건을 엄격하게 적용하여 소송의 길을 막는다면 사람들은 결국 자력구제에 의존하여 권리를 실현하려 할 우려가 있기 때문에 이행소송에서는 당사자적격의 제약이 거의 없다.

나. 다수 이해관계인들의 분쟁과 당사자적격

소음이나 대기오염, 일반 소비자들과 같이 다수의 피해자가 등장하면서도 개개인의 피해는 경미한 경우에 누구를 당사자로 하는 것이 적절한 것인가는 그리 간단한 문제가 아니다. 미국의 class action은 이 문제에 대처하기 위하여 그 적절한 대표자의 선정을 법원의 재량에 맡기고 있다. 우리나라도 그 영향을 받아 증권관련집단소송법에서는 법원의 허가를 받은 대표당사자가 피해자 전원을 대표하여 소송을 수행할 수 있도록 하였고(증집소 제2조 4호), 소비자기본법에서는 소비자단체소송을 소비자단체가 법원의 허가를 받아 소송을 할 수 있도록 하였으며(소비기 제70조, 제74조) 개인정보보호법 제51조에서 정한 단체소송을 제기하는 단체도 법원의 소송허가(개인정보 제54조, 제55조)를 받아 소송을 수행할 수 있도록 하였다. 문제는 이러한 규정이 없는 경우에 누구를 원고로 하는 것이 적절하며 소송절차를 어떻게 할 것인가이다. 일본에서는 소를 제기하기 이전에 상대방과 교섭을 하고 교섭단체를 결성하는 등 중요한 역할을 한 사실이 있는 자에게 당사자적격을 인정하여야 한다는 이른바 분쟁관리권설이 일시 유행하였으나 우리나라에서 이 설이 채택된다면 그렇지 아니하여도 각종 사이비 단체가 단체분쟁을 조장하여 '해결사' 역할을 하는 판에 그들에게 법적인 근거까지 주어 부정한 짓을 조장할 수 있다는 점에서 도저히 받아들일 수 없다. 우선은 입법적·행정적 조치에 맡겨야 하겠으나 이 문제의 적절한 해결은 앞으로 민사소송법 학계의 과제이다.

2. 정당한 당사자

소송의 당사자를 원고와 피고라고 한다. 원고는 소송목적이 되는 권리 또는 법률관계에 관하여 승소판결을 받아 자기의 권리를 보호받겠다고 주장하는 자이어야 하고 그 상대방이 피고이어야 한다. 즉, 실체적 이익의 귀속주체라고 주장하는 자와 그 상대방이 원·피고로서 소송의 당사자가 되어야 정당한 당사자이다. 구체적으로 누가 정당한 당사자인지를 소송의 유형에 따라 살핀다.

가. 이행을 청구하는 소(이행소송)

원고가 피고에 대하여 이행을 청구하는 소송을 이행을 청구하는 소 또는 이행소송이라고 한다. 소송에서 가장 많은 유형이다. 이 소송에서는 소송목적이 되는 이행 또는 급부청구권이 있다고 주장하기만 하면 원고가 되고 원고가 이행의무자 또는 급부지급의무자로 지정하기만 하면 피고가 되어서 당사자 적격이 있다. 즉, 이행소송에서는 원고의 주장자체로 당사자적격이 생긴다. 따라서 원고에게 그러한 이행 또는 급부청구권이 있는지의 여부는 본안에 관한 판결이유에서 판단되므로 이행 또는 급부청구권이 없다는 것은 소각하판결의 사유가 아니라 청구기각의 사유이다.

나. 확인하는 소(확인소송)

청구의 취지에 적힌 권리 또는 법률관계의 존부를 확인하는 소송을 확인하는 소 또는 확인소송이라고 한다. 이 소송에서는 소송목적인 권리의무의 존부에 관하여 확인하는 이익을 가진 자가 원고로 되고 그 반대이익을 가진 자가 피고이다. 확인하는 이익은 원칙적으로 소송목적이 되는 권리 또는 법률관계의 주체에 있으나 예외적으로 타인의 권리관계를 확인함으로써 자기의 실체법적 지위를 확보할 수 있으면 소송목적이 되는 권리 또는 법률관계의 주체가 아니더라도 확인하는 이익이 있다. 확인하는 이익은 눈에 보이지 않는 추상적 존재이므로 일반인들이 보기에는 애매하여 이에 관한 다수의 분쟁이 생길 가능성이 아주 크다. 그러므로 법원이 적극적으로 그 존재를 명백하게 하여야 불필요한 소송을 방지할 수 있다. 따라서 확인하는 이익이 존재한다는 것이 소송요건이요 직권조사사항이다. 확인

하는 이익이 없으면 본안심리에 들어가지 않고 소각하 판결을 한다.

다. 형성을 청구하는 소(형성소송)

형성력 있는 판결을 구하는 소를 형성을 청구하는 소 또는 형성소송이라고 한다. 형성권 또는 형성력이란 당사자의 의사표시에 의하여 권리 또는 법률관계를 변경시킬 수 있는 힘 또는 지위이다. 형성소송의 특징은 법에 미리 소송목적인 권리 또는 법률관계를 발생 또는 변경시키려는 형성요건과 원·피고 당사자가 획일적으로 정해져 있다는 것이다. 그러므로 그 법률의 규정이 있다는 것이 소송요건이고 직권조사사항이다. 형성을 청구하는 소를 인용한 형성판결은 형성력이 있어서 소송 외의 제3자에게도 판결의 효력이 생긴다.

라. 고유필수적 공동소송

고유필수적 공동소송이라 함은 공동소송인이 되어야 할 사람 모두가 당사자가 되어야 공동소송이 성립되고 공동소송인이 되어야 할 사람 중에서 한 사람이라도 빠지면 공동소송이 성립될 수 없는 것을 말한다. 따라서 고유필수적 공동소송은 공동소송인이 될 사람 전원이 공동으로 원고나 피고가 되어야만 당사자적격이 있다. 만약 그 가운데 한 사람이라도 빠지면 당사자적격에 흠이 된다. 그러나 제1심의 변론종결이전까지는 필수적 공동소송인의 추가(제68조)에 의하여 법원으로부터 누락된 당사자의 추가를 허가받아 당사자적격의 흠을 보충할 수 있다.

마. 단체내부소송

1) 문제의 소재

어떤 단체(법인 또는 법인 아닌 사단 등)가 제3자와의 사이에서 분쟁이 생긴다면 그 단체가 원고 또는 피고로 되어 상대방이 되는 제3자와 소송을 함으로써 분쟁을 해결하면 된다. 그러나 단체내부에 분쟁이 발생할 경우에는 그 분쟁은 단체의 성격상 해당 당사자 사이에서만 해결되어서는 안 되고 단체 내부에서 획일적으로 처리하여야 한다는 요청이 있다. 이 요청에 맞추어 누구를 원·피고로 하여야 할지 정해야 한다.

2) 원고적격

단체 내부의 결의에 다툼이 있는 경우에 누가 원고로 되느냐는 법률에 규정이 있으면 이에 따른다. 예를 들어 주식회사의 주주총회와 유한회사의 사원총회의 결의에 흠이 있어 취소를 구하는 경우의 원고는 주주·이사 또는 감사(상 제376조), 유한회사에서는 사원(상 제578조)이 된다. 명문의 규정이 없는 경우에는 확인소송에서는 확인하는 이익을, 형성소송에서는 형성요건을 갖춘 사람이 원고로 된다. 판례[134]도 결의부존재확인이나 무효를 확인하는 소송에서는 소제기권자에 제한이 없으므로 확인하는 이익이 있다면 단체 내부의 사람이든 외부의 제3자이든 소를 제기할 수 있다고 하였다.

3) 피고적격

단체 내부의 분쟁에 관해서 피고가 되는 자는 단체 그 자체이다.[135] 왜냐하면 단체 자체를 피고로 하지 않으면 비록 승소판결을 받더라도 그 효력이 단체에게 미치지 아니하기 때문이다. 그러나 문제는 예를 들어 어떤 법인 또는 법인 아닌 단체의 이사를 선임한 결의의 무효확인소송과 같이 그 효력을 다투는 결의의 내용이 단체구성원 일반의 이해를 초월하여 특정 개인과 중대한 이해관계가 있는 경우이다. 판례[136]도 법인의 이사 등 직무집행정지가처분사건에서 채무자(피신청인)는 해당 단체가 아니라 채권자(신청인)와 저촉되는 이사 기타 단체의 구성원이라고 하였다. 위의 경우에는 본안사건과 가처분 사건에서 당사자를 달리하는 결과가 된다. 그렇다면 이 경우에는 차라리 법인과 해당 이사 등 구성원을 공동피고로 하는 것이 분쟁의 획일적 처리와 실질주체에 대한 변론권 보장차원에서 정당하다고 하겠다.

4) 합명회사·합자회사

합명회사와 합자회사는 단체의 실질은 조합이면서도 상법에 의하여 법인격

---

134) 대판 1962. 1. 25, 4294민상525.
135) 대전판 1982. 9. 14, 80다2425.
136) 대판 1972. 1. 31, 71다2351.

이 부여된 경우이다. 따라서 대외관계의 분쟁에서는 회사가 피고의 지위에 있다 하겠으나 회사원 서로의 내부분쟁에서는 조합에 관한 민법의 규정을 준용하여(상 제195조, 제269조) 다른 사원 전부를 피고로 해야 하는 고유필수적 공동소송이다.

3. 제3자의 소송담당

가. 뜻

당사자 적격은 원칙적으로 실체적 이익의 귀속주체라고 주장하는 자와 그 상대방에게 있다. 그런데 예를 들어 채권자가 채무자로부터 자기가 빌려준 돈을 지급받기 위해서 채무자를 대위하여 채무자의 채무자(이를 제3채무자라고 한다)를 상대로 대여금청구소송을 제기하는 경우와 같이 그 권리의무의 주체가 아닌 제3자가 본래의 귀속주체에 갈음하거나 병행하여 당사자적격이 있으면서, 그가 받은 판결의 효력을 본래의 귀속주체에 미치게 하는 경우가 있다. 이를 제3자의 소송담당이라고 한다. 제3자는 타인의 권리의무에 관해서 스스로 당사자가 되어 소송을 수행하는 셈이다. 이와 비슷한 것으로는 대리가 있는데 대리인은 본인을 위해서 본인의 이름으로 소송을 수행하고 판결의 효력도 본인에게 미치고 대리인에게 미치지 않는다는 점에서 스스로 당사자가 되는 제3자의 소송담당과 다르다. 제3자의 소송담당에는 본래의 귀속주체의 의사와 관계없이 법률의 규정에 따른 법정소송담당과 본래의 귀속주체의 의사에 터 잡은 임의적 소송담당이 있다.

나. 법정소송담당

1) 담당자를 위한 법정소송담당

가) 개　념　　자기의 이익 또는 자기가 대표하는 단체의 이익을 위하여 소송목적이 되는 권리 또는 법률관계에 관하여 실체법적 이익의 귀속주체로서 관리처분권이 있는 제3자가 이에 근거하여 소송담당을 할 수 있는 것을 말한다. 여기에는 추심명령을 얻은 압류채권자[137](민집 제238조)와 같이 본래의 귀속주체는 당사자 적격이 없고 소송담당자가 귀속주체에 갈음하여 당사자 적격이 있는 갈음

---

137) 대판 2000. 4. 11, 99다23888.

형 소송담당과, 채권질(債權質)의 질권자(민 제353조), 채권자대위권을 행사하는 채권자(민 제404조), 주주의 대표소송에서 주주(상 제403조) 등과 같이 귀속주체도 당사자 적격이 있지만 소송담당자도 당사자 적격이 있는 병행형 소송담당[138]이 있다. 그 가운데서 주주의 대표소송(상 제403조)은 자기가 대표하는 자의 이익을 위해 허용되는 경우이고, 나머지는 자기의 이익을 위해 제3자의 소송담당이 허용되는 경우이다. 파산재단에 관한 소송을 하는 파산관재인(회생 파산 제359조)의 지위는 뒤에서 보기로 한다.

나) 피 담당자의 보호방법   이 소송담당은 소송담당자를 위한 것이고 피 담당자인 권리의무의 귀속주체를 위한 것이 아니므로 피 담당자의 이익을 보호하여야 하는데 다음과 같은 보호방법이 있다.

a) 피 담당자가 소송계속을 알도록 소송고지(민집 제238조, 민 제405조, 상 제404조 2항 등)를 하게 하는 것이 가장 일반적인 보호방법이다.

b) 피 담당자가 소송고지를 받아 담당자의 소송계속중인 사실을 알게 되면 스스로 소송을 수행할 수 있는 경우에는 공동소송참가(제83조)에 의하여, 소송수행을 할 수 없는 경우에는 공동소송적 보조참가(제78조)에 의하여 자기의 이익을 보호할 수 있다.

다) 소송담당자와 같은 지위에 있는 제3자의 보호방법   주주의 대표소송에서 주주 및 회사는 사해판결(詐害判決)에 대하여 재심의 소(상 제406조)를 제기할 수 있어 이들 제3자를 보호할 수 있는 길을 열어놓았다.

2) 직무상의 당사자

소송목적이 되는 권리의무의 귀속주체가 스스로 소송을 수행하기가 불가능, 곤란 또는 부적당하여 분쟁을 해결하는 것이 어려울 경우에 이에 관한 소송을 가능하게 하기 위하여 법률이 어느 직무에 있는 제3자에게 소송수행권을 부여하는 경우가 있다. 이 제3자를 직무상의 당사자라고 한다. 예를 들어 혼인·친자·입양관계사건에서 본래의 당사자적격자가 사망하였을 때 소송을 가능하게 하기 위하

---

138) 이시윤, 152면은 공유자 전원을 위해 보존행위를 하는 공유자(민 제265조)를 병행형 소송담당으로 보고 있으나, 공유자라도 공유물의 보존행위로서 다른 공유자의 지분권을 내세울 수 없다는 판례(대판 2009. 2. 26, 2006다72802 참조)에 비추어 찬성할 수 없다.

여 당사자가 되는 검사(가소 제24조 3항, 제28조, 제31조), 해난구조료청구에서 선장(상 제859조 2항) 등이다. 상속재산관리인[139]·유언집행자[140]도 직무상의 당사자이다.

 파산관재인의 이중적 지위

(1) 파산재단에 관한 소송을 하는 파산관재인(회생 파산 제359조)은 파산자가 당사자 적격이 없으므로 이에 갈음하여 당사자 적격이 있는 갈음형 소송담당자이다. 당사자가 파산선고를 받은 때에는 파산재단에 관한 소송절차는 중단되므로 채무자회생 및 파산에 관한 법률에 따라 파산관재인이 수계하여야 한다(제239조). 따라서 파산재단에 관한 소송에서는 파산자는 당사자가 될 수 없고 파산관재인이 당사자가 된다(회생 파산 제359조).

(2) 판례[141]에 의하면 파산자가 파산선고 시에 가진 모든 재산은 파산재단을 구성하고 그 파산재단의 관리 및 처분할 권리는 파산관재인에게 속하므로 파산관재인은 파산자의 포괄승계인과 같은 지위를 가지게 된다. 하지만 파산이 선고되면 파산채권자는 파산절차에 의하지 아니하고서는 파산채권을 행사할 수 없고 파산관재인이 파산채권자 전체의 공동의 이익을 위하여 선량한 관리자의 주의로써 그 직무를 행하므로 파산관재인은 파산선고에 따라 파산자와 독립하여 그 재산에 관하여 이해관계를 가지게 된 제3자로서의 지위도 가지게 되는 2중적 지위에 있다는 것이다.

원래 파산관재인은 파산재단에 관한 소송을 수행하여 배당재단을 형성하는 과정에서, 각 파산채권자는 파산선고 이전에 파산자(채무자)에 대하여 갖는 개별적 권리행사의 「보전권능」을 파산절차상의 요청에 기하여 모두 박탈당하고 파산관재인이 이를 일괄하여 행사한다는 지위에 있다. 그리고 그 대신 파산관재인에게는 법률상 총파산채권자의 이익대표라는 성격을 부여하여 그 이익을 확보할 것을 직무내용으로 규정하고(회생 파산 제361조) 현실의 직무수행에 대하여 법원 또는 채권자집회가 감독(회생 파산 제358조, 제364조, 제365조)하는 것이다. 따라서 파산관재인은 파산자의 법정소송담당자이지만 한편

---

139) 대판 2007. 6. 28, 2005다55879. 실체법상 법정대리인으로 보는 견해는 이시윤, 157면.
140) 대판 1999. 11. 26, 97다57733.
141) 대판 2010. 4. 29, 2009다96083; 대판 2013. 4. 26, 2013다1952; 대판 2014. 8. 20, 2014다 206563 참조.

파산자와 독립하여 총파산채권자의 이익대표라는 직무상 당사자의 지위에도 있게 된다.

(3) 그러므로 앞에서 든 판례에 의하면 파산자가 상대방과 통정한 허위의 의사표시를 통하여 가장채권을 보유하고 있다가 파산이 선고된 경우 그 가장채권도 일단 파산재단에 속하게 된다. 하지만 파산관재인은 파산선고에 따라 파산자와는 독립한 지위에서 파산채권자 전체의 공동의 이익을 위하여 직무를 행하게 되므로 파산관재인은 그 허위표시에 따라 외형상 형성된 법률관계를 토대로 실질적으로 새로운 법률상 이해관계를 가지게 된 제3자에 해당하게 된다. 따라서 통정한 의사표시에 관한 민법 제108조 제2항에서 문제되는 제3자의 선의·악의도 파산관재인 개인의 선의·악의를 기준으로 할 수는 없고, 총파산채권자를 기준으로 하여 파산채권자 모두가 악의로 되지 않는 한 파산관재인은 선의의 제3자가 된다. 또 이 이치는 파산자가 상대방으로부터 기망을 당하여 사기채권을 보유한 경우에도 동일하다. 따라서 특별한 사정이 없는 한 파산관재인은 사기에 의한 의사표시에 따라 외형상 형성된 법률관계를 토대로 실질적으로 새로운 법률상 이해관계를 가지게 되므로 사기에 의사표시에 관한 민법 제110조 제3항의 제3자에 해당하여 파산채권자 모두가 악의로 되지 않는 한 파산관재인은 선의의 제3자가 된다.

(4) 판례에 따라 파산관재인이 제3자의 입장에 있다는 점에서 파산자의 소송상 지위를 검토하여 본다. 우선 파산자와 파산관재인은 다툼관계가 전혀 없는 것이 아니다. 다만 파산절차가 진행될 때에는 그 다툼관계가 잠재화되었다가 파산절차가 폐지 또는 종료될 때에 현실화될 뿐이다. 그 의미에서 파산자는 파산관재인의 소송에서 공동소송적 보조참가(제78조)를 할 이익이 있다. 나아가 계쟁 재산이 파산자의 고유재산[142)]에 속하는가 아니면 파산재단에 속하는가에 관해서 다툼이 있을 수 있고 그 다툼이 현실화될 때에는 파산자는 독립당사자참가(제79조)도 가능하다.

다. 임의적 소송담당

1) 뜻

소송목적이 되는 권리의무의 귀속주체가 의사표시에 의하여 제3자로 하여금 소송담당을 하게 하는 경우를 말한다. 법정소송담당은 귀속주체의 의사표시와 관계없이 이루어지는데 대하여 임의적 소송담당은 귀속주체의 의사표시에 터 잡고 있다는 점에서 차이가 있다.

---

142) 고유재산이면 관재인의 당사자적격이 부정된다.

2) 한　계

주의할 점은 임의적 소송담당은 귀속주체의 의사표시에 터 잡고 있지만 그 소송담당을 하게 할 한계는 원칙적으로 법률로 규정되어 있다는 것이다. 그 이유는, 임의적 소송담당이 무제한으로 허용되면 변호사대리의 원칙(제87조)과 소송신탁의 금지(신 제7조)[143]가 잠탈될 우려가 있기 때문에 이를 인정할 합리적 필요가 있는 경우에 한하여 제한적으로만 허용된다.[144] 현재 법이 허용하는 임의적 소송담당으로는 선정당사자(제53조), 어음의 추심위임배서의 피배서인(어음 제18조), 금융기관의 연체대출금의 회수위임을 받은 한국자산관리공사(한국자산관리공사법 제4조 1항) 등이다. 판례[145]는 명문의 법 규정이 없지만 민법상의 조합에 관해서 조합계약에 근거하여 업무집행조합원에게 자기이름으로 조합재산에 관한 소송을 수행할 권한을 수여한 경우에는 임의적 소송담당을 허용한다. 조합계약은 2인 이상이 서로 출자하여 공동사업의 경영을 약정하는 것(민 제703조)이므로 조합원 사이에 공동체 관계를 형성시킨다는 특징이 있다. 그러므로 업무집행조합원은 자기의 이름으로 타인의 권리를 주장할 수 있는 법적 이익이 있어 법률의 규정이 없더라도 임의적 소송담당이 가능하다. 결국 임의적 소송신탁은 제87조에서 정한 변호사대리의 원칙과 신탁법 제7조에서 정한 소송신탁의 금지를 잠탈하는 탈법적 방법에 의하지 않으면서 이를 인정할 합리적 필요가 있다고 인정되는 경우에 제한적으로 허용된다.[146]

라. 법원의 관여에 의한 소송담당

1) 증권관련집단소송의 대표당사자

증권관련집단소송이란 유가증권의 매매 그 밖의 거래과정에서 다수인에게 피해가 발생할 때 그 중의 1인 또는 수인이 스스로 대표당사자가 되어 수행하는

---

[143] 소송신탁에서 금지되는 소송행위에는 강제집행의 신청행위도 포함된다(대판 2010. 1. 14, 2009다55808 참조).

[144] 대판 2012. 5. 10, 2010다87474.

[145] 대판 1984. 2. 14, 83다카1815.

[146] 대판 2012. 5. 10, 2010다87474.

손해배상청구소송을 말한다(증집소 제2조 1호). 대표당사자는 미국의 class action 과 같이 피해자 구성원의 선정행위 없이 소송을 수행할 수 있다. 그러므로 법원은 대표당사자가 전체구성원의 이익을 적절히 대표하고 있지 못하거나 그 밖에 중대한 사유가 있는 때에는 직권 또는 신청에 의하여 대표당사자의 소송수행을 금지할 수 있는 등(증집소 제10조 및 제22조) 법원의 관여를 광범하게 인정하고 있다.

2) 소비자단체소송의 소비자단체

공정거래위원회에 등록한 소비자단체, 상공회의소법에 따른 대한상공회의소, 중소기업협동조합법에 따른 중소기업협동조합중앙회 및 전국 단위의 경제단체로서 대통령령이 정하는 단체, 비영리민간단체지원법 제2조의 규정에 따른 비영리민간단체는 사업자가 소비자기본법 제20조에서 정한 소비자의 권익증진 관련기준을 위반하여 소비자의 생명·신체 또는 재산에 관한 권익을 직접적으로 침해하고 그 침해가 계속되는 경우 법원의 허가를 받아 소비자권익침해행위의 금지·중지를 구하는 소비자단체소송을 제기할 수 있다(소비기 제70조). 소비자단체소송은 독일의 Verbandsklage에서 유래한 것으로서 독일에서와 같이 금지·중지소송이 주가 되지만 위에 적은 소비자단체가 자기 이름으로 소비자의 손해배상청구소송을 제기할 수 있는 근거규정이 없다. 그러나 소비자 단체도 임의적 소송담당의 일반원칙에 따라 그 구성원으로부터 수권을 받아서 자기의 이름으로 손해배상청구소송을 할 수 있다고 하여야 한다. 왜냐하면 소비자단체는 소비자의 권익증진을 목적으로 하므로 자기의 이름으로 타인의 권리를 주장할 수 있는 법적 이익이 있기 때문이다.

마. 제3자의 소송담당과 판결의 효력

타인의 권리에 관하여 당사자로 소송을 수행한 소송담당자가 받은 판결의 효력은 귀속주체인 본인에게 미친다(제218조 3항). 따라서 갈음형의 담당자를 위한 법정소송담당이나 직무상의 당사자는 모두 본인이 소송을 수행할 수 없고 임의적 소송담당의 경우에는 본인이 소송담당자에게 소송수행권을 맡겼기 때문에 담당자의 소송수행의 결과를 받을 수밖에 없어 제218조 3항이 제한 없이 적용된다. 그런데 채권자대위권의 경우와 같이 병행형 소송담당에서는 본인도 자기의 이익을 위해서 소송을 수행할 수 있기 때문에 담당자가 소송을 수행하여 본인에게 불리한 판결이 선고된 경우에 그 판결의 효력을 제한 없이 받게 된다면 본인의 절차기본권에 대한 중대한 침해가 예상된다. 그러므로 판례[147]는 본인이 어떠한 경로에서든 담당자의 소송수행을 알고서 소송을 스스로 수행할 수 있는데도 소송을 수행하지 못한 경우에 한하여 본인에게 판결의 효력이 미친다고 하였다. 본인이 소송에 참가하여 자기의 이익을 주장할 수 있는 절차기본권을 보호하여야 한다는 입장에서는 매우 타당한 판결이다. 한편 피대위자인 채무자가 이미 제3채무자를 상대로 채권을 행사하였다면 채무자가 패소하였다 하더라도 채권자는 대위할 채권이 없으므로 채권자대위소송을 제기할 수 없다.[148]

4. 당사자적격에 흠이 있는 효과

가. 적격존부의 판단

당사자적격은 소송요건으로서 직권조사사항이므로 그 흠이 있을 때에는 판결로 소 각하를 하여야 할 것이다. 그러나 이미 앞에서 설명한 바와 같이 이행을 청구하는 소는 자력구제의 금지라는 이념을 실현하기 위해서 당사자적격의 제한을 두지 않으므로 실제 이행청구권이 있는지 여부는 본안에 관한 판결이유에서 판단한다. 그러므로 이행청구권이 없으면 소 각하 판결을 하는 것이 아니라 청구기각 판결을 한다. 그러나 확인하는 소에서의 확인하는 이익, 형성을 청구하는 소에서의 형성요건들은 소송요건이 되고, 제3자의 소송담당에서의 소송담당권, 고유필수적 공동소송에서의 공동소송인 전원의 존재도 모두 소송요건으로서 소송목적인 권리관계의 존부 판단과 독립하여 그 전제로서 하는 직권조사사항이므로 이것들을 갖추지 못하였을 때에는 소를 각하하여야할 것이다. 이행을 청구하는 소송이라도 위의 소송요건에 흠이 있는 경우에는 소 각하 판결을 하여야 한다.

---

147) 대전판 1975. 5. 13, 74다1664.
148) 대판 2009. 3. 12, 2008다65839.

나. 당사자적격 흠의 간과

1) 원 칙

당사자적격에 흠이 있는데도 이를 간과하여 본안판결을 하였을 경우에 불리한 본안판결을 받은 당사자는 상소로써 다툴 수 있다. 그러나 재심사유가 되지 아니하므로 판결이 확정되면 더 이상 다툴 수 없다.

2) 당사자 적격 흠이 있는 당사자에 대한 판결의 효력

예를 들어 제3자의 소송담당에서 채권자 아닌 사람이 제3채무자를 상대로 채권자 대위소송을 제기한 경우에 원고는 대위소송을 제기할 당사자적격이 없게 되어 소 각하판결을 하지만 이 판결의 기판력은 당사자를 달리하는 채권자의 채무자에 대한 이행소송에 미치지 않는다.[149] 그런데 법원이 원고가 채권자 아닌 사실을 모르고 이를 간과하여 판결을 한 경우의 문제이다. 원래 제3자의 소송담당은 그 담당자가 참된 당사자적격을 갖춘 경우에 한하여 본인에게 효력이 미치므로 (제218조 3항) 당사자적격이 없는 담당자에 대한 판결은 정당한 당사자로 될 자나 소송외의 제3자인 본래의 권리의무의 귀속주체에게 효력이 미치지 않는다. 따라서 이를 간과한 판결은 내버려두더라도 채무자나 제3채무자에게 아무런 효력이 없는 무의미한 판결이 된다.

또 고유필수적 공동소송에서 당사자가 될 사람이 일부 누락된 것을 법원이 간과하고 판결한 경우 또는 부부 아닌 사람을 상대로 제기한 혼인무효나 혼인취소 소송의 경우와 같이 판결의 효력이 일반 제3자에게 미치는 형성소송에서는, 판결당사자에게 당사자적격이 없는데도 법원이 이를 간과하고 판결하더라도 그 판결의 효력은 당사자는 물론 제3자에게도 생기지 아니하는 무의미한 판결이 된다.

그러므로 이 경우에는 정당한 당사자들이 또는 정당한 당사자들에 대해서 새로운 소송을 제기하여야 할 것이다.

---

149) 대판 1992. 7. 28, 92다8996; 대판 2014. 1. 23, 2011다108095.

다. 소송계속중의 당사자적격 상실

1) 포괄승계

소송계속중에 소송목적이 되는 권리의무가 당사자의 사망 등을 사유로 하여 제3자에게 포괄승계되는 경우에는 승계인이 피승계인의 지위를 당연히 승계하여 당사자가 된다. 다만 신 당사자는 승계인의 지위를 수계(受繼)하여야 하고 수계하기까지 소송대리인이 없는 한 소송절차는 중단된다(제233조, 제234조, 제236조, 제237조, 제238조, 제239조).

2) 특정승계

소송계속중에 소송목적이 되는 권리의무를 당사자가 계약 등 의사표시에 의하여 특정승계하는 경우에 피승계인은 소송목적의 소멸로 당사자적격을 상실한다. 한편 승계인이라고 해서 당연히 당사자가 되지 아니하고 소송참가 또는 소송인수(제81조, 제82조, 제83조)의 방법으로 소송을 승계하여야 당사자가 된다(소송승계주의).

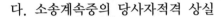

제3절 소송상의 대리인

Ⅰ. 소송능력

1. 뜻

1) 소송능력이라 함은 당사자(또는 보조참가인)가 소송에서 상대방이나 법원에 대하여 소송행위를 하거나 받는데 필요한 소송상의 능력을 말한다.

사회적 동물인 사람은 혼자서는 살 수 없고 다른 사람과 거래와 교제를 하여야 한다. 그 거래와 교제는 유형·무형의 대가를 지불해야 하는 대가관계이다. 그 관계에서 어른과 아이, 정상적 사고자와 사고능력이 부족한 사람들을 대등하게 취급하여 무차별적인 거래를 허용한다면 육체적으로나 정신적으로 부족한 아이들이나 사고능력이 부족한 사람들이 손해를 입는다는 것은 누구나 예상할 수 있으므로 일정한 차등제도를 두어 능력이 부족한 사람들을 보호할 필요가 있다. 쉽게 표현하자면 1 대 1의 관계를 1 대 1+알파의 제도로 만들어 부족한 사람에게 일정한 능력을 보충하여 줌으로써 거래하는 사람 사이에서 실질적 평등관계를 이룩하자는 것이다. 실체법상 1 대 1+알파의 제도 중 하나가 바로 행위능력제도이다. 즉, 거래생활에서 유효하게 법률행위를 할 수 있는 제도를 행위능력이라고 하여 행위능력이 있는 사람만 유효하게 법률행위를 할 수 있게 하고 그 행위능력이 없거나 부족한 사람들은 일정한 보조인, 즉 +알파의 조력을 받아야 법률행위를 할 수 있게 한 것이다. 그런데 이러한 거래는 소송이라고 제외될 이유가 없으며 특히 소송에서의 변론은 거래행위 가운데에서 고도의 지적 능력을 요구하고 있으므로 앞의 1 대 1+알파의 차등제도가 더 절실하게 요청된다. 실로 소송능력은 변론과 관련하여 만든 1 대 1+알파의 제도라고 할 수 있다. 따라서 +알파의 조력 쪽에서 보면 소송능력자가 소송무능력자보다 오히려 불리하므로 소송무능력자 자신의 변론행위에서만 +알파가 적용된다.

2) 그러므로 소송무능력자라고 하더라도 자신의 변론이 아닌 증인으로서 증언을 하거나 증거방법으로써 당사자본인신문을 받는 경우는 물론 심지어 다른 사람의 대리인으로서 소송을 수행하는 경우에도 자신의 변론에 관한 것이 아니므로 +알파의 조력이 필요한 소송능력이 요구되지 않는다.[150]

3) 당사자의 변론과 관련된 소송행위라고 한다면 그것이 소송절차 내의 행위는 물론 소송 전, 소송 외의 행위, 예를 들어 소의 취하, 관할의 합의, 소송대리권의 수여행위 등에 대해서도 소송능력이 다 필요하다. 이들 행위들은 소송절차의

---

150) 다만 소송능력이 없는 자는 후견인인 법정대리인이 될 수 없고(민 제937조 참조), 미성년자를 제외한 금치산자나 한정치산자는 변호사 자격이 없으므로(변 제5조 7호) 제87조에서 정하고 있는 변호사 아니면 될 수 없는 소송대리인이 될 수 없다. 같은 취지에서 개정 민법상의 피성년후견인(민 제10조)이나 가정법원의 심판에 의하여 변호사 업무의 제한을 받는 피한정후견인(민 제13조)도 변호사 자격이 없다고 하여야 하므로 제87조의 변호사 아니면 될 수 없는 소송대리인이 될 수 없다.

안정과 밀접한 관계가 있기 때문에 의사표시를 취소할 여지가 있는 행위능력에 의존하게 하기보다는 유효인가 무효인가를 미리 정하는 소송능력에 따르게 하는 것이 좋기 때문이다.

2. 소송능력의 기준

민사소송법은 소송능력에 관하여 특별한 규정이 있는 경우를 제외하고는 민법 기타 법률에 의하도록 하였으므로(제51조) 민법상의 행위능력을 기준으로 소송능력을 정한다.

가. 민법상의 행위능력자는 모두 소송능력자이다.

따라서 실체법상의 행위를 유효하게 할 수 있다면 소송행위도 당연히 유효하게 할 수 있다. 파산관재인이 선임된 파산자나 재산관리인이 선임된 부재자도 행위능력자이면 스스로 소송행위를 할 수 있는 소송능력자이다. 형사소송에서는 의사능력이 있으면 모두 소송능력자이다.[151]

나. 의사능력이 있어야 한다.

소송행위는 사람의 의식적 행위이기 때문에 행위자에게 의사능력이 있어야 한다. 따라서 의사무능력자의 소송행위는 무효이다. 다만 의사능력이 있는지 여부에는 행위능력과 달리 획일적인 기준이 없으므로 개별적으로 판단하여야 한다. 그러므로 같은 사람의 행위라 하더라도 그가 한 행위의 내용·종류에 의하여 의사능력의 유무에 관한 판단이 달라질 수 있다.

다. 법인 등 단체

법인 혹은 법인 아닌 사단 또는 재단(제52조)은 그 대표기관인 사람에 의하여 소송능력을 갖는다. 법인 그 밖의 단체는 눈으로 볼 수 있는 유기체가 아니므로 그 대표기관과의 관계는 마치 행위능력이 없는 본인과 법정대리인과의 관계와 유사하다. 그러므로 민사소송법은 법인 등 단체의 대표자 또는 관리인을 소송무능

---

151) 대전판 2009. 11. 9, 2009도6058.

력자의 법정대리인에 준하여 취급한다(제64조).

라. 외국인(제250조)

외국인은 원칙적으로 본국법을 준거법으로 하여 소송능력을 정하여야 할 것이다. 그러나 본국법상 소송무능력자라 하더라도 대한민국의 법률에 따라 소송능력자일 때에는 소송능력자로 본다(제57조). 외국인을 내국인 이상으로 보호하여 +알파를 더해줄 필요가 없기 때문이다.

3. 소송무능력자

민법상의 행위무능력자는 소송능력이 없다. 누가 행위무능력자인가는 민법에 의하여 정해진다. 그러나 누가 소송무능력자이며 소송능력의 제한을 받는 범위를 어떻게 정할 것인가는 민사소송법의 독자적 입장에서 판단하여야 하므로 민법과 반드시 일치하지 않는다.

가. 미성년자·한정치산자·금치산자[152]

미성년자나 한정치산자 및 금치산자 등 행위무능력자는 스스로 소송행위를 할 수 없고 법정대리인에 의해서만 소송행위를 할 수 있다(제55조 본문). 만약 법정대리인이 없거나 법정대리인이 대리권을 행사할 수 없는 경우에 소송행위를 하고자 하는 사람은 법원에 특별대리인의 선임을 신청하여(제62조) 그에 의하여 소송행위를 하여야 한다. 가사소송에서도 소송무능력자는 법정대리인의 대리에 의하여 소송행위를 하여야 한다(가소 제12조). 민법에서는 미성년자·한정치산자는 법정대리인의 동의를 받아 단독으로 법률행위를 할 수 있고(민 제5조, 제10조), 법정대리인이 범위를 정하여 처분을 허락한 재산에 대해서는 임의로 처분할 수 있

---

152) 2011. 3. 7. 법률 제10429호로 개정되고 2013. 7. 1.부터 시행된 민법 개정 법률(개정민법)에 의하면 한정치산자와 금치산자 대신에 새로이 피성년후견인 및 피한정후견인 제도가 생겼으나 위 개정민법은 민법 부칙 제2조 1항에 의하여 소급효가 없기 때문에 이미 한정치산이나 금치산선고를 받은 사람에게는 영향이 없다. 그러나 민법 부칙 제2조 2항에 따라 개정민법시행일인 2013. 7. 1.부터 5년이 경과하면 장래로 향하여 한정치산자와 금치산자 제도는 그 효력을 잃고 성년후견제도와 한정후견제도만 남게 된다.

지만(민 제6조) 소송에서는 이들 행위무능력자의 단독 소송행위는 허용되지 아니한다. 소송절차에서는 법정대리인의 동의 유무나 처분을 허락한 재산의 범위 등을 가리는 것이 번잡하여 소송절차의 안정과 신속을 해칠 우려가 있기 때문이다.

나. 피성년후견인·피한정후견인

1) 피성년후견인

질병, 장애, 노령, 그 밖의 사유로 인한 정신적 제약으로 사무를 처리할 능력이 지속적으로 결여되어 가정법원으로부터 성년후견개시의 심판(민 제9조)을 받은 피성년후견인의 법률행위는, 가정법원이 취소할 수 없는 피성년후견인의 법률행위라고 정한 것을 제외하고는 취소할 수 있으므로(민 제10조 1항·2항) 그 범위에서 실체법상 행위능력이 없어 법정대리인인 성년후견인을 두어야 한다(민 제929조). 성년후견인은 여러 명 둘 수 있고(민 제930조 2항) 법인도 성년후견인이 될 수 있다(민 제930조 3항). 따라서 행위무능력자인 피성년후견인은 소송무능력자이므로 법정대리인인 성년후견인의 대리에 의해서만 소송행위를 할 수 있다.

2) 피한정후견인

질병, 장애, 노령, 그 밖의 사유로 인한 정신적 제약으로 사무를 처리할 능력이 부족하여 가정법원으로부터 한정후견개시의 심판(민 제12조)을 받은 피한정후견인의 법률행위는, 가정법원이 한정후견인의 동의를 받도록 범위를 정한 것(민 제13조 1항)을 제외하고는 유효하게 할 수 있으므로 그 범위에서 실체법상 행위능력이 있고 따라서 소송능력이 있다. 그러나 피한정후견인이 일용품의 구입 등 일상생활에 필요하고 그 대가가 과도하지 않은 법률행위를 제외하고(민 제13조 4항 단서) 가정법원이 한정후견인의 동의를 받도록 정한 법률행위를 한정후견인의 동의 없이 행하였을 때에는 한정후견인은 이를 취소할 수 있으므로(민 제13조 4항 본문) 그 경우에는 법정대리인인 한정후견인(민 제959조의4 1항)의 대리에 의해서만 유효하게 법률행위를 할 수 있다(민 제949조 1항). 따라서 이 경우에 피한정후견인은 행위능력이 없으므로 소송능력도 없어 법정대리인인 한정후견인의 대리에 의해서만 소송행위를 할 수 있다.

다. 예   외

1) 미성년자나 한정치산자가 독립하여 법률행위를 할 수 있는 경우

가) 미성년자가 혼인한 때에는 성년자로 의제되어(민 제826조의2) 행위능력을 갖게 되므로 소송에서도 소송능력이 있다. 미성년자가 성년이 되기 이전에 이혼하였다고 하여 다시 소송무능력자가 되는 것이 아니다.

나) 미성년자·한정치산자가 법정대리인의 허락을 받아 특정영업에 관한 법률행위를 하는 경우에는 성년자와 동일한 행위능력이 있으므로(민 제8조 1항) 소송능력이 있고, 법정대리인의 허락을 받아 회사의 무한책임사원이 된 경우에는 그 사원자격으로 행위를 할 때에는 행위능력자로 보기 때문에(상 제7조) 소송능력이 있다.

다) 미성년자는 근로계약의 체결 및 임금청구를 스스로 할 수 있으므로(근기 제67조, 제68조) 그에 관한 소송에서 소송능력이 있다.

2) 피성년후견인

피성년후견인이 가정법원으로부터 취소할 수 없는 법률행위의 범위를 정한 심판을 받은 경우(민 제10조 2항) 혹은 일용품의 구입 등 일상생활에 필요하고 그 대가가 과도하지 않은 법률행위(민 제10조 4항)는 취소할 수 없으므로 그 범위에서 행위능력이 있고 따라서 소송에서도 소송능력이 있다.

4. 소송능력에 흠이 있는 경우의 효과

가. 직접의 효과

1) 원칙적으로 무효

행위무능력자가 단독으로 한 법률행위는 의사능력이 있는 한 원칙적으로 효력이 있고 뒤에 취소할 수 있는 행위로 되는 것에 불과하다(민 제5조 2항). 그러나 소송무능력자의 소송행위를 행위무능력자의 법률행위와 같이 소급하여 취소할 수 있는 행위로 취급할 수 없다. 소송절차의 안정과 밀접한 관계가 있는 소송행위를 의사표시의 취소가능성이 있는 행위능력에 의존하게 하기보다는 유효인가 무효인가를 획일적으로 미리 정할 필요가 있기 때문이다. 그러므로 소송무능력자의 소송행위는 처음부터 무효이며 비록 의사능력이 있거나 법정대리인의 동의를 받고 스스로 소송행위를 하였다고 하더라도 유효한 취급을 받아 취소의 대상이 되는 것이 아니다. 그 의미에서 소송능력의 존재는 소송요건이기도 하지만 소송행위의 유효요건이 된다. 다만 소송능력이 없더라도 의사능력이 있는 소송행위는 무효일 뿐 부존재가 아니므로 법원은 그 소송행위에 대하여 응답을 하여야 하고 무시하거나 방치해서는 안 된다.

2) 추인(追認)

가) 유　효　소송무능력자의 소송행위가 이와 같이 무효이지만 이를 유효하게 하는 추인은 언제나 환영을 받는다. 민사소송이 싫어하는 것은 유효한 행위가 뒤에 무효가 되어서 유효가 될 수 있도록 같은 행위를 반복해야 하는 경우이다. 거꾸로 무효인 행위가 뒤에 추인으로 유효하게 된다면 그 행위를 다시 반복하지 아니하여도 좋으므로 언제나 환영을 받는다. 따라서 무능력자의 법정대리인 또는 소송능력을 취득한 본인은 무효인 소송행위를 추인하여 유효하게 할 수 있다. 임의대리인인 변호사의 경우 한 쪽 당사자로부터 상의를 받아 그 수임을 승낙한 사건의 상대방이 위임하는 사건(변 제31조 1호)을 수임하는 경우에는 양쪽대리가 되어 당사자가 이의하면 그 변호사의 소송행위는 무효가 된다. 그러나 이 무효는 절대적 무효가 아니므로 이의한 당사자의 상대방 본인이 추인하면 그 변호사의 소송행위가 아니라 본인 자신의 소송행위로서 소급하여 유효하게 된다.[153] 변호사 아닌 임의대리인의 경우에도 양쪽 대리가 성립되는 경우에는 위의 법리가 적용될 것이다.

나) 보정명령　법원이 당사자의 추인에 의해서 유효하게 되는 소송행위를 이와 같이 환영한다면 그 추인을 기다릴 것이 아니라 적극적으로 권유할 필요가 있다. 그 권유방법이 보정명령이다. 즉, 법원은 소송능력에 흠이 있는 경우에 추인의 여지가 있으면 기간을 정하여 보정을 명하여야 하고 보정을 기다리는 동

---

153) 대판 1970. 6. 30, 70다809.

안 소송의 지연으로 무능력자에게 손해가 발생할 염려가 있는 경우에는 무능력자에게 일시 소송행위를 하게 할 수 있다(제59조). 법원의 보정명령에 따라 무능력자의 법정대리인 또는 소송능력을 취득한 본인이 추인하면 소송행위는 행위를 한 때로 소급하여 유효하게 된다(제60조)

다) 추인의 자유　　추인은 소송행위가 확정될 때까지 언제든지 법원 또는 상대방에 대하여 명시적이나 묵시적으로 할 수 있다. 예를 들어 미성년자가 한 제1심의 소송수행에 대하여 법정대리인이 항소를 제기하거나, 본안에 관한 변론을 하는 따위 등이다.

라) 일부추인과 추인거절　　추인은 과거의 소송행위가 연속되어 나눌 수 없게 행하여졌을 때에는 일부를 선택하여 할 수 없다. 연속된 소송행위를 일부씩 분해하는 것이 부적절할 뿐 아니라 일부에 대하여 추인을 인정하고 나머지에 대하여 추인을 인정하지 않으면 추인 이후의 소송절차가 복잡해지기 때문이다. 그러나 소의 취하 부분을 제외한 나머지 소송행위만을 추인하는 경우와 같이 소송절차를 복잡하게 하거나 소송행위의 혼란을 야기할 우려가 없다면 일부 추인도 가능하다.[154] 상대방에 대하여 추인거절의 의사표시(민 제132조)를 하였다면 무능력자의 소송행위는 확정적으로 무효가 되므로 다시 추인할 수 없다.[155]

마) 추인이 없는 경우의 취급　　법원의 보정명령에도 추인을 하지 않는 경우에는 무능력자의 소송행위가 확정적으로 무효가 되므로 그것이 소의 제기일 때에는 그 소송은 소송요건의 흠이 있는 경우로서 부적법 각하되어야 하고 그 흠 있는 소송행위가 소제기 이후에 있었다고 한다면 무능력자 본인은 흠 있는 이후의 소송절차에 관여할 수 없다.

나. 소송절차에 미치는 영향

1) 소송무능력자의 소제기 및 취하

무능력자가 단독으로 소를 제기하였거나 그에게 소장이 송달되어도 모두 효력이 생기지 않는다. 이 경우에는 본안판결을 할 수 없기 때문에 소송능력의 존재

---

154) 대판 1973. 7. 24, 69다60.
155) 대판 2008. 8. 21, 2007다79480.

는 소송요건이 된다. 따라서 소송능력의 흠이 보정되지 아니할 때에는 판결로써 소를 부적법 각하하여야 한다. 그러나 이 경우에도 무능력자가 의사능력이 있는 한 그가 제기한 소를 부존재로 취급할 수 없으므로 소송계속은 있다. 이 소송계속을 해소하기 위하여 무능력자 스스로 소를 취하할 수 있다.

2) 소송무능력자의 상소

소송능력의 흠을 이유로 소를 각하한 판결에 대하여 무능력자 본인은 소송능력이 있다는 이유로 상소할 수 있다. 상소법원은 이 경우에 상소인이 무능력자라는 이유로 상소를 각하하여서는 안 된다. 상소를 각하하면 원심판결이 확정하게 되어 상소인의 소송능력을 부당하게 부정하였다는 원심판결을 다툴 수 없기 때문이다. 상소심이 무능력자 본인의 소송능력이 없다는 원심판결이 정당하다고 한다면 무능력자의 상소가 이유 없다는 이유로 상소를 기각하여야 한다.

3) 소송무능력자인 사실을 간과한 판결과 상소

가) 무능력자가 패소한 경우   a) 무능력자인 사실을 간과한 채 무능력자가 패소한 본안판결이 무능력자 본인에게 송달된 경우에 그 송달은 유효하고 재심사유에 불과하다(제451조 1항 3호 참조). 따라서 상소기간이 경과하면 판결이 확정되므로 이 경우에 무능력자는 상소를 제기할 수 없지만 무능력자인 사실을 간과하였다는 이유로 재심의 소를 제기할 수 있다. 반면 승소 판결을 받은 당사자는 판결이 확정되었으므로 집행문부여신청을 할 수 있다. 무능력자는 이 경우에 무능력자인 사실을 간과하였다는 것을 이유로 집행문부여에 대한 이의신청(민집 제34조) 또는 집행문 부여에 대한 이의의 소(민집 제45조)를 제기하여 구제받을 수 있다.

b) 무능력자인 사실을 간과한 본안판결에서 무능력자가 패소 판결을 받고 상소나 재심의 소를 제기한 경우에 상소심이나 재심법원은 소송능력의 흠을 이유로 무능력자의 상소 또는 재심을 각하할 수 없다. 각하판결을 하면 원심판결이 확정하게 되어 무능력자 본인의 소송능력 흠을 보정할 기회를 줄 수 없게 되기 때문이다. 원심법원에서 소송능력의 흠을 감춘 무능력자 본인이 상소심 또는 재심에서 무능력을 주장하는 것은 금반언의 원칙에 반한다 하겠으나 무능력자 보호가 우선이기 때문에 각하해서는 안 된다. 상소심이나 재심법원에서 상소인 또는 재

심 청구인의 무능력 사실이 밝혀지면 원심판결을 파기 또는 취소하여 원심법원에 환송하기보다는 무능력자에게 소송능력의 흠을 보정할 기회를 주어 자판(自判)하는 것이 소송경제에 맞다.

나) 무능력자가 승소한 경우　　이 경우 상대방은 승소한 당사자가 무능력자라는 이유로 상소를 제기할 수 없다. 왜냐하면 소송무능력자제도는 무능력자를 보호하기 위한 제도이고 그 상대방을 보호하는 제도가 아니기 때문이다. 승소한 무능력자에 대한 판결송달이나 상소제기는 모두 유효하다.

4) 소송성립 후의 소송행위에 소송능력의 흠이 생긴 경우

소의 제기행위는 법정대리인에 의하여 이루어져 아무런 잘못이 없으나 무능력자 본인이 개별적인 소송행위를 직접 수행한 경우에는 개별적으로 무효가 된다. 따라서 이에 터 잡은 기일은 실시할 수 없고 또 기일에 무능력자 본인이 출석하여 변론을 할 때에는 법원은 이를 배척하여야 한다.

다. 소송계속 후의 소송능력의 변동

소송계속중에 당사자가 성년후견개시선고를 받는 등 이유로 소송능력을 상실하면 소송절차는 법정대리인이 수계할 때까지 중단된다. 반대로 당사자 본인이 성년이 되는 등 능력을 취득하면 법정대리인의 대리권이 소멸되므로 본인이 수계할 때까지 중단된다(제235조). 그러나 소송대리인이 있는 경우에는 중단되지 않는다(제238조). 당사자의 소송수행에 지장이 없기 때문이다.

Ⅱ. 소송상의 대리인(일반론)

가. 개　념

소송상의 대리인이라 함은 당사자(또는 보조참가인)의 이름으로 소송행위를 하거나 받아서 그 효과를 본인에게 생기게 하는 제3자를 말한다. 앞의 소송능력제도에서 본 +알파를 소송무능력자 이외에 정상적인 거래당사자에게까지 확장한 것이 소송상의 대리인제도라 할 수 있다.

나. 종 류

소송상의 대리인은 대리관계의 발생이 본인의 의사에 기한 것이냐 아니냐에 따라 법정대리인과 임의대리인으로 구별된다. 법정대리인이란 앞의 +알파가 당사자의 의사와 관계없이 법에 의해서 강제되는 경우이고 임의대리인이란 당사자의 의사에 터잡아 +알파가 이루어진 경우이다.

1) 법정대리인

여기에는 실체법상의 법정대리인과 소송상의 특별대리인이 있다.

2) 임의대리인

여기에는 소송위임에 기한 소송대리인과 법률에 의한 소송대리인이 있다. 앞의 법정대리인이 자기의 의사에 터잡아 소송대리인을 선임하였다면 그 대리인도 임의대리인이다.

다. 대 리 권

1) 소송상 대리권의 특징

실체법상의 대리인과 동일하게 소송상의 대리인에게도 대리권이 있어야 한다. 다만 소송상의 대리인에 대해서는 소송절차의 원활·안정을 도모하기 위하여 대리권의 존부(存否)를 명확하게 하고 그 범위를 획일적으로 처리할 필요가 있다. 그래서 실체법상의 대리인과 달리 소송상의 대리인은 그 대리권을 서면으로 증명하여야 하고(제58조, 제97조) 대리권의 소멸은 상대방에게 통지하여야 하며(제63조, 제97조) 대리권의 범위는 법으로 정해 놓았다(제56조, 제92조).

2) 대리권의 흠(무권대리)

제3자는 대리권이 있어야 당사자를 위해서 소송행위를 할 수 있고 그 효과가 생기는 것은 마치 당사자가 소송능력이 있어야 소송행위를 할 수 있고 소송능력이 없으면 그 소송행위가 무효가 되는 것과 동일하다. 따라서 대리권의 흠은 소송능력의 흠이 있는 경우에 준하여 취급한다.

가) 유효요건   무권대리인의 소송행위는 본인에게 효과가 없다는 점에서 대리권의 존재는 소송행위의 유효요건이다. 그러나 소송무능력의 경우와 같이 무권대리인의 소송행위를 소송능력을 취득한 본인이나 적법한 대리인이 추인하면 그 소송행위는 이를 한 때부터 소급하여 효력이 생긴다(제60조, 제97조). 무권대리인의 소송행위에 대한 추인도 특별한 사정이 없는 한 소송행위 전체를 대상으로 하여야 하고 그 일부에 대해서만 따로 하는 일부추인을 할 수 없다.

그러므로 법원은 무권대리인에게 먼저 대리권의 흠을 보정할 것을 명하여야 하며 만약 보정으로 소송이 지연되어 손해가 생길 염려가 있을 때에는 일시적으로 소송행위를 하게 할 수 있다(제59조, 제97조). 사실심에서 소송대리권의 흠은 상고심에서도 추인할 수 있다.[156]

나) 소송요건, 직권조사사항   대리권의 존재는 소송요건으로서 직권조사사항이다. 따라서 무권대리인의 또는 무권대리인에 대한 소송에서 대리권의 흠이 보정되지 아니한 때에는 그 소송은 부적법 각하하여야 하고 이 경우의 소송비용은 무권대리인의 부담으로 한다(제107조 2항).

다) 대리권 흠을 간과한 판결   대리권의 흠을 간과하여 본안판결을 하였을 때에는 판결이 확정되기 이전에는 상소(제424조 1항 4호)로,[157] 판결이 확정된 이후에는 재심(제451조 1항 3호)으로 구제받을 수 있다.

3) 양쪽대리의 금지

가) 취   지   법률행위의 대리에 관해서는 민법에 명문으로 자기계약 또는 양쪽대리가 금지되어 있다(민 제124조). 소송행위에는 이런 규정이 없지만 양쪽대리는 당연히 금지된다. 왜냐하면 대리는 본인과 대리인과의 신뢰관계를 전제로 하는데 양쪽대리는 이 신뢰를 해치기 때문이다. 다만 소송행위는 상대방에 대해서가 아니라 법원에 대하여 행하여지기 때문에 외형적으로는 양쪽대리가 아닌 것으로 보이기 쉬우므로 법원은 소송절차를 전체적으로 관찰하여 한 사람이 양쪽

---

156) 대판 2005. 4. 15, 2004다66469.

157) 소송대리인의 대리권의 존부는 직권조사사항에 해당하므로 사실심의 변론종결시까지 주장하지 아니하여도 상고심에서 주장할 수 있다(대판 2009. 10. 29, 2008다37247 참조).

당사자를 모두 대리하는 관계에 있을 때에는 이를 양쪽대리로 취급하여야 할 것이다.

나) 법정대리인   법정대리인으로서 양쪽대리에 해당하는 경우에는 거의 실체법상 법정대리권에 대한 제한으로 규정되어 있는데(민 제64조, 제921조, 상 제199조 등) 소송상으로도 위의 규정들이 적용된다. 소송상의 특별대리인에 관하여서도 양쪽대리의 취급은 동일하다.

다) 변호사법 제31조에 위반된 경우   변호사가 당사자 한쪽으로부터 상의를 받아 그 수임을 승낙한 사건의 상대방이 위임한 사건을 수임한 경우(변 제31조 1항 1호)에는 그 직무를 수행할 수 없고, 수임하고 있는 사건의 상대방이 위임한 다른 사건을 수임한 경우(변 제31조 1항 2호)에는 위임인이 동의를 하지 않는 한 그 직무를 수행할 수 없다. 본인과 변호사와의 신뢰관계를 해치기 때문이다. 그러나 신뢰관계가 문제되지 않는 경우 예를 들어 한 쪽 당사자의 수임사건이 확정되거나 양쪽 당사자 중 한 사람이 신뢰관계의 종료를 이유로 해당 변호사를 해임한 경우에는 변호사법 제31조 위반이 아니다. 다만 수임사건이 종결되었지만 상소로 인하여 확정되지 않은 경우, 종국판결 선고 이전에 소가 취하되어 재차소송의 여지가 있는 경우, 변호사 본인이 자기의 의사로 소송대리인 직을 사임한 경우 등에는 본인과 변호사와의 신뢰관계가 존속된다고 보아 변호사법 제31조 위반이 문제될 것이다.

그런데 변호사가 당사자와의 사이에서 신뢰관계가 존속하는데도 변호사법 제31조에 위반하여 직무를 수행한 경우에 그 소송행위의 효력에 관해서는 절대무효설, 유효설, 추인설 및 이의설(소송절차에 관한 이의권설)들의 다툼이 있다. 이 경우에는 본인이나 상대방이 변호사의 본조 위반의 사실을 알거나 알 수 있어 바로 이의를 제기하면 변호사의 그 소송행위는 무효가 되지만 그렇지 아니하고 사실심의 변론이 종결될 때까지 이의하지 아니하면 소송절차의 이의권(제151조)을 포기하거나 상실된 것으로 보아서 그 무효를 주장할 수 없다고 보아야 한다.[158] 그러나 무효가 되는 경우라도 이는 변호사의 소송행위가 무효로 되는 것에 그치므로 이의를 제기한 당사자의 상대방이 추인하면 그 변호사가 소송행위를 한 때로부터 상대방 본인 자신이 그 소송행위를 한 것으로 소급하여 유효하게 된다. 이의를 제

---

158) 대판 2003. 5. 30, 2003다15556.

기한 당사자 본인은 추인할 수 없다. 왜냐하면 자기가 이의를 제기하여 변호사의 소송행위를 무효로 한 다음 이를 추인하여 자신의 소송행위로 하는 것은 신의칙상 허용할 수 없기 때문이다.

4) 소송행위와 표현대리

무권대리인의 소송행위는 무효이지만 상대방이 대리권이 있는 것으로 믿고 그 믿은데 대하여 정당한 사유가 있을 때에는 표현대리의 법리에 의하여 보호를 받을 수 있는가에 대해서 판례[159]는 일관하여 소송행위는 민법상의 표현대리의 규정을 적용 또는 유추적용할 수 없다고 하여 표현대리의 적용을 부정한다. 예를 들어 공정증서가 집행권원으로서 집행력을 가질 수 있도록 하는 집행인낙의 의사표시는 공증인에 대한 소송행위이므로 무권대리인의 촉탁에 의하여 공정증서가 작성된 때에는 집행권원으로서의 효력이 없다[160]고 한다.

Ⅲ. 법정대리인

1. 뜻

법정대리인이란 대리권의 발생이 본인의 의사에 터 잡지 않은 대리인을 말한다. 소송무능력자는 소송능력이 없어 자기 스스로 소송행위를 할 수 없을 뿐 아니라 제3자에게 대리권도 수여할 수 없다. 이 소송무능력자를 대신하여 소송행위를 하는 제3자가 법정대리인이다. 누가 법정대리인이 되는가는 법률에 규정이 있다. 법정대리인은 본인의 의사표시로 제3자에게 대리권을 줄 수 없어 법이 대리인이 될 자를 정하였다고 할 수 있다.

---

159) 대판 1994. 2. 22, 93다42047; 대판 2001. 2. 23, 2000다45303 · 45310.
160) 대판 2006. 3. 24, 2006다2803.

2. 종 류

가. 실체법상의 법정대리인

1) 민법 등 실체법의 규정

소송무능력자의 법정대리인과 소송행위에 필요한 권한의 수여는 민사소송법에 특별한 규정이 없으면 민법, 그 밖의 법률에 따른다(제51조). 그러므로 실체법상 법정대리인의 지위에 있는 자는 소송상으로도 법정대리인이 된다.

2) 미성년자·한정치산자·금치산자 및 미성년후견인·피한정후견인

미성년자는 친권자(민 제909조, 제911조) 또는 미성년 후견인(제928조)이, 한정치산자나 금치산자는 후견인(민 제929조, 제938조)이, 피성년후견인은 성년후견인(민 제929조)이, 피한정후견인은 대리권수여의 심판을 받은 한정후견인(민 제959조의4)이 법정대리인이다. 대리권수여의 심판을 받은 특정후견인(민 제14조의2)[161]은 법정대리인이지만 피특정후견인의 소송능력에는 아무런 영향이 없다.

3) 민법상의 특별대리인

민법상의 특별대리인도 소송상의 법정대리인이다. 그러므로 이사와 법인(민 제64조), 친권자와 자(민 제921조) 사이의 이익상반행위[162]에 관하여 법원이 선임한 특별대리인도 소송상의 법정대리인이다.

부재자의 재산관리인(민 제22조 이하)은 본인의 의사와 관계없이 법원이 선임

---

161) 가정법원은 질병, 장애, 노령, 그 밖의 사유로 인한 정신적 제약으로 일시적 후원 또는 특정한 사무에 관한 후원이 필요한 사람에 대하여 특정후견의 심판을 할 수 있고, 특정후견은 본인의 의사에 반하여 할 수 없으므로(민 제14의2 1항·2항) 피특정후견인은 행위능력에 제한이 없어 소송능력에 제한이 없다. 가정법원이 기간이나 범위를 정하여 특정후견인에게 대리권을 수여하는 심판을 하는 경우(민 제959조의11 1항)에는 특정후견인은 정해진 기간이나 범위에서 법정대리인이 되지만 그 경우에도 특정후견인은 피특정후견인을 후원하는 사람에 불과하기 때문에(민 제14조의2 1항) 피특정후견인은 소송능력에 제한이 없어 직접 소송행위를 할 수 있다.

162) 친권자와 미성년자인 자 사이의 공동상속재산을 분할하는 협의도 이익상반행위이다(대판 1993. 4. 13, 92다54524 참조).

하여 민법 제118조에서 정한 보존[163]·이용·개량행위를 법원의 허가 없이 스스로 행할 수 있다는 점에서 소송상의 법정대리인이다.[164]

4) 상속재산관리인(민 제1053조)·유언집행자(민 제1093조)

타인의 재산을 제3자가 관리하는 경우에 재산주체인 특정개인을 위할 때에는 대리인이다. 그러나 특정개인이 아니라 특정재산에 이해관계 있는 불특정한 사람 모두를 위하여 관리하는 경우에는 대리인으로서가 아니라 자기 이름으로 관리행위를 한 다음 그 효과를 본인에게 귀속시키는 것이 효율적인 재산관리가 된다(직위설, 직무상당사자설). 판례는 이 입장에 따라 상속재산관리인,[165] 유언집행자[166]를 모두 법정대리인이 아니라 법정 소송담당(직무상 당사자)으로 본다. 따라서 상속재산관리인이나 유언집행자가 선임되었을 때에는 상속인은 상속재산의 관리·처분권을 상실하고 상속재산관리인이나 유언집행자가 그 직무상 자기의 이름으로 당사자가 되어 소송담당을 한다.

나. 소송상 특별대리인

1) 뜻

개개의 소송 또는 이에 부수하는 소송절차를 위하여 법원이 선임하는 법정대리인을 말한다. 여기에는 소송무능력자의 특별대리인(제62조), 증거보전절차에서의 특별대리인(제378조), 상속재산에 대한 강제집행절차에서의 특별대리인(민집 제52조) 등이 있는데 소송무능력자의 특별대리인이 가장 많이 이용되고 있다.

2) 소송무능력자의 특별대리인(제62조)

가) 뜻　　　미성년자 등 소송무능력자를 대리할 법정대리인이 없거나[167] 법

---

163) 상대방의 소제기에 대한 응소행위는 보존행위이다. 그러나 적극적으로 소송을 제기하는 일은 패소판결을 받을 가능성이 있으므로 보존행위라고 할 수 없다. 이 경우에는 법원의 허가를 받아야 한다.

164) 대판 1968. 12. 24, 68다2021.

165) 대판 2007. 6. 28, 2005다55879.

166) 대판 1999. 11. 26, 97다57733.

167) 예를 들어 부모가 사망하였는데 후견인을 선정하지 않은 경우이다.

정대리인이 대리권을 행사할 수 없을 때[168]에 소송무능력자의 상대방(제62조 1항)
이나 소송무능력자의 친족, 이해관계인 또는 검사(제62조 2항)는 수소법원(受訴法
院)에 소송절차가 지연됨으로써 손해를 받을 염려가 있음을 소명(疏明)하여 소송
무능력자를 대리할 특별대리인의 선임을 신청할 수 있다. 소송무능력자의 상대방
이 주로 이용하지만 무능력자 쪽에서도 당연히 이용할 수 있다. 그 밖에도 질병
등 사유로 인한 정신적 제약으로 사무를 처리할 능력이 지속적으로 결여된 사람
이 성년후견개시(민 제9조 1항)를 받지 아니하여 아직 성년후견인이 없는 경우, 상
속인이 불분명한 상속재산에 관하여 상속재산관리인이 선임되지 않은 경우, 법인
그 밖의 단체에 대표자·관리인이 없는 경우, 법인과 이사의 이익이 상반하는 사
항에 관하여 민법 제64조에서 정한 특별대리인이 선정되지 아니한 경우에도 이용
할 수 있다.

나) 선임절차 및 권한 등　　특별대리인의 선정은 수소법원의 결정으로 한
다. 법원은 한 번 선임한 대리인이라도 언제든지 개임할 수 있다(제62조 3항). 소
송상 특별대리인은 법정대리인과 동일한 권한이 있다. 따라서 소송행위를 할 권
한뿐 아니라 공격방어의 방법으로 사법상의 권리도 행사할 수 있다.[169] 그러나 특
별대리인이 소송행위를 함에는 후견인과 같은 권한을 받아야 하므로(제62조 4항)
소의 제기나 소의 취하, 청구의 포기·인낙, 또는 제80조의 규정에 따른 탈퇴와
같은 제56조 2항의 행위를 함에는 후견감독인으로부터 그에 관한 권한을 받아야
한다(민 제950조).[170] 후견감독인이 없거나 비법인 단체와 같이 성질상 후견감독인
이 있을 수 없는 경우에는 특별대리인의 선임권이 있는 수소법원으로부터 그에
관한 권한을 받아야 한다.[171]

특별대리인에게는 보수를 주어야 하는데 그 보수와 소송행위에 관한 비용은
소송비용에 포함되며 신청인에게 부담하도록 명할 수 있다(제62조 6항). 특별대리

---

168) 예를 들어 이익상반행위에 관하여 소송을 하여야 하는 경우이다.
169) 대판 1993. 7. 27, 93다8986 등.
170) 그러나 소송제기에 응하는 것에 대하여는 특별한 권한을 받을 필요가 없다(대판 1983. 2.
　　8, 82므34).
171) 후견감독인이 없거나 비법인단체와 같이 후견감독인이 존재하지 아니한 경우에는 누구로
　　부터 그에 관한 권한을 받아야 하는지 문제이다. 생각건대 특별대리인은 수소법원의 선임
　　및 개임을 통하여 감독을 받으므로 이 경우에도 수소법원으로부터 그에 관한 권한을 부여
　　받아야 할 것이다.

인은 수소법원의 해임결정에 의하여 특별대리인의 지위를 상실하며 그때까지는 예를 들어 법인에 대표자가 선임되는 등 특별대리인의 필요가 없게 되더라도 당연히 그 권한이 상실되지 않으므로 소송상의 권한을 행사할 수 있다. 따라서 정당한 대표자가 소송상의 권리를 행사하기 위해서는 수소법원의 특별대리인 해임결정을 받아야 할 것이다. 그러나 이미 법인에 대표자가 선임되어 있는데 그 대표자의 대표권에 흠이 있어 수소법원에 의하여 특별대리인이 선임된 이후 소송절차가 진행되던 중에 그 흠이 보정된 경우에는 특별대리인에 대한 수소법원의 해임결정이 있기 이전이라도 종전 대표자의 대표권은 소급하여 유효하게 되므로(제60조) 종전 대표자는 유효하게 소송행위를 할 수 있음은 당연하다.[172]

물론 소송이 종료되면 특별대리인의 권한도 소멸되지만 이행을 청구하는 소에서는 승소판결이 확정되더라도 집행이 종료될 때까지 수소법원의 해임결정이 없는 한 집행에 관한 특별대리인의 권한이 소멸되지 않는다.

3. 법정대리권

가. 법정대리권의 범위

1) 법정대리인의 대리권의 범위는 민사소송법에 특별한 규정이 없는 한 민법 그 밖의 실체법의 규정에 의한다.

2) 친권자가 자를 대리하는 경우에는 일체의 소송행위를 할 수 있다[173](민 제920조).

3) 성년후견인 등 후견인이 피성년후견인 등 피후견인을 대리하여 소의 제기 등 적극적 소송행위를 할 때에는 후견감독인으로부터 그에 관한 권한을 받아야 한다(민 제950조 1항).[174] 후견감독인이 없을 때에는 특별대리인의 경우와 같이 수

---

172) 대판 2011. 1. 27, 2008다85758.
173) 따라서 생모인 법정대리인이 소를 취하할 때에는 특별수권이 필요없다(대판 1974. 10. 22, 74다1216 참조).
174) 친족회(현재 후견감독인)의 동의를 받지 아니하고 소송을 제기하였다면 그 소송제기 등 일련의 소송행위는 무효이고(대판 2001. 7. 27, 2001다5937 참조), 소송무능력자의 특별대리인이 무권한자의 부동산처분행위에 대한 추인을 하려면 친족회(현재 후견감독인)의 동의를 받아야 한다(대판 1993. 7. 27, 93다8986 참조).

소법원에서 그에 관한 권한을 받아야 할 것이다. 그러나 상대방의 소제기 또는 상소제기에 응소할 때에는 후견감독인으로부터 그에 관한 권한을 받을 필요가 없다(제56조 1항).

4) 후견인이 판결에 의하지 않고 소송을 마치는 소의 취하, 화해, 청구의 포기·인낙, 제80조에서 정한 소송상탈퇴의 경우에는 본인의 이익을 보호하기 위하여 후견감독인으로부터 특별수권을 받아야 한다(제56조 2항). 이 경우에도 후견감독인이 없을 때에는 특별대리인의 경우와 같이 수소법원에서 특별수권을 받아야 할 것이다.

나. 공동대리

1) 법정대리인이 여럿인 경우에 그들 법정대리인이 각자 본인을 대리하느냐 공동하여서만 대리할 수 있느냐이다. 수동대리에 관해서는 여러 사람의 대리인 중에서 한 사람에게 송달하여도 좋다는 규정(제180조)이 있으므로 상대방이 하는 소송행위를 수령할 때에는 각자 단독으로 할 수 있으나 능동대리에 관해서 문제가 된다.

2) 능동대리에는 여러 가지 학설이 있으나 다수설은 소의 취하, 청구의 포기·인낙, 소송상 탈퇴(제56조 2항)는 명시적으로 공동으로 하여야 하고 그 이외의 행위는 한 사람의 행위를 다른 사람이 묵인하면 공동으로 한 것으로 본다고 한다.[175] 그러나 다수설은 묵인의 범위에 관하여 구구한 결론이 나올 수 있으므로 찬성할 수 없다. 차라리 필수적 공동소송에 대한 특별규정인 제67조를 준용하여 공동대리인 중에서 한 사람의 행위가 본인에게 유리한 경우에는 다른 공동대리인과의 일치를 기다릴 필요 없이 그 행위는 효력이 있으나 공동대리인의 행위가 본인에게 불리한 경우에는 공동대리인 전원이 일치할 때만 효력이 있다고 풀이함이 정당할 것이다.

---

175) 이시윤, 172면; 호문혁, 218면; 정동윤/유병현, 205면 등.

4. 법정대리인의 지위

가. 제3자

법정대리인은 본인이 아니므로 법관의 제척이나 재판적의 기준이 되지 않고 기판력이 미치지 않는다.

나. 본인과 유사한 지위

법정대리인은 본인이 아니지만, 본인이 할 수 없는 소송행위를 할 수 있다는 점에서 본인과 비슷한 지위에 있다.

1) 소장의 필수적 기재사항이다(제208조, 제249조).

2) 소송수행에서 본인의 간섭이나 견제를 받지 않는다.

3) 본인에 대한 송달은 그의 법정대리인에게 하여야 한다(제179조). 다만 송달장소는 본인의 영업소나 사무소에서도 할 수 있다(제183조 1항 단서). 법인의 대표자가 겸임하고 있는 별도의 법인격을 가진 다른 법인의 영업소 또는 사무소는 그 대표자의 근무처에 불과하므로[176] 그 곳에 대한 송달은 법정대리인에 대한 송달이 아니다.[177]

4) 본인이 출석하여야 할 경우에 본인 대신 출석하여야 한다(제140조 1항 1호, 제145조 2항).

5) 참가인이나 증인적격이 없으며 신문은 당사자 본인신문(제372조)에 의한다.

6) 법정대리인의 사망 등 법정대리권이 소멸한 경우에는 당사자의 사망, 소송능력의 상실과 동일하게 소송절차의 중단사유이다(제235조).

5. 법정대리권의 소멸

가. 민법 등 실체법

법정대리권의 소멸원인은 민법 등 실체법에 의한다(민 제127조). 본인 또는

---

176) 대판 1997. 12. 9, 97다31267.
177) 대판 2003. 4. 25, 2000다60197.

법정대리인의 사망, 법정대리인의 성년후견의 개시 또는 파산(민 제127조), 본인의 소송능력의 회복, 법정대리인의 자격상실에 의하여 법정대리권이 소멸한다. 그러나 소송상 특별대리인은 법원이 선임한 법정대리인이므로 본인의 능력이 회복되더라도 수소법원의 해임결정(제62조 3항)이 있어야 그 법정대리권이 소멸된다.

나. 상대방에 대한 소멸통지

법정대리권이 소멸되는 효과는 소송능력을 취득하거나 회복한 본인 또는 신·구 어느 대리인으로부터 상대방에게 통지할 때까지 생기지 않는다(제63조 1항). 대리권의 소멸 유무, 소멸의 시기를 명확하게 하여 소송절차의 안정을 꾀하기 위한 취지이다. 따라서 상대방이 대리권의 소멸 사유를 알더라도 소멸의 통지가 없는 경우에는 대리권이 소멸되지 않는다. 예를 들어 소송절차가 진행하는 도중 법인의 대표권이 소멸되었더라도 이 사실을 상대방에게 통지하지 않으면 대표권이 소멸되지 않으므로 종전 대표자가 한 소의 취하 등 행위는 유효하다. 이 경우에 법인의 대표자 변경은 소송수계절차(제233조 1항)에 의하여야 할 것이나 표시정정절차에 의하더라도 위법이 아니다.[178] 그러나 법정대리인이 사망하거나 성년후견개시심판을 받은 경우에는 소멸의 통지를 본인이나 대리인 모두 할 수 없기 때문에 그 사망 또는 성년후견개시 선고를 할 때에 소멸의 효과가 생긴다고 풀이한다. 소송절차의 진행상 법원에 대하여도 대리권의 소멸유무와 날짜, 시간을 명확하게 할 필요가 있기 때문에 대리권의 소멸통지 사실은 법원에 서면으로 신고하여야 한다(민소규 제13조 1항). 법원에 대리권의 소멸사실이 알려진 뒤에는 비록 상대방에게 소멸사실을 통지하지 아니하더라도 종전 법정대리인은 소의 취하, 청구의 포기·인낙 또는 소송탈퇴의 소송행위를 하지 못하며(제63조 1항 단서), 법원은 새로운 대표자를 판결에 표시해도 지장이 없다. 상대방에게 통지는 판결의 송달로 갈음하였다고 볼 것이므로 상대방도 새로운 대표자를 상대로 상소를 제기할 수 있으나, 뒤에 새로운 대표자의 대표권을 부정하거나 소송절차의 위법을 주장할 수 없다.

---

178) 대판 2006. 11. 23, 2006재다171.

다. 소송진행중 법정대리권의 소멸

소송의 진행중에 법정대리권이 소멸되면 소송능력을 취득한 본인 또는 새로운 법정대리인이 소송절차를 수계하여 소송을 수행할 수 있을 때 까지 소송절차는 중단된다(제235조). 그러나 소송대리인이 있는 경우에는 소송수행에 지장이 없기 때문에 소송절차는 중단되지 않는다(제238조).

Ⅳ. 법인 등의 대표자

1. 대 표 자

가. 뜻

대표자라 함은 법인 또는 법인 아닌 단체의 기관이 되어 그 이름으로 소송행위를 하여 소송행위의 효과를 법인 등에 귀속시키는 대표권이 있는 사람을 말한다. 유기체가 아닌 법인 등은 직접 소송을 수행할 수 없고 대표자에 의해서 소송이 수행되어야 하기 때문에 법인 등과 대표자와의 관계는 마치 소송무능력자와 법정대리인과의 관계와 유사하여 대표자는 법정대리인에 준한다(제64조).

나. 법인 등의 대표자

1) 사적 단체

민법상 법인은 이사(민 제59조), 주식회사는 대표이사(상 제389조)가 대표자이나, 이사와 회사 간의 소송에서는 감사(상 제394조)[179]가, 대표자에 대한 직무집행정지 및 대표자선임가처분결정이 된 경우에는 대표이사직무대행자(상 제408조)[180]

---

179) 그러나 회사의 이사로 등기되었던 사람이 회사를 상대로 사임을 주장하면서 이사직 사임 취지의 변경등기를 구하는 경우에는 회사를 대표할 사람은 감사가 아니라 회사의 대표이사이다. 원고는 이미 이사직을 사임하여 상법 제394조가 적용될 여지가 없기 때문이다(대결 2013. 9. 9, 2013마1273 참조).

180) 대표자에 대한 직무집행정지 및 직무대행자 선임 가처분이 된 경우에 본안소송에서의 대표자는 직무대행자가 된다(대판 1995. 12. 12, 95다31348 참조).

가, 청산 중의 회사는 청산인(상 제542조, 상 제255조)이 대표자이다.

문중, 종중의 대표자는 규약이 있으면 규약에서 정한 절차에 따라 선출하고 규약이 없으면 관습에 의해서, 관습이 없으면 연고항존자가 소집하여 출석한 20세 이상의 종원(남·녀를 모두 포함한다)중에서 과반수의 결의에 의하여 선출된다.[181] 비법인사단인 아파트입주자대표회의의 관리소장이 구 주택법령과 그에 따른 관리계약에서 정한 관리업무를 집행하면서 체결한 계약에 기한 권리의무는 입주자대표회의에 귀속하므로[182] 관리소장은 관리계약상의 업무집행에 관해서는 아파트입주자대표회의의 대표자가 된다.

2) 공 법 인

국가를 당사자로 하는 민사소송에서는 법무부장관이 국가를 대표한다(국가소송 제2조). 법무부장관은 법무부의 직원, 각급 검찰청의 검사 또는 공익법무관(위 법률 제3조 1항), 행정청의 직원(위 법률 제3조 2항)을 지정하여 국가소송을 수행하게 할 수 있고 변호사를 소송대리인으로 선임하여 국가소송을 수행하게 할 수도 있다(위 법률 제3조 4항).

서울특별시·각 광역시·도·시·군·구 등 지방자치단체가 당사자로 되는 때에는 시장·도지사·군수·구청장이 자치단체를 대표한다(지자 제101조). 다만 교육·학예에 관해서는 교육감이 당해 지방자치단체를 대표한다(지방교육 제18조 2항).

2. 소송상의 지위

가. 소의 제기 및 응소

법인 등의 대표자가 소를 제기할 때에 특별한 권한을 받을 필요가 있는가에 관해서는 실체법의 규정에 의한다(제51조). 반면 법인 등의 대표자가 소송에 응하는 경우에는 제56조 1항이 준용되므로 특별한 권한을 받을 필요가 없다.

---

181) 대전판 2005. 7. 21, 2002다1178; 대판 2007. 9. 6, 2007다34982.
182) 대판 2015. 1. 29, 2014다62657 참조.

1) 법인 등의 이사

가) 이사는 법인의 사무에 관하여 각자 법인을 대표하고(민 제59조) 이사의 대표권 제한은 등기하지 아니하면 제3자에게 대항할 수 없다(민 제60조). 따라서 대표권의 제한을 등기하지 아니한 경우에 이사는 제한 없이 대표권을 행사하여 소송행위를 할 수 있다.

나) 그러나 법인 또는 교회나 종중과 같은 법인 아닌 사단이 민법 제40조 4호에 정해진 자산에 관한 규정을 바꿀만한 재산의 처분이 있는 경우에는 정관에 다른 규정이 없는 한 민법 제42조에 정한 총사원 3분의 2 이상의 결의(1항)와 정관변경이 주무관청의 보고사항인 학교법인의 경우(사립학교법 제45조 2항 참조)를 제외하고는 주무관청의 허가가 필요한데(2항)[183] 이 결의 없이 법인의 이사 또는 법인 아닌 사단의 대표자가 제기한 소송은 특별한 권한 없이 제기한 것이어서 무효이다.[184]

2) 법인 아닌 사단

가) 법인 아닌 사단은 성질상 대표권 제한을 등기할 수 없으므로 대표권 제한은 내부적인 의사결정에 불과하다. 따라서 위에서 본 민법 제42조의 제한을 받는 경우 이외에는 법인 아닌 사단의 이사가 내부적인 대표권 제한을 무시하고 법인 아닌 사단의 재산을 처분하였더라도 원칙적으로 효력이 있으므로 제3자가 법인 아닌 사단을 상대로 그 처분의 이행을 구하는 소송에서 법인 아닌 사단측이 그 거래의 무효를 주장하기 위해서는 이사가 대표권제한에 위반하여 거래한 사실에 관하여 제3자가 알았거나 알 수 있었다는 사실을 주장·증명하여야 한다.[185]

나) 법인 아닌 사단의 재산은 구성원의 총유에 속하므로 그 재산의 보존행위에 해당하는 소의 제기도 사원총회의 결의를 거쳐야 하는데 대표자가 그러한 결의 없이 제기한 소송은 특별한 권한 없이 제기한 것으로써 무효이다.[186]

---

183) 법인 아닌 사단은 민법 제42조를 유추적용한다.
184) 대전판 2006. 4. 20, 2004다37775.
185) 대판 2003. 7. 22, 2002다64780.
186) 대전판 2005. 9. 15, 2004다44971.

3) 주식회사의 대표이사

주식회사가 상법 제374조 1항 1호에 정한 주식회사가 영업의 전부 또는 일부를 양도하는 것과 같은 행위를 하려면 상법 제434조에 정한 주주총회의 특별결의가 필요하므로 이러한 결의 없이 대표이사가 제기한 소송은 무효이고 이를 간과한 판결은 확정되었더라도 재심사유(제451조 1항 3호)에 해당한다.[187] 그러나 그이외의 경우에는 정관 등에 특별한 제한이 없는 한 대표이사는 소송상 일체의 권리를 행사할 수 있다. 다만 주식회사의 대표이사가 이사회의 승인 없이 한 이른바자기거래행위는 회사와 그 대표이사 사이에서는 무효이지만, 회사가 그 거래가이사회의 승인을 얻지 못하여 무효라는 것을 제3자에 대하여 주장하기 위해서는거래의 안전과 선의의 제3자를 보호할 필요상 이사회의 승인을 얻지 못하였다는것 외에 제3자가 이사회의 승인 없음을 알았다는 사실을 입증하여야 할 것이고,비록 제3자가 선의였다 하더라도 이를 알지 못한 데 중대한 과실이 있음을 입증한 경우에는 알았다는 경우와 마찬가지라고 할 것이다. 이 경우 중대한 과실이라함은 제3자가 조금만 주의를 기울였더라면 그 거래가 이사와 회사 사이의 거래로서 이사회의 승인이 필요하다는 점과 이사회의 승인을 얻지 못하였다는 사정을알 수 있었음에도 불구하고 만연히 이사회의 승인을 얻은 것으로 믿는 등 거래통념상 요구되는 주의의무에 현저히 위반하는 것으로서, 공평의 관점에서 제3자를구태여 보호할 필요가 없다고 봄이 상당하다고 인정되는 상태를 말한다.[188]

4) 이사 직무대행자

가) 주식회사의 대표이사 직무대행자가 회사의 상무에 속하지 않은 행위를하려면 법원의 특별한 권한을 받아야 하므로(상 제408조) 법원의 허가 없이 한 상무 외의 행위에 관해서는 제3자의 선의 여부를 떠나 무효가 된다. 청구의 인낙,항소의 취하 등은 상무가 아니다.[189]

나) 주식회사 이사의 직무집행을 정지하고 직무대행자를 선임하는 가처분은

---

187) 대판 1980. 12. 9, 80다584.
188) 대판 2004. 3. 25, 2003다64688; 대판 2013. 7. 11, 2013다16473 등 참조.
189) 대판 1982. 4. 17, 81다358.

성질상 당사자 사이뿐만 아니라 제3자에 대한 관계에서도 효력이 미치므로 가처분에 반하여 이루어진 행위는 제3자에 대한 관계에서도 무효이고, 가처분에 의하여 선임된 이사직무대행자의 권한은 법원의 취소결정이 있기까지 유효하게 존속된다.[190) 또한 등기할 사항인 직무집행정지 및 직무대행자선임 가처분은 상법 제37조 1항에 의하여 이를 등기하지 아니하면 위 가처분으로 선의의 제3자에게 대항하지 못하지만 악의의 제3자에게는 대항할 수 있다.

주식회사의 대표이사 및 이사에 대한 직무집행을 정지하고 그 직무대행자를 선임하는 법원의 가처분결정은 그 결정 이전에 직무집행이 정지된 주식회사 대표이사의 퇴임등기와 직무집행이 정지된 이사가 대표이사로 취임하는 등기가 경료되었다고 할지라도 직무집행이 정지된 이사에 대하여는 여전히 그 효력이 있으므로 그 가처분결정에 의하여 선임된 대표이사 및 이사 직무대행자의 권한은 유효하게 존속하고, 반면에 그 가처분결정 이전에 직무집행이 정지된 이사가 다시 대표이사로 선임되었다고 할지라도 그 선임결의의 적법 여부에 관계없이 대표이사로서의 권한이 없다.[191)

다) 학교법인의 이사직무대행자도 항소권의 포기는 법원의 허가가 필요하다.[192)

라) **위임종료시의 긴급처리권**(민 제691조)   a) 민법상 법인의 이사 전원 또는 그 일부의 임기가 만료되었거나 사임하였음에도 불구하고 그 후임 이사의 선임이 없거나 또는 그 후임 이사의 선임이 있었다고 하더라도 그 선임결의가 무효이고 남아 있는 다른 이사만으로는 정상적인 법인의 활동을 할 수 없는 경우에는 임기 만료되었거나 사임한 구 이사는, 법인의 업무를 수행케 함이 부적당하다고 인정할 만한 특별한 사정이 없는 한 후임 이사가 선임될 때까지 민법 제691조에서 정한 위임종료시의 긴급처리권에 의해서 종전의 직무를 수행할 수 있다. 따라서 임기 만료되거나 사임한 구 이사가 후임 이사가 선임될 때까지 종전의 직무를 수행할 수 있는 경우에는 구 이사는 그 직무수행의 일환으로 다른 이사를 해임하거나 후임 이사를 선임한 이사회결의의 흠을 주장하여 그 무효확인을 구할

---

190) 대판 1991. 12. 24, 91다4355 등 참조.
191) 대판 2014. 3. 27, 2013다39551 참조.
192) 대판 2006. 1. 25, 2003다36225.

법률상 이익이 있다.[193]

b) 그러나 만약 임기 만료되거나 사임한 구 이사로 하여금 법인의 업무를 수행케 함이 부적당하다고 인정될 만한 특별한 사정이 있다면 이러한 구 이사가 제기한 이사회결의 무효확인의 소는 확인의 이익이 없어 부적법하다.[194]

나. 대표권의 소멸

법인 등 대표자의 대표권소멸에 관해서도 제63조가 준용되므로 신·구 대표자 어느 한 편으로부터 상대방에게 대표권의 소멸사실이 통지되어야 소멸의 효력이 생긴다. 예를 들어 법인의 대표자가 자신의 사임으로 권한대행하게 될 사람에게 사임서를 제출하면서 그 처리를 위임할 경우에 대내적으로는 권한대행자가 수리할 때 사임의 효력이 발생할 것이나 상대방에 대해서는 통지하여야 효력이 생기므로 사임한 대표자가 상대방에게 이를 통지하지 아니하고 항소를 취하하여도 그 효력이 있으나,[195] 권한대행자가 법인의 대표자 사임계를 법원에도 제출하여 법원에 대표자의 사임사실이 알려졌다면 사임한 대표자의 항소취하는 상대방에게 이를 통지하였는지 여부와 관계없이 제63조 1항 단서에 따라 그 효력이 없다.

V. 소송위임에 기한 소송대리인

1. 뜻

본인의 의사에 터 잡아 대리권이 수여된 대리인을 임의대리인이라 하고 본인으로부터 특정 소송사건의 처리를 위임받은 임의대리인을 소송위임에 기한 소송대리인이라고 한다. 좁은 의미의 임의대리인은 소송위임에 기한 소송대리인, 줄여서 소송대리인이라고 한다. 소송대리인은 법률에 따라 재판상 행위를 할 수 있는 대리인 외에는 변호사(제87조)나 법무법인(변 제49조)만 할 수 있다.

소송대리인은 당사자의 부족한 소송능력을 보충하는 사람이 아니라 그 능력

---

193) 대판 2005. 3. 25, 2004다65336 참조.
194) 대판 2012. 8. 23, 2011다19997 참조.
195) 대판 2007. 5. 10, 2007다7256.

을 더 확장해주는 역할을 한다. 따라서 당사자는 경제적 능력에 따라 소송대리인을 선임할 수 있으므로 경제적 능력이 우세할수록 우수한 소송대리인을 선임할수 있어 당사자의 경제적 격차가 변론에서 무기대등의 원칙을 깨뜨리기 쉽다. 그러므로 경제적 능력이 부족한 사람을 위한 법률부조제도가 필요하고 그 필요에기하여 법률구조공단 등 많은 법률부조기관이 설립되어 있다.

2. 변호사대리의 원칙

가. 원 칙

우리나라는 증권관련집단소송·소비자단체소송을 제외하고는 변호사강제주의를 채택하고 있지 않기 때문에 당사자본인은 어느 심급에서도 스스로 소송행위를 할 수 있다.[196] 그러나 다른 사람에게 소송대리를 위임할 때에는 원칙적으로법률에 따라 재판상 행위를 할 수 있는 대리인 이외에는 변호사(또는 법무법인)에게 하여야 한다(제87조).

나. 예 외

1) 소송목적의 값이 금 1억원 이하의 단독사건(민소규 제15조 1항, 사물관할규칙 제4조) 중에서 법원의 허가를 받은 일정사건(제88조 1항)

단독판사가 심리·재판하는 사건에서 당사자의 배우자 또는 4촌 이내의 친족으로서 당사자와의 생활관계에 비추어 상당하다고 인정되거나(민소규 제15조 2항 1호) 당사자와 고용 그밖에 이에 준하는 계약관계를 맺고 그 사건에 관한 통상의사무를 처리·보존하는 사람으로서 그 사람이 담당하는 사무와 사건의 내용 등에비추어 상당하다고 인정되는 경우(민소규 제15조 2항 2호)에 서면으로 신청하여(민소규 제15조 3항) 법원의 허가를 받으면(민소규 제15조 1항) 변호사가 아니더라도 소송대리인이 될 수 있다(제88조). 그러나 소송목적의 값이 금 1억원까지 변호사 아닌 사람이 소송대리인이 될 수 있다는 것은 변호사대리의 원칙에 크게 벗어난다

---

196) 그러나 헌법재판소의 심판절차에서 개인은 변호사를 대리인으로 선임하지 않으면 심판청구를 하거나 심판수행을 하지 못한다(헌재 제25조 3항 참조).

고 아니할 수 없으므로 법원이 비변호사소송대리인을 허가할 경우에는 매우 신중을 기할 필요가 있다. 물론 상소심에서는 당연히 합의부사건이 되므로 변호사대리를 하여야 한다.

2) 기   타

가) 소액사건   소송목적의 값이 2,000만원 이하가 되는 소액사건의 제1심에서는 당사자의 배우자, 직계혈족, 형제자매는 따로 법원의 허가 없이도 소송대리인이 될 수 있다(소심 제8조).

나) 형사배상신청   형사소송절차에 부대하여 청구하는 배상신청에 있어서도 피해자의 배우자, 직계혈족, 형제자매는 법원의 허가를 받아 배상신청에 관한 소송행위를 대리할 수 있다(소촉 제27조).

다) 가사소송   가사소송은 합의사건이라도 본인 또는 법정대리인이 출석하여야 한다(가소 제7조 1항). 다만, 특별한 사정이 있을 때에는 법원의 허가를 받아 대리인을 출석하게 할 수 있고 보조인을 동반할 수 있는데(가소 제7조 1항 단서) 이때 법원의 허가를 받으면 변호사 아닌 사람을 대리인 또는 보조인으로 할 수 있다(가소 제7조 2항).

라) 특허소송 등   변호사가 아니더라도 특허법원이 관할하는 특허, 실용신안, 디자인 또는 상표의 출원·등록, 특허 등에 관한 특허심판원의 각종 심판 및 특허심판원의 심결에 대한 심결취소소송에 관해서는 변리사(변리 제8조)가,[197] 해양사고심판사건에서는 심판변론인(해양사고 제27조)이 소송행위를 대리할 수 있다.

다. 위반의 효과

변호사 아닌 사람이 소송위임을 받아 소송수행을 하는 경우에 법원은 비변호사의 소송관여를 배제하여야 한다. 그러나 변호사 아닌 사람의 소송행위를 법원이 간과한 경우에는 대리권에 흠이 있는 경우와 동일하게 취급할 것이므로 무효

---

197) 이 경우 변리사에게 허용되는 소송대리권의 범위는 특허심판원의 심결에 대한 심결취소소송에 국한되고 특허 등 침해를 청구원인으로 하는 침해금지 또는 손해배상청구와 같은 민사사건에는 허용되지 않는다(대판 2012. 10. 25, 2010다108104 참조).

이지만 추인이 가능하다. 변호사 아닌 사람이 금품, 향응 기타 이익을 받거나 받을 것을 약속하고 또는 제3자에게 이를 공여하게하거나 공여하게 할 것을 약속하고 변호사법 위반의 행위를 한 경우에는 강행법규에 위반되어 반사회적 성질을 갖게 되므로 그 사법적 효력이 부정될 뿐 아니라[198] 추인도 할 수 없다.

변호사가 변호사법 제90조에 의거하여 정직 이상의 징계를 받거나 법무부장관으로부터 변호사법 제102조에 따른 업무정지명령을 받고도 변호사 업무를 수행한 경우에는 소송대리권에 흠이 있는 경우와 동일하게 취급하여야 할 것이다. 다만 어떤 변호사가 소송수행 중에 징계를 당하거나 업무정지명령을 받았는데 그 사실이 외부에 알려지지 않고, 의뢰인이나 상대방도 그 사실을 알지 못한 사정이 있는 경우에는 소송대리권에 흠이 있다고 하여 소송행위를 일률적으로 무효로 하는 것은 의뢰인 본인이나 상대방에게 예상할 수 없는 손해를 끼칠 우려가 있고, 재판의 안정을 해치며, 소송경제에 반하기 때문에 유효로 풀이하여야 할 것이다.

3. 소송대리권의 범위

소송위임에 기한 소송대리인의 대리권의 범위는 소송절차의 원활·확실의 요청과 변호사대리의 원칙상 포괄적으로 법정되어 있고 개별적인 제한을 금지한다(제91조). 그러나 변호사 아닌 소송대리인의 경우에는 본인의 의사를 존중하여 대리권의 범위를 제한할 수 있다(제91조 단서).

가. 제90조 1항

1) 본인이 소송대리인에게 특정사건의 소송수행을 위임하면 소송대리인은 위임받은 사건의 소송을 수행하는데 필요한 일체의 권한이 있다. 소의 제기 이외에도 조정절차, 민사집행절차, 가압류·가처분, 증거보전, 독촉, 소송비용확정절차, 집행정지절차, 판결경정절차 등에서도 필요한 소송행위를 할 수 있다. 이 경우 조정절차, 민사집행절차, 가압류·가처분 등 개별적 절차에 따로 소송대리권을 수여하더라도 그 개별적 절차에 한정하여 소송대리권이 포괄적으로 미치기 때문에 그

---

198) 대판 1978. 5. 9, 78다213.

제한은 유효하다. 그러나 재심소송은 소송대리권에 포함되지 않는다.[199]

2) 소송대리인은 위와 같이 소송수행에 필요한 일체의 소송행위를 할 수 있기 때문에 청구의 변경, 상대방의 소, 반소 및 소송참가에 대하여 응할 수 있음은 물론 일체의 공격 또는 방어 방법을 제출할 수 있다.

3) 소송대리인이 할 수 있는 사법행위에 관하여 제90조 1항은 변제의 영수에 대해서만 규정하고 있으나 공격방어방법의 전제로서 본인의 상계권, 취소권, 해지·해제권 등 사법상의 형성권을 행사할 수 있고 상대방이 하는 권리행사의 의사표시도 수령할 수 있다. 그러나 재판 외의 화해계약은 재판상 화해가 특별수권 사항이므로 특별한 권한을 받아야 한다.

나. 제90조 2항(특별수권사항)

소송대리인이 소송을 수행함에 있어서 본인에게 중대한 결과를 미치는 사항에 대해서는 본인의 의사를 존중하고 그 이익을 보호하기 위하여 본인으로부터 특별한 권한을 받을 필요가 있다. 이에 관해서는 제90조 2항에 열거되어 있지만 실제로는 소속위임장에 부동문자로 적혀있어 형식상 언제나 특별한 권한을 수여한 것으로 되어 있다.

1) 반소의 제기

피고소송대리인이 반소를 제기하는 것은 원고가 소를 제기하는 것과 같으므로 특별한 권한을 필요로 한다. 반소제기에 응소하는 것은 소의 제기에 대한 응소와 동일하게 특별한 권한을 요구하지 않는다. 피 항소인의 소송대리인이 부대항소를 제기하는 것도 반소제기와 성질이 같으므로 특별한 권한이 필요하다.

2) 소의 취하, 화해, 청구의 포기·인낙 또는 제80조의 소송탈퇴

이들 사유가 있으면 종국판결에 의하지 않고 소송을 마치게 되므로 본인의 의사를 개별적으로 확인하기 위하여 소송대리인에게 본인의 특별한 권한을 받도록 하였다. 소송탈퇴는 제80조뿐 아니라 제82조 3항에서 정한 소송인수의 경우도 포함한다. 재판상 화해나 청구의 포기·인낙의 경우에 대리권의 범위는 그 소송행

---

199) 대결 1991. 3. 27, 90마970.

위의 전제되는 실체법상 권리의 처분이나 포기에 대한 권한도 포함된다.[200] 상대
방의 소취하에 대한 동의권은 특별수권사항이 아니다.[201]

3) 상소의 제기 또는 취하

상소의 제기가 특별수권사항이므로 소송대리권은 심급마다 별개로 주어진다
고 풀이된다. 이를 심급대리의 원칙이라고 한다. 따라서 제1심의 소송대리권은 상
소심 절차의 소송대리권이 포함되지 아니하여 그 해당심급에서 판결정본이 송달
되면 소송대리권은 소멸된다. 그러므로 상소의 제기는 물론 상소에 응하는 행위
나 상소장 송달의 수령도 특별한 권한이 필요하다.[202] 상소의 제기 권한을 수여받
으면 부대상소(제403조, 제425조)를 하거나 부대상소를 받을 권한도 주어진다. 상
소의 취하도 특별수권사항이므로 불상소의 합의나 상소권의 포기도 특별한 권한
이 필요하다.

재심절차는 별개의 소송절차로서 따로 소송위임을 받아야 한다.

4) 복 대리인의 선임

복 대리인은 본인의 대리인이다. 그러므로 소송대리인의 사망·사임에 의하
여 복 대리인의 대리권이 당연히 소멸되지 않고, 소송대리인이 복대리인을 선임
할 경우에는 본인의 특별한 권한을 필요로 한다. 그러나 재차 복 대리인은 선임할
수 없다.

다. 공동대리-개별대리의 원칙

1) 같은 당사자를 위한 여러 소송대리인이 있을 때에 각자 단독으로 당사자
를 대리한다(제93조 1항). 이 점에서 공동으로만 대리하여야 하는 법정대리인의 공
동대리와 다르다. 본인이 여러 소송대리인에 대하여 공동대리 또는 협의대리에
의하도록 제한하여도 내부관계의 구속에 그치고 법원 또는 상대방에 대해서는 그
제한의 효력이 없다(제93조 2항).

2) 여러 소송대리인이 각자 소송을 수행하다가 소송행위가 모순될 때에 그

---

200) 대판 1994. 3. 8, 93다52105; 대결 2000. 1. 31, 99마6205.
201) 대결 1984. 3. 13, 82므40.
202) 이시윤, 183면; 전병서, 197면은 상소에 대한 응소행위는 특별수권이 필요하지 않다고 한다.

모순되는 소송행위가 동시에 이루어진 경우에는 무의미하므로 어느 것도 효력이 발생하지 않는 것으로 처리하여야 한다. 그러나 이 경우에도 본인에게 이익이 되도록 풀이하여야 할 것이다.[203] 모순된 소송행위가 때를 달리하는 경우에 어느 소송행위를 우선 시키는지는 소송행위의 철회와 관련하여 생각하여야 한다. 즉, 소송행위를 철회할 수 있는 경우에는 뒤의 소송행위로 인해서 앞의 소송행위가 철회된 것으로 보아 뒤의 소송행위를 우선 시켜야 한다. 그러나 철회가 허용되지 아니하는 경우에는 앞의 소송행위가 효력이 있다고 해야 한다.

3) 소송대리인이 여럿인 경우의 상소기간은 소송대리인 중 어느 한 사람에게 처음 판결정본이 송달된 때부터 계산한다.[204]

4. 소송대리권의 소멸

가. 소멸되지 않는 사유

민법은 본인과 대리인의 개인적인 신뢰관계를 존중하여 본인의 사망을 대리권의 소멸사유(민 제127조 1항)로 하고 있다. 그러나 소송위임에 기한 소송대리인의 경우에는 위임사무의 목적·범위가 명확하고 또 수임자는 원칙적으로 변호사가 되기 때문에 위임자 또는 그 승계인의 신뢰를 배신할 우려가 적다는 것을 고려하여 민법의 예외를 인정한다. 그리하여 ① 당사자의 사망 또는 소송능력의 상실 ② 당사자인 법인의 합병에 의한 소멸 ③ 당사자인 수탁자의 신탁임무의 종료 ④ 법정대리인의 사망, 소송능력의 상실 또는 법정대리권의 소멸, 변경(이상 제95조) ⑤ 선정당사자나 회사회생관리인과 같이 일정한 자격이 있는 자로서 자기의 이름으로 타인을 위해서 소송 당사자로 된 자의 자격상실(제96조)이 있더라도 소송대리권은 소멸되지 않는다. 이와 같은 사유는 모두 소송절차의 중단사유(제233조에서 제237조)가 되는데 소송대리인에게 대리권이 있어 유효하게 소송을 수행을 할 수 있을 때에는 소송절차를 중단시킬 필요가 없기 때문에 소송절차가 중단되

---

203) 예를 들어 피고 소송대리인이 복수인데 한사람은 원고가 주장하는 주요사실을 다투고 다른 사람은 부인하는 경우에 원고 주장의 주요사실을 전체적으로 다투는 것으로 처리하여 자백간주(제150조)가 되지 아니한다고 하여야 할 것이다.
204) 대결 2011. 9. 29, 2011마1335.

지 않는다(제238조). 그러나 위의 경우에 소송대리인에게 상소할 수권이 없는 경우에는 제1심의 판결정본이 송달되면서 소송대리인의 대리권이 소멸되어 소송절차도 중단 된다.[205]

나. 소멸되는 사유

소송상 대리권은 민법상 대리권과 같은 사유로 소멸된다.

1) 대리인의 사망·성년후견의 개시 또는 파산[206](민 제127조 2호)

이 경우에는 대리인이 대리권의 소멸로 법정에 출석할 수 없기 때문에 상대방에게 통지하지 아니하여도 소송대리권은 소멸된다.

2) 위임사무의 종료

심급대리의 원칙상 당해 심급의 판결정본이 송달되면 위임사무가 종료되어 대리권이 소멸된다. 그러나 상급심에서 원심판결을 파기 또는 취소하여 원심법원에 환송하는 판결을 하였을 경우에는 원심 당시 소송대리인의 대리권이 부활된다.[207]

3) 변호사자격의 상실

변호사가 변호사법 제90조 1호, 2호에 따라 징계로 영구제명이나 제명된 경우에는 변론능력을 상실함은 물론 변호사대리의 원칙이 적용되는 사건에서의 소송대리권도 소멸된다.[208] 이 경우에는 상대방에 대한 통지가 없어도 소송대리권의 소멸에는 지장이 없다.

4) 본인의 파산(민 제690조), 위임계약의 해지(민 제689조)

본인의 파산으로 위임계약이 종료되거나(민 제690조), 위임계약을 해지하여

---

205) 대판 1995. 5. 23, 94다23500.
206) 법무법인의 합병·인가취소·파산 또는 해산의 경우도 같다.
207) 대결 1985. 5. 28, 84후102 등.
208) 이시윤, 186면은 변론능력의 소멸원인에 그치고 소송대리권의 소멸사유는 아니라고 한다.

변호사가 사임하거나 해임당한 경우에는 소송대리권이 소멸된다. 그러나 상대방에게 이를 통지하지 않으면 대리권이 소멸되는 효력이 생기지 않는다(제97조, 제63조). 그러므로 소송대리인이 사임서를 법원에 제출하였더라도 상대방에게 통지하지 않으면 소송대리권은 소멸하지 않는다.[209] 소멸통지사실은 법원에 서면으로 신고하여야 한다(민소규 제17조).

5. 소송대리인의 지위

가. 제3자로서의 지위

소송대리인은 당사자가 아니므로 판결문에 당사자로 표시되지 않는다. 따라서 판결의 효력이 당연히 미치지 아니하며 소송외의 제3자이므로 증인, 감정인이 될 수 있다.

나. 소송수행자로서의 지위

소송수행에서의 지(知)·부지(不知), 고의·과실과 같은 사유가 소송법상의 효과에 영향을 미칠 때에는 소송대리인을 표준으로 결정한다(민 제116조 1항 참조). 그러나 당사자 본인의 고의·과실이 소송대리인 부지의 원인이 된 때에는 당사자는 소송대리인의 과실 등을 자기에게 유리하도록 원용할 수 없다(민 제116조 2항 참조).

다. 본인의 지위

1) 사적자치의 확장

소송대리인은 본인의 사적자치를 확장하는 지위에 있다. 따라서 본인이 소송대리인을 선임하더라도 자기 자신의 소송수행권을 상실하지 않는다. 법원은 기일소환장이나 소송서류를 본인에게 송달할 수 있으며 소송대리인이 있어도 본인에게 출석을 명하여 진술을 청취할 수 있고(제140조 1항 1호) 당사자본인신문을 할 수 있다(제367조).

---

209) 대결 2008. 4. 18, 2008마392.

2) 당사자의 경정권

원래 분쟁이 되는 사실관계의 전후는 소송대리인보다 당사자 본인이 잘 알 것이다. 그러므로 본인이 법정에 출석하여 소송대리인의 사실상 진술을 취소하거나 경정한 때에는 소송대리인의 사실상 진술은 효력을 잃는다(제94조). 즉, 소송대리인의 진술이 진실에 어긋나거나 그것이 착오로 말미암은 것임을 증명(제288조)하지 아니하더라도 본인은 취소 또는 경정할 수 있다. 법정대리인도 본인에 갈음하기 때문에 경정권을 행사할 수 있다. 그러나 소송대리인 상호간에는 경정권을 행사할 수 없다.

경정권은 구체적 사실관계에 관해서만 할 수 있으므로 법률상 의견, 경험칙 등에 관해서는 물론 신청 등에는 행사할 수 없다.

Ⅵ. 법률에 의한 소송대리인

1. 뜻

법률에 의한 소송대리인이라 함은 자기가 맡고 있는 업무에 관해서 일체의 재판상 행위를 할 권한이 법률에 의하여 인정된 사람을 말한다. 법률에 의한 소송대리인의 지위에 있게 하거나 그 지위를 상실시킬 수 있는 사람이 본인이라는 점에서 임의대리인에 속한다. 그러나 그 맡은 업무에 관해서는 본인에 갈음하여 일체의 소송행위를 할 수 있다는 점에서 법정대리인과 유사한 면이 있다. 그 소송대리권의 근거가 본인이 신뢰하여 일정한 범위의 업무를 맡겼다는데 있으므로 변호사일 필요가 없다. 지배인(상 제11조), 선장(상 제749조), 선박관리인(상 제765조), 국가소송수행자(국가소송 제3조) 등이 그 대표적인 예이다. 그러나 국가가 아닌 지방자치단체는 국가를 당사자로 하는 소송에 관한 법률의 적용대상이 아니므로 변호사 아닌 소속공무원으로 하여금 소송을 수행하게 하는 것은 소송대리권의 수여에 흠이 있는 위법한 것이다.[210]

조합의 업무집행조합원(민 제708조)도 민법이 업무집행에 관한 대리권이 있는

---

210) 대판 2006. 6. 9, 2006두4035.

것으로 추정하고 있고(민 제709조) 조합원이 다수인 경우에 업무집행조합원의 소송대리에 의하여 조합체의 번잡한 소송수행을 단순, 간략화할 수 있다는 장점이 있기 때문에 법률에 의한 소송대리인으로 보아야 할 것이다.[211] 따라서 업무집행조합원은 조합원 전부의 법률에 의한 소송대리인으로 소송을 수행할 수 있다. 그러나 이미 설명한 바와 같이 판례[212]는 업무집행조합원에 대한 임의적 소송담당을 허용하므로 이 경우에는 업무집행조합원 이름으로 소송을 수행하게 하는 것이 더 간편할 것이다.

2. 소송대리권의 범위와 소송대리인의 지위

법률에 의한 소송대리인의 대리권은 본인으로부터 수임 받은 업무처리과정에서 발생한 일체의 소송사건에 미치며 특정사건에 국한되지 않는다. 이 점에서 소송위임에 기한 소송대리인과 다르다. 따라서 대리권의 서면증명도 일정한 지위에 있다는 것을 증명하여야 한다(예, 지배인의 상업등기부등본 등 제출).

가. 소송대리권의 범위

1) 법률에 의한 소송대리권의 범위는 각 법률에서 정해 놓았는데 보통 재판상 일체의 행위를 할 수 있다(예, 상 제11조 1항 참조)고 되어 있다. 따라서 그 법정권한을 제한할 수 없으므로(제92조) 반소의 제기와 같이 특별한 권한을 받아야 할 수 있는 제90조 2항에서 정한 소송행위도 자유롭게 할 수 있다.

2) 실체법상 공동대리를 인정한 경우(예, 상 제12조)에는 법정대리인의 경우와 같이 소송상으로도 공동대리로 소송을 수행하여야 한다. 이 점은 법정대리인과 유사하다.

3) 법률에 의한 소송대리인은 원칙적으로 변호사가 아니다. 따라서 변호사임을 전제로 당사자 본인의 사망 등에도 대리권이 소멸되지 않는다는 원칙은 적용될 수 없다. 같은 이치에서 해임이나 임기만료 등으로 법률에 의한 소송대리인의 실체법상 지위가 소멸되면 소송대리권도 소멸된다.

---

211) 같은 취지: 이시윤, 178면.
212) 대판 1997. 11. 28, 95다35302.

4) 위임계약의 해지, 본인이 파산한 경우에 상대방에게 통지가 필요한 것은 소송위임에 기한 소송대리인의 경우와 동일하다.

나. 지   위

1) 소송외의 제3자이므로 증인능력이 있다. 이 경우 본인의 지위도 소송위임에 기한 소송대리인의 본인에 준한다.

2) 자기의 권한에 터 잡아 변호사에게 소송위임이 가능하다. 이 경우 소송위임에 기한 소송대리인과의 관계는 법정대리인에 준한다. 따라서 법정에 출석하여 소송위임에 기한 소송대리인의 사실상 진술을 고칠 수 있는 경정권(제94조)이 있다.

Ⅶ. 변론능력

1. 뜻

당사자가 소송절차에 관여하여 현실적으로 변론을 할 수 있는 자격을 변론능력이라고 한다. 소송절차의 원활·신속한 진행과 사법제도의 건전한 운용을 위한 공익적인 제도라는 점에서 본인의 이익을 위한 소송능력제도와 다르다.

2. 변론무능력자

가. 진술금지의 재판(제144조)

당사자 또는 대리인이 변론에서 사실을 충분히 해명하지 못하기 때문에 소송절차를 적절하게 진행할 수 없는 경우에 법원은 사실관계를 분명하게 하기 위하여 그 사람의 진술을 금지하고 변론을 계속할 새 기일을 정할 수 있다(제144조 1항). 진술금지의 재판을 받은 자는 그 기일에서 변론능력을 상실한다. 이 경우 법원은 필요하다고 인정하면 변호사의 선임을 명할 수 있고 그 취지를 본인에게 통지하여야 한다(제144조 2항·3항). 선정당사자의 경우에는 선정자에게 그 취지를 통지하여야 한다.[213]

---

213) 대결 2000. 10. 18, 2000마2999.

나. 변호사대리의 원칙(제87조)

변호사 아닌 사람이 타인 사이의 소송에서 소송대리인의 자격이 없는 경우에는 소송대리인으로서 변론능력이 없다.

3. 변론능력의 흠

가. 소송관여의 배제

변론능력이 없는 사람이 소송에 관여하였을 경우에 법원은 그 관여를 배제하고 그의 소송행위를 무시할 수 있다. 진술금지의 재판을 한 경우에는 새 기일을 정하는데(제144조 1항) 새 기일에 진술금지의 재판을 받은 사람이 변호사를 선임하지 아니하고 출석하더라도 기일불출석으로 취급되어 기일태만의 불이익(제150조, 제268조, 제286조)을 받는다.

나. 흠의 묵인

법원은 소 또는 상소를 제기한 사람이 변호사의 선임명령을 받고도 새 기일까지 변호사를 선임하지 아니한 때에는 결정으로 소 또는 상소를 각하할 수 있고(제144조 4항) 이 결정에 대하여는 즉시항고를 할 수 있다(제144조 5항). 그러나 법원은 새 기일에서 진술금지의 재판을 받은 사람의 소송관여를 묵인한 경우에 그 소송행위는 유효하다. 이 경우에 상대방은 이의를 제기할 수 없다. 이 제도는 법원의 원활한 소송진행을 위한 공익적인 제도로서 법원이 담당하여야 할 몫이고 당사자 본인을 위한 제도가 아니기 때문이다.

제2장

제1심의 소송절차

제1절 소송의 시작

Ⅰ. 소(訴)

1. 소의 개념

가. 뜻

소(訴)라 함은 원고가 피고에 대하여 일정한 권리를 주장하고 법원에 대하여 그 당부에 관한 심리와 판단(심판)을 바라는 신청을 말한다. 소는 당사자의 가장 대표적인 소송행위이다. 원고가 소를 제기하여야 제1심의 판결절차가 시작된다. 소는 ① 특정법원(=수소법원)에 대하여 ② 원고와 피고(=당사자)를 명시하고 ③ 소송목적을 특정함과 동시에 ④ 원고가 바라는 판결형식을 명백하게 하여야 한다.

국가는 민사소송제도를 설치하여 사람들에게 이를 이용할 수 있도록 하였다. 그러나 이 제도의 이용은 사람들의 자유의사에 맡겨져 있는데 소는 바로 사람들이 국가에 대하여 민사소송제도를 이용하겠다는 신청이라 할 수 있다.

나. 소송상의 청구와 소송목적

원고의 「소」라는 신청이 법원에 제시하는 것은 첫째, 피고에 대한 권리주장

둘째, 법원에 대한 심판요구이다. 이 두 가지를 합쳐서 실체법상의 청구(권)와 구별한다는 의미에서 「소송상의 청구」라고 한다. 실체법상의 청구(권)는 위의 첫째 의미에 해당하며 권리자의 의무자에 대한 실체법상의 권리주장뿐이다.

　「소송상의 청구」는 첫째와 둘째를 모두 포함하고 둘째의 심판요구 형식에 따라 소는 이행을 청구하는 소, 확인하는 소 또는 형성을 청구하는 소로 구별된다. 「소송목적」[1]은 실체법상 청구(권)의 소송상 표현으로서 「실체법상의 권리 또는 법률관계」를 말한다. 제249조 제1항은, 소장에는 당사자와 법정대리인 이외에 「청구의 취지」와 「청구의 원인」을 적어야 하는데 실체법상의 청구는 「청구의 원인」에, 법원에 대한 심판요구는 「청구의 취지」에 적는다. 그러나 독일의 통설이요 우리나라의 유력설인 소송법설(신소송물론)은 소송목적을 실체법상의 권리주장으로 보지 아니하고 소송법적 요소로만 파악하여, 원칙적으로 소장의 필수적 기재사항인 「청구의 취지」에 적는 법원에 대한 심판요구로 소송목적을 구성하여야 한다고 한다.[2] 소송법설의 이와 같은 입장은 우리나라에서는 소장의 필수적 기재사항인 「청구원인」에 적어야 하는 실체법상의 청구(권)를 소송목적의 요소로 보지 아니하고 소송목적을 뒷받침하는 공격방법 내지 법률적 관점으로 한 단계 낮게 보는데 특징이 있다.[3]

 예를 들어 「소송상의 청구」와 「소송목적」을 구별하여 본다.

　원고가 피고에게 2013. 1. 1. 지급기를 2013. 2. 1. 로 정하여 금 1억원을 빌려주었는데 피고가 이를 갚지 아니하였다고 하자. 여기서 원고가 피고에 대하여 금 1억원의 지급을 구하는 경우에 원고의 「소송목적」은 피고에 대한 실체법상의 청구권인 소비대차계약에 터 잡은 금 1억원의 지급청구권이고, 법원에 대한 심판요구는 이행을 청구하는 소이므로 「소송상의 청구」는 소비대차계약에 터 잡아 금 1억원의 지급을 구하는 이행을 청구하는 소이다.

---

1) 이른바 소송물을 말한다.
2) 이시윤, 239면.
3) 이시윤, 239면.

> 소송법설에 의하면 소비대차계약은 「소송상의 청구」를 뒷받침하는 공격방법 내지 법률적 관점에 불과하므로 「소송목적」은 금 1억원의 지급을 구하는 이행을 청구하는 소이다.

판례[4]에 의하면 동일한 사실관계를 토대로 하더라도 예를 들어 불법행위를 청구원인으로 하는 손해배상청구를, 채무불이행을 원인으로 하는 경우로 청구원인을 달리할 때에는 별개의 소송목적이 된다. 재산적 손해로 인한 배상청구와 정신적 손해로 인한 배상청구는 각각 소송목적을 달리하는 별개의 청구이므로 당사자는 그 금액을 각각 특정하여 청구하여야 하고, 법원으로서도 그 내역을 밝혀 각 청구의 당부에 관하여 판단하여야 한다.[5] 또 채권자가 동일 채무자에 대하여 여러 개의 손해배상채권이 있어 총액은 금전채권으로써 청구의 취지에 합산하여 적는다고 하여도 각 채권이 별개라고 한다면 채권마다 소송목적이 다르므로 청구원인에서는 손해배상채권별로 청구금액을 특정하여야 하며 그 채권 가운데에서 일부를 청구하는 경우에도 각 채권별로 일부청구부분을 특정하여야 한다[6]고 하여 소송법설을 따르지 않고 있다.

다. 소송상의 청구에 대한 법원의 심판

원고가 소로써 소송상의 청구를 하는 경우에 먼저 법원은 그 소가 소송요건을 갖추었는지 살펴보아서 소송요건에 흠이 있으면 소송상 청구의 당부, 즉 본안에 관해서는 판단할 필요가 없다. 이때 판결주문은 「이 사건 소를 각하한다」고 한다. 소송요건을 갖추어서 본안에 관하여 심리한 결과 원고의 청구가 이유 없다면 그 판결주문은 「원고의 청구를 기각한다」고 한다. 여기에서 청구는 실체법상의 청구(권) 내지 소송목적을 의미한다. 원고의 청구가 이유 있는 경우에는 「피고는 원고에게 금 1억원을 지급하라」고 한다.

---

4) 대판 2008. 9. 11, 2005다9760 · 9777.
5) 대판 2006. 9. 23, 2006다32569.
6) 대판 2014. 5. 16, 2013다101104.

민사소송법의 「소송목적」과 「청구」

우리 민사소송법에서는 통상의 공동소송에 관한 제65조와 필수적 공동소송에 관한 제67조에서는 「소송목적」이란 용어를, 소의 객관적 병합에 관한 제253조와, 예비적·선택적 공동소송에 관한 제70조 1항에서는 「청구」라는 용어를 구별하여 사용하고 있다. 이를 보면 우리 민사소송법의 입법자는 공동소송에 관해서는 그것이 통상의 공동소송이건 필수적 공동소송이건 모두 실체법상의 청구권을 기초로 구성하였다고 할 것이고, 소의 객관적 병합과 예비적·선택적 공동소송에 관해서는 「소송상의 청구」를 대상으로 병합형태를 정하였다고 할 수 있다. 따라서 공동소송의 종류 및 구별 등에 관해서는 소송의 형식보다는 실체법상 청구권의 공동관계가 주요 기준이 되는데 대하여 소의 객관적 병합과 예비적·선택적 공동소송에서는 실체법상의 권리 또는 법률관계는 물론 소송의 형식이 중요한 기준이 된다고 할 것이다.

2. 이행을 청구하는 소(이행의 소, 이행소송)

가. 뜻

이행을 청구하는 소라 함은 원고가 피고에게 이행청구권이 있다고 주장하고 법원에 대하여 그 이행을 명하는 판결을 요구하는 소송이다. 사실심의 변론이 종결될 때에 도래한 현존하는 이행청구권을 주장하는 것을 현재 이행을 청구하는 소, 사실심의 변론종결 이후에 도래할 이행청구권을 미리 주장하는 것을 장래 이행을 청구하는 소(제251조)라고 한다. 이행을 청구하는 소에 대한 인용판결은 피고가 원고에 대하여 특정한 의무의 이행을 명하는 이행판결이다. 이행판결은 판결주문에 「…하라」고 표시한다. 이행을 청구하는 소를 배척하는 판결은 청구기각판결이다. 청구기각판결은 이행판결이 아니라 이행청구권의 부존재를 확인하는 소극적 확인판결이다.

나. 특　질

1) 이행소송은 연혁적으로 보아 민사소송의 가장 대표적인 형식이며, 많이 이용되는 소송유형이다. 이행소송은 국가권력의 확대와 더불어 활용되었으며, 사람들이 각자의 권리구제를 자력구제로부터 법적구제로 옮기는 데는 이행소송이 큰 역할을 하였다. 따라서 이행소송이 널리, 그리고 많이 이용된다는 것은 그만큼 자력구제가 줄어들었다는 것을 의미한다.

2) 이행소송이 일반사람들에게 널리 이용되는 이유는 이행판결이 청구권의 관념적 확인보다는 당사자 사이의 다툼으로 인해서 청구권이 실현되지 않는 상태를 배제하고 그 내용을 강제적으로 실현할 수 있는 집행권원(執行權原)을 만들기 때문이다. 그러므로 이행소송은 당사자 사이의 소송목적에 대한 지배현상에 불만이 있는 자가 상대방에 대하여 그 변경을 적극적으로 주장하고 강제집행으로 그 목적을 관철하려는 소송이라 할 것이다.

3) 이행판결이 확정되면 청구권의 존재를 확정하는 기판력(旣判力)과 강제집행을 할 수 있는 집행력이 생긴다. 당사자가 이행소송에서 달성하려는 청구권의 실현은 이행판결의 확정만으로는 목적을 달성할 수 없고 상대방의 임의이행 또는 강제집행으로 이루어지기 때문에 그 사이에서 청구권의 존재에 관하여 분쟁이 거듭될 가능성이 있다. 따라서 청구권의 존재에 관한 거듭되는 분쟁을 방지하기 위해서는 기판력이 필요하다. 그러나 당사자가 목적하는 바는 분쟁의 재발방지보다는 청구권의 실현이기 때문에 집행력이 기판력보다 더 중요하다.

다. 소의 이익

1) 현재의 이행을 청구하는 소

가) 원　칙　　원고가 사실심의 변론이 종결될 때까지 해당 청구권이 존재하고 이행기가 도래하였다고 주장하면 그 당부와 관계없이 당연히 소의 이익이 있다. 소를 제기하기에 앞서 이행의무자에 대한 최고나 의무자의 이행거절 등을 필요로 하지 않는다. 다만 이 경우에 원고가 미리 최고하였더라면 피고가 임의이행을 하였을 터인데 원고가 소를 제기하였기 때문에 부득이 소송에 응하여 즉시

인낙(認諾)한 경우에는 소송비용을 승소자인 원고에게 부담시킬 수 있다(제99조).

나) 성질상 소의 이익이 문제되는 경우   a) 이행을 청구하는 소는 강제집행에 의한 사실적 실현을 예상하는 소송이기 때문에 강제집행의 불능이 객관적으로 명백한 경우(예, 달나라의 인도청구) 또는 도박채무와 같이 소송으로 청구할 권능이 없는 자연채무의 이행소송은 소의 이익이 없다.

b) 강제집행의 실현이 소송으로 불가능 또는 곤란하더라도 다른 방법으로라도 가능한 경우에는 소의 이익이 인정된다. 예를 들어 순차로 마쳐진 소유권이전등기의 말소등기청구소송에서 최후의 명의자에 대하여 패소하였다고 하더라도 그 사람과 재판 외의 거래에 의하여 말소에 관한 동의를 받아낼 수 있다면 최후의 등기명의자의 앞 명의자에 대해서는 그 현실적인 등기말소집행의 가부를 떠나 소로서 말소를 구할 이익이 있다.[7] 또 어떤 행위를 하지 않기로 하는 약정을 맺고도 이에 위반한 사람에 대해서는 부작위의무의 이행을 청구하여 대체집행 또는 간접강제의 결정을 받아 부작위의무의 위반상태를 중지시키거나 제거할 수 있다.[8]

c) 갑의 을에 대한 어떤 부동산에 대한 소유권이전등기청구권이 A의 가압류로 이행금지의 효력이 생겨 강제집행의 실현에 집행장애가 생긴다 하더라도 갑은 을에 대하여 이행소송을 제기할 소의 이익이 있다.[9] 소유권이전등기청구권이라는 채권의 가압류는 청구권의 목적물인 부동산 자체의 처분을 금지하는 효력이 없기 때문이다. 그러므로 이 경우에 이행금지의 효력이 있다고 하더라도 을은 갑의 이행소송에 대하여 A의 가압류 사실을 소송에서 주장하면서 응소하여야 하며 만약 과실로 응소하지 아니함으로써 자백간주(제150조)로 패소되어 그 물건이 갑에게 소유권이전등기가 되었다면 을은 A에 대하여 불법행위로 인한 손해배상의무가 있다.[10]

다만 이 경우 을이 A의 가압류사실을 주장하여 법원이 갑에게 소유권이전등기를 하라는 의사의 진술을 명하는 판결을 하여야 할 경우에 이것이 확정되면 바로 소유권이전등기를 신청할 수 있어 등기부에 소유권 이전등기의 등재를 막을

---

7) 대판 1995. 10. 12, 94다47483; 대판 1998. 9. 22, 98다23393.
8) 대판 2012. 3. 29, 2009다92883.
9) 대판 1989. 11. 24, 88다카25038.
10) 대판 1999. 6. 11, 98다22963.

방법이 없으므로 가압류의 해제를 조건으로 하지 않는 한 갑에게 소유권이전등기를 명해서는 안 된다.[11]

d) 만약 갑의 을에 대한 채권에 관하여 A가 압류 및 추심명령(민집 제232조)을 얻었다면 추심채권자인 A만 을에 대하여 추심의 소송을 제기할 수 있으므로 갑은 을에 대하여 이행소송을 제기할 소의 이익이 없다.[12]

e) 지적공부에 등록되지 아니한 토지도 감정에 의하여 특정할 수 있으므로 점유자는 소유자를 상대로 취득시효로 인한 소유권이전등기를 청구할 수 있다.[13]

f) 가수의 공연을 구하는 소송, 부부의 동거를 구하는 소송(민 제826조) 등 성질상 강제집행을 할 수 없는 청구라고 하더라도 간접강제가 가능한 경우에는 판결절차의 분쟁해결기능을 무시할 수 없으므로 소의 이익을 부정할 수 없다.[14]

g) 구외국환관리법상 재경부장관의 허가는 집행조건에 불과하고 단속법규는 사법상의 효력에 영향을 미치지 아니하므로 위 허가가 없다 하더라도 비거주자가 거주자에 대하여 사법상의 거래로 인한 외화지급을 구하는 소송은 소의 이익이 있다.[15]

h) 멸실된 건물에 대한 등기용지는 폐쇄될 운명이므로 그 건물에 대한 등기청구는 소의 이익이 없다.[16]

i) 원인무효로 말소된 근저당권설정등기의 회복등기절차이행과 이에 대한 승낙의 의사표시를 구하는 소송의 계속 중에 근저당권의 목적부동산에 관한 경매절차가 진행되어 매각허가결정이 확정되고, 매각대금을 완납하였다면 매각부동산 위에 존재하였던 근저당권은 당연히 소멸하므로(민집 제91조 2항, 제268조 참조) 위 소송들은 소의 이익이 소멸하여 부적법하게 된다.[17]

j) 학교법인에 재산을 출연한 사람은 학교법인이 해산할 때에 잔여재산을 취

11) 대전판 1992. 11. 10, 92다4680.
12) 대판 2000. 4. 11, 99다23888.
13) 대판 1997. 11. 28, 96다30199.
14) 같은 취지: 송상현/박익환, 214면. 정영환, 318면은 부부의 동거의무이행을 구하는 소송은 가사비송절차(가소 제2조 1항 마류사건)에 의하여야 하므로 소송으로 구할 수 없다고 한다.
15) 대전판 1975. 4. 22, 72다2161.
16) 대판 1994. 6. 10, 93다24810.
17) 대판 2014. 12. 11, 2013다28025.

득한다거나 잔여재산의 귀속과 분배기대권을 취득한다고 볼 수 없으므로 학교법인이 재산출연자를 정관에 기재할 의무가 없다. 따라서 재산출연자는 학교법인을 상대로 정관에 자신을 출연자로 기재하는 절차의 이행을 구할 수 없다.[18]

k) 기판력이 없는 집행권원(예, 공정증서)에 관해서는 이행청구권에 관한 기판력을 얻을 이익이 있기 때문에 집행권원과 같은 내용을 확인하는 소를 제기할 소의 이익이 있다.

l) 일부청구   많은 액수의 채권을 소액사건심판법의 적용을 받을 목적으로 분할하여 구하는 일부청구는 소의 이익이 없다(소심 제5조의2). 그러나 그 이외에는 소권의 남용에 해당하지 않는 한 일부청구가 허용된다.[19]

2) 장래의 이행을 청구하는 소(제251조)

가) 원   칙   사실심의 변론 종결 이후에 이행기가 도래하는 청구권을 주장하는 소를 장래의 이행을 청구하는 소(장래이행의 소, 장래이행소송)라고 한다. 기한이 도래하지 않은 청구권뿐만 아니라 정지조건부청구권 및 장래 발생할 청구권이라고 하더라도 청구의 토대가 이미 성립한 경우(예, 수탁보증인의 구상권, 장래의 부당이득반환청구권 등)에는 장래의 이행을 청구하는 소를 제기할 수 있다. 장래의 이행을 청구하는 소는 「미리 청구할 필요」가 있는 경우에 한하여 소의 이익이 인정된다(제251조). 이 소송의 취지는 청구권의 이행기에 채무불이행사유가 존속하는 것을 변론이 종결될 때에 확정적으로 예정할 수 있는데도 채무자가 임의이행을 거부할 경우에 대비하자는 것이기 때문이다. 따라서 장래의 이행을 청구하는 소를 제기할 경우에는 강제집행을 할 때의 집행곤란을 피하기 위해서 미리 가압류·가처분 등 보전처분을 해두는 것이 좋다.

나) 「미리 청구할 필요」   판례[20]에 의하면 채무자가 채무의 이행기가 도래하지 아니하였거나 조건이 아직 성취되지 아니한 청구권에 대하여 미리 채무의 존재를 다투기 때문에 정작 이행기가 도래하거나 조건이 성취되더라도 임의 이행

---

18) 대판 2008. 11. 27, 2008다46012.
19) 다만 일부청구 이후 잔부청구를 하는 것이 일부청구의 기판력에 저촉되는지는 별개의 문제로서 뒤의 처분권주의 부분에서 자세히 다루기로 한다.
20) 대판 2004. 9. 3, 2002다37405.

을 기대할 수 없는 때가 바로「미리 청구할 필요」가 있는 경우라고 한다. 그러나 어느 경우에「미리 청구할 필요」가 있는지 여부는 채무자의 태도나 이행의무의 성질에 비추어 개별적으로 판단하여야 한다. 다음의 경우에는「미리 청구할 필요」가 있다고 인정된다.

a) 이행의무의 성질상 이행기에 즉시 이행되지 않으면 채무의 본뜻에 반하거나 원고가 크게 손해를 입는 경우이다. 정한 기일에 제대로 이행하지 않으면 채무의 본뜻에 맞는 이행이 되지 않는 정기행위(민 제545조)의 경우[21], 이행지체를 하면 채권자에게 중대한 손해가 발생하는 경우(예, 부양료의 청구, 정해진 시각의 연주회에서 하는 연주)에는 채무자가 현재에는 이행을 확약하더라도 이행기에 임의이행을 거부할 수 있기 때문에 미리 청구할 필요가 있다.

b) 채무자가 현재 이행의무의 존재·이행기·조건을 다투어 원고가 주장하는 시기에 즉시 이행을 기대할 수 없는 경우에는 이행기에 임의이행을 거부할 것이 거의 확실하기 때문에 이행청구권의 내용과 관계없이 미리 청구할 필요가 있다.

c) 계속적·반복적 이행청구권은 현재 이행기에 있는 것에 대한 불이행이 있으면 장래의 것도 그 이행을 기대할 수 없으므로 미리 청구할 이익이 있다. 같은 이유로 이행기가 도래하지 않은 부작위채무(예, 민 제206조에 정해진 점유방해예방청구)에 대해서도 채무자가 이미 의무위반을 하였다든가 의무위반의 염려가 있을 때에는 미리 청구할 이익이 있다.

d) 목적물의 인도청구와 병합해서 장래의 인도청구 집행불능을 염려하여 이에 갈음하는 대상청구(代償請求)[22]를 병합하는 경우에 대상청구는 장래의 이행청구이지만 집행불능에 대비한다는 필요성이 있기 때문에 미리 청구할 이익이 있다.

e) 소유권에 기한 토지·가옥 등의 인도청구소송과 병합하여 장래의 차임 상

---

21) 예를 들어 결혼식에 대비하여 주문한 청첩장이나 예복은 결혼식을 거행하고 난 뒤에는 쓸모가 없으므로 미리 청첩장이나 예복의 이행을 청구할 필요가 있다.

22) 예를 들어 원고가 피고에게 경기미 10가마의 인도를 청구하여 승소판결을 받더라도 피고가 경기미를 가지고 있지 않으면 강제집행은 불능이 된다. 이러한 집행불능에 대비하여 경기미 10가마를 돈으로 환산하여 구하는 청구를 대상청구라고 한다. 대상청구는 판결확정 후 강제집행시에 문제되므로 장래의 이행청구이다.

당의 손해배상을 청구하는 경우에도 미리 청구할 이익이 있다. 그러나 소유자가 소유권에 기하여 실체관계에 부합되지 않는 등기의 말소나 진정명의회복 등을 청구하는 권원이 있지만 뒤에 소유권을 상실하여 그러한 청구권이 소멸되었을 때에는 등기말소나 진정명의회복청구권의 이행불능을 이유로 한 손해배상청구를 할 수 없다.[23] 한편 타인 소유의 토지를 점유·사용하고 있는 지방자치단체 등을 상대로 장래의 차임 상당의 부당이득 반환청구를 하는 경우에는 변론종결 당시 장래에 도래하는 이행기까지 채무불이행사유가 계속적으로 존속한다는 것을 확정적으로 예정할 수 있어야 미리 청구할 필요가 있으므로 자의적으로 일정기간을 설정하여 이행을 청구하는 것은 허용되지 않는다.[24] 지방자치단체와 같은 공공단체의 부당이득이 판결에서 명하는 시기 이전에 일찍 끝날 수도 있기 때문이다. 다만 이미 타인의 토지를 점유·사용하고 있으면서 확정된 차임까지 연체하고 있는 경우에는 장래의 차임 연체도 명백하므로 이 경우에는 지방자치단체의 점유종료일 또는 토지수용 등으로 토지소유자가 소유권을 상실하는 날이 미리 확정되지 아니하여도 그때까지 미리 청구할 이익이 있다.[25]

f) 형성을 청구하는 소와 병합하여 그 형성의 효과에 따라 발생하는 권리를 미리 청구하는 것은 허용된다. 예를 들어 이혼청구와 이혼판결이 확정될 때의 위자료청구를 병합할 경우에 위자료청구는 장래의 청구이지만 미리 청구할 이익이 있다. 그러나 판례는 공유물 분할청구와 분할판결 이후의 물건에 대한 소유권이전등기청구,[26] 제권판결불복의 소와 제권판결취소판결의 확정을 조건으로 한 수표금청구[27]는 미리 청구할 이익이 없다고 한다.

g) 토지거래허가구역 내의 토지거래계약에 있어서 장차 토지거래허가를 받을 것을 조건으로 한 매수인의 매도인에 대한 소유권이전등기청구는 허용되지 않는다.[28] 국토의 계획 및 이용에 관한 법률 제118조가 적용되는 토지거래허가구역에

---

23) 대전판 2012. 5. 17, 2010다28604.

24) 대판 2002. 6. 14, 2000다37517.

25) 대판 1993. 3. 9, 91다46717.

26) 판례는 공유물분할이 이루어지기 이전에는 단독으로 소유할 수 있는 대상이 확정되었다 할 수 없으므로 공유물분할을 조건으로 하는 소유권이전등기는 허용하지 않는다는 입장이다(대판 1969. 12. 29, 68다2425 참조).

27) 대판 2004. 1. 27, 2003다6200; 대판 2013. 9. 13, 2012다36661.

28) 대전판 1991. 12. 24, 90다12243.

서는 토지거래허가를 받기 이전에는 토지거래에 관한 아무런 효력이 없어 어떠한 이행청구도 할 수 없기 때문이다. 그러나 사립학교법상의 기본재산에 관하여 장차 사립학교법 제28조 1항에서 정한 관할청의 허가를 조건으로 소유권이전등기를 구할 소의 이익은 인정된다.[29] 사립학교법 제28조 1항의 취지는 학교법인의 기본재산에 관한 거래를 규제하는 것이 아니라 학교재산의 재정적 기초가 되는 기본재산을 유지·보전하기 위하여 감독청이 허가 없는 기본재산의 처분을 규제하려는 데 있다고 보기 때문이다. 토지거래허가가 토지거래의 규제를 목적으로 하는 데 대하여 사립학교법상의 관할청 허가는 기본재산의 유지·보전에 있다는 데서 토지거래허가의 경우와 학교법인의 기본재산에 관한 경우는 다르다.

　　h) 원고의 선이행을 조건으로 피고에게 장래의 이행을 청구하는 소송은 원칙적으로 허용되지 않는다. 예를 들어 공익사업법 제91조에 의한 환매는 환매대금을 미리 지급 또는 공탁하지 않는 한 환매로 인한 소유권이전등기를 청구할 수 없다.[30] 그러나 채권담보의 목적으로 원고 소유의 부동산에 관하여 피고 이름으로 가등기가 설정된 경우에 원고가 피담보채무의 이행을 조건으로 가등기의 말소를 구하는데 피고가 담보목적 및 피담보채무의 액수를 다툰다면 원고가 채무를 변제하여도 즉시 가등기의 말소를 기대할 수 없으므로 미리 청구할 필요가 인정된다.[31] 또한 피담보채무전액을 변제하였다고 주장하면서 가등기와 본등기의 말소를 청구하였는데 변제액이 채무전액에 미치지 못하는 경우에 위 주장은 확정된 잔액채무를 변제하고 위 등기의 말소를 구한다는 취지까지 포함되어 있으므로 이 때에도 피담보채무의 변제를 조건으로 장래의 이행을 미리 청구할 소의 이익이 인정된다.[32]

---

29) 대판 1998. 7. 24, 96다27988.
30) 대판 2012. 8. 30, 2011다74109.
31) 대판 1992. 7. 10, 92다15376 · 92다15383.
32) 대판 1988. 1. 19, 85다카1792.

3. 확인하는 소(확인소송)

가. 뜻

확인하는 소는 원고가 피고에 대하여 권리 또는 법률관계의 존부를 주장하고 법원에 대하여 그 확인을 구하는 소송을 말한다. 그 존재를 주장하는 것이 적극적으로 확인하는 소, 그 부존재를 주장하는 것이 소극적으로 확인하는 소이다. 확인하는 소에 대한 본안판결은 확인을 바라는 권리관계의 존부를 선언하는 확인판결로서 주문에 「…한다」고 표시하는데 그 확인하는 주체는 피고가 아니라 법원이다. 확인판결은 그 권리관계의 존부에 관하여 기판력이 생긴다.

나. 특 질

1) 확인소송은 재판내용의 강제적 실현이 아니라 오로지 법률관계의 공권적 확정을 목적으로 하므로 판결의 기판력이 가장 중요한 의미를 갖는다. 그 점에서 집행력이 있는 이행소송이나 형성력이 있는 형성소송과 다르다.

2) 확인소송의 기능은 분쟁의 예방에 있다. 물권과 같은 절대권, 임대차·고용 등과 같은 계속적·포괄적 법률관계, 법인이나 법인 아닌 단체 등에서의 법률상의 지위 따위는 이행소송의 대상이 되지 아니하며 이행을 청구하는 소로서는 앞의 법률관계로부터 파생하는 개별적 청구권만을 주장할 수 있을 뿐이므로 해당 법률관계에 관한 분쟁의 근본적 해결을 기대할 수 없다. 따라서 확인소송은 해당 법률관계의 존부를 확정함으로써 당사자의 법률적 지위를 안정시켜 뒤에 생길 불필요한 이행소송 등을 미리 예방할 수 있다. 특히 가족관계 또는 법인 등 단체에서 대표자의 지위에 다툼이 있을 때에는 그로부터 수많은 이해관계인들 사이에서 여러 가지 분쟁이 생길 것이 예상되는데 그 해결은 이해관계인 사이에서 획일적으로 처리할 필요가 있다. 여기서 가족관계나 대표자의 지위 자체를 확인하는 판결을 하고 그 판결에 이해관계인 및 단체 자신을 구속하게 하는 효력을 준다면 분쟁의 획일적 해결을 기대할 수 있을 뿐 아니라 그 지위를 전제로 하는 일체의 곁가지 분쟁을 한꺼번에 처리할 수 있게 된다.

3) 확인소송은 눈에 보이지 않는 권리 또는 법률관계의 관념적 확정을 통하

여 분쟁의 해결을 꾀하기 때문에 이론상 확인하여야 할 대상은 무한하다. 그러므로 그 대상을 한정시키지 아니하면 법원은 확인소송의 처리로 인한 부담으로 말미암아 법원의 분쟁해결기능이 마비될 가능성이 크다. 따라서 재판에서 확인할만한 가치가 있는 것을 효율적으로 선별하는 작업이 확인소송에서 가장 큰 과제인데 그 선별작업의 기준이 확인하는 대상과 이익이다.

다. 확인하는 대상

원칙적으로 권리·의무 혹은 법률관계를 대상으로 한다. 즉 법적 3단 논법의 결론이 되는 법률효과(권리 또는 법률관계) 및 법적 3단 논법의 소전제 가운데에서 선결적 법률관계가 확인하는 대상이다. 예를 들어 저당권자 등이 경매절차 기타 채권실행절차에서 신의칙에 위반된 유치권행사를 배제하기 위한 유치권의 부존재 확인[33] 따위가 확인하는 대상이다. 법적 3단 논법의 대전제가 되는 법규는 대부분 법전에 기재되어 있고, 소전제가 되는 사실은 사람이 직접 인식할 수 있기 때문에 구태여 법관의 확인 작업이 필요 없다. 예를 들어 민법 제211조가 소유자의 물건에 대한 배타적 사용·수익·처분권을 규정(물권법정주의)하고 있는데도 소유자는 물건에 대한 배타적 사용·수익권이 없다는 식의 부존재 확인을 구할 수 없다.[34]

1) 자연현상, 역사적 사실

자연현상, 역사적 사실과 같은 것들에 대한 주장은 확인하는 대상이 되지 않는다. 그것들은 과학자나 역사학자들의 소관이기 때문이다. 다만 그 예외가 증서의 진정여부를 확인하는 소(제250조)이다. 판례에 의하면 지번·지적의 확인,[35] 사찰이 대한불교 조계종의 종파에 속한다는 확인,[36] 대지가 타인의 건물의 부지가 아니라는 확인,[37] 사찰등록무효확인,[38] 어음거래약정서상의 연대보증 란과 저당권설정계약서라는 증서에 대한 무효확인,[39] 매매계약의 당사자 및 매매계약서의 진

---

33) 대판 2011. 12. 22, 2011다84298.
34) 대판 2012. 6. 29, 2010다81049.
35) 서울고등 1977. 2. 22, 76다19.
36) 대판 1984. 7. 10, 83다325.
37) 대판 1991. 12. 24, 91누1974.
38) 대판 1996. 11. 8, 96다36050.
39) 대판 1987. 3. 10, 86다152.

정 성립의 확인,[40] 종중에서 제사를 주재할 자의 지위확인[41] 등은 모두 사실관계의 확인이므로 확인하는 대상이 될 수 없다.

2) 현재의 권리 또는 법률관계

원칙적으로 현재의 권리 또는 법률관계가 확인하는 대상이다. 과거의 법률관계는 현재에 와서 바뀔 수 있고 장래의 법률관계는 변할 수 있어 미리 확정시킬 수 없기 때문이다. 그러나 과거의 법률관계 및 장래의 법률관계에 관한 존부 확인에도 여러 가지 예외가 있다.

가) 과거의 법률관계

a) 과거의 법률관계로서 확인하는 대상이 될 수 없는 경우

i) 판례에 의하면 조건부징계처분에 대한 무효확인,[42] 이미 말소된 근저당권설정등기의 무효확인,[43] 새로운 이사로 적법하게 선임된 뒤 이전에 이루어진 이사선임결의 무효확인,[44] 경매절차가 완료된 뒤 그 경매절차의 무효확인,[45] 협의이혼으로 이미 해소된 혼인관계를 명예회복의 방편으로 구하는 혼인무효확인,[46] 추인하여 유효가 된 행위에 대한 무효확인,[47] 사립학교 교원의 직위해제 무효확인청구의 소송계속 중에 직위해제사유와 별개의 사유로 해임처분된 경우에 이미 계속중인 직위해제무효확인,[48] 이사회 결의에 의하여 대표이사직에서 해임된 사람이 그 후에 개최된 주주총회에서 이사직에서 해임되었는데도 제기한 대표이사 해임에 관한 이사회결의 부존재확인,[49] 조합설립인가처분을 받아 법인으로 설립된 조합의 설립추진위원회가 개최한 주민총회에서의 시공자 선정결의의 무효확인,[50]

---

40) 대판 1987. 6. 23, 87다166.
41) 대판 2012. 9. 13, 2010다88699.
42) 대판 1988. 4. 25, 87다카1280.
43) 대판 1964. 6. 23, 64다97.
44) 대판 1976. 10. 26, 76다1771.
45) 대판 1982. 2. 9, 81다294.
46) 대판 1984. 2. 28, 82므67.
47) 대판 1995. 4. 11, 94다53419.
48) 대판 1998. 8. 21, 96다25401.
49) 대판 2007. 4. 26, 2005다38348.
50) 대판 2012. 4. 12, 2010다10986.

구 집합건물의 소유 및 관리에 관한 법률에 의하여 설립된 관리단의 관리단 집회에서 한 임원선임결의가 다시 개최된 관리단 집회에서 그대로 추인되거나 재차 임원선거결의가 되었는데도 종전 임원선거결의의 무효확인[51] 등은 모두 과거의 법률관계로서 확인대상이 아니다.

ii) 사립학교 교원이 직위해제 및 면직처분 무효확인소송의 계속중 임용기간이 만료된 경우에 그 교원의 직위해제는 징계파면과 달리 공직취임의 법률상 장애사유가 아니므로 그 무효확인은 과거의 법률관계에 대한 확인으로써 확인하는 대상이 아니다.[52] 근로자의 해고 무효확인 소송의 사실심 변론종결 당시 또는 상고심 계속중에 정년이 지난 경우에도 무효확인을 구할 확인의 이익이 없다.[53]

그러나 사립학교 교원이 징계파면무효확인소송 중 임용기간이 만료된 경우에, 징계파면무효확인의 소송은 비록 과거의 법률관계에 대한 확인이지만 징계파면처분은 직위해제와 달리 단순히 현재의 직장과 임금의 손실뿐 아니라 사회적인 명예손상, 재취업의 기회가 제한되므로 그러한 불이익의 제거는 현재의 이익으로 평가되기 때문에 확인하는 대상이다.[54]

b) 과거의 법률관계이지만 확인하는 대상이 되는 경우

i) 이미 체결한 매매계약의 무효확인청구는 과거의 법률행위인 매매계약의 무효확인이 아니라 그 매매계약에 기한 채권·채무가 현재 존재하지 아니한다는 것을 확인하는 것으로 풀이하여 확인하는 대상이 된다.[55]

ii) 현재의 권리 또는 법률관계를 개별적으로 확정하는 것으로는 분쟁을 해결할 수 없으므로 이들 권리 또는 법률관계의 기초가 되는 과거의 기본적 법률관계를 확정함으로써 현존 분쟁을 직접적이고 근본적으로 해결할 수 있는 경우에는 과거의 법률관계라고 하더라도 확인의 이익이 인정된다. 예를 들어 주주총회결의 무효 및 부존재확인(상 제380조), 친생자관계 존부확인(민 제865조) 등이 이에 속한다.

iii) 과거의 법률관계라고 하더라도 현재 원고의 법률적 지위에 영향을 미치

---

51) 대판 2012. 1. 27, 2011다69220.
52) 대전판 2000. 5. 18, 95재다199.
53) 대판 2004. 7. 22, 2002다57362.
54) 대판 1991. 6. 25, 91다1134.
55) 대판 1987. 7. 7, 86다카2675.

므로 이에 대한 위험이나 불안을 제거하기 위하여 과거의 사실 또는 법률관계의 존부를 확인하는 이외에 달리 유효·적절한 수단이 없을 경우에는 확인하는 대상이 된다. 가사소송법 제2조 1항 나류 1호의 사실상 혼인관계존부확인청구가 이에 속한다. 그러나 근저당권설정자가 근저당권설정계약에 기한 피담보채무의 부존재를 구함과 함께 그 근저당권설정등기의 말소를 구하는 경우에는 그 근저당권설정 등기의 말소를 구하는 것으로도 이 분쟁을 유효·적절하게 해결하는 직접 수단이 될 것이므로 구태여 피담보채무가 부존재한다는 확인은 확인하는 대상이 아니다.[56]

나) 장래의 법률관계

a) 현실적인 이익 내지 지위　　확인판결에 의하여 불안을 제거하여야 할 원고의 이익 내지 지위는 현실적이어야 한다. 그러므로 장래의 법률관계는 원칙적으로 확인하는 이익이 없다. i) 예를 들어 유언자가 그 생존 중에 수증자에게 한 유언의 무효확인을 구할 이익은 인정되지 않는다. 여기서 원고는 유언자인데 피고는 유언자의 사망에 의하여 비로소 수증자가 되기 때문에 수증자가 유언자보다 먼저 사망한다면 몰라도 유언자가 미리 그 유언의 무효를 구할 현실적 지위에 있지 않기 때문이다. 이 경우에는 유언의 무효를 확인하기 보다는 유언을 새로 함으로써 유언의 내용을 변경시킬 수 있을 것이다. ii) 건축물대장에 아직 생성되지 아니한 건물에 대한 소유권확인은 장래의 법률관계에 관한 것이므로 확인하는 대상이 아니다.[57]

b) 장래의 법률관계로서 확인하는 대상이 되는 경우　　그러나 원고가 현재의 법적 불안을 해소하는데 장래의 법률관계를 확인하는 것 말고는 달리 유효하고도 적절한 방법이 없는 때에는 장래의 법률관계에 관한 확인의 이익이 인정된다.

i) **임차보증금반환청구권**　　임대차계약이 존속하고 있는데 임차인이 임차보증금반환청구권의 존재확인을 구하는 소는 임대인이 임차인의 임차보증금을 교부한 사실을 다투는 한 확인하는 이익이 있다. 원래 임차보증금반환청구권은 임대차가 종료하여 명도할 때 임차인이 임대인에 대한 그 피담보채무 모두를 공제

---

56) 대판 2000. 4. 11, 2000다5640.
57) 대판 2011. 11. 10, 2009다93428.

한 잔액의 반환청구권이므로 장래의 조건부 채권이지만 그 존재를 확인함으로써 현재 원고의 불안을 제거할 수 있기 때문이다.

ii) 조건 또는 기한에 걸린 경우   예를 들어 취소 전 입찰절차에서 제2순위 적격심사대상자는 제1순위 적격대상자가 부적격판정을 받으면 낙찰자의 지위를 취득할 수 있으므로 제2순위자의 지위확인을 구하는 경우와 같이, 불안·위험을 제거하려는 법적 지위가 조건 또는 기한에 걸려서 아직 확정적이 아니라고 해도 보호할 가치가 있는 법적 이익에 해당되는 경우에는 확인하는 이익이 있다.[58]

3) 적극적 확인

확인하는 소는 보다 유효하고 근본적인 해결을 추구하여야 하기 때문에 자기 권리의 적극적 확인을 구할 수 있을 때에는 상대방 권리의 소극적 확인을 구해서는 안 된다. 예를 들어 소유권의 귀속에 관하여 다툼이 있는 경우에 적극적으로 자기의 소유권확인을 구하여야 하고 소극적으로 상대방의 소유권부존재확인을 구하여서는 그것이 부존재를 구하는 사람의 소유인지 제3자의 소유인지 분명하지 아니하여 그 소유권의 귀속에 관한 분쟁을 근본적으로 해결할 수 없기 때문이다. 그러나 원고에게 내세울 소유권이 없지만 피고의 소유권이 부정됨으로써 원고의 법적 지위에 대한 불안이 제거되어 분쟁이 해결될 수 있는 경우에는 피고의 소유권에 대한 소극적 확인도 확인하는 대상이 된다.[59]

4) 직접적 법률관계

가) 원   칙   확인하는 대상은 원칙적으로 원고와 피고 사이의 직접적인 법률관계에 한정된다. 그러므로 회사채권자의 회사를 상대로 한 주주총회결의부존재확인,[60] 비통일교 신도의 통일교를 상대로 한 기독교종교단체무효확인,[61] 주주의 회사를 상대로 한 상법 제403조에서 정한 대표소송에 의하지 않은 각종

---

58) 대판 2000. 5. 12, 2000다2429.
59) 대판 1984. 3. 27, 83다카2337.
60) 대판 1980. 10. 27, 79다2267.
61) 대판 1980. 1. 29, 79다1124.

재산관계의 확인,[62] 사립대학 교수의 학교법인이 선임한 총장선임결의 무효확인,[63] 사찰 주지의 임면권이 재단법인에 귀속되는 경우에 주지 개인을 상대로 한 주지 지위확인,[64] 자기의 권리관계를 부인하는 상대방이 자기 주장과 양립할 수 없는 제3자에 대한 권리관계를 주장한다고 하여 상대방이 주장하는 그 제3자에 대한 권리관계의 부존재확인[65] 등은 모두 간접적인 법률관계에 기초한 것이어서 확인하는 대상이 아니다.

　　나) 예　　　외　　　그러나 타인 사이의 권리관계를 소송목적으로 하더라도 그 권리관계의 존재를 확인함으로써 피고에 대한 관계에서 원고의 법률적 지위를 안정시킬 수 있는 유효·적절한 수단이 되는 경우에는 확인을 구할 수 있다.[66] 예를 들어 토지의 소유자가 토지의 불법점유자를 상대로 토지의 인도청구를 하는 것이 아니라 토지 위의 임차권부존재확인을 구하더라도 상대방이 이를 다투는 한 확인의 이익이 있고,[67] 채권자는 채권자대위권에 기하여 제3채무자에 대하여 채무자의 권리를 확인하는 소를 제기할 수 있으며,[68] 민법 제487조 후단에서 정한 상대적불확지 변제공탁의 피공탁자 중 한 사람을 채무자로 하여 그의 공탁물출급청구권에 대하여 채권압류 및 추심명령을 받은 추심채권자는 자기 이름으로 다른 피공탁자를 상대로 하여 공탁물출급청구권이 추심채권자의 채무자에게 있다는 확인[69]을 구할 수 있다. 그러나 사임한 학교법인의 이사장은 자신이 이사장의 지위에서 학교법인을 대표하여 다른 법인과 체결한 합병계약의 무효 확인을 구할 법률상의 이익이 없다.[70] 학교법인의 이사장직을 사임하였다면 그 학교법인을 대표할 일이 없기 때문이다.

　　다) 독립당사자참가소송　　　독립당사자참가소송에서 원고가 참가인의 법률상의 지위를 부인하면서 제3자가 그러한 지위에 있다고 주장하는 경우에 참가인

---

62) 대판 1979. 2. 13, 78다1117.
63) 대판 1996. 5. 31, 95다26971.
64) 대판 2011. 2. 10, 2006다65774.
65) 대판 2004. 3. 12, 2003다49092.
66) 대판 2005. 4. 9, 2005다9463.
67) 대판 1969. 3. 18, 69다46.
68) 대판 1976. 4. 27, 73다1306.
69) 대판 2011. 11. 10, 2011다55405.
70) 대판 2003. 1. 10, 2001다1171.

은 원고를 상대로 자기의 법률상 지위의 확인을 구하여야 하지 판결의 효력이 미치지 않는 제3자가 그러한 지위에 있지 않다는 확인을 원고에게 구할 수 없다.[71]

라. 확인하는 이익

확인하는 소에서 그 대상 확인의 필요성을 확인하는 이익이라고 한다. 확인하는 이익은 원고의 법적 지위가 불안·위험할 때에 확인판결이 가장 유효·적절한 제거 수단일 경우에 인정된다. 즉시 확정의 이익이라고도 한다. 확인하는 이익은 행정처분에 대한 무효확인소송에서도 민사소송과 동일하게 요구된다.[72] 일반적으로 확인하는 소에 있어서는 확인하는 이익이 있어야 하고 그 확인하는 이익은 원고의 권리 또는 법률상의 지위에 현존하는 불안·위험이 있고 그 불안, 위험을 제거하는 데는 피고를 상대로 확인판결을 받는 것이 가장 유효적절한 수단일 때에만 인정된다. 그리고 확인하는 소의 피고는 원고의 권리 또는 법률관계를 다툼으로써 원고의 법률적 지위에 불안을 초래할 염려가 있는 자, 다시 말하면 원고의 보호법익과 대립·저촉되는 이익을 주장하고 있는 자이어야 하고 원고는 그와 같은 피고를 상대로 하여야 확인하는 이익이 있게 된다.[73]

1) 법률적 불안·위험

여기서의 불안·위험은 법률적이어야 한다. 예를 들어 정당한 공탁금수령권자가 공탁공무원으로부터 공탁금의 출급을 거부당하는 법적 불안이 있을 때에 그 불안을 제거하기 위해 공탁자인 사업시행자를 상대방으로 하여 그 공탁금출급확인청구를 하는 경우,[74] 채무자가 사망한 채권자의 상속인을 과실 없이 알 수 없어 민법 제487조 후문에 따라 변제공탁을 하였을 때 정당한 공탁물수령권자인 상속인이라는 실질적 권리관계를 확정하는데 가장 유효·적절한 수단으로서 공탁자를 상대방으로 하여 그 공탁물출금청구권의 확인을 하는 경우[75]와 같다. 그러나 단순한 경제적·감정적 불안 또는 사회적인 명예 손상은 확인하는 이익이 없다.

---

71) 대판 2012. 6. 28, 2010다54535 · 54542.
72) 대판 2001. 9. 18, 99두11752.
73) 대판 2013. 2. 15, 2012다67399.
74) 대판 2007. 7. 9, 2006다68650 · 68667.
75) 대판 2014. 4. 24, 2012다40592.

가) 부인 또는 부지   이 법적 불안은 보통 피고가 원고의 법적 지위를 부인 또는 부지(不知)하든가 원고의 지위와 양립할 수 없는 지위를 주장하는 경우 또는 원고가 주장하는 권리가 제3자에게 속한다고 다투는 경우에 생긴다. 그러므로 채무부존재확인소송에서 다툼이 없는 채무부분,[76] 공부상 등기명의자가 있는데도 등기명의자도 아니고 소유권자도 아닌 사람을 상대로 한 토지소유권확인청구[77]는 확인하는 이익이 없다.

나) 시효중단의 필요가 있는 경우 등   그러나 피고가 원고의 지위를 다투지 아니하여도 시효중단의 필요가 있는 경우 혹은 공부의 기재가 잘못되어 이를 바로 잡기 위해서 확정판결을 필요로 하는 경우,[78] 하나의 채권에 관하여 둘이상의 사람이 서로 채권자라고 주장하는 경우에 상대방에 대하여 그 채권이 자기에게 속한다고 하는 확인을 구하는 경우[79] 등에는 확인하는 이익이 있다.

다) 국가를 상대로 한 토지소유권확인청구   국가를 상대로 한 토지소유권확인청구는 그 토지가 미등기이고 토지대장이나 임야대장상에 등록명의자가 없거나 등록명의자가 누구인지 알 수 없을 때와 국가가 등기 또는 등록명의자의 소유권을 부인하면서 국가 소유를 주장하는 경우에 확인하는 이익이 있다.[80] 한편 어느 토지에 관하여 등기부나 토지대장 또는 임야대장 등에 소유자로 등기 또는 등록되어 있는 경우에는 그 명의자를 상대로 승소 판결을 받아야 소유권보존등기신청을 할 수 있기 때문에 소유권확인소송을 제기할 확인하는 이익이 있다. 이 경우 승소확정판결을 받아 소유권보존등기신청을 할 수 있기 때문이다. 그러나 소유자의 기재가 없거나 소유자의 기재에 권리추정력이 없는 경우에는 국가를 상대로 소유권확인청구를 하여야 확인하는 이익이 있다.[81]

라) 독립당사자참가소송   독립당사자참가인이 소송목적의 전부나 일부가 자기의 권리라고 주장하면서 원·피고 양쪽에 대하여 자기의 권리확인을 구하는 경우에 어느 한쪽이 참가인의 청구를 다투지 아니하여도 다른 한쪽이 다투는 경

---

76) 대판 1983. 6. 14, 83다카37.
77) 대판 1995. 12. 8, 95다27233.
78) 대판 1980. 11. 11, 79다723.
79) 대판 1988. 9. 27, 87다카2269.
80) 대판 2001. 7. 10, 99다34390.
81) 대판 2010. 7. 8, 2010다21757.

우에는 3당사자 소송구조를 유지하기 위해서 확인하는 이익이 있다. 그러나 독립당사자참가 소송에서 참가인이 원고가 자신의 주장과 양립할 수 없는 제3자에 대한 권리 또는 법률관계를 주장한다고 하여 원고에 대하여 원고의 그 제3자에 대한 권리 또는 법률관계가 부존재한다는 확인을 구하는 것은, 설령 그 확인의 소에서 독립당사자참가인이 승소판결을 받는다고 하더라도 그로 인하여 원고에 대한 관계에서 자기의 권리가 확정되는 것도 아니고 판결의 효력이 제3자에게 미치는 것도 아니라는 점에서 확인하는 이익이 있다고 할 수 없다.[82]

마) 다툰다는 의미   피고가 원고의 지위를 다툰다는 것은 법정에서 원고의 주장사실을 현실적으로 다투는 경우뿐 아니라 법정에서 다투지 아니하여도 소를 제기하기 이전에 다투었거나 원고의 권리행사에 필요한 협조를 거부하는 경우를 포함한다. 따라서 이 경우에는 피고가 원고의 주장사실을 자백, 자백간주 또는 인낙하더라도 원고의 확인하는 이익이 없어지는 것이 아니라 피고가 다투어서 원고가 확인하고자 하는 사실을 피고가 자백, 자백간주 또는 인낙하였다고 보아야 한다. 그렇지 않으면 원고가 확인하여야 할 사실을 피고가 먼저 자백함으로써 원고로 하여금 확인하는 이익이 없다는 이유로 소각하 판결을 받게 해놓고 그 뒤에 원고의 권리행사에 필요한 협조를 거부함으로써 원고의 권리실현을 방해할 수 있기 때문이다.

2) 가장 유효·적절한 수단

가) 해당 소송절차에서 재판을 받는 경우   해당 소송절차에서 재판을 받는 것이 예정되어 있는 경우에 별개의 소송으로 확인을 구하는 것은 소송경제에 반하므로 확인하는 이익이 없다. 예를 들어 소송대리권이 있는지 여부가 소송상 다툼이 되는 경우에는 해당 소송에서 심판하여 그 종국판결의 이유 또는 중간판결에서 소송대리권의 존부를 판단하면 충분하므로 별개의 소송으로 확인을 구하는 것은 확인하는 이익이 없다.

나) 이행청구권의 존재확인   이행을 청구하는 소를 제기할 수 있는 데도 그 이행청구권 자체의 존재확인을 청구하는 것은 당사자의 지위불안을 제거하는 데 실효성이 없고 또다시 이행소송을 제기하여야 하므로 소송경제에도 반하여 확

---

82) 대판 2013. 11. 28, 2011다74192.

인하는 이익이 없다.[83] 이 경우에는 직접 이행판결을 구하면 그 판결로 강제집행을 할 수 있어 분쟁해결수단으로서 적절하기 때문이다.

다) 형 성 권   소송상 행사하여야 할 형성권은 반드시 형성소송에 의하여야 하며 그렇지 않고 형성권 내지 형성원인을 확인하는 소는 확인하는 이익이 없다. 예를 들어 이혼청구를 할 수 있는데도 이혼원인의 하나인 악의의 유기(민 제840조 2호)를 하였다는 확인 따위이다.

라) 본권과 지분적 청구권   기본이 되는 소유권과 그 지분권(支分權)인 물권적 청구권과의 관계에서 물권적 청구권에 터 잡은 명도청구 또는 등기말소청구 등의 이행소송이 허용되는 경우에도 기본이 되는 소유권에 관하여 확인소송을 제기할 수 있다. 왜냐하면 명도청구 또는 등기말소청구에 관하여 승소판결을 받더라도 기본이 되는 소유권에 관하여 기판력이 미치지 않기 때문이다. 그러므로 소유권을 원인으로 이행소송을 제기하는 경우에 그 기본이 되는 소유권의 유무 자체에 관하여 분쟁이 있어 즉시확정의 이익이 있는 경우에는 이행을 청구하는 소와 동시에 확인하는 소를 병합하여 제기할 수도 있고 이행소송 계속중에도 확인하는 소를 중간확인의 소(제264조)로 제기할 수 있다. 같은 이치로 고용관계와 급료채권, 임대차채권과 차임채권과 같이 기본관계가 되는 계속적 채권관계와 지분이 되는 이행청구권의 경우에도 앞의 소유권과 물권적청구권의 관계와 동일하게 생각할 수 있다.

마) 임원취임등기의 무효확인   법인의 임원에 대한 선임결의의 무효 또는 부존재를 이유로 임원취임등기의 무효를 주장하는 사람은 법인을 상대로 임원선임결의의 무효 또는 부존재확인을 구하여야 분쟁의 유효·적절한 해결방법이 되므로 임원취임등기의 무효만 확인을 구하는 것은 확인하는 이익이 없다.[84]

바) 행정소송   행정소송을 제기하여야 할 사항에 관하여 확인하는 소를 제기하는 것은 확인하는 이익이 없다. 예를 들어 행정청이 도시 및 주거환경정비법등 관련 법령에 의하여 행하는 조합설립인가처분은 단순히 개인들의 조합설립행위에 대한 보충행위가 아니라 도시정비법에서 정한 주택건축사업을 시행할 수 있는 권한을 갖는 공법인으로서의 지위를 부여하는 설권적 행위이므로 조합설립

---

83) 대판 1980. 3. 25, 80다16·17; 대판 2004. 3. 26, 2001다82439.
84) 대판 2006. 11. 9, 2006다50949.

의 무효를 주장하는 것은 조합설립인가처분의 취소 또는 무효확인을 구하는 항고소송에 의하여야 할 것이고 이와 별도로 조합설립결의만을 대상으로 그 효력의 유무를 다투는 확인하는 소는 확인하는 이익이 없다.[85] 마찬가지로 도시 및 주거환경정비법상 주택재건축정비사업조합이 같은 법 제48조에 따라 수립한 관리처분계획에 대하여 관할 행정청의 인가·고시까지 있게 되면 관리처분계획은 행정처분으로서 효력이 발생하게 되므로 총회결의의 흠을 이유로 하여 행정처분의 효력을 다투는 항고소송의 방법으로 관리처분계획의 취소 또는 무효확인을 구하여야 하고 그와 별도로 행정처분에 이르는 절차적 요건 중의 하나에 불과한 총회결의 부분만을 따로 떼어내어 효력 유무를 다투는 확인하는 소는 확인하는 이익이 없다.[86]

사) 특허무효확인에 관한 항변　　특허의 무효심판은 특허청장 소속의 특허심판원에 있고(특허 제132조의2 1항) 그 심결에 대한 소는 특허법원의 전속관할이다(특허 제186조 1항). 그런데 판례[87]는 특허발명에 대한 무효심결이 확정되기 이전이라 하더라도 특허발명의 진보성이 부정되어 특허가 특허무효심판에 의하여 무효로 될 것이 명백한 경우에는 특허권에 기초한 침해금지 또는 손해배상 등의 청구는 특별한 사정이 없는 한 권리남용에 해당하여 허용되지 아니한다고 보아야 하고, 특허권침해소송을 담당하는 법원으로서도 특허권자의 그러한 청구가 권리남용에 해당한다는 항변이 있는 경우에 그 당부를 살피기 위한 전제로서 특허발명의 진보성 여부에 관하여 심리, 판결을 할 수 있다고 하였다. 따라서 특허법원이 아닌 일반 법원도 권리남용의 항변을 빌린 특허무효항변에 관해서 재판할 수 있다.

마. 증서의 진정여부를 확인하는 소(제250조)

1) 뜻

확인하는 소는 법률관계를 증명하는 서면의 진정여부를 확정하기 위해서도 제기할 수 있다. 법률관계를 증명하는 서면의 진정여부가 확정되면 당사자는 그

---

85) 대판 2009. 10. 15, 2009다30427.
86) 대전판 2009. 9. 17, 2007다2428.
87) 대전판 2012. 1. 19, 2010다95390.

서면의 진정여부에 관하여 더 이상 다툴 수 없게 되는 결과 법률관계에 관한 분쟁 자체가 해결되거나 적어도 분쟁 자체의 해결에 크게 도움이 되기 때문이다. 따라서 이때 확인하는 대상이 되는 법률관계를 증명하는 서면이라 함은 그 기재 내용으로부터 원고의 법적 지위 자체 또는 이를 이유 있게 하는 법률관계를 증명하는 서면,[88] 예를 들어 매매계약서, 차용증서, 어음·수표와 같은 처분문서를 의미한다. 사실관계를 확인하는 서면, 예를 들어 대차대조표, 회사결산보고서나 세금계산서와 같은 보고문서는 확인하는 대상이 아니다.[89]

2) 진정여부

진정여부라 함은 그 서면이 작성자라고 주장된 자의 의사에 터 잡아 작성되었는지 여부를 말하고 그 서면의 기재 내용이 객관적 사실에 합치되는가를 확인하는 것이 아니다. 객관적 사실에 합치되는 지 여부는 법관의 자유심증에 속한다.

증서의 진정여부를 확인하는 소는 확인판결로 보호되어야 할 원고의 권리 또는 법적 지위의 위험 또는 불안이 오로지 그 서면의 진정여부에 걸린 경우에 인정되는 소송이다. 따라서 만약 분쟁이 그 진정여부뿐 아니라 그 서면에 의하여 이루어진 법률행위의 효력에 관해서도 생겨 그 서면의 진정여부만을 확인하는 것으로는 분쟁이 해결될 수 없다면 이때에는 그 법률관계의 존부를 확인하는 소를 제기하여야 한다.

증서의 진정여부를 확인하는 소는 결국 서면의 진정여부의 확인만을 구한다는 점에서 법원이 사실관계의 확인청구를 예외적으로 인정하는 경우가 된다.

3) 확인하는 이익

증서의 진정여부를 확인하는 소도 확인하는 소의 하나이기 때문에 확인하는 이익이 있어야 한다.

---

88) 대판 2007. 6. 14, 2005다29290·29306.
89) 대판 1967. 3. 21, 66다2154.

4. 형성을 청구하는 소(형성소송)

가. 뜻

1) 형성을 청구하는 소라 함은 원고가 피고에 대하여 법률효과(즉, 권리 또는 법률관계의 발생·변경·소멸)를 발생하게 하는 법률요건의 존재를 주장하고 법원에 대하여 이에 터 잡은 권리 또는 법률관계의 변동을 선언하는 형성력 있는 판결을 구하는 소를 말한다. 형성력이란 당사자 한쪽의 의사표시에 의하여 법률관계를 발생·변경·소멸시키는 힘을 말하므로 형성을 청구하는 소는 형성력 있는 판결을 구하는 소송이다.

2) 원래 사적자치의 원칙 아래에서는 법률행위 기타 법률요건이 존재하면 당연히 사법상 권리관계가 발생·변경·소멸되는 법률효과가 발생한다. 예를 들어 갑과 을 사이의 매매계약이 을의 사기에 의하여 이루어져서 민법 제110조의 요건을 갖추었다면 갑은 취소권이라는 형성권을 행사하여 이 매매계약을 취소할 수 있고 그 효과로서 이 매매계약은 처음부터 무효가 된다. 따라서 갑은 이 매매계약이 무효이므로 이미 지급한 매매대금과 손해의 배상을 부당이득반환 및 불법행위로 인한 손해배상청구로서 이행소송을 제기하면 될 것이고 따로 매매계약의 취소권이라는 형성권의 존재확인을 소송으로 구할 필요가 없다.

3) 그런데 법률이 법률효과의 발생을 그 원인사실이나 당사자의 의사표시만으로 생기게 하지 아니하고 오로지 그 형성요건의 존재를 소로서만 주장하도록 하여 그에 대한 판결이 확정될 때까지 권리변동의 효과를 유보하였다가 판결(즉, 형성판결)이 확정될 때 비로소 그 효과가 생기게 규정하는 경우가 있다. 이 법률의 규정에 따라 형성력의 발생을 목적으로 제기하는 소가 바로 형성을 청구하는 소이다. 예를 들어 부부가 살다가 뜻이 맞지 않아 이혼하려고 하는 경우에 당사자들 사이에 협의가 이루어져 이혼이 성립하면 문제가 없지만 협의가 성립하지 않을 때에는 상대방 배우자가 민법 제840조에서 정해 놓은 이혼원인이 있다고 주장하더라도 그것만으로는 이혼이 성립되지 않고 법원에 이혼청구를 하여 판결이 확정되어야만 이혼이 성립되어 비로소 부부라는 가족관계가 해소되는 것이다. 이처럼 부부라는 가족관계를 남남의 관계로 변경시키는 소가 형성을 청구하는 소이다.

나. 특   징

1) 형성소송은 형성요건의 존재를 소로써만 주장하도록 법률이 규정한 경우에 한하여 인정된다.[90]

 헌결 2014. 12. 19, 2013헌다1

우리나라 헌법재판소는 독일연방헌법재판소와 달리, 그 심판절차에 관하여는 헌법재판의 성질에 반하지 아니하는 한도에서 민사소송법을 준용한다(헌재 40조 1항 참조).[91] 따라서 헌법재판소의 정당해산심판의 심판절차는 성질상 민사소송법 규정을 준용하여야 할 것이다.[92] 그렇다면 정당해산심판은 정당이란 단체의 소멸·변경에 관한 심판으로서 형성적 재판이므로 정당해산심판의 심판절차에 관하여는 다른 형성의 재판과 동일하게 이에 관한 법률에 규정이 있어야 할 것이고 그 규정은 헌법재판소법 제55조 이하에 마련되어 있다. 그런데 헌결 2014. 12. 19, 2013헌다1은 피청구인 통합진보당의 해산결정 이외에도 피청구인의 소속 국회의원 김미희 외 4인의 국회의원직 상실결정을 하였다. 헌법재판소의 국회의원직 상실결정에 관해서도 성질상 민사소송법상의 형성소송에 관한 소송절차를 준용하여야 한다. 왜냐하면 국회의원직 상실결정은 헌법 및 국회법에서 정한 국회의원직의 소멸·변경에 관한 심판으로서 다른 형성의 재판과 동일하기 때문이다. 따라서 이에 관해서도 법률의 규정이 필요할 것이다.[93] 그러나 헌법은 물론 헌

---

90) 대판 1993. 9. 14, 92다35462 참조.

91) 독일연방헌법재판소법 제31조 ①항은, 연방헌법재판소의 재판은 연방과 주의 헌법기관 및 모든 법원과 행정청을 기속한다고 규정하여 연방헌법재판소를 최고법원의 지위에 두고 있으며, 우리 헌재법 제40조 ①항과 같은 민사소송법 준용규정을 두고 있지 아니한다. 반면 우리 헌재법 제47조 ①항은 헌재의 위헌법률결정이 법원 및 그 밖의 국가기관 및 지방자치단체를 기속한다고 규정할 뿐 독일과 같이 위헌법률 결정 외의 다른 헌재결정(예컨대 정당해산 결정 등)도 법원 등을 기속한다는 규정을 두고 있지 아니한다. 더구나 우리 헌재법 제68조 1항은 독일연방헌법재판소법 제90조 1항과 달리, 헌법소원심판사항에서 법원의 재판에 대한 재판소원을 제외하고 있어 헌법재판소의 심판과 법원의 재판이 다른 경우에 이를 제어할 방안도 없다.

92) 같은 취지: 김철수, 헌법과 정치(진원사, 2012) 887면 참조.

93) 앞의 대법원 92도35462호 판결도 이를 확인하고 있어, 법원의 판결에 대한 재판소원이 금지된 현행 헌재법 아래에서는 위 대법원판결을 헌법재판소가 무시할 수 없다.

법재판소법에 이에 관한 규정이 없으며 국회법에서도 국회의원의 사직(국회 제135조 참조), 퇴직(국회 제136조 참조), 제명(국회 제163조 1항 4호 참조)의 규정이 있지만 국회의원직 상실에 관해서는 아무런 규정이 없다. 정당의 해산을 명하는 헌법재판소의 결정은 선거관리위원회가 정당법에 따라 집행하는데(헌재 제60조) 정당법에서도 정당의 소멸에 관한 절차규정이 있을 뿐(정당 제44조 이하 참조) 소멸되는 정당 소속 국회의원의 의원직 상실 절차에 관해서는 아무런 규정이 없다.[94] 공직선거법에서도 이에 관한 규정을 찾아볼 수 없다. 그럼에도 불구하고 헌결 2014. 12. 19, 2013헌다1은 피청구인 통합진보당의 해산 결정 이외에 피청구인의 소속 국회의원 김미희 외 4인의 국회의원직 상실결정을 함으로써 형성재판에 관한 민사소송의 기본원리를 위반하였다.[95]

---

94) 1963. 12. 17. 개정헌법(이른바 제3공화국헌법)은 정당해산심판권을 대법원에 부여하였고(위 헌법 제103조 참조), 대법원의 정당해산심판에 의하여 정당이 해산되면 해산된 정당의 소속 국회의원은 그 자격이 상실된다(위 헌법 제38조 참조)고 규정하였다. 그러나 그 후 헌법이 개정되면서 정당해산심판권은 헌법재판소로 이관되었고, 해산된 정당의 소속 국회의원의 자격상실 규정은 헌법에서 사라졌으며 다른 입법에서도 이에 관한 규정을 찾아볼 수 없다.

95) 위헌을 이유로 해산된 정당의 소속 국회의원이 의원직을 상실하느냐에 관하여 대체로 3개의 견해가 있다[이에 관해서는 오호택, 헌법소송법(동방문화사, 2015. 3), 233면 이하 참조]. 제1설은 비례대표직은 상실되지만 지역구의원직은 유지된다는 설, 제2설은 비례대표든 지역구든 의원직을 상실하지 아니한다는 설, 제3설은 비례대표든 지역구든 모두 의원직을 상실한다는 설이다. 우리 헌법재판소는 제3설을 취하였는데 그 논거는 오늘날 정당국가적 민주주의 아래에서는 유권자들이 후보자의 소속정당을 기준으로 투표를 한다는 점, 의원직을 상실시키지 아니할 경우 방어적 민주주의에 위배된다는 점 등이다. 그러나 이 견해는 정당해산에 관하여 민사소송법의 준용규정이 없는 독일에서는 적용될 수 있을지 몰라도 현행 우리 법에서는 그에 관한 명문을 규정하는 입법이 없는 한 그 입법의 필요성에 관한 설명이 될 수는 있어도 현행 헌재법 제55조 이하의 정당해산심판 규정에 관한 해석론으로서는 수용할 수 없다. 독일 연방헌법재판소는 국회의원직 상실여부에 관한 명문의 규정이 없음에도 SRP(사회주의 국가당)해산결정을 하면서 SRP소속 국회의원의 의원직 상실결정을 하였다(오호택, 위 책, 234면 참조). 그런데 독일연방헌법재판소는 우리나라와는 완전히 그 지위가 다르다. 독일연방헌법재판소는 다른 연방 법원에 상위하는 지위에 있으며, 독일 대통령 다음가는 제2의 헌법기관이며, 독일의 연방의회나 연방정부에 상위하는 기관이고, 헌법재판소장은 대통령 유고시에 대통령권한을 대행한다. 헌법재판소 재판관은 그야말로 최고의 법관이고 과거의 군주에 대신하는 법관왕(Richterkönig)이라고 불려진다(김철수, 위 책, 929면 참조). 이러한 위치의 독일헌재판소는 입법의 필요성을 느끼지 않고 어떤 내용의 판결도 할 수 있음은 당연하다 하겠다. 그러나 우리나라 헌법재판소는 독일연방헌법재판소와 달리 법원의 재판에 대한 재판소원을 취급할 수 없어 법원 위의 최고법원도 아닐 뿐 아니라 입법의 필요를 느끼지 않는 법 창조적 기능이 없으며 나아가 정당해산에 관하여는 민사소송법을 준용하여야 하기 때문에 형성재판에 대한 법원의 판결을 무시할 수 없다. 따라서 헌재는 법 규정이 없이 위헌 정당 소속 국회의원의 국회의원직을 상실시킬 수 없는 것이다.

2) 형성소송은 그 승소판결이 확정될 때 비로소 형성요건에 기한 법률효과가 발생하므로 형성판결이 확정될 때까지 어느 누구도 법률관계의 변동을 주장할 수 없다. 그러므로 항변 또는 전제사실로도 주장할 수 없다. 위의 예에서 이혼소송중의 당사자들이 별거하여 사실상 혼인생활을 하지 아니하더라도 이혼판결이 확정되지 않으면 누구도 그들이 부부가 아니라고 말할 수 없는데 이것은 항변 또는 전제사실로도 주장할 수 없다. 그러나 일단 이혼판결이 확정되면 형성력에 의하여 이들은 남남이 되는데 그 효력은 당사자 사이에서는 물론 제3자들에게도 남남 사이가 된다. 또 예를 들어 주식회사의 이사선임결의 취소 소송 중에 이사가 임기만료로 퇴임하였다면 그는 이사가 아니므로 그에 대한 불법행위책임추궁 및 부당이득반환청구의 전제로서도 이사 선임결의를 취소할 이익이 없다.

3) 형성을 청구하는 소에 대한 이와 같은 취급은 권리관계의 변동 그 자체를 사실상 곤란하게 하는 반면 그 변동을 명확하게 함으로써 법률관계를 둘러싼 쓸데없는 분쟁을 방지함과 동시에 판결의 효력을 제3자에게 미치게 하여 많은 이해관계인 사이의 법률관계를 획일적으로 처리하는 구실을 한다.

다. 종   류

1) 실체법상 형성을 청구하는 소

실체법상의 법적 변동을 목적으로 형성을 청구하는 소를 말한다. 이 형성소송은 주로 이해관계인 모두에 대하여 획일적인 법적 변동을 일으켜 법률관계의 안정을 꾀할 필요가 있는 경우에 인정되고 있다.

가) 혼인의 취소(민 제816조), 이혼(민 제840조) 또는 이혼의 취소(민 제838조), 입양의 취소(민 제884조), 협의상 파양의 취소(민 제904조), 재판상 파양(민 제905조), 자의 인지청구(민 제863조) 등 가사소송(가소 제2조)이 여기에 속한다. 이혼 또는 파양은 당사자들의 협의에 의하여 성립하지만 협의가 이루어지지 아니할 때에는 소에 의하여 강제할 수 있다는 점에서 형성소송이다. 인지의 청구도 역시 마찬가지이다.

회사의 설립무효·취소(상 제184조), 합병무효(상 제236조), 주주총회의 결의취소(상 제376조), 부당결의의 취소·변경(상 제381조) 등 회사관계소송은 모두 형성소송이다. 설립무효·합병무효의 소는 「무효」라는 용어를 사용하더라도 「무효」를 선언하는 판결이 없는 이상 누구라도 무효를 주장할 수 없고, 다른 소송의 선결문제로서도 주장할 수 없어 유효하게 취급되지 않으면 안 된다는 의미에서 형성소송이다. 헌법재판소법 제55조 이하의 정당해산심판도 형성소송이다.

나) 실체법상의 형성을 청구하는 소는 법률관계의 변동을 가능한 한 억제함으로써 그 법률관계의 안정을 꾀하기 위하여 소를 제기할 자를 일정하게 한정시키고(예, 민 제817조, 제818조), 출소(出訴)기간을 제한하고 있다(예, 민 제819조, 제822조).

다) 형성소송 여부가 문제되는 경우

a) 혼인의 무효(민 제815조)   혼인의 무효는 가사소송사항(가소 제2조 1항)이고 그 판결의 기판력은 모든 사람에게 미치는 대세효(對世效)가 있어 형성소송인지 여부에 의문이 있다. 그러나 혼인의 무효사유는 당사자 사이에 혼인의 합의가 없거나 당사자 사이에 8촌 이내의 혈족 또는 직계인척관계가 있거나 있었던 근친혼 관계에 있는 등(민 제815조) 그 흠을 소로써만 주장하게 하기에는 너무 중대하다. 그리하여 민법에서도 혼인의 취소에 관해서는 소에 의할 것을 규정하면서도 무효에 관해서는 아무런 규정을 두고 있지 않다. 그러므로 혼인무효의 소는 확인하는 소로 보아 다른 소송에서도 혼인의 무효를 항변이나 선결문제로도 주장할 수 있게 하여야 할 것이다.

b) 주주총회결의무효 및 부존재확인(상 제380조)   상법은 주주총회의 결의를 다투는 소송의 모습으로 결의를 취소하는 소(상 제376조), 결의무효 및 부존재를 확인하는 소(상 제380조), 부당결의를 취소·변경하는 소(상 제381조) 등 4개를 규정하고 있다. 이 가운데 부당결의를 취소·변경하는 소는 특수한 모습으로 사례도 많지 아니하여 제외한다.

우선 결의취소 소송은 총회의 소집 또는 결의의 방법이 법령 또는 정관에 위반되거나 현저하게 불공정하다고 하여 총회의 결의를 다투는 소이고, 결의무효확인소송은 결의의 내용이 법령·정관에 위반한 것을 주장하여 총회의 결의를 다투는 소이다. 한편 결의부존재확인소송은 결의가 유효하게 존재하는 외관을 갖추고 있으나 총회의 소집 또는 결의의 방법에 총회결의가 존재한다고 볼 수 없을 정도의 중대한 흠이 있는 것을 이유로 그 효력을 다투는 소이다. 따라서 이들 소송들은 같은 결의에 관하여 총회의 소집, 결의의 방법을 다투는 것인가(결의취소소송), 그 내용이 법령·정관에 위반됨을 주장하는 것인가(결의무효확인소송) 아니면 결의의 존재 자체를 다투는 것인가(결의부존재확인소송) 등으로 모습을 달리하고 있으나 결의의 효력을 부정하는 선언을 구한다는 점에서 공통된다. 그러므로 같은 결의의 흠을 독립한 소송으로 다투는 경우에는 위 세 개 소송의 소송목적을 공통된 1개로 보아 위의 흠들은 1개의 청구를 뒷받침하는 공격방어의 방법으로 파악할 수도 있다. 그러나 판례는 같은 결의에 관한 경우에도 취소·무효확인 및 부존재확인의 각 소송을 별개의 소송목적으로 보고 있으므로[96] 각 소송의 성질이 문제되는 것이다. 우선 결의취소소송을 형성소송으로 보는 데는 이론이 없다. 문제는 결의무효 및 부존재확인소송을 법 규정대로 확인소송으로 볼 것인가 아니면 결의취소소송과 같이 형성소송으로 볼 것이냐이다. 구별의 실익은 확인소송으로 본다면 별 소에서 결의무효 및 부존재사실을 선결문제 또는 항변으로 다투어 그 결의의 효력을 부정할 수 있으나 형성소송으로 본다면 그 결의의 효력은 오로지 소에 의해서만 주장할 수 있기 때문이다. 그런데 1995. 12. 29. 상법 개정에서는 상법 제380조에서 정한 결의무효 및 부존재확인판결에도 상법 제190조 본문만 준용하고, 판결확정 전에 생긴 회사와 사원 간 및 제3자 간의 권리의무에 영향을 미치지 아니한다고 하여 소급효를 제한하는 그 단서를 준용하지 아니한다고 하여 결의무효 및 부존재확인판결에도 대세효(對世效) 및 소급효를 명문으로 인정하고 있다.[97] 대세효를 인정한다는 면에서는 형성소송으로 볼 여지가 있으나 결의무효확인의 소송을 결의부존재확인과 같이 보아서 대세효 및 소급효가 인정된다면 이를 소송만으로 주장하게 하는 것 보다는 항변으로도 주장할 수 있게 하여야 할 것이다. 따라서 주주총회결의무효 및 부존재확인소송의 그 법적 성질은 모두 확인소송이고 이 판결들의 대세효는 형성력이라고 하기보다는 기판력의 제3자에 대한 확장으로 보아야 할 것이다. 판례[98]도 결의무효 및 부존재확인소송을 확인하는 소로 본다.

  c) 사해행위취소를 청구하는 소(민 제406조)   채무자가 채권자를 해하는

---

96) 대판 1978. 9. 26, 78다1219.
97) 대판 2011. 10. 13, 2009다2996.
98) 대판 1992. 8. 18, 91다39924.

것을 알고 재산권을 목적으로 한 법률행위를 한 경우에 민법 제406조 1항은 「…
그 취소 및 원상회복을 법원에 청구할 수 있다…」고 규정하여 사해행위취소소송
의 성질을 형성소송과 이행소송 또는 확인소송의 병합으로 규정하고 있다. 생각
건대 사해행위취소소송에서 책임재산의 복원이 없는 한 사해행위의 취소만으로는
소의 목적을 달성할 수 없다. 따라서 수익자 또는 전득자를 상대로 이행소송 또는
확인소송을 동시에 할 필요가 있고 또 취소판결이 확정될 때까지 이행소송 또는
확인소송을 제기할 수 없다는 것은 권리구제방법으로도 적당하지 못하다. 그러므
로 취소의 효과는 원상회복을 구하는 범위에서 수익자 또는 전득자에 대한 관계
에서 상대적으로 생기고 취소판결에는 대세적 효력이 인정되지 않는다. 따라서
어느 한 채권자가 동일한 사해행위에 대하여 사해행위취소 및 원상회복청구를 하
여 승소확정판결을 받았더라도 그 후에 제기된 다른 채권자의 동일한 청구가 소
의 이익이 없게 되는 것은 아니고 그에 기하여 재산이나 가액의 회복을 마친 경
우에 비로소 다른 채권자의 사해행위취소 및 원상회복청구는 그와 중첩된 범위
내에서 소의 이익이 없게 되는 것이다.[99] 또 취소의 주장은 같은 종류의 취소권인
부인권(회생 파산 제100조)을 항변으로 할 수 있다는 것과의 균형상 이행소송 또는
확인소송에서 선결문제로 주장할 수 있다. 요컨대 청구의 취지에서 사해행위취소
를 구할 필요가 없고, 수익자 또는 전득자 만을 피고로 하여 원상회복을 구하면
서[100] 청구원인에서 사해행위취소를 선결문제로 주장하면 된다.[101] 한편, 사해행
위 후 수익자가 우선변제권 있는 임대차보증금 반환채무 등을 이행한 경우 사해
행위를 취소하여 그 부동산 자체의 회복을 명하는 것은 당초 일반 채권자들의 공
동담보로 되어 있지 아니하던 부분까지 회복시키는 것이 되어 공평에 반하는 결
과가 되므로, 그 부동산의 가액에서 위 임대차보증금 액수를 공제한 잔액의 한도
에서 사해행위를 취소하고 그 가액의 배상을 명할 수 있을 뿐이지만[102] 채권자와
수익자 모두 원물반환을 원하고 있고 원물반환에 의하더라도 일반 채권자들을 위
한 책임재산의 보전이라는 채권자취소권의 목적 달성에 별다른 지장이 없는 경우

99) 대판 2003. 7. 11, 2003다19558; 대판 2008. 12. 11, 2007다91398·91404.
100) 대판 2004. 8. 30, 2004다21923은 이 경우 채무자의 피고적격을 부인한다.
101) 이시윤, 179면.
102) 대판 1998. 2. 13. 1997다6711; 대판 2007. 7. 26, 2007다29119 등 참조.

라면 사해행위취소에 따른 본래적 의미의 원상회복 방법인 원물반환에 의하는 것이 오히려 공평의 관념에 부합한다고 할 것이고, 이러한 수익자의 의사는 사해행위취소의 효과로 수익자가 원상회복의무를 부담하는 때인 사해행위취소소송의 사실심의 변론종결 시를 기준으로 판단한다.[103]

2) 형식적 형성을 청구하는 소

형식적 형성을 청구하는 소도 판결의 확정으로 권리 또는 법률관계의 변동이 초래된다는 점에서 형성을 청구하는 소에 속한다. 그러나 형성요건이 법률에 규정되어 있지 않기 때문에 법원은 부득이 형성요건사실의 인정과 그에 대한 법률의 적용이라는 법적 판단을 거칠 수 없어 재량으로 권리 또는 법률관계를 형성하여야 한다. 법원이 재량으로 형성요건사실을 인정하고 그에 대해서 법률을 적용한다는 점에서 본질은 비송이지만 전통적인 소송의 형식으로 재판을 청구한다는 점에서 형식적 형성소송이라고 한다. 토지경계확정소송,[104] 공유물 분할청구(민 제269조),[105][106] 부(父)의 결정에 관한 청구(민 제845조)가 이에 속한다. 본질이 비송이기 때문에 법원은 당사자가 주장하는 내용이나 범위에 구속되지 아니하며[107]

---

103) 대판 2013. 4. 11, 2012다107198 참조.
104) 대판 1993. 10. 8, 92다44503. 그러나 건물경계의 확정은 사회통념상 독립된 건물로 인정되는 건물 사이의 현실적 경계에 의하여 특정되므로 소유권확인소송에 의하여야 하고 공법상 경계를 확정하는 경계확정소송에 의할 수 없다(대판 1997. 7. 8, 96다36517 참조).
105) 대판 2010. 2. 25, 2009다79811.
106) 그런데 판례는 공유물분할의 소송절차에서 현물 분할의 협의가 성립하여 조정이 성립하였다고 하더라도 공유자들이 합의한 바에 따라 토지의 분필절차를 마친 다음 각 단독소유로 하기로 한 부분에 관하여서는 다른 공유자의 공유지분을 이전받아 등기를 마쳐야 그 부분에 대한 대세적 권리로서의 소유권을 취득한다고 하였다(대전판 2013. 11. 21, 2011두1917 참조). 이 판례는 공유물분할청구가 형식적 형성의 소이므로 공유물분할 자체는 민법 제187조의 적용을 받아 조정이 성립한 때 확정된다고 할 것이지만 분할된 공유물에 관한 단독 소유권의 취득은 각 공유지분의 교환이라는 의사표시를 거쳐야 하므로 민법 제186조에 따라 소유권의 취득에 관해서는 등기가 요구된다는 이치를 밝힌 것이다. 예를 들어 A토지를 갑과 을이 각 2분의 1씩 공유하고 있다가 이를 A-1과 A-2로 분할하기로 합의한 경우 A-1과 A-각 토지는 분할등기가 되지 아니하더라도 갑과 을의 분할합의에 의하여 창설되지만 A-1이 갑의 소유로, A-2가 을의 소유로 되기 위해서는 A-1에 관해서는 을의 2분 1의 지분이 갑에게로, A-2에 관해서는 갑의 2분의 1 지분이 을에게로 협의 분할이라는 의사표시를 원인으로 지분소유권이전등기가 마쳐져야 하는 것이다.
107) 즉, 처분권주의나 불이익변경금지의 원칙이 적용되지 않는다.

형성의 기준에 관하여 당사자 사이에 다툼이 있으면 법원은 반드시 어떤 형식으로라도 법률관계를 형성하여야 하고 형성의 기준이 없다고 하여 청구기각의 판결을 해서는 안 된다.[108]

3) 소송상 형성을 청구하는 소

소송상 효과의 발생을 목적으로 하는 형성소송을 말한다. 재심(제451조) 또는 준재심(제461조)의 소, 정기금판결에 대한 변경의 소(제252조), 중재판정취소의 소(중재 제36조), 제권판결에 대한 불복의 소(제490조)가 전형적인 경우이다. 청구에 관한 이의의 소(민집 제44조), 집행문부여에 대한 이의의 소(민집 제45조) 등 집행법상 이의의 소도 집행권원이 갖는 집행력을 박탈하고 그 판결이 확정될 때까지 적법한 취급을 받은 집행절차를 불허하는 선언을 하여 이미 있는 소송법상의 효과를 뒤엎는다는 점에서 소송상 형성을 청구하는 소에 속한다. 이 소송은 실체법상 형성소송과 달리 판결에 대세적 효력이 없고 해당 당사자에게만 판결의 효력이 미친다.

라. 소의 이익

어떤 경우에 형성소송을 제기할 소의 이익이 있는가는 원칙적으로 법률에 규정되어 있어 큰 문제가 없다. 다만 이미 별개의 소송에서 형성효과가 생긴 경우(예, 주식회사의 해산판결 뒤에 제기한 설립무효의 소, 이혼판결 뒤에 제기한 혼인취소의 소)나 소송계속중에 사정변경으로 재판상 형성이 무의미한 경우(예, 이사선임결의취소의 소송 중에 해당 이사의 임기가 만료된 경우 또는 공유물분할청구소송중에 협의분할이 이루어진 경우[109])에는 소의 이익이 없다.

마. 형성판결

1) 형 성 력

형성판결이 확정되면 형성력이 생겨 판결의 효력이 제3자에게 미친다. 제3자

---

108) 대판 1997. 9. 9, 97다18219.
109) 대판 1995. 1. 12, 94다30348 · 30355.

는 소송에도 참여하지 못한 채 다른 사람들의 소송결과에 구속되므로 법은 제3자의 이익을 보호하기 위해서 ① 처분권주의·변론주의를 일부 배제하고 직권탐지주의를 채용하며(예, 가소 제12조, 제17조) ② 소송을 충실하게 수행할 수 있는 자로 당사자적격을 제한하고(예, 상 제376조 1항) ③ 소송이 계속중인 사실을 제3자에게 알려 소송참가의 길을 열어주고(예, 상 제187조, 제404조 2항) ④ 제3자에게 사해재심(상 제406조)을 인정하는 등 여러 가지 방법을 강구하고 있다.

2) 기 판 력

형성판결이 확정되면 법률관계가 변경되어 종전의 법률관계가 소멸되므로 기판력으로 차단하여야 할 종전 법률관계의 반복 내지 모순의 금지가 문제될 수 없다. 따라서 형성판결에 관하여 기판력을 부정할 여지가 있다. 예컨대 이혼판결이 확정되어 부부가 남남이 되었는데 그 전 혼인생활관계의 당부에 관한 논의를 법적으로 차단할 실익이 있느냐는 것이다. 그러나 형성판결이 이루어진 뒤에라도 표준시에서의 형성권의 존부를 기판력에 의해 확정하여야 다른 분쟁을 방지할 수 있다. 위의 예에서 이혼한 부인이 혼인중의 남편의 부정행위를 원인으로 손해배상을 청구하는 경우에 그들 부부가 종전에 부부사이라는 사실이 기판력으로 확정되지 않으면 종전의 남편은 혼인사실 자체를 부인할 수 있어 혼인관계를 증명하여야 하는 피곤한 일이 생기기 때문이다. 기판력이 인정되면 혼인생활을 계속했다가 이혼하였다는 점에 구속력이 있기 때문에 혼인사실 자체는 부인할 수 없다.

3) 형성판결의 소급효

형성판결에 소급효를 인정할 것인가는 입법론과 해석론의 문제이다. 소급적 형성을 인정한다는 것은 그 때까지 이루어졌던 모든 법률관계를 뒤엎는 것으로서 그만큼 변동의 효과를 철저하게 할 필요가 있는 경우에 인정된다(인지·친생자 부인이 이에 속한다). 이에 대하여 법률관계의 변동 그 자체만 확실하게 또 획일적으로 하면 그것으로서 충분하고 그 때까지의 법률관계를 그대로 인정함으로써 이해관계인의 지위를 안정시키는 것이 중요한 경우에는 장래로 향해서만 형성의 효과가 미친다(혼인의 취소, 이혼 등 대부분의 형성소송이 이에 속한다).

Ⅱ. 소제기의 방식

1. 소장제출주의(제248조)

가. 소장제출

1) 소를 제기하려면 원칙적으로 소장이라는 서면을 작성하여 제1심 법원에 제출하여야 한다(제248조). 다만 소송목적의 값이 2,000만원 이하의 소액사건에서는 말로 소제기가 가능하다(소심 제4조). 증권관련집단소송(증집소 제15조)과 소비자단체소송(소비기 제74조 1항)은 소를 제기할 때 법원의 허가를 필요로 하지만 그 이외에는 자유롭게 소를 제기할 수 있다.

2) 소장에는 제249조 1항에서 정한 필수적 기재사항을 기재하여 그 작성자가 되는 원고 또는 대리인이 기명날인 또는 서명날인을 하여야 한다(제249조 2항, 제274조). 당사자가 전산정보처리시스템을 이용하여 소장을 전자문서로 작성해서 법원에 제출하려고 할 때에는 전자서명을 하여야 하고(전자소송법 제7조 1항) 전자문서는 전산정보처리시스템에 전자적으로 기록된 때에 접수된 것으로 본다(위 법 제9조 1항).

소장에는 민사소송 등 인지법에 따라 소송목적의 값에 비례하여 인지를 붙이고 소송서류의 송달비용을 예납하여야 한다(제116조, 민소규 제19조 1항 1호). 소장에는 ① 피고의 수 만큼 소장의 부본, ② 소송목적의 값을 산정하기 어려운 때에는 그 산출에 필요한 자료, ③ 피고가 소송무능력자일 때에는 법정대리인, 피고가 법인 아닌 사단이나 재단일 때에는 그 대표자 또는 관리인의 각 자격을 증명하는 서면(민소규 제63조 1항) 등을 붙여야 한다.

3) 독촉절차에 의한 지급명령에 대하여 하는 채권자의 소제기신청이나 법원의 소송절차회부결정 또는 채무자의 이의신청이 있는 경우에는 지급명령신청을 한 때로 소급하여 소가 제기된 것으로 보고(제472조) 제소전 화해의 불성립으로 소제기신청이 있는 때에는 제소전 화해를 신청한 때로 소가 소급하여 제기된 것으로 본다(제388조).

나. 소를 제기할 때 유의할 점

1) 사람들이 분쟁이 있을 때 소를 제기하는 것은 승소판결을 받기 위한 것이다. 그러나 승소판결은 소의 제기로 반드시 보장되는 것은 아니며 변호사비용 등 많은 지출을 각오해야 한다. 그러므로 소송비용이 비교적 저렴하고 패소의 위험이 가벼운 소송에 갈음하는 분쟁해결제도(ADR), 즉 화해·조정·중재 등을 이용하는 것도 바람직하다. ADR은 패소의 위험을 분산시킬 뿐 아니라 원만한 분쟁해결을 통해서 상대방 당사자와의 적대관계를 해소시켜 서로 사회생활을 같이 할 수 있게 되므로 오히려 판결에 의한 분쟁해결보다 바람직한 것이다.

2) 로마법상의 악치오 체제에서 유래한 법률상 쟁송을 기본으로 하는 우리 민사소송법에서는 법 특히 민·상법 등 실체법을 잘 아는 것이 소장 작성의 필수적 요청이다. 분쟁해결의 기준이 바로 실체법이기 때문이다. 그런데 우리나라가 경제적으로 발전되지 아니하였을 때에는 알아야 하는 법의 범위도 좁았고 그 대부분을 법과대학에서 배울 수 있었다. 그러나 이제는 GDP가 세계 10위권의 경제강국이 되어 전 세계와 거래를 하면서부터 분쟁의 내용과 범위도 급격하게 변화하고 있다. 종전에는 민사분쟁이 교통사고, 산재사고 등 불법행위나 부동산의 귀속에 관한 것이 대부분이었으나 이제는 국제거래, 특허 등 지적재산권, 조세, 공정거래 등 종전과 차원을 달리하는 새로운 분야에서 분쟁이 발생하고 있다. 그러므로 이에 대응하기 위하여 로스쿨이 등장하였다고 볼 수 있다. 이에 따라 변호사도 종전과 달리 모든 법을 모두 다 잘 알아야 하기 보다는 특정분야에 정통해야 하는 입장으로 전환되고 있다. 물론 이를 위해서는 기본법에 대한 지식과 탄탄한 법적 사고(legal mind)가 바탕이 되어야 할 것이다. 따라서 그 특정분야에 관한 깊은 연구와 이에 관한 정밀한 소송법적 처리가 소장 작성할 때 필수적으로 요구된다할 것이다.

3) 일반적으로 소의 제기나 응소행위는 헌법 제27조에서 정한 국민의 재판청구권이라는 헌법상 기본권을 실현하는 수단이므로 최대한 보장되어야 한다. 그러나 이 소의 제기나 응소행위가 권리실현이나 권리보호를 빙자하여 상대방의 정당한 권리나 이익을 침해하거나 상당한 이유 없이 상대방에게 고통을 주려는 의사로 행하여지는 고의가 엿보이거나 그에 대한 과실이 인정되고 그것이 공서양속에

위반되는 정도에 이른 경우에는 위법하여 불법행위를 구성한다[110]는 점을 잊어서는 안 될 것이다.

2. 소장의 기재사항

소장에는 필수적 기재사항과 임의적 기재사항을 작성해야 한다. 필수적 기재사항은 소장에 반드시 적지 않으면 안 될 사항으로서 당사자와 법정대리인, 청구의 취지와 원인(제249조 1항)이 이에 속한다. 필수적 기재사항의 기재 여부는 재판장의 소장심사권의 대상이 된다(제254조 1항). 임의적 기재사항은 원고가 소장을 최초로 제출하는 준비서면에 갈음하기 위해서 적는 사항(제249조 2항, 민소규 제62조)이다. 원고소송대리인의 이름·주소, 청구를 뒷받침하는 사실 및 증거방법의 기재 등이 이에 속한다. 소장의 필수적 기재사항은 「소송주제의 제시」에 관한 것이라 할 수 있고, 임의적 기재사항의 기재 여부는 원칙적으로 당사자의 자유이며 재판장의 소장심사의 대상이 아니지만 법원 및 당사자가 심리를 충실하게 하게 하려는 「쟁점관련정보」에 관한 것이라 할 수 있다.

가. 당사자(및 법정대리인)의 표시

1) 당사자의 표시는 누가 원고이고, 피고인가를 특정할 수 있을 정도로 기재하여야 한다. 사람은 성명과 주소를, 법인 등의 경우에는 상호 또는 명칭이나 본점 또는 주사무소가 있는 곳 등을 표시하는 것이 보통이지만 그것만으로 불충분한 경우에 주민등록번호를 아는 경우에는 이를 기재하고 이를 잘 모르는 경우에는 주소, 연령 따위를 적어서 보충한다. 일정한 자격에 기하여 당사자가 된 자의 경우에는 그 자격을 표시한다(예, A의 파산관재인 갑 등).

2) 당사자를 특정하기 위한 기재는 소장을 법원에 제출한 뒤에도 보충·정정할 수 있으나 그 결과 당사자의 동일성을 상실하였을 때에 법원은 임의적 당사자 변경의 요건에 맞는지에 따라 그 허용 여부를 결정하여야 한다.

3) 당사자가 소송무능력자일 때에는 법정대리인을, 법인 또는 제52조의 사단·재단인 때에는 대표자를 적어야 한다. 공동대표일 때에는 그 전원을 적는다.

---

110) 대판 2013. 3. 14, 2011다91876 참조.

법정대리인의 표시나 대표자의 표시는 당사자 자체의 표시에 관한 것이 아니기 때문에 소송계속 후에도 임의로 보충·변경할 수 있다.

나. 청구의 취지

1) 청구의 취지는, 원고가 소로써 구하는 판결내용을 간결하고 명확하게 표시한 것으로서 청구를 받아들이는 판결의 주문에 대응한다. 청구의 취지는 법률요건에서 발생하는 법률효과 중에서 원고가 바라는 것을 이행소송 등 소송형식을 갖추어 청구하는 부분이다. 따라서 소장에서 가장 중요한 부분일 뿐 아니라 법원의 심판도 청구의 취지를 중심으로 이루어진다. 따라서 청구의 취지에서는 구하는 판결의 형식이 무엇인가를 우선 명백하게 하여야 한다. 즉, 이행판결을 구하는 경우에는 이행을 청구하는 소, 확인판결을 구하는 경우에는 확인하는 소, 형성판결을 구하는 경우에는 형성을 청구하는 소의 형식을 갖추어야 한다.

2) 민사소송의 심판대상은 법적 3단 논법의 결론이다. 예를 들어 매매라고 하는 법률요건에서 대금지급의무·물건인도의무가, 부동산인 경우에는 소유권이전등기의무 등과 같은 법률효과가 발생한다. 청구의 취지는 이 법률효과들 중 무엇을 구하는 가를 이행소송 등 소송형식으로 명백하게 하는 것이다. 다만 확인판결을 구하는 경우에는 법률효과뿐 아니라 법률요건 중 선결적 법률관계 부분도 확인을 구할 수 있다. 예들 들어 이행소송에서는 앞의 예에서 대금지급의무, 물건인도의무, 부동산의 경우에는 소유권이전등기의무 등의 이행을 구하여야 하지만 확인하는 소의 경우에는 법률효과인 대금지급의무, 물건인도의무, 부동산의 경우에는 소유권이전등기의무의 존부 확인 이외에 법률요건 중 선결적 법률관계인 매매계약의 존부 확인도 구할 수 있다. 형성소송에서는 이행소송의 경우와 마찬가지로 법적 3단 논법의 결론인 형성효과, 즉 이혼, 사해행위취소 등을 청구의 취지에서 구할 수 있다. 주의할 것은 법률효과를 같이 하더라도 구하는 판결의 형식이 달라지면 별개의 소송이 된다는 것이다. 위의 예에서 매매계약의 법률효과 중 하나가 대금지급의무인데 이 대금지급의무의 이행을 구하는 이행을 청구하는 소와 대금지급의무의 확인을 구하는 확인하는 소는 별개의 소이다.

3) 청구의 취지를 조건부 또는 기한부로 할 수 있는지는 경우를 나누어 살펴야 한다. 먼저 소송 외에서 장래 발생할 사실을 조건으로 하는 경우(예, 자력이 있

으면 돈을 지급하라든가, 전쟁이 일어나면 부양을 하라고 하는 경우)에는 소송절차를 불안정하게 하므로 허용되지 않는다. 그러나 소송 내에서 밝혀질 사실을 조건으로 하는 경우(예, 예비적·선택적 청구)에는 그 조건의 성취여부가 해당 소송절차 내에서 판명되어 소송절차를 불안정하게 하지 아니하므로 허용된다. 기한부로는 어느 경우에도 할 수 없다.

다. 청구의 원인

법적 3단 논법의 결론인 법률효과는 그 원인이 되는 법률요건에서 나온다. 소장에서 이 법률요건을 구성하는 법률요건사실을 기재하는 부분이 청구원인이다. 따라서 청구의 원인은, 넓은 의미로는 법률관계에 변동을 일으키는 법률요건사실, 즉 법적 3단 논법의 소전제를 기재하는 부분을 말한다. 청구원인사실이라고도 한다. 피고의 항변사실과 비교되고 이른바 공격방법에 해당한다. 다만 공격방법은 소장을 제출할 때 다 적어야 하는 것이 아니라 적시제출주의의 원칙상(제146조) 소송과정에서 적당하다고 생각하는 시기에 제출하면 되므로(제146조) 소장에 이를 전부 기재할 필요가 없다. 그러면 소장을 제출할 때 청구원인에서 어느 부분을 반드시 기재하여야 하는 문제가 발생하는 데 이것이 좁은 의미의 청구원인에 관한 것이다. 일반적으로는 광의의 청구원인 가운데에서 소송상의 청구를 다른 것과 구별하여 특정하는데 필요한 범위의 사실을 말한다. 제249조 1항에서 정한 청구원인은 협의의 청구원인만을 의미한다. 왜냐하면 광의의 청구원인은 적시제출주의의 원칙상 소장에 전부 적을 필요가 없으므로 소장에는 협의의 청구원인을 기재하는 것만으로 충분하기 때문이다.

라. 민사소송규칙 제62조

그런데 민사소송규칙 제62조는 쟁점정리를 촉진하기 위하여 소장의 청구원인에 협의의 청구원인사실뿐만 아니라 청구를 뒷받침하는 사실(1호)을 구체적으로 적어야 하고 또 피고가 주장할 것이 명백한 방어방법에 대한 구체적인 진술(2호) 및 입증에 필요한 사실에 대한 증거방법(3호)을 적도록 하였다. 민소규칙 제62조의 취지는, 소장에 소송절차의 개시에 필요한 최소한도의 내용만 기재하는데 그치지 아니하고 준비서면으로서의 기능을 다하게 함으로써 법원의 심리를 충실하게 또 신속하게 진행할 수 있도록 충분한 소송자료를 소송의 빠른 시점에 제출하도록 하는데 있다. 이 사실 및 증거의 기재는 소송상의 청구를 이유 있게 하는 공격방법의 제출을 준비하는 의미가 있기 때문에 이를 기재한 소장은 준비서면(제274조)을 겸한다 할 것이다. 따라서 이 기재를 누락하더라도 소장의 필수적 기재사항인 청구원인이 없는 것이 아니므로 소장을 각하해서는 안 된다.

1) 청구를 뒷받침하는 구체적 사실(1호) 및 피고가 주장할 것이 명백한 방어방법에 대한 구체적인 진술(2호)

'청구를 뒷받침하는 구체적 사실'이란 원고가 증명책임을 부담하는 사실을 구체적으로 기재하여 피고가 이에 대하여 정확하게 인부(認否)를 할 수 있고, 적극부인이나 항변 등 피고의 반론을 가능하게 할 수 있는 사실을 말한다. '피고가 주장할 것이 명백한 방어방법'이란 피고가 원고의 구체적 사실에 대하여 소송에서 제출할 것이 명백한 항변 등이다.

2) 입증이 필요한 사실에 대한 증거방법(3호)

가) '입증이 필요한 사실'이란 피고가 소송에서 원고의 주장사실을 부인할 것을 예상하고 원고가 이에 대비하여 입증할 사실을 말한다. 이것은 소장에 주요사실 뿐 아니라 중요한 간접사실도 기재하게 하여 피고의 인부나 반론을 정확하게 할 수 있도록 함으로써 쟁점 파악을 쉽게 하는 역할을 기대한다.

나) '입증에 필요한 사실에 대한 증거방법'이란 당사자 사이에 다툼이 있는 경우에 장래 부각될 쟁점을 특정하고 이를 구성하는 주요사실 혹은 간접사실을 정리하고 다시 이들 사실에 관해서 뒷받침할 만한 증거가 있는가 및 그 증거는 어떤 종류인가에 관한 검토의 전제로서 원고가 주장하는 사실관계와 그것이 어떤 증거에 의하여 뒷받침하는 것인가를 설명할 수 있는 것을 말한다. 따라서 법관이 조사할 수 있는 증거방법의 열거에 끝나지 않으며 소장에 기재된 사실관계와 증거의 대응관계 및 관련성 등을 표시하여야 할 것이다.

3. 소송상 청구의 특정

가. 법원의 심판대상

소송에서 법원이 심판하여야 할 대상은 소송요건의 존부 및 소송상의 청구이다.

법원이 심리한 결과 소송요건이 부존재하면 소송판결을 하여야 하고 그렇지 않은 경우에 소송상 청구의 당부에 관하여 본안판결을 한다. 이 소송상의 청구가 협의의 심판대상이다. 본안판결은 하나 또는 여러 개의 심판대상에 관하여 판단하지 않으면 안 되는 경우가 있으므로 그 판단의 기준이 있어야 심판대상의 일부만 판단하였는지 또는 전부를 모두 판단하였는지를 알 수 있다. 그 판단의 기준이 소송상의 청구이다. 따라서 소송상의 청구는 본안판결의 주문에서 판단하여야 할 최소기본단위이다.

소송은 그 시작부터 마칠 때까지 소송상의 청구를 중심으로 전개되며 이를 기준으로 하여 여러 가지 절차문제가 획일적으로 처리된다. 즉, 토지 및 사물관할의 유무, 중복된 소제기의 금지, 반소의 적부, 기판력의 객관적 범위 등은 소송상의 청구를 기준으로 하여 판단한다. 따라서 소송상의 청구는 소송의 전개과정에서 매우 중요한 역할을 하는 것이다.

나. 이행을 청구하는 소

1) 특정물의 인도를 청구하는 소

예를 들어 특정된 소(牛) 한 마리의 인도 또는 특정된 가옥의 명도를 청구하는 경우이다. 특정물의 인도를 청구하는 소는 점유권 또는 본권에 기해서 청구를 하는 소송이다. 민법 제208조에 의하면 점유권에 기인한 소와 본권에 기인한 소는 서로 영향을 미치지 아니하고 점유권에 기인한 소는 본권에 관한 이유로 재판하지 못한다. 따라서 점유권에 기하여 특정된 소의 인도를 청구하였다가 패소하였다 하더라도 다시 소유권이라는 본권에 기하여 청구하는데 지장이 없다. 그러므로 특정물의 인도를 청구하는 소의 소송상 청구는 청구의 취지만으로 청구를 특정할 수 없고 법률요건인 점유권 또는 소유권을 뒷받침하는 사실을 기재하는

청구의 원인이 보충되어야 특정이 된다.[111]

2) 금전 그 밖에 대체물의 일정수량의 지급을 청구하는 소

이때에도 어느 경우에나 청구의 취지만으로 소송상의 청구가 특정되지 아니하고 불법행위 또는 채무불이행 등 법률요건을 기재하는 청구원인의 보충이 있어야 특정이 된다.[112]

다. 확인하는 소

확인하는 소는 청구의 취지에 표시된 권리 또는 법률관계의 존부에 관한 주장과 이에 대한 확인재판의 요구이다. 일반적으로는 법률효과의 존부(예, 대금지급의무의 존부 또는 소유권이전등기의무의 존부 등) 확인에 관한 주장이 보통이지만 선결적 법률관계의 존부(예, 매매, 임대차 등 계약의 존부 등) 확인에 관한 주장도 포함한다. 그 소송상 청구의 특정은 소장의 청구의 취지란에 확인하여야 할 권리 또는 법률관계를 적절하게 적음으로써 충분하다.[113]

라. 형성을 청구하는 소

1) 주주총회결의 취소의 소

주주총회결의취소의 소의 경우에는 결의의 취소만 소송상의 청구가 되고 그 결의에 붙어 있는 개개의 흠은 취소청구를 정당화하는 공격방어의 방법에 불과하다.[114] 따라서 이 경우에 소송상의 청구는 결의의 취소청구 하나뿐이므로 청구의 취지만으로 특정된다.[115]

2) 가족관계에 관한 소송

예를 들어 이혼청구의 경우이다. 이때에는 청구원인에 적는 이혼원인(예, 악

---

111) 소송법설에 의하면 청구의 취지만으로 소송목적이 특정된다.
112) 소송법설에 의하면 이 경우에도 청구의 취지만으로 소송목적이 특정된다.
113) 확인하는 소에서는 청구의 취지만으로 소송목적이 특정된다는 점에서 판례와 소송법설이 동일한 입장이다.
114) 서울고등 2011. 6. 15, 2010나20489.
115) 소송법설과 같은 입장이다. 이시윤, 255면 참조.

의의 유기 또는 배우자의 부정행위 등) 마다 소송상의 청구가 달라진다. 따라서 청구의 취지 이외에 청구원인이 보충되어야 소송상의 청구가 특정된다.[116)]

마. 소송상 청구의 특정 기준

이상을 종합하면 소송상의 청구는 청구의 취지를 특정의 기준으로 하되 이행을 청구하는 소와 가족관계에 관한 형성을 청구하는 소는 청구의 원인의 보충을 기다려 특정된다고 할 것이다. 소송상의 청구가 특정되었는지 여부는 법원의 직권조사사항이다.[117)]

Ⅲ. 소를 제기한 뒤의 조치

1. 재판장의 소장심사권(제254조)

가. 소장이 법원에 제출되어 사무분배에 따라 사건이 배당되면 담당 재판장(단독사건에서는 단독판사)이 소장을 심사한다. 소장의 심사는 소장의 필수적 기재사항(제249조)의 구비여부 및 법이 정한 인지를 붙였는지 여부, 송달료의 납부 여부와 같은 형식적 사항에 관하여 한다(제254조 1항). 재판장은 소장을 심사하면서 필요하다고 인정하는 경우에는 원고에게 청구하는 이유에 대응하는 증거방법을 구체적으로 적어 내도록 명할 수 있고, 원고가 소장에 인용한 서증의 등본 또는 사본을 붙이지 아니한 경우에는 그 제출을 명할 수 있다(제254조 4항). 소송요건의 구비 여부 및 청구의 당부는 재판장의 소장심사권의 대상이 아니며 수소법원이 판단할 사항이다.

나. 1) 재판장이 소장을 심사한 결과 소장에 흠이 있는 것을 발견한 때에는 원고에게 상당한 기간을 정하여 그 기간 내에 흠의 보정을 명하는 보정명령을 하여야 한다(제254조 1항). 소장심사는 당사자가 특정되지 않거나 청구의 취지나 원인의 기재 자체가 없는 경우이고 당사자, 청구의 취지나 원인의 기재가 있으나 그 기재 내용이 애매하거나 불명료하다고 하여 재판장의 소장심사권의 대상이 되는

---

116) 이시윤, 255면은 이 경우에도 이혼원인은 소송목적의 특정요소가 아니라고 한다.
117) 대판 2013. 3. 14, 2011다28946.

것은 아니다. 이 경우에는 석명권의 대상(제136조)이므로 원고가 이에 불응한다고 하여 재판장이 명령으로 소장을 각하할 수 없고[118] 법원이 석명에 불응하였다는 이유로 판결로 소를 각하하여야 한다(제149조 1항).[119]

2) 다만 「민사소송 등 인지법」 제1조 본문은 민사소송절차 등에 있어서의 소장이나 신청서 등에는 "다른 법률에 특별한 규정이 있는 경우가 아니면" 위 법이 정하는 인지를 붙여야 한다고 정하고 있고, 민사소송법상의 소송구조는 위 규정상의 "다른 법률에 특별한 규정이 있는 경우"에 해당한다. 따라서 소송구조신청이 있으면 원칙적으로 그에 대한 기각결정이 확정될 때까지는 인지첩부의무가 발생되지 않는다고 할 것이므로 재판장은 소장 등에 인지가 첨부되어 있지 아니함을 이유로 소장 등을 각하할 수 없다.[120]

3) 보정명령에 따라 소장을 보정하였다면 그것이 부족인지를 보정한 경우에는 소장을 제출한 때로부터 소급하여 보정한 효과가 생기지만 청구의 내용이 불분명하여 특정하기 어려운 경우에는 청구원인을 보정한 때에 소장이 제출된 것으로 보아야 한다. 재판장의 보정명령은 소송지휘권에 속하므로 당사자는 보정명령 자체에 대하여는 항고 등 불복을 할 수 없고,[121] 인지를 보정하지 않은 이유로 한 소장각하명령에 대하여 즉시항고로 불복할 수 있다(제254조 3항). 주의할 것은 즉시항고를 한 다음 부족인지를 보정하였다하여 그 이유만으로 소장각하명령을 취소할 수 없다.[122] 만약 법원이 청구의 취지가 특정되지 아니한 것을 간과한 채 본안에 관한 심리를 하다가 청구의 취지가 특정되지 아니한 흠을 발견하였다면 법원은 즉시 흠을 보정할 수 있는 기회를 당사자에게 주어야 할 것이고 그러한 기회를 주지 아니하고 소를 각하하는 것은 위법이다.[123]

다. 원고가 소장의 흠을 보정하지 아니하여 재판장이 명령으로 소장을 각하하면(제254조 2항) 판결로써 소각하한 경우와 동일하게 소송은 종료된다. 재판장이 소장을 각하할 수 있는 시기는 소장이 피고에게 송달된 때, 즉 소송계속

---

118) 대결 2004. 11. 24, 2004무54; 대결 2013. 9. 9, 2013마1273 참조.
119) 대판 1981. 9. 8, 80다2904.
120) 대결 2008. 6. 2, 2007무77; 대결 2011. 10. 4, 2011마1223.
121) 대결 2009. 3. 27, 2009그35.
122) 대결 1996. 1. 12, 95두61.
123) 대판 2014. 3. 13, 2011다111459.

이 시작될 때까지이다. 그러므로 피고에게 소장이 송달된 후 소장의 미비점을 발견하여 재판장이 그 시정을 위해서 보정명령을 내린 경우에는 원고가 이에 불응하더라도 재판장은 명령으로 소장을 각하할 수 없고 법원이 판결로 각하하여야 한다.[124]

2. 소장의 송달(제255조)

재판장이 소장을 심사하여 아무 문제가 없다고 인정한 때에는 특별한 사정이 없는 한 피고가 변론을 준비하여 방어권을 행사할 수 있도록 피고에게 소장 부본을 송달하여야 한다(제255조 1항). 피고의 주소가 소재불명으로 송달불능이 되었을 때에는 제254조 1항을 준용하여 원고에게 주소보정을 명하여야 하며 이에 불응하면 소장을 각하한다(제255조 2항). 소장이 송달된 뒤에 피고가 이사를 가서 기일소환장이 송달불능이 된 경우에 원고가 주소보정에 불응함은 물론 공시송달조차 신청하지 않은 경우에는 '달리 송달할 장소를 알 수 없는 경우'에 해당하므로 종전에 송달받던 주소에 등기우편으로 송달한다(제185조 2항, 민소규 제51조). 재판장이 소장부본에 대한 공시송달을 명하였으면서도 착각으로 공시송달 없이 변론기일을 진행하여 판결을 선고하더라도 위법임에는 변함이 없다.[125]

3. 피고의 답변서 제출의무와 변론기일지정

가. 피고의 답변서 제출의무

피고가 원고의 청구를 다투는 경우에는 공시송달의 경우를 제외하고는 소장부본을 송달받은 날부터 30일 이내에 답변서를 제출하여야 한다(제256조 1항). 법원도 소장 부본을 송달할 때에 답변서를 제출하라는 취지를 피고에게 알려야 한다(제256조 2항). 답변서에는 준비서면에 관한 규정이 준용되므로(제256조 4항) 법원은 답변서의 부본을 원고에게 송달하여야 한다(제256조 3항).

---

124) 대결 1973. 10. 26, 73마641.
125) 대판 2011. 4. 18, 2010다108388.

나. 변론 없이 하는 판결

법원은 피고가 30일 이내에 답변서를 제출하지 아니한 때에는 원고의 청구원인사실을 자백한 것으로 보고 변론 없이 판결을 선고할 수 있다(제257조 1항 본문). 피고가 청구원인 사실을 모두 자백하는 취지의 답변서를 제출한 경우에도 동일하다(제257조 2항). 다만 공시송달사건(제256조 1항 단서), 직권으로 조사할 사항이 있는 사건, 판결선고가 되기까지 원고의 청구를 다투는 취지의 답변서를 제출한 경우에는 무변론판결을 할 수 없다(제257조 1항 단서). 법원은 피고에게 소장 부본을 송달할 때에 변론 없이 판결을 선고할 기일을 함께 통지할 수 있다(제257조 3항).

다. 변론기일의 지정

재판장은 변론 없이 판결하는 경우 외에는 바로 변론기일을 지정하여야 한다(제258조 1항). 다만 사건을 변론준비기일에 부칠 필요가 있는 경우에는 변론기일을 지정하지 않는다(제258조 1항 단서). 변론준비절차가 끝난 경우에는 바로 변론기일을 지정하여야 한다(제258조 2항).

IV. 소를 제기한 효과

1. 소송계속

가. 뜻

소가 제기되면 원고와 피고 사이의 소송상 청구가 특정 법원에서 심리와 판결을 받는 상태가 발생한다. 이 상태를 소송계속이라고 한다. 소송계속은 민사판결절차에만 있다. 민사판결절차가 아닌 민사집행·보전처분절차, 증거보전절차, 중재절차 등에는 소송계속이 없다. 제소전화해절차나 독촉절차는 당사자의 소제기 신청(제388조 1항)이나 채무자가 이의신청(제469조 2항)을 하면 당사자가 최초로 화해신청을 하거나 지급명령을 신청한 때에 소를 제기한 것으로 간주되므로(제388조 2항, 제472조 2항) 그 경우에도 소송계속의 효과를 인정하여야 한다. 소송계속은 소송상의 청구가 판결절차에서 심리되는 상태이므로 당사자의 주장이나 항변과 같은 공격방어의 방법을 제출할 때에는 원칙적으로 생기지 않는다.

나. 발생과 소멸

판례[126]는 소송계속의 시기를 피고에게 소장이 송달된 때로 본다. 제265조는 소장을 제출한 때에 시효중단의 효력을 인정하고 있으나 그 효과는 사법상 효과에 그친다. 소송계속은 소의 취하·취하간주 또는 각하, 판결의 확정, 이행권고결정, 화해권고결정의 확정, 화해조서나 청구의 포기·인낙조서의 작성 등 소송이 끝나는 때에 소멸된다. 소송계속이 있다고 다투어 기일지정신청을 한 경우에는 소송계속이라는 소송요건이 없다는 주장으로 보아야 한다. 따라서 소송계속이 없다고 인정될 때에는 변론을 열어 판결로써 소송종료선언을 하여야 하고(민소규 제67조 준용) 소송계속이 있다고 인정될 때에는 변론을 속행하여야 한다(민소규 제67조 3항).

2. 중복된 소제기의 금지

가. 취　지

법원에 계속되어 있는 사건에 대하여 당사자가 다시 소를 제기하지 못하는 원칙(제259조)을 중복된 소제기의 금지원칙이라 한다. 소송계속중의 사건과 동일한 사건을 다시 소제기하지 못하게 하는 이유는, 우선 불필요한 중복심리를 방지함으로써 소송경제를 도모하고 같은 사건에 관하여 법원이 혹시 다른 결론을 내릴 것을 예방하여 사법(司法)의 위신을 지킨다는데 있다. 결국 이 원칙은 같은 당사자에게 판결의 이중취득을 금지함으로써 기판력의 모순·저촉을 예방하자는 데 그 취지가 있다.

---

126) 대판 1989. 4. 11, 87다카3155.

나. 요 건

1) 당사자가 같을 것

가) 민사소송은 특정 원고와 피고 사이의 분쟁을 상대적으로 처리할 것을 목적으로 한다. 따라서 당사자를 달리하는 두 개의 소송은 중복된 소송이 아니다. 비록 소송목적을 같이하더라도 당사자를 달리하면 같은 사건이 아니다.

나) 당사자가 같은지 여부는 기판력이 당사자에게 미치는 범위와 관련하여 보아야 한다. 중복된 소제기의 금지 원칙이 기판력에 어긋나는 것을 막는데 취지가 있기 때문이다. 따라서 전·후 양쪽 소송의 당사자가 형식상 다르더라도 실질적으로 어느 한쪽 소송의 당사자가 다른 소송의 당사자가 받는 판결의 기판력이 확장되어 그 효력을 받는 제218조 3항의 경우(예, 선정당사자와 선정자)와 같은 경우에는 같은 당사자이다.

다) 채권자대위소송　　채권자대위소송이 제기된 후에 채무자가 같은 내용으로 별개의 소송을 제기하는 것은 중복된 소제기에 해당된다는 것이 판례[127]이다. 원래 대전판 1975. 5. 13, 74다1664는 채권자대위소송의 기판력이 채무자에게 일률적으로 미친다고 하지 않고 채무자가 대위소송의 제기를 알았을 경우에 한정하여 미친다고 하였다. 이 판례를 중복된 소제기에 적용하면 채무자가 대위소송을 안 경우에 한정하여 중복된 소제기에 해당된다고 하여야 할 것이다.[128] 그런데 위 대전판은 채무자가 보조참가 등 소송에 관여할 수 있는 기회를 보장하기 위한 취지이지만 중복된 소제기의 금지원칙에서는 보조참가의 기회보장은 문제되지 않는다. 오히려 여기서는 기판력에 어긋날 가능성의 방지가 더 중요하므로 차라리 채무자가 알았느냐를 따질 것 없이 일률적으로 중복된 소제기의 금지원칙에 해당된다고 풀이함이 옳을 것이다.[129] 따라서 채권자대위소송의 계속중에 채무자가 제기한 같은 내용의 소송,[130] 채무자의 제3채무자에 대한 소송 중에 제기된 채권자

---

127) 대판 1995. 4. 14, 94다29256.
128) 이시윤, 282면은 이와 같은 입장이다.
129) 같은 취지: 정영환, 389면.
130) 대판 1995. 4. 14, 94다29256.

의 대위소송,[131] 채권자의 대위소송 중에 제기된 다른 채권자의 대위소송[132] 등도 기판력의 모순·저촉을 방지하기 위하여 모두 중복된 소제기의 금지원칙에 해당한다는 이유로 각하를 면치 못한다.

라) 채권자취소소송   채권자취소권의 요건을 갖춘 각 채권자가 자기 고유의 권리로서 취소 및 원상회복을 각각 구하는 경우에는 중복된 소제기의 금지원칙에 해당되지 않는다.[133] 그러므로 여러 명의 채권자가 사해행위 취소 및 원상회복청구의 소를 제기하여 여러 개의 소송이 계속중인 경우에는 각 소송에서 채권자의 청구에 따라 사해행위 취소 및 원상회복을 명하는 판결을 선고하여야 하고 수익자 또는 전득자가 가액배상을 하여야 할 경우에도 수익자가 반환하여야 할 가액은 채권자의 채권액에 비례하여 채권자 별로 안분한 범위 내에서 반환을 명할 것이 아니라 수익자 또는 전득자가 반환하여야 할 가액의 범위 내에서 각 채권자의 피보전채권액 전액의 반환을 명해야 한다.[134] 그런데 제기된 채권자취소소송에서 보전하고자 하는 채권을 추가하거나 교환하는 것은 그 채권자취소권을 이유 있게 하는 공격방법에 관한 주장을 변경하는 것일 뿐 소송상 청구 자체를 변경하는 것이 아니므로 소송의 동일성을 변함이 없다. 따라서 채권자가 보전하고자 하는 채권을 추가하고자 채권자취소소송을 2중으로 제기하는 경우에는 앞의 소와 뒤의 소는 공격방법만 달리할 뿐 소송상 청구는 동일하므로 중복된 소제기 금지에 해당한다.[135]

2) 소송상의 청구가 같을 것

중복된 소제기의 금지원칙에 해당하려면 「사건」, 즉 소송상의 청구가 같아야 한다. 따라서 청구의 취지를 같이 하여도 청구의 원인을 이루는 실체법상의 권리가 다르면 같은 소송상의 청구가 아니다. 청구의 취지를 달리하면 당연히 소송상 청구의 동일성이 상실되므로 원칙적으로 중복된 소제기의 금지원칙에 해당되지 않는다. 그러나 다음의 경우에는 달리 보아야 한다.

---

131) 대판 1981. 7. 7, 80다2751.
132) 대판 1994. 2. 8, 93다53092.
133) 대판 2003. 7. 11, 2003다19558.
134) 대판 2005. 11. 25, 2005다51457.
135) 대판 2012. 7. 5, 2010다80503.

가) 청구의 취지를 달리하지만 모순관계에 있는 경우   청구의 취지를 달리하더라도 전소와 후소가 서로 모순관계에 있을 경우에 두 소송을 허용하면 모순되므로 중복된 소제기 금지의 원칙을 적용하여야 할 것이다. 예를 들어 원고가 피고를 상대로 어떤 부동산에 대한 소유권확인을 청구하였는데 피고가 그 부동산에 관하여 원고의 소유권을 부인하면서 원고를 상대로 소유권이전등기말소청구소송을 제기하는 경우, 또 원고가 피고에 대하여 채무의 이행청구소송을 제기하였는데 피고가 원고에 대하여 그 채무의 부존재확인청구를 한 경우[136] 등이다. 이 경우에는 오히려 병합심리를 하여 1개의 판결을 하는 것이 심리의 중복과 모순을 회피할 수 있을 것이다. 그러나 두 소송을 허용하더라도 모순되지 않는 경우, 예를 들어 채무자가 제3채무자를 상대로 제기한 이행소송의 계속 중에 압류채권자가 제3채무자를 상대로 제기한 추심소송은 중복된 소제기에 해당되지 않는다.[137]

나) 선결적 법률관계   두 소송이 선결적 법률관계에 있는 경우에는 기판력의 작용 여부를 떠나 중복된 소제기의 금지원칙이 적용되지 않는다. 예를 들어 원고가 피고에 대하여 어떤 건물에 관한 소유권확인소송을 제기한 뒤에 다시 같은 피고를 상대로 소유권에 기한 건물명도청구소송을 제기한 경우이다. 전소를 받아들이면 후소에 대한 관계에서는 마치 중간확인판결(제264조)을 받은 경우와 비슷하여 전소판결의 확인판단은 후소의 선결적 법률관계로서 구속력이 있다. 그러나 후소의 건물명도청구부분에는 기판력 등 구속력이 생기지 아니하므로 그에 대한 심리를 위해서 중복된 소제기의 금지원칙을 적용해서는 안 된다. 앞의 경우와 반대되는 경우, 즉 먼저 소유권에 기한 건물명도청구소송을 제기한 뒤 후소에서 소유권확인청구소송을 제기한 경우에는 비록 전소에서 소유권의 존재를 방어방법으로 제기하여도 건물명도청구소송의 기판력이 소유권확인청구소송에 미치지 아니하므로 중복된 소제기의 금지원칙이 적용되지 않는다. 마찬가지로 예를 들어 갑이 을을 상대로 매매를 이유로 한 소유권이전등기청구소송을 제기하였는데 을이 아직 갑이 잔대금을 지급하지 아니하였다는 이유로 동시이행의 항변을 하면서 후소로 잔대금이행청구소송을 제기하더라도 동시이행의 항변은 방어방법이므로 중복된 소제기의 금지원칙이 적용되지 않는다.

---

136) 대판 2001. 7. 24, 2001다22246은 이 경우에 후소는 중복제소에 해당하지 않지만 소의 이익이 없어 각하하여야 한다고 한다.
137) 대전판 2013. 12. 18, 2013다202120.

다) 동일 권리관계에 관한 확인청구와 이행청구   예를 들어 원고가 피고에 대하여 금 1억원의 대여금채권확인소송을 제기하고 시간이 지난 뒤에 금 1억원의 대여금채무이행청구를 한 경우이다. 이 경우 원고가 대여금채권확인소송에서 패소하고 대여금채무이행청구소송에서 승소하면 서로 모순되는 결과가 된다. 따라서 이 경우에는 중복된 소제기의 금지원칙에 해당된다고 해야 한다.[138]

라) 일부청구와 잔부청구   가분채권의 일부청구에 관하여 확정판결의 기판력이 잔부청구에 미치는가에 관하여 판례[139]는 명시적일부청구설의 입장에서 일부청구임을 밝힌 경우에는 잔부청구에 기판력이 미치지 아니하지만 이를 밝히지 아니하는 경우에는 기판력이 미친다고 하였다. 따라서 가분채권의 일부청구소송에서 일부청구임을 명시하지 않는 별개의 잔부청구소송은 중복된 소제기의 금지원칙에 해당할 것이나 이를 명시하여 일부청구한 뒤에 나머지에 대한 잔부청구는 위 금지원칙에 해당되지 않는다.[140] 그러나 불법행위로 인한 손해배상청구와 같이 손해 전체를 정확히 파악하는 것이 과실상계의 비율이나 인과관계의 문제 등으로 매우 어려운 경우에는 명시적 일부청구를 허용하여야 할 것이지만 계약상의 채권 또는 그 불이행으로 인한 손해배상청구의 경우와 같이 수량적으로 가분할 수 있는 채권에서는 꼭 일부청구를 하여야 할 어려움이 없고 오히려 잔부청구를 허용하면 하나의 채권을 두 개로 분할하여 모순된 판결결과를 초래할 우려가 있기 때문에 명시 여부를 떠나 일부청구를 허용해서는 안 될 것이다. 따라서 이 경우에는, 일부청구가 계속되고 있는데 청구의 취지를 확장하여 청구할 수 있는 잔부청구를 별개의 소송으로 제기하면 중복된 소제기의 금지원칙에 해당된다고 하여야 할 것이다.

마) 상계의 항변과 중복된 소제기의 금지원칙   소송계속은 소송상의 청구에 관하여 생기고 공격방어의 방법에 대하여는 생기지 않는다. 따라서 방어방법인 상계의 항변도 중복된 소제기의 금지원칙이 적용되지 않는다. 그런데 소송에

138) 이시윤, 286면은 이 경우 확인하는 소가 상고심에 계속중일 때 이행청구의 길이 막히므로 후소가 이행을 청구하는 소일 때에는 중복제소가 아니라고 한다. 그러나 중복제소를 금지하는 취지가 기판력의 모순·저촉가능성을 방지하는데 있으므로 이 경우에도 중복제소금지의 원칙을 적용해야 할 것이다.

139) 대판 1980. 9. 9, 80다60.

140) 대판 1985. 4. 9, 84다552.

서 상계의 항변에 대한 실체적 판단은 소구채권(수동채권)뿐 아니라 반대채권(자동채권)에 관하여도 기판력이 생기므로(제216조 2항) 반대채권이 동시에 중복하여 2개의 소송에서 주장된 경우에는 기판력이 어긋날 우려가 있다.

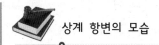

상계 항변의 모습

갑이 을에 대하여 금 1억원의 대여금청구를 하였는데 을이 갑에 대하여 금 5,000만원의 물품대금채권으로 상계하자고 하는 경우에 여기서 대여금채권은 소송으로 청구하는 것이므로 알기 쉽게 소구(訴求)채권이라고 하고 상계하자는 물품대금채권은 소구채권에 반대되는 채권이므로 역시 알기 쉽게 반대채권이라고 한다. 소구채권은 수동채권, 반대채권은 자동채권이라고도 한다. 을은 반대채권의 행사를 갑의 대여금 청구소송에서 상계의 항변으로 하면서 별개의 소송으로 갑에 대하여 물품대금청구를 할 수도 있고, 또 갑이 대여금청구를 한 뒤에 먼저 별개의 소송으로 물품대금청구 소송을 제기한 다음 뒤에 갑의 대여금청구 소송에서 물품대금채권을 반대채권으로 하여 상계의 항변을 할 수도 있다. 어느 경우이든 중복된 소제기 금지의 원칙은 반대채권의 행사와 별개의 소송과의 관계에서 문제된다.

판례[141]는 상계의 항변은 방어방법의 행사에 불과하므로 원칙적으로 중복된 소제기의 금지원칙이 적용되지 않는다고 한다. 그러나 판례에 의한다면 기판력의 모순·저촉가능성은 너무도 분명하다. 유력설은 판례를 따르되 이미 계속중인 소송에서 상계의 항변으로 제공된 반대채권에 관하여는 별도의 소제기를 금지하고 반소제기를 유도하자고 한다.[142] 그러나 이 견해는 '을이 갑의 대여금청구 소송에 이어서 별소로 물품대금청구를 한 다음 갑의 대여금청구소송에서 물품대금채권을 반대채권으로 하여 상계의 항변을 한 경우'에는 방어방법인 반대채권에 관한 상계항변을 말로 하므로 이를 금지할 방법이 없어 기판력이 모순·저축되는 상태를

---

141) 대판 2001. 4. 27, 2000다4050.
142) 이시윤, 284면; 김홍엽, 329면.

방치하여야 한다는 점에서 찬성할 수 없다. 그렇다면 상계의 항변의 경우에는 별소와의 사이에서 중복된 소제기금지의 원칙을 유추 적용하는 것이 기판력이 모순·저촉되는 가능성을 방지할 수 있을 것이다.

3) 전소의 계속중에 후소가 제기될 것

가) 중복된 소제기의 금지원칙은 기판력이 어긋나는 것을 방지하는 데 목적이 있으므로 전·후 양쪽 소송이 별개의 소송으로 심리되는 경우에 한하여 문제된다. 전소와 후소의 구별기준은 소장이 피고에게 송달된 때의 순서에 의할 것이고 가압류·가처분 등의 선행 보전절차에 의할 것이 아니다.[143] 후소가 전소에 병합심리될 경우에는 하나의 판결이 선고되어 기판력의 저촉이 생기지 아니하므로 이 경우에는 중복된 소제기금지가 문제되지 않는다. 그러나 후소가 별개로 심리되는 경우에는 그것이 독립된 소이든 소송중의 소이든 가리지 않고 중복된 소제기의 금지원칙이 문제된다.

나) 기판력의 모순·저촉가능성을 이유로 이 원칙이 적용되므로 전소가 설령 소송요건을 구비하지 아니하였더라도 후소는 무조건 이 원칙이 적용된다. 다만 후소가 사실심에서 변론이 종결될 때까지 전소가 취하 또는 각하되면 중복된 소제기는 문제되지 않는다.

다) 소송계속중에 소송목적이 되는 권리·의무의 승계가 있었으나 그 승계인이 승계참가(제81조)를 하지 않고 별소를 제기한 경우에도 피승계인의 상대방 당사자는 승계인을 상대로 소송인수신청(제82조)을 할 수 있다. 그로 인하여 승계인이 승계참가 또는 소송인수 등의 방법으로 전소에 소송참가를 하면 승계인의 별소는 소급하여 중복된 소의 제기가 된다.

다. 소송상의 효과

1) 중복된 소제기의 금지원칙은 소극적 소송요건이다. 따라서 법원의 직권조사사항이므로 피고의 항변을 기다릴 필요 없이 그 해당 여부를 심리하여 중복된 소제기인 경우에는 판결로 후소를 부적법 각하하여야 한다.

2) 법원이 중복된 소제기에 해당하는 후소에 대하여 본안판결을 하였을 때에

---

143) 대판 1994. 11. 25, 94다12517·12524.

는 상소로 이를 다툴 수 있다. 그러나 그 판결이 확정되면 재심사유가 아니므로 재심으로 취소할 수 없다.[144] 따라서 이 경우에 전소가 아직 심리 중에 있을 때에는 오히려 후소의 확정판결에 어긋나는 판결을 할 수 없으므로 전소가 재심에 의하여 취소된다(제451조 1항 10호).

라. 국제소송의 경합

1) 문제의 소재

예를 들어 우리나라의 제품이 미국에 수출되어 이를 사용한 미국인이 제품의 흠 때문에 손해를 입은 경우에 피해자가 미국 법원에 우리나라 회사를 상대로 하여 손해배상청구소송을 제기하였는데 이를 안 피고가 우리나라 법원에 원고를 상대로 위 손해배상채무부존재를 확인하는 소를 제기한 경우에 이 소송을 어떻게 처리해야 할 것인가 하는 것이 이른바 국제소송의 경합문제이다.

2) 학   설

학설로서는 제259조에서 정한 「법원」이 외국법원까지 포함하느냐에 따라 외국법원에 대한 소제기가 중복된 소제기의 금지원칙에 해당한다는 견해(외국법원 포함설)와 해당되지 않는다는 견해(외국법원 불포함설)로 나뉘고 절충적으로 외국법원의 판결이 장차 제217조 및 제217조의2에서 정한 외국법원의 확정재판 등의 승인 요건을 갖추어 승인을 받을 가능성이 있는 경우에는 동일한 국내소송에 대해서 중복된 소제기 금지원칙을 적용하자는 견해(승인예측설)[145] 등이 있다. 외국법원불포함설은 국제소송경합을 무제한으로 허용하자는 견해로서 이 설을 따르면 우리나라 사람들은 외국소송에 대한 대항수단으로서 우리나라 법원에 소극적 확인소송을 제기하여 외국판결을 무력화시킬 수 있고 외국인들도 같은 보복방법을 취하여 국제간의 분쟁이 유발될 수 있어 찬성하기 어렵다. 외국법원 포함설은 외국법원의 확정재판 등은 제217조 및 제217조의2에서 정한 승인요건을 갖추어야 효력이 있다는 점을 간과하고 있다. 승인예측설은 소송진행중에 승인가능성을 예

---

144) 대판 1995. 12. 5, 94다59028.
145) 이시윤, 289면.

측하기 어렵다는 점이 문제이지만 그나마 중복된 소제기의 금지 원칙을 외국법원의 확정재판 등의 승인과 관련시키고 있다는 점에서 우수하므로 이를 지지한다.

3) 결   론

2011. 4. 15. 미국에서 시작되어 한국, 독일, 일본, 네델란드, 영국, 이태리, 프랑스, 호주 등 9개국에서 벌어졌던 애플과 삼성전자 사이의 디자인 특허침해소송은 그 본질이 디자인 특허의 신규성·진보성 여부에 관한 것으로서 쟁점이 동일하여 사실상 중복된 소송이라고 할 수 있다. 그럼에도 불구하고 나라마다 각기 다른 결론이 나올 우려가 있고 실제로 국가마다 다른 결과가 나오는 것을 보면 앞으로 판결의 저촉·집행의 중복 등 여러 가지 부수적인 문제가 생길 수 있다. 뿐만 아니라 자국의 이해관계가 깊은 사건에 관하여 외국의 부당한 재판제도로 말미암아 패소되었다는 인식이 국민 일반에게 확산되면 이에 대하여 보복을 목적으로 하는 제소가 남발되어 국가 간의 분쟁이 야기될 수도 있다. 이에 대처하기 위해서는 지금이라도 국제소송의 경합에 대처하는 중복된 소제기의 금지에 관한 국제적 합의를 할 노력이 필요하다 할 것이다.

한편 국제소송의 경합에 관하여 승인예측설을 따르더라도 외국법원의 확정재판 등의 승인이 예측하기 어려운 경우에는 기일의 추후지정 등으로 국내사건을 사실상 중지시킬 수도 있고, 국제소송이 지나치게 지연될 때에는 외국법원의 소송계속을 무시하고 합리적인 소송진행을 꾀해야 할 것이다.[146] 외국법원에 제기된 소에 관하여 승인예측 여부에 따라 시효중단의 효력을 인정하자는 견해[147]가 있으나 찬성할 수 없다. 시효의 중단을 승인예측 여부라는 불확실한 요소에 맡기는 것은 법적 안정에 지장을 줄 뿐 아니라 시효제도는 국제사법 제7조가 적용되는 강행규정이 아니므로 외국법원에 계속중인 소송에 우리 민법의 시효중단에 관한 규정을 전면적으로 적용할 수 없기 때문이다. 따라서 이 경우에 시효를 중단하고자 하는 사람은 민법에서 정한 절차를 밟아 시효의 진행을 중단시켜야 할 것이다.

---

146) 이시윤, 289면.
147) 이시윤, 290면.

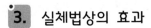 3. 실체법상의 효과

가. 실체법의 규정

민법 기타 실체법에는 소의 제기에 특별한 법률적 효과를 주는 경우가 많다. 시효의 중단(민 제168조), 법률상 기간준수(민 제204조 3항, 제205조 2항, 제206조 2항 등) 등은 소를 제기할 때 소급하여 생기지만 선의 점유자의 악의의 간주(민 제197조 2항), 어음법상 상환청구권의 소멸시효 기산점(어음 제70조 3항) 등은 피고에게 소장이 송달된 때에 생긴다. 소장에 기재된 법률행위의 취소, 해제 등 사법상의 의사표시는 도달주의의 일반원칙(민 제111조 1항)에 따라 피고에게 소장이 송달된 때에 효력이 발생한다. 하지만 그것은 소장을 이용하여 실체법상의 의사표시를 한 것에 불과하기 때문에 소제기의 효과라고 볼 수 없다. 따라서 제소된 소가 취하 또는 각하되더라도 취소, 해제 등 사법상 의사표시의 효과에는 영향이 없다. 채권양도의 통지 역시 채권양도의 사실을 알리는 것에 불과하고 권리의 행사방법이 아니므로 소제기의 법률적 효과가 아니다.[148]

나. 시효의 중단

1) 시효중단의 범위

가) 소송목적이 되는 권리 또는 법률관계에 관한 시효중단은 채권자가 제기한 이행을 청구하는 소에 한정되지 아니하며 적극적 확인소송에도 생긴다. 상대방이 제기하는 채무부존재의 소극적 확인소송에 대하여 채권자가 그 권리를 주장하여 청구기각의 답변을 하더라도 소의 제기에 준하는 권리주장으로 보아 그 때부터 시효가 중단된다.[149] 그러나 적극적인 소제기에 대해서 상대방이 단순히 소송에 응한다고 하여 변론에서 시효중단을 주장하지 않는 한 시효가 중단되지 않으나[150] 취득시효를 주장하는 원고에 대하여 피고가 적극적으로 소유권을 주장하는 경우와 같이 단순한 부인을 넘은 주장을 하는 때에는 시효가 중단된다.[151] 과

---

148) 대판 2012. 4. 12, 2010다65399.
149) 대전판 1993. 12. 21, 92다47861.
150) 대판 1997. 12. 12, 97다30288.
151) 대판 2003. 6. 13, 2003다17927 · 17934.

세처분의 취소·변경·무효확인청구를 구하는 행정소송[152]은 과세 오납금에 대한 부당이득반환청구권의 부존재와 같은 민사청구와 유사하므로 위 청구권에 대한 시효중단의 효력이 있고, 부당노동행위구제의 행정소송에 해고근로자가 보조참가신청[153]을 하였다면 근로자를 보호하기 위하여 그 임금청구권의 시효는 중단된다.

나) 소제기에 의한 시효중단 대상은 원칙적으로 소송목적이 되는 권리 또는 법률관계에 한정되고 공격방어의 방법으로 주장한 권리에는 해당되지 않는다. 그러나 기본적인 법률관계를 확인하는 소는 그 기본적 법률관계로부터 생기는 개개의 청구권에 대해서도 시효중단의 효력을 인정하여야 할 것이다. 예를 들어 파면처분의 무효를 확인하는 소를 제기하면 그 고용관계에서 생기는 보수채권의 소멸시효가 중단되고,[154] 토지소유권에 기한 명도청구 또는 등기청구의 소는 물론이고 그 소유권을 기초로 하는 방해배제, 손해배상 또는 부당이득반환청구의 소도 소유권의 취득시효 진행을 중단시킨다.[155] 채권자가 제3채무자를 상대로 채무이행의 채권자대위소송을 제기하였다가 채무자의 제3채무자에 대한 채권을 양수하여 양수금 청구소송으로 청구를 변경한 경우에도 채권자대위소송으로 인한 시효중단의 효력은 소멸되지 않는다.[156]

다) 재심의 소를 제기하는 경우에는 재판상 청구에 준하여 재심의 소를 제기한 날부터 재심판결확정시까지 시효중단의 효력이 생긴다.[157]

2) 법률상 기간준수

출소기간 기타 제척기간(민 제204조 3항, 제206조 2항), 가등기담보등에 관한 법률 제11조에서 정한 제척기간[158]을 준수한 효과에 관해서는 시효중단과 같이

152) 대전판 1992. 3. 31, 91다32053.
153) 대판 2012. 2. 9, 2011다20034.
154) 대판 1978. 4. 11, 77다2509.
155) 대판 1979. 7. 10, 79다569.
156) 대판 2010. 6. 24, 2010다17284.
157) 대판 1998. 6. 12, 96다26961.
158) 대판 2014. 8. 20, 2012다47074(… 채무자 등이 제척기간이 경과하기 전에 피담보채무를 변제하지 아니한 채 또는 그 변제를 조건으로 담보목적으로 마친 소유권이전등기의 말소를 청구하더라도 이를 제척기간 준수에 필요한 권리의 행사에 해당한다고 볼 수 없으므로, 채무자 등의 위 말소청구권은 위 제척기간의 경과로 확정적으로 소멸한다. 이러한 법리는 채

취급한다.

3) 시효중단의 효력발생 및 소멸시기

가) 시효중단이나 법률상 기간준수의 효력 발생 시기는 소를 제기한 때(제265조 전단)로 소급된다. 법원이 피고에 대한 소장송달을 지연하여 소장송달 이전에 시효가 완성되거나 제척기간이 경과되는 사태를 방지하자는 취지에서 소송계속의 시기와 달리하고 있다.

나) 소송중의 소(청구의 변경, 중간확인의 소, 반소)의 경우에도 소장에 해당하는 서면을 법원에 제출한 때 중단의 효력이 있고(제265조 후단), 지급명령신청이나 제소전 화해신청의 경우에는 이의 및 소제기신청을 하더라도 최초의 신청을 한 때로 소급하여 중단의 효력이 생긴다.[159] 소액사건에서 말로 소제기를 할 때에는 말로 진술한 때이다.

다) 시효중단 및 법률상 기간준수의 효력은 소의 취하·각하로 소급하여 소멸된다(민 제170조 1항). 다만 이 경우에도 6월 이내에 소의 제기, 파산절차참가, 압류·가압류·가처분을 하면 최초의 소를 제기한 때에 중단된 것으로 본다(민 제170조 2항).[160] 소의 교환적 변경은 구소의 취하와 신소제기의 병합으로 이해하지만 구소의 제기에 의한 시효중단 등의 효력은 소멸되지 않는 것으로 본다. 구소와 신소 사이에는 청구의 기초가 바뀌지 아니하였기 때문이다(제262조 1항).

다. 지연손해금에 관한 법정이율의 인상

금전채무의 이행을 명하는 판결을 선고할 경우에 소장송달 다음날부터의 지연손해금의 법정이율은 연 20%이다(소촉 제3조 1항, 소촉 제3조 1항 본문의 법정이율에 관한 규정). 지급명령이 확정된 경우에도 같다(소촉 제2조). 다만 채무자가 이행의무의 존부와 범위를 다툴 만한 이유가 있는 때에는 예외이다(소촉 제3조 2항).

무자 등이 피담보채무를 변제하지 아니한 채 또는 그 변제를 조건으로 위 소유권이전등기의 말소등기를 청구하는 소를 제기한 경우에도 마찬가지로 적용된다).

159) 대판 2015. 2. 12, 2014다228440(지급명령의 경우).

160) 소유권이전등기를 청구하는 채권자대위소송이 판결로 소각하가 되더라도 6개월 이내에 다른 채권자가 채권자대위소송을 제기하면 소유권이전등기청구권은 최초의 소제기할 때부터 시효가 중단된 것으로 본다(대판 2011. 10. 13, 2010다80930 참조).

이 경우에는 사실심의 판결선고 다음날부터 연 20%의 이율을 적용하여야 한다.[161] 이 특례법의 규정은 본래의 채권·채무관계의 준거법이 우리나라 법의 경우에만 적용이 있고 외국법의 경우에는 적용이 없다.[162]

제2절 소송의 심리

I. 소송절차의 진행과 정지

1. 기 일

가. 뜻

소송은 당사자, 법원 기타 관계인들의 소송행위가 거듭되어 성립한다. 이들 소송관계인들이 모여서 소송행위를 하기 위한 시간을 기일이라 한다.

나. 기일의 지정

우리 민사소송법은 재판의 진행에 관하여 직권진행주의를 원칙으로 하고 있기 때문에 기일은 법원이 직권으로 지정한다.

1) 기일은 미리 장소, 연월일 및 개시시간을 명시하여 지정한다(예외, 소심 제5조). 기일은 필요한 경우가 아니면 일요일 기타 공휴일을 피하여야 한다(제166조).

2) 법원의 기일은 재판장이 지정하나(제165조 1항) 수명법관이나 수탁판사의 기일은 그 법관이 정한다(제165조 1항 단서). 재판장은 변론개정시간을 구분하여 지정하여야 한다(민소규 제39조). 종전에는 개정시간을 오전 10시와 오후 2시로 일괄하여 지정해놓고 실제로는 소송관계인들의 법정출석순서 또는 사건번호순 등에

---

161) 대전판 1987. 5. 26, 86다카1876.
162) 대판 2012. 10. 25, 2009다77754.

따라 변론을 진행함으로써 어떤 당사자들은 오후 늦게까지 법정에 대기하여야 하는 불편과 시간낭비가 있었으므로 이를 시정하기 위한 조치이다. 기일을 변경하거나 변론을 연기 또는 속행, 변론재개결정을 한 때에는 사건을 변론준비절차에 부치는 경우를 제외하고는 소송절차의 중단 또는 중지, 그 밖에 다른 특별한 사정이 없는 한 그 결정과 동시에 다음 기일을 지정하여야 한다(민소규 제42조, 제43조). 재판장은 피고가 답변서를 제출한 경우에는 제1회 변론기일을 바로 지정해야 한다(제258조 1항).

3) 당사자는 기일의 지정을 신청하여 법원의 직권발동을 촉구할 수 있다(제165조 1항). 소송이 끝난 뒤에 기일지정신청을 한 경우에는(민소규 제67조, 제68조) 소송요건인 소송계속의 존재를 주장하는 것으로 보아야 하기 때문에 반드시 변론을 열어 종국판결로 재판하여야 한다.[163]

4) 지정되지 않은 기일에 소송행위를 하였을 때에는 그 소송행위는 효력이 없다.

다. 기일의 소환과 실시

1) 기일의 소환

가) 지정된 기일에 당사자나 소송관계인에게 통지하여 그 출석을 요구하는 것을 소환이라고 한다.

나) 기일에 당사자를 소환하지 않고 소송행위를 하면 출석하지 않은 당사자의 변론할 절차기본권을 침해하는 것이 되기 때문에 그 기일의 실시는 위법하다. 다만 당사자가 그에 관해서 소송절차에 관한 이의권을 포기하면 그 흠은 고쳐진다. 기일의 소환이 없기 때문에 출석할 수 없어 패소판결을 받은 때에는 기일에 정당하게 대리되지 않는 자에 준하여 취급되므로 상소(제424조 1항 4호) 또는 재심(제451조 1항 3호)에 의하여 구제받을 수 있다. 그러나 판결의 선고는 당사자가 출석하지 아니하여도 할 수 있고(제207조 2항) 또 선고기일의 소환이 없이 판결을 선고하여도 판결의 내용에 영향을 주지 않기 때문에 상소의 이유가 되지 않는다.

---

163) 그 밖에 당사자 양쪽이 2회 결석을 한 뒤에 1월 이내에 하는 기일지정신청(제268조 2항)은 소의 간주 취하를 막기 위한 것이다.

2) 기일의 연기·속행·종결·재개

기일은 미리 지정된 일시 및 장소에서 사건과 당사자의 이름을 부름으로써 시작된다(제169조). 기일에는 법원사무관등의 참여가 필요하다. 기일에 예정된 소송행위를 마치면 기일은 종결된다. 이를 변론종결 또는 결심이라고 한다. 이에 대하여 예정된 사항에 들어가지 못하고 다른 기일에 이를 실시하는 것을 기일의 연기라고 하고, 목적된 사항을 완결하지 못하여 다음 기일로 계속하는 것을 기일의 속행이라고 한다. 종결된 변론을 다시 열어 재차 심리에 들어가는 것을 변론의 재개(제142조)라고 한다.

라. 기일의 변경

1) 기일의 변경이라 함은 일단 기일이 지정되더라도 여러 가지 사정으로 기일을 열 수 없는 경우에 기일이 시작되기 이전에 그 지정을 취소하고 새로운 기일을 지정하는 재판을 말한다. 첫 변론기일이나 변론준비기일은 당사자의 합의가 있으면 당연히 그 변경이 허용된다(제165조 2항).

2) 기일의 변경을 신청하려면 변경을 필요로 하는 사유를 밝히고 그 사유를 소명하는 자료를 붙여야 한다(민소규 제40조). 재판장 등은 신청이 이유 있다고 인정되면 기일변경을 명령하여야 하고 신청이 이유 없으면 불허가한다(민소규 제41조). 신청이 이유 있는지 여부는 재판장 등이 직권으로 결정하므로 당사자는 그 허가 여부에 대하여 불복할 수 없다.

2. 기 간

가. 뜻

일정한 시간의 경과가 소송법상 의미를 갖는 경우가 있다. 그러한 때(時)의 경과를 기간이라 한다. 기간의 계산은 민법에 따르므로(제170조) 기간의 말일이 토요일 또는 공휴일에 해당하는 때에는 기간은 그 다음날 만료한다(민 제161조 참조).

1) 행위기간과 유예기간

기간에는 소송절차를 신속 · 명확하게 하기 위하여 일정한 행위를 그 사이에 하여야 하는 취지의 것과, 당사자 그 밖의 관계인에게 어느 행위를 할 것인가에 관하여 생각하고 준비하도록 일정기간의 유예를 두는 것이 있다. 전자를 행위기간, 후자를 유예기간 또는 중간기간이라 한다. 행위기간에는 예를 들어 제59조, 제97조, 제254조 1항의 보정기간, 제425조, 제444조의 상소 · 항고기간, 제456조의 재심기간 등이 있고, 유예기간에는 공시송달의 효력발생기간(제196조) 등이 있다.

2) 불변기간과 통상기간

법률이 특히 불변기간이라고 정한 기간이 불변기간이고 불변기간이 아닌 것은 모두 통상기간이다. 상소기간(제396조 2항, 제425조, 제444조 2항 등), 재심기간(제456조 2항), 제권판결에 대한 불복기간(제491조 2항), 행정소송법 제120조 제1항, 제3항에서 정한 제소기간[164] 등은 불변기간이다. 불변기간은 대체로 재판에 대한 불복신청기간으로서 부가기간을 정할 수 있으나(제172조 2항) 이를 늘이거나 줄일 수 없는 반면(제172조 1항) 그 경과에 대하여 추후보완이 허용되는 점(제173조)에서 통상기간과 다르다.

나. 기간의 태만

1) 기간의 태만과 소송행위의 추후보완

당사자 그 밖의 소송관계인이 본래의 행위기간 중에 정해진 행위를 하지 아니하는 것을 기간의 태만이라고 한다. 기간의 태만이 되면 원칙적으로 그 행위를 할 기회를 상실하는 불이익을 입는다. 그런데 불변기간은 소송이 신속하게 진행되도록 단기간으로 정하여져 있어 당사자가 책임질 수 없는 사유로 기간을 준수할 수 없는 경우에까지 그러한 불이익을 준다는 것은 지나치게 가혹하기 때문에 구제방법을 마련할 필요가 있다. 통상기간을 태만한 경우에는 소송계속이 되는 한 당사자는 그 후의 절차에서 정해진 행위를 함으로써 구제를 받을 여지가 있으

---

164) 대판 2005. 1. 13, 2004두9951.

나 상소기간과 같은 불변기간의 태만은 재판의 확정(예, 상소기간을 준수하지 않은 경우) 혹은 소권의 상실(예, 제권판결의 불복기간을 준수하지 않는 경우)이라고 하는 당사자에게 중대한 불이익을 초래하기 때문에 당사자의 구제를 위하여 추후보완 이라고 하는 제도를 마련하고 있다(제173조). 추후보완의 대상은 불변기간이며 그 이외의 기간에 대해서는 원칙적으로 유추적용이 되지 않는다. 송달이 부적법하여 송달자체가 이루어지지 아니한 경우에는 불변기간이 진행되지 아니하므로 추후 보완할 필요가 없다.[165]

2) 추후보완할 사유

가) 제173조 1항

a) 개   념   당사자가 책임질 수 없는 사유로 말미암아 불변기간을 지킬 수 없었던 경우에는 그 사유가 없어진 날부터 2주일 이내에 게을리한 소송행위를 보완할 수 있다. 이를 추후보완이라고 한다.

b) 「당사자가 책임을 질 수 없는 사유」   추후보완은 「당사자가 책임을 질 수 없는 사유」가 있는 때에 한하여 허용된다. 그 사유는 천재지변 그 밖의 불가항력보다 넓은 개념으로써 당사자가 그 소송행위를 하기 위하여 일반적으로 하여야할 주의를 기울여도 피할 수 없었던 것을 말하고[166] 그 당사자에는 당사자 본인, 소송대리인 및 대리인의 보조인도 포함한다.[167] 추후보완할 사유는 소송요건으로써 직권조사사항이다.[168]

c) 추후보완과 재심   추후보완할 사유와 제451조 1항에서 정한 재심사유가 동시에 존재하는 경우에는 추후보완할 기간이 경과하였더라도 재심기간이 있을 때에는 재심을 제기할 수 있다.[169]

나) 추후보완이 허용되는 경우

a) 홍수·태풍 등 천재지변에 의한 교통·통신의 두절

b) 무권대리인이 소송을 수행하고 판결정본을 수령한 경우   그러나 본인

---

165) 대판 2009. 9. 24, 2009다44679.
166) 대판 2011. 12. 27, 2011후2688.
167) 대판 1999. 6. 11, 99다9622.
168) 대판 1999. 4. 27, 99다3150.
169) 대판 2011. 12. 22, 2011다73540.

이 불출석한데 대하여 소송대리인이나 그 보조자에게 고의·과실이 있는 경우에는 비록 본인에게 과실이 없더라도 추후보완이 허용되지 않는다.

c) 공시송달과 추후보완   공시송달은 본래 송달장소가 분명하지 않은 사람에 대하여 송달이 가능하게 하는 제도로서 송달받는 사람이 현실적으로 송달서류의 내용을 알 수 없더라도 법률상 안 것으로 인정하여 송달의 효력을 부여하는 제도이다. 그러나 실제로는 법원게시판의 게시에 의하기 때문에 송달받을 당사자가 그 내용을 아는 경우는 극히 드물어 당연히 불이익이 예상된다. 따라서 그 불이익을 구제할 방법이 마련되어야 할 것이다.

판례[170]는 소제기사실 자체를 피고가 알고 있었는가의 여부를 기준으로 하여 피고가 이사를 가거나 국내에 부재중인 관계로 공시송달된 소제기사실을 모르는 경우에는 추후보완을 허용한다. 그러나 피고가 소제기사실을 안 경우에는 그 후의 사정변화로 공시송달에 의한 송달을 받았다 하더라도 당사자가 소송의 진행상황을 조사할 의무를 태만하여 불변기간을 지키지 못하였을 때에는 원칙적으로 추후보완을 허용하지 않는다.[171] 다만 이 경우에도 피고에게는 잘못이 없고 원고나 법원의 부주의로 공시송달된 경우에는 추후보완을 허용한다.[172] 공시송달의 요건에 흠이 있는 경우에도 추후보완을 허용한다.[173] 그러나 피고가 주소를 잘못적어서 공시송달된 경우에는 추후보완이 허용되지 않는다.[174]

다) 추후보완이 허용되지 않는 경우   소송행위의 추후보완은 불변기간이 적법하게 진행된 경우에 문제되는 것이므로 송달이 부적법하여 상대방에게 송달 자체가 이루어지지 아니한 것으로 평가되는 경우에는 불변기간이 진행되지 아니하여 추후보완할 필요가 없다.[175] 한편 당사자가 지방출장이나 질병치료를 위해서 출타하였는데 가족이 송달 받은 경우,[176] 경매사건의 이해관계인이 집행관의 말만 경솔히 믿고 기록을 열람하지 아니하여 소송의 실제진행을 확인하지 않은 경

---

170) 대전판 1964. 7. 31, 63다750; 대판 2000. 9. 5, 2000므87.
171) 대판 1965. 10. 19, 65다1675.
172) 대판 1997. 5. 30, 95다21365; 대판 2013. 10. 17, 2013다41318.
173) 대판 1976. 4. 27, 76다170.
174) 대판 1982. 8. 31, 82마587.
175) 대판 1980. 11. 11, 80다1182.
176) 대판 1966. 6. 24, 66마594.

우,[177] 교도소에 수감중인 경우[178] 등은 추후보완이 허용되지 않는다.

3) 추후보완하는 절차

가) 추후보완은 불변기간을 지킬 수 없었던 사유가 없어진 날부터 2주일 이내에 하여야 한다(제173조 1항). 여기서의 '불변기간을 지킬 수 없었던 사유가 없어진 날'이라 함은 판결이 있었던 사실을 안 날이 아니라 그 판결이 공시송달의 방법으로 송달된 사실을 안 날을 의미한다.[179] 따라서 보통의 경우에는 사건기록을 열람하거나[180] 새로이 판결정본(또는 등본)을 영수한 때에[181] 그 공시송달 사실을 알게 되었다고 본다. 다만 외국에 있는 당사자는 추후보완기간이 2주일이 아니라 30일이다(제173조 1항 단서). 추후보완기간은 늘이거나 줄일 수 없으며, 불변기간이 아니므로 부가기간을 정할 수도 없다(제173조 2항). 천재지변 기타 이와 유사한 사실이 있는 경우에는 그 재난이 없어진 때이다.

나) 추후보완을 할 수 있는 사람은 그 사유가 있는 자에 한하며 태만하게 한 소송행위를 본래의 방식에 따라 하는 형식으로 하면 된다. 예를 들어 항소기간이 경과된 경우에는 항소장을 제출하는 것이다.

다) 추후보완할 사유는 그 소송행위의 소송요건이자 적법요건이기 때문에 그 소송절차 내에서 추후보완할 사유의 유무를 조사한다. 예를 들어 추후보완행위가 항소의 제기라면 추후보완할 사유가 있는지 여부는 항소심이 항소의 적법요건으로서 심리하여 판단한다. 그러므로 다른 요건에 앞서 조사하여 추후보완신청이 이유 있으면 추후보완되는 소송행위의 당부에 관하여 실질적 판단을 하여야 하고 이유 없으면 추후보완신청을 부적법하다고 하여 각하한다.

라) 추후보완하는 행위만으로는 불변기간의 경과에 의한 판결의 형식적 확정이 해소되지 않는다. 따라서 판결의 집행력·기판력 등 본래의 효력에 영향이 없으므로 확정판결에 의한 집행을 막으려면 추후보완된 상소와 동시에 집행정지(제500조)의 결정을 받아야 한다.

177) 대결 1964. 4. 3, 64마9.
178) 대판 1992. 4. 14, 92다3441.
179) 대판 1997. 8. 22, 96다30427; 대판 2008. 2. 28, 2007다41560.
180) 대판 1994. 10. 21, 94다27922.
181) 대판 1983. 6. 14, 82다카1912.

3. 송   달

가. 뜻

송달이라 함은 소송절차에 필요한 서류를 법에서 정한 방식으로 특정된 소송 관계인에게 교부하거나 교부받을 기회를 주는 법원의 행위이다. 법에서 정한 방식에 의하여야 한다는 점에서 방식이 없는 통지(제144조 3항)나 불특정다수인에 대한 공고(제480조)와 다르다. 송달은 민사소송법에 특별한 규정이 없으면 법원이 직권으로 한다(제174조).

나. 송달의 방법

1) 교부송달

송달은 원칙적으로 송달할 서류의 등본 또는 부본의 송달을 받을 자에게 교부하는 방법으로 한다(제178조). 교부할 장소는 송달을 받을 자의 주소·거소·영업소 또는 사무소[182]이다(제183조 1항 본문). 다만 법정대리인에 대한 송달은 무능력자 본인의 영업소 또는 사무소[183]에서도 할 수 있다(제183조 1항 단서). 법인 그 밖의 단체의 대표자 또는 관리인에 대한 송달도 같다(제64조). 그 장소를 알지 못하거나 그 장소를 알 수 없는 때에는 송달받을 사람이 고용·위임 그 밖에 법률상의 행위로 취업하고 있는 근무장소에서 송달할 수 있다(제183조 2항). 송달받을 사람의 주소·거소·영업소 또는 사무소가 국내에 없거나 국내에 있어도 그 위치를 알 수 없을 때에는 그를 만난 장소에서 송달할 수 있다(제183조 3항). 국내에 주소 등 또는 근무장소가 있는 사람의 경우에도 송달받기를 거부하지 아니하면 만난 장소에서 송달할 수 있다(제183조 4항). 해당 사건에 관하여 법정에 출석한 자에 대해서 법원사무관등이 영수증을 받고 직접하는 송달(제177조)도 교부송달의 하나

---

182) 여기서의 영업소 또는 사무소는, 한시적 기간에만 설치되거나 운영되는 곳이라도 반복해서 송달이 이루어질 것이라고 객관적으로 기대할 수 있으면 충분하다(대판 2014. 10. 30, 2014다43076 참조).

183) 영업소 또는 사무소는 법인의 그것을 의미하므로 법인대표자가 겸임하는 다른 곳의 영업소 또는 사무소는 그 대표자의 근무처에 불과하다(대판 1997. 12. 9, 97다31267; 대판 2004. 11. 26, 2003다58959 참조).

이다. 근무장소 외의 송달할 장소에서 송달받을 사람을 만나지 못할 때에는 그 사무원·피용자 또는 동거인[184]으로서 사리를 분별할 지능이 있는 사람이 있으면 그에게 교부할 수 있다[185](제186조 1항). 근무장소에서 송달받을 사람을 만나지 못할 때에는 고용주 또는 그 법정대리인이나 피용자 그 밖의 종업원으로서 사리를 분별할 지능이 있는 사람이 서류의 수령을 거부하지 아니하면 그에게 서류를 교부할 수 있다(제186조 2항). 이를 보충송달이라고 한다. 그런데 주의할 것은 내용증명이나 등기우편과 달리 보통우편의 방법으로 발송된 사실은 송달의 추정이 없으므로[186] 교부송달을 주장하기 어렵다는 점이다.

전자소송에서 전산정보처리시스템에 의하여 송달하는 경우에는 법원사무관등이 송달할 전자문서를 전산정보시스템에 등재하고 등록사용자가 전자소송시스템에 입력한 전자우편주소로 등재사실을 알리고, 같은 내용의 문자메시지를 전자시스템에 입력한 휴대전화번호로 전송하는 방법에 의한다(전자소송법 제11조 3항, 전자소송규칙 제26조 1항 참조).

2) 우편송달

우편송달이라 함은 법원사무관등이 소송서류를 등기우편 등 대법원규칙이 정하는 방법으로 송달장소에 발송하면 그 발송할 때에 송달된 것으로 보는 송달이다(제187조). 발송송달이라고도 한다. 등기우편을 발송할 때에 송달의 효력이 생기는 발신주의를 취하기 때문에 송달을 받는 사람에게 매우 불이익한 송달방법이다(제189조). 따라서 우편송달은 a) 송달하여야 할 장소[187]에 보충송달[188]이나 유

---

184) 이혼한 전처라도 사정상 동일세대에서 생활을 하고 있으면 수령대리인으로서 동거인에 속한다(대판 2013. 4. 25, 2012다98423 참조).

185) 시청의 수위도 본조의 송달수령권자이므로 그가 판결정본을 받았다면 시장이 송달내용을 몰랐다고 하여 뒤에 시에서 추후보완신청 사유로 삼을 수 없다(대판 1984. 6. 26, 94누405 참조).

186) 대판 2009. 12. 10, 2007두20140.

187) '송달하여야 할 장소'란 실제 송달받을 자의 생활근거지가 되는 주소·거소·영업소 또는 사무소 등 송달받을 사람이 자기 소송서류를 받아 볼 가능성이 있는 장소를 말한다(대판 2001. 9. 7, 2001다30025 참조).

188) 근무장소 외의 송달할 장소에서 송달받을 사람을 만나지 못할 때에 그 사무원·피용자·동거인으로서 사리를 분별할 지능이 있는 사람에게 송달서류를 교부(제186조 1항)하는 송달을 말한다.

치송달[189](제186조)조차 불가능한 경우[190]와 당사자, 법정대리인 또는 소송대리인이 송달장소를 변경하였으면서도 이를 법원에 신고하지 아니하여 '달리 송달할 장소를 알 수 없는 경우(제185조 2항)에 한하여[191] 할 수 있다. 그런데 등기우편에 의한 발송송달은 그 송달일시의 증명을 우체국의 특수우편물수령증에 의할 수밖에 없으므로 이 수령증이 첨부되지 아니한 송달보고서로서는 발송송달의 적법성을 주장할 수 없다.[192] 또 소장에 피고회사에 대한 송달장소로 피고회사의 등기부상 주소 이외에 계약상 주소가 별도로 기재되어 있는데도 대표이사의 주소지에 몇 번 송달한 적이 있다는 이유로 다른 주소지에 송달하지도 않은 채 등기우편으로 한 발송송달은 위법하다.[193]

3) 공시송달

법원사무관등이 송달서류를 보관하고 그 사유를 법원게시판에 게시하거나 대법원규칙에서 정하는 방법, 즉 관보·공보·신문게재나 전자통신매체를 이용한 공시(민소규 제54조 1항) 중 어느 하나의 방법으로 하는 송달을 말한다(제195조 1항). 당사자의 주소 또는 근무장소를 알 수 없는 경우, 외국거주자의 경우에 외국에서 하는 제191조에서 정한 촉탁송달을 하기 어려운 경우(제194조 1항)에 한다.

첫 번째 공시송달의 효력은 법원사무관등이 공시송달사유를 법원게시판에 게시한 날부터 2주일이 경과해야 그 효력이 생긴다(제196조 1항). 다만 같은 당사자에 대한 그 뒤의 공시송달은 실시한 다음 날부터 그 효력이 생긴다(제196조 1항 단서). 외국거주자에 대한 첫 공시송달은 2월의 공시기간을 거쳐야 효력이 생긴다(제196조 2항). 이 기간은 늘일 수 있으나 줄일 수 없다(제196조 3항). 공시송달은 그 요건에 흠이 있어도 재판장이 공시송달을 명하여 절차를 마친 경우에는 유효

---

189) 소송서류의 송달을 받을 사람이 정당한 사유 없이 송달받기를 거부한 때에 송달장소에 서류를 놓아서(제186조 3항) 하는 송달을 말한다.

190) 송달받을 사람이 아무도 없는 경우, 즉 송달장소가 폐문되어 교부송달이나 보충송달조차 할 수 없는 경우에 우편송달을 한다(대결 1990. 1. 25, 89마939 참조).

191) 대판 1997. 9. 26, 97다23464:「…'달리 송달할 장소를 알 수 없는 때'라 함은 기록에 나와 있는 자료만으로는 송달할 장소를 알 수 없는 경우이고, 상대방에게 주소보정을 명하거나 직권조사를 하였음에도 불구하고 송달장소를 알 수 없는 경우를 의미하지 않는다.…」

192) 대결 2009. 8. 31, 2009스75 참조.

193) 대결 2011. 2. 25, 2010마1885.

한 송달이 된다.[194] 따라서 일단 재판장이 공시송달을 명하여 송달된 경우에는 불변기간이 진행하므로 공시송달이 무효임을 전제로 한 재 송달은 있을 수 없다. 공시송달이 부적법한 경우에는 소송행위의 추후보완(제173조) 또는 재심(제451조 1항 11호)[195]에 의하여 구제를 받아야 한다. 공시송달도 사망한 당사자 또는 대표자 없는 법인에 대해서는 무효이므로 실시할 수 없다.[196]

다. 외국에서 하는 송달

외국에서 하는 송달은 재판장이 그 나라에 주재하는 우리나라 대사·공사, 영사 또는 그 나라의 관할 공공기관에 외교통상부장관을 경유하여 촉탁한다(제191조). 이 규정은 그 외국과 사법공조에 관한 협정이나 국제관행 또는 상호보증이 있는 것을 전제로 한다(국민사공 제4조). 우리나라가 2000. 1. 13. 가입한 1965년 헤이그 송달협약은 미국·중국·일본 및 EU국가 등 전 세계의 47개국이 가입하였는데 가입 국가 사이에서 소송관련 서류의 해외 송달절차가 간소화되어 현재 실무상 많이 이용되고 있다. 호주·중국 등 몇 개 국가와의 쌍무조약(雙務條約)이 체결되어 이들 국가와의 사이에 촉탁송달을 할 수 있으며, 사법공조에 관한 쌍무조약이 체결되지 않은 국가라고 하더라도 외국이 명백한 의사표시로 승인한 경우(국민사공 제5조 2항 2호)나 상호보증이 있을 때에 촉탁송달할 수 있다. 미국은 1976. 2. 3.에 미국정부가 비조약국에 대해서도 사법공조에 응할 의사를 표시하였으므로 촉탁송달이 가능하다. 외국이 송달에 관한 사법공조를 거절하는 경우에는 외국에서의 공시송달방법에 의하여 송달할 수밖에 없다.

라. 송달의 흠

1) 송달이 법에 정한 방식에 위반된 경우[197]에는 원칙적으로 무효이다. 송달이 무효가 되더라도 송달의 흠에 대하여 소송절차의 흠에 관한 이의권을 포기하

---

194) 대전결 1984. 3. 15, 84마20.
195) 대판 1974. 6. 25, 73다1471.
196) 대판 1991. 10. 22, 91다9985.
197) 예를 들어 송달을 받을 사람이 아닌 사람에 송달, 단순히 세 들어 사는 사람과 같이 수령권자(제186조)아닌 사람에게 한 송달, 송달장소 아닌 곳에 유치송달, 보충송달이나 유치송달을 해보지도 않고 한 우편송달은 무효이다.

거나 상실하면 그 무효를 주장할 수 없다. 그러나 상소기간과 같은 불변기간의 기산점과 관계 있는 송달은 이의권의 포기가 허용되지 않는다.[198]

공시송달은 재판장의 명령이라고 하는 재판에 의하여 이루어졌기 때문에 설령 그 요건에 흠이 있더라도 송달이 무효가 되지 않고 뒤에 추후보완에 의해서 구제받을 수 있다.

2) 원고가 피고의 주소를 허위 신고하여 자백간주(제150조)의 형식으로 승소판결을 받은 경우에는 피고가 송달을 받은 바 없어 그 송달은 무효가 된다. 따라서 이 경우에는 상소기간이 진행되지 않으며 그 판결에 터 잡은 등기 등 집행도 미확정판결에 기한 것이므로 당연무효이다. 이 경우 당사자는 상소를 제기할 수도 있고 별소로써 원인무효를 이유로 미확정판결에 기한 등기의 말소를 청구할 수도 있다.[199]

4. 소송절차의 정지

가. 소송절차의 중단

1) 중단의 의미

소송절차가 진행되는 가운데 한 쪽 당사자에게 사정이 생겨 이를 교체하여야 할 경우가 있다. 이 경우에는 새로운 당사자가 절차에 관여할 기회를 갖도록 하기 위하여 소송절차의 진행을 정지할 필요가 있는데 이 필요에 의하여 소송절차를 정지하는 것을 소송절차의 중단이라고 한다. 소송절차의 중단은 법에서 정한 중단사유만 있으면 당연히 발생하고 새로운 당사자가 소송절차를 수계하거나 법원의 속행명령으로 해소된다.

2) 중단의 사유

가) 당사자의 소멸　　　가장 많은 중단사유이다. 사람의 사망(제233조), 법인의 합병에 의한 소멸(제234조)의 경우 등이다.

---

198) 대판 1979. 9. 25, 78다2448.
199) 대전판 1978. 5. 9, 75다634.

나) 당사자의 소송능력의 상실, 법정대리인(또는 대표자)의 사망, 대리권(대표권)의 소멸(제235조)   소송대리권의 소멸은, 본인이 스스로 소송을 수행할 수 있기 때문에 중단사유가 아니다.

다) 당사자적격을 상실한 결과 소송에서 당연히 탈퇴하는 경우   다음과 같은 경우이다. 법률행위로 소송목적을 양도하는 경우에는 양도인이 당연히 소송에서 탈퇴하지 않으므로 중단사유가 아니다.

a) 신탁재산에 관한 소송에서 당사자가 되는 수탁자의 임무종료(제236조) 여기서의 신탁은 신탁법에 의한 수탁자의 임무종료를 의미하고 명의신탁의 해지를 의미하지 않는다.[200)]

b) 일정한 자격에 기하여 당사자가 된 자의 자격상실(제237조 1항)   파산관재인, 회생회사의 관리인 등이 자격상실을 한 경우이다. 채권자대위소송의 채권자, 추심소송의 압류채권자, 대표소송의 주주들은 자기의 권리에 기해서 소송담당을 한 자이기 때문에 여기에 포함되지 않는다.

c) 선정당사자 전원의 자격상실(제237조 2항)   증권관련집단소송에서 대표당사자 전원이 사임한 경우도 같다(증집소 제24조). 선정당사자 중 일부에 자격상실이 있는 경우에는 나머지 사람들이 소송을 수행할 수 있기 때문에 소송절차가 중단되지 않는다.

d) 파산재단에 관한 소송에서 당사자의 파산선고(제239조) 및 파산절차의 해지(제240조)   i) 당사자가 파산선고를 받은 때에 파산재단에 관한 소송절차는 중단된다. 이 경우 채무자 회생 및 파산에 관한 법률에 따른 수계가 이루어지기 전에 파산절차가 해지되면 파산선고를 받은 자가 당연히 소송절차를 수계한다(제239조). 회생절차개시결정이 있는 때에도 채무자의 재산에 관한 소송절차는 중단된다(회생 파산 제59조 1항). 채무자 회생 및 파산에 관한 법률 제347조에 따라 파산재단에 관한 소송의 수계가 이루어진 뒤 파산절차가 해지된 때에도 소송절차는 중단되는데 이 경우에도 파산선고를 받은 자가 소송절차를 수계하여야 한다(제240조).

ii) 채무자에 대하여 파산선고 이전의 원인으로 생긴 재산상의 청구권인 파산채권은 파산절차에 의하지 아니하고는 행사할 수 없으므로(회생 파산 제423조, 제

---

200) 대판 1966. 6. 28, 66다689.

424조) 재산상의 청구권에 관한 소송이 계속하는 도중에 채무자에 대한 파산선고가 있게 되면 소송절차는 중단되어 파산채권자는 파산사건의 관할법원에 채무자 회생 및 파산에 관한 법률 제447조 이하에서 정한 바에 따라 채권신고를 하여야 하고, 채무자의 회생절차개시 신청에 의하여 법원이 회생절차개시결정(회생 파산 제49조)을 하면 채무자의 재산에 관한 소송절차는 중단된다(회생 파산 제59조 2항). 이 경우 회생채권과 관계없는 것은 관리인 또는 상대방이 수계할 수 있다. 회생채권자는 이 경우 위 법률 제147조 이하에서 정한 바에 따라 채권신고를 하여야 한다. 회생채권에 관하여 이의가 있는 때에는 회생채권자는 그 권리의 확정을 위하여 이의자 전원을 상대방으로 하여 법원에 채권조사확정의 재판을 신청할 수 있다(회생 파산 제170조 1항). 법원은 이의자를 심문하여 채권조사확정재판을 결정하는데(회생 파산 제170조 4항·5항) 이에 불복하는 자가 이의채권을 보유하는 권리자인 때에는 이의자 전원을 피고로 하고, 이의자인 때에는 그 회생채권자를 피고로 한다(회생 파산 제171조).

　　iii) 채권조사절차에서 그 파산채권이나 회생채권에 대한 이의가 없는 때에는 채권이 신고한 내용대로 확정되고(회생 파산 제458조, 제166조 1항) 확정된 파산채권을 파산채권자표에 기재하거나 회생채권을 회생채권자표에 기재한 때에는 확정된 파산채권은 파산채권자 전원에 대하여(회생 파산 제460조), 확정된 회생채권은 회생채권자 전원에 대하여(회생 파산 제169조) 그 기재는 확정판결과 동일한 효력이 있으므로 계속 중이던 파산채권이나 회생채권에 관한 소송은 소의 이익이 없어 부적법하게 된다.[201]

　　iv) 만약 파산채권이 소송계속중인데 채권조사절차에서 그 파산채권에 대한 이의가 있어 파산채권자가 그 권리의 확정을 구하고자 하는 때에는 파산채권자는 이의자 전원을 소송의 상대방으로 하여 위 계속 중이던 소송을 수계하고 청구의 취지 등을 채권확정소송으로 변경하여야 한다(회생 파산 제464조).[202] 이의를 제기하지 않은 파산채권자에 대해서는 채권확정소송의 소의 이익이 없다. 회생채권이 소송계속중인 경우에도 회생채권자가 그 권리의 확정을 구하고자 하는 때에는 회

---

201) 대판 2014. 6. 26, 2013다17971 참조.
202) 대판 1999. 7. 23, 99다22267; 대판 2009. 10. 29, 2009다58234; 대판 2013. 9. 12, 2012다95486·95493 등 참조.

생채권자는 이의자 전원을 소송의 상대방으로 하여 위 계속 중이던 소송을 수계하고 청구의 취지 등을 채권확정소송으로 변경하여야 한다(회생 파산 제172조). 이의를 제기하지 않은 회생채권자에 대해서는 소의 이익이 없다. 따라서 이의자가 여럿인 경우의 채권확정소송은 고유필수적 공동소송이지만 이의를 하지 않은 회생채권자와의 관계에서는 합일·확정이 되지 않을 수 있다.

v) 한편 소송계속중 일방 당사자에 대하여 파산선고가 있었는데, 법원이 그 파산선고 사실을 알지 못한 채 파산관재인이나 상대방의 소송수계가 이루어지지 아니한 상태 그대로 소송절차를 진행하여 판결을 선고하였다면, 그 판결은 소송에 관여할 수 있는 적법한 소송수계인이 법률상 소송행위를 할 수 없는 상태에서 심리되어 선고된 것이므로 절차상 위법하나 당연 무효라고는 할 수 없고 마치 대리인에 의하여 적법하게 대리되지 아니하였던 경우와 마찬가지로 대리권 흠결을 이유로 한 상소 또는 재심에 의하여 그 취소를 구할 수 있다. 상소심에서 파산선고를 받은 자가 수계절차를 밟은 경우에는 그와 같은 절차상의 흠은 치유되어 그 수계와 상소는 적법한 것으로 된다.[203]

3) 중단되지 않는 경우

파산재단에 관한 소송의 파산선고 및 파산해지를 제외하고는 그 중단사유가 생긴 당사자 쪽에 소송대리인이 있으면 중단사유가 있어도 대리권이 소멸되지 않고 계속된다(제95조, 제96조). 따라서 이 경우에는 소송대리인이 소송을 수행할 수 있어 소송절차는 중단되지 않는다(제238조). 소송대리인은 심급대리가 원칙이므로 그 심급의 판결이 당사자에게 송달될 때 소송대리인의 대리권도 소멸되어 그때 소송절차는 비로소 중단된다. 중단상태에서 제기한 상소는 부적법하지만 상소심 법원에서 수계신청을 하면 흠을 고칠 수 있다.[204]

4) 중단의 해소

소송절차의 중단은 당사자의 수계신청(제241조) 또는 법원의 속행명령(제244조)에 의하여 해소된다. 해소되면 소송절차가 다시 진행된다.

---

203) 대판 1999. 12. 28, 99다8971.
204) 대판 1996. 2. 9, 94다61649.

나. 소송절차의 중지

중지사유는 다음과 같다.

1) 직무집행불가능에 의한 중지(제245조)

천재지변, 그 밖의 사고로 법원 전체가 직무집행을 할 수 없게 된 경우이다.

2) 당사자의 장애로 말미암은 중지(제246조)

당사자가 전쟁 그 밖의 사유로 법원에 출석하여 소송행위를 할 수 없는 장애사유가 발생한 경우이다.

3) 그 밖의 중지

소송계속중에 위헌여부제청(헌재 제42조 1항), 조정에 회부(민조규 제4조 1항) 등에는 당연히 소송절차가 중지되고, 특허심결이 선결관계에 있는 경우(특허 제164조 2항 등) 채무자회생 및 파산절차에서 회생절차개시의 신청이 있는 경우(회생파산 제44조)에는 법원의 재량에 의하여 중지할 수 있다.

다. 소송절차정지의 효과

1) 소송절차상의 행위

소송절차가 정지되었는데 당사자가 한 소송행위는 상대방에 대한 관계에서 무효이다. 뒤에 정지가 해소된다고 하여 소급해서 유효가 되는 것이 아니다.

정지가 되었는데 법원이 한 재판, 증거조사 기타의 행위는 당사자 양쪽과의 관계에서 무효이나 소송절차에 관한 이의권을 포기하거나 상실 당함으로써 유효하게 될 수 있다. 다만 변론종결 이후에 중단이 생겼을 때에는 당사자의 절차관여가 필요하지 않고 빨리 재판하는 것이 좋기 때문에 중단 중에도 판결을 선고할 수 있다(제247조 1항). 그러나 판결의 송달은 중단 중에는 당사자가 송달받을 능력이 없기 때문에 중단 해소 후에 하여야 한다.

변론종결 이전에 정지된 경우에는 변론을 종결하고 판결을 선고할 수 없다.

만약 사망한 당사자에게 상속인이 있는데도 수계절차를 밟지 아니하고 종국판결을 선고하였다면 그 판결은 수계할 당사자의 법률상 소송수행을 방해하는 상태에서 한 것이므로 적법한 대리가 없었던 경우와 같이 보아야 할 것이다. 따라서 대리권의 흠을 유추하여 상소(제424조 1항 4호) 또는 재심(제451조 1항 3호)에 의해서 취소할 수 있다.[205] 다만 불이익을 받은 당사자가 추인하면 그 사유가 소멸된다.

2) 기간의 진행

소송절차가 정지되면 기간은 진행을 하지 않는다. 정지가 해소되면 다시 기간이 진행되는데 그 때에는 정지가 해소된 이후에 남은 기간이 아니라 처음부터 다시 기간이 진행된다.

Ⅱ. 변 론

1. 변론의 뜻과 종류

가. 뜻

변론이라 함은 좁게는 당사자가 변론기일에 말로 하는 사실과 증거에 관한 재판자료의 제출행위를 의미한다. 하지만 넓게는 당사자의 이와 같은 소송행위 이외에 법원이 말로 하는 증거조사나 소송지휘(제135조) 및 판결의 선고까지 포함하는 의미로 사용된다.

나. 종 류

1) 필수적 변론

재판은 반드시 변론을 거쳐야 하고 변론에서 말로 제출된 재판의 자료만 참작되어야 하는 것을 필수적 변론이라고 한다. 판결로 재판할 때에는 원칙적으로 필수적 변론에 의하지 않으면 안 된다(제134조 1항). 다만 피고가 소장의 부본을 송달받은 날로부터 30일 이내에 답변서를 제출하지 아니하여 변론 없이 판결할

---

205) 대전판 1995. 5. 23, 94다28444.

때(제257조 1항), 소나 상소를 각하하는 판결(소송판결)을 하는 때(제219조, 제413조), 소액사건에서 소송기록으로 청구가 이유 없는 것이 명백하여 기각판결을 하는 때(소심 제9조 1항), 상고심판결을 하는 때(제430조), 소송비용의 담보를 제공하여야 할 결정을 받고도 담보를 제공하지 아니한 때(제124조)에는 변론 없이 서면심리로 할 수 있다(제134조 3항).

2) 임의적 변론

법원이 결정으로 완결할 사건에서 변론을 열 것이냐는 법원의 재량이다(제134조 1항 단서). 이를 임의적 변론이라고 한다. 제척·기피(제46조), 관할의 지정(제28조), 소송인수(제82조), 소송비용의 확정(제110조, 제113조, 제114조), 소송구조(제128조), 판결경정(제211조) 등이 이에 속한다. 임의적 변론에서는 변론을 열지 아니하고 당사자들을 심문할 수 있다(제134조 2항). 심문은 당사자·이해관계인 그 밖에 참고인들에게 서면 또는 말로 진술할 기회를 주는 것을 말한다. 따라서 공개법정을 열 필요가 없다. 심문 여부는 법원의 재량이나 특별히 심문을 필요로 하는 경우(제82조 2항, 제317조 1항)와 심문을 거칠 필요가 없는 경우(제467조)가 있다. 임의적 변론에서는 말로 하는 진술뿐 아니라 서면으로 하는 진술도 모두 재판의 자료로 참작된다.

2. 변론의 원칙

가. 공개주의

1) 뜻

공개주의라 함은 소송의 심리와 재판을 모든 국민에게 보여줄 수 있는 상태에서 하여야 한다는 원칙을 말한다. 이 원칙은 헌법(헌 제109조)이 정할 정도로 중요한 근대 국가의 사법원칙이다. 재판을 공개하면 방청하는 사람들은 물론 매스컴을 통하여 온 국민이 모두 심리의 과정을 알 수 있어 공정한 재판인지 여부를 감시할 수 있게 되고 재판하는 법관들도 이를 의식하여 재판이 공정하게 되도록 노력하게 된다. 물론 비공개 재판이라 하더라도 그 내용이 항상 잘못된다는 것은 아니지만 불공정한 재판이 아니냐는 의심을 줄 수 있으므로 재판의 공개는 사법에 대한 국민의 신뢰를 확보하는 역할을 한다.

여기에서 공개하여야 할 재판이라 함은 실체적 권리관계를 확정하는 변론과 판결의 선고이다. 심판의 합의(법조 제65조), 가사사건(가소 제10조), 비송사건절차(비송 제13조), 조정절차(민조 제20조) 등은 공개의 대상이 아니다. 변론준비절차도 반드시 공개할 필요가 없다.[206]

2) 일반공개와 당사자 공개

가) 일반공개　　국민 일반에 대한 공개를 말한다. 법정에서 누구나 다 방청할 수 있다든가, 보도기관이 심리의 결과를 국민이 모두 알게 하는 것을 말한다. 누구든지 권리구제. 학술연구 또는 공익적 목적에 따라 공개를 금지한 변론에 관련된 소송기록에 대한 것을 제외하고는 재판이 확정된 소송기록의 열람을 청구할 수 있다(제162조 2항). 그러나 판결이 확정된 판결서는 소액사건의 경우와 심리불속행판결, 변론의 공개를 금지한 사건의 판결서 전부 또는 일부 등을 제외하고는 인터넷, 그 밖의 전산정보처리시스템을 통한 전자적 방법 등으로 열람 및 복사를 할 수 있다(제163조의2 1항 본문). 그러나 당사자의 신청에 의하여 소송기록 중 1. 당사자의 사생활에 관한 중대한 비밀이 적혀 있고, 제3자에게 비밀기재부분의 열람 등을 허용하면 당사자의 사생활에 지장이 클 우려가 있는 때, 2. 당사자가 가지는 영업비밀(부정경쟁방지법 제2조 3호에 규정된 영업비밀을 말한다)이 적혀 있는 때에는 그 비밀이 적혀 있는 부분의 열람·복사, 재판서·조서 중 비밀이 적혀 있는 부분의 정본·등본·초본의 교부를 결정으로 당사자에게 한정한 경우(제163조)에는 일반에게 공개되지 않는다.

나) 당사자공개　　소송당사자가 법정에 출석하여 변론 및 증거조사 등에 참여하면서 법원이나 상대방의 소송행위를 알게 하는 공개를 말한다. 여기에는 당사자나 이해관계인이 기록열람·복사 등본 등의 교부를 청구할 수 있는 권리(제162조)도 포함한다.

---

206) 대판 2006. 10. 27, 2004다69581.

나. 당사자 평등의 심리주의[207]

1) 뜻

소송의 심리에서 대립하는 당사자 양쪽이 평등하게 주장·입증의 기회를 갖게 하는 심리원칙을 말한다. 대립당사자주의의 소송구조는 당사자에게 자기의 권리와 이익을 충분하게 주장할 수 있는 지위와 기회를 평등하게 주는 것을 기본으로 한다. 무기대등의 원칙이라고도 한다.

2) 형식적 평등과 실질적 평등의 원칙

가) 형식적 평등의 원칙   이 심리원칙은 소송절차에서 당사자를 그 소송 외의 지위와 관계없이 같은 심리조건에서는 동등하게 대우하는 것을 말한다. 대립당사자의 사회적 지위 등 실질적인 차이는 문제로 삼지 아니하며 법원은 중립적 입장에서 양쪽 당사자에게 평등한 지위에서 공격과 방어할 기회를 보장하여야 한다는 것이 위 원칙의 취지이다. 필수적 변론(제134조), 소송절차의 중단·중지(제233조 이하)는 이 원칙을 실현하기 위한 것이다.

나) 실질적 평등의 원칙   당사자가 형식적으로는 평등하지만 소송 밖에서 사회적·경제적으로 불평등한 경우에는 소송수행에 있어서도 실질적으로 격차가 생기는 현상을 부정할 수 없다. 국가가 그 격차를 방치하고 당사자의 형식적 평등에 만족하여서는 재판에 대한 당사자 및 국민의 신뢰를 확보하기 어렵게 된다. 그리하여 형식적 당사자 평등의 원칙에 의한 쟁송기회의 보장, 법원의 중립적 지위의 유지 이외에 당사자의 소송수행상의 법적 지위와 소송수행능력의 면에서 실질적인 평등이 요청된다. 그 요청은 모두 실질적 평등의 원칙에 기한 것으로서 소송능력제도 및 변호사대리의 원칙(제87조), 재판장의 석명권(제136조) 행사에 의한 소송촉진 들은 위의 요청에 맞추기 위한 것이라고 할 수 있다.

---

207) 이 원칙을 흔히 「쌍방심리(문)주의」라고 표현하고 있으나 적절하지 아니하여 여기서는 이 표현을 쓰지 않기로 하였다.

다. 구술주의

1) 뜻

구술주의라 함은 변론, 증거조사 및 재판 등을 말로 하여야 한다는 원칙, 특히 말로 진술한 소송자료만이 재판에서 참작되어야 한다는 원칙을 말한다. 말로 하는 변론은 즉석에서의 논의를 활성화시켜 당사자들에게 재판의 주제를 선명하게 각인시키는 효과가 있다. 이것이 직접주의나 공개주의와 결합되면 변론에서의 심리를 실질화시키는 효과가 있다.

2) 서면의 보완

그러나 복잡한 사실관계나 계산관계는 말로 하는 것만으로 설명하거나 이해하기 어렵고 기억하기도 곤란하다. 그러므로 확실성, 명확성, 보존의 용이성 등을 이유로 서면주의를 보완원리로 한다.

가) 소장의 작성   소를 제기하려면 소송목적의 값이 2,000만원 이하가 되는 소액사건(소심 제4조)을 제외하고는 소장이라는 서면을 작성하여 제1심 법원에 제출하여야 한다(제248조). 소의 제기라는 중요한 소송행위에 관해서는 절차의 확실성과 안정성을 기하기 위해 서면이 요구된다.

나) 변론준비절차   변론준비절차는 기간을 정하여 당사자로 하여금 준비서면, 그 밖의 서류를 제출하게 하거나 당사자 사이에 이를 교환하게 하거나 주장사실을 증명할 증거를 신청하게 하는 방법으로 진행한다(제280조 1항). 이것은 사실관계를 용이하게 이해하도록 하여 상대방 당사자에게 반론할 기회를 주거나 사실관계를 용이하게 이해하여 심리의 충실과 촉진을 도모하기 위해 서면을 제출하게 하는 경우이다.

다) 기   타   구술주의를 관철하면 심리가 지연될 우려가 있거나 당사자의 공평을 해할 우려가 있는 경우에는 서면주의를 채택한다. 결정절차(제134조 1항 단서), 소장·상소장 각하명령(제254조 2항, 제402조, 제425조)의 경우, 자백간주(제150조)의 경우 등이다.

라. 직접주의

1) 뜻

당사자가 변론이나 증거조사를 수소법원 앞에서 실시하고 법원이 직접 이에 관여하여 이를 기초로 재판하는 원칙을 말한다. 판결은 기본이 되는 변론에 관여한 법관만 할 수 있는데(제204조 1항) 이것은 직접주의가 구현된 것이다.

2) 예   외

그러나 직접주의를 엄격하게 적용하면 심리의 기동성이 약해지고 소송경제에 반하는 사태가 생길 우려가 있기 때문에 이를 보완하는 예외적인 절차를 두고 있다.

가) 변론의 갱신(제204조 2항)   심리하는 도중에 수소법원의 구성이 바뀐 경우에 직접주의를 관철시켜 다시 처음부터 심리를 거듭하게 한다면 그로 인해서 소송의 진행이 현저하게 지연되어 소송경제에 반하므로 당사자로 하여금 새로운 법관 앞에서 종전 변론의 결과만 진술하게 하였다.

나) 수명법관·수탁판사의 증거조사 등   법원은 상당하다고 인정할 때 법원 외에서 수명법관·수탁판사에게 증거조사를 하게 할 수 있다(제297조). 그러나 증인신문은 직접주의·구술주의의 요청이 강하기 때문에 증인이 정당한 사유로 인하여 수소법원에 출석하지 못하거나(제313조 1호) 수소법원에 출석하려면 지나치게 많은 비용 또는 시간을 필요로 하는 때(동조 2호) 그 밖에 상당한 이유가 있는 경우로서 당사자가 이의를 제기하지 아니한 때(동조 3호)에는 예외적으로 수명법관·수탁판사에게 증인신문을 하게 할 수 있다(제313조). 외국에서 증거조사를 하는 경우에 외국에 주재하는 대·공사, 영사 또는 그 나라의 관할 공공기관에 촉탁한다(제296조). 모두 직접주의의 예외이다.

3. 변론의 집중(변론의 준비와 쟁점정리)

가. 집중심리방식

현행법상의 집중심리 방식으로는 준비서면 이외에 무변론판결(제257조), 변론준비절차(제280조), 변론준비기일(제282조), 적시제출주의(제146조), 화해권고결정(제225조) 등이 있다.

나. 준비서면

1) 뜻

가) 준비서면이라 함은 당사자가 변론에 앞서 미리 상대방에게 변론의 내용을 예고하는 서면을 말한다. 현행법상 단독사건에서의 변론은 상대방이 준비하지 아니하면 진술할 수 없는 사항을 제외한 나머지 사항에 관해서 서면으로 준비하지 아니할 수 있지만(제272조 2항) 그 이외에는 당사자가 변론을 서면으로 준비하여야 한다(제272조 1항). 준비서면에는 공격 또는 방어의 방법(제274조 1항 4호) 및 상대방의 청구와 공격 또는 방어의 방법에 대한 진술(제274조 1항 5호)을 적는다. 그 결과 준비서면은 법원으로 하여금 소송지휘의 지침을 주고 상대방에게는 변론을 준비하는 구실을 한다.

준비서면은 민사 변론절차에서 가장 많이 이용되는 제도이다. 민사사건을 수임한 변호사의 가장 큰 작업은 준비서면을 작성하는 일이고 민사재판을 담당하는 판사도 준비서면을 읽고 그 의미를 이해하는 것이 가장 큰 일이다. 예전에는 당사자가 준비서면에 적은 내용을 전부 다 말로 진술하는 것이 아니고 그냥「몇 월 몇 일자로 법원에 제출한 준비서면을 진술합니다」라고 진술하면 아무리 장문의 준비서면이라도 말로 변론한 것이 되어 재판시간을 절약할 수 있었으나 실제로는 말로 하는 변론이 없어 사실상 서면주의를 시행하는 것이나 다름없었다. 그런데 이제는 법원이 당사자로 하여금 준비서면의 요지라도 변론에서 직접 말로 하게 함으로써 구술주의를 강화하고 있다. 그 결과 변론이 역동적이며 참신하여졌고 방청석의 일반인들도 말로 하는 변론을 직접 들음으로써 재판에 대한 예측가능성을 높일 수 있다. 하지만 말로 하는 변론을 효율적으로 운영하려면 법원이나 당사자는 물론 일반 방청인들까지 그 변론의 내용을 알고 이해할 수 있도록 하는 요령 있고 논리적인 진술이 요청되는데 이 요청에 부응하기 위해서는 적어도 필수적 변론을 해야 하는 법정에서는 반드시 변호사가 변론할 수 있도록 하는 변호사강 제주의의 도입이 절실하다 할 것이다.

나) 피고의 답변서(제256조 4항), 요약준비서면(제278조), 지급명령의 신청원인 을 부정하는 이의(제470조 이하)도 준비서면에 속한다.

다) 준비서면은 실무상 피고의 답변서 → 원고의 반박준비서면 → 피고의 재 반박준비서면 → 원고의 재재반박준비서면의 제출 순서로 교환된다.

2) 준비서면을 제출하지 않은 효과

가) 예고 없는 사실 주장의 금지　　　당사자가 공시송달의 방법으로 기일통 지서를 받은 경우를 제외하고는 변론에 출석하지 아니하면 변론에서 상대방이 주 장하는 사실은 자백한 것으로 간주된다(제150조 1항). 그러므로 당사자가 준비서면 으로 자기의 주장사실을 미리 예고하지 않고 법정에 출석하였다가 상대방이 출석 하지 아니한 것을 알고 엉뚱한 주장을 하고 그것이 자백간주가 되면 이것은 불의 의 타격이고 절차기본권의 중대한 침해가 되기 때문에 준비서면에 적지 아니한 사실은 상대방이 출석하지 아니한 때에는 변론에서 주장하지 못하는 것이다(제 276조 본문).

a) 여기에서의 「사실」은 사실상의 진술은 물론 증거신청도 포함하여야 한다. 왜냐하면 당사자가 증거조사에 참여하여 그 결과에 대해서 변론을 하는 것은 사 실인정에 중대한 영향을 주는데 그 기회를 박탈하는 것은 당사자에게 불의의 타 격이 되어서 무기 대등의 원칙에 어긋나기 때문이다. 그렇다면 법원이 직권으로 하는 직권증거조사의 경우에도 준비서면에 예고되지 않거나 당사자 한쪽이 잘 모 르는 증거조사는 실시할 수 없다.

법률상의 진술은 상대방이 불출석한 경우에 하더라도 자백으로 간주되지 아 니하지만 그 법률상의 진술에 대한 상대방의 반박 기회를 보장하는 것이 무기대 등의 원칙상 바람직하다.

b) 상대방의 주장사실에 대한 부인 또는 부지의 진술은 누구라도 예상할 수 있기 때문에 상대방이 불출석한 경우라도 그러한 진술은 할 수 있다.

나) 예고 없는 사실의 주장　　출석한 당사자가 준비서면에 적지 않은 예고 없는 사실을 주장하려면 속행기일의 지정을 구하여 그때까지 준비서면을 제출할 수 있다.

3) 준비서면에 적지 않은 사실의 주장

상대방이 출석한 경우에는 준비서면에 적지 않은 사실도 주장할 수 있는 것은 당연하다. 그러나 이 경우에 미리 예고하지 아니하였기 때문에 바로 답변을 할 수 없어 속행기일을 필요로 할 경우에는 당사자가 승소한 경우라도 소송비용을 부담한다는 재판을 받을 수 있다(제100조).

4) 준비서면을 제출한 효과

가) 준비서면은 변론을 준비하는 것이지 그에 갈음하는 것이 아니므로 변론에서 진술할 때 비로소 판결의 기초가 된다. 그러나 준비서면을 제출하여 두면 변론 또는 변론준비기일에 불출석하더라도 그 기재사항을 진술한 것으로 보게 되므로(제148조, 제286조) 불출석한 당사자가 마치 출석한 듯한 효과가 있다.

나) 당사자는 준비서면에 적은 사실을 상대방이 불출석하더라도 주장할 수 있다. 그러므로 상대방이 이에 대하여 아무런 주장을 하지 않고 불출석하면 명백하게 다투지 않은 것으로 되어 당사자는 자백간주의 이익을 얻을 수 있다(제150조 1항 3항).

다) 변론준비절차가 열리기 이전에 제출한 준비서면은 변론준비절차에서 진술을 태만하게 하더라도 변론에서 주장할 수 있다. 다만 변론준비절차에서 철회, 변경된 때에는 제외된다(제285조 3항).

라) 피고가 본안에 관한 준비서면을 제출한 뒤에 원고가 소를 취하하려면 피고의 동의를 받아야 한다(제266조 2항).

다. 변론준비절차

1) 뜻

변론준비절차라 함은 쟁점 및 증거의 정리를 목적으로 하는 변론 이전 단계

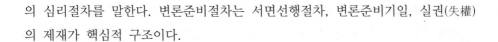

의 심리절차를 말한다. 변론준비절차는 서면선행절차, 변론준비기일, 실권(失權)의 제재가 핵심적 구조이다.

2) 서면선행절차

가) 개   념   재판장은 주장과 증거를 정리하고 소송관계를 뚜렷하게 하기 위하여 기간을 정하여 당사자로 하여금 준비서면 그 밖의 서류를 내게 하거나 당사자 사이에 이를 교환하게 하고 주장사실을 증명할 증거를 신청하게 하는 방법으로 변론준비절차를 진행한다(제280조 1항). 그러므로 변론준비절차에서는 서면주의를 실시할 수 있다.

나) 답변서제출의무와 무변론판결

a) 답변서제출의무   공시송달의 방법으로 송달받은 경우를 제외하고는 소장부본 송달 이후 30일 이내에 답변서를 제출하여야 한다(제256조 1항).

b) 무변론판결(제257조)   피고가 위와 같이 답변서를 제출하지 아니한 경우에는 직권조사사항이 있는 경우를 제외하고는 무변론판결을 한다. 이 판결은 피고에게 매우 불이익하므로 판결선고시까지 단순히 다툰다는 취지의 답변서를 제출하여도 무변론판결을 할 수 없다(제257조 1항). 그러나 답변서의 내용이 모두 자백뿐이고 따로 항변을 제출하지 아니한 경우에는 무변론판결을 할 수 있다(제257조 2항).

다) 반박서면을 제출하는 기간의 재정(裁定)(제280조, 제284조)   재판장은 기간을 정하여 당사자로 하여금 준비서면을 제출하게 하고 이를 제출하지 아니할 때에는 변론준비절차를 종결할 수 있다.

라) 서면선행절차의 평가   법원은 서면선행절차에서 포괄적인 기일준비를 하여 이를 기초로 변론기일을 열어 종국판결을 할 수 있게 된다. 변론기일은 종래와 같이 준비서면을 낭독하는 장(場)이 아니라 법원과 원·피고 당사자들 3자 사이에서 벌린 토론의 장이 되므로 여기에서 실질적 구술주의가 싹틀 수 있다. 이 점에 서면선행절차의 참된 의미가 있다.

3) 변론준비절차에서의 당사자의 협력

재판장 등은 변론준비절차에서의 쟁점과 증거의 정리, 그 밖에 효율적이고 신속한 변론진행을 위한 준비가 완료되도록 노력하여야 하며 당사자는 이에 협력하여야 한다(민소규 제70조 1항). 당사자는 이를 위해서 상대방과 협의할 수 있고 재판장 등은 당사자에게 변론진행의 준비를 위하여 필요한 협의를 권고할 수 있다(민소규 제70조 2항).

4) 변론준비처분

법원은 소송의 처음부터 쟁점의 파악과 해결을 위한 변론준비가 요청되므로 재판장 등은 변론준비기일이 끝날 때까지 변론의 준비를 위한 모든 처분을 할 수 있다(제282조 5항). 왜냐하면 이 변론기일준비에 의해서만 절차의 집중화가 달성될 가능성이 있기 때문이다. 법관의 구체적 변론준비처분으로서는 본인의 출석명령(제286조, 제140조 1항 1호), 특정사항에 관한 기간재정(제286조, 제147조), 변론준비절차에서의 증거조사(제281조) 및 변론준비기일(제282조 1항) 등이 있다.

5) 변론준비절차에서의 증거조사(기일 전 증거조사)

가) 뜻   변론준비절차에서의 증거조사는 사건의 실체를 파악하는 중요한 구실을 하므로 변론준비수단으로서 매우 긴요하다. 그러므로 증거의 신청과 조사는 변론기일 이전에도 할 수 있고(제289조 2항) 재판장 등은 변론의 준비를 위하여 필요하다고 인정하면 증거결정(제281조 1항) 및 변론의 실효성과 집중성을 달성하기 위하여 필요한 범위에서 증거조사를 할 수 있다(제281조 3항 본문).

나) 범   위   증거조사는 심리의 핵심적 부분으로서 마땅히 공개해야 하므로 비공개의 변론준비절차에서 실시하는 것은 부적당한 점이 있지만 변론준비절차는 변론의 준비행위이므로 그에 필요한 범위에서의 증거조사는 허용되는 것이다. 일반적으로 서증은 중요한 공격방어의 방법이지만 문서로 되어 있어 변론의 공개여부가 큰 문제가 되지 않는다. 따라서 서증은 변론준비절차에서 제출하는 것은 물론 그 인부(認否)까지 할 수 있고, 검증·감정·문서송부촉탁도 변론의 공개 여부와 관계없으므로 증거조사를 할 수 있다. 그러나 증인신문은 공개되어야 한다. 따라서 증인이 변론기일에 출석하기 어렵거나 출석하는데 지나치게 많은 비용 또는 시간이 걸리는 경우 또는 그 밖에 상당한 이유가 있어 당사자가 이의하지 아니한 때에 예외적으로 증인신문을 할 수 있으나 그 외에는 할 수 없

다(제313조, 제281조 3항 단서). 결국 변론준비절차에서 할 수 없는 증거조사는 증인신문뿐이다.

6) 변론준비기일

가) 뜻　　변론준비절차에서 주장 및 증거를 정리하기 위한 기일을 말한다(제282조 1항).

나) 변론준비기일에서 당사자의 불출석

a) 당사자 한쪽의 불출석　　이 경우 재판장 등은 변론준비절차를 종결하고 변론기일을 지정할 수 있다(제284조 1항 3호). 출석한 당사자가 쟁점을 정리할 의사가 있는 경우에는 소장, 답변서 기타 준비서면을 진술한 것으로 보고 상대방에게 진술을 명하여 쟁점을 정리한다(제286조, 제148조 1항). 다만 진술 간주된 내용이 공증된 청구의 포기 또는 인낙인 경우에는 청구의 포기 또는 인낙이 성립된 것으로 보고(제286조, 제148조 2항) 공증된 화해의 경우에는 상대방 당사자가 준비기일에 출석하여 화해의 의사표시를 받아들인 때에는 화해가 성립한 것으로 본다(제286조, 제148조 3항).

b) 당사자 양쪽의 불출석　　이 경우에는 쟁점의 정리의사보다는 당사자가 소송을 계속할 의사가 있는지 문제된다. 따라서 변론준비절차를 종결할 것이 아니라 새 변론준비기일을 지정하여 양쪽 당사자에게 통지한 경우에도 당사자가 다시 불출석하고 그 후 1월 내에 변론준비기일 지정신청을 하지 아니하면 소 취하된 것으로 보아야 할 것이다(제286조, 제268조). 당사자 양쪽이 변론준비기일에서 한 번 불출석하였다고 하여 이것이 변론기일에 승계되는 것이 아니므로 변론준비기일에 한 번, 변론기일에 두 번 불출석하더라도 그 후 1월 내에 변론기일 지정신청을 하면 소 취하로 간주되지 않는다.[208]

7) 변론준비절차를 마친 효과

가) 변론에 올림

a) 결과진술　　당사자는 변론준비기일을 마친 뒤의 변론기일에서 변론준비기일의 결과를 말로 진술하여야 비로소 소송자료가 된다(제287조 2항). 서면주의

---

208) 대판 2005. 10. 27, 2004다69581.

는 변론준비절차에 적용될 뿐 변론에서의 원칙이 아니기 때문이다.

b) **당사자의 협력**　　첫 변론기일을 거친 뒤 바로 변론을 종결할 수 있도록 하며 당사자는 이에 협력하여야 한다(제287조 1항).

c) **증거조사의 실시**　　법원은 변론기일에 변론준비절차에서 정리된 결과에 따라서 바로 증거조사를 하여야 한다(제287조 3항). 여기에서 증거조사란 원칙적으로 증인신문을 의미한다. 증인신문 이외의 증거조사는 변론준비절차에서 실시할 수 있고 증인신문은 판결서를 작성하는 법관이 직접 신문하여 심증을 형성할 필요성이 있기 때문이다. 따라서 법원과 당사자는 변론준비기일에 미리 증인신문의 일시, 장소와 증인확보방안을 충분히 협의하여 첫 변론기일이 공전되지 않도록 하여야 할 것이다. 증인신문을 마치면 사건에 대한 심증을 형성하여 바로 화해권고결정(제225조)을 하든가, 변론을 종결하여야 할 것이다.

나) **실권(失權)의 제재**　　변론의 집중이라고 하는 변론준비절차의 목적을 달성하기 위해서는 당사자로 하여금 모든 소송자료를 변론준비절차에 제출시킬 필요가 있다. 이러한 필요에 의해 법원은 당사자가 소송자료의 제출을 게을리하는 경우에 일정한 실권의 제재를 가하는데 그 효과는 항소심의 변론에도 미친다(제410조 참조). 다만 변론준비절차에서 실권의 제재모습은 변론준비기일을 거치는 경우와 그렇지 않은 경우가 다르다.

a) **변론준비기일을 거치지 않은 경우**　　당사자는 변론준비절차에서 재판장이 기간을 정하여 제출을 명한 준비서면 등을 정한 기간 이내에 제출하지 아니하면 변론준비절차가 종결되어(제284조 1항 2호) 변론을 준비할 수 없는 불이익을 받는다. 그러나 변론준비절차에서 제출할 수 없었던 준비서면 등을 변론에 제출하는 데는 아무런 제약이 없어 변론절차 종결은 제재의 효과가 미약하다.

b) **변론준비기일을 거친 경우**　　일단 변론준비기일을 실시하였을 때에는 그 기일에 제출하지 아니한 공격방어의 방법은 ① 그 제출로 인하여 소송을 현저히 지연시키지 아니한 때 ② 중대한 과실 없이 변론준비절차에서 제출하지 못하였다는 것을 소명한 때 ③ 법원이 직권으로 조사할 사항인 때를 제외하고는 변론에서 제출하여 소송자료로 삼을 수 없다(제285조 1항). 변론준비기일에서 제출하지 아니한 공격방어의 방법을 변론에서 제출하는 경우에도 준비서면에 적지 아니한 사실은 상대방이 출석하지 아니한 때에는 주장하지 못한다(제285조 2항, 제276조).

소장 또는 변론준비절차 이전에 제출한 준비서면에 적힌 사항은 변론준비절차에서 철회되거나 변경된 경우를 제외하고는 언제든지 변론에서 주장할 수 있다(제285조 3항).

8) 변론준비절차와 화해권고결정

법원은 소송의 정도와 관계없이 화해를 권고하거나 수명법관 또는 수탁판사로 하여금 권고하게 할 수 있고(제145조 1항) 그 경우 법원, 수명법관 또는 수탁판사는 당사자 본인이나 그 법정대리인의 출석을 명할 수 있다(제145조 2항). 법원, 수명법관 또는 수탁판사는 소송 계속중인 사건에 관하여 직권으로 당사자의 이익 그 밖의 사정을 참작하여 화해를 권고하는 결정을 할 수 있다(제225조 1항). 화해권고가 확정되면 재판상 화해와 동일한 효력이 있다(제231조). 변론준비절차에서는 쟁점이 명백해지고 그 쟁점에 대한 소송의 승·패 예상이 가능해지므로 현명한 당사자들은 쉽게 화해에 이를 수 있는 것이다.

4. 변론의 실시 및 정리

가. 변론의 속행·종결·재개

변론은 법원의 소송지휘로 실시된다. 재판장이 미리 정한 기일(제165조)에 당사자 양쪽을 소환하여 법정에서 변론을 진행할 때 기일은 사건과 당사자의 이름을 부름으로써 시작된다(제169조). 변론은 첫 기일에 원고가 소장에 터 잡아 본안의 신청을 진술하고 피고가 소 각하 또는 청구기각의 신청 등 반대신청을 하면, 각 당사자는 본안의 신청을 이유 있게 하기 위한 공격·방어방법을 제출하고 상대방이 자기의 주장사실 또는 항변사실을 다투었을 때에는 각 사실을 이유 있게 하기 위하여 증거신청을 한다. 법원은 이 경우에 상대방에게 의견진술의 기회를 준 뒤에 그 채택 여부를 결정하여 그 신청을 채용할 때에는 증거조사를 실시하고 그 결과 심리가 종국판결을 할 정도로 성숙하면 변론을 종결한다. 만약 변론을 바로 마치기 어려울 때에는 속행기일을 지정하여 심리를 계속하며, 일단 종결된 변론이라 하더라도 변론이나 증거조사가 불충분하거나 기타 필요한 경우에는 직권으로 변론의 재개를 명할 수 있다(제142조). 변론준비절차를 마친 경우에는 첫 변론기일을 거친 뒤 바로 변론을 종결할 수 있도록 하여야 한다(제287조 1항).

나. 변론의 제한·분리·병합

법원은 변론의 제한·분리 또는 병합을 명하거나, 그 명령을 취소할 수 있다(제141조). 어느 것이나 소송지휘권의 행사로서 직권으로 하는 재량적 재판이다. 따라서 그 취소도 법원의 자유재량이며 당사자는 이에 대하여 불복을 신청할 수 없다.

1) 변론의 제한

법원은 여러 개의 청구, 청구의 당부에 관한 판단의 전제사항 또는 청구에 관한 소송요건 가운데에서 어느 하나의 청구나 판단사항 또는 소송요건에 한정하여 변론 및 증거조사를 하도록 명할 수 있다. 이 조치를 변론의 제한이라고 한다. 예를 들어 소송능력, 대리권의 존부 등 소송요건에 관하여 변론을 한정하거나 손해배상청구소송에서 손해원인사실의 유무에 국한하여 증거조사를 하는 따위이다. 제한된 사항에 관한 심리만으로 판결할 정도에 이르면 나머지 사항을 더 심리할 필요 없이 변론을 종결한다. 그렇지 않은 경우에는 그 사항에 한정하여 중간판결(제201조)을 하거나 중간판결을 하지 않은 채 변론제한을 취소하고 다른 사항에 관하여 변론을 명할 수 있다.

2) 변론의 분리

법원은 소의 객관적 병합이나 공동소송 등으로 청구가 여러 개인 경우에 어느 청구에 대한 병합심리를 풀어 그에 관한 변론 및 증거조사를 별개의 절차에서 실시할 것을 명할 수 있다. 이를 변론의 분리라고 한다. 일단 변론이 분리되면 변론·증거조사뿐 아니라 판결도 별개로 된다. 그러므로 고유필수적 공동소송이나 독립당사자참가소송과 같이 별개의 판결을 할 수 없는 사건에서는 변론을 분리할 수 없다. 변론은 분리되더라도 관할에 영향이 없으며(제33조) 분리 전의 증거자료는 분리 후의 양쪽 소송절차에서 그대로 증거자료가 된다.

3) 변론의 병합

법원은 별개의 소송절차에서 심리되고 있는 여러 개의 청구에 관하여 같은 소송절차 안에서 심리할 것을 명할 수 있다. 이를 변론의 병합이라고 한다. 병합을 하면 여러 개의 청구를 같은 종류의 소송절차에서 심판할 수 있어야 한다(제253조). 따라서 소의 객관적 병합이 허용되지 않으면 변론의 병합도 할 수 없다. 병합은 법률이 특히 이를 의무로 규정하고 있는 경우(예, 상 제188조 등)를 제외하고는 법원의 재량에 속한다.

변론이 병합되면 같은 기일에 변론과 증거조사를 공통으로 하여야 하지만, 병합 전에 각 사건에 관하여 이미 증거조사가 이루어졌을 때에는 병합 후에도 당연히 공통된 자료가 되는지 문제된다. 같은 당사자 사이에서 여러 개의 사건이 병합된 때에는 당사자가 이를 쓰겠다고 원용하지 않더라도 당연히 증거자료가 될 것이다. 그러나 당사자가 다른 사건이 병합될 때에는 증거조사에 참여하지 않은 당사자의 이익을 보호하기 위하여 당사자가 이를 쓰겠다고 원용하였을 때 비로소 증거자료가 된다. 여기에서 증거자료로 된다는 것은 예를 들어 병합 전에 증인신문을 하였다면 병합 후에 그 증인신문조서를 서증으로 쓴다는 것이 아니라 증인의 증언 자체가 증거자료가 되는 것을 말한다.

4) 판결의 병합

병합하여야 할 사건이 같은 법원에서 개별적으로 심리되어 종국판결을 할 정도로 성숙하였을 때에는 판결단계에서 하나의 판결로 사건 모두에 대하여 판단할 것을 명할 수 있다. 이를 판결의 병합이라고 한다. 판결의 병합에서 변론 및 증거조사가 공통되지 않는 것은 당연하다.

다. 적시제출주의(適時提出主義)

1) 뜻

적시제출주의라 함은 당사자가 공격 또는 방어의 방법을 소송의 정도에 따라 적절한 시기에 제출하여야 한다는 원칙을 말한다(제146조). 이 원칙이 의도하는 것은 쟁점을 압축·정리하여 효율적이고 탄력적으로 심리를 하자는데 있으므로 공격·방어 방법의 제출이 원할한 심리를 방해하고 상대방 당사자에게 부당한 부담을 주는 경우에 그 제출을 제한하는 형식으로 적시제출주의가 구현된다.

2) 나타나는 모습

가) 실기한 공격·방어 방법의 각하(제149조 1항)　　당사자는 공격 또는 방어방법을 소송의 정도에 따라 적절한 시기에 제출하여야할 일반적 소송촉진의무(제146조)가 있다. 이에 위반하여 소송의 완결이 늦어지는 경우에 법원은 공격·방어방법을 각하할 수 있다. 각하는 구체적으로 다음의 요건을 갖추어야 한다.

a) 적절한 시기에 늦은 공격·방어 방법일 것　　이것은 원활한 심리의 진행을 방해하고 상대방에게 부당한 부담을 주는 공격 또는 방어 방법의 제출을 의미한다. 즉, 일반적 소송촉진의무에 위반하는 것을 말한다.

b) 당사자에게 고의 또는 중대한 과실이 있을 것　　그 해당 여부는 당사자의 법률지식정도, 공격·방어 방법의 종류 등을 고려하여 정할 것이지만 적절한 시기에 늦으면 합리적인 다른 이유가 없는 한 중대한 과실이 있다고 추정된다. 그러나 공격 또는 방어의 방법으로서 취소권과 같은 형성권의 행사는 이미 있던 사실 및 법률관계를 제출하는 경우와 달리 그 취소권을 행사하기 전에는 예비적으로도 주장할 수 없는 것이어서 일찍 제출하는 데 어려움이 있으므로 제1심 절차에서 취소권을 행사하지 아니하고 항소심 제2차 변론기일에 제출하였더라도 고의 또는 과실로 시기에 늦게 제출한 것이 아니다.[209]

c) 소송의 완결이 늦어질 것　　법원이 당해 공격 또는 방어 방법을 심리하면 소송의 완결이 늦어지는 것을 의미한다. 당사자의 변론재개신청을 받아들여 변론을 재개하는 경우에는 변론의 재개 자체로 인한 소송완결의 지연 여부는 고려할 필요가 없다.[210] 그러나 구체적으로 어떤 경우가 이에 해당하는지 여부를 가리는 것은 쉽지 않다. 우선 소송의 완결이 늦은 경우에 공격·방어 방법의 제출을 허가하는 경우와 허가하지 않는 경우의 소송계속기간을 단순하게 비교하여 전자의 기간이 후자의 기간보다 길면 소송의 완결이 늦어진다고 생각할 수 있다(이를 편의상 절대적 비교설이라고 한다). 예를 들어 갑이 을에게 금 10억원의 대여금을 청

---

209) 대판 2006. 3. 10, 2005다46363 · 46370 · 46387 · 46394.
210) 대판 2010. 10. 28, 2010다20532.

구하였는데 을이 차용사실을 부인하면서 뒤늦게 차용하였더라도 금 5억원뿐이며 이것도 변제하였다고 주장한다. 이 경우 을의 항변을 받아들이지 아니하더라도 금 10억원의 대여사실을 심리하는 기간이 5억의 변제사실을 심리하는 데 드는 기간보다 길면 완결이 늦지 않은 것이고 짧으면 완결이 늦어진다는 결론이다. 이 견해는 완결의 기준이 비교적 명확하지만 소송 완결의 지연 여부를 간단하게 결정할 수 있는 장점이 있는 반면 실체적 정의에 반할 가능성이 있다. 다음, 소송의 완결이 늦은 경우에 공격 또는 방어 방법의 제출을 허가하는 경우에 드는 기간과 만약 해당 제출자료가 적당한 시기에 제출된 경우에 드는 소송계속기간을 비교하여 전자가 후자보다 길면 소송의 완결이 늦어진다고 생각할 수 있다(편의상 상대적 비교설이라고 한다). 위의 예에서 을이 제출한 변제 항변을 심리하는 데 드는 기간이나 을이 변제 항변을 적절한 시기에 제출하였더라도 심리하는 데 드는 기간 사이에 별 차이가 없으면 완결이 늦지 않은 경우이고 전자가 길면 완결이 늦다는 결론이다. 이 견해는 실체적 정의에 다소 부합하는 면이 있으나 적절한 시기에 제출하는 데 드는 소송계속기간의 산정이 어렵다는 난점이 있다.

생각건대 민사소송에서의 대부분 사건은 절대적 비교설에 의할 수 있다. 이 경우에는 당사자로부터 언제라도 재판상 중요한 자료의 제출을 기대할 수 있기 때문이다. 그러나 가끔 아주 어렵고 복잡한 사건을 취급하는 경우가 있다. 공정거래·지적재산권·국제거래분쟁 등과 같은 경우이다. 그 경우까지 절대적 비교설에 의할 경우 당사자의 절차기본권을 침해할 우려가 있으므로 상대적 비교설에 의하는 것이 타당하다(절충설). 하지만 구체적 운영은 법원의 심리에 맡겨야 할 것이다. 그러므로 재정(在廷)증인의 신청이나 상대방 당사자가 성립을 인정하는 문서의 신청, 다음 기일에 어차피 증거조사를 실시하지 아니할 수 없어 속행이 필요하고 그 속행기일에 공격 또는 방어 방법이 심리를 마칠 수 있는 경우[211] 등은 각하해서는 안 될 것이다. 그러나 환송 전 원심에서 제출할 수 있었던 상계의 항변을 자동채권의 존재가 의심스러운 데도 불구하고 환송 후 원심에서 제출하여 법원으로 하여금 새로운 증거조사를 하게 하여 소송을 지연시키는 의심이 드는 경우에는 소송의 완결을 지연시키는 경우가 된다.[212]

---

211) 대판 1999. 2. 26, 98다52469.
212) 대판 2005. 10. 7, 2003다44387·44394.

나) **취지가 분명하지 않은 공격·방어 방법의 각하**(제149조 1항)　　　당사자가
제출한 공격 또는 방어 방법의 취지가 분명하지 아니하면 상대방 당사자는 이에
대하여 응소하기 어렵고 법원도 이를 소송자료로 취급하기 어렵다. 그러므로 법
원은 이에 관하여 석명권을 행사하여 당사자에게 취지가 분명하도록 설명을 요구
할 수 있고 당사자는 이에 따라 필요한 설명을 할 개별적인 소송촉진의무가 있다.
그런데 당사자가 필요한 설명을 하지 아니하거나 설명할 기일에 출석하지 아니하
면 법원은 직권으로 또는 상대방의 신청에 따라 이를 각하할 수 있다. 이 경우에
는 소송완결의 지연 여부는 따지지 않는다.

다) **제출기간의 제한을 위반한 공격·방어 방법의 각하**(제147조)　　　재판장은
당사자의 의견을 들어 한쪽 또는 양쪽 당사자에게 특정한 사항에 관한 주장을 제
출할 기간 또는 증거를 신청할 기간을 정할 수 있다(제147조 1항). 이에 따라 당사
자는 특정한 사항에 관한 주장을 제출하거나 증거를 신청할 개별적인 소송촉진의
무가 생긴다. 그런데 당사자가 개별적인 소송촉진의무를 태만하게 하여 그 기간
을 넘긴 때에는 그 넘긴데 대하여 정당한 사유를 소명한 경우를 제외하고는 이를
제출할 수 없다(제147조 2항). 따라서 이 경우에는 소송완결의 지연 유무를 묻지
않고 각하할 수 있다.

라) **변론준비기일에 제출되지 않은 공격·방어 방법의 제한**(제285조)　　　변론
준비기일에 제출되지 않은 공격 또는 방어 방법은 원칙적으로 변론에 제출할
수 없다.

마) **중간판결의 내용과 저촉되는 주장의 제한**(제201조)　　　중간판결을 한 경
우에는 판결의 기속력으로 그 판단에 반하는 공격 또는 방어 방법을 해당 심급에
서 제출할 수 없다.

바) **상고이유서 제출기간 경과 후의 새로운 상고이유 제출의 제한**(제427조, 제
431조)　　　상고심에서는 그 법률심의 성격상 상고이유서 제출기간 안에 제출하
지 않은 상고이유는 판단 대상이 되지 않는다.

사) **변론 이전 제출의 강제**　　　변론관할위반의 항변(제30조), 소송비용담보
제공의 신청(제118조), 중재합의의 존재에 관한 항변(중재 제9조 2항) 등은 변론이
나 변론준비절차 이전에 제출하여야 한다.

3) 적시제출주의의 배제

적시제출주의는 당사자에게 재판자료의 제출책임이 인정되는 변론주의가 적용되는 경우에 적용된다. 직권탐지주의나 직권조사사항의 경우에는 당사자의 재판자료제출은 법원의 직권활동을 보조하는 데 그치기 때문에 적시제출주의가 적용되지 않는다(제285조 1항 3호·가소 제12조).

라. 변론기일에서 당사자의 결석

1) 개 설

변론은 당사자가 기일에 출석할 때 비로소 현실화되므로 당사자가 기일에 출석하는 것은 변론의 필수적 전제조건이 된다. 그러나 실제로 당사자 한쪽 또는 양쪽이 불출석하였다고 하여 변론을 열지 못한다고 한다면 소송진행이 지연되어 소송제도를 유지하는 데 막대한 지장이 초래된다. 따라서 기일에서 당사자 한쪽 또는 양쪽의 불출석을 소송법적으로 출석한 것과 같이 처리할 필요가 생기는 것이다.

2) 당사자 양쪽의 결석

가) 결석의 의미   a) 당사자의 결석, 즉 기일의 태만이라 함은 당사자가 법원으로부터 적법한 소환을 받고도 필수적 변론기일에 출석하지 않거나 출석하여도 변론을 하지 않는 경우를 말한다. 따라서 필수적 변론이 아닌 임의적 변론이나 송달불능으로 소환을 받지 못한 경우, 요건을 갖추지 못한 공시송달의 경우[213] 등에는 당사자가 결석을 하더라도 기일의 태만이 아니다.

b) 당사자의 결석이 되려면 당사자 본인이 출석하지 않는 경우는 물론 복대리인을 포함하여 소송대리인이 있는 경우는 그 대리인들뿐만 아니라 당사자 본인도 출석하지 아니하여야 한다.[214]

당사자가 출석하여도 ① 진술금지의 재판(제144조), ② 퇴정명령을 받은 경우

---

[213] 대판 1997. 7. 11, 96므1380.
[214] 대판 1979. 9. 25, 78다153·154.

③ 임의로 재판 중에 퇴정한 경우에도 결석으로 취급된다.

나) 결석의 모습

a) 당사자 양쪽이 모두 출석한 경우   이 경우에는 당사자 양쪽이 출석하더라도 모두 변론하지 아니하면 결석이 된다. 그러나 당사자 양쪽이 모두 변론하지 아니하더라도 직권 또는 당사자의 신청에 의하여 변론기일이 변경 또는 연기되면 변론을 열 수 없으므로 그 경우에는 결석이 되지 않는다.[215]

b) 당사자 한쪽이 출석한 경우   이 경우에는 출석한 당사자가 변론하지 아니하거나 청구기각의 판결만 구하고 사실상 진술을 하지 아니한 경우, 종전 변론결과만 진술하고 더 이상 변론하지 아니하면 실제 변론이 없으므로 모두 결석이 된다. 여기서도 직권 또는 당사자의 신청에 의하여 변론기일이 변경 또는 연기되면 변론을 할 수 없으므로 결석이 되지 않는다.

c) 당사자 양쪽이 모두 불출석한 경우   이 경우에는 양쪽 당사자가 법정에 나오지 아니하였으므로 언제나 결석이 된다. 그러므로 변론조서에 연기라는 기재가 있다 하여도 변론기일에서 당사자 양쪽이 불출석한 것으로 판명된 이상 양쪽 불출석의 효과가 생긴다.[216] 즉, 이 경우에는 당사자 한쪽이 불출석한 경우와 달리 직권으로 변론기일을 변경 또는 연기할 수 없다.

d) 본인이 결석한 경우   본인이 결석하더라도 보조참가인이나 필수적 공동소송인 가운데 1인이 출석하면 결석의 효과가 생기지 아니한다. 그러나 통상의 공동소송에서는 기일 결석의 효과가 공동소송인 별로 생기므로 공동소송인 가운데서 일부가 불출석하거나 출석하더라도 변론하지 아니하면 그 사람에 대해서만 결석의 효과가 생긴다.

다) 결석이 1회인 경우   이 경우에는 재판장은 다시 변론기일을 정하여 양쪽 당사자에게 통지하여야 한다(제268조 1항). 다만 판결은 출석하지 아니하더라도 다시 소환하지 않고 선고할 수 있다(제207조 2항). 그러나 배당이의의 소에서는 배당이의를 한 사람이 변론준비기일에 출석하였더라도 첫 변론기일에 출석하지 아니하면 소의 취하로 간주된다(민집 제158조).[217]

---

215) 법원이 변경 또는 연기신청을 허가하지 아니하고 변론을 명한 경우에도 변론하지 아니하면 결석이 된다.

216) 대판 1993. 10. 26, 93다19542.

217) 대판 2007. 10. 25, 2007다34876.

라) 결석이 2회인 경우　　　당사자 양쪽이 2회에 걸쳐 변론기일에 결석한 경우에는 1월 이내에 기일지정신청을 하지 아니하면 소를 취하한 것으로 본다(제268조 2항). 이를 소의 취하간주(取下看做), 의제취하(擬制取下) 또는 쌍불취하(雙不取下)라고 한다

a) 요　　　건　　　i) 당사자 양쪽이 2회에 걸쳐 결석하여야 한다. 2회는 연속될 필요가 없으며 1회 결석한 뒤 다음 기일에 출석하였다가 다시 결석하여도 2회 결석이 된다. 그러나 같은 심급과 같은 종류의 기일에 두 차례 결석하여야 한다. 따라서 제1심에서 1회, 제2심에서 1회와 같이 2회에 걸쳐 결석하더라도 2회 결석이 되지 않는다. 환송 전 한 번, 환송 후 한 번 결석하여도 2회 결석이 아니다. 변론준비기일에 한 번, 변론기일에 한 번 결석하여도 2회 결석이 아니다.[218)

ii) 동일한 소가 유지되는 상태에서 2회 결석하여야 한다. 따라서 소의 변경 전 1회, 소의 변경 후 1회는 2회 결석이 아니다.

iii) 1월 이내에 기일지정신청을 하지 아니하여야 한다. 기일지정신청을 하지 않는 데에는 「당사자에 책임을 돌릴 수 없는 사유」를 요구하지 않는다.

b) 효　　　과　　　제1심에서는 소의 취하간주로, 항소심에서는 항소의 취하간주로 취급된다(제268조 4항). 기일지정신청에 의하여 지정된 기일 또는 그 후의 기일에 당사자 양쪽이 출석하지 아니하거나 출석하더라도 변론하지 아니한 때에는 소의 취하가 있는 것으로 본다(제268조 3항). 취하간주의 대상은 소이다. 병합된 청구라고 하더라도 당사자가 2회 결석하면 모두 간주취하가 된다. 그러나 본래의 소가 소송계속중에 1회 결석한 뒤 소의 추가적 변경, 반소, 중간확인의 소, 당사자 참가 등 관련청구에 관한 소가 제기되었는데 다시 1회 결석한 때에는 취하의 효과가 생기는 것은 본래의 소이고 관련청구에 관한 소는 1회만 결석한 것으로 보아야 한다(가분적 일부취하간주).[219)

---

218) 대판 2006. 10. 27, 2004다69581.
219) 같은 취지: 이시윤, 409면.

3) 당사자 한쪽의 결석

가) 진술간주　　a) 당사자 한쪽이 변론기일에 출석하지 아니하거나 출석하여도 본안에 관하여 변론하지 아니한 경우에는 그가 제출한 소장·답변서 기타 준비서면에 적은 사항을 진술한 것으로 보고 출석한 상대방에 대하여 변론을 명할 수 있다(제148조 1항). 이를 진술의제 또는 진술간주라고 한다. 변론기일에 한쪽 당사자가 불출석한 경우에 변론을 진행하느냐, 기일을 연기하느냐는 법원의 재량에 속한다고 할 것이나, 일단 출석한 당사자만으로 변론을 진행할 때에는 반드시 불출석한 당사자가 그때까지 제출한 소장·답변서, 그 밖의 준비서면에 적혀 있는 사항을 진술한 것으로 보아야 한다.[220]

b) 소장 등 서면의 내용이 진술 간주되면 당사자 한쪽이 불출석하더라도 당사자 양쪽이 출석한 경우와 동일한 효과가 생긴다. 따라서 준비서면에서 상대방의 주장사실을 전부 자백하여 더 이상 심리를 계속할 필요가 없을 때에는 변론을 종결한다. 주장사실을 다투어 증거조사를 할 필요가 있을 때에는 속행기일을 지정하여야 한다. 당사자가 진술한 것으로 보는 답변서, 그 밖의 준비서면에 공증된 청구의 포기 또는 인낙의 의사표시가 적혀 있는 때에는 청구의 포기 또는 인낙이 성립한 것으로 보며(제148조 2항), 그 문서가 공증된 화해의 의사표시인 경우에 상대방 당사자가 변론기일에 그 화해의 의사표시를 받아들인 때에는 화해를 한 것으로 본다(제148조 3항).

나) 자백간주　　당사자가 답변서 그 밖의 준비서면 등을 제출하지 않은 채 불출석한 경우의 취급이다. 이 경우에 공시송달에 의하지 않은 방법으로 기일통지서를 받은 당사자가 아무런 서면도 제출하지 않고 불출석하거나 출석하더라도 변론하지 아니하면 상대방이 주장한 주요사실을 자백한 것으로 본다(제150조 3항). 이를 자백간주 또는 의제자백이라고 한다. 따라서 불출석한 당사자가 변론종결 이전에 속행기일 또는 항소심기일에서라도 출석하여 다투면 자백의 효과는 소멸되므로 상대방은 증거로 그 주요사실을 증명하여야 할 것이다. 즉, 자백간주에는 자백취소에 관한 규정(제288조 단서)이 적용되지 않는다.

---

[220] 대판 2008. 5. 8, 2008다2890.

제3절 증 거

Ⅰ. 재판자료의 수집-변론주의

1. 총 설

가. 뜻

당사자주의가 재판자료를 수집하는 쪽에서 나타나면 변론주의로 등장한다. 변론주의라는 용어는 언뜻 변론에 관한 원칙으로 알기 쉽지만 실제로는 변론보다는 재판자료의 수집에 관한 대원칙이다. 법원은 법적 3단 논법이라는 논리적 작용을 통해서 법규를 대전제, 사실을 소전제로 하여 법률효과를 판단·선언하는 방법으로 판결을 한다. 이 경우 가장 먼저 하는 작업은 소전제인 사실을 확정해야 하는데 그 때 사실을 인정할 재판자료를 수집할 책임과 권능을 당사자에게 맡기자는 원칙을 변론주의라고 한다. 반면 이 권능을 법원에게 맡기자는 원칙을 직권탐지주의라고 한다. 변론주의를 「제출주의」라고도 하는데 오히려 이 용어가 더 실체에 가깝다. 재산관계를 둘러싼 분쟁을 대상으로 하는 통상의 민사소송은 변론주의를 원칙으로 하고 비재산권 분쟁을 주된 대상으로 하는 가사소송이나 행정소송 등은 직권탐지주의가 적용된다.

나. 처분권주의와의 관계

1) 변론주의는 당사자주의를 표현한다는 점에서 처분권주의와 뿌리를 같이하고 있다. 그러나 변론주의는 법적 3단 논법의 소전제가 되는 판단자료의 지배에 관한 문제이고 처분권주의는 법적 3단 논법의 결론이 되는 판단대상의 지배에 관한 문제이다. 판단대상의 설정과 판단자료의 수집이 별개인 이상 한쪽에서는 당사자의 지배를 인정하면서 다른 쪽에서는 법원의 지배를 인정하는 것이 논리적으로 불가능하지 않다. 이와 같이 변론주의와 처분권주의가 구별되므로 직권탐지주

의를 원칙으로 하는 가사소송이나 행정소송에서도 처분권주의가 모두 부정되지 않는다. 즉, 소의 제기가 없으면 재판이 시작되지 않으며 심판의 대상은 당사자가 특정하여야 하고 소를 취하하는 권능이 당사자에게 인정된다. 이처럼 분쟁의 해결내용을 당사자의 자주적 처리에 맡기기 위해 판단대상과 판단자료의 특정에 당사자의 의사를 존중한다는 점에서는 변론주의나 직권탐지주의의 양쪽이 모두 공통되고 있다.

2) 다만 처분권주의의 내용으로서 당사자에게 인정되는 권능, 즉 청구의 포기·인낙 또는 재판상 화해는 당사자의 의사에 터 잡은 분쟁의 해결내용에 법원의 판단과 동등한 효력을 인정해주기 때문에 분쟁의 해결내용을 당사자의 의사에 좌우시키려 하지 않는 직권탐지주의가 적용되는 사항이나 직권조사사항에 관해서는 그 적용이 제한된다. 따라서 친생자관계존부확인과 같은 가사소송법상의 가류 소송사건은 재판상 화해나 조정이 허용되지 않고 인지청구권은 청구의 포기를 할 수 없다.[221)]

다. 변론주의의 근거

민사소송의 대상은 대부분 재산관계를 둘러싼 분쟁이고 이에 관해서 실체법에서는 사적자치의 원칙이 적용되고 있다. 따라서 이 원칙이 소송법에 구현되어 판단자료의 수집에 적용된다면 그것이 바로 변론주의가 되는 것이다(본질설). 물론 재산관계에 관한 분쟁은 복잡하므로 법원이 스스로 실체를 탐색하는 것이 매우 어렵다. 때문에 가장 강한 이해관계를 갖고 있는 당사자 본인으로 하여금 자기에게 유리한 자료를 제출할 책임을 맡긴다면 법원으로서는 적은 노력을 들여 실체적 진실을 발견하기 쉬울 것이다(수단설). 또 변론주의는 불의의 타격 방지, 당사자의 절차보장 등 민사소송의 이념이 작동된 것일 수도 있다(다원설). 그러나 그 본질은 사적자치에 있다는 것을 망각해서는 안 된다.

---

221) 대판 1999. 10. 8, 98므1698; 대판 2007. 7. 26, 2006므2757·2764.

2. 내   용

가. 일반론

사적자치의 원칙을 기반으로 하는 변론주의에는 세 가지 원칙이 있다. 첫째, 법원은 당사자가 주장하지 않은 사실을 판결의 기초로 삼을 수 없다(주장책임). 둘째, 법원은 당사자 사이에서 다툼이 없는 사실은 그대로 판결의 자료로 인정하지 않으면 안 된다(자백의 구속력). 셋째, 당사자 사이에서 다툼이 있는 사실을 증거로 인정하려면 당사자가 신청한 증거에 의하지 않으면 안 된다(직권증거조사금지의 원칙). 변론주의의 이와 같은 내용은 법원의 사실인정에 있어서 가장 중요한 골격이 된다. 그러나 실제로 이 변론주의 3원칙은 법규에 명백하게 규정된 바 없다. 다만 변론주의의 대립개념인 직권탐지주의에 관한 규정(가소 제12조, 제17조, 행소 제26조 등)에서 그 역사성·이념성과 더불어 추론된 것이다.

어쩌면 변론주의는 처분권주의와 더불어 자유민주주의·개인주의를 이념으로 하는 재판체계의 꽃일 것이다. 이 원칙은 멀리 로마법에 뿌리를 두고 1789년의 프랑스 대혁명을 거쳐서 선진국가의 재판원칙으로 확립되었으며 우리나라에는 독일법과 일본법을 거쳐 도입되었다. 우리는 오랫동안 민사의 사실인정도 형사에서와 마찬가지로 언제나 실체적 진실에 부합하여야 한다고 생각하여 법원의 주도에 의한 사실인정을 당연시 하여 왔다. 그러나 개인주의·자유민주주의 아래에서는 개인에게 소유 재산에 관한 처분의 자유가 인정되는 것처럼 민사재판에서도 이 이념이 구현되어야 하므로 법원의 사실인정도 실체적 진실발견의 이념과 더불어 당사자의 처분권을 존중하여야 하는 것이다.

나. 주장책임

1) 주요사실과 주장책임

법원은 당사자가 주장하지 않은 사실을 판결의 기초로 삼을 수 없다. 이 경우의 사실은 법적 3단 논법의 소전제에 해당하는 사실, 즉 법률효과를 일으키게 하는 법규(법률요건)의 요건에 해당하는 사실(법률요건사실)을 말한다. 실체법에서는 요건사실이라고 하고 민사소송법에서 공격방법으로 쓸 때에는 청구원인사실이 된다. 변론주의 3원칙 중의 하나가 되는 주장책임을 적용하는 경우에는 주요사실이라 한다. 따라서 당사자가 변론에서 주요사실을 진술하지 아니하면 그 사실이 존재하지 않은 것으로 취급되는 불이익을 받는다. 쉬운 예를 들어 갑이 을에게 어떤 물건을 금 1억원에 팔았는데 매매대금을 지급받지 못한 경우에 법률효과가 되는 금 1억원의 매매대금은 갑과 을이 매매계약을 하였다는 매매사실을 기초로 하므로 이 매매사실이 주요사실이다. 위의 예에서 갑이 을과의 매매사실을 주장하지 않으면 금 1억원의 매매대금을 지급받을 수 없는 불이익을 받을 염려가 있다. 이 불이익을 입을 위험을 주장책임이라고 한다. 사람들은 자기의 권리를 몰라서 포기하는 경우도 있지만 알면서도 자선(慈善)이나 상대방에 대한 배려 또는 큰 이익을 위한 전략적 차원에서 현재 자신이 보유하는 이익을 포기할 수 있으므로 민사소송법에서 권리자의 그 포기의사를 존중해주는 제도가 주장책임이다. 그러므로 상대방도 알고 있는 공지의 사실이라고 하더라도 주요사실이라면 최소한 주장은 하여야 불이익을 입을 위험을 면한다. 그러나 주장사실은 당사자 중 어느 한쪽이 변론에서 주장하면 되고 누가 진술하였는가는 따질 필요가 없다. 이 경우에는 자신이 보유하는 권리나 이익의 포기가 없기 때문이다. 이를 주장공통의 원칙이라고 한다. 어느 당사자가 어떤 주요사실에 관하여 주장책임을 부담할 것인가, 즉 주장책임의 분배는 증명책임의 분배에 따른다. 주장책임이야 말로 변론주의의 특유한 현상이고 직권탐지주의 아래에서는 적용이 없다. 왜냐하면 비재산권 분쟁을 대상으로 하는 직권탐지주의 아래에서는 원칙적으로 개인의 권리나 이익의 포기 자체를 인정하기 어렵거나 허용할 수 없기 때문이다.

2) 소송자료와 증거자료

가) 당사자가 변론에서 하는 사실의 주장에 관한 자료를 소송자료라 하고 다툼이 되는 사실의 인정에 관한 증명자료를 증거자료라고 한다. 그런데 주장책임이 적용되면 사실 가운데 주요사실에 관해서는 비록 증거자료가 있더라도 소송자료가 없으면 그 주요사실은 존재하지 않는 것으로 취급된다. 이와 같이 소송자료와 증거자료는 구별되므로 증거자료에 의하여 소송자료의 부존재가 보완될 수 없다. 위의 예에서 갑의 을에 대한 매매대금 1억원 중에서 을이 금 5,000만원을 변제하였고 또 이에 대한 증거자료가 있다고 하더라도 을이 금 5,000만원을 갚은

사실을 주장하지 않으면 법원은 을에 대하여 갑에게 금 1억원을 지급하라고 판결
하여야 한다. 왜냐하면 개인주의 아래에서는 개인의 처분적 자유가 실체적 진실
에 의하여 제약될 수 없기 때문이다.

 변론주의에 위반되었다고 판단한 판결례

　　대법원판결[222]에 의하면, 원고는 소외인이 피고의 분양대리인이라고 주장하면서 피
고와 둘이서 사기분양을 공모하였다거나 소외인이 도망한 후에 피고가 ××건설주식회
사를 내세워 제2차 사기분양을 하고 있다고 주장하였을 뿐인데 사실심 법원이, 00지방
법원의 00호 대여금사건의 판결문에서 인정한 "소외인이 2006. 11. 경 이 사건 전원주택
단지 조성분양사업에 관련된 일체의 권리의무를 동종업체인 ××건설주식회사와 피고
에게 이전한 사실"을 현저한 사실로 인정한 다음 피고는 이 사건 토지에 관한 분양계약
에 따른 권리의무의 주체이므로 이 사건 분양계약의 해제에 따른 원상회복의무를 부담
한다고 결론을 내린 것은 당사자가 주장하지 않은 사실에 기초한 것이므로 변론주의에
위반된 것이라고 판시하였다.

　　나) 그러나 실제로는 당사자가 주장책임의 의미를 알고 자기 책임으로 주장
여부를 결정하는 경우는 그리 많지 않다. 그러므로 재판실무에서 법원은 구체적
타당성이 있는 해결을 얻기 위하여 석명권을 적절하게 행사하여 증거자료에 부합
하는 당사자의 주장을 유도하며, 공격과 방어의 목표가 뚜렷하고 불의의 타격 가
능성이 없다면 당사자의 명시적 주장이 없어도 증거자료를 통하여 묵시적 주장
또는 간접주장[223]이 있다고 본다. 예를 들어 당사자가 법원에 서증을 제출하면서
그 입증취지를 진술하여 서증에 적힌 사실을 주장하거나, 행정소송에서 기록상
자료가 나타난 경우,[224] 당사자의 변론을 전체적으로 관찰하여 간접적으로 볼 수

---

222) 대판 2010. 1. 14, 2009다69531.
223) 대판 1999. 7. 28, 98다46167.
224) 대판 2011. 2. 10, 2010두20980.

있는 경우[225)에는 주요사실을 주장한 것으로 본다.

3) 주요사실과 간접사실

가) 개 념　　주요사실은 법적 3단 논법의 결론인 법률효과를 생기게하는 법규(법률요건)에 해당하는 소전제가 되는 사실이고, 간접사실이라 함은 주요사실의 존부를 추인(推認)할 수 있는 사실이다. 주장책임은 주요사실에만 적용되고 간접사실에는 적용이 없다.[226) 왜냐하면 간접사실의 인정은 사실의 존재가 아니라 추인이라는 인간의 정신적 작용에 의하기 때문이다. 따라서 간접사실은 당사자가 주장할 필요도 없고 또 당사자가 주장하는 간접사실과 다른 간접사실을 법원이 인정하여 그로부터 주요사실을 추인하더라도 아무런 문제가 없다. 실제로 법원의 주요사실 인정은 주로 간접사실의 추인에 의존하는데 그 추인은 법관의 자유심증에 의하므로 결국 법관의 실력, 인격, 경험 등이 사실인정의 중요요소가 되는 것이다.

나) 주요사실과 간접사실의 예

a) 주요사실의 예　　판례에 의하면 소멸시효의 기산일[227)은 채무소멸이라고 하는 권리소멸기간계산의 시발점이므로 주요사실이라 하였고, 유권대리의 주장 속에는 표현대리의 주장이 포함되지 아니한다고 하여 표현대리사실[228)도 주요사실이라 하였으며, 의사표시의 효과로서 계약의 성립을 주장하는 경우에는 계약이 대리인에 의하여 성립하였다는 사실[229)이 주요사실이고, 손해배상청구소송에서 일실이익의 산정기초가 되는 해외취업중인 콘크리트공이라는 사실[230)도 주요사실이라 하였다. 그러므로 채무의 소멸시효를 주장하면서 언제부터 소멸시효가 진행되는지를 주장하지 않으면 채무소멸의 효과가 생기지 아니한다. 그러나 소멸시효의 기간이 얼마나 되는지에 관한 주장은 법률상의 주장에 불과하므로 직권으로 판단할 수 있다.[231) 대리에 의한 매매계약을 주장하였으나 사실은 그것이 민법

---

225) 대판 2006. 2. 24, 2002다62432.
226) 대판 2002. 8. 23, 2000다66133.
227) 대판 1995. 8. 25, 94다35886.
228) 대전판 1983. 12. 13, 83다카1489.
229) 대판 1996. 2. 9, 95다27998.
230) 대판 1980. 3. 25, 80다68.
231) 대판 2008. 3. 27, 2006다70929 · 70936; 대판 2013. 2. 15, 2012다68217.

제126조에서 정한 권한을 넘는 표현대리인 경우에 표현대리를 주장하지 않으면 무권대리가 되고 본인이 직접 매매계약을 하였다고 주장하였으나 실은 대리인이 매매계약을 체결한 경우에도 본인의 매매계약은 성립하지 않는다.

b) 간접사실의 예   그러나 한편 판례는 취득시효에 있어서 점유기간의 산정기준이 되는 점유개시의 시기와 같이 요건사실을 판단하는 데 간접적이고 수단적인 구실을 하는 사실,[232] 기본사실의 내력·경위 등에 관한 사실[233]은 간접사실이라 하였으므로 권리의 시효취득은 일단 주장하기만 하면 법원이 재판에 나타난 여러 가지 자료를 통해서 점유개시의 시기를 추인할 수 있고 이에 대한 자백은 구속력이 없으며,[234] 매매의 경위는 간접사실이므로 당사자가 주장한 매매경위와 다른 매매경위를 법원이 인정하여 그로부터 매매계약사실을 추인하였다고 하여 위법이 아니다.

다) 일반조항의 주장책임

a) 일반조항 혹은 불특정개념   주장책임은 법적 3단 논법의 소전제에 관한 것이다. 그런데 그 소전제에는 우리가 체험할 수 있는 구체적 사실뿐 아니라 논리적 인식·법적 판단에 주로 의존하는 「과실(민 제750조)」 또는 「정당한 이유(민 제126조)」와 같이 일반조항 혹은 불특정개념인 경우가 있는데 이 경우에 어떻게 주장책임을 따지느냐 하는 것이다. 먼저 논리적 인식 등에 주로 의존하는 일반조항 자체를 주요사실로 볼 수 없다는 점에는 다른 견해가 없고, 일반조항을 추인할 수 있는 구체적 사실을 간접사실로 보느냐 아니면 주요사실(또는 준주요사실)로 보느냐에 관해서 견해의 차이가 있을 뿐이다. 주요사실로 보면 일반조항을 추인할 수 있는 구체적 사실에 관해서도 주장책임이 적용되므로 당사자의 책임이 무거워지나 간접사실로 보면 주장책임이 적용되지 아니하므로 구체적 사실로부터의 주요사실에 관한 추인은 전적으로 법관의 자유심증에 속하게 되어 당사자의 책임범위가 가벼워진다. 예를 들어 어떤 교통사고에서 운전자의 과실이 음주운전이라고 주장하더라도 과실이 주요사실이고 음주운전여부는 간접사실에 불과하므로 법원은 전방주의의무 위반 등 다른 간접사실에 의하여 과실을 인정할 수 있고, 심지

---

232) 대판 1998. 5. 12, 97다34037.
233) 대판 1977. 1. 11, 76다2083.
234) 대판 2007. 2. 8, 2006다28065.

어 원고는 음주운전에 관한 주장조차 하지 아니하고 다만 과실로 교통사고를 당하였으니 손해배상을 해달라고 청구하여도 주장책임을 다한 셈이 된다. 그러나 일반조항을 추인할 수 있는 구체적 사실을 주요사실(또는 준주요사실)로 보면 위의 예에서 음주운전에 관한 주장을 하고 이에 관한 증거자료가 없으면 과실을 추인할 수 없다.

주장책임은 변론주의의 적용결과이고 변론주의는 사적자치의 결과이므로 당사자의 책임범위가 지나치게 가볍게 되는 간접사실 이론은 받아들이기 어렵다. 따라서 일반조항 혹은 불특정개념을 추인할 수 있는 사실을 주요사실 또는 준주요사실로 보아야 할 것이다.[235)]

b) **협의의 일반조항**   「선량한 풍속 기타 사회질서(민 제103조)」, 「불공정한 법률행위(민 제104조)」 등과 같은 협의의 일반조항의 경우에도 주요사실은 일반조항을 뒷받침하는 구체적 사실이다. 문제는 이 의미의 주요사실에 관해서도 주장책임 자체가 필요하느냐 하는 것이다. 왜냐하면 협의의 일반조항은 공익성을 이유로 법률행위의 부존재나 무효의 효과가 생기기 때문에 법원은 당사자의 주장 유무에 불구하고 주요사실을 인정하여 일반조항에 근거한 법률효과를 인정하여야 한다고 할 수 있기 때문이다. 그러나 이 입장을 따르더라도 「선량한 풍속 기타 사회질서(민 제103조)」는 모든 국민이 마땅히 지켜야 할 도리로서 공익성이 매우 높다. 그러나 「불공정한 법률행위(민 제104조)」는 당사자 사이의 형평이 주된 문제이므로 앞의 경우보다 공익성이 낮다고 볼 수 있다. 따라서 「선량한 풍속 기타 사회질서(민 제103조)」에 위반된 경우에는 주요사실의 주장이 없어도 법원이 직권으로 조사하여 법률효과의 발생을 부정할 수 있고, 자백의 효력을 배제할 수 있으며 필요에 따라 직권증거조사도 할 수 있다고 보아야 한다. 그러나 「불공정한 법률행위(민 제104조)」는 공익성이 낮으므로 당사자의 변론권을 보장한다는 의미에서 주장책임의 원칙을 적용하여 주요사실에 대한 주장·입증의 기회를 주

---

235) 그런데 구체적으로 세밀한 사실을 주요사실로 한다면, 심리의 내용이 번잡해지고 증명도 곤란하며, 재판의 장기화도 피할 수 없다. 또 당사자의 주장사실과 법원이 심증을 얻은 사실이 다소 차이가 생기는 것은 당연하다. 따라서 구체적 사실을 어느 정도까지 주요사실로 볼 것인가는 법률요건의 입법목적, 당사자가 의도하는 공격방어목표의 명확한 관점 및 인정하여야 할 사실의 범위가 심리의 정리·촉진이라는 관점에서 분명한 것인가를 따져서 구체적 사건의 유형마다 주요사실을 귀납적으로 정할 필요가 있다.

어야 할 것이다. 「불공정한 법률행위(민 제104조)」에 관해서는 판례도 같은 취지이다.[236)]

다. 자백의 구속력

당사자 사이에 다툼이 없는 사실을 인정할 때에는 증거가 필요하지 않을 뿐 아니라(제288조, 제150조) 그와 반대되는 사실도 인정할 수 없다. 이로 인해서 당사자는 사실에 관한 심판범위를 한정할 뿐 아니라 그 심판내용을 결정하는 권한도 갖는다.

라. 직권증거조사금지의 원칙

다툼이 있는 주요사실은 증거에 의하여 인정하여야 하는데 그 증거는 원칙적으로 당사자가 신청한 것에 의하지 않으면 안 된다(제292조의 반대해석). 이를 직권증거조사금지의 원칙이라고 한다. 이 원칙으로 인하여 당사자는 주장된 주요사실에 관하여 다툼이 있으면 증거를 제출하여야 한다는 증거제출책임이 생긴다. 그러나 법원은 당사자가 신청한 증거에 의하여 심증을 얻을 수 없거나 그 밖에 필요하다고 인정할 때에는 직권으로 증거조사를 할 수 있으므로(제292조) 이 원칙에는 많은 예외가 인정된다.

3. 적용영역이 문제되는 경우

가. 소송요건

소송요건은 직권조사사항이다. 그러나 임의관할 등과 같이 공익성이 약하고 주로 당사자의 이익보호를 위한 사항에는 변론주의가 적용된다고 해야 한다.

나. 법규 내지 법적 관점

법규의 해석 내지 법적 관점은 법관이 판단하여야 할 영역에 속하기 때문에 변론주의가 적용되지 않는다. 경험칙의 적용 여부도 동일하다. 그러나 사실에 관

---

236) 대판 1991. 5. 28, 90다19770.

한 주장과 법규 내지 법적 관점에 관한 주장과는 밀접한 관계가 있으므로 법원은 제136조 4항의 석명권을 행사하여 당사자가 충분히 법규 내지 법적 관점에 관한 주장을 할 수 있도록 하여야 할 것이다. 특히 변호사는 법관과 동일한 법률전문가이다. 따라서 변호사가 소송대리인인 경우에는 그로 하여금 법규 내지 법적 관점을 충분하게 주장할 수 있도록 기회를 주어야 하고 또 법관은 이를 신중하게 참작하는 것이 당사자의 이익보호 및 법률발전을 위해서도 필요하다.

다. 권리항변과 과실상계

유치권, 동시이행항변권 등과 같은 권리항변에 변론주의가 적용되는 것은 당연하다. 그러나 판례는 과실상계,[237] 가해자의 책임경감사유[238]와 같이 권리항변에 속하지 않는 사항에 관해서는 당사자의 주장을 필요로 하지 않는다고 한다. 그 이유는 과실상계나 책임경감사유에서의 과실은 가해자의 과실과 달리 사회통념이나 신의성실의 원칙에 따라 공동생활에서 요구되는 약한 의미의 부주의에 불과하므로 그에 관한 진술은 항변이라고 하기보다 법원이 채권자 또는 채무자 측의 부주의로 보아 이를 직권으로 참작하여야 한다는데 있다.[239] 그러나 판례를 따르더라도 채권자 또는 채무자 측의 부주의로 평가되는 구체적 사실은 법관이 알 수 있도록 당사자가 주장하여야 하기 때문에 부주의 사유에 관해서는 당연히 변론주의가 적용된다.

라. 회사관계소송

회사관계소송은 원고승소판결의 경우에 그 판결의 효력이 당사자 이외의 제3자에게도 미친다(상 제190조 본문). 따라서 그 단체적 법률관계의 성질 및 판결의 대세적 효력에 기하여 직권탐지주의가 적용될 여지가 있다. 그러나 회사관계소송에서 생기는 단체적 법률관계의 발생·변경·소멸은 근본적으로 당사자의 의사에 기한 것이고 판결의 대세적 효력을 받은 제3자는 소송참가의 방식에 의하여 자기의 이익을 지킬 수 있기 때문에 상법 제189조에 따른 사정판결을 하는 경우를 제

---

237) 대판 1996. 10. 25, 96다30113.
238) 대판 1997. 8. 22, 96다43164; 대판 2006. 12. 7, 2005다34766·34773.
239) 대판 1999. 2. 26, 98다52469.

외하고는 원칙적으로 변론주의가 적용된다.[240)]

4. 변론주의의 한계

가. 불의의 타격을 금지하는 원칙

1) 취 지

가) 주장책임의 원칙은 상대방에 대하여 불의의 타격을 줄 우려가 없도록 방어목표를 구체적으로 명백하게 하고 충분하게 방어할 기회를 보장하는데 있다. 이것을 당사자 입장에서 본다면 어느 당사자도 상대방의 주장에 대해서만 공격방어를 다하여도 좋다는 신뢰를 주는 것을 의미한다. 여기서 주장사실에 관해서 당사자의 주장내용과 판결의 인정내용이 상이한 판결이 이루어졌을 때에 그 판결을 주장책임의 위반으로서 취소할 것인가 아닌가를 판단하여야 할 문제가 발생한다. 그 판단 기준이 바로 당사자의 신뢰를 져버리는 상황, 즉 불의의 타격 여부이다.

나) 원래 당사자가 주장한 주요사실이 판결에서 채택되기 위해서는 법원에서 인정하는 사실과 일치되지 않으면 안 된다. 그러므로 주장사실과 인정사실 사이에 다소의 차이가 있는 경우에 어느 범위에서 그 동일성을 인정할 수 있느냐가 문제되는데 이 경우에 법원의 사실 인정이 당사자가 예상할 수 있는 공격 또는 방어의 범위를 벗어나지 않는다면 정당한 사실인정이라고 할 수 있다. 이를 불의의 타격을 금지하는 원칙이라고 하며, 상고심에서 사실심의 사실인정이 적법하느냐를 따질 때 중요한 기준이 된다. 보통 사건의 성질·소송의 경과 등에 비추어 보아 판결로 인정한 사실에 관하여 당사자가 현실적으로 방어활동을 하였다든가 또는 방어활동을 하였다고 인정하는 데 무리가 없는 경우에는 불의의 타격이 될 염려가 없으므로 그 경우에는 주장사실과 인정사실 사이에 차이가 있더라도 양쪽 사실 사이의 동일성을 인정하여야 할 것이다.

다) 불의의 타격금지의 원칙은 주요사실을 추인할 수 있는 간접사실의 인정과정에서 특히 중요하다. 예를 들어 원고가 갑이라는 소송의 승패를 좌우할 만한

---

240) 같은 취지: 이시윤, 330면.

중요한 간접사실을 주장하였는데 피고의 답변이 없었다는 한 가지 이유로 원고를 승소시키거나, 거꾸로 갑 사실을 피고의 답변만으로 배척하고 원고에게 반론의 기회를 주지 아니한 채 원고의 청구를 기각하였다면 모두 불의의 타격이 된다. 이와 같이 간접사실의 인정이 소송의 승패를 좌우할 중요한 쟁점이 되는 경우에 법원은 피고의 갑 사실에 관한 답변이 없더라도 이를 변론에 상정시켜 명백하게 하여야 할 것이고, 갑 사실에 관한 피고의 답변이 상당히 일리가 있다고 한다면 원고에게 반론의 기회를 주어서 당사자로 하여금 불의의 타격을 입지 않도록 하여야 할 것이다. 실제로 소송과정에서는 간접사실에 의한 사실인정이 거의 전부라고 해도 과언이 아니므로 불의의 타격금지 원칙은 사실인정 과정에서 매우 중요한 역할을 한다.

2) 불의의 타격을 금지하는 원칙에 위반되는 경우

판례를 보면 사해행위취소의 소송에서 제척기간의 도과 여부가 당사자 사이에 쟁점이 된 바 없음에도 불구하고 당사자에게 의견진술의 기회를 주거나 석명권을 행사하지 아니하고 제척기간의 도과를 이유로 사해행위취소의 소를 각하한 경우,[241] 소송의 전개과정에서 환경정책기본법 제31조 제1항(2011. 7. 27. 개정법 제44조)에 의한 책임 여부에 관하여 당사자들이 쟁점으로 삼지 아니하였는데도 법원이 위 규정에 의한 손해배상책임을 인정한 경우[242]에는 예상외의 재판으로 당사자 한쪽에 불의의 타격을 가하는 위법이 있다고 하였다.

3) 불의의 타격을 금지하는 원칙에 위반되지 않는 경우

가) 자기에게 불리한 사실의 진술이라고 하더라도 상대방이 이를 쓰지 않으면 재판상 자백이 성립되지 않으므로 임의로 철회할 수 있다. 그러나 당사자가 불리한 사실을 진술하고도 변론이 종결될 때까지 이를 철회하지 않고 내버려두는 경우에는 이를 사실인정의 자료로 쓰더라도 불의의 타격이 되지 않는다.

나) 증거자료로부터 새로운 사실을 인정하는 경우에도 그 사실에 대하여 반박을 시도하거나 그에 대한 반론을 위하여 증거신청을 하고 증거조사까지 마친

---

241) 대판 2006. 1. 26, 2005다37185.
242) 대판 2008. 9. 11, 2006다50338.

경우에는 새로운 사실에 관한 주장이 있다고 볼 수 있기 때문에 불의의 타격이 아니다. 따라서 그 경우에는 증거 및 변론전체의 취지로 보아 새로운 사실을 인정하여도 무방하다. 예를 들어 원고가 당초 청구원인에서 벌채한 입목이 91개라고 주장하였다가 당사자가 변론이 종결될 때 감정인의 감정결과를 원용하였기 때문에 법원이 그 감정결과에 따라 벌채한 입목을 147개로 인정하더라도 불의의 타격이 아니다.[243)]

다) 주장사실과 인정사실이 모두 동일하지만 법원이 당사자의 잘못된 법률적 구성을 제대로 해주는 것은 불의의 타격이 되지 않는다. 예를 들어 갑이 을에게 금 1억원을 빌려준 사실은 인정이 되는데 그 법적구성에서 이를 소비대차라고 주장하지 않고 임대차라고 주장하는 경우 법원이 이를 소비대차라고 지적하는 경우이다.

라) 계약이 대리인에 의하여 성립된 사실은 주요사실이다.[244)] 그러나 양쪽 당사자는 계약이 대리인에 의하여 성립되었는지 본인에 의하여 성립되었는지에 관해서는 관심이 없고 오로지 계약자체가 성립되었는지 여부만 문제 삼은 경우에 당사자의 주장과 관계없이 증거자료만으로 계약이 대리인에 의하여 성립되었다고 인정하더라도 불의의 타격이 되지 않는다. 왜냐하면 설령 본인에 의하여 계약이 성립되었다고 주장하더라도 심리의 과정으로 볼 때 이를 다투기 위한 중대한 증명활동을 전개할 가망이 없기 때문이다.

나. 진실의무

변론주의가 적용되더라도 당사자에게 자기의 인식에 반하여 허위의 사실과 증거를 제출할 자유를 인정하는 것은 아니므로 진실의무는 존재한다. 이는 신의성실의 원칙상 당연한 요청이고 제363조나 제370조도 이 의무의 존재를 전제로 한 규정이다. 그러나 실제로 그 위반의 법적 효과는 지극히 미약하다. 진실의무 위반의 효과는 ① 당사자의 진술이 진실의무에 위반하면 그것이 변론전체의 취지의 인자(因子)로서 작용하여 그 당사자의 다른 진술의 평가에도 악영향을 미치게 하고 ② 진실의무 위반의 진술로 인하여 심리가 더 필요한 경우에는 승소하더라

---

243) 대판 1969. 6. 10, 69다360.
244) 대판 1996. 2. 9, 95다27998.

도 불필요한 심리에 대한 소송비용을 부담시킬 수 있다(제99조). 그러므로 진실 의무는 소송대리인의 변론활동에서 행위규범으로 기능할 것을 기대하여야 할 것이다.

5. 석 명 권

가. 뜻

당사자가 하는 법정에서의 진술에 불분명·모순·결함이 있거나 또는 증명을 다하지 못하는 경우가 있다. 이때 법원이 사건의 내용을 명백하게 하기 위하여 당사자에게 사실상 또는 법률상의 사항에 관하여 질문을 하거나 증명을 하도록 촉구하는 권능을 석명권이라고 한다(제136조 1항). 석명권은 그 적절한 행사로 변론주의의 형식적 적용에 따른 불합리를 수정할 수 있다는 점에서 법원이 마땅히 하여야 할 책무이기도 하여 석명의무라고도 한다. 원래 변론주의는 사실관계의 해명을 당사자의 변론에 맡기자는 원칙이므로 석명권은 법원이 당사자의 변론을 정확하게 이해하기 위해서, 나아가 당사자로 하여금 충분하게 변론을 할 수 있도록 소송지휘권을 행사하는 권능이다.

나. 석명권의 행사

1) 주   체

석명권은 소송지휘권의 일종이므로 합의체에서는 재판장이, 단독사건에서는 단독판사가 이를 행사하며(제136조 1항), 합의부원(배석판사)도 재판장에게 알리고 석명권을 행사할 수 있다(제136조 2항). 석명권은 법원의 권한이므로 당사자는 상대방에 대해서 직접 석명을 구할 수 없으며, 필요한 경우에는 재판장에게 상대방에 대하여 설명을 요구하여 줄 것을 요청할 수 있다(제136조 3항). 이를 구문권이라고 한다.

2) 석명불응에 대한 조치

당사자는 석명에 응하여야 할 의무가 없다. 그러나 당사자가 석명에 응하지

아니하면 주장책임이나 증명책임을 다하지 못한 셈이 되어 불이익한 재판을 받는
다. 특히 공격 방어방법의 취지가 불분명하여 석명을 촉구하였는데도 필요한 석
명을 하지 않거나 석명준비명령에 불응한 때에는 법원이 실기한 공격·방어방법
으로 각하할 수 있다(제149조 2항).

다. 석명권의 범위

1) 석명의 모습

가) 불분명을 바로 잡는 석명   당사자의 신청 또는 주장에 불분명·불완
전·모순 따위의 불명료한 점이 있고 이를 방치하는 경우에 법원과 당사자 사이
에서 언로가 막히게 되어 이를 시정하여야 하는 석명을 말한다. 가장 일반적인 석
명이다.

나) 부당을 제거하는 석명   법원이 무의미하거나 간계적(奸計的)인 주장
및 신청의 가면을 벗기는데 사용하는 석명을 말한다. 예를 들어 법원이 도저히 승
소가망이 없는 소송의 취하를 권유한다든가 당사자 주장의 허위성을 날카롭게 지
적하는 따위이다.

다) 소송자료(또는 증거자료) **보완의 석명**   당사자의 종전 주장이 불충분하
거나 다툼이 있는 사항에 대한 증거자료가 충분하지 않는 경우에 법원이 그 부족
한 주장 또는 증거의 보완을 명하는 석명을 말한다. 당사자로부터 새로운 별개의
주장을 끄집어내는 것이 아니라 이미 있는 주장 또는 증거 및 이와 밀접한 관련
이 있는 사항에 관하여 그 취지를 명백하게 하기 위해 주로 행사된다.

라) 새로운 소송자료제출의 석명   적당한 신청·주장 및 증거를 새로 추
가하거나 종전의 부적당한 신청·주장 및 증거를 새로운 신청·주장 및 증거로 고
치게 하는 석명을 말한다. 그러나 그 석명내용이 당사자가 전혀 주장하지 않은 공
격방어의 방법, 특히 독립된 항변사유를 당사자에게 암시해주어 그 제출을 권유
하는 석명은 원칙적으로 허용되지 않는다.[245]

마) 법률상 사항진술의 석명(제136조 4항)

a) 뜻   법원은 당사자에게 주장책임이 있는 사항에 관하여 원칙적으로

---

245) 대판 1971. 4. 20, 71다426.

석명의무가 없으나 부주의 또는 오해로 말미암아 당사자가 간과한 것이 분명한 법률상 사항이 있거나 당사자의 주장이 법률상의 관점에서 모순이나 불명료한 점이 있는 경우에 당사자에게 의견을 진술할 기회를 주어야 하는 의무가 있다(제136조 4항).[246] 이 의무로서 법원이 하는 석명을 법률상 사항진술의 석명이라고 한다. 예를 들어 소송목적의 값 산정의 필수적 자료를 당사자가 부주의, 오해 또는 법률의 부지로 그 제출이나 진술을 간과한 경우의 그 제출을 촉구하는 석명 등이다.[247]

b) 내   용   i) 법률상 사항이란 직권조사사항, 당사자의 주장·입증에 의하여 확정된 사실에 대한 법적평가,[248] 법적개념[249] 등에 대한 석명을 의미하지만 판례는 이보다 더 넓게 해석하여 당사자가 전혀 예상하지 못한 법률적 관점에 기한 예상외의 재판으로 불의의 타격을 받을 가능성이 있는 경우,[250] 원고가 법률적 착오로 주장을 간과하였는데도 의견진술의 기회를 주지 아니한 경우[251]도 이 석명의무에 위반된다고 하였다. 예컨대 소의 변경이 교환적인가 추가적인가 또는 선택적인가의 여부는 기본적으로 당사자의 의사해석에 의할 것이므로 당사자가 구 청구를 취하한다는 명백한 표시 없이 새로운 청구로 변경하는 등으로 그 변경형태가 불분명한 경우에는 사실심 법원으로서는 과연 청구변경의 취지가 교환적인가 추가적인가 또는 선택적인가의 점을 석명할 의무가 있다. 또한, 당사자의 주장이 법률상의 관점에서 보아 불명료 또는 불완전하거나 모순이 있는 등의 경우에 법원은 석명을 구하여야 하고, 만일 당사자가 전혀 의식하지 못하거나 예상하지 못하였던 법률적 관점을 이유로 법원이 청구의 당부를 판단하려는 경우에는 그 법률적 관점에 대하여 당사자에게 의견진술의 기회를 주어야 하며, 그와 같이 하지 않고 예상외의 재판으로 당사자 일방에게 불의의 타격을 가하는 것은 석명의무를 다하지 아니하여 심리를 제대로 하지 아니한 위법이 된다.[252]

---

246) 대판 2012. 5. 10, 2010다10658.
247) 대결 2014. 5. 29, 2014마329.
248) 예를 들어 타인의 차를 빌려 타고 가다가 사고로 그 차를 손괴한 것이 불법행위인가 채무불이행인가에 관한 평가 등.
249) 예를 들어 타인으로부터 돈을 빌린 것이 임대차가 아니고 소비대차인 것, 소유권이전의 형식을 빌려 타인의 물건을 담보하는 것이 양도담보라는 것 등.
250) 대판 1994. 6. 10, 94다8761.
251) 대판 1995. 2. 10, 94다16601.
252) 대판 2009. 1. 15, 2007다51703; 대판 2009. 7. 23, 2009다13200; 대판 2014. 6. 12, 2014다11376·11383 등 참조.

ⅱ) 당사자가 간과하였음이 분명하여야 한다. 즉, 당사자가 응당 변론에서 주장하여야 할 사항을 빠뜨린 것을 뜻한다. 법관이나 변호사와 같은 법률전문가도 쉽게 주장할 수 없는 어려운 법률상 사항은 포함되지 않는다.

c) 위반의 효과   법원이 이 석명의무를 위반하고 판결한 경우에는 당사자의 절차기본권을 침해한 것이므로 이 석명의무위반이 판결 결과에 영향을 주었을 때에는 당연히 항소 또는 상고의 이유가 된다. 따라서 이 석명의무위반이 판결 결과에 영향을 주어야 한다.

2) 범   위

가) 소극적 석명   소극적 석명이라 함은 당사자의 신청·주장 및 증거가 불분명·모순되거나 불충분한 경우에 이를 보충하라고 지시하는 석명을 말한다. 석명의 모습 중 불분명을 바로잡는 석명이 주로 이에 속하며 소송자료보완의 석명 중 일부도 포함한다. 소극적 석명은 당연히 허용되는 석명의 원래 모습이다.

나) 적극적 석명

a) 개   념   적극적 석명이라 함은 당사자의 신청·주장 및 증거가 사건처리에 관하여 부당 또는 부적당한 경우 또는 당사자가 적당한 신청·주장을 하지 않은 경우에 법원이 적극적으로 이를 암시하고 지적하는 시정적 석명을 말한다. 석명의 모습 중에서 부당을 제거하는 석명, 소송자료보완 석명의 일부, 신소송자료제출의 석명, 법률상 사항진술의 석명들이 이에 속한다. 적극적 석명은 적정한 재판의 확보 혹은 소송의 정리와 촉진에 강력한 작용을 하지만 한편 당사자의 소송에 관한 책임을 약화시키고 공평을 해할 우려가 있으므로 법률상 사항진술의 석명 등 특별한 규정이 있는 경우를 제외하고는 그 행사에 신중을 기하라는 것이 종래 판례의 입장이었다.[253] 그런데 최근에는 사법에 대한 국민의 신뢰를 강화하기 위한 사법적극주의를 반영하여 적극적 석명이 점차 강화되는 경향이다.

b) 판례가 인정하는 적극적 석명의 예

ⅰ) 일반적인 경우   당사자가 제출한 서증의 일부분이 누락된 경우에 그 누락 이유,[254] 청구의 변경이 교환적인가, 추가적인가, 선택적인가의 여부가 불분

---

253) 대판 1999. 4. 23, 98다61463.
254) 대판 1994. 10. 7, 94다27793.

명한 경우에 청구변경의 모습,[255] 발행인에 대한 약속어음금 청구소송에서 발행지 또는 수취인란이 보충되지 않은 경우의 발행지[256] 또는 수취인[257]의 기재, 수표금 청구사건에서 공시최고절차의 권리신고 여부,[258] 임대인의 지상물철거청구에 대하여 임차인이 지상물매수청구권을 행사한 경우에 임대인의 대금지급과 상환하여 지상물명도청구로의 변경 여부,[259] 행정소송에서 이의신청기간 준수 여부,[260] 취득시효의 중단사유인 승인 여부[261] 등은 적극적 석명사항이다.

ii) 불법행위로 인한 손해배상청구소송   불법행위로 인한 손해배상청구의 소송목적은 재산적 손해로 인한 배상청구와 정신적 손해로 인한 배상청구로 구별되므로[262] 당사자들은 그 금액을 특정하여 청구하여야 하고 그렇지 않으면 법원이 석명권을 행사하여 재산적 손해배상청구와 정신적 손해배상청구의 각 청구내역을 밝혀 각 청구의 당부에 관하여 판단하여야 한다.[263] 따라서 재산상 손해액의 확정이 가능한데도 위자료의 명목으로 사실상 재산상 손해의 전보를 명할 수 없다.[264]

판례는 일찍부터 손해배상청구소송에서 손해배상책임의 발생을 인정할 경우에는 손해액에 관한 당사자의 주장과 입증이 미흡하더라도 적극적으로 석명권을 행사하여 증명을 촉구하여야 하며 경우에 따라서는 직권으로라도 손해액을 심리·판단하여야 한다고 하였고,[265] 구체적인 손해의 액수를 증명하는 것이 성질상 곤란한 경우에는 증거조사의 결과와 변론전체의 취지에 의하여 밝혀진 당사자들 사이의 관계, 불법행위와 그로 인한 재산적 손해가 발생하게 된 경위, 손해의 성격, 손해가 발생한 이후의 제반 정황 등 관련된 모든 간접사실들을 종합하여 상당

---

255) 대판 1994. 10. 14, 94다10153.
256) 대판 1995. 11. 14, 95다25923.
257) 대판 1993. 12. 7, 93다25165.
258) 대판 1995. 4. 14, 94다59950.
259) 대전판 1995. 7. 11, 94다34265.
260) 대판 1996. 5. 31, 96누1146.
261) 대판 1996. 6. 11, 94다55545 · 55552.
262) 대판 2001. 2. 23, 2000다63752; 대판 2002. 9. 10, 2002다34581; 대판 2006. 10. 13, 2006다
    32446.
263) 대판 2006. 9. 22, 2006다32569.
264) 대판 2007. 12. 13, 2007다18959.
265) 대판 1986. 8. 19, 84다카503 · 504.

인과관계에 있는 손해의 범위와 액수를 판단하여야 한다고 하였다.[266] 그러다가 손해배상청구소송의 내용이 점차 복잡해지면서 손해액수의 산정 등에 관한 직권심리의 한계를 인식하자 이 입장을 비켜서 법원의 증명촉구에도 불구하고 원고가 이에 응하지 아니하면서 손해의 액수에 관하여 나름의 주장을 펴고 그에 관하여서만 증명을 다하고 있는 경우라면 법원이 손해의 액수 산정기준이나 방법을 적극적으로 제시할 필요가 없다고 하였고[267] 당사자가 법원의 증명촉구에 응하지 않을 뿐 아니라 명백히 증명하지 않겠다는 의사를 표시한 경우에는 손해의 액수에 관한 증거가 없다는 이유로 청구를 배척할 수 있다고 하였다.[268]

iii) 채무불이행으로 인한 손해배상청구소송　　　판례[269]는 채무불이행으로 인한 손해배상책임이 인정된다면 법원은 손해의 액수에 관한 증명이 불충분하더라도 그 손해의 액수에 관하여 적극적으로 석명권을 행사하고 증명을 촉구하여 이를 밝혀야 하고 구체적인 손해액수를 증명하는 것이 성질상 곤란한 경우에는 증거조사의 결과와 변론전체의 취지에 의하여 밝혀진 당사자들 사이의 관계, 채무불이행과 그로 인한 재산적 손해가 발생하게 된 경위, 손해의 성격, 손해가 발생한 이후의 제반 정황 등 관련된 모든 간접사실들을 종합하여 상당인과관계에 있는 손해의 범위와 액수를 판단하여야 한다고 하였다. 다만 이러한 법리는 자유심증주의 아래에서 손해의 발생사실은 증명되었으나 사건의 성질상 손해액에 대한 증명이 곤란한 경우에 증명도·심증도를 경감함으로써 손해의 공평·타당한 분담을 지도원리로 하는 손해배상제도의 이상과 기능을 실현하고자 함에 그 취지가 있는 것이지 법관에게 손해액의 산정에 관한 자유재량을 부여한 것은 아니다.[270] 따라서 법원이 위와 같은 방법으로 구체적 손해액을 판단함에 있어서는 손해액 산정의 근거가 되는 간접사실들의 탐색에 최선의 노력을 다해야 하고 그와 같이 탐색해 낸 간접사실들을 합리적으로 평가하여 객관적으로 수긍할 수 있는 손해액을 산정해야 한다.[271]

---

266) 대판 2006. 9. 8, 2006다21880.
267) 대판 2010. 3. 25, 2009다88617.
268) 대판 1994. 3. 11, 93다57100.
269) 대판 2004. 6. 24, 2002다6951; 대판 2009. 10. 15. 2009다37886.
270) 대판 2015. 1. 29, 2013다100750.
271) 대판 2010. 10. 14, 2010다40505 등 참조.

iv) 부당이득반환청구   부당이득반환책임이 인정되는 경우에 법원은 그 손해액에 관한 당사자의 주장과 증명이 미흡하더라도 적극적으로 석명권을 행사하여 증명을 촉구하여야 하고 경우에 따라서는 직권으로라도 손해액을 심리·판단하여야 한다.[272)]

v) 적극적 석명의 강화   판례[273)]는「당사자가 부주의 또는 오해로 인하여 명백하게 간과한 법률상의 사항이 있거나 당사자의 주장이 법률상의 관점에서 보아 모순되거나 불명료한 점이 있는 경우에 법원은 적극적으로 석명권을 행사하여 당사자에게 의견진술의 기회를 주어야 하고 만약 이를 게을리 한 경우에는 석명 또는 지적의무를 다하지 아니한 위법이 있다」는 이유를 내세워 종전의 소극적 석명의 입장을 벗어나서 사법적극주의로 나아가고 있다. ㄱ) 행정소송법에서 정한 당사자소송의 피고 지정이 잘못된 경우에 법원은 석명권을 행사하여 피고를 경정하게 해야 한다.[274)] ㄴ) 부동산 소유권보존등기의 취득원인 일자가 부동산특별조치법의 적용을 받을 수 없는데도 당사자가 부주의 또는 오해로 인하여 법률적 쟁점을 삼지 아니하였지만 그것이 쟁점이라는 점에 명시적인 다툼이 없는 경우에는 법원은 그 법률적 쟁점에 관하여 의견진술의 기회를 주어야 한다.[275)] ㄷ) 당사자가 어떤 법률효과를 주장하면서 그 요건사실의 일부를 빠뜨린 경우에 법원은 그 누락사실을 지적하고 당사자에게 변론할 기회를 주어야 한다.[276)] ㄹ) 도시 및 주거환경정비법에서 정한 주택재건축정비사업조합을 상대로 관리처분계획안에 대한 조합총회결의의 효력을 다투는 소송은 행정소송법에서 정한 당사자소송인데도 원고가 고의 또는 중대한 과실 없이 민사소송으로 잘못 제기한 경우에 수소법원이 만약 그 행정소송에 대한 관할도 동시에 갖고 있고 행정소송으로서의 소송요건을 갖추고 있다면 원고로 하여금 행정소송으로 소변경을 하게 하여야 한다.[277)] ㅁ) 당사자가 부주의 또는 오해로 인하여 손해배상책임의 근거를 계약책임

---

272) 대판 1987. 12. 22, 85다카2453; 대판 1998. 5. 12, 96다47913; 대판 2008. 2. 14, 2006다37892; 대판 2009. 6. 25, 2009다26824; 대판 2012. 6. 14, 2012다20819 등 참조.
273) 대판 2006. 1. 26, 2005다37185.
274) 대판 2007. 4. 27, 2005다64033.
275) 대판 2009. 9. 10, 2009다30687.
276) 대판 2009. 9. 10, 2009다46347.
277) 대판 2009. 11. 26, 2008다41383.

으로 구성할 것인가 불법행위책임으로 구성할 것인가에 관한 중대한 법률적 사항을 간과한 경우에 법원은 적극적으로 석명권을 행사하여 이 법률적 사항에 관하여 당사자에게 의견진술의 기회를 주어야 한다[278]고 하였다.

    vi) 변론의 재개(제142조)   종결된 변론의 재개 여부는 법원의 재량에 속한다. 그러나 판례는 이에 관하여 법원의 재량성을 벗어나서 직권으로 심리를 하여야 한다는 사법적극주의를 표명하고 있다. 즉, 법원이 사실상 또는 법률상 사항에 관한 석명의무나 지적의무 등을 위반한 채 변론을 종결하였는데 당사자가 그에 관한 주장·증명을 제출하기 위하여 변론재개신청을 한 경우,[279] 당사자가 변론종결 이전에 그에게 책임지기 어려운 사정으로 주장·증명할 기회를 갖지 못하였는데 그 주장·증명의 대상이 판결의 결과를 좌우할 수 있는 관건적 요증 사실에 해당하는 경우[280]에는 법원은 종결한 변론을 재개하여 심리·판단하여야 할 의무가 있다고 하였다.[281] 나아가 판례는 당사자가 변론종결 이후 추가로 주장·증명을 제출한다는 취지를 기재한 참고서면과 참고자료만을 제출하였을 뿐 별도로 변론재개신청서를 제출하지 아니하였다고 하더라도 당사자가 변론종결 이전에 그에게 책임을 지우기 어려운 사정으로 주장·증명을 제출할 기회를 제대로 얻지 못하였고, 그 주장·증명의 대상이 판결의 결과를 좌우할 수 있는 관건적 요증 사실에 해당하는 경우에는 변론재개와 심리를 속행할 의무에서 면제되지 않는다고 하였다.[282] 그러나 당사자가 주장·증명할 기회가 충분히 있었음에도 변론종결 후에야 변론재개신청을 한 경우에는 법원에게 변론을 재개할 의무가 없다.[283] 생각

---

278) 대판 2009. 11. 12, 2009다42765.
279) 대판 2011. 7. 28, 2009다64635.
280) 대판 2012. 4. 26, 2011다19188.
281) 대판 2014. 10. 27, 2013다27343은, 「당사자가 변론종결 후 주장·증명을 제출하기 위하여 변론재개신청을 한 경우 당사자의 변론재개신청을 받아들일지는 원칙적으로 법원의 재량에 속한다. 그러나 변론재개신청을 한 당사자가 변론종결 전에 그에게 책임을 지우기 어려운 사정으로 주장·증명을 제출할 기회를 제대로 갖지 못하였고, 주장·증명의 대상이 판결 결과를 좌우할 수 있는 관건이 되는 요증사실에 해당하는 경우 등과 같이, 당사자에게 변론을 재개하여 주장·증명을 제출할 기회를 주지 않은 채 패소의 판결을 하는 것이 민사소송법이 추구하는 절차적 정의에 반하는 경우에는 법원은 변론을 재개하고 심리를 속행할 의무가 있다」고 명백하게 판시하고 있다.
282) 대판 2013. 4. 11, 2012후436.
283) 대판 2011. 11. 10, 2011다67743.

건대 항소심이 사실심인 제1심의 속심인 이상 제1심에서의 변론의 재개 여부는 큰 문제가 되지 않을 것이다. 그러나 항소심이 종결되면 법률심인 상고심의 파기환송판결이 있어야 변론이 재개된다. 따라서 항소심 법원이 변론재개신청 여부에 관하여 신중하게 대처한다면 그만큼 상고인 대법원의 노고를 덜 수 있을 뿐 아니라 충실한 심리를 더하게 되어 국민의 신뢰를 확보할 수 있게 되는 것이다. 종전에 볼 수 없었던 변론의 재개 여부에 관한 대법원판례는 이러한 취지에 입각한 것이라고 할 수 있다. 따라서 이제는 항소심에서 변론의 재개결정 여부는 법원의 재량사항이 아니므로 당사자의 변론재개신청에 대하여 항소심 법원은 「재개」 또는 「재개기각」의 결정을 하여야 하고 당사자는 재개기각 결정에 대해서 항고권(제433조)이 있다고 할 것이다.

전문심리위원

(1) 지적재산, 의료, 건축, 공해 등 사건처리에 전문적 지식을 요구하는 사건을 적정하고 신속하게 해결하기 위하여 전문가의 적절한 조언을 구하는 제도가 제164조의2에서 제164조의8까지 규정된 전문심리위원 제도이다. 이 제도는 소송자료, 증거자료를 직접 수집하거나 쟁점 등에 관해서 의견을 구하는 것이 아니라 법관이 재판자료를 정확하게 이해하기 위하여 전문심리위원의 설명 또는 의견을 청취하는 제도이다.

(2) 전문심리위원이 사건마다 지정되어 소송절차에 관여하고 증인·당사자신문 또는 감정인 진술의 기일에 전문심리위원에게 설명을 하게 하기 위해서는 그들이 증인 등에 대하여 직접 질문하는 것을 허용하여야 하므로 당사자의 주장·입증, 재판의 결과에 영향을 주어 전문심리위원에 의한 재판이라는 비판을 받기 쉽다.

(3) 이 비판을 피하기 위해서는 그러한 외관 자체를 피할 필요가 있다. 그리하여 민사소송법은 전문심리위원을 절차에 관여시키기 위해서는 당사자의 의견을 듣게 하는 등(제164조의2) 엄격하게 요건을 설정하고, 당사자가 합의하면 무조건 전문심리위원 결정을 취소하도록 하였고(제164조의3 2항), 기일에서 전문심리위원의 설명 또는 의견에 대해서는 당사자에게 구술 또는 서면에 의한 의견진술의 기회를 줌으로써(제164조의2 4항) 당사자의 절차관여를 보장하였다.

라. 석명처분(제140조 1항)

법원은 변론 중에 석명권을 행사하는 이외에도 그 준비 또는 보충으로 소송관계를 명료하게 하기 위해서 적당한 처분을 할 수 있다. 이를 석명처분이라 한다. 이 처분은 어디까지나 사건의 내용을 명백하게 하기 위한 것이므로 계쟁사실을 인정하기 위하여 증거자료를 수집하는 증거조사와는 그 목적을 달리한다. 그러나 당사자가 증거로 이를 원용하면 증거자료로 쓸 수 있다.

가) 당사자 본인 또는 그 법정대리인의 출석명령(제140조 1항 1호)
나) 문서 또는 물건의 제출·유치(제140조 1항 2호·3호)
다) 검증·감정(제140조 1항 4호)
라) 조사촉탁(제140조 1항 5호)

석명처분으로서의 검증·감정, 조사의 촉탁방법은 증거조사의 방법으로 한다(제140조 2항).

6. 직권탐지주의

가. 뜻

직권탐지주의라 함은 변론주의에 대립되는 개념으로서 법적 3단 논법의 소전제가 되는 사실의 인정에 관한 재판자료의 수집을 법원에 맡기자는 원칙을 말한다. 직권탐지주의는 첫째, 법원은 당사자가 주장하지 않은 사실이라고 하더라도 판결의 기초로 삼을 수 있고(주장책임의 배제) 둘째, 당사자 사이에 다툼이 없는 사실이라 하더라도 판결의 자료로 쓰지 아니할 수 있으며(자백의 구속력의 배제) 셋째, 법원은 증거조사를 할 때 당사자가 신청한 증거 외에도 직권으로 증거조사를 할 수 있다(직권증거조사의 원칙). 따라서 공격방어의 방법이 시기에 늦었다고 하여 각하되지 않고(제149조와 제285조의 적용이 배제된다) 변론주의에 의한 소송절차와 달리 청구의 포기·인낙이나 화해 등 처분권주의가 제한된다.

나. 적용범위

1) 범 위

직권탐지주의는 법원에 의한 진실발견의 필요성이 높고 판결의 효력이 제3자에게 미칠 때 필요하다. 이 경우에 재판자료의 수집을 당사자에게 맡겨서는 그 소송에 관여할 기회가 없는 제3자의 이익을 해칠 우려가 있기 때문이다. 주로 가사소송(가소 제12조, 제17조), 행정소송(행소 제26조), 비송사건(비송 제11조), 선거소송(공직선거 제221조, 제227조), 헌법재판(헌재 제31조, 제40조), 특허심판사건(특허 제159조), 증권관련집단소송(증집소 제30조 이하) 등에 적용된다.

2) 불의의 타격을 금지하는 원칙

당사자가 소송의 주체적 지위에 있는 이상 직권탐지주의를 취하였다고 해서 자기의 이익을 지키기 위하여 충분하게 공격과 방어를 다할 기회를 버릴 수 없다. 따라서 법원이 직권으로 탐지한 사실이나 증거를 그대로 판결의 자료로 삼는다면 당사자에게 예상 외의 불리한 재판이 될 수 있으므로 법이 당사자에게 의견진술의 기회를 부여한다고 규정하는 경우가 있고(특허 제159조, 소심 제10조 1항 단서 등) 이 규정은 강행규정이다.[284] 법 규정의 유무를 떠나 직권탐지주의가 적용되는 경우에도 당사자에게 충분한 의견진술의 기회를 주어야 할 것이고 법원이 이를 태만한 경우에는 심리미진의 위법이 된다.

다. 직권조사사항

1) 개 념

직권조사사항은 직권탐지주의와 「직권」이라는 용어를 같이 하고 그 내용이 매우 흡사하여 혼동이 온다. 그러나 양쪽은 전혀 차원을 달리하는 별개의 개념이다. 즉, 직권탐지주의는 법적 3단 논법의 소전제인 사실의 인정방법에 관한 원칙인데 대하여 직권조사사항은 주로 법적 3단 논법의 결론인 심판대상의 선정방법에 관하여 법원에게 주도권을 인정하는 직권조사주의라는 원칙이 적용되는 사

---

284) 대법 1984. 2. 28, 81후10.

항이다.

2) 범 위

가장 대표적인 직권조사사항은 소송요건 및 상소요건이다. 그 외에도 소송계속의 유무, 경험칙 및 법규의 존재, 확정판결의 존부,[285] 상속회복청구의 소에서 제척기간의 준수 여부,[286] 제1조 2항의 신의칙 및 권리남용위반,[287] 민법 제103조 위반여부 등도 직권조사사항에 속한다.

Ⅱ. 증거법 총론

1. 왜 증거가 필요한가

민사소송에서 법원이 분쟁을 처리하려면 반드시 법의 적용이라고 하는 형식을 갖추어야 한다. 여기서 법의 적용이라고 함은 법규를 대전제로 사실을 소전제로 하는 3단 논법에 의하여 법률효과를 판단·선언하는 작업을 의미한다. 따라서 적용하여야 할 법규의 존재 및 내용을 확정하기 위해서는 그 소전제되는 사실의 존부를 먼저 인정하여야 하는 것이다. 그런데 그 사실의 존부를 법관의 사적 경험에 의하여 인정한다면 그 인정과정의 객관화가 이루어지지 못한다. 그 결과 다른 사람이 이를 추적하여 따질 수 없어 사실인정의 공정성에 의혹이 생길 염려가 있다. 법관의 사실인정이 객관적으로 공정하다는 것을 담보하기 위해서는 법관의 사실인정 수단을 소송에 드러내어 이해가 대립하는 당사자로 하여금 이를 감득(感得)할 수 있게 하고 그 당사자가 이에 관한 평가를 말할 기회를 갖도록 할 필요가 생긴다. 이와 같이 법관의 사실인정 수단을 증거라고 하며 증거를 수집·감득하는 절차를 증거조사절차라고 한다.

---

285) 대판 1992. 5. 22, 92다3892.
286) 대판 1993. 2. 26, 92다3083.
287) 대판 1995. 12. 22, 94다42129.

2. 증거의 개념

증거라고 함은 일반적으로 법관이 재판의 기초가 되는 사실을 인정하기 위한 일체의 수단을 말한다. 구체적으로 증거라는 용어는 여러 가지 의미로 쓰이고 있다.

가. 증거방법

1) 뜻

법관이 5관(五官)에 의하여 조사할 수 있는 유형물을 말한다. 여기에는 인적증거(인증)와 물적증거(물증)가 있다. 인증에는 증인·감정인·당사자본인이 있고, 물증에는 흔히 서증이라고 하는 문서와 검증물이 있다. 증거방법들에 관한 증거조사절차는 민사소송법에 각각 규정되어 있다.

2) 증거능력

어떤 유형물이 증거방법으로 쓰일 수 있는 자격을 증거능력이라고 한다.

일반적으로 증거제한계약이 있는 증거를 제출하는 경우를 제외하고는 증거능력에 특별한 제한이 없지만[288] 수집절차가 위법한 증거의 증거능력에 관해서는 자유심증주의와 관련하여 문제가 있다.[289]

나. 증거자료

1) 뜻

법관이 증거방법을 조사하여 감득한 내용을 증거자료라고 한다. 증거조사의 결과라고도 한다(제202조 참조). 구체적으로 인증의 경우 증인을 증인신문한 결과 얻은 내용을 증언이라 하고, 감정인이 감정한 내용을 감정의견(또는 감정결과)이라고 하며, 당사자본인을 본인신문한 내용을 당사자본인신문결과라고 하는데 증언,

---

288) 선서하지 아니한 감정인에 의한 감정결과는 증거능력이 없으므로 사실인정의 자료가 될 수 없으나(대판 1982. 8. 24, 82다카317 참조), 그 감정결과를 기재한 서면이 당사자에 의하여 서증으로 제출되고 그 내용이 합리적일 때에는 사실인정의 자료가 된다(대판 2006. 5. 25, 2005다77848 참조).

289) 자세한 내용은 Ⅳ. 자유심증주의에서 검토하기로 한다.

감정의견(또는 감정결과) 및 당사자본인신문결과가 증거자료이다. 또한 물증의 경우 문서(서증)는 문서의 기재내용이, 검증물을 검증한 경우에는 검증결과가 증거자료이다. 법관의 사실인정 자료는 증거방법이 아니라 증거방법에서 얻은 증거자료이다.

2) 증거력(증명력, 증거가치)

법관이 증명의 대상이 되는 사실을 인정하려면 증거자료에 의하여야 한다. 이 증거자료가 실제로 법관의 사실인정에 작용하는 정도를 증거력(증명력 또는 증거가치)이라고 한다. 어떤 증거자료가 어느 정도의 증거력이 있는지는 원칙적으로 법관의 자유심증에 의한다.

가) 형식적 증거력　　증거력의 정도를 판단하기에 앞서 증거방법이 과연 그 증거자료가 될 수 있는 자격 내지 전제요건을 갖추고 있는지를 먼저 따져야 한다. 이와 같이 어떤 증거방법이 증거자료가 될 수 있는 자격 내지 전제요건을 형식적 증거력이라고 한다. 예를 들어 어떤 증인의 증언을 증거자료로 하기 위해서는 그 증인은 당사자가 신청한 사람이어야 하며, 제303조가 누구든지 증인으로 신문할 수 있다고 하여 당사자가 신청하지도 않은 지나가는 사람을 데려다가 증인이라고 하여 증언하게 해서는 안 되는 것이다. 검증도 검증물로 신청한 증거방법에 한하여 검증을 하여야 하며, 사건과 관련이 없는 물건을 검증해서는 안 되는 것이다. 이와 같이 증인이나 검증물 등 증거방법은 증거자료가 되는 전제요건인 형식적 증거력이 있어야 증거자료가 될 수 있다. 다만 그 형식적 증거력은 비교적 쉬운 방법으로 판단할 수 있다. 예를 들어 증인의 경우에는 법정에서 인적사항을 신문하는 방법으로 당사자가 신청한 증인과 실제로 증언할 증인이 동일한 사람인지 여부를 알 수 있다. 검증이나 감정, 당사자본인신문도 쉽게 형식적 증거력을 판단할 수 있기 때문에 특별한 문제가 없다. 그러나 문서의 경우에는 문서 자체만으로는 다른 증거방법과 달리 쉽게 그 형식적 증거력을 판단할 수 없다. 왜냐하면 문서라는 증거방법이 증거자료가 되는 것은 그 문서라는 유형물이 아니라 그 문서를 작성한 특정인의 생각내용인데 문서마다 그 작성자가 누구인지 말하고 있지 않기 때문이다. 따라서 문서의 증거력을 판단함에 있어서는 먼저 그 문서가 어떤 작성명의인의 의사에 기하여 작성된 것인가를 확실하게 해둘 필요가 있다. 이와

같이 형식적 증거력은 주로 문서라는 증거방법에서 문제된다.

　나) 실질적 증거력　　어떤 증거자료가 사실인정에 관한 법관의 심증형성에 실제로 미치는 효과를 말한다. 실질적 증거력의 존재 여부 또는 그 증거력의 정도는 법관의 자유심증으로 정한다(자유심증주의). 그러나 뒤에서 보는 처분문서의 경우에는 그 형식적 증거력이 인정되면 거기에 적힌 내용대로 법률상 행위가 존재하는 것으로 인정되므로[290] 형식적 증거력이 인정되는 처분문서를 배척하려면 합리적인 이유를 설명해야 한다.[291]

3) 증거원인

　법관의 심증형성의 원인이 된 자료 및 상황을 말한다. 여기에는 증거자료와 변론전체의 취지(제202조)가 있다.

4) 직접증거 · 간접증거

　주요사실의 존부를 직접 증명하는 증거를 직접증거라 하고 간접사실이나 보조사실을 증명하기 위한 증거를 간접증거라고 한다. 예를 들어 매매의 주요사실은 매매계약 사실인데 그 존부를 증명하는 매매계약서나 증인이 있다면 이것이 직접증거이고, 매매계약서가 현재 남아있지 아니하지만 계약당사자가 매매계약서를 작성한 사실은 매매의 주요사실이 아니지만 이에 의해서 매매를 추인할 수 있으므로 당사자가 매매계약서를 작성하는 것을 보았다는 증인은 간접증거에 해당한다. 우리나라 사람들의 대부분은 그들이 영위하는 생활이 모두 장차 소송거리가 될 것이라고 생각하여 미리 증거를 챙겨두는 경우가 거의 없다. 그러므로 증거는 직접증거보다 간접증거가 압도적으로 많고 간접증거도 부족하여 변론전체의 취지를 증거원인으로 삼는다. 이와 같이 소송의 현실에서 간접증거와 변론전체의 취지가 주요한 증거원인이 될 수밖에 없게 되는데 그 증거력의 판단은 전적으로 법관의 자유심증에 의존한다는 점에서 법관의 심증형성이 소송에서 얼마나 중요한 역할을 하는가를 알 수 있다. 따라서 법관의 자유심증 결과를 국민 일반이 납

---

290) 대판 1987. 4. 28, 86다카1760.
291) 합리적인 이유란 반증이 있거나 그 문서에 기재된 내용이 객관적인 진실에 반하는 것으로 볼만한 경우이다(대판 1994. 2. 8, 93다57117 참조).

득할 수 있는 경우에는 법원에 대한 국민의 신뢰가 높아질 것이지만 법관의 심증형성이 잘못되어 국민 일반의 법 감정과 동떨어진 사실인정이 이루어지고 이것이 누적되는 경우에는 법원에 대한 국민의 불신이 높아져서 사법의 위기가 초래될 수 있다. 오늘날 법관의 자질에 대한 여러 우려는 바로 법관이 자유심증주의를 적용할 능력과 직결된다고 할 수 있다.

다. 증명(입증)

어떤 사항을 증거로 명백하게 하는 것을 증명(입증)이라고 한다. 하지만 소송법적으로는 다음과 같이 한정된 의미로 사용한다.

1) 증명과 소명

가) 증 명 증명이라 함은 재판의 기초로서 명백하게 하여야 할 사항에 관하여 법관이 확신을 가져도 좋은 상태 또는 이 상태에 이르도록 증거를 제출하여야 할 당사자의 노력을 말한다. 제기된 소에 대한 판결이 이루어지려면 증명할 사실에 관해서 증명이 되지 않으면 안 된다. 어떤 경우에 증명이 되는가에 관해서는 특별한 사정이 없는 한 경험칙에 비추어 어떠한 사실이 있었다는 점을 시인할 수 있는 고도의 개연성이 있고 그것이 보통 사람이 일상생활에서 행동의 기초로 하는데 지장이 없을 정도의 진실이라고 인정되면 족하다고 본다.[292] 즉, 증명은 자연과학자들의 실험에 기초한 과학적 증명이 아니며 역사적 증명이면 충분하다. 인정하여야 할 사실이 합의부의 사건인 경우에는 합의부원의 과반수가 증명상태에 도달하여야 한다.

나) 소 명

a) 개 념 소명이란 법관이 증명의 정도에 이르지 아니하였지만 일단 확실하다고 추측을 해도 좋은 상태 또는 이 상태에 이르도록 증거를 제출하여야 할 당사자의 노력을 말한다. 따라서 증명보다는 낮은 확신을 요구하고 있어 법률에 규정이 있어야 한다.

b) 판결의 기초사실이 아닌 사항 가운데서 신속한 처리가 요구되는 사항 혹은 파생적 절차사항의 경우에 소명으로 충분한 경우가 많다(예, 제44조 2항, 제73조

---

292) 대판 2010. 10. 28, 2008다6755.

1항, 제110조 2항, 제111조 1항, 제128조 2항, 제285조 1항 2호 등).

c) 소명은 분쟁을 간이·신속하게 처리하기 위해서 증명의 정도를 경감·완화시키는 데 목적이 있다. 따라서 그 증거방법은 즉시 조사할 수 있는 것(예, 재정증인의 신문, 자기가 소지한 문서나 물건의 검증 등)에 한정된다(제299조 1항). 즉시 조사할 수 있는 것이면 아무런 제한이 없으므로 증인을 신문할 수 없을 때에는 그의 진술서를 서증으로 제출할 수 있고, 현장검증 대신에 현장사진을 증거로 제출할 수도 있다. 또 적절한 증거방법이 없을 때에는 법원의 재량으로 당사자 또는 법정대리인에게 보증금을 공탁하게 하거나 그 주장이 진실하다는 선서를 하게 하여 소명이 있는 것으로 취급할 수 있다(제299조 2항). 진술이 뒤에 허위로 판명되었을 때에는 보증금을 몰수하거나 선서위반을 이유로 200만원 이하의 과태료에 처할 수 있다(제300조, 제301조). 실무상으로는 소명에 갈음하여 보증금을 공탁하게 하는 방법이 널리 이용되고 있다.

2) 엄격한 증명과 자유로운 증명

엄격한 증명이라 함은 증거방법이나 이에 대한 조사절차가 법률상 엄격하게 규정된 방식에 따라 행하여지는 증명을 말한다. 보통 청구의 당부에 관한 판단을 하는데 필요한 사실에 이 증명이 요구된다. 자유로운 증명이라 함은 증거방법이나 이에 대한 조사절차가 법률상 규정된 방식에 따르지 않은 증명을 말한다. 양쪽은 모두 증명이기 때문에 확신의 정도에는 차이가 없으며 그 점에서 소명과 다르다. 이 구별은 형사소송 분야에서 주로 쓰이고 있지만 지금은 민사소송 특히 직권조사사항의 전제사실을 인정하는데도 쓰인다. 일반적으로 직권조사사항 중에서 소송요건의 조사 자체는 본안의 심리와 일단 구별되는 것으로서 소송요건의 판단을 위한 전제사실은 대부분 소송절차 안에서 쉽게 파악되거나 형식적인 사실이기 때문에 자유로운 증명으로 충분하다고 본다.[293]

라. 본증과 반증

본증이라 함은 자기가 증명책임을 부담하는 사실을 증명하기 위한 증거를 말하고 반증이라 함은 상대방이 증명책임을 부담하는 사실을 부정하기 위한 증거를

---

293) 반대 취지: 이시윤, 454면.

말한다. 본증은 법관이 입증할 사실의 존재에 관하여 확신상태에 이르러야 성공되지만 반증은 입증할 사실의 부존재는 물론 입증할 사실이 진위불명(眞僞不明)상태가 되더라도 성공하므로 본증이 반증보다 훨씬 어렵다. 따라서 입증책임이 당사자 누구에게 있는가는 실로 소송의 승패를 좌우한다.

3. 증명의 대상

증명의 대상은 원칙적으로 법적 3단 논법의 소전제가 되는 사실이다. 다만 예외적으로 경험칙 또는 법규도 때에 따라서는 증명의 대상이 된다.

가. 사   실

1) 사실의 뜻

사실이라 함은 구체적인 장소와 시간으로 특정되고 개별화된 외부적인 일 또는 내심의 상태(예, 고의·선의·악의 등)를 말한다.

2) 증명의 대상이 되는 사실

변론주의가 적용되는 증명의 대상이 되는 사실이 주요사실이다. 주요사실이라 함은 법적 3단 논법의 결론인 법률효과를 일으키게 하는 법규(법률요건)에 해당하는 소전제가 되는 사실을 말한다. 주요사실이라 한다면 과거의 사실이든 현재의 사실이든 가리지 않으며 적극적 사실, 소극적 사실 모두를 포함한다. 법적 3단 논법의 소전제에 해당하지만 「과실」, 「정당한 이유」 등 구체적 사실이 아니라 사실의 법적 평가에 해당하는 불특정 개념의 경우에는 그 법적 평가를 할 수 있는 사실을 주요사실 또는 준 주요사실이라고 한다. 그러므로 이 경우에는 그 법적 평가를 할 수 있는 사실이 증명의 대상이 된다.

3) 간접사실·보조사실

주요사실의 존부를 추인할 수 있는 사실을 간접사실이라 하고, 증거의 증거력에 관한 사실(예, 서증의 진정 성립을 인정하기 위한 사실 등)을 보조사실이라고 한다. 이들 사실은 증명의 대상이 아니지만 주요사실의 직접 증명이 어려운 경우에는 법관으로 하여금 간접사실 또는 보조사실에 의하여 주요사실의 존부를 추인하게 하여야 하므로 그 범위에서 증명의 대상이 된다.

나. 경 험 칙

1) 인간의 경험에서 얻는 사물의 성상(性狀), 인과관계에 관한 지식이나 법칙을 경험칙이라고 한다. 다른 동물과 달리 인간은 경험칙을 통해서 자신을 보존하고 발전시켜왔다. 약 13만년 전 아프리카 동쪽에서 다른 대륙으로 모습을 나타낸 인간(호모 사피엔스)은 유인원과 몇 가지 다른 특징이 있었다. 우선 걷는 데다가 뇌의 크기가 현저하게 컸으며 아울러 학습할 수 있는 어린 시절이 유난히 길었다. 그 결과로 인간은 지난 13만년 간의 생활 경험을 통해서 오늘을 형성한 것이다. 따라서 경험칙이야 말로 인간생활의 기반이 된다. 민사소송법도 경험칙의 기반 위에서 존재한다. 따라서 경험칙은 사실에 대한 법적 평가, 증거의 가치판단, 간접사실로부터 주요사실의 추인 등에 모두 쓰인다. 이 경험칙은 사실로서 존재하는 것이 아니라 인간의 경험을 통해서 얻은 법칙이므로 증명할 수 없어 증명의 대상이 되지 않는 것은 당연하다.

2) 그러나 경험칙이 특수한 사람들에게만 인식되어 다른 사람들이 잘 모르는 경우가 있다. 예를 들어 원자핵 융합의 수식 같은 것 등이다. 이런 종류의 경험칙은 그 객관성을 담보하기 위해 그것이 경험칙이라는 것을 감정에 의할 필요는 없으나 엄격한 증명에 의하여 증명하여야 할 것이다.

3) 경험칙은 모든 법의 기반이 되므로 법적 3단 논법의 소전제가 아니다. 따라서 변론주의가 적용되지 아니하고 자백이나 의제자백의 대상이 되지 않으며 직권조사사항이다.

4) 판례[294]는 경험칙위반을 법령위반으로 보아 상고이유가 되는 것으로 본다. 그러나 경험칙은 위에서 말한 바와 같이 모든 법의 기반이자 특히 간접사실 혹은 보조사실로부터 주요사실을 추인하는 데 결정적 역할을 한다. 여기에 법률심이 관여하는 것은 사실심과 법률심의 구별이 애매해지고 상고심이 사실심의 복심화될 염려가 있는 것이다. 따라서 적어도 사실인정에 관한 경험칙 위반은 상고

---

294) 대판 1980. 9. 24, 79다2269 등.

이유가 되지 않는다고 하여야 할 것이다.

다. 법 규

1) 법규 역시 경험칙의 소산이다. 특히 인류가 정착생활을 시작한 기원전 8,000년경의 신석기혁명이래 정착생활의 경험칙을 규범화한 것이 법규라고 할 수 있다. 이 법규가 증명의 대상이 되지 않는 것은 당연하다.

2) 경험칙의 경우와 마찬가지로 섭외사건에서 준거법으로 적용하여야 할 외국법이라든가 지방관습법, 조례 등은 모든 사람들이 잘 알 수가 없으므로 법관 역시 잘 모를 수 있다. 이 경우에는 그 법규의 적용을 받을 당사자가 불이익을 받을 우려가 있으므로 그 법규의 존재를 증명할 필요가 있다.

3) 증명의 방법은 서증·감정 등 다양한 방법에 의한다. 법규의 존재는 직권조사사항이므로 공공기관 등에 대한 조사촉탁(제294조) 등에 의하더라도 무방하다.

4) 문제는 적용하여야 할 외국법을 아무리 조사하여도 알 수 없을 경우에 무엇을 기준으로 재판할 것인가이다. 우선 외국법의 의미가 분명하지 아니할 때에는 조리에 의하여 그 내용을 확정하여야 할 것이다.[295] 그 내용을 확정하여도 외국법을 알 수 없는 경우에 이를 이유로 소를 기각할 수 없다. 법규는 사실과 달리 법적 3단 논법의 소전제에 해당하지 아니하므로 소를 제기한 원고에게 증명책임의 원칙을 적용하여 법규부존재의 결과를 물을 수 없기 때문이다. 생각건대 인간은 살아오면서 다른 사람들과 경험을 공유하고 발전하여 왔고 법규의 경우에도 동일하게 기본적인 법 원리를 공유하면서 발전시켰기 때문에 우리 법규라고 해서 외국법과 특별히 다르다고 볼 수 없다. 로마법체계를 계수한 문명국가의 법체계는 특히 그러하다. 그렇다면 본래 적용하여야 할 외국법에 가장 가까운 계통의 법을 적용하고 그것도 확실하게 알 수 없는 경우에는 내국법을 적용하여야 할 것이다.[296]

4. 증거조사절차

변론주의의 적용을 받는 사건에서는 당사자가 신청한 증거에 한정하여 증거

---

295) 대판 1991. 2. 22, 90다카19470.
296) 같은 취지: 이시윤, 457면.

조사를 하는 것이 원칙이다(직권증거조사 금지의 원칙). 그러나 당사자가 신청한 증
거에 의하여 심증을 얻을 수 없거나 그 밖에 필요하다고 인정한 때에는 직권으로
증거조사를 할 수 있다(제292조).

가. 증거의 신청

증거의 신청이라 함은 당사자가 증거자료를 얻기 위하여 특정한 증거방법에
관하여 증거조사를 요구하는 신청을 말한다. 공격·방어방법을 제출하는 행위의
하나이다.

1) 증거의 신청방식

증거의 신청은 서면 또는 말로 하는데(제161조) 그 신청에는 「증명할 사실」
(제289조 1항), 「특정한 증거방법」(제308조의 증인, 제345조의 특정문서, 제364조의 검
증 목적물 등), 「증명할 사실과 증거방법과의 관계」(민소규 제74조)를 구체적으로
명시하지 않으면 안 된다. 「증명할 사실」을 명시하지 않은 증거에 의한 증명을 모
색적 증명이라고 하여 원칙적으로 허용하지 않는다.

2) 상대방의 진술과 증거신청의 철회

가) 증거신청이 있으면 법원은 상대방에게 증거신청에 대한 의견을 진술할
기회를 주어야 한다(제274조 1항 5호, 제283조). 당사자평등의 원칙상 당연하다. 따
라서 상대방은 그 증거의 증거능력, 증거력 등에 관하여 의견을 진술할 수 있는데
이 경우 자기의 사실상 주장을 증명하기 위한 증거방법과 상대방의 증거방법에
대한 의견을 함께 하여야 한다(제274조 2항).

나) 당사자는 증거조사를 할 때까지 언제나 증거신청을 철회할 수 있다. 그러
나 증거조사를 시작하면 증거조사의 결과가 증거공통의 원칙에 따라 상대방에게
유리한 자료가 될 수 있으므로 상대방의 동의를 받아야 철회할 수 있다. 증거조사
를 마쳤을 때에는 법원이 심증을 형성하여 증거신청의 목적을 달성하였으므로 철
회할 수 있다.

나. 증거의 채택 여부

1) 증거신청이 적식(適式)이 아니거나 시기에 늦은 경우(제149조)에는 그 신청을 각하할 수 있다. 적식의 증거신청이라 하더라도 증거조사의 실시 여부는 법원의 소송지휘권에 속하므로 법원의 재량에 달려 있다(제290조 본문). 증거조사를 하여야 할 경우에도 증인의 행방불명, 문서의 분실 등 증거조사를 할 수 있을지, 언제 할 수 있을지 알 수 없는 부정기간의 장애가 있는 때에는 증거조사를 하지 아니할 수 있다(제291조).

2) 유일한 증거

가) 증거신청의 채택 여부는 법원의 재량에 속한다. 그러나 당사자의 주장사실에 대한 유일한 증거는 예외적으로 반드시 조사하여야 한다(제290조 단서). 법원이 당사자의 유일한 증거마저 배척한다는 것은 법관이 사건에 대하여 미리 짐작하고 있다는 인상을 줄뿐 아니라 결과적으로 당사자 한쪽의 증명의 길을 막음으로써 당사자평등의 원칙에 반하여 부당하기 때문이다.

나) 유일한 증거라 함은 주요사실을 증명하려는 당사자의 유일무이한 증거로서 그 증거를 조사하지 않으면 달리 증명할 길이 없어서 무증명의 상태가 되는 것을 말한다. 유일한 증거는 주요사실에 관한 증거이므로 간접사실이나 보조사실에 관한 증거는 포함되지 않는다. 자기에게 증명책임이 있는 사항에 대한 증거이기 때문에 본증에 관한 것이아야 하고 반증에는 해당되지 않는다.[297]

다) 유일한 증거라고 해도 ① 증거신청이 부적법한 경우, ② 증거신청이 시기에 늦은 경우(제149조), ③ 증거조사에 필요한 비용을 미리 내지 않거나 송달불능된 증인의 주소보정을 이행하지 아니하는 등으로 증거조사를 실시하기 어려운 경우, ④ 증인이 아프거나 송달불능, 구인장의 집행불능 등으로 부정기간의 장애가 있는 경우, ⑤ 감정신청, ⑥ 증명하고자 하는 사실이 소송의 결과에 영향이 없는 경우, ⑦ 변론을 종결할 때에 당사자가 더 이상 증거방법이 없다고 진술하는 경우,[298] ⑧ 직권탐지주의가 적용되는 경우 등에는 유일한 증거라고 해도 증거조사

---

297) 대판 1998. 6. 12, 97다38510.
298) 대판 1968. 7. 24, 68다998.

를 생략할 수 있다.

다. 증거결정

증거조사를 할 것인가 아닌가의 재판은 결정으로 하는데 이를 증거결정이라고 한다. 증거조사를 하지 아니할 때에는 되도록 빨리 각하결정을 하여야 하지만 각하결정을 하지 아니하였더라도 증거를 조사하지 아니한 채 변론을 종결하면 묵시적으로 각하의 재판을 한 셈이 된다. 다만 유일한 증거방법은 명시적으로 취소·변경하여야 한다(제222조). 이에 대해서는 독립한 불복신청이 허용되지 아니하며 종국판결에 대한 상소로써 다툴 수 있을 뿐이다(제392조).

라. 직권증거조사

1) 변론주의 아래에서는 당사자의 신청에 의하여 증거조사를 하는 것이 원칙이지만 실체적 진실발견을 위하여 보충적·예외적으로 직권증거조사가 인정된다(제292조).

2) 다만 소액사건에서는 그 보충성을 벗어나서 필요하다고 인정할 때에는 언제든지 직권으로 증거조사를 할 수 있다(소심 제10조 1항). 이 밖에 ① 관할에 관한 사항의 증거조사(제32조), ② 공공기관 그 밖의 단체에 대한 조사의 촉탁(제294조), ③ 감정의 촉탁(제341조), ④ 공문서의 진정성립 여부에 관한 조회(제356조 2항), ⑤ 당사자 신문(제367조), ⑥ 검증할 때의 감정(제365조), ⑦ 직권에 의한 증거보전(제379조), ⑧ 증권관련집단소송(증집소 제30조) 등이 있다.

3) 직권탐지주의 아래에서는 직권증거조사가 원칙임은 당연하다.

4) 직권으로 증거조사를 하는 경우에 그 비용은 이익을 받을 자에게 미리 내라고 명하여야 한다. 이익을 받을 당사자가 분명하지 아니한 때에는 원고가 예납의무자이다(민소규 제19조 1~3호 단서).

Ⅲ. 증명이 필요하지 않은 사실

1. 현저한 사실

현저한 사실이라 함은 어떤 사실의 존부가 객관적으로 명백하여 구태여 증거에 의한 사실인정이 필요하지 않는 사실을 말한다. 현저한 사실에 증명이 필요 없는 것은 변론주의가 적용되는 경우는 물론 직권탐지주의가 적용되는 경우에도 동일하다. 다만 현저한 사실이 주요사실인 경우에 증명이 필요하지 아니하더라도 주장책임까지 면제되지 않는다.[299] 현저한 사실의 주장 여부에 대한 당사자의 권능을 배제할 수 없을 뿐 아니라 현저한 사실인지 여부 자체가 다투어질 수 있기 때문이다. 그러나 직권탐지주의가 적용되는 경우에는 당연히 주장책임이 면제된다.

현저한 사실에는 공지의 사실과 직무상 현저한 사실이 있다.

가. 공지의 사실

공지(公知)의 사실이라 함은 일반인들이 믿고 의심하지 않을 정도로 널리 알려진 사실을 말한다. 역사적으로 유명한 사건, 천재지변 등이 이에 속한다. 공지의 사실은 특정되지 않은 많은 사람들이 진실이라고 믿고 있어 언제라도 그 진실성 여부를 조사할 수 있기 때문에 증명이 필요하지 않다. 다만 공지되고 있는지 여부는 그 존재의 확실성을 일반 국민이 어느 정도로 믿고 있느냐에 달려 있으므로 공지라는 사실 자체가 다투어질 수 있다. 그 경우에는 그 사실이 공지라고 증명하여야 한다. 공지에 관한 판단은 사실문제이기 때문에 상고심에서 그 당부를 판단할 수 없다. 다만 공지라고 인정되는 경로는 상식적으로 납득할 수 있어야 하므로 상고심의 판단을 받아야 한다.

나. 직무상 현저한 사실

직무상 현저한 사실이라 함은 법관이 직무상 당연히 알고 있어야 하는 사실

---

299) 같은 취지: 이시윤, 468면. 정영환, 577면 및 대판 1965. 3. 2. 64다1761. 반대 취지: 정동윤/유병현, 486면 및 대판 1963. 11. 28, 63다493.

을 말한다. 현재도 명백히 기억하고 있거나 기록 등을 조사하여 알 수 있는 사실들이다.[300] 법원에 비치된 직종별 임금실태조사보고서와 한국직업사전의 존재 및 내용은 현저한 사실이다.[301] 직무상 현저한 사실은 합의부의 경우에는 그 과반수가 명백히 알고 있어야 한다. 직무상 현저한지 여부는 증명의 대상이 아니므로 당사자는 직무상 현저하다는 것을 증명할 필요가 없으며, 상대방이 그 현저성을 부인하더라도 법원이 그것은 현저한 사실이라고 인정하기만 하면 그 사실을 판결의 기초로 할 수 있다. 상대방은 현저한 사실이 진실에 반한다는 것을 주장·증명할 수 있다.

2. 재판상 자백

가. 뜻

자백이라 함은 당사자가 자기에게 불리한 사실을 인정하는 진술을 말한다. 변론 또는 변론준비기일에서 하는 자백을 「재판상 자백」 법정 밖에서 또는 관련 소송에서 상대방 또는 제3자에게 하는 진술을 「재판 외의 자백」이라고 한다. 재판 외의 자백은 구속력이 없다.[302]

재판상 자백한 사실은 변론주의 아래에서는 증명이 필요하지 않은 사실이지만 직권탐지주의 아래에서는 간접사실로서만 의미가 있을 뿐 증명의 필요가 면제되지 않는다. 재판 외에서 자백한 사실은 어느 경우에나 간접사실이다.

나. 요 건

1) 사 실

가) 구체적 사실　　자백의 대상은 원칙적으로 법적 3단 논법의 소전제가 되는 사실 중에서 우리가 체험할 수 있는 구체적인 사실이다. 따라서 법관이 직무상 잘 알지 않으면 안 되는 경험칙, 법규의 존부·내용·해석 등은 우리가 체험한

300) 대판 1984. 11. 27, 84다카1349.
301) 대전판 1996. 7. 18, 94다20051.
302) 대판 1996. 12. 20, 95다37988.

다기 보다는 논리적 인식·법적 판단에 주로 의존하는 것이기 때문에 설령 당사자 사이에 다툼이 없더라도 재판상 자백이 되지 않는다.

나) 권리자백

a) 개   념   권리자백이라 함은 법적 3단 논법의 대전제 및 결론에 관한 자백을 포함하여 넓게는 권리 혹은 법률관계에 관한 일체의 자백을 말한다. 즉, 청구의 인낙과 같은 청구자체에 관한 자백, 법규, 경험칙의 존부·내용에 관한 자백, 사실의 법적 평가에 관한 자백, 이행불능의 효과에 관한 주장과 같은 법률효과에 관한 자백[303]도 포함한다. 그러나 소전제가 되는 구체적 사실에 관한 것이 아니므로 본래의 자백이 아니다. 권리자백을 좁게 보면 법적 3단 논법의 소전제에 해당하지만 구체적 사실이 아니라 선결적 법률관계, 즉 소송목적의 존부를 판단하는데 전제를 이루는 권리 혹은 법률관계에 관한 자백을 말한다.

b) 판   례   선결적 법률관계는 법적 3단 논법의 소전제에 해당하지만 구체적 사실이 아니다. 판례[304]는 소송목적의 전제가 되는 권리관계나 법률효과를 인정하는 진술은 권리자백으로서 법원을 구속하지 않으며 당사자도 그 진술을 언제라도 철회할 수 있다고 하여 재판상 자백의 효력을 부인한다. 다만 소유권이전등기말소청구소송에서 피고가 소유권을 인정하는 진술은 그 소전제가 되는 소유권의 내용을 이루는 사실에 대한 진술로 볼 수 있으므로 재판상 자백이 된다고 하여[305] 혼동이 있었으나 이는 사실에 대한 법적 추론의 결과에 대하여 의문의 여지가 없는 단순한 법 개념에 대한 자백에 한정하여 인정되는 것이고 추론의 결과에 대한 다툼이 있을 수 있는 경우에는 권리자백으로서 법원이 이에 기속받을 이유가 없다[306]고 정리하였다.

c) 결   론   학설로서는 선결적 법률관계도 소전제이고, 중간확인의 소의 대상이었을 때 인낙이 허용되는 것과의 균형상 자백을 인정하여야 한다는 견해가 유력하였다(긍정설[307]). 생각건대 선결적 법률관계도 법적 3단 논법의 소전제에 해당하므로 그에 대한 자백을 구태여 배제할 이유가 없다. 그러나 해당 권리

---

303) 대판 2009. 4. 3, 2008다93384.
304) 대판 1982. 4. 27, 80다851; 대판 2007. 8. 23, 2005다65449; 대판 2008. 3. 27, 2007다87061.
305) 대판 1989. 5. 9, 87다카749.
306) 대판 2007. 5. 11, 2006다6836.
307) 같은 취지: 정동윤/유병현, 476면; 전병서, 481면.

또는 법률관계에 관한 법적 평가는 법원의 법 판단권에 속하기 때문에 자백이라고 인정하기 어려운 면이 있는 것이다. 그러므로 권리자백에 관해서는 자백의 당사자에 대한 구속력, 즉 불가철회적 효력은 인정하되 법원에 대한 구속력은 부정하여 법원의 법 판단권을 존중함이 타당하다. 따라서 선결적 법률관계를 당사자가 자백하면 당사자는 이를 함부로 철회할 수 없지만 법원은 권리자백에 반하는 사실이 인정되는 경우에는 자백과 반대되는 판단을 할 수 있다. 예를 들어 소유권에 기한 건물명도청구소송의 경우에 피고가 해당 건물에 대한 원고의 소유권을 자백하였지만 증거조사를 한 결과 소유권이전등기 명의가 원고 앞으로 되어있지 아니한 경우에는 법원은 이 건물에 대한 원고의 소유권을 부인할 수 있다.

2) 불리한 사실의 진술

자백이 성립하려면 당사자에게 불리한 사실을 진술하여야 한다. 그런데 문제는 무엇이 불리한 것인가이다. 이에 관하여 증명책임설[308]과 패소가능성설[309]이 대립한다. 먼저 증명책임설은 상대방이 증명책임을 부담한 사실을 자백해주어서 상대방으로 하여금 그 증명책임을 면제받게 한 것이, 자백한 사람을 불리하게 한다는 견해이다. 패소가능성설은 증명책임의 유무와 관계없이 자백사실이 판결의 기초로 채용되어 패소가능성이 있으면 자백한 사람을 불리하게 한다는 견해이다. 예를 들어 약속어음금청구소송에서 원고가 어음요건을 갖추지 못하였다고 진술하자 피고가 이를 인정한 경우에 증명책임설에 의하면 어음요건의 불비는 피고에게 증명책임이 있으므로 불리한 것이 아니어서 자백이 성립되지 않는다. 따라서 원고는 앞의 진술을 제288조의 제약을 받지 아니하고도 자유롭게 철회할 수 있다. 그러나 패소가능성설에 의하면 어음요건을 갖추지 못하였다는 사실은 증명책임이 누구에게 있느냐를 떠나 원고에게 불리하여 자백이 성립한다.[310] 따라서 이 경우에 원고는 제288조의 제약을 받아서 앞의 진술을 철회할 수 있다. 생각건대 불이익한 사실이란 그 사실에 터 잡은 판결이 자기에 대하여 전부 또는 일부의 패소를 의미한다고 보아야 하므로 패소가능성설이 타당하다. 다만 증명책임을 부담하

---

308) 이시윤, 461면; 전병서, 472면.
309) 정동윤/유병현, 478면; 송상현/박익환, 523면.
310) 대판 2007. 9. 20, 2007다36407.

는 당사자가, 예를 들어 서면으로 작성된 계약에 기한 청구를 하면서 동시에 말로 계약을 맺었다고 일관되지 않은 주장을 동시에 하는 경우에는 법원은 어느 사실을 기초로 판결하여도 좋은가를 당사자로 하여금 확실하게 하도록 한 뒤에 자백 여부를 명백하게 하여야 할 것이다.

3) 주장의 일치

가) 선행자백　　자백은 상대방의 주장과 일치되어야 한다. 다만 그 일치는 동시에 할 필요가 없고 한쪽이 상대방에 앞서 불리한 진술을 할 수 있다. 이를 선행자백이라고 한다. 선행자백도 당사자의 소송행위이기 때문에 법원에 대한 구속력이 인정된다. 따라서 법원은 상대방의 일치된 진술 유무와 관계없이 이를 존중하여 이와 다른 사실을 인정할 수 없다. 그러나 상대방에 대한 관계에서는 상대방이 이를 인정하여야 자백이 성립하므로 당사자는 상대방이 이를 인정하기 이전에 자백한 사실을 자유롭게 철회할 수 있다.[311]

나) 이유를 붙인 자백과 제한이 있는 자백　　자백은 상대방이 주장한 사실의 전부가 아니라 일부에 관해서도 성립한다. 예를 들어 원고가 빌려준 돈의 반환을 청구한데 대하여 피고가 증여로 받았다는 진술은 돈을 받은 사실에 대해서 자백이 성립한다. 다만 피고가 원고의 대여사실과 양립할 수 없는 증여라는 사실을 진술하였으므로 원고는 대여사실을 증명해야 한다(이유를 붙인 자백). 또한 원고가 빌려준 돈의 반환을 청구한데 대하여 피고가 변제하였다는 진술 역시 돈을 받은 사실에 대해서는 자백이 성립한다. 다만 피고가 원고의 대여사실과 양립할 수 있는 변제라는 사실을 진술하였으므로 피고가 변제사실을 증명해야 한다(제한이 있는 자백).

4) 말로 진술

가) 변론 또는 변론준비기일에서 말로 진술하여야 재판상 자백이 성립한다. 변론 또는 변론준비기일이 아닌 데서 한 자백은 재판 외의 자백으로서 간접사실로서의 의미 밖에 없다. 또 당사자본인신문을 받을 때 상대방의 주장사실을 인정하는 진술을 하더라도 그 진술은 증거자료로서의 진술이고 자백이 아니다.

---

311) 대판 1980. 2. 26, 79다2114.

나) 재판상 자백은 소송행위이기 때문에 상대방이 출석하지 아니하더라도 법원에 대하여 진술할 수 있다. 그러나 소송행위는 조건에 친하지 아니하기 때문에 조건을 달고 하는 자백은 자백이 아니다.

다. 효   과

1) 자백 구속력의 내용 및 범위

자백이 성립하면 상대방은 그 내용을 증명할 필요가 없다(제288조 본문). 따라서 자백한 사실에 관하여 증명책임을 부담하는 자는 증명의 필요에서 해방된다. 그러나 자백한 사람은 이에 구속되어 자백한 내용과 모순되는 다른 사실을 주장할 수 없고 법원은 자백한 사실을 그대로 판결의 기초로 하지 않으면 안 된다. 이를 자백의 구속력이라고 하며 이 구속력은 상급심에도 미친다(제409조). 자백이 성립된 후에 소송목적이 교환적으로 변경되면 신청구와 교환적으로 소멸된 종전 소송목적에 대한 자백은 당연히 효력을 상실한다.[312]

자백의 구속력은 변론주의의 적용결과이므로 가사소송 등 직권탐지주의가 적용되는 소송절차(가소 제12조, 제17조)에는 적용되지 않는다. 직권조사사항에도 적용이 없지만 임의관할과 같은 공익성이 약한 경우에는 자백의 구속력을 인정하여야 할 것이다. 행정소송의 경우에 판례[313]는 직권조사사항을 제외하고는 자백의 구속력이 있다고 한다. 그러나 행정소송은 법원이 필요하다고 인정할 때에는 직권으로 증거조사를 할 수 있고 당사자가 주장하지 아니한 사실에 대하여도 판단할 수 있으므로(행소 제26조) 자백의 구속력을 부정하여야 할 것이다.[314] 회사관계 소송은 승소판결의 효력이 제3자에게 미치지만(상 제190조) 근본적으로 개인적 처분이익에 관한 소송임에 비추어 자백의 구속력을 부정할 필요가 없다.[315]

---

312) 대판 1997. 4. 22, 95다10204.
313) 대판 1992. 8. 14, 91누13229.
314) 반대 취지: 김홍엽, 571면.
315) 같은 취지: 김홍엽, 571면. 이시윤, 464면은 회사관계소송에 대하여는 필수적 공동소송에 관한 제67조 1항을 유추적용하여 자백과 같은 불리한 소송행위를 하지 못하게 하자고 한다.

2) 법원에 대한 구속력

법원은 재판상 자백한 사실에 관하여 증거에 의한 사실인정권이 배제되므로 자백이 진실한지 여부를 판단할 필요가 없고 증거조사를 한 결과 반대의 심증을 얻었더라도 자백에 반하는 사실을 인정할 수 없다. 다만 현저한 사실에 관한 자백이나 불가능한 사실에 관한 자백은 자백의 구속력을 부정하여야 할 것이므로[316] 법원은 석명권을 적절하게 행사하여 그와 같은 사실에 관하여 당사자의 자백이 성립되지 않도록 하여야 할 것이다. 공지의 사실에 반하는 자백도 자백의 효과가 생기지 않는다. 공지의 사실에 반하는 사실을 재판의 기초로 한다면 재판의 위신을 해치고 신용을 실추시키기 때문이다. 그러나 공지인지 여부가 다툼이 되거나 한정된 시간이나 장소에서만 공지성이 있는 경우까지 자백의 효과를 부정해서는 안 될 것이다.

3) 당사자에 대한 구속력(취소의 제한)

자백이 성립하면 임의로 취소할 수 없다. 금반언(禁反言)의 원칙, 상대방의 신뢰보호 등을 위한 것이다. 이 점에서 자백간주(제150조)와 다르다. 그러나 그러한 염려가 없는 다음의 경우에는 취소가 허용된다.

가) 상대방의 동의가 있는 경우　　　자백으로 인한 이익은 포기할 수 있기 때문에 이익을 얻은 자가 동의하면 취소할 수 있다.[317]

나) 진실에 어긋나는 자백이 착오로 말미암은 것을 증명한 경우(제288조 단서) 이 경우에는 상대방의 동의가 없더라도 취소할 수 있다. 자백의 취소를 절대로 허락하지 않으면 자백한 당사자에게 가혹하기 때문이다. 취소방법은 명시적으로도 할 수 있고, 자백한 사실과 어긋나는 사실을 주장하는 등 묵시적인 방법으로도 할 수 있다.[318] 취소를 하기 위해서는 진실에 어긋난다는 것과 착오로 말미암은 것을 모두 증명하여야 하는데 진실에 어긋난다는 것은 간접사실에 의한 증명이 가능하고,[319] 그 자백이 진실에 어긋난다는 사실이 증명되면 착오로 말미암은 것은 추정

---

316) 대판 1959. 7. 30, 4291민상551.
317) 대판 1967. 8. 29, 67다1216.
318) 대판 2001. 4. 13, 2001다6367.
319) 대판 2000. 9. 8, 2000다23013.

되는 것이 아니지만[320] 변론전체의 취지만으로도 인정할 수 있다.[321]

다) 제3자의 형사상 처벌받을 행위로 자백한 경우   이 경우는 재심사유인 제451조 1항 5호를 유추하여 진실에 어긋나느냐의 여부와 관계없이 취소할 수 있다. 다만 확정판결에 대한 재심절차가 아닌 일반 소송절차에서 자백의 성립 여부에 관한 것이므로 유죄의 확정판결을 받아야 하는 제451조 2항의 요건은 유추할 필요가 없다.

4) 구속력의 범위

주요사실에 관하여 자백의 구속력이 있다는 것은 당연하다. 주요사실을 추인할 수 있는 간접사실은 그 추인이 법관의 자유심증에 달려 있으므로 구속력을 인정하기 어렵다. 보조사실도 증거의 증거능력 혹은 증명력에 관한 판단의 자료가 되는 사실이므로 그 판단에 관한 법관의 자유심증을 제약할 수 없어 원칙적으로 자백의 구속력이 없다고 하여야 할 것이다. 다만 서증(즉, 문서)의 진정성립 여부는 보조사실에 의한 경우이지만 판례는 다른 보조사실과 구별되는 입장을 취하고 있다. 즉, 판례[322]는 사문서의 진정성립이 당사자 사이에 다툼이 없으면 이는 상대방이 그 증명할 사람의 주장을 자백한 것이므로 그것이 직권조사사항이 아닌 이상 법원은 그 진정성립의 성립 여부에 대한 심증 여하를 묻지 아니하고 자백에 구속되어 형식적 증거력을 인정해야 한다고 하였다. 원래 서증의 진정성립이 부정되면 이를 증거로 쓸 수 없으므로 그에 관한 증명책임은 그 서증을 증거로서 사용할 자에게 있으며 특히 처분문서의 경우에는 그 진정성립이 인정되면 작성자는 이에 적힌 법률행위를 일단 증명하게 된다. 이와 같이 서증의 진정성립이 갖는 의미는 주요사실이 갖는 의미와 매우 유사한 기능을 갖고 있는 데다가 서증의 진정 성립에 관한 자백에 구속력을 인정하면 당사자가 함부로 철회할 수 없으므로 심리의 촉진을 기대할 수 있고 당사자가 불의의 타격을 받을 위험도 방지할 수 있게 된다. 아마도 이러한 점들이 판례의 배경이었을 것이다. 문제는 자유심증주의와의 관계인데 서증의 진정성립은 그 형식적 증거력에 관한 문제이고 실질적

---

320) 대판 2010. 2. 11, 2009다84288·84295.
321) 대판 1997. 11. 11, 97다30646.
322) 대판 2001. 4. 24, 2001다5654.

증거력까지 인정되는 것이 아니므로 법관은 자유심증에 의하여 그 증거력을 배제할 수 있다. 따라서 형식적 증거력에 관한 자백의 구속력을 인정한다고 하여 법관의 자유심증을 제약한다고 볼 수는 없다.

라. 자백간주

1) 뜻

당사자가 변론 또는 변론준비기일에서 상대방의 주요사실을 명백하게 다투지 아니하거나 답변서 그 밖의 준비서면을 제출하지 아니한 채 결석한 경우에는 그 사실을 자백한 것으로 본다(제150조 1항·3항, 제286조). 이를 자백간주 또는 의제자백이라고 한다. 자백으로 간주된 사실은 증명을 필요로 하지 않는 효력이 있다는 점에서 재판상 자백과 동일한 효력이 있다. 그러므로 자백간주는 변론주의가 적용되는 사항에 관해서만 적용되고 직권탐지주의가 적용되는 사항에 관해서는 인정되지 않는다.

2) 성립하는 경우

가) 제150조 1항   당사자가 변론 또는 변론준비기일에 출석하였으나 상대방의 주장사실을 명백하게 다투지 아니하면 그 사실에 대하여 자백간주가 성립한다. 다만 변론전체의 취지로 다툰 경우에는 자백간주가 성립되지 아니한다(제150조 단서). 여기서 변론전체의 취지란 제202조에서 정하고 있는 증거원인으로서의 변론전체의 취지가 아니다. 당사자가 변론기일에 말로 하는 진술의 전체적 취지, 즉 변론의 일체성을 의미한다. 따라서 사실인정의 자료와는 관계가 없으므로 그 변론을 통하여 당사사가 다투는 사실에 관해서 법관이 어떤 심증을 형성할 필요가 없고, 변론을 종결할 때에 변론 전체를 관찰하여 다툰다고 인정되기만 하면 자백간주가 성립되지 않는다.[323]

나) 제150조 3항   당사자 한쪽이 기일에 결석한 경우에도 자백으로 간주된다. 그러나 첫째, 상대방이 소장, 준비서면으로 예고한 사항에 대하여 당사자가 답변서 그 밖의 준비서면을 제출하여 다툰 경우에는 비록 결석한다 하더라

---

[323] 대판 2012. 10. 11, 2011다12842.

도 그 준비서면에 따라 진술한 것으로 되므로 자백이 간주되지 아니한다(제148조). 변론기일에 한쪽 당사자가 불출석한 경우에 변론을 진행하느냐 기일을 연기하느냐는 법원의 재량에 속한다고 할 것이나 일단 출석한 당사자만으로 변론을 진행할 때에는 불출석한 당사자가 그때까지 제출한 소장·답변서, 그 밖의 준비서면에 적혀 있는 사항을 진술한 것으로 보아야 하므로[324] 자백간주가 성립될 수 없다. 둘째, 공시송달의 방법으로 기일통지서를 받은 경우에는 당사자가 기일을 현실적으로 알았다고 볼 수 없기 때문에 자백이 간주되지 않는다(제150조 3항 단서).

3) 효 과

자백이 간주되면 법원에 대해서는 재판상 자백과 동일한 구속력이 생기므로 법원은 자백으로 간주된 사실을 기초로 하여 판결을 하지 않으면 안 된다. 그러나 당사자에 대한 구속력은 없다. 따라서 당사자는 자백으로 간주된 사실을 제1심 또는 항소심의 속행기일에 다투어 자백의 효력을 상실시킬 수 있으므로 제1심에서 자백간주가 되더라도 항소심에서 변론을 종결할 때까지 다투는 경우에는 자백간주의 효력을 잃게 된다.[325]

Ⅳ. 자유심증주의

1. 뜻

가. 법관은 자기가 직접 경험하지 못한 과거에 일어난 사실의 존부를 판단할 때 여러 증거자료의 증거가치를 음미하여 취사선택하면서 그 가치가 높은 자료들로부터 사실관계를 추론한다. 이를 심리의 측면에서 본다면, 법관은 증거자료를 수집하고 정리하면서 그 사실이 존재한다는 판단에 가까워지기도 하고 때로는 그 사실이 존재하지 않는다는 판단에 기울어지면서 확신을 갖는 상태에 이르게 되는

---

324) 대판 2008. 5. 8, 2008다2890.
325) 대판 1968. 3. 19, 67다2677.

것이다. 이와 같은 법관의 유동적인 사실에 관한 판단을 심증이라고 하고 그 사실의 존부를 확신할 때까지의 과정을 심증형성이라고 한다. 그 심증형성과정에서 여러 증거자료의 증거가치를 음미하여 측정하거나 그 자료로부터 사실을 추론하는 데는 당연히 경험칙이 적용된다.

나. 법관이 법적 3단 논법의 소전제인 사실을 인정하려면 그 사실이 있느냐 없느냐에 관해서 확실한 심증을 형성하여야 한다. 그러므로 법관이 그 심증형성을 위해서 재판과정에 제출된 모든 소송자료를 아무런 제약 없이 자유롭게 판단할 수 있는 원칙을 자유심증주의라고 한다. 이에 대하여 미리 증거법칙을 정하여 법관으로 하여금 이에 따라 일정한 사실이 있는지 없는지를 판단할 수 있게 하는 원칙을 법정증거주의라고 한다. 자유심증주의는 결국 그 심증형성에 관하여 증거방법이나 경험칙을 법이 일정하게 제한하지 아니하고 법관의 자유선택에 맡기자는 원칙이고, 법정증거주의는 증거방법이나 경험칙을 법정하여 법관으로 하여금 이에 구속되게 하자는 원칙이라고 할 수 있다.

다. 재판은 아리스토텔레스의 법적 3단 논법이라는 논리작용에 의해서 이루어진다. 법적 3단 논법은 먼저 소전제인 사실을 인정하여야 대전제인 법규의 적용을 거쳐 법률효과라는 결론을 도출하는 것이다. 따라서 소전제인 사실인정은 법적 3단 논법의 출발이자 재판의 가장 중요한 과업이다. 이 과업을 전적으로 법관의 심증에 맡기자는 것이 자유심증주의이다. 법정증거주의 아래에서는 증거방법이 동일하면 어느 법관에 의해서도 동일하게 사실을 인정하는 것이 보장되기 때문에 법관의 소양이 부족한 경우에도 재판의 공정과 무책임한 법관의 독단·전횡을 억제하는 효과가 있었다. 그런데 산업혁명 이후 근대에 이르러 사회생활이 복잡해지면서 제한된 수의 증거법칙으로는 사회에서 일어나는 모든 사실을 다 인정하기가 불가능하게 되자 1789년 프랑스대혁명 이후 유럽의 각 나라는 법관의 자격을 엄격하게 제한하는 대신에 그 법관을 신뢰하여 종전에 법관에게 부과된 증거법칙을 철폐하고 사실의 인정을 법관의 자유로운 판단에 맡기자는 자유심증주의를 소송법의 중요한 원칙으로 삼고 있다. 우리 민사소송법도 형사소송법과 같이(형소 제308조) 자유심증주의를 채택하고 있다(제202조).

라. 그러나 자유심증주의는 법관이 형식적 증거법칙으로부터 해방된다는 의미일 뿐 자의적인 판단까지 할 수 있는 것이 아니다. 따라서 적법한 증거조사를

거친 증거능력 있는 증거로서 사회정의와 형평의 이념에 입각하면서 논리와 경험칙에 따라 사실주장의 진실 여부를 판단하여야 할 것이다. 비록 사실인정이 사실심 법관의 전권에 속한다고 하더라도 이와 같은 한계는 벗어날 수 없다.[326]

2. 적용범위

가. 모든 사실

자유심증주의는 법관이 심증을 형성하여 인정하여야 할 모든 사실에 관하여 적용된다. 실체법상의 사항이든 소송법상의 사항이든 묻지 않는다. 주요사실이나 간접사실·보조사실에도 적용된다. 소명 여부도 법관의 자유심증에 속한다.

나. 증거방법의 무제한

자유심증주의는 증거방법에 제한을 두지 않는 것을 원칙으로 한다. 전문증언이나 소제기 후 작성된 문서도 증거능력이 있다.[327]

1) 증거방법의 한정

그러나 절차의 명확성·신속성의 요청으로 특정된 사실을 확정하기 위해 증거방법을 한정하는 경우가 있다. 예를 들어 대리권의 존재에 관한 서면증명(제58조), 변론의 방식 준수에 관한 변론조서의 증명력(제158조), 소명의 즉시조사성(제299조 1항) 등의 경우이다.

2) 위법하게 수집된 증거의 증거능력

상대방의 동의가 없는 무단녹음, 산업스파이에 의한 기밀문서의 도취 및 복사 등과 같이 위법하게 취득한 증거도 증거능력이 있는지 문제된다. 판례[328]는 이 경우에 증거능력의 제한을 부정하고 자유심증에 의하여 그 증거력을 정하여야 한다고 한다. 형사소송법 제308조의2와 달리 민사소송법에는 증거능력에 관한 아무

---

326) 대판 2009. 10. 15, 2009다42185.
327) 대판 1981. 9. 8, 80다2810.
328) 대판 1981. 4. 14, 80다2314; 대판 2009. 9. 10, 2009다37138 등.

런 제한을 두지 않고 있고, 소송에서의 진실발견을 중시한다면 위법한 수단으로 수집한 증거라고 하더라도 그것이 진실발견에 어떤 구실을 하는 한 증거능력을 부여하여 이를 이용할 수 있게 하자는데 이유가 있다(긍정설). 다만 이 경우에는 실체법상 불법행위로 인한 손해배상청구를 인정한다.[329] 생각건대 녹음테이프나 컴퓨터용 자기디스크 등은 정보취급자의 목적에 따라 일정한 사물과 형상을 손쉽게 고정해 두었다가 필요에 따라 전면적으로 또 정확하게 재현할 수 있기 때문에 증거능력을 무제한하게 허용한다면 그러한 증거방법을 수집하기 위하여 불법행위가 남용될 가능성이 크다. 물론 이 경우에 실체법상으로 손해배상청구가 허용된다고 하지만 불법하게 수집한 녹음테이프 등을 법정에 제출하게 하는 것을 소송당사자의 자유에 맡긴다는 것은 법정에서의 공평의 원칙에 위반될 뿐 아니라 위법하게 수집된 증거를 정당한 절차에 의하여 수집된 것처럼 법원을 속이는 것은 소송상태의 부당형성을 배제하는 소송상의 신의칙에 위반된다고 하지 아니할 수 없다. 따라서 소송상의 신의칙에 위반되는 개별적 소송행위가 무효인 이상 법원에 제출된 증거의 증거능력도 부정하여 이미 제출된 증거는 무효로 하고 아직 제출되지 않은 증거의 증거신청은 이를 각하하여 법정 제출을 금지하여야 할 것이다. 따라서 민사소송에서도 형사소송에서와 같이 위법한 수단으로 수집된 증거의 증거능력은 부정하여야 할 것이다.[330]

위법수집 증거에 관한 법원실무

최근 법원의 실무에서는 당사자가 신청한 증거의 채택여부를 결정함에 있어서 불법검열이나 감청에 의하여 취득한 우편물, 전기통신이나 공개되지 않은 타인간의 대화를 녹음으로 청취하여 취득한 증거방법은 위법하게 수집한 증거이므로 증거로 사용할 수 없다는 이유로 증거신청을 각하한다. 반면, 대화상대방과 주고 받은 말을 비밀리에 녹음한 녹음테이프 또는 녹음파일, 그 녹취서 등에 대한 증거의 채택여부는 해당 증거방법

---

329) 대판 2006. 10. 13, 2004다16280.
330) 같은 취지: 이시윤, 460면; 정영환, 555면.

의 증거조사 필요성, 수집행위 방법과 피침해이익 등의 요소를 종합적으로 고려하여 결정함으로써 위법하게 수집된 증거에 관하여 소송상태의 부당형성을 방지하고자 하는 노력을 하고 있다.

3) 증명방해

가) 개 념 증명방해라 함은 작위 또는 부작위에 의하여 증명책임을 부담하는 당사자로 하여금 증거방법을 취득하기 곤란 혹은 불가능하게 하는 행위를 말한다. 예를 들어 어떤 사실의 유일한 목격 증인을 도망가게 하거나 정비불량의 증명에 필요한 사고차를 해체하는 행위, 상대방의 사용을 방해할 목적으로 제출의무 있는 문서를 훼손하여 버리거나 이를 사용할 수 없게 하는 행위(제350조), 의료기관에 촉탁한 감정을 실시되지 않도록 하는 당사자의 방해행위,[331] 의사측의 진료기록 변조행위[332] 등이다.

나) 제재방법 증명방해행위가 잘못된 것임은 두말할 나위가 없으므로 마땅히 제재하여야 한다. 그런데 제재방법에 관해서는, 문서에 관한 증명방해행위가 있을 때에 법원은 그 문서에 관한 상대방의 주장을 진실한 것으로 인정할 수 있다는 제350조의 규정 이외에 다른 규정이 없다. 판례[333]는 증명방해가 있으면 그 방해의 모습, 그 증거의 가치, 다른 증거의 유무 등을 고려하여 법관의 자유심증으로 불리한 평가를 하라고 하였다(자유심증설). 판례가 취하는 자유심증설은 사람들이 증명방해행위를 하는 이유가 자기에게 불리한 증거 또는 진실이 있으면 이를 은폐하려는 경험칙에 기인한다는 것을 전제로 하는데 그렇다면 과실로 증명방해행위를 한 경우에는 이론상 과실에 관한 경험칙을 논할 수 없기 때문에 아무런 제재를 가할 수 없다는 결점이 있다. 한편 증명책임을 부담하는 당사자가 상대방의 증명방해로 인하여 50%의 승소기회를 상실하였으니 그 불이익은 증명책임의 전환에 의하여 조정하여야 한다는 견해가 증명책임전환설(독일의 통설)이다. 이 견해는 방해의 모습이나 정도 등을 제대로 반영하지 못하는 결점이 있고 특히 방

---

331) 대판 1994. 10. 28, 94다17116.
332) 대판 1995. 3. 10, 94다39567.
333) 대판 1999. 4. 13, 98다9915; 대판 2010. 7. 8, 2007다55866.

해행위가 증명책임을 지는 당사자에 의하여 상대방의 반증을 방해하는 형태인 경우에는 증명책임을 전환할 수도 없다.

생각건대 증명방해행위를 제재하는 것이 당사자 사이에서 공평의 원칙 또는 신의칙을 목적으로 한다면 그 제재는 법관의 자유로운 심증에 따라 불리한 평가를 할 수 있는 것으로 풀이하여야 할 것이다. 이 제재는 공평의 견지에서 이루어져야 한다는 점에서 법관의 자유심증을 일부 제약하는 것이 될 것이다. 따라서 법원은 이미 다른 증거나 변론 전체의 취지로부터 얻은 자유심증의 결과에 대하여 방해의 모습, 귀책의 정도, 방해받은 증거의 정도 등을 반영하여 어떤 형태로라도 공평 또는 신의칙에 따라 적절한 불이익을 방해자에게 주어야 할 것이다(신의칙에 의한 법정증거설). 신의칙에 의한 자유심증의 제약은 법이 정한 경우에 한정되지 아니하며, 증거방법 전체에 걸쳐 고려하여야 할 것이다. 그런데 상대방이 증명방해행위를 한 경우에 자유심증설과 신의칙에 의한 법정증거설과의 차이점은, 자유심증설은 법원의 자유심증에 따라 당사자의 주장사실에 대한 주요사실의 증명을 부인하고 불이익을 주지 않을 수도 있으나 신의칙에 의한 법정증거설에 의하면 당사자의 주장사실에 대한 주요사실의 증명을 부인할 수 없으며 증명방해자에게 어떤 형식으로라도 불이익을 부과해야 한다는 데 있다.

4) 증거계약

가) 뜻   증거계약이라 함은 사실의 확정방법에 관한 소송계약을 말한다. 주요한 것으로는 자백계약, 증거제한계약, 중재감정계약이 있다.

나) 효 력   자유심증주의는 법관의 식견을 신뢰하여 사실의 인정을 법관의 자유로운 판단에 맡기자는 원칙으로서 이에 관한 제202조는 강행규정이다. 따라서 당사자의 합의에 의하여 법관의 자유심증주의를 제한할 수 없다고 할 것이므로 증거계약이 법관의 자유심증을 제약한다면 자유심증주의와의 관계에서 그 효력이 문제되는 것이다.

a) 자백계약   당사자가 주요사실을 자백하면 법원을 구속하여 법원의 사실인정권이 배제되기 때문에 주요사실에 대한 자백계약은 유효하다. 그러나 권리자백이나 간접사실의 자백은 법원을 구속하지 못하기 때문에 이에 관하여 자백계약을 맺더라도 효력이 없다.

b) 증거제한계약　　　　증거제한계약이라 함은 예를 들어 일정한 사실의 증명을 서증에 한정키로 하는 등 증거방법의 이용을 제한하는 계약을 말한다. 이 제한은 법원의 보충적인 직권증거조사(제292조)에 의하여 무력화되기 쉽기 때문에 당사자들이 미리 증거방법을 제한하더라도 법원을 구속할 수 없다고 생각할 수 있다.[334] 그러나 법관이 제한된 증거로부터 심증을 형성하는데 아무런 법적 제약이 없는 이상 증거제한계약은 자유심증주의에 위반되지 않는다. 다만 증거제한계약에 위반된 증거의 신청은 증거능력이 없는 증거에 대한 신청으로 보아 각하하여야 할 것이다.

　　c) 중재감정계약　　　　중재감정계약이란 당사자들이 사실의 존부나 내용에 관한 판단을 제3자에게 맡기기로 하는 계약을 말한다. 이러한 합의는 결국 실체법적인 법률상태의 형성에 관한 것이므로 유효하다 할 것이다. 당사자들이 감정에 일정한 기준을 정하여 이에 어긋난 감정의 효력을 부인하는 합의를 하더라도 유효하다.

3. 내　　용

가. 제202조

　　법원은 변론전체의 취지와 증거조사의 결과를 참작하여 사회정의와 형평의 이념에 입각하여 논리와 경험의 법칙에 따라 사실주장의 진실 여부를 판단한다(제202조).

나. 변론전체의 취지

1) 개　　념

　　변론전체의 취지라 함은 증거조사의 결과 얻은 증거자료 이외에 변론에 나타난 일체의 자료 및 상황을 말한다. 법관의 심증형성의 원인이 된 자료 및 상황을 증거원인이라 하고 여기에는 증거자료와 변론전체의 취지가 있다. 따라서 변론전체의 취지란 증거원인에서 증거자료를 뺀 나머지를 말한다. 당사자 또는 대리인

---

334) 이시윤, 531면.

의 진술내용, 태도, 공격방어방법의 제출시기·내용 등 법관의 심증형성의 원인이 되는 것은 증거자료를 빼고는 모두 변론전체의 취지에 들어간다. 그러나 변론종결 후에 제출된 자료는 포함되지 않는다.[335] 그래서 사실심에서 작성된 판결문을 보면 사실의 인정에 관한 증거설명의 맨 뒷부분에 변론전체의 취지라는 용어를 쓰는 경우가 많다.

2) 변론전체의 취지만으로 사실인정을 할 수 있는가

판례[336]는 부정한다(보충적 증거원인설). 변론전체의 취지는 애매한 면이 있는데 이것만으로 사실을 인정할 수 있다면 법관이 함부로 재판할 우려가 염려되는 까닭일 것이다. 그러나 법관의 양식과 식견을 믿고 자유심증주의를 채택한 이상 구태여 변론전체의 취지만으로 하는 사실인정을 부정할 이유가 없다고 본다(독립적 증거원인설).[337] 판례도 당사자가 모른다고 하면서 다툰 사문서의 진정성립[338]과 자백취소 요건으로서의 착오의 유무[339] 등은 변론전체의 취지만으로 인정할 수 있다고 하였다.

다. 증거조사의 결과

1) 의　미

증거조사의 결과라고 함은 법관이 증거방법에 대한 적법한 증거조사로 얻은 자료, 즉 증거자료를 말한다. 예를 들어 증인의 증언, 서증의 기재내용, 검증결과, 감정의견, 본인신문결과 등을 말한다. 적법한 증거조사 결과이어야 하기 때문에 상대방을 소환하지 않고 실시한 위법한 증거조사는 소송절차에 관한 이의권을 포기하지 않은 이상 그 결과를 법원의 심증자료로 삼을 수 없다.

---

335) 대판 2013. 8. 22, 2012다94728.
336) 대판 1983. 9. 13, 83다카971.
337) 같은 취지: 정영환, 641면.
338) 대판 1982. 3. 23, 80다1857; 대판 2010. 2. 25, 2007다85980.
339) 대판 1997. 11. 11, 97다30646.

2) 증거력의 자유평가

가) 논리칙 및 경험칙   자유심증주의를 적용하면 증거를 고르고 선택하는 것 및 그에 의한 사실의 인정이나 증거력의 평가는 법관의 자유판단에 맡긴다. 그러나 재판이 법적 3단 논법의 적용이라고 하는 논리적 작용인 이상 법관도 당연히 논리와 경험의 법칙에 따라서 증거력을 평가하여야 하는 내재적 제약을 받는다. 예를 들어 민사재판과 형사재판은 별개의 소송절차이고 별개의 소송법 원리의 지배를 받고 있으므로 민사재판에서는 형사재판에서 인정된 사실에 구속을 받지 않는다. 그러나 이미 확정된 관련 형사사건의 판결에서 인정된 사실은 민사사건에서도 공통될 것이 논리와 경험칙일 것이므로 형사재판에서 인정된 사실은 특별한 사정이 없는 한 민사재판에서도 유력한 자료가 되어 함부로 배척할 수 없을 것이다.[340] 같은 이치에서 조세소송[341] 및 행정소송[342])에서도 관련 민·형사의 확정판결은 유력한 증거가 된다. 하지만 관련 민·형사의 확정판결의 이유와 더불어 다른 증거들을 종합하여 확정판결에서 이미 인정된 사실과 다른 사실을 인정하는 것은 위법이 아니다.[343] 검사의 무혐의결정은 형사판결과 같이 볼 수 없으므로 자유롭게 배척할 수 있다.[344] 과학적 방법인 무인감정결과를 배척하려면 감정경위나 감정방법의 잘못 등 감정 자체에 배척사유가 있어야 하고[345] 같은 감정인의 같은 감정사항에 대한 2개의 감정의견이 모순되거나 명백하지 않는 경우에는 특별히 다른 증거자료의 보강이 없는 한 감정서의 보완, 감정증인의 신문방법 등을 통하여 정확한 감정의견을 밝히도록 하는 등의 적극적인 조치를 강구하여야 한다.[346] 이것들은 모두 논리칙 및 경험칙의 적용결과이다. 따라서 논리칙이나 경험칙에 위반되지 않는 한 동일한 사안에 관하여 서로 다른 여러 개의 감정결과가 나왔을 때 그 중 어느 하나로 사실을 인정하더라도 적법하다.[347]

---

340) 대판 1997. 9. 30, 97다24276.
341) 대판 1995. 10. 13, 95누3398.
342) 대판 1999. 11. 26, 98두10424.
343) 대판 2012. 11. 29, 2012다44471.
344) 대판 1995. 12. 26, 95다21884.
345) 대판 1999. 4. 9, 98다57198.
346) 대판 1999. 5. 11, 99다2171.
347) 대판 2002. 9. 24, 2002다30275.

나) 문서의 진정 성립에 관한 추정규정(제356조 1항, 제358조)　　문서의 진정 성립에 관한 추정규정은 경험칙을 법으로 정한 일종의 법정증거법칙이다. 그러나 추정은 반증을 들어 깨뜨릴 수 있고 그 반증의 성공 여부는 법관의 자유판단에 맡겨져 있다는 점에서 추정규정이 꼭 자유심증주의에 반하는 것은 아니다.

다) 처분문서　　어떤 법률적 행위가 이루어진 문서가 처분문서이다. 자유민주주의 아래에서는 사기·강박 또는 강요된 행위 등 특단의 사정이 없는 한 각자 자유로운 의사에 의하여 법률적 행위를 하였다고 보아야 하므로 처분문서의 경우에는 그 진정 성립이 인정되는 이상 반증 또는 합리적인 이유가 없는 한 그 문서에 적힌 내용대로 법률행위가 존재한다고 인정해야 한다.[348] 그것이 논리칙 및 경험칙에 들어 맞기 때문이다.[349] 그러나 당사자 사이에서 계약의 해석을 놓고 이견이 분분하여 처분문서에 나타난 당사자의 의사해석이 문제되는 경우에는 문언의 내용, 그와 같은 약정이 이루어진 동기와 경위, 약정에 의하여 달성하려는 목적, 당사자의 진정한 의사 등을 종합적으로 고찰하여 논리와 경험칙에 따라 합리적으로 해석하여야 한다.[350]

라) 증거공통의 원칙

a) 개　　념　　증거조사의 결과는 그 증거를 제출한 사람에게 유리하게 판단될 수도 있지만 상대방이 이를 쓰겠다고 원용하지 아니하여도 그 상대방을 위해서 유리하게 판단될 수도 있다. 변론주의는 증거의 제출책임을 당사자에게 맡긴다는 원칙에 불과하고 이미 제출된 증거의 평가는 법관의 직무에 속하기 때문이다. 따라서 법관은 증거를 제출한 당사자의 생각과 관계없이 사회정의와 형평에 입각하여 자유심증으로 증거를 평가하여 판단한다. 이를 증거공통의 원칙이라고 한다. 그러므로 증거조사가 시작된 뒤에는 상대방에게도 유리한 결과가 나올 수 있으므로 상대방의 동의가 없으면 증거신청을 함부로 철회할 수 없다.

b) 공동소송인 사이의 증거공통의 원칙　　뒤의 다수당사자소송에서 다시 검토하겠지만 증거공통의 원칙은 통상의 공동소송에서 공동소송인 가운데 한 사람에 대한 증거자료가 다른 공동소송인과 공통되거나 관련된 경우에도 적용된다.

---

348) 대전판 1970. 12. 24, 70다1630.
349) 대판 1993. 5. 27, 93다4908·4915·4922.
350) 대판 2009. 10. 29, 2009다52571.

다만 공동소송인들 사이에 이해가 상반된 경우에는 당사자의 변론권을 보장하기 위해서 공동소송인 한 사람이 명백하게 그 증거자료를 쓰겠다고 원용하지 않는 한 증거공통의 원칙을 적용해서는 안 된다.

라. 사실상의 추정

1) 사실상의 추정과 자유심증주의

이미 앞에서 설명한 바와 같이 인간은 이성적이며 논리적인 동물이므로 법관의 자유심증도 논리칙과 경험칙을 따라야 한다. 여기서 논리칙이란 인간이 정확하게 사고하기 위하여 따르지 않으면 안 되는 수학이나 논리학상의 법칙으로 쉬운 예를 든다면 $1+1=2$라는 것을 말한다. 경험칙이란 개별적 경험으로부터 얻은 사물의 성상, 인과관계에 관한 지식이나 식견으로 예를 들어 여름에는 덥고 겨울에는 춥다는 따위를 말하는데 여기에는 일상적인 상식으로부터 전문적인 기술 또는 과학상의 것을 포함한다. 논리칙이나 경험칙은 추상적인 법규를 구체적인 사실에 적용하는데 있어서 법률판단의 대전제와 소전제의 결합을 매개하는 법 개념 내지 의사표시의 해석작용도 하지만, 한편 법관은 이를 이용하여 증거자료로부터 간접사실 또는 주요사실의 존재를 추측하고 혹은 간접사실로부터 다른 간접사실 또는 주요사실의 존재를 추측하기도 한다. 이를 사실상의 추정이라고 한다. 예를 들어 변제자는 변제를 받는 자에게 영수증을 청구할 수 있으므로(민 제474조) 채권증서를 채권자가 채무자에게 반환하였다면 특별한 사정이 없는 한 그 채권은 변제 등의 사유로 소멸하였다는 추정,[351] 주주명부에 주주로 등재되어 있다면 그 회사의 주주로 추정[352]되는 따위이다. 앞에서 보았지만 민사재판에서 관련 민·형사사건의 확정판결에서 인정된 사실은 특별한 사정이 없는 한 유력한 증거가 되므로 합리적인 이유설시 없이 배척할 수 없는 것도 사실상 추정의 하나이다.[353] 그러나 다른 증거에 비추어 추정 사실을 그대로 채용하기 어려울 때에는 언제든지 배척할 수 있으므로[354] 사실상의 추정은 자유심증주의의 영역에 속한다.

---

351) 대판 2011. 11. 24, 2011다74550.
352) 대판 2010. 3. 11, 2007다51505.
353) 외국의 민사확정판결도 사실상 추정력이 있다(대판 2008. 8. 23, 2005다72386 · 72393).
354) 대판 2005. 1. 13, 2004다19647.

2) 경험칙 위반

판례[355]는 경험칙 위반을 제423조에서 정한 법령위반과 같이 본다. 앞에서와 같이 경험칙이 법률판단의 대전제와 소전제의 결합을 매개하는 법개념 내지 의사표시의 해석작용을 한다면 이를 그르친 경우에 이를 법령위반과 같이 보아 법률심인 상고심이 개입하는 것은 당연하다. 그러나 경험칙으로 사실상의 추정을 하는 경우에도 상고심이 관여하는 것은 사실심과 법률심의 구별이 애매하여지고 상고심이 사실심의 복심화될 가능성이 있으므로 판례에 찬성할 수 없다.

3) 사실상의 추정과 법률상의 추정

뒤의 증명책임 부분에서 다시 설명하겠지만 법률상의 추정은 법률상 전제사실의 증명이 있으면 상대방이 추정사실의 부존재를 증명하지 않는 한 추정사실을 요건으로 한 법률규정을 적용하여야 한다는 것이다. 따라서 증명할 주제의 선택을 당사자에게 맡기고 증명책임의 전환에 의하여 증명할 사람에게 증명할 부담을 경감시키는 것이므로 법률상의 추정은 원칙적으로 증명책임의 문제이지 자유심증주의의 문제가 아니다. 이에 대하여 사실상의 추정은 자유심증주의에 의한 사실의 인정 과정을 말하며 여기에 논리칙과 경험칙을 적용하는 것이다. 이 경우 전제사실의 증명이나 추정사실의 증명은 모두 자유심증주의의 일반원칙에 따른다.

V. 증명책임

1. 뜻

가. 진위불명과 증명책임

법적 3단 논법의 소전제가 되는 사실을 상대방이 부인하거나 부지 등으로 다투는 경우에 그 사실의 존부는 법관이 변론 전체의 취지와 증거조사의 결과를 참작하여 자유심증으로 판단한다(제202조). 그러나 소송에서 이용할 수 있는 소송자

---

355) 대판 1980. 9. 24, 79다2269; 대판 1981. 11. 24, 80다3083 등.

료와 증거자료 등 인식수단과 사람의 인식능력은 한계가 있으므로 재판의 기초를 이루는 사실관계를 끝까지 해명할 수 없는 진위불명(non-liquet)의 경우가 생길 수 있다. 이 경우에도 법관은 사실관계가 분명하지 아니하다고 하여 재판을 거부할 수 없다. 헌법이 정한 재판받을 권리(헌 제27조)와 재판제도 설치의 취지에 어긋나기 때문이다. 따라서 법관은 사실관계에 분명하지 아니한 점이 있더라도 소송법에 따라 판결을 하지 않으면 안 되므로 이 경우 진위불명의 사실을, 사실의 존재 또는 부존재의 어느 쪽으로 정하지 않으면 안 된다. 그 처리방법이 바로 증명책임이다.

나. 법규부적용의 원칙과 증명책임

법관이 법적 3단 논법을 적용하기 위해서는 먼저 소전제가 되는 사실이 있다고 인정되어야 대전제가 되는 법규를 적용하여 마지막으로 법률효과를 판단할 수 있다. 따라서 소전제가 되는 사실이 없다고 하는 경우는 물론 그 사실이 있는지 없는지 잘 모르는 진위불명의 경우에도 법률효과를 판단할 수 없다. 이 경우에 소전제인 사실에 대전제가 되는 법규를 적용할 수 없다는 점에서 이를 법규부적용의 원칙이라고 한다. 그 결과 그 법률효과를 주장하는 당사자는 필사적으로 그 사실이 진위불명에서 벗어나는 노력을 하지 않으면 안 된다. 증명책임이란 바로 법규부적용의 원칙으로 말미암아 당사자가 입을 패소의 불이익을 면할 책임을 말한다.

다. 증명책임의 개념

1) 증명책임은 법관이 자유심증에 의하여 증거를 자유롭게 평가하더라도 주요사실의 존부에 관하여 확신을 가질 수 없을 때 비로소 작동된다. 즉, 증명책임의 기능은 자유심증주의가 그 역할을 마쳤을 때 시작되는 것이다.

2) 증명책임은 진위불명의 사태에 대한 대비책이므로 변론주의의 특수한 문제가 아니며 직권탐지주의에서도 문제된다.

3) 증명책임은 법규부적용의 문제이기 때문에 법률효과의 발생과 관련되는 주요사실을 대상으로 한다. 따라서 주요사실을 추인(推認)하는 경험칙이나 간접사실의 존부에까지 증명책임이 문제되지 않는다.

4) 증명책임은 법규부적용의 문제이기 때문에 그 책임의 소재는 개개의 주요

사실 마다 법적 3단 논법의 대전제가 되는 법률요건, 즉 법규와 관련하여 미리 추상적이고 획일적으로 정해지고 소송의 경과에 따라 당사자의 한편에서 다른 편으로 이동되지 않는다.

　5) 증명책임은 하나의 주요사실에 관해서는 당사자 한쪽이 부담한다. 만약 양쪽 당사자가 모두 증명책임을 부담한다면 양쪽 모두 증명책임을 다하지 못하는 경우가 생길 때에는 누구에게 패소책임을 물어야할지 법원이 판단을 할 수 없기 때문이다

라. 증거제출책임

1) 개 념

　증명책임에 변론주의 3원칙 중의 하나인 직권증거조사금지의 원칙이 개입되면 증거제출책임으로 나타난다. 변론주의가 지배하는 소송절차에서는 원칙적으로 직권증거조사가 금지되므로 다툼이 있는 사실에 관하여 당사자 어느 쪽도 증거조사를 신청하지 아니하면 법원으로서도 증거조사를 할 수 없다. 따라서 당사자는 법원이 증거조사를 실시하지 아니함으로써 생기는 증명부재의 사태를 방지하기 위하여 증거를 제출하는 증명활동을 하지 않으면 안 된다. 이를 증거제출책임이라고 하며 이 책임은 변론주의가 지배하는 소송절차에서만 생긴다. 증명책임을 진위불명에 대한 결과책임이라고 한다면 증거제출책임은 진위불명의 사태를 방지하여야 하는 행위책임이라고 할 수 있다. 이를 주관적 증명책임 또는 증명의 필요라고도 한다.

2) 효 과

　가) 증거제출책임은 당사자가 자기에게 유리한 사실에 관하여 법원에 확신을 주지 못한 경우에 불이익한 판결을 받을 위험이다. 이 위험을 당사자가 부담한다는 점에서 증명책임의 부담과 동일하다. 다만 증거제출책임은 증명책임과 같은 결과책임이 아니라 진위불명의 사태를 방지하여야 하는 행위책임이므로 소송의 구체적 진행상황에 따라 한쪽 당사자에서 다른 쪽 당사자에게 이동·전환된다. 이 점에서 증명책임과 결정적으로 다르다.

나) 그러므로 재판장은 석명권(제136조)을 행사하여 증거제출책임이 있는 당사자 한쪽에 증명을 촉구함으로써 불필요한 증거조사를 절약할 수 있다. 먼저 증명책임을 부담하는 당사자에게 증명을 촉구하여야 하며 같은 사실의 존부에 관하여 당사자 양쪽의 증거신청이 있더라도 증명책임을 부담하는 당사자가 신청한 증거신청을 우선하여 채용하여야 하고 그 증거로서도 증명할 사실을 증명하기에 부족하면 구태여 상대방이 신청한 증거조사를 할 필요가 없다.

3) 증거제출책임의 제약

증거제출책임은 증명책임에 변론주의가 반영된 것이기 때문에 다음과 같은 제약이 있다.

가) 직권증거조사가 허용되는 경우(제292조)　　　변론주의 소송절차에서도 예외적으로 직권증거조사가 허용되는데(제292조) 그 범위에서는 증거제출책임이 완화된다. 예를 들어 조사의 촉탁(제294조), 감정의 촉탁(제341조), 공문서의 진정 여부 조회(제356조 2항), 직권에 의한 당사자신문(제367조), 검증할 때의 직권 감정(제365조), 직권에 의한 증거보전(제379조) 등이다.

나) 모색적 증명

a) 개　　념　　　당사자가 증거를 신청할 때에는 「증명할 사실」(제289조 1항; 제345조 4호)을 구체적으로 특정하여야 한다. 그 이유는 첫째, 증거방법으로서의 증인 또는 당사자는 구태여 증명할 사실과 관계없는 사항에 관하여 자기의 노력과 비용을 들여야 할 의무가 없고 둘째, 법원이 「증명할 사실」을 특정하지 않은 증거신청을 받아들이면 경솔한 항변, 불충분한 증거신청이 허용되어 소송절차가 지연될 우려가 있기 때문이다. 따라서 「증명할 사실」을 특정하지 아니한 채 하는 증명을 모색적 증명이라 하며 원칙적으로 부적법한 것으로 취급한다.

b) 완　　화　　　「증명할 사실」이 상대방의 거래, 업무 영역 또는 인격, 프라이버시에 속한 사실이기 때문에 구체적 사실관계를 주장하기 어려운 경우가 있다. 이 경우에는 상대방 내지 증거방법을 보호하고 나아가 소송절차가 원활하게 진행되도록 「증명할 사실」을 특정하지 않는 모색적 증명을 허용하여야 할 것이다. 그러므로 증명책임을 부담하는 사람은 상대방이 문제된 사실관계에 접근하여 이를 해명하기 쉬운 입장에 있는 경우에는 소송절차의 진행에 지장이 없을 정도

의 추적가능한 '실마리'만「증명할 사실」로서 특정하면 법원은 이를 적법한 증거신청으로서 받아들여야 할 것이다. 모색적 증명을 허용하면 당사자는 증거를 신청함에 있어「증명할 사실」을 구체적으로 특정할 필요가 없으므로 그만큼 증거제출책임이 완화된다.

　　다) 사안해명의무　　　사안해명의무라 함은 증명책임의 부담여부와 관계없이 자기가 알고 있는 사실관계를 해명하여야 할 의무를 말한다. 즉, 상대방의 생활영역에 속하는 사실관계에 대한 증명책임을 부담하는 당사자가 그 구체적 내용을 전혀 알 수 없기 때문에 상대방에 대하여 자기가 증명책임을 부담하는 사실관계의 해명을 요구하면 상대방은 증명책임을 부담하지 않는 자기의 생활영역에 속하는 사실관계를 해명하여야 하는 의무이다. 사안해명의무를 요구하려면 그 의무를 요구할만한 자기의 권리주장에 관한 합리적인 기초가 있다는 점을 명백하게 할만한「실마리」를 제시하여야 한다. 이 의무는 기본적으로 공평의 원칙, 무기대등의 원칙에 터 잡은 것이므로 증명책임을 부담하는 당사자의 상대방뿐 아니라 실체적 진실발견을 위하여 증명책임을 부담하지 않는 당사자에게도 인정될 수 있다. 법원은 석명권행사(제136조 1항)나 문서제출명령(제343조), 검증물제시명령(제366조) 등을 통하여 사안해명을 촉구할 수 있어 이 의무는 진실의무를 초과하는 적극적 소송협력의무라고 할 수 있다. 물론 이 의무의 불이행은 증명책임의 불이행과 달리 직접 법률효과의 존부판단과 연결되지 않고 변론전체의 취지로서 작용할 뿐이다. 판례[356]도 증거자료에 접근이 훨씬 용이한 당사자에게 상대방의 증명활동에 협력할 의무가 부여되어 있지 아니하다고 하였다. 그러나 공해·환경·제조물책임·의료과오 등 현대형 소송에서 거대기업과 피해자 사이의「증거의 편재」를 바로잡는 수단이 마땅히 없는 현실에서 법관이「사법적극주의」의 한 도구로서 증명책임의 틀을 벗어나는 사안해명의무라는 개념을 활용할 수 있다는 데서 매우 유용하다는 점에 의미가 있다.[357]

---

356) 대판 1996. 4. 23, 95다23835.
357) 같은 취지: 이시윤, 550면.

2. 증명책임의 분배

가. 분배의 기본원칙

1) 법의 규정이 있는 경우

증명책임의 분배는 증명할 사실의 진위가 분명하지 않은 경우에 그 결과를 어느 당사자의 불이익으로 돌리느냐의 문제이다. 먼저 법률요건이 법에 규정되어 있는 경우에는 이 규정에 따른다. 예들 들어 민법 제135조 1항, 제437조, 자동차손해배상보장법 제3조 단서, 상법 제115조, 제135조, 제148조 등의 경우에는 그 법조문에 따른다. 뒤에서 설명하는 바와 같이 법률상 추정은 반대사실의 증명책임을 상대방에게 부담시킨다는 점에서 본다면 증명책임의 분배로 평가할 수 있다.

2) 법의 규정이 없는 경우

증명책임에 관한 법 규정이 없는 경우에는 법규부적용의 원칙에 터 잡아 법규, 특히 실체법의 해석에 의하여 증명책임을 분배한다(규범설 또는 법률요건분류설). 따라서 실체법의 해석에 의하여 증명책임의 소재를 정하게 되므로 민법 등 실체법과 소송법이 깊은 관련을 맺게 된다.

　가) 권리근거사실　　소송으로 다른 사람에 대하여 일정한 권리를 주장하는 사람은 법이 그 권리의 성립요건으로 규정한 사실(권리근거사실)에 관하여 증명책임을 부담한다. 예를 들어 매매·임대차·증여 등을 주장하는 사람은 매매사실 등을 증명하여야 한다. 이 증명책임의 분배는 당연하다. 왜냐하면 권리근거사실은 청구원인사실이며 주요사실이기 때문에 주장자가 증명하여야 하는 것이다. 뒤의 권리소멸사실, 권리장애사실, 권리저지사실 등은 모두 항변사유이므로 그 주장자가 증명하여야 하는 것도 같은 이치이다.

　나) 권리소멸사실　　일단 발생된 권리의 소멸을 주장하는 사람은 권리소멸사실에 관한 증명책임을 부담한다. 예를 들어 대여금 채권에 대하여 변제·상계·면제·소멸시효의 완성·취소·해제 등을 주장하는 사람은 변제 등을 증명하여야 한다. 제척기간의 도과,[358] 채권자취소소송에서 제척기간의 경과로 인한 채

---

358) 대판 2009. 3. 26, 2007다63102.

권자취소권의 소멸[359]도 권리소멸사실이다.

다) 권리장애사실   권리근거사실 또는 소멸사실과 동시에 존재하면서 위의 사실에 의하여 발생된 적극적 또는 소극적 법률효과를 방해하는 사실(권리장애사실)을 주장하는 사람은 권리장애사실을 증명하여야 한다. 예를 들어 매매대금 청구소송에서 매매계약(민 제563조)의 성립은 권리근거사실인데 통정허위표시는 매매자체를 서로 통정하여 한 것이므로 이를 이유로 한 계약의 무효(민 제108조)는 매매라는 권리근거사실과 동시에 존재하는 권리장애사실이다.[360] 같은 이치로 민법 제104조(불공정한 법률행위) 위반도 권리장애사실이다.[361] 민법 제103조(반사회질서의 법률행위) 위반도 권리장애사실이라는 견해[362]가 있으나 민법 제103조는 모든 국민이 마땅히 지켜야 할 도리로서 공익성이 매우 높아 주장책임이나 증명책임을 적용할 수 없다고 할 것이므로 그 위반에 관한 사실은 권리장애사실이 아니라 제1조 2항의 신의칙과 같은 직권조사사항이라고 하여야 할 것이다. 또, 미성년자나 피성년후견인이 한 계약(민 제5조 2항, 제10조)은 취소할 수 있지만 이들 제한능력자가 속임수로써 자기를 능력자로 믿게 한 경우에는 그 행위를 취소할 수 없는데(민 제17조 1항) 제한능력자가 속임수로써 계약을 맺었다면 계약 자체가 속임수로 한 것이므로 이를 이유로 한 계약의 유효는 권리소멸사실과 동시에 존재하는 권리장애사실이다. 따라서 이들 경우에는 통정허위표시로 인한 무효, 민법 제104조 위반의 사유 또는 무능력자의 사술로 인한 유효를 주장하는 사람이 증명하여야 한다.

또 본문과 단서의 형식규정은 단서가 본문의 법률효과를 방해하는 요건이기 때문에 본문의 적용을 부정하는 자가 「단, …그러하지 아니하다」라고 하는 형식으로 제외된 사실을 증명하여야 한다. 그러나 단서라도 「단, …의 경우에 한한다」고 규정되었을 때에는 본문의 요건을 제한의 형식으로 추가한 것이므로 본문의 적용을 주장하는 자가 그 제한을 증명하여야 한다.

라) 권리저지사실   일단 발생된 권리의 행사를 저지하는 사유를 주장하

---

359) 대판 2009. 3. 26, 2007다63102; 대판 2011. 1. 13, 2010다71684.
360) 대판 1992. 5. 22, 92다2295.
361) 대판 1991. 5. 28, 90다19770.
362) 이시윤, 536면.

는 사람은 권리저지사실, 예를 들어 유치권의 원인사실, 최고·검색 항변의 원인
사실, 동시이행항변의 원인사실, 기한유예사실, 정지조건 또는 시기(始期)의 존재
사실,363) 한정승인사실364) 등을 증명하여야 한다.

나. 증명책임의 분배가 문제되는 경우

1) 취득시효의 요건이 되는 「소유의 의사」

동산이든 부동산이든 점유로 인한 취득시효를 주장하려면 점유자에게 「소유
의 의사」가 있어야 한다(민 제245조 1항, 제246조 1항). 판례365)는 처음에 자주점유
의 내용이 되는 「소유의 의사」는 점유권원의 성질에 의하여 결정하거나 또는 점
유자가 소유자에 대하여 소유의 의사가 있다는 것을 표시한 경우에 한하여 인정
할 수 있다고 하여 취득시효를 주장하는 자에게 증명책임을 부담시켰다. 그런데
그 후 대법원은 이 판례를 변경하여 「소유의 의사」는 객관적인 점유권원의 성질
에 의하여 그 존부를 결정하여야 할 것이나, 다만 점유권원의 성질이 분명하지 아
니한 때에는 민법 제197조 1항에 의하여 점유자는 소유의 의사로 점유한 것으로
추정되므로 점유자가 스스로 그 점유권원의 성질에 의하여 자주점유임을 증명할
책임이 없고, 점유자의 점유가 소유의 의사가 없는 타주점유임을 주장하는 상대
방에게 증명책임이 있다고 하였다.366) 이 판례가 현재의 확립된 판례이다.367) 그
러므로 토지의 점유자가 이전의 토지소유자를 상대로 매매를 원인으로 한 소유권
이전등기청구소송을 제기하였다가 패소 확정되었다든가,368) 자주점유의 점유권원
이 인정되지 않는다고 하여369) 상대방에게 있는 타주점유의 증명책임에 변함이
있는 것이 아니므로 자주점유에 관한 추정이 번복되거나 타주점유가 되는 것이
아니다. 상대방이 타주점유의 증명책임을 다하여 점유자의 자주점유의 추정을 깨
뜨리기 위해서는 점유자가 성질상 소유의 의사가 없는 것으로 보이는 권원에 바

---

363) 대판 1969. 1. 28, 68다2313.
364) 대판 2006. 10. 13, 2006다23138.
365) 대판 1962. 2. 15, 4294민상794.
366) 대전판 1983. 7. 12, 82다708, 82다카1792·1793.
367) 대판 2011. 2. 10, 2010다84246.
368) 대판 2009. 12. 10, 2006다19177.
369) 대판 2007. 2. 8, 2006다28065.

탕을 두고 점유를 취득한 사실이 증명되었거나 점유자가 타인의 소유권을 배제하여 자기의 소유물처럼 배타적 지배를 행사하는 의사를 가지고 점유하는 것으로 볼 수 없는 객관적 사정, 즉 점유자가 진정한 소유자라면 흔히 취하지 않는 태도를 취하거나 당연히 취하여야 할 행동을 하지 아니하는 등 외형적 · 객관적으로 보아 점유자가 타인의 소유권을 배척하고 점유할 의사를 갖고 있지 아니하였던 것이라고 볼만한 사정이 증명된 경우 등이다.[370] 국가나 지방자치단체가 점거하는 토지에 관해서 그 점유의 경위와 용도 등을 감안할 때 점유 개시 당시 공공용 재산의 취득절차를 거쳐서 소유권을 적법하게 취득하였을 가능성도 배제할 수 없다고 보이는 경우에는 취득시효의 완성을 주장하는 토지의 취득절차에 관한 서류를 제출하지 못하고 있다고 하더라도 위와 같은 사정만으로 그 토지에 관한 국가나 지방자치단체의 자주점유 추정이 번복되지 않는다.[371]

　　그러나 점유자가 점유개시 당시에 소유권취득의 원인이 될 수 있는 법률행위 기타 법률요건이 없다는 사실을 잘 알면서 다른 사람이 소유한 부동산을 무단점유한 경우에는 「소유의 의사」있는 점유라는 추정은 깨진다.[372] 결국 판례에 의하면 점유자에게 자주점유는 추정시키지만 「악의의 점유」까지 자주점유로 추정시키는 것은 아니다.

2) 준소비대차계약(민 제605조)

　　준소비대차계약이라 함은 당사자 양쪽이 소비대차에 의하지 아니하고 금전 그 밖의 대체물을 지급할 의무가 있는 경우에 당사자가 그 목적물을 소비대차의 목적으로 할 것을 약정한 것을 말한다. 준소비대차계약에서는 그 효과를 주장하는 사람이 그 계약의 성립요건이 되는 구채무의 목적물을 준소비대차의 목적으로 하는 합의를 하였다는 증명책임을 부담한다. 그런데 문제는 구채무의 존부에 다툼이 있는 경우에는 이 계약의 성립을 주장하는 채권자가 구채무의 존재에 관하여 증명책임을 부담하느냐 아니면 채무자가 구채무의 부존재를 증명하여야 하느냐이다. 생각건대 당사자가 이미 소비대차가 아닌 채무가 있는데도 구태여 소비

---

370) 대전판 1997. 8. 21, 95다28625; 대판 2004. 10. 28, 2004다32206 · 32213.
371) 대판 2013. 2. 29, 2012다99549.
372) 대전판 1997. 8. 21, 95다28625.

대차상의 채무로 변경하는 이유는 이미 있는 채무에 관한 증명의 번잡을 피하자는데 있을 것이다. 그러므로 준소비대차계약의 합의에 관한 증명책임은 채권자에게 부담시키되 구채무의 부존재에 관한 증명책임은 채무자에게 부담시키는 것이 형평의 원칙에 맞는다. 또 준소비대차계약에 관한 증서가 작성된 경우에는 그 사실만으로도 구채무의 존재를 사실상 추정시킬 수 있기 때문에 채무자는 간접반증 등에 의하여 구채무의 부존재를 증명하여야 한다.

3) 채무불이행으로 인한 손해배상책임

가) 채무의 이행 여부　　　실체법상 채무불이행으로 인한 손해배상청구권은 본래의 채권과 동일성이 있다. 따라서 채무자가 채무의 이행을 증명하여야 채무를 면할 수 있으므로(채무자설) 채무자가 채무의 이행 여부에 대한 증명책임이 있다.

나) 채무자의 귀책사유　　　채무불이행으로 인한 손해배상청구를 하려면 채무자에게 고의 또는 과실이 있어야 한다. 그런데 민법 제390조는 불법행위에 관한 민법 제750조와 달리 「채무자가 채무의 내용에 좇은 이행을 하지 아니한 때에는 채권자는 손해배상을 청구할 수 있다. 그러나 채무자의 고의나 과실 없이 이행할 수 없게 된 때에는 그러하지 아니하다」고 규정하여 채무자의 귀책사유의 부존재를 권리 장애사유로 정하고 있으므로 채무자가 귀책사유의 부존재를 증명하여야 한다.

4) 불법행위로 인한 손해배상책임

가) 민법 제750조　　　민법 제750조에 의하여 불법행위로 인한 손해배상을 청구하는 경우에 과실 및 인과관계 등의 증명책임을 피해자가 되는 원고가 부담하는 것은 법 규정에서 명백하다. 즉, 타인의 불법행위로 손해를 입은 사람이 그 배상을 청구하려면 손해와 가해행위 사이의 인과관계를 증명하여야 한다.[373] 인과관계는 법적 인과관계, 즉 상당인과관계와 사실적 인과관계, 즉 자연적 인과관계로 나누어진다. 종전에는 인과관계의 문제를 주로 상당인과관계가 있는가라는 형식으로 논의하였으나 상당인과관계의 전제로서 먼저 사실적(자연적) 인과관계를

---

[373] 불법행위시와 결과발생시 사이에 시간적 간격이 있는 경우에는 결과발생시가 손해배상액의 산정기준이 된다(대판 2014. 7. 10, 2013다65710 참조).

증명하여야 하는 것이다. 사실적 인과관계는 원인과 결과의 관계이기 때문에 흔히 조건관계를 의미한다.

나) 현대형소송

a) 일 반 론   종래의 손해배상청구소송에서는 조건관계가 비교적 단순하여 그 해명에 별 의문이 없었기 때문에 그 증명에 특별한 문제가 없었다. 그러나 의료과오·공해·제조물책임 등 이른바 현대형 소송에서는 이러한 사실적 인과관계를 증명하기가 쉽지 않다. 그 이유는 현대형 소송에서는 고도의 자연과학적 지식이 요구되어 피해자가 그 지식을 갖추기가 어려울 뿐 아니라 증거도 가해자에게 편중되어 있어 이를 수집하기 어렵기 때문이다. 그리하여 이른바 현대형 소송에서는 어떻게 하면 사실적 인과관계의 증명을 용이하게 함으로써 피해자의 구제에 최선을 다할 수 있는지가 중요한 문제로 등장한다.

b) 의료과오소송

ⅰ) 일응의 추정 또는 표현증명   의료과오소송에서 사실적 인과관계의 증명 곤란은 일응의 추정 또는 표현증명에 의하여 해결한다는 것이 우리나라 판례의 경향이다. 일응의 추정이라 함은 고도의 개연성이 있는 경험칙을 이용하여 어느 사실로부터 다른 사실을 추정하는 것을 말한다. 이 경우 증명에 가까운 상태를 표현증명이라고 한다. 이 개념은 독일 판례에 의하여 형성된 것으로서 이른바 정형적 사상경과(定型的 事象經過)(Typischer geschensablauf)가 존재하는 경우에 허용되는 증명이다. 정형적 사상경과라고 함은 요컨대 어떤 사실이 존재하면 그것이 일정한 방향으로 진행하는 것이 통례라는 것으로서 따로 증명이 없어도 그 사실의 존재만으로 인과관계가 거의 인정되는 것을 말한다. 사실상 추정의 하나이지만 표현증명의 대상이 과실과 인과관계에 한정된다는 데 특징이 있다.

ⅱ) 판   례   우선 의료행위의 특수성을 감안하더라도 먼저 환자측에서 일반인의 상식에 비추어 일련의 의료행위과정에 의료상의 과실이 있었고 그 행위와 손해의 발생 사이에 다른 원인이 개재되지 않았던 점을 증명하여야 일응의 추정 또는 표현증명이 된다.[374] 대판 1995. 2. 10, 93다52402는 「…환자가 치료 도중에 사망한 경우에 피해자 측에서 의사의 일반상식적인 의료과실행위를 입증하면서 환자에게 의료행위 이전의 건강에 결함이 없었다는 사정을 증명한 경우에

---

374) 대판 2010. 5. 27, 2007다25971.

는 의료인이 그 결과가 의료상의 과실과 전혀 다른 원인에 기한 것을 입증하지 않는 이상 의료상의 과실과 결과 사이에 인과관계가 추정된다.」고 하였고, 대판 2012. 5. 9, 2010다57787도 「…수술도중이나 수술 후 환자에게 중한 결과의 원인이 된 증상발생에 관하여 의료상 과실 이외에 다른 원인이 있다고 보기 어려운 간접사실이 증명되면 그와 같은 증상이 의료상 과실에 기한 것으로 추정할 수 있다.」고 하였다. 이 판례들에 의하면 과실과 인과관계에 관련된 사실 가운데서 환자 측은 의사의 일반상식적인 의료과실행위와 환자가 의료행위 이전에는 건강에 결함이 없었다는 사실과 같이 비교적 쉬운 사실을 입증하면 의사측이 의료상의 과실과 전혀 다른 원인에 기한 것이라는 전문적인 사실을 입증하지 못하는 한 의사의 진료과실이 표현증명에 이른다는데 특징이 있다. 또한 의사는 설명의무의 이행을 문서화하여야 그 의무이행을 다하는 것이고 그에 관한 증명책임을 부담함으로써[375] 그 책임이 가중되고 있다. 그러나 의료과실에 관하여 의사에게 무과실책임까지 인정되는 것은 아니다.[376]

c) 공해소송

ⅰ) 위험영역설   위험영역설이라 함은 손해의 원인이 가해자가 지배하는 위험영역에서 발생한 경우에는 피해자가 아니라 가해자가 그 책임의 부존재를 증명하여야 한다는 이론이다. 공해소송은 근본적으로 고도의 자연과학적 지식이 요구되는데 이에 관하여 피해자가 그 지식을 갖추기 어려울 뿐 아니라 증거도 가해자에 편중되어 있어 이를 수집하기 어렵다. 우리 판례는 이 문제에 관하여 독일 판례가 발전시켜온 위험영역설을 채택함으로써 증거제출책임을 가해자에게 사실상 전환시켜 이 문제를 해결하고 있다.

ⅱ) 판   례   대판 1984. 6. 12, 81다558은 「…이른바 오염물질인 폐수를 바다로 배출함으로 생긴 이 사건과 같은 공해로 인한 손해배상을 청구하는 소송에서는 기업이 배출한 원인물질이 물(水)을 매체로 하여 간접적으로 손해를 끼치는 수가 많고 공해문제에 관하여는 현재의 과학수준으로도 해명할 수 없는 분야가 있기 때문에 가해행위와 손해 발생 사이의 인과관계를 구성하는 하나 하나의 고리를 자연과학적으로 증명한다는 것은 극히 곤란하거나 불가능한 경우가 대

---

375) 대판 2007. 5. 31, 2005다5867.
376) 대판 2013. 6. 27, 2010다96010 참조.

부분이므로 이러한 공해소송에서 피해자인 원고에게 사실적 인과관계의 존재에 관하여 과학적으로 엄밀한 증명을 요구한다는 것은 공해로 인한 사법적 구제를 사실상 거부하는 결과가 될 우려가 있는 반면 가해기업은 기술적·경제적으로 피해자보다 훨씬 원인조사가 용이한 경우가 많을 뿐 아니라 그 원인을 은폐할 염려가 있고 가해기업이 어떠한 유해한 원인물질을 배출하고 그것이 피해물질에 도달하여 손해가 발생하였다면 가해자 측에서 그것이 무해하다는 것을 입증하지 못하는 한 책임을 면할 수 없다고 보는 것이 사회형평의 관념에 적합하다 할 것이다.」고 판시하였고, 대판 2012. 1. 12, 2009다84608·84615·84622·84639도 위와 같은 취지로 판시하고 있다. 다만 이 경우에 가해자가 적어도 어떠한 유해한 원인물질을 배출한 사실, 그 유해의 정도가 사회생활상 통상적으로 참을 수 있는 한도를 넘는다는 사실, 그것이 피해물건에 도달한 사실, 그 후 피해자에게 손해가 발생한 사실에 관한 증명책임은 여전히 피해자가 부담한다[377]는 것을 주의해야 한다.

d) 제조물책임소송

ⅰ) 간접반증이론   간접반증이란 어떤 주요사실에 관하여 증명책임을 부담하는 자가 그 주요사실을 추인하기에 충분한 간접사실을 일단 증명한 경우에 상대방이 그 간접사실과는 별개의 또 양립되는 다른 간접사실을 증명함으로써 주요사실의 추인을 방해하는 증명활동을 말한다.

이 이론은 증명이 곤란하다는 이유로 패소판결을 하는 것이 정의에 반하는 경우에 상대방에게 반증책임을 부담하게 함으로써 정의와 형평을 실현하는 데 실천적 의미가 있다. 우리 판례는 제조물책임소송에서 인과관계 입증의 곤란을 간접반증이론에 의하여 해결한다.

간접반증의 예

아들의 아버지에 대한 인지소송에서 이른바 부정(不貞)의 항변을 예로 든다. 인지소송에서 주요사실은 원고와 피고사이에 부자관계가 존재한다는 사실(A)이다. 이를 증명

---

377) 대판 2013. 10. 24, 2013다10383.

하기 위하여 원고는 그의 어머니가 원고를 포태할 당시 피고와 성적 교섭이 있었다는 사실(a), 원·피고의 혈액형이 부자관계로 인정됨에 어긋나지 않는다는 사실(b), 얼굴 기타 신체상의 특징이 유사하다는 사실(c) 등을 주장하여 그 증명에 성공한다면 원·피고의 부자관계는 사실상 추정된다. 이때 피고가 그 추정을 번복시키기 위하여 원고의 어머니가 원고를 포태할 당시 다른 여러 남자들과 성적 교섭을 맺은 사실(X)을 증명하면 a, b, c와 X는 양립되어 주요사실(A)은 진위불명의 상태가 되는 것이다. X사실의 증명이 간접반증이다. 간접반증은 증명하여야 할 주요사실을 직접적이 아닌 간접적으로 반격한다는 점에서 반증이 되지만, 해당 간접사실 자체의 입장에서 본다면 법관이 완전하게 확신을 가져야 할 정도로 증명하지 않으면 안된다는 점에서 본증이 된다. 간접반증의 소송법적 의미는 그 반증의 성공보다는 그 반증의 부제출 또는 증명부족으로 상대방의 증명책임을 경감시키는 데 있다.

원래 인지소송은 아버지와 자식 사이에 사실상 친생자관계의 존재를 확정하고 법률상 친생자관계를 창설함을 목적으로 하는 인륜의 근본에 관한 것이고 공익에도 관련되는 중요한 것이다. 따라서 이와 같은 소송에서 당사자의 증명이 충분하지 못할 때에는 가능한 한 직권으로라도 사실조사 및 필요한 증거조사를 하여야 한다(직권탐지주의). 한편 혈연상 친생자관계라는 주요사실의 존재의 증명은, 아버지와 친모 사이의 정교관계가 존재하는지, 다른 남자와 모와의 정교 가능성이 존재하는지, 아버지가 자식을 자기의 자로 믿었다고 추측할 수 있게 하는 언동이 존재하는지, 아버지와 자식 사이에 인류학적 검사나 혈액형검사 또는 유전자검사를 한 결과 친생자관계를 배제하거나 긍정하는 요소가 있는지 등 간접사실을 통하여 주요사실을 추인하는 간접증명의 방법에 의할 수밖에 없다. 여기에서 혈액형검사나 유전자검사 등 과학적 증명방법으로 그 전제로 하는 사실이 모두 진실임이 증명되고 그 추론의 방법이 과학적으로 정당하여 오류의 가능성이 전혀 없거나 무시할 정도로 극소한 것으로 인정되는 경우라면 그와 같은 증명은 가장 유력한 간접증명이 된다.[378]

ii) 판 례   ㄱ) 대판 2000. 2. 25, 98다15934는 「…텔레비전이 정상적으로 수신되는 상태에서 발화·폭발된 경우에 소비자측에서 그 사고가 제조업자의 배타적 지배영역에서 발생한 사실 및 그 사고가 어떤 자의 과실이 없이는 흔히 발생하지 않는다는 것을 입증하면 제조업자측에서 그 사고가 제품의 결함이 아닌 다른 원인으로 발생한 것을 입증하지 못하는 이상 제조업자의 과실로 사고

---

378) 대판 2002. 6. 14, 2001므1537; 대판 2005. 6. 10, 2005므365; 대판 2013. 12. 26, 2012므 5269 등 참조.

가 발생하였다고 추정하는 것이 손해의 공평·타당한 부담을 지도원리로 하는 손해배상제도의 이상에 맞는다」고 판시하였다.

ㄴ) 대판 2011. 9. 29, 2008다16776은 혈우병환자의 인간면역결핍 바이러스(HIV)에 감염된 사건으로 의약품제조물책임의 손해배상책임에 관한 판례이다. 「…의약품 제조과정은 대개 제약회사 내부자만 알 수 있고 의약품제조행위는 고도의 전문적 지식을 필요로 하는 분야로서 일반인들이 의약품의 결함이나 제약회사의 과실을 완벽하게 입증하는 것은 극히 어렵다. 따라서 환자인 피해자가 제약회사를 상대로 바이러스에 오염된 혈액제제를 통하여 감염되었다는 것을 손해배상책임의 원인으로 주장하려는 경우에 제약회사가 제조한 혈액제제를 투여하기 이전에는 감염을 의심할 만한 증상이 없었고 혈액제제를 투여받은 후 바이러스 감염이 확인되었으며 혈액제제가 바이러스에 오염되었을 상당한 가능성이 있다는 점을 증명하기만 하면 바이러스에 감염되었을 상당한 가능성은 자연과학적으로 명확한 증명이 없더라도 혈액제제의 사용과 감염의 시간적 근접성, 통계적 관련성, 혈액제제의 제조공정, 해당 바이러스 감염의 의학적 특성, 원료혈액에 대한 바이러스 진단방법의 정확성 정도 등 여러 사정을 고려하여 제약회사가 제조한 혈액제제의 결함 또는 제약회사의 과실과 피해자의 감염 사이의 인과관계를 추정하여 손해배상책임을 지울 수 있도록 증명책임을 완화하는 것이 손해의 공평 타당한 부담을 지도 원리로 하는 손해배상제도의 이상에 부합된다. 한편 제약회사는 자신이 제조한 혈액제제에 아무런 결함이 없다는 등 피해자의 감염원인이 자신이 제조한 혈액제제에서 비롯한 것이 아니라는 것을 증명하여 그 추정을 번복시킬 수 있으나 단순히 피해자의 감염추정기간 동안 다른 회사가 제조한 혈액제제를 투여 받았다거나 수혈을 받은 사정이 있었다는 것만으로는 그 추정이 번복되지 않는다.…」

5) 부당이득반환청구

부당이득반환책임이 인정되는 경우에 그 반환액은 당사자의 주장과 증명이 부족하더라도 법원이 적극적으로 석명권을 행사하여야 하고 경우에 따라서는 직권으로라도 그 반환액을 심리·판단하여야 한다.[379]

---

379) 대판 2012. 6. 14, 2012다20819.

6) 사해행위취소소송에서의 수익자의 선의

사행행위취소소송에서 채무자의 어떤 행위가 사해행위에 해당한다는 증명책임은 채권자에게 있지만 수익자가 몰랐다는 사실은 수익자에게 증명책임이 있고[380] 그 증명은 객관적이고 납득할 만한 증거자료 등이 뒷받침되어야 하므로 채무자 한쪽의 진술이나 제3자의 추측에 불과한 진술 등에 의존해서 수익자가 그 사해행위 당시에 선의였다고 단정해서는 안 된다.[381]

7) 세금부과처분취소소송에서 과세요건 사실의 증명책임

일반적으로 세금부과처분취소소송에서 과세요건사실에 관한 증명책임은 과세권자에게 있다. 그러나 구체적인 소송과정에서 경험칙에 비추어 과세요건사실을 추단할 수 있는 사실이 밝혀진 경우에는 상대방이 문제로 된 해당 사실이 경험칙을 적용하기에 적절하지 아니하다는 등의 반대사정을 증명하지 못하는 한 해당 과세처분을 과세요건이 흠결된 위법한 처분이라고 단정할 수 없다.[382]

8) 보험회사나 보험모집종사자의 위법권유에 대한 주장·증명책임

보험회사나 보험모집종사자는 고객의 연령, 재산 및 소득상황, 사회적 경험, 보험가입의 목적 등에 비추어 투자성이 있는 보험이나 변액보험이 고객에게 적합하지 아니하다고 인정되면 그러한 보험계약의 체결을 권유하여서는 아니 되고, 이러한 적합성 원칙을 지키지 않은 채 과대한 위험성을 수반하는 보험계약의 체결을 권유함으로써 그 권유행위가 고객에 대한 보호의무를 저버려 위법성을 띤 행위로 평가되면, 민법 제750조 또는 구 보험업법 제102조 1항에 기하여 그로 인하여 발생한 고객의 손해를 배상할 책임을 부담한다. 여기서 적합성 원칙의 위반에 관한 주장·증명책임은 보험계약 체결을 권유받은 고객에게 있지만, 그에 따른 손해배상책임의 존부는 고객의 연령, 재산 및 소득상황과 보험가입의 목적, 가입

---

380) 대판 2013. 11. 28, 2013다206986.
381) 대판 2010. 7. 22, 2009다60466.
382) 대판 2002. 11. 13, 2002두6392; 대판 2006. 9. 22, 2006두6383; 대판 2007. 2. 22, 2006두6604 등 참조.

한 보험의 특성 등 여러 사정을 종합적으로 충분히 검토하여 판단하여야 하므로 단지 그 체결을 권유받은 변액보험상품에 높은 투자위험이 수반된다거나 소득에서 보험료 지출이 차지하는 비중이 높다는 단편적인 사정만을 들어 바로 적합성원칙을 위반하여 위법한 권유행위를 하였다고 단정해서는 아니 된다.[383]

9) 채권양도금지 특약의 주장·증명책임

채권은 양도할 수 있지만 당사자가 반대의사표시를 하면 양도할 수 없는데(민 제449조 2항) 채권양수인이 당사자의 반대의사표시의 존재를 알았거나 또는 알지 못한데에 중대한 과실이 있다는 것은 채권양도사실을 반대한 당사자가 주장·증명하여야 한다.[384] 그리고 채권양수인이 악의라고 하더라도 다시 선의로 양수한 전득자는 유효하게 채권을 취득하며,[385] 양도금지특약이 있는 채권이더라도 전부명령(민집 제231조)에 의하여 전부되는 데에는 지장이 없으므로 전부채권을 다시선의로 양수한 자도 유효하게 그 채권을 취득한다.[386]

3. 증명책임의 전환

증명책임의 전환이라 함은 특별한 경우에 법률로 증명책임의 일반원칙을 수정하여 상대방에게 반대사실의 증명책임을 부담시키는 것을 말한다. 예를 들어 불법행위로 인한 손해배상소송에서는 원고가 피고의 과실에 관하여 증명책임을 부담하지만(민 제750조) 같은 불법행위소송인 자동차사고에 의한 손해배상청구소송에서는 자동차손해배상보장법 제3조 단서에 의하여 손해배상의무를 부담하는 피고가 자동차를 운행할 때에 주의를 태만히 하지 아니하였다는 사실에 관하여 증명책임을 부담하는 것과 같다. 이와 같이 증명책임의 전환을 인정하느냐의 여부는 실체법상 여러 권리의 실현가능성 및 손해의 예방목적 등 입법자의 입법정책의 문제이다. 이 점에서 구체적인 소송과정에서 당사자 한편에서 다른 편으로

---

383) 대판 2014. 10. 27, 2012다22242 참조.
384) 대판 1999. 12. 28, 99다8834 참조.
385) 대판 2015. 4. 9, 2012다118020.
386) 대판 2003. 12. 11, 2001다3771.

수시로 이동하는 증거제출책임과 구별된다. 증거제출책임의 전환은 당사자 한쪽이 증명가능성이 높은 증거를 제출한 경우에 상대방이 여기에 상응하는 반대증거를 제출하지 아니하면 패소할 염려가 있기 때문에 법 정책의 문제와 관계없이 증명의 현실적 필요에 의하여 다른 증거를 제출함으로써 이루어지는 것이다.

4. 법률상의 추정

가. 뜻

추정이라 함은 일반적으로 어느 사실로부터 다른 사실을 추측하여 인정하는 것을 말한다. 추정에는 경험칙에 터 잡아 간접사실로부터 주요사실을 추인하는 사실상 추정과 경험칙이 미리 추정규정으로 법규화된 법률상 추정이 있다.

법률상 추정은 법률상의 사실추정과 법률상의 권리추정으로 나뉜다. 사실상 추정은 법관의 자유심증의 영역에 속하여서 이미 자유심증주의 부분에서 언급하였으므로 아래에서는 법률상의 사실추정과 권리추정에 관해서 설명하기로 한다.

나. 법률상의 사실추정

1) 뜻

법규의 요건사실 갑을 증명하여야 하는데 그 증명을 용이하게 하기 위해서 을 사실을 증명하면 반대사실(갑 사실의 부존재)의 증명이 없는 한 갑 사실의 존재를 추정한다는 법규가 있는 경우에 그 법규를 추정규정, 갑 사실을 추정사실, 을 사실을 전제사실이라고 한다. 전제사실을 증명하여 추정사실을 추정하는 증명활동을 법률상의 사실추정이라고 한다.

2) 예

취득시효를 주장하려면 10년 또는 20년간 점유가 계속된 사실을 증명하지 않으면 안 되는데(민 제245조) 이는 거의 불가능하다. 그런데 민법 제198조는 시작과 끝을 점유한 사실이 있는 때에는 그 점유는 계속한 것으로 추정한다고 규정하여 10년 또는 20년의 점유기간을 처음과 끝의 점유라는 전제사실만 증명하면 점유의 계속을 추정시킨다. 이 경우에 증명책임을 부담한 자는 10년 또는 20년간 점유라는 추정사실을 증명할 수도 있으나 그 보다 증명이 용이한 전제사실을 증명함으로써 추정사실의 증명에 갈음할 수 있어 법률상 추정에서는 증명책임을 부담하는 자가 증명주제를 선택할 수 있다. 법률상 추정을 깨뜨리려면 반증을 들어 전제사실에 관한 법관의 심증을 방해함으로써 진위를 분명하지 않게 하든가, 추정사실의 부존재를 증명하여야 한다. 추정사실에 관한 부존재의 증명은 반증이 아니라 본증이 된다는 점에서 법률상 추정은 증명책임의 전환이 된다.

다. 법률상의 권리추정

추정규정에 의하여 권리가 직접 추정되는 경우, 예를 들어 민법 제200조에서 정한 점유자의 적법추정력 따위가 법률상의 권리추정이다. 그 목적·본질은 법률상의 사실추정과 같다. 전제사실이 확정된 경우에 그 추정을 뒤집으려면 해당 사건에서 추정이 정당성을 가질 일체의 가능성을 배제하여야 한다. 여기서의 반대사실의 증명은 법률상의 사실추정과 같이 반증이 아니라 본증이다.

부동산소유권보존등기의 추정력

(1) 소유권보존등기의 명의인은 소유자로 추정 받으나 그 추정력은 미약하다. 즉, 그 토지를 일제시대에 사정(査定)받은 사람이 따로 있고 그 사람이나 그의 승계인이 양도사실을 부인할 경우에는 그 등기가 임야소유권이전등기 등에 관한 특별조치법이나 부동산소유권이전등기 등에 관한 특별조치법에 의하여 경료된 것이 아닌 이상 그 추정력은 바로 깨지기 때문이다.[387] 그러나 실제로는 토지 사정인의 승계인에 의한 소유권보존등기의 말소는 그리 만만하지 않다. 왜냐하면 타인 명의의 소유권보존등기를 말소하려면 그 말소를 청구할 수 있는 권원이 있어야 하는데 토지 사정 이후 사정명의인이 그 토지를 다른 사람에게 처분한 사실이 인정되면 사정명의인 또는 그 승계인들에게는 그 말소를 구할 권원이 없기 때문이다.[388]

---

387) 대판 2009. 4. 9, 2006다30921.
388) 대판 2008. 12. 24, 2007다79718; 대판 2011. 5. 13, 2009다94384·94391·94407.

(2) 일제시대 조선민사령에 의하여 토지조사부에 소유자로 등재되어 있는 자는 재결(裁決)에 의하여 사정내용이 변경되었다는 등의 반증이 없는 이상 토지의 소유자로 사정받아 그 사정이 확정된 것으로 추정되어 그 토지를 원시적으로 취득한다.[389]

(3) 국유임야대장에 귀속재산으로 기재되어 있는 임야는 1945. 8. 9. 현재 일본인 소유로 보아야 한다.[390] 그리고 6·25 사변으로 멸실되기 이전의 임야대장에 터 잡아 작성된 귀속임야대장은 그 당시 전국의 귀속임야를 기재한 것이므로 그 임야대장 중 소유자란의 기재에 부여된 권리추정력은 그에 기초하여 작성된 귀속임야대장에 그대로 이어진다.[391]

부동산소유권이전등기의 추정력

(1) 판례[392]는 부동산소유권이전등기에 관한 추정력을 권리추정력으로 보았다. 그 이유는 부동산소유권이전등기를 마친 경우 그 등기명의자는 제3자에 대하여서 뿐만 아니라 그 이전 소유자에 대해서도 적법한 절차와 원인에 의하여 소유권을 취득한 것으로 추정되기 때문이다.[393] 그러므로 그 절차 및 원인이 부당하여 그 등기가 무효라는 사실은 이를 주장하는 자에게 증명책임이 있다. 그러나 등기절차가 적법하게 진행되지 아니한 것으로 볼만한 의심스러운 사정, 예를 들어 소유권이전등기를 등기소에 촉탁할 때 등기의무자의 승낙서를 첨부하지 않은 사정 등이 있을 때에는 그 추정력은 깨진다.[394]

(2) 1914년 조선총독부령에 의하여 만들어진 구 임야대장상 소유자 변동의 기재는 그 당시의 임야대장규칙에 따라 등기공무원의 통지에 의하여 이루어진 것이라고 보지 않을 수 없으므로 그 임야대장에 소유권이 이전된 것으로 등재되었다면 특별한 사정이 없는 한 그 명의로 소유권이전등기를 마쳤는데 그 후 6·25 사변 등으로 등기부가 멸실된 것으로 인정하여야 한다.[395]

---

389) 대판 2012. 6. 14, 2012다10355.
390) 대판 2012. 4. 26, 2010다15332.
391) 대판 2010. 1. 28, 2009다72698.
392) 대판 1992. 10. 27, 92다30047 등.
393) 대판 2013. 1. 10, 2010다75044 · 75051.
394) 대판 2010. 7. 22, 2010다21702.
395) 대판 2002. 2. 22, 2001다78768.

Ⅵ. 여러 가지 증거조사

1. 증인신문(제303조 이하)

가. 증인의 뜻 및 증인능력

1) 증인이라 함은 자기가 과거에 경험한 사실을 법원에 보고할 것을 명령받은 제3자이다. 과거에 경험한 사실을 보고하는 사람이므로 특별한 학식 · 경험으로 얻은 판단이나 의견을 진술하는 감정인과 다르다. 증인신문이란 증인의 증언에서 증거자료를 얻기 위한 증거조사절차를 말한다. 증인의 선서와 진술은 증인신문조서에 기재하여야 한다(제154조 2호). 특별한 학식 · 경험으로 얻은 과거의 사실을 보고하는 사람을 감정증인이라고 하는데 과거에 얻은 구체적 사실을 보고하기 때문에 감정인보다는 증인에 포함되어 증인신문절차를 밟아 조사한다.

2) 증인이 될 수 있는 사람은 당사자 · 법정대리인 이외의 제3자이다. 소송무능력자나 당사자의 친족도 증인능력이 있으며 소송대리인 · 보조참가인 · 선정자(제53조) · 탈퇴당사자(제80조, 제82조 3항) 등도 당사자가 아니므로 모두 증인이 될 수 있다. 법인의 대표자는 당사자이므로 증인이 될 수 없다.[396)]

나. 증인의 의무

우리나라의 재판권에 복종하는 사람은 특별한 규정이 없으면 누구든지 증인이 될 의무가 있다(제303조 1항). 이를 증인의무라고 한다.

1) 증인의무가 없는 경우

그러나 일정한 공무원 또는 그 직책에 있었던 사람을 증인으로 하여 직무상 비밀에 관한 사항을 신문할 경우에 법원은 그 공무원이 대통령 · 국회의장 · 대법원장 · 헌법재판소장이면 그의 동의를(제304조), 국회의원이면 국회의 동의를(제305조 1항), 국무총리 · 국무위원이면 국무회의의 동의를(제305조 2항), 그 이외의 공무원이면 그 소속관청 또는 감독관청의 동의를 받아야 한다(제306조). 증언할 사항

---

396) 대판 2012. 12. 13, 2010도14360.

이 직무상 비밀에 해당하면 그 사유를 구체적으로 밝혀 미리 법원에 신고하여야 하고(민소규 제78조 1항) 법원은 필요하다고 인정하는 때에는 그 소속관청 또는 감독관청에 대하여 비밀성 여부에 관하여 조회할 수 있다(민소규 제78조 제2항). 이들 관청은 국가의 중대한 이익을 해치는 경우를 제외하고는 동의를 거부하지 못한다(제307조).

2) 출석의무

변론 또는 변론준비절차를 거친 사건의 변론을 첫 번째 기일에서 마치기 위해서는 증인의 출석이 필수적이다. 증인의 출석을 강화시키기 위해 종전의 구인(拘引)과 과태료 이외에 새로이 감치제도를 두었다.

가) 구인과 과태료　　　증인이 정당한 이유 없이 불출석할 때에는 법원은 그 증인의 구인을 명할 수 있고(제312조) 소송비용의 부담과 500만원 이하가 되는 과태료의 제재를 부과할 수 있다(제311조 1항). 과태료의 재판에는 검사의 의견을 들을 필요가 없다(제224조 2항).

나) 감　　치　　　과태료의 재판을 받고도 정당한 사유 없이 다시 출석하지 아니한 때에는 수소법원은 결정으로 7일 이내의 기간을 정하여 감치에 처한다(제311조 2항).

다) 수명법관·수탁판사　　　증인이 정당한 사유 없이 출석하지 못하거나 출석에 지나치게 많은 비용 또는 시간을 필요로 하는 때 기타 상당한 이유가 있는 경우에는 수명법관·수탁판사로 하여금 신문하게 할 수 있다(제313조).

라) 증언에 갈음하는 서면(진술서)　　　소액사건에서는 증인의 신문에 갈음하는 서면(소심 제10조 3항)을 제출하게 하여 증인의 출석에 대신할 수 있고, 일반 민사사건에서도 법원은 증인과 증명할 사항의 내용 등을 고려하여 상당하다고 인정하는 때에는 출석 증언에 갈음하여 증언할 사항을 적은 서면을 제출하게 할 수 있다(제310조 1항). 다만 상대방의 이의가 있거나 필요하다고 인정하는 때에는 서면을 제출한 증인으로 하여금 출석하여 증언하게 할 수 있다(동조 2항). 이 경우의 재판 실무는, 주신문은 증인으로 하여금 그 서면의 작성이 진정한 의사에 기한 것인지를 확인하는 것으로 하고 상대방의 반대신문을 통하여 그 서면의 기재내용을 반박하게 하는 형식으로 증인신문절차를 진행한다. 그런데 진술서는 증인이 그

내용을 구체적으로 진술하여야 증언이 된다. 따라서 허위 내용의 진술서에 대하여 이를 구체적으로 진술하지 아니하고 단순히 '진술서의 내용이 사실이다'라는 취지의 진술만 하였다면 위증죄로 처벌할 수 없다.[397]

3) 증언의무

가) 증언의무   증인은 법원 및 소송관계인의 신문에 대하여 증언할 의무가 있다. 이 증언의무에 부수하여 문자를 손수 쓰게 하거나 그 밖의 필요한 행위를 할 의무가 주어지는 경우가 있다(제330조). 증인이 정당한 사유 없이 증언을 거부하면 불출석한 경우와 같이 소송비용의 부담과 과태료의 제재를 받는다(제318조).

나) 증언거부권   증인은 다음과 같은 경우에 증언거부권이 있다.

a) **제314조**   증인은 자신이나, 자신의 친족 또는 이러한 관계에 있었던 사람(1호) 증인의 후견인 또는 증인의 후견을 받은 사람(2호)이 공소 제기되거나 유죄판결을 받을 염려가 있는 사항 또는 자기나 그들에게 치욕이 될 사항에 관한 것일 때에는 증언을 거부할 수 있다.

b) **직무상 비밀에 속하는 사항**(제315조 1항 1호)

ⅰ) **취   지**   변호사·변리사·공증인·공인회계사·세무사·의료인·약사 그 밖의 법령에 따라 비밀을 지킬 의무가 있는 직책 또는 종교의 직책에 있거나 이 직책에 있었던 사람이 직무상 비밀에 속하는 사항에 대하여 신문을 받을 때에는 증언을 거부할 수 있다. 이 취지는 변호사·의사 등을 보호하려는 것이 아니라 의뢰인·환자 등이 비밀보호를 신뢰하여 알려준 자기의 비밀이 부당하게 폭로되지 않는다는 이익을 보호하자는 것이다. 따라서 비밀의 귀속주체가 자기의 이익을 포기하거나 증인에 대하여 묵비의무를 면제한 경우에는 증언할 수 있다.

ⅱ) **묵비(黙秘)할 수 있는 사항**   직무상 알고 있는 사항 중에서 비밀에 속하는 사항이다. 즉, 비밀의 귀속주체 입장에서 일반인에게 널리 알려지지 아니하여야 하고 공표되면 사회적·경제적으로 손실을 입는 사항을 말한다.

ⅲ) **범   위**   여기에 열거된 직업종사자는 제한적으로 열거된 사람들이다. 계약상 또는 관습상 직무의 비밀을 유지할 의무를 부담하는 자, 즉 금융·

---

397) 대판 2008. 8. 21, 2007도5040.

신탁업무에 종사하는 자 등은 고객의 비밀을 지키는 것이 당연하므로 묵비의무가 있다.

　　c) 기술 또는 직업의 비밀에 관한 사항(제315조 1항 2호)

　　ⅰ) 취　　지　　ㄱ) 증언거부권의 대상은 기술 또는 직업의 비밀이라고 하는 신문사항의 성질에 의하여 정해지고 증인이 될 자와의 일정한 인적 관계는 고려하지 않는다. 즉, 내용상 기술 또는 직업의 비밀을 공개함으로써 자기 또는 제3자가 갖는 기술의 가치가 훼손되거나 직업의 유지 수행이 위험하게 되는 것을 방지하자는 취지이다.

　　ㄴ) 기술 자체는 재산적 가치에 한정되지 아니하고 사회적 가치도 보호의 대상이 되므로 부정경쟁방지 및 영업비밀보호에 관한 법률 제2조 2호에서 정한 영업비밀보다도 광범하다. know how, 고객리스트도 포함한다.

　　ⅱ) 취재원의 비밀유지　　보도관계자가 정보제공자, 투서자, 기사 집필자 등 취재원의 비밀을 유지하는 것은 헌법상 표현의 자유에 근거한 것으로서 직업보호의 목적을 초월하여 국민의 알 권리의 보호라는 공익을 실현하기 위한 것이기 때문에 증언거부권을 인정하여야 한다.

　　ⅲ) know how와 인카메라제도　　이것은 예컨대 특허출원을 하여서는 경쟁상대방이 그 내용을 알기 때문에 특허출원을 하지 아니하고 비밀을 철저히 보호하려는 기술정보를 말한다. 상대방이 지적재산권의 부당한 침해를 이유로 하는 손해배상청구 소송에서도 공개할 수 없으며 그 때문에 패소를 당하더라도 비밀을 지키지 않으면 안 되는 고충이 있다. 이 경우에 법원은 노우 하우를 가진 사람에게 이를 제시할 것을 명하면서 다른 사람이 보지 못하게 명할 수 있다(제347조 4항). 이를 인카메라제도라고 하며 보호하여야 할 비밀보호에 매우 유용한 제도이다.

　　4) 선서의무

　　증인은 원칙적으로 제321조에 따라 선서하지 않으면 안 된다(제319조). 선서한 증인이 허위진술을 하면 형법상 위증죄가 성립한다(형 제152조). 다만 16세 미만의 사람, 선서의 취지를 이해하지 못하는 사람은 선서의무가 없으며(제322조) 제314조에서 정한 증언거부권자는 선서가 면제되거나(제323조) 선서를 거부할 수 있다(제324조). 이 경우에 증언 자체는 거부할 수 없고 선서만을 거부할 수 있다. 증인이 선서한 이상 재판장으로부터 증언거부권을 고지 받지 아니하여도 허위진 술을 하였다면 위증죄에 해당한다.[398] 왜냐하면 민사소송법은 형사소송법 제160 조와 같은 재판장의 증언거부권을 고지할 의무규정이 없기 때문이다. 선서하지 않은 증인이 증언하더라도 위증죄의 처벌을 받지 아니하지만 그의 증언은 증거자 료가 된다. 당사자는 선서하고 증언하더라도 위증죄의 주체가 될 수 없다.[399]

다. 교호신문

1) 뜻

교호신문이란 당사자들이 서로 바꾸어 가며 증인을 신문하는 것을 말한다. 증인신문의 주재자가 법원에서 당사자로 바뀜으로서 당사자의 소송주체로서의 지 위를 높였다는데 의의가 있다. 따라서 신문의 순서는 증인신청한 당사자, 다른 당 사자, 재판장이지만(제327조 1항·2항) 재판장은 알맞다고 인정하는 때에는 당사자 의 의견을 들어 그 순서를 바꿀 수 있다(제327조 4항). 다만 당사자에게 소송대리 인이 없는 경우에는 법원이 직권으로 하는 보충신문이 실무상 광범하게 실시되고 있다.

2) 신문의 순서

가) 주신문과 반대신문

a) 주 신 문   주신문은 증인을 신청한 당사자가 하는 신문이다. 재판장은 주신문에 앞서 증인으로 하여금 해당 사건과의 관계와 쟁점에 관하여 개략적으로 진술하게 할 수 있다(민소규 제89조 1항 단서). 주신문은 증명할 사항과 이에 관련 된 사항에 관하여 하고(민소규 제91조 1항) 유도신문은 금지된다(민소규 제91조 2 항). 유도신문이란 증인으로 하여금 사실을 진술하게 하는 것이 아니라 예, 아니 요라는 단정적인 답변을 유도하는 신문을 말한다. 다만 교우관계 등 준비적 사항 에 관한 신문, 증인이 주신문자에게 적의나 반감을 보이는 경우, 증인이 종전의

---

398) 대판 2011. 7. 28, 2009도14928.
399) 대판 2012. 12. 13, 2010도14360.

진술과 상반된 진술을 하는 때에 그 종전 진술에 관한 신문, 기타 특별한 사정이 있는 때에는 유도신문이 허용된다.

b) **반대신문**　　주신문이 끝난 뒤에는 상대방 당사자가 신문한다(제327조 1항, 민소규 제89조 1항 2호). 이를 반대신문이라고 한다. 반대신문은 주신문에 나타난 사항과 이와 관련된 사항에 관하여 하고(민소규 제92조 1항) 반대신문의 기회에 주신문에 나타나지 아니한 사항에 관하여 신문하고자 할 때에는 재판장의 허가를 받아야 한다(동조 4항). 반대신문에는 유도신문이 허용된다(동조 2항).

c) **재차 주신문**　　반대신문 뒤에 주신문을 한 당사자는 반대신문에 나타난 사항과 이와 관련된 사항에 관하여 재차 주신문을 할 수 있다(민소규 제89조 1항 3호, 제93조).

d) **재재차반대신문**　　재재차반대신문은 재판장의 허가를 받아야 할 수 있다(민소규 제89조 2항).

나) **재판장의 신문**　　재판장은 원칙적으로 당사자의 신문이 끝난 뒤에 신문할 수 있으나(제327조 2항) 뒤에서와 같이 언제든지 신문순서를 변경하여 신문할 수 있다(제327조 3항). 합의부원은 재판장에게 알리고 신문할 수 있다(제327조 6항).

다) **신문순서의 변경**　　재판장은 알맞다고 인정하는 때에는 당사자의 의견을 들어 신문순서를 변경할 수 있다(제327조 4항). 이와 같이 교호신문의 틀을 깨고 직권심리를 할 수 있는 여지를 법이 허용한 것은 우리나라에서는 변호사강제주의를 채택하지 않기 때문이다. 변호사 아닌 일반 사람에게 교호신문을 강제하는 것은 시간과 노력이 지나치게 많이 들고 나아가 실체적 진실에 대한 신문의 실효를 거둘 수 없게 될 가능성이 크다. 따라서 변호사가 증인신문을 하는 경우에는 재판장의 직권신문을 가급적 자제하여야 할 것이다. 신문순서 변경의 예로서는, 먼저 법원이 신문을 하고 그 후에 당사자에게 신문의 기회를 주거나 일단 주신문을 개시한 뒤에도 법원이 도중에 이를 중지하고 주신문에 상당하는 신문을 법원이 하는 경우, 주신문이 끝난 뒤에도 법원이 보충신문이나 개입신문의 범위를 초과하여 신문을 하고 그 뒤에 반대신문을 하는 경우 등이다. 또 증인 갑에 대한 주신문 후에 연속하여 증인 을에 대한 주신문을 하고 그 뒤에 갑에 대한 반대신문, 을에 대한 반대신문, 재차 주신문을 하는 것도 이에 속한다.

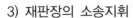

3) 재판장의 소송지휘

재판장은 증인신문을 효율적으로 하기 위해 당사자의 신문이 중복되거나 쟁점과 관계없는 때 그 밖에 필요한 사정이 있는 때에는 당사자의 신문을 제한할 수 있다(제327조 5항). '그 밖에 필요한 사정이 있는 때'라 함은 대체로 다음과 같은 경우를 말한다.

가) 유도신문이 허용되지 아니하는 데 유도신문을 하거나, 유도신문이 허용되지만 그 유도신문의 방법이 상당하지 않은 신문을 하는 경우

나) 주신문 또는 반대신문의 경우에 증언의 실질적 증거력을 다투기 위하여 증인의 경험·기억 또는 표현의 정확성 등 증언의 신빙성에 관련된 사항 및 증인의 이해관계·편견 또는 예단 등 증인의 신용성에 관련된 사항이 아닌 다른 사항을 신문하는 경우

다) 증인을 모욕하거나 증인의 명예를 해치는 내용의 신문을 하는 경우, 정당한 사유 없이 의견의 진술을 구하거나 증인이 직접 경험하지 아니한 사항에 관하여 진술을 구하는 경우

4) 재정인의 퇴정

재판장은 증인이 법정 안에 있는 특정인의 면전에서 위압되어 충분한 진술을 할 수 없다고 인정하는 때에는 당사자의 의견을 들어 그 증인이 진술하는 동안 그 사람을 퇴정시킬 수 있다(민소규 제98조). 여기서의 특정 재정인 속에는 당사자가 포함되지 않는다.

5) 서면에 따른 질문 또는 회답의 낭독

듣지 못하는 증인에게 서면으로 물을 때 또는 말을 못하는 증인에게 서면으로 회답하게 할 때에는 재판장은 법원사무관등으로 하여금 질문 또는 회답을 적은 서면을 낭독하게 할 수 있다(민소규 제99조).

6) 증인신문에 관한 이의

증인신문에 관한 재판장의 명령 또는 조치에 대한 이의신청은 그 명령 또는

조치가 있은 후 바로 하여야 하며 그 이유를 구체적으로 밝혀야 한다(민소규 제 97조 1항). 법원은 바로 이의신청에 대하여 결정하여야 하는데(민소규 제197조 2 항) 이 결정은 성질상 재판장의 소송지휘에 관한 재판이므로 당사자는 불복할 수 없다.

7) 수명법관 등의 권한

수명법관 또는 수탁판사가 증인신문을 하는 경우에는 법원과 재판장의 증인 신문에 관한 직무를 행한다(민소규 제100조).

라. 증인신문에 대한 평가

민사재판에서 증거자료의 두 기둥은 뒤에서 나오는 서증의 기재내용과 증언 이다. 서증은 문자로 되어 있고 변하지 아니하므로 꼭 공개주의를 취하지 아니하 더라도 논리적 인식능력이 있는 법관이 판단하는데 별지장이 없다. 따라서 서증 의 조사는 변론이나 변론준비절차에서 법관의 경질에 구애받을 필요가 없다. 그 러나 증인의 증언은 그 증언내용뿐 아니라 증언하는 태도 등도 중요한 증거원인 이 된다. 그러므로 증인신문조서에 의하여 증거가치를 판단하는 것보다 법관이 직접 증인을 신문하는 것이 심증형성에 아주 유용하다. 따라서 증인신문절차에는 직접주의, 공개주의가 그대로 적용되어야 하므로 법관의 경질이 있어 바뀐 법관 이 증인신문조서라는 서면에 의존하여 심증을 형성하는 것은 증인신문의 본질에 비추어 바람직하지 못하다. 그러므로 사실심에서는 증인신문을 맨 마지막에 실시 하여 그 증인신문을 마친 법관들로 하여금 심리의 결론을 내개 하는 것이 이상적 인 방법일 것이다. 민사소송법이 집중심리를 취하고 변론준비절차를 마련한 것도 바로 이를 위한 것이라 할 수 있다.

2. 감정(제333조 이하)

감정이라 함은 법관의 판단능력을 보충하기 위해서 감정인으로 하여금 특별 한 학식·경험에 속하는 경험칙, 전문적 지식 혹은 의견을 법원에 보고하게 하는 증거조사를 말한다. 그 증거방법이 감정인이다. 감정인의 선서와 진술은 감정인신문조서에 기재하여야 한다(제154조 3호). 감정인도 증인과 같이 제3자이어야 하고 제338조에서 정한 선서를 하고 감정하여야 감정의 효력이 있다. 감정에 필요한 지식·경험은 증인과 같이 대체할 수 없는 것이 아니므로 감정인의 지정은 법원에 맡겨져 있다(제335조). 학식·경험이 있는 자로서 제334조 2항에 해당하지 않는 사람은 일반적으로 감정인이 될 의무가 있다(제334조 1항). 감정결과의 채택 여부는 법관의 자유심증에 속한다. 같은 사항에 대한 상반된 여러 개의 감정결과 중 어느 것에 의하여 사실을 인정하더라도 논리칙 또는 경험칙에 따르고 채증법칙에 위반되지 않는 한 적법하다.[400] 따라서 법관은 증거를 종합하여 자유심증으로 특정한 감정인의 신체감정 결과와 다른 노동능력상실률을 판단할 수 있고 당사자도 그 감정결과의 당부를 다툴 수 있다.[401] 일반적으로 감정인의 감정의견은 그 감정방법 등이 경험칙에 반하거나 합리성이 없는 등 현저한 잘못이 없는 한 존중하여야 한다.[402] 예를 들어 법원의 촉탁에 의한 감정인이 전문적인 학식과 경험을 바탕으로 제출한 감정의견은 상대방이 그 신빙성을 탄핵할 만한 객관적인 자료를 제출하지 않는다면 실측 과정 등에 있을 수 있는 사소한 오류의 가능성을 지적하는 것만으로 쉽게 배제할 수 없고,[403] 동일한 감정인 작성의 감정의견을 특별한 사정이 없는 한 일부는 채용하고 일부는 배척하는 것은 위법이다.[404] 따라서 감정인이 동일한 감정사항에 대하여 모순·불명료한 감정의견을 내었을 때에는 감정서의 보충을 명하거나 감정증인으로 신문하는 등 조치를 취함으로써 감정의견의 모순·불명료성을 제거하여야 할 것이다.[405]

---

400) 대판 1987. 6. 9, 86다카2920.
401) 대판 2002. 6. 28, 2001다27777.
402) 대판 2011. 11. 29, 2010다93790.
403) 대판 2010. 11. 25, 2007다74560.
404) 대판 1984. 2. 28, 83다카1933.
405) 대판 1994. 6. 10, 94다10955.

3. 서   증

가. 뜻

1) 서증의 뜻

서증이란 문서를 읽어서 거기에 적혀 있는 의미 및 내용을 증거자료로 하기 위한 증거조사절차를 말한다. 문서의 기재내용이 아니라 지질·필적·인영 등 문서의 외관을 검토하는 것은 서증이 아니라 검증이다. 그러나 서증은 문서라는 유형물을 의미하는 것으로 쓰고 있고 그것이 오히려 일반적이다. 왜냐하면 서증이 증거조사절차라고 한다면 증거조사조서를 작성하여야 하는데 따로 증거조사조서를 작성하는 것이 아니고 문서를 소송기록에 편철하기 때문에 서증과 문서라는 유형물을 구태여 구분할 필요가 없기 때문이다. 그러므로 문서의 의미·내용이 아니라 그 필적·인영 등 문서의 외관을 검토하는 검증을 하는 경우에는 검증조서를 작성하여야 한다.

2) 문서의 뜻

가) 서증의 대상인 문서라 함은 문자 또는 이에 갈음하는 기호, 즉 전화번호·암호류 등을 조합하여 작성자의 생각이 무엇인지를 표현하는 종이쪽지 등 유형물을 말한다.

나) 같은 소송절차 내에서 증거조사의 결과를 기재한 문서, 예를 들어 증인신문조서·감정서 등은 서증의 대상이 되지 않는다. 그러나 다른 소송의 소송기록 속에 있는 이들 문서는 모두 서증의 대상이 된다.

 전자문서

전자문서란 함은 컴퓨터 등 정보처리능력을 가진 장치에 의하여 전자적인 형태로 작성되거나 변환되어 송신·수신 또는 저장되는 정보로서(전자소송법 제2조) 문자 등 정보

(전자소송규칙 제32조)는 물론 음성·영상 등 정보(전자소송규칙 제33조)를 포함한다. 따라서 녹음테이프나 녹화테이프라고 하더라도 전자적인 형태로 작성되거나 변환되지 않을 경우에는 전자문서가 아니다. 전자문서에 전자소송법 제7조에서 정한 전자서명을 한 당사자, 소송대리인 등은 민사소송에서 법원에 제출할 서류를 전자문서로 제출할 수 있고 (전자소송법 제5조 1항), 법관 또는 법원사무관등은 민사소송 등에서 재판서, 조서 등을 전자문서로 작성하거나 그 서류를 전자문서로 변환하여 전산정보시스템에 등재하여야 한다(전자소송법 제10조 1항). 이와 같이 전자문서는 전자소송법에 의하여 문서와 같은 역할을 하지만 그 성질은 문서가 아니라 정보로서 제374조에서 정한 그 밖의 증거이므로 그에 대한 증거조사는 제374조 및 전자소송법 제13조에서 정한 방법에 의하여야 한다. 전자문서가 서면의 구실을 하기 위해서는 이를 서면으로 한다는 명문의 규정이 있어야 하며 그렇지 않은 전자문서 또는 전자투표에 의한 합의는 적법한 서면 합의가 아니다.[406)]

나. 문서의 종류

1) 공문서·사문서

가) 뜻   공무원이 그 권한에 터 잡아 직무상 작성한 문서를 공문서, 그 밖에 문서를 사문서라 한다. 공증인이나 법원사무관등과 같이 공증권한이 있는 사람이 작성한 문서는 공정증서라고 한다. 그 차이는 성립의 진정에 관한 추정을 달리하는데 있다. 즉, 공문서는 진정하게 성립한 것으로 추정되는데 대해(제356조 1항) 사문서는 그러한 추정력이 없으므로 증거에 의하여 그 성립을 증명하지 않으면 안 된다(제357조). 공법인이 직무상 발급한 문서는 공문서에 준하여 취급된다.[407)]

나) 공사병존문서   공무원이 직무상 사문서에 어떤 사항을 부기한 것을 공사병존문서라고 한다. 각종 증명원·등기권리증·내용증명우편 등이 이에 속한다.

a) 증 명 원   증명원은 개인이 국가 또는 공공단체에 대하여 증명을 원하는 부분과 이를 증명한다는 부분으로 구성된다. 증명을 원하는 부분에 관하여 작성명의인이 별개로 서명·날인하였다면 2개의 문서가 병존된다고 보아야 한다.

---

406) 대판 2012. 3. 29, 2009다45320.
407) 대판 1972. 2. 22, 71다2269.

그러므로 그에 대한 인부(認否)도 별개로 받는 것이 원칙이지만 실무례는 하나의
문서(증명서)로 인부시키고 있다. 증명원에서는 증명이 증명자의 의사에 터 잡았
느냐를 따지는 것이지 증명될 부분을 누가 작성하였느냐를 물을 필요가 없으므로
이를 일개의 문서로 취급하더라도 무방하다 하겠다.

b) 등기권리증의 등기필인 · 우편물의 일부인 · 확정일자 있는 사문서
확정일자는 그것이 찍힌 사문서와 관계없이 공무원이 작성한 것이므로 사문서와
별개로 인부를 하여야 한다.

2) 처분문서 · 보고문서

가) 처분문서   처분문서라 함은 증명하고자 하는 공법상 또는 사법상 법
률적 행위가 그 문서 자체에 의하여 이루어진 문서를 말한다.[408] 예를 들어 재판
서(청구의 포기 · 인낙 · 화해조서를 포함한다).[409] 어음 · 수표 등 유가증권, 유언서, 각
종 계약서, 차용증서, 합의서, 해약통지서, 납세고지서 등 행정처분서 따위이다.[410]

나) 보고문서   작성자가 보고 듣고 느껴서 판단한 것을 기재한 문서를
말한다. 그 문서의 내용이 작성자 자신의 법률적 행위에 관한 것이더라도 외부의
사실을 보고 적거나 그에 관한 의견이나 감상을 적은 때에는 보고문서이다.[411] 예
를 들어 소송상의 각종 조서, 상업장부, 등기부나 가족관계증명서, 진단서, 편지 ·
일기장 등이다. 영수증은 일종의 자백문서이므로 처분문서라는 견해가 있으나[412]
작성자의 판단을 기재한 보고문서로 보아야 할 것이다.[413]

다) 처분문서와 보고문서의 차이   처분문서와 보고문서는 실질적 증거력
에서 차이가 있다. 처분문서는 그 문서의 진정성립이 인정되면 문서에 기재된 행
위가 이루어진 것으로 사실상 추정이 되나 보고문서는 그 문서의 성립이 인정되

---

408) 대판 2010. 5. 13, 2010다6222.
409) 재판서는 판결이 있었다는 사실을 증명하는 한도에서 처분문서이지만, 어떤 사실을 증명하
　　기 위하여 그 판결의 판단사실을 이용하는 경우에는 보고문서이다(대전판 1980. 9. 9, 79다
　　1281 참조).
410) 검사작성의 피의자신문조서 가운데 채무면제의 의사가 표시되어 있어도 그 부분이 처분문
　　서에 해당되지 않는다(대판 1998. 10. 13, 98다17046 참조).
411) 대판 2010. 5. 13, 2010다6222.
412) 이시윤, 498면.
413) 같은 취지: 송상현/박인환, 570면.

더라도 문서 기재내용의 진실 여부 판단은 법관의 자유심증에 속한다.

3) 원본·정본·등본·초본

가) 원   본

a) **원본과 직접주의**   원본이라 함은 문서 그 자체를 말한다. 서증으로 문서를 제출하거나 보낼 때에는 원본에 의하는데(제355조 1항) 이는 직접주의의 소산이다. 문서가 서증으로 법정에 제출되면 법관이 직접 그 문서를 보고 검토하여 심증을 형성하라는 취지에서 원본을 제출하여야 하는 것이다. 그리하여 문서에 대해서는 법관의 직접적 인식을 전제로 하므로 변론조서에도 증거방법에 관해서는 증인·감정인의 선서와 진술, 검증의 결과만 기재하도록 되어 있고(제154조 2호·3호) 서증에 관해서는 이를 특별히 기재할 필요가 없다.[414) 그러므로 당사자는 매 기일마다 민사법정에 서증원본을 소지하여 법관에게 제출하여야 할 것이다. 그러나 실무에서 문서에 대한 증거조사는 원본과 함께 상대방 당사자 수에 1을 더한 수의 사본을 함께 제출하면(민소규 제105조 2항) 법원은 원본을 상대방에게 보여서 인부를 하게 한 뒤에 사본을 상대방에게 주고 남은 사본을 기록에 철한 다음 원본을 본인에게 돌려준다. 따라서 당사자는 일단 사본을 법원에 제출하면 그 뒤에 원본을 법정에서 소지할 필요가 없다. 이와 같이 실무에서는 사본이 광범하게 이용되고 있는데 그 이유는 오늘날 전자복사기의 발달로 원본의 검증적 부분(종이의 형태, 인주의 모양 등)이 상당부분 복사가 가능하게 되자 법원이 구태여 일일이 원본을 검증할 필요가 없어졌다는 데 있다. 따라서 법원이 사본을 소송기록에 철하여 두고 원본을 제출자에게 반환하였는데 문서소지자가 그 원본을 멸실하였더라도 이에 대해서 증거조사를 거친 이상 그 증거능력은 존재한다고 하여야 할 것이다. 그러나 법관이 그 사본의 내용을 기억하고 있다면 모르겠으나 그렇지 못한 경우에는 그 문서의 실질적 증거력은 없다고 하여야 할 것이다.[415)

b) **참된 원본과 복사문서**   전자복사기로 원본과 아주 유사하게 복사한

---

414) 실무상으로는 소송기록의 앞부분에 서증목록란을 두어 거기에 서증 이름, 상대방의 인부요지, 비고를 기재한다.

415) 이 이치는 검증의 경우에, 현장검증을 마쳤는데 법원사무관이 미쳐 조서를 작성하지 못한 상태에서 현장이 없어진 경우 혹은 감정의 경우에, 감정을 마쳤는데 감정인이 미쳐 감정서를 작성하지 못한 상태에서 감정물이 멸실된 경우에도 적용할 수 있다.

사본을 복사문서라고 하고 본래의 원본을 참된 원본이라고 한다. 현재 전자복사기의 성능이 뛰어나게 발전하여 원본과 사본의 간격이 매우 좁아졌기 때문에 실제 실무에서는 복사문서가 많이 이용되고 있다. 따라서 판례도 복사문서의 위조에 대해서 문서위조죄의 성립을 인정하고[416] 원본이 현존하지 아니하는 복사문서도 과거에 존재한 적이 있는 문서를 전자복사한 것이라면 원본의 존재 및 진정성립을 인정하여 서증으로 채용할 수 있다[417]고 하였다.

나) 정본·등본·초본

a) 뜻　　정본은 공증권한이 있는 공무원이 정본이라고 표시한 문서를 등본한 것으로서 원본과 동일한 효력이 있다. 등본은 원본의 기재 내용을 그대로 사본한 것이고 초본은 관계되는 부분만 일부 사본한 것이다. 공증권한이 있는 공무원이 원본과 틀림없다고 공증한 등본을 인증이 있는 등본이라 한다(예, 등기부등본).

b) 구　별　　이것은 문서의 제출방법에 관한 것이다. 문서의 제출은 원본 이외에 정본·인증등본으로 할 수 있다(제355조 1항). 따라서 단순한 등본이나 초본의 제출은 적법한 서증의 제출이 아니므로 문서 원본이 없는 경우에는 문서제출명령신청(제343조), 문서를 보내라는 촉탁신청(제352조) 및 법정 외의 서증조사 신청(민소규 제112조) 등을 통해서 문서를 서증으로 법정에 제출할 수 있다.

다. 문서의 증거능력

어떤 유형물이 증거방법이 되는 자격을 증거능력이라고 한다. 민사소송에서는 형사소송과 달리 원칙적으로 유형물에 관한 증거능력의 제한을 두지 아니하므로 문서는 어떠한 것이라도 증거방법으로 쓰일 수 있는 자격이 있다. 따라서 소를 제기한 후 계쟁사실을 증명하기 위하여 작성된 문서,[418] 사본인 문서,[419] 인증을 회피할 목적으로 제3자가 작성한 문서 등도 증거능력이 있다.

---

416) 대전판 1989. 9. 12, 87도506.
417) 대판 1992. 12. 22, 91다35540·35557.
418) 대판 1966. 3. 29, 66다216.
419) 대판 1966. 9. 20, 66다636.

라. 문서의 형식적 증거력

1) 개   념

형식적 증거력이란 어떤 증거방법이 증거자료가 될 자격 내지 전제조건을 말한다. 서증에서 증거자료가 되는 것은 문서 자체가 아니라 문서라는 증거방법을 작성한 사람, 즉 작성자와 그 작성자의 생각내용이다. 따라서 작성자가 누구인지가 가장 중요하고 그 다음에 작성자의 생각내용이다. 그런데 그 문서의 작성명의자가 과연 참된 작성자인지는 문서 자체만 보아서는 알 수 없으므로 서증의 대상이 되는 문서가 작성명의자의 의사에 기하여 작성된 것인지를 명백하게 할 필요가 있다. 이것이 문서의 형식적 증거력에 관한 문제이다.

2) 성립의 인부

가) 개   념   문서가 법정에 제출되면 법관은 먼저 그 작성명의자가 진정한 작성자인가를 명백하게 하기 위하여 문서제출자의 상대방에게 그 문서가 작성명의자에 의하여 진정하게 작성되었는지를 묻고 상대방은 이에 관하여 진술을 하여야 한다. 이를 성립의 인부(認否)라고 한다. 인부는 ① 성립인정(○), ② 부인(×), ③ 부지(△), ④ 침묵의 형태로 한다. 성립인정이란 그 문서가 작성명의자에 의해 작성된 것을 인정하는 진술, 즉 자백을 말하며 그 경우에는 자백의 효과로서 형식적 증거력에 다툼이 없게 된다. 부인이란 그 문서가 작성명의자에 의해 작성된 것을 인정하지 않는 진술을 말하며 그 경우에는 부인의 결과로서 형식적 증거력에 다툼이 생기므로 문서제출자는 증거에 의하여 형식적 증거력을 증명하여야 한다. 부지란 그 문서가 작성명의자에 의하여 작성된 것인지를 모르겠다는 진술이다. 그 취급은 부인의 경우와 같다. 침묵이란 그 문서가 작성명의자에 의해 작성된 것인지 여부에 관하여 아무런 대답을 하지 않는 것을 말한다. 이 경우에는 변론전체의 취지에 의하여 다투는 경우를 제외하고는 성립인정과 동일하게 취급한다.

나) 진정성립의 의미   문서가 진정하게 성립되었다는 의미가 무엇인가에 관해서는, 문서를 작성한 사람이 실제로 자기 의사에 기해서 작성한 문서이어야

문서의 진정성립이 인정되는 것이고 다른 사람이 위조로 작성해서는 안 된다는 견해와 문서의 진정한 작성자가 누구인지는 따질 필요 없이 문서를 법원에 제출한 사람이 그 문서의 작성자가 자기의사에 기하여 작성한 것이라고 주장하기만 하면 진정성립을 인정할 수 있다는 견해가 있다. 두 견해는 문서제출자가 상대방이 문서를 위조하였다는 사실을 증거로 하기 위하여 위조문서를 증거로 제출하는 경우에 차이가 있다. 앞의 견해에 의하면 위조문서는 작성명의인이 진실로 작성한 것이 아니기 때문에 문서가 아니라 검증물이고, 뒤의 견해에 의하면 위조문서라도 작성자의 위조하겠다는 의사에 터 잡아 작성된 이상 문서라는 것이다. 결국 앞의 견해에 의하면 위조문서를 누가 제출하느냐에 따라 문서가 되기도 하고 검증물이 되기도 하여 이상하게 된다. 또 검증물인 경우에는 검증조서를 작성하여야 한다. 이 점에서 뒤의 견해가 타당하다. 그러나 앞의 견해가 판례[420]이지만 검증조서는 따로 작성하지 않는다. 주의할 것은 진정성립이란 그 문서의 작성자가 누구냐에 관한 문제이지 그 문서의 내용이 객관적 진실에 부합하느냐에 관한 문제가 아니라는 점이다. 내용의 진실성 여부는 법관의 자유심증에 속하는 실질적 증거력에 관한 것이다.

다) 작성자가 문제되는 경우

a) 대리인 작성의 문서   작성명의인이 「갑의 대리인(또는 대표자) 을」이라고 표시되면 문서의 작성자는 갑인가 을인가의 문제이다. 제358조가 「본인 또는 대리인」의 서명이나 날인 또는 무인이 있는 때에는 진정한 것으로 추정한다고 되어 있고, 대리인이 한 의사표시의 내용은 본인의 위임에 기하더라도 단순한 표시사자(表示使者)와 다르기 때문에 대리인이 작성한 문서의 작성명의자는 대리인으로 보아야 할 것이다. 이것은 대리인의 법률행위가 사해행위인지 여부를 판단할 때 그 기준을 대리인으로 하는 경우와 같다.[421]

b) 문서의 내용을 수정 · 가필 · 삭제한 경우   갑이 작성한 문서의 내용을 을이 뒤에 수정 · 가필 · 삭제한 경우에 작성자는 누구인가의 문제이다. 을이 표시사자인가 대리인인가에 따라 달라진다. 을이 표시사자인 경우에는 본인 갑이, 대리인인 경우에는 대리인 을이 작성자이다. 다만 이 경우에 문서제출자는 그 기재

---

420) 대판 1991. 5. 28, 90다19459.
421) 대판 2013. 11. 28, 2013다206986 참조.

내용이 대리인 을이 본인 갑으로부터 위임받은 정당한 권원에 기해서 작성한 것이라는 사실까지 입증하여야 한다.[422)

c) 위조문서   i) 당사자가 상대방이 작성한 문서를 진정한 문서라고 제출하였는데 상대방은 이 문서를 자기가 작성한 문서가 아니라고 하면서 서명·날인부터 위조라고 다투는 것은 이 문서의 진정성립에 관한 단순한 부인이다. 누가 위조하였다라고 주장하는 것은 적극적 부인 사실을 부연하여 진술하는 것에 불과하다. 따라서 이 경우에는 문서를 제출한 당사자가 그 문서의 진정성립을 입증하여야 한다.

ii) 서명·인영은 작성자 자신의 것이지만 본인의 의사에 기하지 않고 서명·날인 또는 무인되었다거나 서명·날인 또는 무인 이외의 부분이 위조된 경우에는 문서의 진정성립이 추정되므로(제358조) 위조 등은 항변으로서 이를 주장한 사람이 증명하여야 한다.[423)

d) 사   본   i) 사본 그 자체를 사본이라는 원본으로 제출하거나 원본의 존재에 갈음하여 제출하는데 상대방이 이의하지 아니한 경우에는 소송절차에 관한 이의권이 포기 혹은 상실되어 사본만의 증거신청이 허용된다.[424)

ii) 그러나 상대방이 이의하는 경우에 사본을 원본에 갈음하여 제출하는 당사자는 원본의 존재부터 증명하여야 하며, 원본을 제출할 수 없으면 원본을 제출하지 못한데 대한 정당한 사유, 즉 문서 원본이 분실·훼손되었거나, 문서제출의무에 응할 의무가 없는 제3자가 문서를 소지하고 있어서 원본을 제출할 수 없다든가, 문서 원본이 방대한 분량의 문서라는 등 원본의 제출이 불가능하거나 비실제적인 상황을 주장·입증하여야 한다.[425) 그 뒤에 상대방이 진정성립을 다투면 제출자는 증거에 의하여 이를 증명해야 한다. 그렇지 않으면 그와 같은 내용의 사본이 존재한다는 것 이상의 의미가 없다.[426)

e) 사   진   문서를 사진으로 촬영하여 그 사진을 문서(이른바 복사문서이다)라는 증거로 제출할 수 있는 것은 당연하나 문서 아닌 다른 물건의 사진에

---

422) 대판 1997. 12. 12, 97다38190.
423) 대판 1982. 8. 24, 81다684.
424) 대판 2002. 8. 23, 2000다66133.
425) 대판 2010. 2. 25, 2009다96403.
426) 대판 2004. 11. 12, 2002다73319.

대한 증거조사의 성질은 검증이다. 사진에 대해서 검증조서를 작성하지 아니하고 문서와 같이 취급하더라도 검증의 성격은 변함이 없다. 따라서 형식적 증거력의 유무는 중요하지 아니하여 성립의 인부는 큰 의미가 없다. 다만 검증조서에 갈음하여 서증목록의 서증 이름란에 간략한 피사체에 대한 설명을 붙이고 상대방이 이 설명을 인정하는 경우에는 성립인정, 이를 부인하는 경우에는 부인, 그 진위를 잘 모르는 경우에는 부지라고 인부란에 기재하는 것이 좋을 것이다.

f) 외국문서와 번역문

i) 공증인의 인증과 제356조 3항   외국 특히 유럽과 미국의 문서는 작성자의 서명뿐이고 날인이 없어 진정성립의 방법부터 문제된다. 그러나 그곳에서는 계약서 등 처분문서를 작성할 때 공증인의 인증이 있는 경우가 많으므로 이때에는 제356조 3항의 「외국의 공공기관이 작성한 것」에 해당한다고 하여 진정성립을 추정시킬 수 있다.

ii) 번역문의 분쟁   외국문서를 증거로 제출하기 위해서는 번역문을 붙여야 하는데 그 번역문의 내용에 다툼이 있을 때에는 전문가의 감정을 받아야 할 것이다. 번역문은 그 자체가 독립된 문서로서 서증의 대상이 된다.

3) 문서의 진정성립에 다툼이 없는 경우

문서의 진정성립에 관한 자백은 증거의 증거력과 관계되는데 이미 설명한 바와 같이 보조사실에 관한 자백이지만 자백의 구속력이 있다.

4) 문서의 진정성립에 다툼이 있는 경우

문서의 진정성립에 관하여 상대방이 부인 또는 부지로 답변하여 다투는 경우에는 증명의 대상이 되므로 증명할 사람은 문서의 진정성립을 증명하지 않으면 안 되고 그 증명 여부는 법관의 자유심증에 맡겨져 있다. 약간의 추정규정이 있다.

가) 공문서 진정의 추정   공문서는 「문서의 작성방식과 취지에 의하여 공무원이 직무상 작성한 것으로 인정한 때」에는 진정한 공문서로 추정된다(제356조 1항). 이 경우의 추정은 예를 들어 점유의 계속에 관한 민법 제198조와 같은 법률상 추정이 아니라 경험칙에 의한 사실상의 추정이다. 따라서 상대방은 위 추정

을 본증이 아니라 반증으로 깨뜨릴 수 있다. 공문서는 그 진정성립이 추정됨과 동시에 그 기재 내용의 증명력 역시 진실에 반한다는 등 특별한 사정이 없는 한 함부로 배척할 수 없다.[427] 법원은 공문서가 진정하게 작성되었는지 의심스러울 때에는 직권으로 작성자가 되는 해당 공공기관에 작성 및 권한의 유무에 관하여 조회할 수 있다(제356조 2항). 조회받은 공공기관은 법원에 대하여 조회사항에 관하여 설명할 의무를 부담한다. 이 추정 및 조회규정은 외관상 외국의 공공기관이 작성한 것으로 인정되는 경우에도 준용된다(제356조 3항).

나) 사문서 진정의 인정　　　a) 사문서에 관하여는 성질상 공문서와 같이 문서의 외관으로 진정성립을 추정하는 규정이 없다. 따라서 사문서의 진정성립에 관하여 다툼이 있으면 증거에 의하여 그 성립을 증명하지 않으면 안 된다(제357조).

b) 다만 사문서 중「본인 또는 그 대리인의 서명이나 날인 또는 무인이 있는 때」에는 문서 전체에 대하여 진정성립을 추정한다(제358조). 즉, 본인 또는 그 대리인의 서명이나 사문서에 날인된 작성 명의인의 인영이 그의 인장에 의한 것이라면 특별한 사정이 없는 한 그 인영의 진정성립이 추정되고, 일단 인영의 진정성립이 추정되면 제358조에 따라 그 문서 전체의 진정성립이 추정된다(이른바 2단계 추정이다). 그러나 그 추정은 사실상의 추정이므로, 인영 등의 진정성립을 다투는 자가 반증을 들어 법원으로 하여금 날인행위가 작성 명의인의 날인 의사에 기한 것이 아니라는 의심을 품게 할 수 있는 사정을 증명하면 그 진정성립의 추정은 깨진다.[428] 서명의 경우에도 마찬가지이다.[429]

c) 우리나라에서는 옛날부터 문서의 진실성을 확보하고 작성자가 누구인가를 명백하게 하기 위하여 문서를 작성한 다음 그 끝 부분에 작성자가 스스로 서명·날인 또는 무인하는 관행이 있었다. 이 추정규정은 이러한 문서작성 관행을 인정하여 문서의 진정성립을 사실상 추정하도록 명문화한 것이다. 따라서 서명이나 날인이 있어 진정성립이 추정되는 것은 관행에 따라 먼저 문서에 필요한 내용을 기재한 뒤에 인영이 압날된 경우이다. 이 관행과 달리 먼저 날인이 된 뒤에 백지 부분을 작성자가 보충한 경우에는 사실상 추정력이 없으므로 제출자가 그 기재에

---

427) 대판 2006. 6. 15, 2006다16055.
428) 대판 2014. 9. 26, 2014다29667 참조.
429) 대판 2010. 4. 23, 2009다38049.

관한 정당한 권원을 증명하여야 한다.[430]

d) 그러나 일단 작성된 문서는 완성된 문서라고 사실상 추정되므로[431] 문서 작성 당시 문서의 전부 또는 일부가 미완성된 상태에서 서명·날인만 먼저 하였다는 사정은 이례에 속하여 이에 관한 합리적인 이유와 이를 뒷받침할 간접반증 등이 필요하다.[432]

e) 만약 간접반증에 의하여 완성문서로서의 추정이 번복되어 백지문서 또는 미완성부분을 작성명의자 아닌 자가 뒤에 보충하였다는 사정이 밝혀지면 그 문서의 진정성립을 주장하는 자 또는 문서제출자에게 그 진정성립에 관한 증명책임이 있고,[433] 그 백지부분이 정당하게 위임받은 권한에 의하여 보충되었다는 사실은 그 백지부분의 기재에 따른 효과를 주장하는 당사자가 이를 증명할 책임이 있다.[434] 예를 들어 채권자가 채무자의 대리인으로서 채무 금액이나 이율, 변제기 등 일부기재가 백지상태였지만 이를 보충할 위임을 받아 금전소비대차계약 공정증서의 작성을 촉탁한 경우, 위임장의 백지가 보충된 부분이 정당한 보충권한에 의하여 기재된 것이라는 점은 채권자가 별도로 증명하여야 한다.

f) 서명이나 날인행위가 작성명의인 이외의 자에 의하여 이루어지거나 작성명의인의 의사에 반하여 혹은 작성명의인의 의사에 기하지 않고 이루어진 것으로 법원에 의심을 품게 할 수 있는 사정이 증명되면 그 진정성립의 추정은 깨진다.[435]

g) 본인 또는 대리인의 「서명이나 날인 또는 무인이 있는 때」라 함은 문서에 본인 또는 대리인의 의사에 기한 진정한 서명이 있거나 혹은 본인 또는 대리인의 의사에 기하여 찍은 진정한 인영 또는 무인이 있는 것을 말한다. 서명·날인 또는 무인의 진정성립 자체에 다툼이 있는 경우에는 인영의 진정뿐 아니라 날인행위가 작성명의자의 의사에 터 잡은 것이라는 사실 및 작성명의인의 위임에 의한 경우에는 위임의 정당한 권원까지도 증명하여야 한다.[436] 왜냐하면 날인행위가 작성명

---

430) 대판 2000. 6. 9, 99다37009.
431) 대판 2012. 12. 13, 2011두21218.
432) 대판 2011. 1. 11, 2011다62977.
433) 대판 2003. 4. 11, 2001다11406.
434) 대판 2013. 8. 22, 2011다100923.
435) 대판 1997. 6. 13, 96재다462.
436) 대판 2003. 4. 8, 2002다69686; 대판 2009. 9. 24, 2009다37831.

의인 이외의 사람에 의할 때에는 진정성립에 대한 사실상의 추정이 깨지기 때문이다.

h) 문서의 인장을 도용당하여 위조된 것이라는 주장은 그 인영의 진정성립을 인정한 것이 되어 그 도용 또는 위조에 관한 사실은 도용 또는 위조를 주장한 사람이 부담하게 된다.[437] 문서가 위조되었는지 여부는 반드시 전문가의 감정에 의해서만 이를 판별할 수 있는 것이 아니고 법관의 눈으로도 직접 확인할 수 있다.[438]

다) 문서 진정의 증명　　　a) 문서의 진정성립을 증명하는 데는 주로 증인신문에 의하지만 검증·감정 등으로도 할 수 있다. 그러나 그 증거자료는 믿을 수 있어야 하므로 증인의 증언태도, 증언내용의 합리성, 다른 증거와의 합치 여부, 증인의 사건에 대한 이해관계, 당사자와의 관계 등을 종합적으로 검토하여야 한다.[439] 증거자료에 의하지 아니하고 변론 전체의 취지로 인정하더라도 그것이 논리칙과 경험칙을 벗어나지 않는 한 적법하다.[440]

b) 그 밖에 문서의 진정성립은 필적 또는 인영의 대조에 의해서도 증명할 수 있는데(제359조) 법원은 대조에 필요한 필적이나 인영 있는 문서 기타 물건의 제출을 명할 수 있고(제360조 1항), 또 대조를 위하여 상대방에게 그 문자를 손수 쓰도록 할 수 있다(제361조 1항). 대조하는데 제공된 서류는 그 원본·등본 또는 초본을 조서에 붙여야 한다(제362조). 이 경우 상대방이 정당한 이유 없이 법원의 명령에 따르지 아니한 때에는 법원은 문서의 진정성립 여부에 관한 확인신청자의 주장을 진실한 것으로 인정할 수 있다. 필치를 바꾸어 손수 쓸 때에도 같다(제361조 2항).

마. 문서의 실질적 증거력

1) 뜻

문서의 실질적 증거력이라 함은 어떤 증거자료가 증명할 사실의 증명에 실제

---

437) 대판 1977. 7. 26, 77다65.
438) 대판 1997. 12. 12, 95다38240.
439) 대판 1994. 10. 11, 94다23746; 대판 2010. 6. 24, 2009다10980.
440) 대판 1977. 3. 8, 76다1010.

로 미치는 효과를 말한다. 실질적 증거력은 당연히 형식적 증거력을 전제로 한다. 그러므로 먼저 형식적 증거력을 확정한 다음에 실질적 증거력을 검토하여야 할 것이다.[441] 형식적 증거력이 있는 증거라도 그 기재내용이 거짓이거나 증명할 사항과 관련이 없으면 실질적 증거력을 부정하여야 한다.[442] 실질적 증거력의 판단은 법관의 자유심증에 맡겨져 있으나 그 자유심증의 영역은 처분문서와 보고문서에 따라 다르다.

2) 처분문서

가) 처분문서는 그 형식적 증거력이 인정되는 경우에 거기에 적힌 내용대로 법률적 행위가 존재하는 것으로 인정된다.[443] 그 이유는 작성자가 처분문서를 사기, 강박 또는 착오 등에 기하여 작성하지 않은 이상 형식적 증거력의 확정에 의하여 그 기재내용이 작성자의 법률적 행위로 명백하게 되었기 때문이다. 따라서 이 경우에 남는 문제는 그 문서에 표시된 문구에 대하여 어떠한 사실상 내지 법률상 평가를 주어야 하느냐는 것, 즉 그 해석의 문제이다. 만약 당사자 사이에 계약의 해석을 둘러싸고 이견이 있어 처분문서에 나타난 당사자의 의사해석이 문제되는 경우에는 문언의 내용, 그와 같은 약정이 이루어진 동기와 경위, 약정에 의하여 달성하려는 목적, 당사자의 의사 등을 종합하여 논리와 경험칙에 따라 합리적으로 해석하여야 한다.[444] 그러나 이 경우 문언의 객관적인 의미가 명확하다면, 특별한 사정이 없는 한 문언대로의 의사표시의 존재와 내용을 인정하여야 한다.[445]

나) 처분문서의 진정성립이 인정되면 그 기재 내용을 부정할 만한 분명하고도 수긍할 수 있는 반증이 없는 이상 문서의 기재 내용에 따라 의사표시의 존재 및 내용을 인정하여야 한다는 점을 감안한다면 법원이 처분문서의 진정성립을 인정할 때에는 신중을 기하여야 할 것이므로[446] 다른 증거를 배척함에 있어서는 이

---

441) 대판 2002. 8. 23, 2000다66133.
442) 같은 취지: 이시윤, 593면.
443) 대판 1987. 4. 28, 86다카1760.
444) 대판 2005. 5. 13, 2004다67264 · 67271.
445) 대판 2002. 5. 24, 2000다72572; 대판 2012. 11. 29, 2012다44471; 대판 2013. 4. 26, 2013다 2245 등.
446) 대판 2010. 5. 27, 2010다6659.

유를 설명할 필요가 없으나 처분문서를 배척하는 경우에는 합리적인 이유를 설명하여야 한다. 여기서 합리적인 이유란 반증이 있거나 그 문서에 기재된 내용이 객관적 진실에 반하는 것으로 볼 수 있는 경우이다.[447] 특히 처분문서의 소지자가 업무 또는 친족관계 등에 의하여 문서명의자의 위임을 받아 그의 인장을 사용하기도 하였던 사실이 밝혀진 경우라면 더욱 그러하다.[448]

다만 처분문서라 하더라도 처분문서의 기재 내용과 다른 명시적·묵시적 약정이 있는 경우에는 그 기재 내용과 다른 사실을 인정할 수 있고[449] 처분문서에 적힌 법률적 행위의 장소, 시간, 행위자의 권한 내지 능력, 의사의 흠, 상대방에 도달여부, 법률행위의 동기와 경위, 목적, 당사자의 진정한 의사[450] 등은 오로지 처분문서의 실질적 증거력으로 해명될 문제가 아니므로 다른 증거방법과 관련해서 법관이 논리와 경험칙에 따라 자유심증으로 확정해야 한다.[451] 예컨대 매매계약서는 처분문서이지만 그 계약서에 있는 일시·장소의 기재는 보고문서의 성질을 가지므로[452] 이 부분은 법관의 자유심증에 의하여 판단할 수 있다.

다) 동일한 사항에 관하여 내용을 달리하는 문서가 중복해서 작성된 경우에는 마지막에 작성된 문서에 작성자의 최종적인 의사가 담겨있다고 해석하여야 한다. 그러나 마지막에 작성된 문서에 의한 법률행위가 최종적으로 완성되지 아니하는 등의 사유로 종전에 작성된 문서에 의한 법률행위가 철회되었다고 보기 어려운 사정이 있는 경우에는 그와 같이 해석할 수 없다.[453]

3) 보고문서

보고문서에 대한 실질적 증거력의 유무는 법관의 자유심증으로 정한다. 그러나 당연히 논리와 경험칙에 따라야 하므로 예를 들어 공문서인 국립과학수사연구소 작성의 필적 감정의뢰회보는 보고문서라 하더라도 별개의 다른 믿을 수 있는

---

447) 대판 1994. 2. 8, 93다57117.
448) 대판 2014. 9. 26, 2014다29667 참조.
449) 대판 1991. 7. 12, 91다8418.
450) 당사자의 진정한 의사를 알 수 없는 경우에는 내심의 의사가 아니라 외부로 표시된 행위로 추단되는 의사를 가지고 해석하여야 한다(대판 1997. 11. 28, 97다11133 참조).
451) 대판 1996. 4. 12, 95다45125.
452) 대판 2000. 4. 11, 2000다4517·4524 참조
453) 대판 2013. 1. 16, 2011다102776 참조.

반대증거가 없는 한 함부로 배척할 수 없고[454] 족보는 종중이 종원의 범위를 명백하게 하기 위하여 제작, 반포한 것이므로 조작된 것이라는 특별한 사정이 없는 한 혈통에 관한 족보의 기재내용은 이를 믿는 것이 경험칙에 맞으며[455] 소송당사자가 소송 외에서 자기에게 불리한 사실을 확인한 서면을 작성하여 상대방에게 교부하였다면 특별한 사정이 없는 한 그 서면은 실질적 증거력이 있다.[456]

바. 서증의 절차

1) 일 반

가) 서증의 신청   민사소송법에서는 서증신청의 방법으로 문서의 직접제출(제343조), 문서를 보내라는 촉탁(제352조·민소규 제113조), 문서제출명령의 신청(제343조) 등 여러 가지 제도를 마련하고 있다. 한편 제3자가 소지한 문서에 대해서 문서제출명령(제343조, 제347조 3항) 또는 문서를 보내도록 촉탁하는 방법(제352조)으로 서증신청을 할 수 없거나 하기 어려운 사정이 있는 때에는 법원은 법정외 서증조사(민소규 제112조)의 방법에 따라 그 문서가 있는 장소에서 서증신청을 받아 조사할 수 있다.

이와 같은 서증신청으로 문서의 원본, 정본 또는 인증이 있는 등본을 제출 또는 보내게 하여 해당 문서를 증거로 쓸 수 있게 되는 것이다. 이 경우에 그 문서가 사문서인 경우에는 상대방이 그 진정성립을 다투는 한 증인 기타 다른 증거에 의하여 형식적 증거력을 확정하여야 할 것이다.

전자정보처리시스템을 이용하려고 전자소송법상의 사용자등록을 마친 등록사용자는 전자소송규칙 제3장 이하에서 정하는 바에 따라 전자문서서류를 법원에 제출할 수 있다(전자소송법 제8조). 이 경우 전자문서가 아닌 서류를 법원에 제출하고자 할 때에는 그 서류를 전자문서로 변환하여 제출하여야 하는 데(전자소송규칙 제12조 1항) 제출자는 서류 원본을 해당 소송절차가 확정될 때까지 보관하여야 하고(위 규칙 제12조 3항) 전자문서로 변환·제출된 서류의 판독이 곤란하거나 그 밖

---

454) 대판 1996. 7. 26, 95다19072.
455) 대결 1997. 3. 3, 96스67.
456) 대판 1998. 3. 27, 97다56655.

에 원본을 확인할 필요가 있을 때에는 재판장은 이를 제출한 자에게 상당한 기간을 정하여 판독이 가능한 전자문서를 다시 제출하거나 원본을 제출할 것을 명할 수 있으며(위 규칙 제18조 1항) 이 명령에 따르지 아니하는 경우 해당 서류를 제출하지 아니한 것으로 본다(위 규칙 제18조 2항). 따라서 이 경우 전자문서의 제출은 문서의 직접제출(제343조)에 해당한다.

나) 서증에 대한 증거결정   딩사자가 서증을 신청한 경우에 그 서증이 ① 서증과 증명할 사실 사이에 관련성이 인정되지 아니하는 때(민소규 제109조 1호), ② 이미 제출한 증거와 동일하거나 유사한 취지의 문서로서 별도의 증거가치가 있음을 당사자가 밝히지 못한 때(동조 2호), ③ 국어 아닌 문자 또는 부호로 되어 있는 문서로서 그 번역문을 붙이지 아니하거나 재판장의 번역문 제출에 응하지 아니한 때(동조 3호), ④ 재판장이 서증의 내용을 이해하기 어렵거나 서증의 수가 방대한 경우 또는 서증의 입증취지가 불명확한 경우에 서증과 증명할 사실의 관계를 구체적으로 밝힌 증거설명서를 제출할 것을 명했는데도 이에 응하지 아니한 때(동조 4호), ⑤ 문서의 작성자 또는 그 작성일자가 분명하지 아니한 경우로서 이를 밝히도록 한 재판장의 명령에 불응한 때(동조 5호)에는 법원은 그 서증을 채택하지 아니하거나 채택결정을 취소할 수 있다.

2) 문서제출명령

가) 뜻   문서제출명령이라 함은 법원이 당사자의 신청에 따라 문서제출 의무 있는 문서의 소지자에게 문서의 제출을 명하여 이에 따라 제출된 문서를 조사하는 절차를 말한다. 이 경우 신청인은 그 문서와 소지하고 있는 사람을 증명하여야 한다.[457]

문서제출명령의 대상은 문서이다. 그러므로 검증의 대상인 동영상파일은 문서제출명령의 대상이 아니며 사진도 서증이나 검증의 방법 중 가장 적절한 방법으로 증거조사를 하여야 하므로 이에 관한 심리 없이 문서제출명령을 할 수 없다.[458] 또 제344조 1항 3호 가목에 의하여 문서제출을 거부할 수 있는 공무원 또는 공무원이었던 사람들이 직무와 관련하여 보관하거나 가지고 있는 문서는 문서

---

457) 대결 2005. 7. 11, 2005마259.
458) 대결 2010. 7. 14, 2009마2105.

제출명령이 아니라 공공기관의 정보공개에 관한 법률에서 정한 절차와 방법에 의하여 공개하여야 한다.[459]

당사자가 문서제출명령에 응하지 아니한 때에는 법원은 문서의 기재에 대한 상대방의 주장을 진실한 것으로 인정할 수 있고(제349조), 제3자가 문서의 제출명령에 응하지 아니한 때에는 법원은 결정으로 이로 말미암은 소송비용을 부담하도록 명하고 500만원 이하의 과태료에 처할 수 있다(제351조). 문서제출명령에 관한 위의 규정은 대조에 필요한 필적, 인영 있는 문서, 그 밖의 물건을 법원에 제출 또는 보내는 경우(제360조 1항) 또는 검증목적물의 제출 또는 보내는 데(제366조 1항) 준용되고 제3자가 정당한 사유 없이 제출명령에 따르지 아니한 때에는 법원은 결정으로 200만원 이하의 과태료에 처할 수 있다(제360조 2항, 제366조 2항). 문서제출명령이 문서를 보내라는 촉탁이나 법정 밖에서의 서증조사 등 다른 증거조사 방법과 다른 점은 당사자 또는 제3자가 법원의 제출명령에 응하지 아니한 때에 위와 같은 제재를 부과할 수 있다는데 있다.

제344조 2항은 제324조 1항에서 열거한 문서에 해당하지 아니하더라도 그것이 제314조 및 제315조에서 정한 증언거부사유와 같은 일정한 사유가 있거나 「오로지 문서를 가진 사람이 이용하기 위한 문서」를 제외하고는 소지하고 있는 문서를 모두 제출할 수 있도록 하였다. 그 결과 문서제출의무는 제303조에서 정한 증인의 의무와 같은 수준의 일반의무가 되었다. 따라서 문서제출의무의 예외를 규정한 제344조 2항 1, 2호를 제외하고는 문서제출의무의 범위를 정한 제344조 1항은 특별한 의미가 없다.

나) 문서제출의무의 예외   다음의 경우에는 문서제출의무가 없다.

a) 제344조 2항 1호   ⅰ) 문서를 가진 사람이나 그와 친족 또는 이러한 관계에 있었거나 후견인 또는 후견을 받은 사람이 공소제기 되거나 유죄판결을 받을 염려가 있는 사항이거나 자기나 위 사람들에게 치욕이 될 사항(제314조)을 적은 문서.

ⅱ) 변호사·변리사·공증인·공인회계사·세무사·의료인·약사 그 밖에 법령에 따라 비밀을 지킬 의무가 있는 직책 또는 종교의 직책에 있거나 이 직책에 있었던 사람이 직무상 비밀에 속하는 사항(제315조 1항 1호) 또는 기술 또는 직업

---

459) 대결 2010. 1. 19, 2008마546.

의 비밀에 관한 사항(제315조 1항 2호)이 적혀 있고 비밀을 지킬 의무가 면제되지 아니한 문서(제315조 2항).

　　b) 제344조 2항 2호　　오로지 문서를 가진 사람이 이용하기 위한 문서(자기사용문서). 자기사용문서란 자기가 사용할 목적으로 내부적으로 작성한 품의서 따위의 문서(이른바 내부문서)를 말한다. 자기사용문서는 제3자와 관계없는 개인적인 문서이기 때문에 문서제출의무가 면제된다.

　　c) 공무원 또는 공무원이었던 사람이 그 직무와 관련하여 보관하거나 가지고 있는 문서(제344조 2항 본문)　　공공기관의 개인정보보호에 관한 법률 제13조는 일정한 사유가 있는 경우에는 처리정보의 열람을 제한하고 있으므로 이 취지에 따라 문서제출의무를 면제하였다. 이 문서를 제출하고자 하는 개인은 위 법률이 정한 절차에 따라 열람을 허가받아야 할 것이다.

　　다) 문서제출명령과 불의의 타격을 금지하는 원칙　　문서제출명령은 서증신청방식의 하나이므로 대상 문서가 서증으로 필요하지 아니한 때에는 문서제출명령을 받아들이지 아니할 수 있다.[460] 그러나 법원은 문서제출신청에 정당한 이유가 있다고 인정한 때에는 결정으로 문서를 가진 사람에게 그 제출을 명할 수 있다(제347조 1항). 문서제출신청의 허가 여부에 관한 재판을 할 때에는 그때까지의 소송경과와 문서제출신청의 내용에 비추어 신청 자체를 받아들일 수 없는 경우가 아닌 한 상대방에게 문서제출신청서를 송달하는 등 문서제출신청이 있음을 알림으로써 그에 관한 의견을 진술할 기회를 부여하고 그 결과에 따라 당해 문서의 존재와 소지 여부, 당해 문서가 서증으로 필요한지 여부, 문서제출신청의 상대방이 제344조에 따라 문서제출의무를 부담하는지 여부 등을 심리한 후 그 허가 여부를 판단하여야 한다. 그렇지 아니하고 문서제출신청 후 이를 상대방에게 송달하는 등 문서제출신청에 대한 의견을 진술할 기회를 부여하는 데 필요한 조치를 취하지 않은 채 문서제출명령의 요건에 관하여 별다른 심리도 없이 문서제출신청 바로 다음날 한 문서제출명령은 불의의 타격을 금지하는 원칙에 위배되어 위법하다.[461] 문서제출의 신청에 관한 결정에 대하여는 즉시항고를 할 수 있다(제348조).

---

460) 대결 2008. 9. 26, 2007마672.
461) 대결 2009. 4. 28, 2009무12.

라) 문서제출명령에 응하지 않는 효과

a) 효   과   우리 민사소송법은 문서를 제출하지 않는 효과로서 실체법상의 청구권에 터 잡아 소송으로 청구하는 경우를 제외하고는 당사자나 상대방 어느 누구에 대하여도 문서의 강제제출을 인정하지 않는다. 그 대신 당사자에 대해서는 문서에 관한 주장사실의 진실인정에 의하여, 제3자에 대한 관계에서는 과태료의 제재에 의하여 간접적으로 문서의 제출을 강제할 뿐이다. 직권탐지주의가 적용되는 가사소송법에서는 당사자에 대한 문서의 간접적인 강제방법조차 인정되지 않는다(가소 제12조).

b) 상대방주장의 진실인정   당사자가 문서제출명령(제347조 1항) · 일부제출명령(제347조 2항) · 비밀심리를 위한 문서제출명령(제347조 4항)을 받고도 이에 따르지 아니한 때에는 법원은 문서의 기재에 관한 상대방의 주장을 진실한 것으로 인정할 수 있다(제349조). 사용방해의 목적으로 제출의무 있는 문서에 대해 훼손 등의 행위를 한 때에도 같다(제350조). 문제는 여기서의 「문서에 관한 상대방의 주장」을 어떻게 풀이하는가이다. 판례[462]는, 당사자가 문서제출명령을 따르지 아니하는 경우에는 법원은 상대방의 그 문서에 관한 주장, 즉 문서의 성질 · 내용 · 성립의 진정 등에 관한 주장을 진실한 것으로 인정하여야 한다는 것이지 그 문서에 의하여 증명하고자 하는 상대방의 주장사실까지 증명되었다고 인정하여야 한다는 취지는 아니다라고 한다. 예를 들어 법원이 당사자에게 매매계약을 맺은 사실을 증명하기 위한 「계약서」의 제출을 명하였는데 이것이 제출되지 않은 경우에는 「계약서」라는 증거방법의 성질 · 내용 · 성립의 진정 등에 관한 주장의 진실만 인정될 뿐 매매계약을 맺은 사실이라는 「증명할 사실(제345조 4호)」의 인정 여부는 법관의 자유심증에 속한다는 것이다. 따라서 법관은 「계약서」의 존재에도 불구하고 다른 증거자료를 종합하여 매매계약사실을 인정하지 아니할 수도 있다.

문제는 공해 · 환경소송 등과 같은 현대형 소송에서 대상문서가 상대방의 지배영역에 있어 증명하고자 하는 사람이 문서의 구체적 내용을 특정할 수 없고 달리 다른 증거에 의한 증명이 현저히 곤란한 경우이다. 이 경우에는 증거를 독점하는 상대방에게 해당 문서를 제출시켜 분쟁내용을 해명하게 하는 것이 공평하고, 이에 협력하지 않는다면 신의칙에 위반되는 것으로 하여 증명하여야 할 사실을

---

462) 대판 2008. 2. 28, 2005다60369.

진실로 인정함으로써 법관의 자유심증을 제약한다고 하는 신의칙에 의한 법정증거설(절충설)[463]이 유력하다. 공해 등 현대형 소송에서 증거의 구조적 편재를 시정하여야 한다는 시각에서 보면 신의칙에 의한 법정증거설이 판례를 보다 타당하게 발전시켰다고 할 수 있다.

영·미의 증거공개(discovery)제도

(1) 증거공개(discovery)제도라 함은 영·미법에서 당사자가 공판(trial)에 앞서 상대방 또는 제3자로부터 사실 및 증거에 관한 자료를 취득하는 절차를 말한다. 여기에는 사실의 공개(discovery of facts)[464] 와 문서의 공개(discovery of documents)[465] 및 증언조서(deposition)[466]가 있다.

(2) 만약 상대방 및 제3자가 질문서에 대한 답변, 문서의 공개 및 증언조서의 작성을 거절하면 당사자는 법원에 대하여 신문 또는 답변을 강제할 명령을 신청할 수 있고 이 신청에 따른 법원의 공개명령에도 불응하면 법정모욕(contempt of court)이 될 뿐 아니라 신문 혹은 공개대상이 되는 사항에 관하여 당사자의 주장과 같이 증명되었다고 간주할 수 있는 강력한 힘이 있다.

---

463) 이시윤, 511면; 정영환, 624면. 반대: 김홍엽, 628면.
464) 법원의 허가를 얻어 상대방에게 사실에 관한 질문사항을 적은 질문서(interrogatories)를 송달하면 상대방은 이에 대하여 선서진술서(affidavits)로 답변하여야 하는 것을 말한다. 우리 나라에서는 공증인사무소에 가서 증언할 사항을 진술서로 작성하여 공증인의 인증방식으로 법원에 제출하는 공증인법 제57조의2의 선서인증제도가 있는데 이와 유사하다.
465) 당사자의 신청에 따라 법원이 상대방 및 제3자에게 그 사건과 관련된 문서를 그가 소지하거나 소지하였던 사실을 선서진술서(affidavits)로 소명하여 공개를 명하면 이에 따라 상대방은 그 특정문서의 소지 여부, 소지하지 않고 있는 문서는 소지의 상실시기 및 현재의 소지자를 선서진술서로 답변하여야 하는 것을 말한다.
466) 당사자가 사건 내용을 알고 있는 상대방 기타 제3자를 증인으로 공증인 앞에 출석시켜 반대신문의 보장 하에 사실에 관한 신문을 하고 이를 기재한 증인신문조서를 말한다. discovery 가운데 가장 많이 이용되고 있다.

4. 검 증

검증은 법관이 직접 사물의 현상을 검사하여 그 결과를 증거자료로 하는 증거조사이다. 검증의 결과는 검증조서에 기재하여야 한다(제154조 3호). 검증의 대상이 되는 유형물을 검증물이라고 한다. 명문의 규정이 없지만 검증물을 점유하는 당사자 및 제3자는 정당한 이유가 없는 한 검증물을 제시하여 검증받을 의무가 있고, 이 의무는 증인의무와 유사한 공법상의 일반의무로 풀이된다(이설 없음). 따라서 검증에 관해서도 증인의무 중에서 증언 또는 선서를 거부할 수 있는 이유를 유추적용하여 자기나 근친자가 처벌받을 염려가 있다든가 치욕의 경우, 공법상 또는 직업상 비밀에 관한 경우에는 검증물을 제시할 의무가 없다. 그 밖에 정당한 이유 없이 검증물의 제시를 거부하면 당사자의 경우에는 증명하는 사람의 주장이 진실하다고 인정되는 불이익을 받고(제366조 1항, 제349조, 제350조), 제3자의 경우에는 과태료의 제재를 받는다(제366조 2항).

5. 당사자신문

당사자신문이라 함은 당사자(또는 법정대리인)를 증거방법으로 하여서 그가 보고 들은 사실에 관하여 신문하고 그 응답을 증거자료로 하는 증거조사를 말한다.

당사자신문은 직권 또는 당사자의 신청에 의하여 실시할 수 있다(제367조 전문). 2002년 개정 민사소송법 이전에는 다른 증거조사에 의하여 심증을 얻을 수 없는 경우에 보충적으로 당사자신문이 허용되었으나 지금은 보충성이 폐지되어 언제든지 본인신문을 할 수 있다. 집중심리주의(제293조) 아래에서 효율적으로 사안을 명백하게 하기 위해서는 오히려 당사자부터 신문하여 증명할 사실의 윤곽을 파악하는 것이 합리적이기 때문이다.

당사자가 정당한 사유 없이 출석하지 아니하거나 선서 또는 진술을 거부한 때에는 법원은 신문사항에 관한 상대방의 주장을 진실한 것으로 인정할 수 있는데(제369조) 이 경우 당사자가 출석할 수 없는 정당한 사유란 법정에 나올 수 없는 질병, 교통기관의 두절, 관혼상제, 천재지변을 말하고, 그 사유의 존재는 불출석한 당사자가 주장·입증하여야 한다.[467] 당사자가 선서하고도 거짓 진술을 하면 500만원 이하의 과태료에 처한다(제370조 1항). 선서한 당사자에 대하여 상대방은 과태료 신청권이 없다.[468]

6. 그 밖의 증거

가. 도면·사진 등

도면·사진은 기호를 쓰지 않는다는 점에서 문서가 아니고 검증물이다. 그 증거조사는 특별한 규정이 없으면 감정·서증·검증절차에 의한다(민소규 제122조).

나. 녹음테이프·녹화테이프

녹음·녹화테이프는 전자적인 형태 또는 전자적인 형태가 아닌 방법으로 음성이나 영상을 녹음 또는 녹화하여 재생할 수 있는 매체이다. 문자 그 밖의 기호에 의하지 아니하기 때문에 일반 문서가 아니다. 따라서 녹음테이프 등에 관한 증거조사는 녹음테이프 등을 재생하여 검증하는 방법으로 하여야 하고 검증조서를 작성하여야 한다(민소규 제121조 2항). 그러나 당사자는 법원 또는 상대방이 요구할 때에는 녹음테이프 등의 녹취서, 그 밖에 내용을 설명하는 서면을 제출하여야 한다(민소규 제121조 3항). 녹취서 등만을 서증으로 제출할 수도 있는데 그 경우의 녹취서는 서증이지만 상대방의 요구가 있을 때에는 상대방에게 녹음테이프 등의 복제본을 교부하여 녹취서와 녹음테이프 등의 내용이 같은지 여부를 검토하게 한 다음 진정성립의 인부를 하여야 할 것이다. 판례[469]는 이 경우 녹취록이 비밀리에 녹음된 녹음테이프를 속기사가 녹취한 것이라고 하여 증거능력이 없다고 단정할 수 없다고 하면서 녹취록을 증거로 채택할지 여부는 법원의 재량에 속하므로 법원은 다른 증거에 의하지 아니하고도 변론전체의 취지를 참작하여 자유심증으로 그 성립을 인정할 수 있다고 하였다.

---

467) 대판 2010. 11. 11, 2010다56616.
468) 대결 2008. 11. 4, 2007스28.
469) 대판 2009. 9. 10, 2009다37138.

다. 자기디스크 등

컴퓨터용 자기디스크·광디스크 그 밖에 이와 유사한 정보저장장치에 기억된 문자정보는 그대로 읽을 수 없으나 정보의 보존전달이라는 기능이 있으므로 증거조사절차는 서증이 아니라 검증절차에 의하여야 하겠지만 그 문자정보를 읽을 수 있도록 출력하는 방법으로도 증거조사를 할 수 있다(민소규 제120조 1항). 디스크 자체를 조사하는 것이므로 출력문서를 서증으로 제출하는 것과 구별된다.

라. 전자문서에 관한 전자소송법상의 증거조사

이미 언급한 바와 같이 전자문서는 문자 등 정보(전자소송규칙 제32조)는 물론 음성·영상 등 정보(전자소송규칙 제33조)를 포함하므로 양쪽을 구별하여 전자소송법상의 증거조사를 설명한다.

1) 문자 등 정보에 대한 증거조사

가) 문자 그 밖의 기호·도면·사진 등에 관한 정보에 대한 증거조사는 전자문서를 모니터, 스크린 등을 이용하여 열람하는 방법으로 하되(전자소송법 제13조 1항 1호) 증거조사에 관하여는 그 성질에 반하지 아니하는 범위에서 민사소송법에서의 감정, 서증, 검증절차를 준용할 수 있고(위 법 제13조 2항) 필요한 경우 직권 또는 당사자의 신청에 따라 검증 또는 감정의 방법으로도 할 수 있다(전자소송규칙 제32조 1항).

나) 만약 컴퓨터용 정보처리능력을 갖춘 장치를 이용하여 증거조사를 하기 곤란한 사유가 있을 때에는 처음부터 그 출력문서로 증거조사를 할 수 있는데(위 규칙 제32조 3항) 이 경우 증거조사를 신청한 당사자는 정보저장매체에 입력한 사람과 입력한 일시, 출력한 사람과 출력한 일시를 밝혀야 한다(위 규칙 제32조 3항, 민소규 제120조 2항).

다) 전자문서로 변환하여 제출된 증거에 대하여 원본의 존재나 내용에 대하여 이의가 있는 때에는 원본을 열람하는 방법에 의한다(위 규칙 제32조 2항). 원래 전자문서가 아닌 서류를 법원에 제출하고자 할 때에는 그 서류를 전자문서로 변환하여 제출하여야 하는데(위 규칙 제12조 1항) 이 경우 제출자는 서류 원본을 해

당 소송절차가 확정될 때까지 보관하여야 하므로(위 규칙 제12조 3항) 보관된 원본을 열람하여 그 진정성립 여부 등은 민사소송법에서 정한 서증의 절차에 따라 판별할 수 있다.

2) 음성·영상 등 정보에 대한 증거조사

가) 음성이나 영상정보에 대한 증거조사는 전자문서를 청취하거나 시청하는 방법으로 하되(전자소송법 제13조 1항 2호) 증거조사에 관하여는 그 성질에 반하지 아니하는 범위에서 민사소송법에서의 감정, 서증, 검증절차를 준용할 수 있고(위 법 제13조 2항) 필요한 경우 직권 또는 당사자의 신청에 따라 검증 또는 감정의 방법으로도 할 수 있다(위 규칙 제33조 1항).

나) 증거조사를 신청한 당사자는 법원이 명하거나 상대방이 요구한 경우에는 녹취서 그 밖에 그 내용을 설명하는 문서를 전자문서로 제출하여야 하고(위 규칙 제33조 2항) 법원사무관등은 재판장의 허가를 받아 제출된 전자문서 가운데 필요한 부분을 조서에 인용할 수 있다(위 규칙 제33조 3항).

7. 조사·송부의 촉탁

법원이 공공기관·학교 그 밖의 단체·개인 또는 외국의 공공기관에게 그 업무에 속하는 사항에 관하여 필요한 조사 또는 보관중인 문서의 등본·사본의 송부를 촉탁하는 증거조사절차를 말한다(제294조). 공공기관뿐 아니라 개인에게도 그 업무에 속한 사항에 관한 조사·촉탁을 할 수 있는 것이 특색이다. 금융거래의 내용에 대한 정보 및 자료에 관한 금융기관에 대하여 하는 법원의 제출명령 또는 법관이 발부한 영장(금융실명 제4조 1항 1호), 과세정보에 관한 세무공무원에 법원의 제출명령 또는 법관이 발부한 영장(국세기본 제81조의13 1항 3호), 지방변호사회가 회원인 변호사의 신청에 의하여 공공기관에 대하여 하는 사실조회(변 제75조의2)들도 이에 속한다.

조사·송부촉탁의 결과를 증거로 하려면 법원에 제출되고 당사자에게 의견진술의 기회를 주어야 한다. 직권에 의한 경우에는 이를 증거로 쓰겠다는 원용이 필요 없지만 당사자의 신청에 의한 경우에는 당사자가 쓴다고 원용하여야 증거로

할 수 있다.[470]

8. 증거보전

가. 뜻

증거보전이라 함은 법원이 사실인정의 자료로 보전하기 위하여 어떤 사실에 관한 증거를 미리 조사하여 두는 것을 말한다. 증거보전은 원칙적으로 소송계속 이전에 실시하지만 소송계속중이라도 필요하면 할 수 있다.

증거보전절차는 소송절차와 구별되어 별개로 행하여진다. 따라서 증거보전절차는 본래의 소송절차에 부수되어 행하여지지만 독립된 소송절차이다.

나. 요　건

1) 증거보전의 사유(제375조)

미리 증거조사를 하지 아니하면 그 증거를 사용하기 곤란한 사정이 있다고 인정될 때에 증거보전을 할 수 있다. 예를 들어 증인 혹은 당사자 본인이 고령이거나 불치의 병에 걸려 곧 사망이 예상된다든가, 외국에 이주하여 쉽게 귀국하기 어려운 경우, 자동차의 충돌 또는 화재의 현장과 같이 사물의 현상을 영구히 유지하기 어려운 경우, 문서가 훼손·변질될 우려가 있는 경우, 공문서의 보존기간이 경과되어 폐기의 우려가 있는 경우 등이 이에 해당한다.

2) 소　명

당사자는 증거보전의 사유를 소명함으로써 법관으로 하여금 그에 관한 심증을 얻게 하여야 한다(제377조 2항).

3) 증거보전의 방법

증거보전은 원칙적으로 당사자의 신청에 의한다(제375조). 예외적으로 소송계속중에 법원이 필요하다고 인정한 때에는 직권으로 증거보전을 결정할 수 있다

---

470) 대판 1981. 1. 27, 80다51.

(제379조). 증거보전의 대상이 되는 것은 모든 종류의 증거방법, 즉 증인·감정인·당사자본인·서증·검증물이다. 법정 밖에서의 서증조사(민소규 제112조)도 가능하다. 증거보전의 결정에 대하여는 불복할 수 없지만(제380조) 그에 기하여 증거조사를 실시하는 결정으로서 법원이 문서제출을 명한 경우에는 이에 대하여 즉시항고를 할 수 있다(제348조). 그러나 특별항고는 할 수 없다.[471]

다. 효   력

증거보전으로 한 증거조사의 결과를 본안소송에서 이용하려면 그 결과를 본안소송에서 진술하여야 한다. 그 결과가 변론에서 채용되면 본안소송을 심리하는 법원이 증거조사한 경우와 동일한 효과가 생긴다. 따라서 증인의 증언은 증인신문조서라는 서증이 되는 것이 아니라 바로 증언이 되고, 검증도 검증결과이며 감정도 감정인의 감정의견이 된다. 증거보전절차에서 신문한 증인에 대하여 당사자가 변론에서 다시 신문을 신청한 때에는 법원은 그 증인을 신문하여야 한다(제384조). 그 성질은 같은 증인에 대한 재신문이다.

제4절   소송의 마침

제1.   당사자행위로 인한 소송의 마침

I. 처분권주의

1. 뜻

처분권주의라 함은 어떤 사항을 법원의 심판대상으로 할 것인지 여부를 당사

---

471) 대결 2012. 3. 20, 2012그21.

자의 처분에 맡기자는 원칙을 말한다. 변론주의와 더불어 우리 민사소송법의 가장 핵심적인 지도이념이다. 개인주의, 자유주의 체제에서는 재산관계에 관한 개인적 분쟁에 관하여 사적자치의 원칙이 적용되는데 이것이 소송절차에 나타난 것이 처분권주의이다. 처분권주의 아래에서 원고는 누구의 간섭을 받지 아니하고 법원에 소를 제기하여 심판을 구하거나 그 심판대상을 특정하고 범위를 정할 수 있다. 그리고 소송당사자는 법원의 판결에 의하지 않고 스스로 소의 취하, 청구의 포기·인낙, 재판상 화해 등을 하여 소송을 마칠 수 있다. 이와 같이 원고에게 법원에 심판을 구하면서 심판대상을 특정하고 그 범위를 제한할 수 있는 권능이 있음과 동시에 그 의사에 터 잡아 판결에 의하지 아니하고 소송을 마칠 수 있는 권능이 인정되는 원칙이 처분권주의이다.

2. 내 용

처분권주의가 적용되면 소송절차의 시작, 소송목적의 특정 및 소송절차의 마침에 관하여 법원이 아니라 당사자가 주도권을 갖는다.

가. 소송절차의 시작

1) 신청주의

가) 소송은 원고가 소를 제기하여야 시작된다. 「신청이 없으면 재판 없다」는 원칙이 바로 이를 뜻한다. 즉, 소송의 본모습은 법원이 아니라 원고에 의해서 이루어지는 것이다. 따라서 원고가 소를 제기할 때에는 어떤 내용의 재판을 구할 것인가를 명백하게 하여야 한다. 그 사항을 신청사항이라고 하며 법원은 신청사항을 초과하거나 신청사항 이외의 사항에 대하여 판결할 수 없다(제203조). 따라서 신청주의는 본안판결의 내용을 신청사항에 한정하는 기능이 있다. 예를 들어 원고가 피고에 대하여 시종 대여금 주장을 하면서 투자금이 아니라고 하였음에도 법원이 원고의 청구에는 투자금 반환 또는 정산금청구가 포함되었다고 판단하는 것,[472] 피고들이 연대채무나 부진정 연대채무 관계가 있다고 주장하였는데도 개별

---

472) 대판 2013. 5. 23, 2013다10482.

책임이 있다고 판단하는 것[473])들은 모두 신청주의에 위반된다. 또 물권적 청구권의 이행불능으로 인한 전보배상청구는 할 수 없는데 토지의 소유권상실로 인한 손해배상청구에 대하여 소유권보존등기의 말소등기절차이행의무가 이행불능이 되었다고 손해배상책임을 인정하는 것[474])도 처분권주의에 위반된다.

　　나) 신청주의는 원고에게 자기의 의사로 심판의 최종목표를 특정하는 권능을 부여하기도 하지만 동시에 피고에게 방어의 최종목표를 명시해주고 있어 결국 어느 당사자도 최악의 사태에서 최종목표가 되는 소송목적만 상실하면 된다는 보장을 준다. 따라서 원·피고는 소송목적의 가치와 관련하여 공격·방어의 정도를 결정하면 되므로 법원이 당사자가 신청하지도 않은 사항에 관해서 판결을 한다면 이것은 당사자의 신뢰를 배반하는 예상외의 재판이 된다. 따라서 그 불이익을 받는 자에게는 헌법의「재판을 받을 권리(헌 제27조)」를 실질적으로 박탈하는 결과가 되는 것이다.

대판 2013. 11. 28, 2011다80449

　　대판 2013. 11. 28, 2011다80449는「부제소 합의는 소송당사자에게 헌법상 보장된 재판청구권의 포기와 같은 중대한 소송법상의 효과를 발생시키는 것으로서 그 합의 시에 예상할 수 있는 상황에 관한 것이어야 유효하고, 그 효력의 유무나 범위를 둘러싸고 이견이 있을 수 있는 경우에는 당사자의 의사를 합리적으로 해석한 후 이를 판단하여야 한다. 따라서 당사자들이 부제소 합의의 효력이나 그 범위에 관하여 쟁점으로 삼아 소의 적법 여부를 다투지 아니하는데도 법원이 직권으로 부제소 합의에 위배되었다는 이유로 소가 부적법하다고 판단하기 위해서는 그와 같은 법률적 관점에 대하여 당사자에게 의견을 진술할 기회를 주어야 하고, 부제소 합의를 하게 된 동기 및 경위, 그 합의에 의하여 달성하려는 목적, 당사자의 진정한 의사 등에 관하여도 충분히 심리할 필요가 있다. 법원이 그와 같이 하지 않고 직권으로 부제소 합의를 인정하여 소를 각하하는 것은 예상외의 재판으로 당사자 일방에게 불의의 타격을 가하는 것」이라고 판시하였는바 신청주의의 본질에 관한 적절한 판시라고 할 수 있다.

---

473) 대판 2014. 7. 10, 2012다89832.
474) 대전판 2012. 5. 17, 2010다28604.

다) 다만 소송비용의 재판(제104조, 제107조 1항), 가집행선고(제213조 1항), 판결의 경정(제211조 1항), 재판의 누락에 대한 추가판결(제212조 1항), 형사배상명령(소촉 제25조 1항) 등은 법률의 규정에 의해서 당사자의 신청이 없어도 재판할 수 있다.

2) 처분권주의의 예외

가) 처분권주의는 사적자치의 원칙이 적용되는 개인적 이익에 관한 소송원칙이므로 개인적 이익을 초과하는 일반적 이익에 관한 분쟁에는 당연히 처분권주의가 제한된다. 예를 들어 혼인취소사유가 있는 경우(민 제816조)에는 혼인당사자가 그 혼인관계를 계속하기를 원하더라도 정당한 혼인질서의 유지라고 하는 일반적 이익을 보호하기 위하여 직계존속, 4촌 이내의 방계혈족(민 제817조, 제818조) 또는 검사(민 제818조)가 당사자로 되어 소를 제기할 수 있는 경우이다.

나) 처분권주의는 비송사건의 성질이 있는 절차와 같이 법원이 재판의 내용에 관하여 자유재량을 행사할 수 있는 경우에는 적용이 없다. 예를 들어 경계확정소송에서 법원은 당사자의 주장에 구속받지 아니하고 스스로 정당하다고 인정하는 경계선을 정할 수 있고, 공유물분할청구소송에서도 법원은 분할방법에 관하여 당사자의 신청에 구속받지 아니하고 가장 적당하다는 방법으로 공유물을 분할할 수 있다. 그러나 경계확정소송도 분쟁의 실질은 소유권의 범위에 관한 다툼이기 때문에 원고는 그가 원하는 소유권 범위의 상한선으로서 경계선을 명시하여야 할 것이고, 법원도 원고가 구하는 상한선보다 유리한 경계를 인정에서는 안 될 것이다.

나. 심판대상의 결정

처분권주의 아래에서는 당사자가 분쟁에 관해서 심판의 범위를 정할 수 있는 처분의 자유가 있으므로 법원은 당사자가 요구하는 범위를 넘어서 심판할 수 없다.

1) 이행을 청구하는 소

가) 이행을 청구하는 소가 제기된 경우에 법원은 이행청구권의 확인판결을 할 수 없다. 이행소송과 확인소송은 별개의 소송형식이기 때문이다. 마찬가지로 확인하는 소가 제기된 경우에 이행판결을 할 수 없다.

나) 장래의 이행을 청구하는 소가 제기된 경우에도 현재의 이행을 명하는 판결을 할 수 없다. 원고가 구하는 범위를 넘어서기 때문이다. 그러나 원고의 주장내용이 소송 중에 이행기가 도래하거나 조건이 성취되면 이행을 명하는 판결을 구하는 취지인 경우에는 현재의 이행판결을 할 수 있다.

다) 현재의 이행을 청구하는 소에 관해서도 장래의 이행을 명하는 판결을 할 수 없다. 그러나 장래 이행을 청구하는 소로써 「미리 청구할 필요(제251조)」가 있고 청구의 일부라도 인용되기를 바라는 취지라면 장래의 이행판결을 할 수 있다. 예를 들어 원고가 피담보채무의 변제를 이유로 담보목적으로 이전된 소유권이전등기의 말소를 구하였는데 심리를 한 결과 채무의 일부가 남아 있는 경우에 원고의 의사가 잔존채무의 변제를 조건으로 이전등기의 말소를 바라는 것이 명백한 경우에는 청구기각판결을 할 것이 아니라 잔존 채무의 변제를 조건으로 이행판결을 하여야 한다.[475]

라) 불법행위로 인한 손해배상청구의 소송목적은 재산적 손해로 인한 배상청구와 정신적 손해로 인한 배상청구로 구별되지만,[476] 동일 사고에서 생긴 손해배상에 관한 분쟁은 한 번의 소송으로 전면적인 해결을 하는 것이 바람직하다. 이는 소송경제의 관점에서나, 응소하는 피고의 번잡을 피해야 한다는 관점에서나, 손해액의 평가는 원·피고 사이의 이해 조절이라는 합리적인 결과를 얻기 위하여 총체적으로 하여야 한다는 관점에서나 손해 전부를 소송으로 청구하게 하는 것이 타당하기 때문이다. 따라서 재산적 손해만을 한정하여 일부청구한다든가 정신적 손해만을 한정하여 일부청구를 하는 것은 허용할 수 없을 것이다. 그러나 원고가 동일사고로 인한 손해배상소송에서 재산적 손해로 인한 배상(예, 금 1억원)과 정신적 손해로 인한 배상(예, 금 1억원)의 합계금 2억원을 청구한 경우에 법원이 심리!

---

475) 대판 1982. 11. 23, 81다393.
476) 대판 2006. 10. 13, 2006다32446 등 참조.

한 결과 총액 금 1억 5,000만원(=재산적 손해액 금 1억 2천만원＋정신적 손해액 금 3천만원)을 인정하면서 재산적 손해로 인한 배상청구의 인정액(금 1억 2천만원)이 원고가 청구한 금액을 초과하더라도 원고의 청구액 총액을 초과하지 않는 한 동일 사고로 인한 손해배상청구의 1회적 해결의 원칙상 처분권주의에 위반되지 않는다.

2) 주위적(主位的) 청구에 예비적 청구를 병합하여 소를 제기한 경우

이 경우에 법원은 당사자가 지정한 순위에 구속되기 때문에 주위적 청구부터 심판하여야 하고 예비적 청구를 먼저 심판해서는 안 된다.

3) 원고의 양적 한계

가) 원고는 구하는 판결의 양적 한계를 명시하지 않으면 안 되며 법원은 그 한계를 초과하여 판결할 수 없다. 예를 들어 금 1억원의 손해배상청구소송에서 금 1억 5,000만원의 지급을 명하는 판결을 할 수 없고, 원고가 금 1억원의 지급과 상환하여 물건의 인도를 명하는 판결을 구하였는데 금 5,000만원의 지급과 상환하여 물건의 인도를 명하는 판결을 명할 수 없으며, 교통사고로 인한 손해배상청구소송에서 분할지급을 구하였는 데 일시불의 지급을 명하는 것도 허용할 수 없다. 이 원칙은 직권탐지주의가 지배하는 행정소송에서도 적용되므로 법원은 원고의 청구범위를 초과하여 판결을 할 수 없다.[477]

나) 그러나 법원의 판결이 당사자가 구하는 소송목적, 즉 청구를 일부만 인용하는 것이라고 풀이되면 처분권주의에 위반되지 않는다. 그러므로 금 1억원의 청구 중 금 7,000만원이 인정되어 금 7,000만원의 지급을 명하는 경우, 일필의 토지 전부에 관하여 소유권이전등기를 구하는 이행청구소송에서 일부를 분필하여 소유권이전등기를 명하는 경우, 소유권이전등기의 전부 말소등기절차이행청구소송에서 등기명의인의 공유지분비율에 따른 일부등기의 말소를 명하는 경우, 가옥의 전부 명도청구소송에서 원고가 일부분이라도 명도를 구할 의사가 명백할 때 그 일부분의 명도를 명하는 경우, 무조건의 토지인도청구소송에서 조건이 있는 인도를 명하는 경우, 단순한 이행청구에 대하여 동시이행의 항변이나 유치권항

---

477) 대판 1981. 4. 14, 80누408.

변이 이유 있다고 인정하여 상환으로 이행판결을 하는 경우[478]는 모두 일부인용
이 된다.

일부청구

(1) 문제의 소재

원고는 금전 기타 대체물의 일정한 수량의 지급을 청구하는 소송에서 소송비용을 절
약하고 법원의 의사를 알아보기 위해 전체 청구액 중에서 임의로 일부를 분할하여 지급
을 구하는 소송을 제기할 수 있는데, 이 경우 법원은 일부청구한 부분 이상을 인용할 수
없다. 다만 일부청구에 관한 확정판결이 나머지 잔부의 청구에 미쳐서 잔부의 청구를
기판력으로 차단하는지 여부가 일부청구에 관한 가장 큰 문제이다. 기판력에 의한 잔부
차단을 어떤 형태로라도 긍정하면 일부청구는 결국 원고에게 잔부청구에 관한 권리의
포기라는 불이익이 된다.

(2) 학설과 판례

(가) 학   설

(a) **일부청구 긍정설**   사적자치의 원칙상 상계의 항변을 하면 기판력은 그 대등
액에 한정하여 생긴다는 제216조 2항의 유추해석에 의하여 당사자의 신청에 의하여 일
부청구만을 소송목적으로 할 수 있으므로 잔부청구를 하더라도 기판력으로 차단되지 않
는다는 견해이다[479].

(b) **일부청구 부정설**   일부청구는 금전 기타 대체물의 일정 수량을 청구하는 이
행소송에서 청구 전체의 어느 부분에 해당하는가를 특정할 수 없기 때문에 청구 전부를
소송목적으로 삼아야 하므로 잔부청구를 하더라도 기판력으로 차단된다는 견해이다.

(나) 판례 ― 명시설

(a) 판례는 전체의 청구 중 일부만 청구하더라도 「일부청구」라고 명시한 경우에는
그 부분에 한해서 기판력이 생기지만[480] 「일부청구」라고 명시하지 아니하고 청구한 경

---

478) 그러므로 건물의 철거와 대지의 인도청구를 하는 데는 건물매수대금의 지급과 상환하여 건
    물명도를 구하는 청구가 포함되어 있지 아니하여 대금지급과 상환하여 건물명도판결을 할
    수 없으므로 법원은 당사자에게 그러한 취지로 청구를 변경할 것인지를 석명하여야 한다
    (대전판 1995. 7. 11, 94다34265 참조).

479) 이영섭, 194면; 방순원, 605면.

480) 대판 2008. 12. 24, 2008다51649.

우에는 전체의 청구 가운데에서 청구하지 않은 나머지 청구에 관해서도 기판력이 생긴다고 한다.[481]

(b) 불법행위로 인한 손해배상청구의 경우에 손해 전체를 정확히 파악하는 것은 과실상계의 비율이나 인과관계의 문제 등으로 매우 어렵다. 더욱 가해자의 자력이 없다면 피해자의 손해배상청구는 무의미해질 가능성이 크다. 따라서 미국과 달리 미리 소송비용 전부를 납부하여야 하는 우리나라에서는 당사자가 소송비용을 절약하려는 취지의 일부청구를 획일적으로 무시할 수 없으며, 또한 재판의 통일을 이룩하려는 목적으로 일부청구를 부정하는 견해도 도외시할 수 없다. 따라서 양쪽 견해를 적절하게 조화시킬 필요가 있다할 것인데 판례는 기준이 명확하면서도 위의 취지를 잘 살리고 있으므로 타당하다. 판례에 따라 일부청구를 밝히는 방법으로는 전체 액수를 특정하여 그 중 일부만을 청구할 수도 있고 일부라고 명시하지 아니하더라도 잔부청구와 그 심리의 범위를 특정할 수 있는 정도의 표시를 하여 전체액의 일부로서 우선 청구하고 있는 것임을 밝히는 것으로도 충분하다.[482]

(c) 다만 계약상의 채권 또는 그 불이행으로 인한 손해배상청구는 불법행위로 인한 손해배상청구와 달리 꼭 일부청구를 하여야 할 어려움이 없다. 오히려 위의 경우에 수량적으로 가분할 수 있는 채권의 일부청구를 인정한다면 결과적으로 잔부청구가 허용됨으로써 하나의 채권을 두 개로 분할하여 모순된 판결결과를 초래할 우려가 있는 것이다. 따라서 불법행위로 인한 손해배상청구와 같이 잔부청구를 차단하기 어려운 사정이 있는 특별한 경우를 제외하고는 계약상의 채권에 관해서는 명시 여부를 떠나 일부청구를 허용해서는 안 될 것이다.

(d) 수량적으로 가분할 수 있는 채권이 아니라 토지 소유권 등과 같이 가분할 수 있는 권리의 일부만을 청구하는 경우(예, 1필의 토지의 특정된 부분만의 소유권이전등기 청구)에는 명시 여부를 떠나 일부청구를 허용하더라도 잔부청구에 관해서는 기판력에 의한 차단이 생기지 않는다.[483] 왜냐하면 소송목적이 금전 기타 대체물이 아니기 때문이다.

(3) 일부청구가 문제되는 경우

일부청구에 관한 문제점은 주로 불법행위로 인한 손해배상청구소송에서 제기된다.

㈎ 일부청구와 소멸시효의 중단   청구를 하면 소멸시효가 중단되므로(민 제158조) 일부청구한 경우의 중단범위가 문제된다. 판례[484]는 일부청구를 한 경우에는 명시의 유무를 불문하고 청구한 부분에 한정하여 소멸시효중단의 효력이 생기고 청구하지 않은

---

481) 대판 2000. 2. 11, 99다10424.
482) 대판 1986. 12. 23, 86다카536.
483) 1필의 토지의 특정된 일부에 관한 소유권이전등기청구가 기각되어 확정되더라도 나머지 부분에 대한 소유권이전등기 청구에는 영향을 주지 않는다.
484) 대판 1967. 5. 23, 67다529; 대판 1970. 4. 14, 69다597.

부분에는 소멸시효 중단의 효력이 생기지 않는다고 하였다.[485] 실체법상의 권리관계를 조속하게 확정시킨다는 데 그 취지가 있다. 따라서 불법행위로 인한 손해배상청구에서 3년의 단기소멸시효가 적용되는 경우(민 제766조 1항)라면 일부청구를 한 경우에 되도록 빨리 청구를 확장하여 전부청구를 해야 시효소멸의 불이익을 면할 수 있다. 원고는 손해배상청구금액 전부를 빠른 시간 이내에 소송에 올림으로써 심판의 중복과 불경제를 피하고 경우에 따라 화해할 기회도 갖게 된다.

(나) **일부청구와 과실상계**   원고가 불법행위로 인한 손해배상 중 일부청구한 경우에 법원이 그 청구의 전부 또는 일부를 받아들이면서 과실상계를 하는 경우의 문제이다.

(a) **안 분 설**   일부청구한 금액에서 과실상계를 하여야 한다는 견해이다.

(b) **외측설**(판례)   판례[486]는 먼저 손해전액을 산정하여 과실상계를 한 뒤에 남은 잔액이 청구액을 초과한 때에는 청구액을 인용하고 잔액이 청구액에 이르지 못할 때에는 잔액을 인용해야한다는 입장이다. 판례[487]는 나아가 일부청구를 소구채권으로 하여 반대채권으로 상계하는 경우에도 일부청구가 아니라 채권전액에서 상계를 하고 그 잔액이 청구액을 초과하지 아니할 경우에는 그 잔액을 인용하고 그 잔액이 청구액을 초과할 경우에는 청구의 전액을 인용한다. 판례의 취지는 권리관계의 통일과 분쟁의 조속한 해결에 있고 이는 보통사람들의 통상의 의사에도 들어맞는다.

(다) **일부청구와 후유증**   판례[488]는 불법행위로 인한 손해배상청구사건의 판결이 확정된 뒤에 후유증으로 인하여 새로운 손해가 발생하였고 이전 소송의 계속 중에 그 사실자료의 제출을 기대할 수 없었던 경우에 그 소송의 변론종결당시에 그 손해의 발생을 예견할 수 없었고 그 부분청구를 포기하였다고 볼 수 있는 특별한 사정이 없다면 이전 소송에서 그 부분에 관한 청구가 유보되어 있지 않더라도 이를 별개의 소송목적으로 보아 이전 소송의 기판력으로 차단되지 않는다고 한다. 종전에는 이 문제를 명시적 일부청구설이나 기판력의 시적한계이론에 의하여 해결하려 하였으나 명시적 일부청구설은 후유증에 의한 손해가 아직 그 발생을 예측할 수 없는 단계에서도 이전 소송을 일부청구로 보는 것이므로 비현실적이며, 기판력의 시적한계이론 역시 손해 자체가 전혀 별개인 후유증으로 인한 손해배상청구를 이전 소송과 같은 소송으로 보는 잘못을 범하여 찬성할 수 없다. 판례를 따르면 이전소송에서의 명시 유무 및 이전 소송과 후소의

---

485) 불법행위로 인한 손해배상청구는 그 손해 및 가해자를 안 날부터 3년간 행사하지 않으면 시효로 소멸하는데(민법 제766조) 일부청구한 경우에는 특단의 사정이 없는 한 가해자를 알았다고 하여야 할 것이므로 3년 이내에 청구의 확장 등을 하지 않으면 잔부청구는 시효로 소멸되기 쉽다. 따라서 판례에 의한다면 불법행위로 인한 손배청구에서는 원고에게 분할청구할 실익이 매우 작아질 것이다.

486) 대판 1976. 6. 22, 75다819; 대판 2008. 12. 24, 2008다51649.

487) 대판 1984. 3. 27, 83다323.

488) 대판 1980. 11. 25, 80다1671; 대판 2007. 4. 13, 2006다78640.

동일성 여부를 따질 필요 없이 후유증에 의한 손해에 관하여는 별개의 소송제기가 가능하다.

㈑ **일부청구와 중복된 소제기의 금지원칙**　명시설을 따르면 일부청구를 명시한 경우에는 이전 소송의 계속 중이라도 별소로 잔부청구가 가능할 것이나[489] 이 경우에는 양쪽 소송의 판결이 서로 어긋나서 실체법이 허용할 수 없는 사태의 발생이 우려되므로 중복된 소제기의 금지원칙에 해당된다. 다만 중복된 소제기 금지에 해당된다고 하여 바로 각하할 것이 아니라 이부(移部)나 이송, 변론의 병합 등에 의하여 한 개의 소송으로 단일화해보고 그것이 잘 안 되는 경우에만 후소를 각하해야 할 것이다.[490] 다만 위에서 본바와 같이 계약상의 채권 또는 그 불이행으로 인한 손해배상에 관해서는 원칙적으로 명시 여부를 떠나 일부청구를 허용해서는 안 될 것이므로 이에 관한 잔부청구에 관해서는 중복된 소제기의 금지원칙을 적용하여야 할 것이다.

㈒ **일부청구와 상계의 항변**　반대채권의 일부만을 상계에 제공하여 반대채권을 분할하는 것은 기판력제도의 취지에 비추어 명시 또는 묵시를 불문하고 허용되지 않는다.

㈓ **일부청구와 상소**　원래 전부 승소한 당사자는 상소의 이익이 없지만 묵시적 일부청구의 경우에 청구의 확장을 위한 상소는 허용된다. 묵시적 일부청구의 경우에 잔부청구를 별소로 제기할 수 없으므로 이 경우에 상소를 허용하지 않는다면 잔부청구에 관한 소권 자체를 상실하게 되기 때문이다.

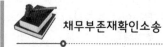

채무부존재확인소송

(1) 개념 및 특성

소극적 확인소송의 한 모습으로서 금전채무의 부존재를 확인하는 소송을 널리 채무부존재확인소송이라고 한다. 채권자가 채무자에 대하여 하는 채무의 이행청구는 이행소송이지만 채무자로부터 선제적 공격으로 채무의 부존재확인소송을 제기당할 수 있다. 이 소송은 실체법상의 채무자가 원고, 채권자가 피고이므로 권리의 발생원인은 피고가 되는 채권자가 주장·증명책임을 부담하게 된다. 그 결과 채권자인 피고는 채권의 발생원인 사실을 주장·증명하지 않을 수 없는 입장에 처하게 되어 자기의 권리를 행사할 선택권을 박탈당하게 된다. 반면 채무자인 원고는 소장에서 권리의 소멸사실을 주장하는

489) 대판 1989. 6. 27, 87다카2478.
490) 같은 취지: 이시윤, 287면.

것이 통례이지만 그것은 청구원인이 아니라 채무부존재확인소송의 확인하는 이익을 뒷받침하는 사정을 주장하는데 불과하다.

원래 동일 권리관계에 관한 이행소송과 채무부존재확인소송은 이행판결을 구하는 것인가 아니면 확인판결을 구하는 것인가라는 심판요구의 형식적 차이에 불과할 뿐 권리관계는 같다. 즉, 소비대차계약의 채권자가 대여금을 반환하라는 이행소송을 제기할 때에는 피고에 대하여 소비대차계약에 기한 대여금채권의 존재를 주장함과 동시에 법원에 대하여 이행판결에 관한 심판요구를 내용으로 한다. 이에 대하여 채무자가 채권자 주장의 동일 채권에 관해서 소극적 확인소송을 제기할 때에는 법원에 대한 심판요구가 채권자 주장의 동일채권에 관한 부존재의 확인을 구하는 부분만 다를 뿐 원고에 대한 권리주장의 내용은 채권자인 원고의 동일 채권에 관한 이행소송과 동일한 것이다. 이 점이 채무부존재확인소송의 특성이다.

(2) 채무의 전부 부존재확인의 경우

원고(채무자)가 피고(채권자) 주장의 채무전액, 예를 들어 2013. 1. 1. 원고가 피고로부터 빌린 채무 금 1억원을 변제하였다고 하여 그 부존재를 주장하는 경우에 그 소송목적은 「2013. 1. 1. 피고가 원고에게 빌려준 채무 금 1억원의 부존재」이다. 따라서 법원에서 심리한 결과 채무변제액이 금 7,000만원인 경우에 판결주문은 「2013. 1. 1. 피고가 원고에게 빌려준 채무는 금 3,000만원을 초과하여 존재하지 않는다」는 원고청구의 일부인용판결이다. 그 결과 원고가 부존재를 주장하는 금 1억원의 채무 중에서 금 7,000만원 채무의 부존재와 금 3,000만원 채무의 존재가 판결에 의하여 확인된다.

(3) 채무의 상한을 명시한 일부 부존재확인의 경우

(가) 원고가 「2013. 1. 1. 원고가 피고로부터 빌린 채무 금 1억원 가운데에서 금 3,000만원을 초과하는 부분은 존재하지 않는다」고 주장하는 경우에 소송목적은 원고가 주장하는 금 3,000만원을 초과하는 채무의 부존재이고 원고가 자인하는 금 3,000만원 채무의 존재는 소송목적이 아니다. 따라서 채무 금 1억원 가운데에서 금 7,000만원의 부존재만 명시적 일부청구를 한 셈이 된다. 심리한 결과 현존 채무액이 금 2,000만원으로 인정되더라도 금 2,000만원을 초과하는 채무는 존재하지 않는다고 판단하는 것은 청구하지 않은 부분을 판단한 결과가 되어 허용할 수 없다. 그러므로 이 경우의 판결주문도 「2013. 1. 1. 피고가 원고에게 빌려준 채무 금 1억원 가운데에서 금 3,000만원을 초과하는 부분은 존재하지 않는다」이다. 한편 현존 채무액이 금 5,000만원인 경우에는 원고청구를 전부 기각해서는 안 되고 금 5,000만원을 초과하는 채무는 존재하지 않는다는 일부인용판결을 하여야 한다.[491] 이 경우의 판결주문은 「2013. 1. 1. 피고가 원고에게 빌려준 채무 금 1억원 가운데에서 금 5,000만원을 초과하는 부분은 존재하지 않는다. 원고의

---

491) 대판 1982. 11. 23, 81다393.

나머지 청구는 기각한다」이다.

(내) 문제는 원고가 위에서 자인한 채무 금 3,000만원의 존재 부분에 관해서 부존재를 명시하지 아니하였다고 하여 뒤에 잔부청구로서 그 부존재 확인을 청구할 수 있느냐이다. 결론적으로 그 부존재확인을 청구할 수 없다고 하여야 할 것이다. 왜냐하면 계약상의 채권 또는 그 불이행으로 인한 손해배상청구는 위 일부청구 부분에서 본 바와 같이 불법행위로 인한 손해배상청구와 달리 꼭 일부청구를 하여야 할 어려움이 없으므로 명시여부를 떠나 잔부청구를 허용할 필요가 없기 때문이다. 따라서 법원의 채무부존재 확인판단에는 잔존 채무액 부분(위에서의 금 3,000만원 또는 금 5,000만원 부존재확인 부분)에도 기판력이 미친다고 하여야 한다.

그러나 불법행위로 인한 손해배상채무의 일부 부존재확인에 관해서는 그 일부 부존재확인을 명시적으로 일부청구한 셈이 되므로 뒤에 잔존채무액 부분에 대한 부존재확인을 잔부청구로 청구할 수 있다고 할 것이다.

(4) 채무의 상한을 명시하지 않은 일부 부존재확인의 경우

계속적인 상품의 공급이나 금융거래에서 일정기간에 다수의 매매나 소비대차가 이루어져서 이에 기한 다수의 금전채무가 발생하고 다른 한편에서는 다수의 변제 기타 채무소멸행위로 인하여 현존 채무의 존부 및 그 액수가 불분명한 경우가 있다. 이 경우에 원고는 예를 들어 「원·피고가 2012. 1. 1. 맺은 계속적 상품공급계약에 기하여 2012. 2. 1.부터 2012. 12. 31.까지 사이에 납입한 원고의 상품 매매대금채무가 금 1억원을 초과하는 부분은 존재하지 않음을 확인한다」고 채무의 상한을 명시하지 아니하고도 채무부존재 확인을 청구할 수 있다. 채무부존재확인소송은 이행소송의 반대형상인데 이행소송은 청구의 취지에 청구의 원인을 보충하여 청구를 특정할 수 있으므로 채무의 상한액을 청구의 취지 란에 기재하지 아니하더라도 청구의 원인란을 참작하여 특정할 수 있으면 충분하기 때문에 채무부존재확인소송에서도 채무의 상한액은 청구원인에서 특정하면 된다. 따라서 법원은 청구원인에서 특정된 채무 전부의 존부 및 금액을 심리하여 채무 전체가 금 1억원을 초과하지 않으면 청구인용판결을, 채무 전체가 금 1억원을 초과한 경우에는 채무 금액 중에서 현재 잔존 채무액이 얼마인가를 밝혀서 얼마의 금액이 부존재한가를 명백하게 하는 일부인용판결을 하여야 한다.[492] 또 예를 들어 총채무가 10억원인데 현존 채무가 4억원인 경우에 판결주문은 「원·피고가 2012. 1. 1. 맺은 계속적 상품공급계약에 기하여 2012. 2. 1.부터 2012. 12. 31.까지 사이에 납입한 원고의 상품의 매매대금채무 가운데에서 금 4억원을 초과하는 부분은 존재하지 않음을 확인한다. 원고의 나머지 청구를 기각한다」이다.

---

492) 대판 1994. 1. 25, 93다9422.

(5) 채무부존재확인의 본소에 대하여 채무의 이행을 청구하는 소

원고(채무자)가 피고(채권자)에 대하여, 예를 들어 2013. 1. 1. 피고가 원고에게 빌려준 채무 금 1억원을 변제하였다고 하여 그 부존재의 확인을 청구하였는 데 피고가 거꾸로 원고에 대하여 금 1억원의 대여금을 지급하라는 이행을 청구하는 반소를 제기하는 경우에 원고의 본소가 확인하는 이익이 있는지 문제된다. 그러나 이 경우에 본소에 대한 확인의 이익은 소멸되지 않는다. 왜냐하면 본소가 각하되면 피고는 원고의 동의 없이 일방적으로 반소를 취하할 수 있는데(제271조) 그 경우에는 원고가 당초 추구한 소극적 확인의 본소에 대한 기판력을 취득할 수 없는 사태가 발생할 수 있기 때문이다.[493]

(6) 채무부존재확인의 소와 민사집행법 제46조 2항의 잠정처분

확정판결 또는 이와 동일한 효력이 있는 집행권원의 실효(失效)를 구하거나 집행력 있는 정본의 효력을 다투거나 목적물의 소유권을 다투는 구제절차 등에서 수소법원이 종국판결을 선고할 때까지 하는 민사집행법 제46조 2항에서 정한 잠정처분은, 청구이의 판결 등의 종국재판이 해당 물건에 대한 강제집행을 최종적으로 불허할 수 있음을 전제로 하여 그 강제집행을 일시 정지시키는 것이다. 따라서 승소하더라도 그와 같은 효력이 인정되지 않는 채무부존재확인의 소를 제기한 것만으로는 위 조항에 의한 잠정처분을 할 수 없다.[494]

부작위 청구

(1) 문 제 점

우리들의 생활은 대기오염·수질오탁·소음·진동·악취 등의 생활방해 또는 공해에 시달리고 있다. 이들에 대한 사법적 구제는 손해배상청구라고 하는 사후적 구제수단의 형식으로 이루어지고 있으나 보다 효과적인 사전적 구제수단이 유지(留止)청구 또는 금지청구이다. 유지청구는 작위청구의 형식[495]과 부작위청구의 형식[496]이 있다. 앞의 청구는, 소로써 작위내용을 특정하고 대체집행(민집 제260조, 민 제389조 1항)에 의하여 관철

---

493) 대판 2010. 7. 15, 2010다2428·2435.

494) 대결 2015. 1. 30, 2014그553.

495) 예를 들면 「일정 형식의 방음시설을 설치하라」는 청구.

496) 예를 들면 피고는 원고에 대하여 「원고의 주거에 ○○혼을 초과하는 소음을 나게 해서는 안 된다」는 청구.

하면 되므로 특별한 문제가 없다. 그러나 뒤의 청구는, 피고가 해서는 안 될 행위를 특정하는 것만으로는 실효성 있는 구제를 기대하기 어려우므로 그 집행방법과 관련하여 소송목적의 구성이 문제되는 것이다. 원래 부작위청구는 대체집행의 방법(민집 제260조, 민 제389조 3항)에 의하여서도 실현할 수 있으나 생활방해는 거의 예외 없이 계속적 내지 반복적 침해행위에 근거하기 때문에 피해자는 부작위의 내용을 특정하여 계속적 또는 반복적인 부작위를 명하는 판결을 취득한 다음 간접강제의 방법(민집 제261조)으로 집행하는 것이 효과적이다. 이 경우에 소로써 청구한 부작위를 실현할 수단(침해를 제거할 방법)에 관해서는 여러 가지 방법이 경합되고,[497] 특히 행정소송법상 행정청에 대하여 일정한 처분행위를 부작위로 구하는 청구는 허용되지 아니하므로[498] 문제이다.

(2) 부작위 청구의 특정방법

일반적으로 실체법상 부작위 청구권은 상대방이 어떤 행위로 자기의 권리를 침해하는 경우에 그 행위를 배제하기 위하여 인정되는 권리이다. 따라서 그 청구권을 주장하여 소를 제기할 때에는 원칙적으로 침해된 결과뿐 아니라 그 결과를 초래한 행위를 명확하게 특정할 필요가 있다. 다만 모든 경우에 위의 특정방법을 요구한다면 피해자인 원고에게 지나치게 가혹한 경우가 생길 수 있다. 특히 생활방해의 경우에 침해원천이 가해자 쪽의 지배영역 안에 있기 때문에 침해원천 또는 침해행위의 발생 메커니즘을 알수 없는 경우에는 더욱 그러하다. 그러므로 이와 같은 경우에는 「제거되어야 할 또는 미연에 방지되어야 할 침해의 결과[499]」에 의한 특정으로도 소송목적이 특정된다고 하여야할 것이다.

다. 소송의 마침

당사자는 종국판결에 의하지 않고도 소의 취하, 청구의 포기·인낙, 재판상 화해를 함으로써 소송을 마칠 수 있다. 그러나 직권탐지주의가 지배하는 가사소송이나 행정소송 등에서는 심판요구의 철회라는 의미가 있는 소의 취하는 허용되

---

497) 예들 들어 공장소음에서 보면 소음원천인 기계 그 자체를 정지 또는 개량하는 방법, 그 기계에 방음장치를 부착하는 방법, 또는 일정한 장소에 방음벽을 설치하는 방법 등 여러 가지를 생각할 수 있다.

498) 대판 2006. 5. 25, 2003두11988.

499) 「부작위 명령의 대상이 되는 것은 가해자들이 이미 저지른 행위와 동일 행위뿐 아니라 그와 유사한 행위로서 장래 저질러질 우려가 있는 행위를 포함한다」(대판 2006. 5. 26, 2004다62597 참조).

고 있으나 당사자의 의사에 판결과 동등한 효력을 인정하는 청구의 포기·인낙, 재판상 화해는 제한된다. 예를 들어 가사소송법상 가류 소송사건에 해당하는 청구에 관한 재판상 화해나 조정은 무효이다.[500]

3. 처분권주의 위반의 효과

처분권주의에 위반된 판결은 위법하므로 상소에 의하여 취소할 수 있다. 처분권주의의 위반은 그러나 제451조 1항에서 정한 재심사유 해당되지 아니하므로 재심소송을 제기할 수 없다. 처분권주의의 위반은 판결의 내용에 관한 것이고 소송절차에 관한 것이 아니므로 소송절차에 관한 이의나 청구의 포기·상실의 대상이 아니다.

Ⅱ. 소의 취하

1. 뜻

가. 소의 취하라 함은 원고가 법원에 대하여 소의 전부 또는 일부를 철회하는 의사표시를 말한다. 소의 취하로 소송계속은 소급적으로 소멸되고(제267조 1항) 소송을 마치게 된다. 그러나 소의 취하는 어떤 분쟁해결기준을 제시해주는 것이 아니므로 재차 소송이 가능하다. 이 점에서 원고 패소라는 분쟁해결기준을 제시하고 있는 청구의 포기와 다르므로 청구의 포기와 달리 피고에게 소취하에 대한 동의권을 주어 청구기각 판결을 받을 이익의 포기와 재차 소송에 대한 응소의 부담을 고려하게 하였다. 소를 이유 있게 하기 위한 공격 또는 방어방법의 철회도 소의 취하와 다르다. 소의 취하는 법원에 대한 심판요구의 철회인데 대하여 공격방어방법의 철회는 소를 이유 있게 하기 위한 소송자료의 철회에 불과하므로 상대방의 동의권은 문제되지 않는다.

나. 소의 일부취하,[501] 예를 들어 금 1억원의 청구 중에서 금 1천만원 부분의

---

500) 대판 2007. 7. 26, 2006므2757·2764.
501) 소의 객관적 병합이 이루어진 청구 중 하나를 취하하는 것은 소의 일부취하가 아니라 그

취하는 일부청구가 허용되는 경우에 한하여 인정된다. 다만 이 경우에도 청구의 감축(즉, 청구의 포기)은 허용되므로 피고의 동의를 받을 필요가 없이 청구를 감축할 수 있다.[502]

2. 요 건

가. 취하의 자유

소를 취하할지 여부는 원고의 자유에 속한다. 그러므로 변론주의 아래에서는 물론 직권탐지주의 아래에서도 자유롭게 소를 취하할 수 있다. 따라서 직권탐지주의가 적용되어 청구의 포기·인락이 허용되지 않는 사건에 관해서도 소를 취하할 수 있다. 다만 소의 제기 자체가 여러 원고의 의사에 터 잡아 이루어진 고유필수적 공동소송에서는 원고 중 한사람의 의사만으로 고유필수적 공동소송 전체를 취하할 수 없다.

나. 취하의 시기

소의 취하는 소에 대한 종국판결이 확정될 때까지 할 수 있다(제266조 1항). 따라서 제267조 2항에서 정한 재소금지의 제재를 각오하면 상소심에서도 소를 취하할 수 있다. 상소의 취하도 법원에 대한 심판요구의 철회라는 점에서 소의 취하와 공통되지만 상소의 취하는 상소 신청만을 철회하여 상소심에서의 소송계속을 소급적으로 소멸시킨다는 점에서 소송계속의 효과를 상소심은 물론 원심의 소송계속도 전부 다 소멸시키는 소의 취하와 다르다.

청구에 대한 전부취하이므로 상대방의 동의를 필요로 하는 경우를 제외하고는 아무런 제한 없이 취하할 수 있다.

502) 그러나 청구의 감축은 청구 취지의 변경이기 때문에 서면으로 하여야 하며(제262조 2항) 상대방에게 송달하여야 한다(제262조 3항, 민소규 제64조 2항·1항). 상대방의 동의를 요하지 아니하는 소의 일부취하는 서면에 의할 필요가 없고 또 상대방에게 송달할 필요가 없다는 점에서 청구의 감축과 다르다. 판례는 소의 일부취하인지 청구의 일부포기인지 불분명한 경우에는 소의 일부취하로 풀이하여야 한다고 한다(대판 1983. 8. 23, 83다카450). 그러나 본문에서와 같이 소의 일부취하로 풀이하려면 일부청구가 허용되는 경우여야 할 것이다.

다. 피고의 동의

1) 피고가 본안에 관하여 준비서면을 제출하거나 변론준비기일에서 진술하거나 변론을 한 뒤에는 피고의 동의를 받아야 소취하의 효력이 생긴다(제266조 2항). 이 경우에 피고도 원고의 소제기에 대항하여 변론함으로써 청구기각판결을 받을 이익이 생겼기 때문에 그 이익을 보호하기 위해서이다. 그러나 본소를 취하한 뒤에 반소를 취하할 때에는 원고의 동의가 필요 없다(제271조). 원고가 반소의 제기를 유발한 본소를 스스로 취하해 놓고 그로 인하여 제기된 반소만 유지하도록 상대방을 강요하는 것은 공평에 반하기 때문이다. 그러므로 본소가 원고의 의사와 관계없이 각하된 경우에는 원고의 동의를 받아야 반소를 취하할 수 있다.

2) 피고가 동의하면 소의 취하는 확정적으로 소송종료의 효과가 생기지만, 동의를 거절하면 소취하의 효과가 생기지 아니하고 소송은 계속(係屬)되게 된다. 따라서 피고가 뒤에 다시 동의하더라도 원고가 다시 소를 취하하지 않는 한 피고가 뒤에 다시 동의하더라도 소취하의 효력이 생길 수 없다.

라. 유효한 소송행위

1) 일반적 요건

소의 취하는 소송행위이므로 원고에게 소송능력이 있어야 하며 대리인(또는 대표자)의 경우에는 특별한 권한을 받아야 한다(제56조 2항, 제90조 2항 2호). 다만 무능력자 또는 무권대리인이 권한 없이 제기한 소는 법정대리인 또는 본인이 추인하여 유효하게 될 때까지 스스로 취하하여 소의 제기가 없는 상태로 만들 수 있다.

2) 소의 취하와 의사표시의 흠

소의 취하도 소송행위이므로 의사표시의 흠 불고려의 원칙이 적용된다. 따라서 사법상의 행위와는 달리 내심의 의사보다는 그 표시를 기준으로 하여 소 취하의 효력 유무를 판정하여야 한다.[503] 형사상 처벌받을 정도에 이르지 않는 단순한

---

503) 대판 2009. 4. 23, 2008다95151.

강박,[504] 착오[505]를 이유로 소취하의 철회나 취소를 주장할 수 없다. 그러나 형사상 처벌받을 다른 사람의 행위로 말미암아 지급명령의 이의를 취하[506]하거나, 상소를 취하[507]한 경우에는 지급명령이 확정되거나 원심판결이 확정되는 결과가 되므로 제451조 2항에서 정한 '유죄의 확정판결 등'을 조건으로 한다.

여기서 '다른 사람의 행위'에는 당사자의 대리인이 범한 배임죄도 포함될 수 있으나 그 정도는, 대리인의 배임행위에 소송 상대방 또는 그 대리인이 통모하여 가담한 경우와 같이 대리인이 한 소송행위의 효과를 당사자 본인에게 귀속시키는 것이 절차적 정의에 반하여 도저히 수긍할 수 없을 정도로 대리권에 실질적 흠이 생긴 경우라야 한다.[508] 종국판결 선고 이후 소를 취하하면(제267조 2항) 같은 소를 제기할 수 없으므로 그 소 취하의 철회나 취소에도 형사상 처벌받을 다른 사람의 행위에 관하여 유죄의 확정판결 등이 요구되지만 종국판결 선고 이전에 소를 취하하는 경우에는 다시 소를 제기하는데 지장이 없으므로 위에서와 같이 유죄의 확정판결 등이 반드시 필요하지 않다.

3. 효   과

가. 소송계속(訴訟係屬)의 소급적 소멸(제267조 1항)

소가 취하되면 처음부터 소송계속이 없었던 상태가 되므로 소송은 종료된다.

1) 소송은 더 이상 진행될 수 없으며 소송절차상의 행위도 모두 없었던 것으로 된다. 예를 들어 당사자가 한 공격 또는 방어방법의 효과, 소송고지의 효과, 변론관할의 효과나 법원의 증거조사, 재판도 효력이 없게 된다. 그러나 법원이 인정한 사실이나 그 사실을 기록한 조서들이 소멸하는 것은 아니기 때문에 그 조서를 다른 소송에서 서증으로 이용하는 데는 지장이 없다. 또 소송계속으로 생기는 관련재판적(제25조, 제79조, 제269조 등)은 소가 제기될 때 생기므로(제33조) 소를 취

---

504) 대판 1980. 8. 26, 80다76.
505) 대판 1997. 6. 27, 97다6124.
506) 대결 2011. 11. 21, 2011마1980 참조.
507) 대판 2012. 6. 14, 2010다86112 참조.
508) 위 2010다86112 판결 참조.

하한다고 하여 소멸되지 않는다.

2) 소제기로 생긴 실체법상의 효과가 소취하로 어떻게 되느냐는 경우마다 다르다. 우선 시효중단의 효과는 소의 취하로 인해서 소급적으로 소멸되므로(민 제170조 1항) 소를 취하하고도 시효를 계속하여 중단시키려면 6월 이내에 다시 재판상 청구를 하여야 한다(제174조). 채무자에 대한 이행의 청구는 소장으로 사법상의 의사표시를 겸하여 한 것이므로 소의 취하로 그 의사표시가 소멸되지 않는다. 소의 제기와 같이한 취소·해제·상계 등 사법상 의사표시는 소의 취하로 그 실체법상 형성의 효과가 소멸되지 않지만 상계의 경우에는 소의 취하로 인해서 실체법상 효과도 같이 소멸된다고 보아야 한다(신병존설).[509] 화해계약이 성립되어 그 내용으로 소를 취하하는 경우가 많은데 그 경우에 화해의 내용으로서 그때까지의 사법상 효과를 어떻게 취급하여야 할지는 화해계약 전체의 취지를 보아 합리적으로 해석하여야 할 것이다. 화해를 하지 아니하고 소를 취하한 경우에는 경우를 나누어 살펴야 한다. 계약의 취소, 해제 등 사법상의 의사표시가 기재된 준비서면이 상대방에게 송달된 경우에는 소를 취하하더라도 그 의사표시의 효과가 발생된다. 그러나 그 준비서면이 아직 상대방에게 송달되지 아니하였는데 소를 취하하면 사법상의 의사표시는 소의 취하에 의하여 그 효과가 발생하지 않는다고 풀이하여야 할 것이다.

3) 소취하로 인한 소송비용의 부담 및 그 액수는 당사자의 신청에 의하여 법원이 결정으로 정한다(제114조). 원칙적으로 패소자에 준하여 원고에게 소송비용 전액을 부담시킬 수 있다(제98조).

---

[509] 소송행위와 사법상 형성권의 행사에 관하여는 1) 형성권은 소취하에 관계없이 그 효과가 유지된다고 하는 병존설, 2) 형성권도 소취하와 함께 소멸된다는 소송행위설, 3) 형성권은 소취하에 관계없이 그 효과가 유지되지만 상계의 항변에 관해서는 소취하와 함께 소멸된다고 하는 신병존설이 있다. 저자는 신병존설을 지지한다. 판례 역시 민사소송에서 상계항변이 예비적 항변임에 비추어 조정성립으로 사건이 끝난 경우에 조정조서에 상계내용이 없으면 상계의 사법상 효과인 채권의 소멸은 되지 않는다고 하여 신병존설의 입장에 있다(대판 2013. 3. 28, 2011다3329 참조).

나. 재소의 금지(제267조 2항)

1) 취 지

당사자가 종국판결이 선고된 뒤에 소를 취하하였는데도 재차 소를 제기할 수 있다면 그동안 본안판결에 이르기까지 법원이 들인 노력과 비용이 허사가 될 뿐 아니라 당사자는 종국판결의 결과를 보아가면서 상소를 하든지 소를 취하하고 재소를 하든지를 결정할 수 있어 결국 법원의 종국판결은 당사자에 의하여 농락당하는 결과가 될 수 있다. 그러므로 종국판결 선고 이후에는 재소가 금지된다(제267조 2항). 또 소송 외의 화해로 분쟁을 마치면서 소송종료의 형식을 화해가 아니라 소 취하로 한 경우에는 비록 종국판결선고 이전의 소취하라고 하더라도 같은 취지에서 재소가 금지 된다.[510]

2) 같은 소(訴)

본안에 대한 종국판결이 선고된 뒤에 소를 취하한 자는 같은 소를 제기하지 못한다(제267조 2항). 같은 소의 요건은 다음과 같다.

가) 당사자의 동일   a) 재소가 금지되는 당사자는 이전 소송과 같은 원고 뿐이고 피고는 재소에 아무런 제약이 없다. 재소금지가 되는 사람은 이전 소송과 같은 원고나 그 일반승계인 및 그 보조참가인이다. 특정승계인도 재소금지의 취지가 당사자의 종국판결을 농락한데 대한 제재라고 한다면 제외할 이유가 없다.[511]

b) 소를 취하한 사람이 선정당사자(제53조)일 때에는 선정자도 선정당사자의 판결의 효력을 받으므로(제218조 3항) 재소가 금지된다. 채권자대위소송이 종국판결 선고 이후에 취하되고 피대위자가 이 사실을 안 경우,[512] 소취하 이후에 대위자가 대위할 권리가 없는 것이 판명되더라도 대위자의 청구를 피대위자가 인낙하여 대위적격을 부여한 경우[513] 대위자에 대한 판결의 효력이 피대위자에게 미치

---

510) 대판 1983. 3. 22, 82누354.
511) 대판 1998. 3. 13, 95다48599 · 48605.
512) 대판 1981. 1. 27, 79다1618.
513) 대판 1995. 7. 28, 95다18406.

므로 피대위자의 재소가 금지된다.[514)]

나) **소송목적의 동일**   같은 소가 되기 위해서는 이전 소송과 뒤의 소송의 소송목적이 같아야 한다. 즉, 양쪽 소송의 청구취지와 청구원인이 같아야 한다. 그러나 소송목적이 다르더라도 예를 들어 원본채권의 이행을 청구하는 소에 대한 종국판결이 선고된 뒤에 그 소를 취하한 다음 다시 원본채권에 대한 이자채권의 소송을 제기하는 것은 이전 소송의 소송목적이 뒤에 제기된 소송의 선결적 법률관계에 있으므로 재소가 금지 된다. 그러나 그 이자채권의 종국판결 선고 후에 원본채권의 이행을 청구하는 소송은 선결적 법률관계가 아니므로 재소금지의 제재를 받지 아니한다.

다) **소 이익의 동일**   소취하 후에 재소를 금지하는 취지는, 당사자가 소의 이익이 없으면서도 법원의 종국판결을 농락한데 대한 제재에 있다. 따라서 만약 당사자에게 소의 취하 후에 재차 소송을 제기할 정당한 사정, 즉 소의 이익이 생긴 경우에는 이를 허용하여야 할 것이다.[515)] 그러므로 확인하는 이익이 소취하 뒤에 다시 생긴 경우, 이행기가 아직 오지 아니하였다는 이유로 소를 취하하였다가 이행기가 도래한 경우, 이전 소송 취하의 전제조건이 되는 약정사항을 상대방 당사자가 위반함으로써 그 약정이 해제 또는 실효되는 사정변경이 생긴 경우,[516)] 공유지분 양수인이 자신의 권리를 지키기 위하여 양도인이 취하한 소를 제기하는 경우[517)] 등에는 재소가 허용된다. 이 점에서 중복된 소제기의 금지와 다르다.

라) **본안에 대한 종국판결이 선고된 뒤의 취하**   a) 본안에 대한 종국판결이 선고된 뒤에 소를 취하한 경우에 한해서 재소금지의 제한이 있다. 따라서 소각하 판결, 사망자를 상대로 한 판결과 같이 내용상 효력이 생기지 아니하는 무효의 판결 또는 소송종료선언과 같이 본안에 대한 종국판결이 아닌 경우에는 그 판결이 선고된 뒤에 소를 취하하더라도 재소가 허용된다. 본안판결이라고 하면 원고 승소판결이든 원고 패소판결이든 묻지 않는다. 항소심에서 소를 교환적으로 변경하면 구청구는 철회되어 종국판결이 선고된 뒤에 소를 취하한 셈이 되므로

---

514) 반대 취지: 송상현/박익환, 477면.
515) 대판 2009. 6. 25, 2009다22037.
516) 대판 2000. 12. 22, 2000다46399.
517) 대판 1998. 3. 13, 95다48599 · 48605.

원고가 다시 구청구로 소를 교환적 변경을 하는 것은 재소금지의 제한을 받는다.[518]

　b) 그러나 제1심 판결이 취소 환송(제418조)되어 다시 제1심이 계속되는 경우에는 본안판결이 있기 전까지는 재소금지의 제한 없이 소를 취하할 수 있다.

　c) 종국판결선고 이후에 소취하 합의의 존재가 소송상 주장되어 소가 각하된 경우에도 재소할 수 없는 데는 변함이 없으므로 재소금지원칙이 적용된다.

　d) 소취하의 합의가 부제소 합의의 취지였다면 종국판결 선고 이전에는 그 합의에 따라 소가 취하되어야 할 것이고, 원고가 소를 취하하지 아니하여 소각하가 된 경우에도 부제소의 합의 취지는 존중되어야 할 것이므로 재소가 되면 이를 각하하여야 할 것이다.

3) 효　　과

　가) 재소금지의 원칙은 피고를 보호하기 위한 것이 아니고 소제기자가 권리를 남용하여 법원의 종국판결을 농락하는 사태를 방지하자고 하는 공익적 성질을 갖고 있기 때문에 직권조사사항이다.

　나) 재소금지는 실체법상의 권리를 소멸시키는 것이 아니라 상대방에 대한 의무의 이행청구를 소로써 청구할 수 없는 소송법상의 효과에 그치므로 실체법상의 권리관계에는 영향이 없다. 따라서 재소가 금지되는 채권이더라도 임의변제, 담보권실행, 반대채권으로 상계주장을 할 수 있고, 상대방도 그 권리의 부존재확인을 구할 이익이 있다.

　다) 주주의 대표소송에서 청구의 포기는 법원의 허가를 받아야 하고(상 제403조 6항), 증권관련집단소송에서 청구의 포기도 법원의 허가를 받아야 하는데(증집소 제35조) 이 경우에는 종국판결선고 이후에 소를 취하하더라도 재소금지의 제한이 없다. 이 경우까지 재소가 금지된다면 소취하는 결국 법원의 허가 없이 청구를 포기한 것과 같은 결과가 되기 때문이다.

---

518) 대판 1987. 6. 9, 86다카2600.

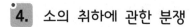

4. 소의 취하에 관한 분쟁

가. 원   칙

소의 취하의 유무 및 효력은 소송계속의 유무를 결정하는 문제이기 때문에 직권으로 조사하지 않으면 안 된다.

나. 종국판결선고 이전

예를 들어 소의 취하에 제451조 1항 5호의 '형사상 처벌받을 다른 사람의 행위로 말미암은' 사유 또는 이에 준하는 사유가 있다고 하여 그 부존재 또는 무효를 주장하려면 당사자는 해당 소송절차에서 기일지정신청부터 하여야 한다(민소규 제67조 1항). 법원은 당사자의 기일지정신청이 있을 때에는 변론을 열고 그 당부를 심리하여 그 결과 소의 취하가 유효한 경우에는 종국판결로 소송종료선언을 하여야 하고, 소의 취하가 무효일 때에는 취하당시의 소송 정도에 따라 필요한 절차를 속행하고 이를 중간판결(제201조)이나 종국판결의 이유에서 그 판단을 표시하여야 한다(민소규 제67조 2항·3항). 어느 경우에나 별소로써 소취하의 무효확인청구를 할 수 없다.

다. 종국판결선고 이후

종국판결이 선고된 뒤에 상소를 제기하였으나 기록이 늦게 보내져 미처 상소심에 이심되기 이전 또는 상소제기 이전에 위와 동일한 이유로 원고가 소를 취하하였다가 그 취하가 무효라고 다투면서 기일지정신청을 하였을 때에는 다음과 같이 처리한다.

1) 상소의 이익이 있는 당사자 모두가 상소를 한 경우에는 원심법원이 아니라 상소심법원이 그 당부를 심판하여야 하되, 그 심판절차는 변론을 열어 통상의 기일지정신청절차에 의하여 심판한다(민소규 제67조 4항 1호, 2항·3항).

2) 그 밖의 경우에는 상소심법원이 아니라 원심법원이 그 당부를 심판한다. 원심법원은 신청이 이유 있다고 인정하는 때에는 판결로 소취하무효선언을 한다(민소규 제67조 4항 2호). 소취하무효선언이 확정된 때에는 유효한 소의 취하로 알

고 상소를 제기하지 아니하였거나, 상소를 취하한 당사자도 상소를 제기할 수 있다. 이때의 상소기간은 소취하무효선언이 확정된 다음날부터 전체기간이 새로이 진행한다(민소규 제67조 5항).

3) 소 또는 상소취하의 부존재를 전제로 재심소송을 제기한 경우에도 재심절차에서 처리할 것이 아니라 재심대상 사건의 본안사건에서 소취하의 분쟁에 관한 위의 절차에 의해서 처리하여야 한다.[519] 그렇지 아니하고 재심절차에서 하여야 한다면 유죄의 확정판결 존재(제451조 2항), 재심관할법원(제453조), 재심제기의 기간(제456조) 등 여러 가지 제약이 있어 소 또는 상소 취하의 효력을 다투는 목적을 달성할 수 없는 사태가 생길 수 있기 때문이다.

Ⅲ. 청구의 포기·인낙

1. 뜻과 성질

가. 뜻

청구의 포기는 원고가 자기의 소송상 청구가 이유 없다고 부정하는, 청구의 인낙은 피고가 자기에 대한 원고의 소송상 청구가 이유 있다고 인정하는 소송상의 진술을 말한다. 청구의 포기·인낙이 있으면 당사자들의 소송목적에 관한 분쟁이 해소되어 법원은 청구의 당부에 관하여 심리판단을 할 필요가 없게 된다. 그 결과 청구의 포기는 원고청구기각의 확정판결과, 청구의 인낙은 원고청구인용의 확정판결과 같은 효력이 있다. 그러므로 포기나 인낙은 조건 없이 하여야 하고 소송 외에서 그 성립 여부가 밝혀지는 조건을 붙여서는 안 된다. 판례[520]는 예비적 청구만을 대상으로 하는 청구의 인낙은 무효라고 하였다. 그러나 이 경우 주위적 청구가 인용되면 판례와 같이 무효로 보지만 주위적 청구가 기각되는 경우에는 인낙의 효력을 인정하여야 할 것이다.[521] 청구의 일부인용판결이나 청구의 일부기각판결이 가능한 것처럼 가분적인 청구금액의 분량적 일부만 인정하는 인낙 또는

---

519) 위 2010다86112 판결 참조.
520) 대판 1995. 7. 25, 94다62017.
521) 같은 취지: 이시윤, 574면.

분량적 일부만 부정하는 포기도 할 수 있다. 이 경우에 나머지 청구와 결론을 달리하더라도 이것은 처분권주의가 적용된 부득이한 결과라고 하여야 한다. 청구의 포기·인낙을 조서에 기재하면 그 조서는 확정판결과 같은 효력이 있어(제220조) 소송은 종료된다.

나. 성 질

판례[522]는 청구의 포기·인낙은 당사자 한쪽의 법원에 대한 소송행위로 본다(소송행위설). 제220조가 포기·인낙조서에 확정판결과 같은 효력을 인정하고 있고 제461조가 그 조서에 대한 불복의 길을 준재심에 한정시키고 있기 때문이다. 그런데 청구의 포기·인낙의 진술을 사법행위와 소송행위의 성질을 동시에 갖고 있다고 본다면(양성설 또는 양행위 경합설) 실체법과 소송법이 경합적으로 적용되어 실체법 또는 소송법의 요건 중에서 어느 하나라도 흠이 있으면 청구의 포기·인낙의 진술은 전체로서 무효가 된다.

2. 요 건

가. 당 사 자

청구의 포기·인낙은 소송행위이므로 당사자로서는 당사자능력·소송능력을 갖추어야 하며 소송상 대리인에 의하는 경우에는 특별한 권한을 받아야 한다(제56조 2항, 제90조 2항). 필수적 공동소송의 경우에는 공동소송인 전원이 일치하여 청구의 포기나 인낙을 하여야 하고(제67조 1항), 독립당사자참가가 있을 때에는 본소의 당사자가 포기·인낙을 하더라도 참가인이 다투면 포기·인낙의 효력이 생기지 않는다(제79조 2항, 제67조 1항).

나. 소송목적

1) 청구의 포기·인낙은 자유롭게 처분할 수 있는 권리나 법률관계에 관하여 허용되므로 그 처분이 제한되는 직권탐지주의가 적용되는 사건에 관해서는 청구

---

522) 대판 1957. 3. 14, 4289민상439.

의 포기·인낙도 제한된다. 가사소송에서는 협의이혼이나 협의파양을 인정하고 있으므로 이혼소송과 파양(罷養)소송은 인낙도 허용된다고 하여야 할 것이지만[523] 이혼과 파양을 제외한 나머지 가사소송은 청구의 인낙을 할 수 없다. 가사소송법 제12조가 이를 명문으로 허용하고 있지 않기 때문이다. 그러나 청구의 포기는 허용된다고 하여야 한다. 청구의 포기는 가사소송법 제12조의 명문에서 제외되고 있을 뿐 아니라 소의 취하와 같이 소송행위의 철회라는 성질이 있으므로 이를 불허할 이유가 없기 때문이다.[524] 회사관계소송에서도 청구인용판결은 그 효력이 제3자에게 미치므로(상 제190조, 제376조 2항, 제380조) 청구의 인낙은 허용되지 않지만[525] 그 효력이 제3자에게 미치지 않는 청구의 포기는 허용된다. 주주의 대표소송에서 청구의 포기·인낙은 법원의 허가를 받아야 하고(상 제403조 6항), 증권관련집단소송에서 청구의 포기도 법원의 허가를 받아야 한다(증집소 제35조).

2) 인낙할 수 있는 소송목적은 현행법질서가 인정하는 것이어야 하며 선량한 풍속 기타 사회질서(민 제103조)에 위반되어서는 안 된다. 그러므로 물권법정주의에 위반된 물권의 창설을 구하는 청구의 인낙이나 축첩관계를 인정하는 청구의 인낙은 허용되지 않는다. 강행법규 또는 민법 제103조에 위반된 청구는 가령 당사자가 이를 인정하더라도 국가가 그 권리의 행사 및 실현에 협력할 수 없기 때문에 청구의 인낙을 부정해야 하므로[526] 권리관계 자체의 존재는 인정하더라도 불법원인에 기한 청구(예, 도박채권에 기한 금전청구)라면 동일하게 청구인낙을 부정하여야 할 것이다. 농지에 관한 소유권이전등기청구는 단순한 의사표시를 명하는 청구이어서 그 효력요건인 소재지관서의 증명이 없더라도 인용판결을 할 수 있으므로 소재지관서의 증명이 없는 소유권이전등기청구에 관해서 청구의 인낙이 허용된다.[527] 그러나 인낙조서에 의해서 소유권이전등기를 등재할 때에는 소재지관서의 증명이 있어야 가능하다.

3) 청구의 포기·인낙은 소송요건을 구비하여야 허용되는지 문제이다. 소송요건 중에서 판결의 무효사유 또는 재심에 의한 취소사유와 같이 재판제도의 설

---

523) 같은 취지: 이시윤, 573면.
524) 반대 취지: 이시윤, 573면.
525) 대판 2004. 9. 24, 2004다28047.
526) 반대 취지: 이시윤, 574면.
527) 대판 1969. 3. 25, 68다2024.

치·운영자가 공적 이익의 확보를 목적으로 하는 경우, 예를 들어 재판권, 직무관할, 당사자의 실재, 소송능력 등은 피고가 다투는지 여부를 떠나서 소송요건의 흠이 있으면 소각하판결을 하여야 하고 청구의 포기·인낙을 할 수 없다. 그러나 그이외의 경우 예를 들어 임의관할, 당사자능력, 중복된 소제기의 금지 원칙이나 소의 이익 등과 같이 무익한 소송의 배제 혹은 피고의 이익보호를 목적으로 하는 소송요건의 경우에는 피고가 그 존부를 다투지 않는다면 청구의 포기·인낙을 허용하여야 할 것이다.

다. 절   차

1) 청구의 포기·인낙은 법원의 심리부담을 덜어주는 당사자의 소송행위이다. 따라서 소송계속중이면 어느 심급에서도 할 수 있다.

2) 당사자는 포기·인낙의 의사표시를 변론기일 또는 변론준비기일에서 원칙적으로 말로 해야 한다. 다만 공증사무소의 인증을 받은 청구의 포기·인낙의 의사표시가 적힌 소장, 답변서 그 밖의 준비서면을 법원에 제출하면 원고 또는 피고가 법정에 출석하지 아니한 경우에도 포기·인낙으로 본다(간주 포기·인낙)(제148조 2항).

3) 청구의 포기·인낙은 종국판결선고 이후에도 판결이 확정되기 전에 할 수 있다. 포기·인낙의 진술이 유효한 경우에는 법원사무관등으로 하여금 조서에 그 진술을 적도록 명하여야 한다(제154조, 제155조, 제160조). 그러나 그 진술이 조서에 기재되기 이전에는 당사자들은 언제든지 그 진술을 철회할 수 있다. 결과가 중대하므로 포기·인낙을 신중하게 하기 위해서이다. 이 경우에는 재판상 자백과 달리 상대방의 동의를 받을 필요가 없다.

라. 효   과

1) 청구의 포기·인낙을 기재한 조서

청구의 포기·인낙을 변론조서나 변론준비기일의 조서에 적은 때에는 그 조서는 확정판결과 같은 효력이 있다(제220조). 따라서 청구의 포기·인낙을 적은 조

서는 기재 내용에 따라 기판력·집행력·형성력이 있다.[528]

2) 청구의 인낙과 그 취소·해제

청구의 인낙은 소송행위로서 원고승소판결과 동일하므로(소송행위설) 준재심에 해당하는 사유(제461조)가 없으면 이를 취소하거나 해제할 수 없다(무제한 기판력설). 따라서 피고가 인낙조서상의 의무를 이행하지 아니하더라도 이를 원인으로 하여 인낙 자체를 실효시킬 수 없고 그 불이행 또는 이행불능을 이유로 손해배상청구도 할 수 없다.[529]

Ⅳ. 재판상 화해

1. 뜻

재판상 화해라 함은 다툼이 있는 당사자가 법원에서 서로 그 주장을 양보하여 분쟁을 마치는 행위를 말한다. 소제기 이전에 미리 법원에서 하는 화해를 제소전 화해, 소송 중에 하는 화해를 소송상 화해, 양쪽을 합쳐 재판상 화해라고 한다. 재판상 화해는 서로 양보하여 분쟁을 자주적으로 해결하는 것이기 때문에 단칼의 승부로써 분쟁을 공권적으로 해결하는 종국판결과 달리 원한을 덜 남게 하는 장점이 있다. 그리하여 법원은 소송의 정도와 관계없이 당사자 본인이나 그 법정대리인의 출석을 명하여 화해를 권고하거나 수명법관 또는 수탁판사로 하여금 권고할 수 있도록 하고(제145조 1항), 화해권고결정에 대하여 결정서 정본을 송달받은 날부터 2주일 이내에 이의신청이 없거나 이의신청각하결정의 확정 또는 이의신청을 취하 또는 포기한 때에는 재판상 화해와 같은 효력이 있는 제도(제225조~제232조)를 두어 화해를 촉진하고 있다. 조정도 재판상의 화해와 동일한 효력이 있고(민조 제29조), 민주화운동관련자에 대한 보상심의회의 지급결정에 대한 동의도 재판상화해가 성립한 것으로 본다(민주화보상법 제18조 2항).

---

528) 청구의 인낙이 변론조서에 기재되면 인낙조서의 작성이 없더라도 인용판결과 같은 효력이 생기므로 이를 간과하고 소송이 진행되면 판결로 소송종료선언을 하여야 한다(대판 1962. 6. 14, 62마6 참조).

529) 이시윤, 577면.

사실 화해를 잘 성립시키는 판사야 말로 우수한 법관이다. 이성적이고 논리적 동물인 인간은 분쟁에서 자기의 이익과 불이익을 판별할 수 있는 능력이 있다. 다만 분쟁과정에서 감정에 휩싸여 이성적이고 논리적인 잣대를 한 때 분실하였을 뿐이다. 유능한 법관이 당사자에게 분쟁의 실체를 납득할 수 있도록 잘 설명하여 주고 합리적인 기준으로 마련한 화해안을 제시하면 당사자들은 이성의 잣대로 결과를 예측하여 화해에 도달할 가능성이 크다. 따라서 화해의 성공 여부는 법관이 얼마나 분쟁의 실체를 당사자들이 잘 납득하고 이해할 수 있도록 설득할 수 있는 능력이 있느냐에 달려있을 것이다. 그런데 실제로는 법관이 이러한 과정을 거치지 아니하고 당사자들에게 억지로 강요하다시피 화해를 권유하고 그 결과로 화해가 성립되어 분쟁의 원만한 해결보다는 당사자에게 심각한 권리침해가 될 때 문제가 생기는 것이다. 이러한 운영상의 결점만 극복한다면 화해는 민사소송절차에서 가장 바람직한 결말이라고 할 수 있다.

2. 성   질

가. 사법행위설

재판상 화해는 민법상 화해계약과 동일한 성질을 가지고 있으나 소송의 기회에 화해가 이루어진다는 점에서 민법상 화해와 다른 대접을 받는다는 견해이다. 사법행위설은 사법상 화해계약에 어떻게 소송법상의 효과가 주어지는 가를 충분히 설명하지 못하는 약점이 있으나 우리 대법원 판결은 흠 없는 재판상 화해의 성질을 사법행위설로 파악한다.[530] 그러므로 화해조항 자체에 실효조항을 넣은 경우에는 그 조건성취로써 화해의 효력이 실효된다고 한다.[531]

나. 소송행위설

재판상 화해는 당사자가 기일에 소송목적에 관하여 일정한 실체법상의 처분을 함으로써 소송을 마친다는 진술이므로 민법상의 화해와는 이름만 같이 할 뿐

---

530) 대판 1966. 2. 28, 65다251; 대판 1971. 1. 26, 70다2535 등.
531) 대판 1988. 8. 9, 88다카2332.

전혀 별개라는 견해이다. 따라서 민법상의 화해에 관한 규정을 적용할 수 없고 오로지 소송법에 의하여 지배된다는 것이 소송행위설의 핵심이다. 우리나라의 판례[532)]는 「…소송상의 화해는 순연한 소송행위로 볼 것이라고 함은 본원이 취하는 견해이다…」라고 하고 있으나 실제로는 흠 없는 재판상 화해에 관해서는 소송행위설과 달리 실체법의 적용을 긍정하고 뒤에서 보는 바와 같이 사법상 화해계약에 특유한 창설적 효력을 인정함으로써 순수한 소송행위설로 이해하기 어렵다. 대법원 판례는 순수한 소송행위설과 구별하여 「실체법적 소송행위설」로 보아야 할 것이다. 다만 뒤에서 보는 바와 같이 판례는 흠 있는 재판상 화해의 효력은 오로지 재심의 방법에 의하여 다투어야 한다고 하여 무제한적 기판력설의 입장을 취하고 있지만 이는 소송행위설과 논리적 필연성이 있는 것이 아니다.

다. 양성설(또는 양행위경합설)

재판상 화해는 하나의 행위이지만 사법행위와 소송행위의 성질을 동시에 갖고 있다는 견해이다. 이 설에 의하면 재판상 화해는 소송법과 실체법이 경합적으로 적용되는 결과 소송법상의 요건이나 실체법상의 요건 중에서 어느 하나의 요건에 흠이 있으면 재판상 화해는 전체로서 무효가 된다. 그러나 그러한 흠이 없는 경우에는 재판상 화해에 기판력이 인정되는 등 소송행위설과 동일하다. 그러면서도 재판상 화해에 실체법상의 무효 또는 취소사유가 있는 경우에는 재심의 소가 아닌 통상의 소송에 의하여 화해의 효력을 다툴 수 있다는데 묘미가 있다(제한적 기판력설). 결국 이 견해는 흠이 없는 화해는 소송행위설과 같은 결론이고 흠이 있는 화해는 사법행위설과 같은 결론이다. 학설로서는 오히려 이 견해가 소송행위설 보다 다수설이다.[533)]

---

532) 대결 1962. 5. 31, 4293민재항6.
533) 양성설은 이시윤, 580면; 정동윤/유병현, 641면; 전병서, 602면; 정영환, 928면 등. 소송행위설은 송상현/박익환, 487면 등.

3. 요 건

가. 당 사 자

판례를 따르면 재판상 화해는 소송행위이므로 당사자로서는 당사자능력, 소송능력을 갖추어야 하며 대리인에 의하는 경우에는 특별한 권한을 받아야 한다(제56조 2항, 제90조 2항). 필수적 공동소송의 경우에는 공동소송인 전원이 일치하여 화해하지 않으면 안 되며(제67조 1항), 제3자도 화해절차에 참가하여 화해를 할 수 있다.[534]

나. 형 식

1) 재판상 화해가 성립하면 법원의 심리부담을 덜어주는 결과가 된다. 따라서 소송계속중이면 어느 심급에서도 할 수 있어 상고심에서도 화해가 가능하다.

2) 당사자는 변론기일 또는 변론준비기일에 출석하여 원칙적으로 말로 화해의 내용을 진술한다. 다만 공증사무소의 인증을 받은 화해의 의사표시가 적힌 소장, 답변서 그 밖의 준비서면을 법원에 제출하고 원고 또는 피고가 법정에 출석하지 아니한 경우에도 상대방 당사자가 출석하여 그 화해의 의사표시를 받아들인 경우에는 화해가 성립한 것으로 본다(간주화해)(제148조 3항).

3) 법원은 소송의 정도와 관계없이 사건의 합리적 해결을 위하여 화해를 권고하거나 수명법관이나 수탁판사로 하여금 권고하게 할 수 있고(제145조 1항), 소송대리인이 있더라도 화해를 위하여 당사자본인이나 법정대리인의 출석을 명할수 있으며(제145조 2항), 화해권고결정(제225조)을 할 수 있다.

다. 소송목적

1) 원칙적으로 사적 이익에 관한 것이고 당사자가 자유로이 처분할 수 있어야 한다.[535] 그러므로 성질상 당사자가 임의로 처분할 수 없는 사항을 대상으로 화해할 수 없으며, 직권탐지주의가 적용되는 사건은 화해가 제한된다. 따라서 직

---

534) 대판 1985. 11. 26, 84다카1880.
535) 대판 2012. 9. 13, 2010다97846.

권탐지주의(행소 제26조)가 적용되는 행정소송은 재판상 화해를 할 수 없다는 견해가 일반적이다.[536] 그러나 행정소송 가운데에서 조세소송, 과징금소송, 산업재해사건 등과 같이 재산적 이익이 분쟁의 주된 대상이 되는 경우에는 법원의 권유에 의하여 피고가 한 처분의 취소 또는 변경과 원고의 소취하 등으로 사실상 화해가 이루어지는 경우가 있으므로 꼭 화해를 반대할 이유가 없을 것이다. 가사소송은 가사소송법 제2조 1항 다류 사건을 제외하고는 직권조사가 원칙이므로(가소 제17조) 화해가 허용되지 않으나 협의가 허용되는 이혼(민 제834조) 및 파양사건(민 제898조), 재산적 성질이 강한 재산분할사건(민 제839조의2) 등의 경우에는 화해를 허용하여야 할 것이다.[537] 회사관계소송은 직권탐지주의가 적용되지 아니하지만 승소판결은 제3자에게도 효력이 있으므로(상 제190조) 당사자 사이에서만 효력이 있는 화해가 허용되지 않는다.[538]

2) 화해할 수 있는 사건은 민법 제103조에 반하지 않고 현행법질서에서 인정될 수 있어야 한다. 그런데 화해조항 자체가 민법 제103조에 반하거나(예, 축첩을 인정하는 화해) 현행법 질서가 허용하지 아니하는 경우(예, 물권법정주의에 위반된 물권창설에 관한 화해)가 아니라면 그것이 재심사유에 해당하여 준재심의 소를 제기하지 않는 한 무효 또는 취소시킬 수 없다(무제한 기판력설).

3) 소송요건에 흠이 있더라도 제소전 화해가 인정되기 때문에 화해가 허용되고 준재심(제461조)에 해당되지 않는 한 취소되지 않는다.

라. 상호양보

청구에 관한 주장을 양보해야 한다. 양보가 없을 때에는 청구의 포기·인낙 또는 소의 취하가 되기 때문이다. 그러나 양보의 범위는 매우 넓어서 한쪽 당사자가 청구에 관한 상대방의 주장을 전부 인정하면서도 다른 한편에서 상대방이 같은 당사자와 계속하는 다른 소송상 청구 혹은 아직 소제기되지 않은 권리관계나 소송비용에 관하여 양보한 때에도 화해가 성립한다. 따라서 이 경우에도 실무상 화해조항에 「원고의 나머지 청구를 기각한다」고 기재한다.

---

536) 이시윤, 582면; 김홍엽, 710면.
537) 이시윤, 582면.
538) 대판 2004. 9. 24, 2004다28047.

4. 효 력

당사자 사이에 화해에 관한 합의가 성립하여 이를 변론조서나 변론준비기일의 조서에 적은 때에는 그 조서는 확정판결과 동일한 효력이 있다(제220조). 따라서 그에 의하여 소송절차를 마침과 동시에 그 화해조서를 집행권원으로 하여 강제집행을 할 수 있다(민집 제56조 5호). 화해권고결정(제225조 이하)도 소정의 기간 이내에 이의신청이 없으면 재판상 화해와 같은 효력이 있다(제231조).[539]

가. 형식적 확정력

1) 기 속 력

화해조서가 작성되면 해당 법원을 기속하므로 가령 조서에 잘못이 있더라도 경정결정(제211조) 이외에는 함부로 취소·변경할 수 없다.

2) 당사자에 대한 형식적 확정력

화해조서가 작성되면 당사자는 이에 대하여 상소로써 불복할 수 없다. 따라서 이로서 당사자에 대한 소송은 끝이 나고 소송계속도 소멸된다.

나. 실질적 효력

1) 집 행 력

재판상 화해가 구체적인 이행의무를 선언한 경우에는 그 조서는 집행권원이 되어 집행력을 갖는다(민집 제56조).

2) 기 판 력

가) 학 설

a) 무제한 기판력설　　　제220조와 제461조의 문언을 충실히 해석하여 재판상 화해를 확정판결의 대용물로 보아 화해의 내용에 무제한으로 기판력을 인정함으로써 재판장 화해에 의한 분쟁해결기능의 실효성을 확보하자는 견해이다. 통

---

539) 대판 2014. 4. 10, 2012다29557.

설이다.

b) 제한적 기판력설   재판상 화해에 대하여 기판력을 인정하지만 그 범위는 무제한이 아니라 재판상 화해가 실체법상 유효할 때 한하여 허용하여야 한다는 견해이다.[540] 따라서 재판상 화해에 무효 또는 취소의 사유가 있는 때에는 재심의 소에 의하지 아니하며 재심사유에 해당되지 아니하여도 기일지정신청이나 별소로 다툴 수 있다.

나) 우리나라의 확립된 판례[541]에 의하면 재판상 화해에 사법상 무효 또는 취소의 사유가 있을 때에는 기일지정신청이나 별소로 다툴 수 없고, 오로지 재심의 소로 다툴 수 있다(무제한 기판력설). 다만 사망자를 당사자로 한 화해,[542] 실효조건의 성취,[543] 성질상 당사자가 임의로 처분할 수 없는 사항을 대상으로 한 화해[544]는 당연무효로 본다. 당사자가 이와 같은 사유를 들어 화해조서의 당연무효를 주장하면서 기일지정신청을 하였을 때에는 법원은 변론기일을 열어 당연무효의 여부를 심리하여야 한다.[545] 하지만 화해조서에 당연무효사유가 없는 한 무제한기판력이 인정되는 결과 입목에 관한 법률위반의 화해,[546] 농지개혁법위반의 화해,[547] 사립학교법위반의 화해,[548] 민법 제607조 및 제608조 위반의 화해,[549] 외국인토지법위반의 화해[550] 등은 재심에 의하여 취소되지 아니하는 한 유효하다.[551]

다) 화해조서상의 의무를 불이행하는 경우에는 양성설(또는 양행위경합설)이나 제한적 기판력설과는 달리 재판상 화해가 민사상 화해계약이 아니라는 이유로 재판상 화해의 해제 자체가 허용되지 않으며,[552] 이 이치는 재판상 화해와 동일한

---

540) 이시윤, 585면.
541) 대전판 1962. 2. 15, 4294민상914.
542) 대판 1955. 7. 28, 4288민상144.
543) 대판 1996. 11. 15, 94다35343.
544) 대판 2012. 9. 13, 2010다97846.
545) 대판 2000. 3. 10, 99다67703.
546) 대판 1962. 4. 18, 4294민상1268.
547) 대판 1962. 5. 10, 4294민상1522.
548) 대판 1975. 11. 11, 74다634.
549) 대판 1969. 12. 9, 69다1565.
550) 대판 1979. 2. 27, 78다1585.
551) 그러나 위의 경우는 모두 재심사유가 될 수 없으므로 강행규정위반의 화해는 무효로 할 수 없다는 결론이다.
552) 대전판 1962. 2. 15, 4294민상914.

효력이 있는 조정조서의 경우에도 마찬가지이다.[553] 민주화운동관련자에 대한 보상심의회의 지급결정에 대해서 동의를 하면 재판상 화해가 성립한 것으로 보는데 (민주화보상법 제18조 2항) 이 경우에 뒤에 민주화운동과 관련된 유죄의 확정판결이 재심에 의하여 취소되는 중대한 사정변경이 있더라도 앞의 동의로 인한 재판상 화해를 취소할 수 없다.[554] 그러므로 별소로써 화해계약불이행을 이유로 한 손해배상청구만 할 수 있을 뿐이다. 또한 제1화해가 성립된 후에 그와 모순되는 제2화해가 성립되어도 그에 의하여 제1화해가 당연 실효되거나 변경될 수 없다.[555] 이 경우에는 제451조 1항 10호를 이유로 하여 제2화해에 관하여 준재심을 제기할 수 있을 것이다.

판례의 무제한 기판력설은 변경되어야 한다.

　원래 재판상 화해에 관한 우리 대법원판결은 재판상 화해에 사법상의 무효 또는 취소사유가 없는 경우에만 기판력을 부여하고 그러한 무효 또는 취소사유가 있을 때에는 별소[556]나 기일지정신청[557]으로 다툴 수 있도록 하여(제한적 기판력설) 지금보다 재판상 화해의 흠에 관한 권리구제의 폭이 넓었다. 그런데 5.16 군사혁명 직후 그 당시 국회를 대행하던 국가재건최고회의에서 1961년 법률 제706호로 준재심을 재판상 화해조서에 적용할 수 있도록 현행 제461조에 해당하는 당시 법조문 제431조를 개정하면서 판례도 양성설에서 무제한 기판력설로 전환되었고 그 입장이 현재까지 유지되고 있다. 그런데 실은 독일에서나 일본에서도 양성설이 판례·다수설이었는데 제2차 세계대전 말기에 일본에서 군국주의가 득세하면서 이에 영합하는 일본 동경제국대학의 일부 교수들이 무제한 기판력설을 주장하였고 5.16 혁명이 일어나자 우리나라의 일부 학자 및 실무자들이 주동이 되어 무제한 기판력설이 꽃을 피게 된 것이다. 재판상 화해의 효력에 무제한 기판력을 부여하면 분쟁해결의 실효성·법적안정성은 확보할 수 있을지 모르지만 실체

---

553) 대판 2012. 4. 13, 2011다109357; 대판 2014. 3. 27, 2009다104960·104977.
554) 대전판 2015. 1. 22, 2012다204365 참조.
555) 대판 1995. 12. 5, 94다59028.
556) 대판 1955. 9. 8, 4288민상12.
557) 대판 1957. 12. 26, 4290민상638.

법상의 흠, 특히 강행규정위반의 흠을 당사자는 다툴 수 없게 되어 그만큼 당사자들의 권리구제의 폭이 줄어들 수 밖에 없게 된다. 결국 무제한 기판력설은 당사자의 권리구제보다는 법적 안정성을 중시하는 입장이라 할 것이다. 그럼에도 불구하고 1961년 5.16 군사혁명 당시의 사회적 분위기는 당사자의 권리구제보다는 분쟁해결의 종국성·확정성을 중시하여 무제한 기판력설의 기반이 되는 당시의 법규정 제431조의 개정이 있었던 것이다. 그런데 지금은 5.16 군사혁명 당시와는 모든 것이 달라졌다. 21세기에 들어오면서 우리나라도 급격하게 경제가 성장하면서 국가적 과제도 성장에서 복지로 변화되어 「복지의 확대」가 모든 국가 업무의 중심이 된 것이다. 그리고 복지 속에는 국민의 권리구제를 위한 정당한 재판을 받을 권리도 포함되고 있어 국민들에게는 재판제도 자체가 「복지의 확대」수단으로 인식되고 있다. 따라서 사법부도 이에 부응하지 못할 때에는 국민들의 가혹한 비판을 면할 수 없을 것이다. 이러한 인식 밑에서 재판상 화해의 효력을 검토한다면 과연 무제한 기판력설이 「복지의 확대」수단으로 인식될 수 있는지 의문이다. 따라서 지금이라도 법원은 재판상 화해에 관한 무제한 기판력설의 입장을 변경하여 국민의 「복지의 확대」욕구에 부응하여야 할 것이다. 어쩌면 재판상 화해에 관한 양성설이나 제한적 기판력설은 제461조에 관한 법 개정이 없이도 해석론만으로도 재판상 화해에 관한 실체법상의 흠을 구제할 수 있는 기반을 마련해놓았다고도 볼 수 있다.

 대전판 2015. 1. 22, 2012다204365

(1) 사실관계

(가) 원고들은 1974. 1. 7. 개헌 등 정치활동이 금지된 긴급조치(이른바 유신체제) 아래에서 문인들 61명이 발표한 개헌지지 성명에 관여한 후 그해 1. 14.부터 그해 1. 22.까지 사이에 국군보안사령부 소속 수사관들에게 불법체포로 구금되어 기소될 때까지 밤샘수사, 구타 및 각종 고문, 회유와 협박 등의 가혹행위에 못이겨 수사관들이 불러주는 대로 자술서 또는 진술서를 작성하였고, 결국 이러한 증거들을 토대로 반공법위반, 국가보안법위반, 외환관리법위반 등으로 구속 기소되어 법원에서 유죄의 확정판결을 받았다.

(나) 원고들은 그로부터 30년이 지난 2003. 4. 22.에 민주화 운동과 관련하여 희생된 자와 그 유족에 대하여 국가가 명예회복 및 보상을 행함으로써 이들의 생활안정과 복지 향상을 도모하고 민주주의의 발전과 국민화합에 기여함을 목적으로 제정된 민주화운동관련자 명예회복 및 보상등에 관한 법률(약칭 '민주화보상법')에 따라 민주화운동관련자

명예회복 및 보상심의회(약칭 '위원회')에 보상금·의료지원금·생활자원금(약칭 '보상금 등')의 지급신청을 하였고 2006. 7. 26, 위원회의 보상금 등 지급결정에 따라 보상금 등으로 금 6,209,040원 등을 지급받으면서 위원회의 보상금 등의 지급결정에 동의하였는데 민주화보상법 제18조 2항은 이 법에 의한 보상금 등의 지급결정을 지급신청인이 동의한 때에는 민주화운동과 관련하여 입은 피해에 대하여 민사소송법상의 재판상 화해가 성립한 것으로 본다고 규정하고 있다.

　(다) 한편 원고들은 위 유죄의 확정판결에 대하여 재심을 청구하였고 재심법원은 원판결을 취소하고 원고들의 반공법위반 등 범죄사실에 대하여 무죄판결을 선고하였고 이 판결은 2011. 12. 23. 확정되었다.

　(2) 청구원인

　원고들은 피고인 국가에 대하여 이 사건 고문 등 불법행위에 의한 유죄판결이 나중에 재심에 의하여 취소되어 무죄판결이 확정되었으므로 위 보상금 등과 별도로 그동안 복역하였던 부분에 대한 위자료 청구를 하였다.

　(3) 대법원판결의 요지

　국가의 불법행위에 의한 복역으로 인하여 원고들이 입은 피해는 민주화보상법에서 정한 민주화운동과 관련하여 입은 피해에 해당하여 원고들이 위원회의 보상금 등 지급결정에 동의한 이상 그 동의로 인하여 민사소송법상의 재판상 화해가 성립한 것으로 보아야 하므로 불법행위에 의한 복역으로 인한 위자료청구는 소의 이익이 없어 부적법하다.

　(4) 대법원판결에 대한 평가

　대법원판결은 8:5로 대법관들의 의견이 나뉘었고 대법원판결의 요지는 다수의견이다. 원고들이 위원회에서 보상금지급결정에 동의하여 보상금 등을 지급받은 것은 민주화보상법 제18조 2항에 의하여 재판상 화해가 성립한 결과이므로 재판상 화해에 관한 판례의 무제한 기판력설에 따라 불법행위에 의한 복역으로 인한 위자료청구는 소의 이익이 없어 부적법하다는 대법원판결은 무제한 기판력설에 관한 대법원판례가 변경되지 않는 한 타당하다. 그러나 원고들이 보상금을 지급받을 당시 나중에 재심절차에 의하여 원고들의 유죄확정판결이 취소되고 무죄판결이 선고되는 중대한 사정변경을 예상할 수 없었으므로 양성설(또는 양행위경합설)이나 제한적 기판력설에 의한다면 위 재판상화해를 (중대한) 사정변경을 이유로 해제할 수 있어 원고들의 위자료청구는 가능하였을 것이다. 만약 원고들에게 위자료를 지급할 수 있었다면 위 대법원판결의 소수의견과 같이 이것은 민주화운동과 관련하여 입은 피해에 대한 명예회복 외에 피해보상을 규정한 민주화보상법의 입법취지는 물론 규명된 진실에 따라 피해자의 피해회복을 위한 적절한 조치를 취할 의무를 국가에 부과한 과거사정리법의 입법취지에도 맞으며 이는 공평과 정의의 관념에 합치된다 할 것이다. 사실 위 재심판결은 유신체제하에서 법원 자신의 잘못을 시인하면서 그로 인한 피해를 회복시켜 주자는데 있으므로 원고들의 위자료청구는 당연히 받아들여야 할 성질이었다. 그러나 결국 재판상 화해에 관하여 소송행위설 및 무제한 기판력설을 채택한 종전 판례의 벽 때문에 억울한 국민들의 눈물을, 유신체제하에 그런 눈물을 흘리게 한데 대하여 일말의 책임이 있는 법원이 이를 스스로 씻어주지 못한 것은 정말 아쉽고도 안타깝다. 무제한 기판력설에 대한 판례의 변경을 다시 한번 촉구한다.

3) 창설적 효력

민법상 화해계약이 성립하면 당사자 한쪽이 양보한 권리는 소멸하고 상대방은 그 권리를 취득하는 효력이 있다(민 제732조). 이를 화해계약의 창설적 효력이라고 한다. 판례[558]는 재판상 화해에 대하여 사법상 화해계약에 특유한 창설적 효력을 인정한다. 그러나 그 범위는 당사자가 서로 양보를 하여 확정하기로 합의한 사항에 한정되며 당사자 사이에 다툼이 없었던 사항은 물론 화해의 전제로서 서로 양보하는데 지나지 않은 사항에 관해서는 그 효력을 인정하지 않는다.[559]

5. 화해권고결정

가. 화해권고결정이라 함은 법원, 수명법관 또는 수탁판사가 소송계속중에 사건에 관하여 직권으로 당사자의 이익, 그 밖의 모든 사정을 참작하여 청구의 취지에 어긋나지 않는 범위 안에서 사건의 공평한 해결을 위해서 하는 권고결정을 말한다(제225조 1항). 이 결정에는 청구의 취지와 원인을 적고(다만 소심 제2조 1항의 소액사건은 특히 필요하다고 인정한 경우 외에는 청구원인을 적지 아니한다. 민소규 제57조) 법원사무관등이 그 결정내용을 적은 조서 또는 결정서의 정본을 당사자에게 송달하여야 하며(제225조 2항) 송달할 때에 2주일 안에 이의를 신청하지 아니하면 화해권고결정이 재판상 화해와 같은 효력이 생긴다는 취지를 고지하여야 한다(민소규 제58조).

---

558) 대판 1967. 6. 13, 65다1522 · 1523.
559) 대판 2011. 7. 28, 2009다90856.

나. 화해권고결정은 ① 제226조 1항의 기간 내에 이의 신청이 없을 때, ② 이의신청에 대한 각하결정이 확정된 때, ③ 당사자가 이의신청을 취하하거나 이의신청을 포기한 때의 어느 하나에 해당하면 재판상 화해와 같은 효력을 가진다(제231조). 따라서 결국 확정판결과 같은 효력이 생기므로 당사자의 사망등 당연무효 사유가 없는 한 그 흠은 재심의 방법에 의해서만 다툴 수 있다.

다. 이의신청이 적법한 때에 소송은 화해권고결정 이전의 상태로 돌아가고 그 이전에 행한 소송행위는 그 효력을 가진다(제232조 1항). 화해권고결정은 그 심급에서 판결이 선고된 때 그 효력을 잃으므로(제232조 2항) 당사자는 판결을 선고할 때까지 이의신청을 포기하거나 취하함으로써 화해권고결정의 효력을 유지할 수 있다.

6. 제소전 화해

가. 뜻

제소전 화해라 함은 민사분쟁에 관하여 소를 제기하기 이전에 당사자가 법원에 출석하여서 하는 화해를 말하며 구체적으로 제385조에서 제389조까지에 규정되어 있다.

나. 화해신청 및 절차

1) 소제기 이전에 화해를 하고자 하는 당사자는 상대방의 보통재판적이 있는 곳의 지방법원에 화해신청을 할 수 있다(제385조 1항). 화해신청은 사건의 종류, 소송목적의 값에 관계없이 지방법원 단독판사의 직분관할에 속한다(법조 제7조 4항).

2) 화해신청에는 「민사상 다툼」에 관하여 청구의 취지·원인과 다투는 사정을 밝힌 서면 또는 말로 한다(제385조 1항). 「민사상 다툼」이라 함은 당사자 사이의 권리관계에 관한 법적 주장이 대립하는 것을 말하는데 그 대립이 있는 이상 그것이 권리의 존부에 관한 다툼인가 또는 권리의 범위·모습 혹은 이행기에 관한 다툼인가를 묻지 않는다.

3) 제소전 화해신청은 그 성질에 반하지 않는 한 소에 관한 규정이 준용되고 (제385조 4항) 화해불성립의 경우에는 소제기신청을 할 수 있으며(제388조 1항) 그 경우에는 화해신청을 한 때에 소가 제기된 것으로 본다(제388조 2항). 이러한 취지에서 본다면 제소전 화해신청을 보통의 소와 구별하여야 할 이유가 없으므로 제소전 화해신청에 있어서도 보통의 소와 같이 장래의 확인이나 장래의 형성을 목적으로 하는 화해신청을 받아들여서는 안 되며 장래의 이행을 목적으로 하는 화해신청도 제251조 소정의 「미리 청구할 필요」가 있는 경우에 한하여 허용하여야 할 것이다.

4) 화해신청의 요건 및 방식이 잘못되었을 때에는 결정으로 이를 각하하고 이에 대해서 신청인은 항고할 수 있다(제439조).

다. 제소전 화해조서의 효력

제소전 화해조서의 효력도 소송상 화해조서와 같이 확정판결과 동일한 효력을 가지며(제220조) 화해조서의 내용에 따라 집행력·형성력 및 기판력[560]이 있다.[561] 따라서 제소전 화해조서도 재심사유에 해당되는 경우에 한하여 준재심의 소(제461조)에 의한 구제 이외에는 무효를 주장할 수 없다.

제2. 법원의 행위로 인한 소송의 마침

I. 소송종료선언

1. 개 념

소송종료선언이라 함은 법원에 계속중인 소송을 마쳤는지 여부가 문제되는

---

560) 제소전 화해조항이 원고의 대여금원본 및 이자의 지급과 상환으로 피고에게 담보가등기의 말소를 명하는 경우에, 그 기판력은 가등기의 말소가 대여금의 지급을 조건으로 하는 것에 미치는데 불과하고 상환이행을 명한 반대채권의 존부나 그 수액에까지 미치는 것이 아니다 (대판 1996. 7. 12, 96다1907).
561) 대판 1970. 7. 24, 70다969.

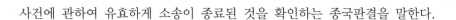

사건에 관하여 유효하게 소송이 종료된 것을 확인하는 종국판결을 말한다.

2. 소송종료선언이 필요한 경우

가. 기일지정신청

1) 뜻

기일지정신청에는 두 가지 종류가 있다. 첫째, 당사자가 법원에 대하여 기일의 지정을 촉구하는 신청을 말한다. 법원은 소송의 진행에 관하여 직권진행주의를 원칙으로 하고 있으므로 이 신청에 대하여 구속을 받지 아니하며 이에 대한 대답을 할 필요도 없다.[562] 둘째, 확정판결에 의하지 않고 소송을 마치는 것으로 처리한 경우에 그 소송종료의 효과를 다투기 위하여 종결된 사건의 소송계속을 주장하는 취지의 신청을 말한다. 이 취지의 신청이 있으면 소송 계속은 소송요건이므로 법원은 변론을 열어 신청사유에 관하여 심리하여야 한다(민소규 제67조 2항). 이 신청이 이유 있으면 소의 취하 등 소송을 마칠 당시의 소송정도에 따라 본안심리를 속행하고, 속행의 이유를 중간판결(제201조) 또는 종국판결의 이유 중에서 판단을 표시하여야 하며 이 신청이 이유 없으면 종국판결로서 소송을 마쳤다고 하여 소송의 종료를 선언해야 한다(민소규 제67조 3항). 소송종료선언에는 소송을 마치는 날짜와 마치는 사유를 밝히는 것이 실무례이다.[563]

2) 기일지정신청을 할 수 있는 경우

가) 소 또는 상소취하 특히 간주취하(제268조 2항)의 효력에 관한 분쟁
기일지정신청의 가장 전형적인 경우이다. 소의 취하가 부존재 또는 무효인 경우에도 당사자는 기일지정신청을 할 수 있다(민소규 제67조, 제68조). 이 규정은 제1심의 판결선고 전에 소의 취하가 있었던 경우는 물론 판결선고 이후 상소심에 기록이 송부되고 상소심에서 소의 취하가 있었던 경우에도 준용되며(민소규 제128조,

---

562) 이외에 소의 간주 취하를 막는 제268조 2항 소정의 기일지정신청이 있다.
563) 예:「이 사건 소송은 2015. 1. 1.자 소취하로 종료되다」,「이 사건 소송은 2015. 2. 1. 원·피고 양쪽 2회 불출석으로 인한 소취하로 종료되다」등.

제135조), 소송절차의 수계신청 또는 법원의 속행명령이 없어 소송절차가 종결되는지 여부가 다툼이 되는 경우에도 준용된다(민소규 제68조).

　　나) 청구의 포기·인낙, 재판상 화해의 효력에 관한 분쟁　　　청구의 포기·인낙, 재판상 화해의 성질을 판례에 따라 소송행위로 보고 이를 기재한 조서에 확정판결과 동일하게 무제한기판력을 인정한다면 청구의 포기·인낙, 재판상 화해에 관한 분쟁은 준재심의 소(제461조)에 의하여야 하므로 기일지정신청의 여지가 없다. 그러나 양성설 또는 양행위경합설을 따른다면 청구의 포기·인낙이나 재판상 화해에 실체법적으로 무효·취소사유가 있는 때에는 제한적 기판력설에 따라 무효확인의 별소나, 기일지정신청의 방법으로 그 무효를 다툴 수 있게 된다.

나. 소송이 종결된 것의 간과

　　종국판결의 확정,[564] 청구의 포기·인낙,[565] 재판상 화해, 소의 취하 등으로 소송이 종결된 경우 또는 원·피고 지위의 혼동, 승계가 허용되지 않는 소송에서 소송당사자의 사망으로 소송이 종결되었는데도 이를 간과하여 심리가 진행된 경우에 이를 발견한 법원은 종국판결로서 소송종료선언을 한다.

3. 효　　력

　　소송계속의 유무는 직권조사사항이므로 당사자의 기일지정신청 여부와 관계없이 법원은 소송계속의 유무를 직권으로 조사하여야 한다. 법원이 소송의 종결사실을 발견하여 종국판결로서 소송종료선언을 할 때에는 소송종료 이후의 소송비용에 관해서도 재판하지 않으면 안 된다. 소송종료선언은 어떤 사건의 소송계속이 없다는 것을 확인하는 확인적 성질의 종국판결이며 소송의 실체에 관한 판결이 아니므로 본안판결이 아니라 소송판결이다. 이 판결에 대하여도 불복하여 상소할 수 있다.

---

564) 대판 1991. 9. 10, 90누5153.
565) 대판 1962. 6. 14, 62마6.

Ⅱ. 판   결

1. 재판의 뜻과 종류

가. 재판의 뜻

재판이라 함은 재판기관이 그 판단 또는 의사를 법률이 정한 형식으로 표시하는 절차상의 행위를 말한다.

나. 재판의 종류

1) 판결·결정·명령

재판기관 및 성립절차 등의 차이에 의한 구별이다. 판결이 가장 중요하기 때문에 법률도 판결을 중심으로 규정하고 그 성질에 반하지 않는 한 결정 및 명령에 준용한다(제224조 1항).

가) 재판기관에서 보면 판결과 결정은 법원이 하는 재판이고 합의재판의 경우에는 합의체가 하는 것이다. 이에 대하여 명령은 법관이 재판장·수명법관 또는 수탁판사의 자격에서 하는 재판이다. 단독재판의 경우에는 한 사람의 법관이 법원의 권한과 재판장의 권한을 아울러 갖고 있어 결정과 명령의 구별이 분명하지 않으나 합의재판의 경우에는 법원이 하는 재판사항이 결정이고 재판장이 하는 사항이 명령이다. 지급명령·압류명령·추심명령 등의 「명령」은 재판의 내용을 의미하는 것에 불과하고 재판의 형식으로서의 「명령」이 아니다. 가압류명령이나 그 이의에 대한 재판은 결정이다(민집 제281조, 제286조).

나) 판결은 원칙적으로 필수적 변론에 의하며 그 성립에는 반드시 선고라는 엄숙한 방법이 필요하다. 판결에 대한 상소는 항소 또는 상고이다. 이에 대하여 결정 및 명령은 변론의 경유 여부가 재판기관의 재량에 맡겨져 있으며(제134조 1항 단서) 또 고지의 방법도 특별한 규정이 없는 한 꼭 선고에 의할 필요가 없고(제221조 1항), 그 원본이 법원사무관등에게 교부되었을 때 성립한 것으로 보아야

한다.[566][567]

다) 판결은 법관의 서명이 필요하나 결정·명령은 기명으로 갈음할 수 있고 이유의 기재를 생략할 수 있다(제224조 1항 단서).

라) 판결은 중요한 사항, 특히 소송에 관해서 종국적 또는 중간적 판단을 할 때 한다. 결정 및 명령은 소송지휘로 하는 조치, 소송절차에 관한 부수사항의 해결, 강제집행에 관한 사항을 대상으로 한다.

2) 중간적 재판, 종국적 재판

사건의 심리를 마치는 것이 종국적 재판이고 종국적 재판을 준비하기 위하여 심리 중간에 문제된 사항을 해결하는 재판이 중간적 재판이다. 종국판결·소각하결정·항고심의 결정 등이 종국적 재판의 예이고 중간판결·수계결정·공격방어방법의 각하 결정 등이 중간적 재판의 예이다. 중간적 재판에 대해서는 원칙적으로 독립하여 상소할 수 없고 종국적 재판에 대한 상소와 아울러 상소심의 판단을 받을 수 있다.

3) 확인적 재판, 명령적 재판, 형성적 재판

확인적 재판은 현재의 법률관계를 확인하는 재판(예, 확인판결·제척의 재판 등)이고 명령적 재판은 특정인에게 특정한 의무의 이행을 명하거나 특정한 행위를 요구하는 내용의 재판(예, 이행판결·증인의 소환·문서제출명령 등)이다. 형성적 재판은 이미 있는 법률관계의 변경, 새로운 법률관계의 창설을 내용으로 하는 재판(예, 형성판결·상소심의 취소판결·이송결정 등)이다.

---

566) 따라서 부족인지 보정명령에 불응한 이유로 한 소장각하명령이 법원사무관등에게 교부되어 성립된 이상 그 명령 정본이 아직 당사자에게 고지되기 이전에 부족인지를 보정하였다 하여 위 각하명령이 위법한 것으로 되거나 재도의 고안에 의하여 그 명령을 취소할 수 있는 것이 아니다(대결 2013. 7. 31, 2013마670 참조).

567) 결정·명령의 원본이 법원사무관등에게 교부되었으나 당사자에게 고지되지 않아서 효력이 발생하지 않는 경우에도 결정·명령에 대해서 항고할 수 있다(대전결 2014. 10. 8, 2014마667 참조).

2. 종국판결

가. 뜻

종국판결이라 함은 소 또는 상소에 의하여 계속중인 소송사건의 전부 또는 일부에 관하여 그 심급을 마치는 판결을 말한다. 따라서 상소심의 환송판결·이송판결도 해당 심급을 마친다는 의미에서 종국판결이다.[568] 종국판결은 소송을 마치는 범위에 따라 전부판결·일부판결·추가판결로 구별되고 그 판단내용에 따라 소송판결과 본안판결로 나눈다.

나. 전부판결

1) 전부판결이라 함은 소송절차에서 처리하는 사건 전부에 관하여 그 심급을 마치는 판결이다. 법원은 사건의 전부에 대하여 심리를 마치는 때에는 전부판결을 한다(제198조). 원고가 하나의 소로 여러 개의 청구를 한 때(제253조), 피고의 반소에 의하여 본소와 반소가 병합 심리된 때(제269조) 및 변론의 병합(제141조)으로 하나의 소송절차에서 여러 개의 청구가 합쳐 재판을 받는 때와 같이 청구가 여러 개 병합되더라도 그 전부에 관하여 한 개의 판결을 하면 그 판결은 전부판결이다.

2) 전부판결은 한 개의 판결이기 때문에 청구 가운데서 일부에 대하여 상소를 하면 나머지 청구에 대해서도 상소심으로 이심되는 효력이 생기므로 판결 전체에 확정이 차단되는 효과가 생긴다. 따라서 전부판결 가운데서 일부 패소 부분에 대한 상소의 효력은 승소부분에도 미친다(상소불가분의 원칙).

다. 일부판결

1) 뜻

일부판결이라 함은 같은 소송절차에서 심리하는 사건의 일부를 다른 부분과 구별하여 먼저 마치는 판결을 말한다(제200조 1항). 일부판결을 한 사건의 나머지는 그 심급에서 재판을 하는데 이를 마저 끝내는 판결을 잔부판결 혹은 결말판결

---

568) 대전판 1981. 9. 8, 80다3271.

이라 한다. 일부판결 여부는 법원의 재량에 속하지만 실무에서는 되도록 일부판결을 피하고 있다.

2) 일부판결을 할 수 있는 경우

가) 소송의 일부에 대한 심리를 마친 경우(제200조 1항)   여기서 「소송의 일부」란 하나의 가분적 청구의 분량적 일부 또는 소의 객관적 병합 혹은 공동소송을 제기한 경우의 「일부의 청구」를 말한다. 공격방어의 방법이나 중간의 다툼 혹은 액수와 구별된다는 의미의 청구의 원인(제201조)은 일부판결이 아니라 중간판결을 할 대상이다.

a) 하나의 청구의 일부   청구의 내용은 나눌 수 있는 것인데 그 일부가 소송과정에서 특정된 경우이다. 그러나 금전청구와 달리 청구를 쉽게 가분할 수 없는 소유권확인의 소 등의 경우에는 일부판결과 잔부판결은 모순된 결론이 나올 수 있으므로 일부판결을 해서는 안 된다.

b) 소의 객관적 병합

ⅰ) **단순병합**   원칙적으로 일부판결을 할 수 있다. 그러나 병합된 청구의 내용이 서로 관련되어 양 청구 사이에 어긋난 판결이 확정되면 법률관계가 분규의 소용돌이에 빠질 염려가 있는 관련적 병합은 일부판결을 해서는 안 된다. 예를 들어 어느 하나의 청구가 다른 청구의 선결관계(예, 소유권확인과 소유권에 기한 방해배제청구)에 있다든가, 각 청구가 모두 공통된 선결적 법률관계에서 유래하여 통일적인 분쟁해결이 요구되고 있는 경우(예, 소유권에 기한 반환청구와 방해배제청구)에는 만약 변론의 분리로 인하여 각각 별개의 판결이 선고되어 그 판결의 내용이 서로 어긋난다면 실체법상 모순된 법률관계가 생겨서 분규의 소용돌이에 빠질 염려가 있기 때문이다.

ⅱ) **예비적 병합**   예비적으로 병합된 청구 중 주위적 청구를 받아들인 경우에는 그 자체가 전부판결이기 때문에 일부판결의 문제는 생기지 않는다. 주위적 청구를 기각하는 경우에 예비적 청구에 대한 판단을 생략하는 일부판결은 그 잔부판결과 모순될 우려가 있고 조건부판결이 되므로 허용할 수 없다.

ⅲ) **선택적 병합**   선택적으로 병합된 청구 중 어느 하나를 받아들인 판결은 전부판결이다. 문제는 선택적으로 병합된 청구 중 어느 하나의 청구만 기각

하면서 나머지 부분은 판단을 생략하는 형식의 일부판결을 할 수 있느냐 인데 판례[569]는 이를 부정한다.

c) 공동소송

ⅰ) 통상의 공동소송   이 경우에는 공동소송인독립의 원칙이 적용되므로 공동소송인 가운데 한 사람이 또는 한 사람에 대한 청구에 관하여 다른 것에 앞서 종국판결을 할 수 있다.

ⅱ) 필수적 공동소송   이 경우에는 고유필수적 공동소송이냐 유사필수적 공동소송이냐를 묻지 않고 각 공동소송인에게 통일적 판단을 하지 않으면 안 되기 때문에 변론의 분리를 할 수 없어(제67조) 일부판결을 할 수 없다. 공동소송참가의 결과 필수적 공동소송이 되는 경우에도 동일하다.

ⅲ) 예비적·선택적 공동소송   이 경우에도 필수적 공동소송의 경우와 같이 변론의 분리를 할 수 없어(제70조) 일부판결을 할 수 없다.

d) 독립당사자참가소송   이 경우에도 각 청구 사이에 모순 없는 판결을 해야 하기 때문에 변론의 분리를 할 수 없어(제79조 1항) 일부판결을 할 수 없다.

나) 변론을 병합한 여러 개의 소송 중 한 개의 심리를 마친 경우와 본소나 반소 중 먼저 심리를 마친 경우

a) 변론의 병합   변론을 병합한 결과 여러 개의 청구가 하나의 소송절차에서 심리되었으나 그 중 어느 하나가 다른 것에 앞서 심리를 마치면 일부판결을 할 수 있다. 그러나 변론을 병합한 결과 필수적 공동소송이 되면 일부판결을 할 수 없다.

b) 반소제기의 경우   본소 또는 반소 가운데 어느 하나가 먼저 심리를 마쳤을 때에는 일부판결을 할 수 있다(제200조). 그러나 동일 채권에 대하여 채무부존재확인의 본소와 이행청구의 반소, 양쪽에서 서로 제기한 이혼소송과 같이 본소와 반소가 같은 권리를 목적으로 한 경우에 한쪽의 청구인용이 상대방의 청구를 무의미하게 할 우려가 있는 일부판결을 하면 기판력이 서로 어긋날 우려가 있으므로 일부판결을 해서는 안 된다. 또 소유권에 기한 명도청구의 본소와 소유권이전등기말소청구의 반소와 같이 양쪽의 청구내용을 이루는 권리의 한쪽이 다른 쪽과 선결관계에 있는 경우에도 일부판결을 해서는 안 된다. 매매계약에 기한

---

569) 대판 1998. 7. 24, 96다99.

소유권이전등기청구의 본소와 대금지급청구의 반소처럼 쌍무계약에서 유래한 대가관계에 있는 권리를 목적으로 하는 경우에는 대가관계를 유지시키기 위하여 한쪽이 금전채권이라 하더라도 일부판결을 해서는 안 된다. 예비적 반소의 경우에도 예비적 병합에 준하여 일부판결을 할 수 없다.

3) 위법한 일부판결의 구제

일부판결을 할지 여부는 법원의 재량에 속하므로 당사자로서는 관여할 수 없다. 그러나 법률상 일부판결을 할 수 없는데도 일부판결을 하였다면 위법하므로 나머지에 대한 별개의 판결(잔부판결)을 할 수 없다. 개별적으로 검토한다.

가) 소의 객관적 병합   소의 객관적 병합에서 일부판결을 할 수 없는데도 일부판결을 한 경우에는 전부판결을 잘못한 것으로 취급하여 상소로 구제받아야 한다. 따라서 상소를 제기하면 아직 판결을 받지 아니한 부분을 포함하여 사건 전체가 상급심에 이심되며[570] 상급심은 판단누락(제451조 1항 9호의 유추)을 이유로 원심판결을 취소한 다음 아직 판결을 받지 아니한 부분을 포함하여 환송(제418조, 제436조) 또는 자판한다. 원래 판단누락은 공격방어의 방법의 누락을 의미하고 청구 또는 소송목적의 누락과는 다르지만 위법한 일부판결에 대해서는 추가판결을 할 수 없어 부득이 이를 판단누락으로 취급한 것이다. 그런데 소의 예비적 병합의 경우와 같이 일부판결이 허용되지 아니함에도 원심법원이 일부판결을 하고 당사자가 상소심에서 이 잘못을 지적하였음에도 이를 간과하여 판단누락이 확정된 경우에 판례[571]는 공격방어의 방법에 관한 판단누락으로 보아(제451조 1항 9호) 재심의 소를 제기할 수 있도록 하였다.

나) 필수적 공동소송이나 독립당사자참가소송   필수적 공동소송이나 독립당사자참가소송에서 당사자 일부가 누락된 경우에는 전부판결을 잘못한 것으로 취급하여 상소에 의하여 앞에서와 같은 방법으로 구제받아야 한다. 따라서 누락된 당사자도 상소를 제기할 수 있다. 그러나 이 경우 누락된 당사자의 일부를 간과한 판결이 확정되면 소의 객관적 병합의 경우와 달리 당사자의 누락이지 판단누락이 아니므로 제451조 1항 9호를 적용할 수 없어 재심의 소를 제기하여 구제

---

570) 대판 1998. 7. 24, 96다99.
571) 대판 2002. 9. 4, 98다17145.

받을 수 없다. 결국 이 판결은 판결 본래의 효력이 생길 수 없는 무효의 판결이므로 당사자 전부를 상대로 별소를 제기하여 구제받아야 할 것이다.

라. 추가판결

1) 개 념

법원이 종국판결의 주문에서 판단하여야 할 사항(즉, 청구 또는 소송목적)의 일부에 관한 재판을 빠뜨리는 것을 재판의 누락 또는 탈루라고 한다. 재판의 탈루 여부는 오로지 판결의 주문만 보고 판단하여야 한다.[572] 판결이유에서 청구가 이유 없다고 판단하였지만 주문에 이에 관한 기재가 없으면 재판의 누락이다.[573] 판결이유를 보면 명백하게 승·패를 알 수 있는 경우에도 주문에서 이에 대한 판단이 표시되지 않으면 재판의 누락으로써 상소를 제기할 수 없다.[574] 그러나 판결주문에 기재되어 있으나 판결이유가 누락된 경우에는 판단누락[575]이지 재판의 누락이 아니다. 청구기각판결의 경우에 재판의 누락 여부는 청구의 취지와 판결이유에 기재된 청구원인을 참작하여 판단하여야 한다.[576]

재판의 누락은 본의 아니게 일부판결을 한 셈이다. 이때 누락된 부분도 여전히 법원에 계속되기 때문에(제212조 1항) 누락된 부분에 대하여 직권으로 하는 판결을 추가판결이라고 한다. 예를 들어 재심절차에서 중간확인의 소를 제기하였는데 재심청구를 기각한 경우에 중간확인의 소는 공격방어의 방법이 아니라 독립된 소송이므로 주문에서 각하하는 판결을 하여야 하는데 이를 빠뜨렸다면 추가판결을 하여야 하고 상소로 구제받을 수 없다.[577] 이와 같이 추가판결은 일부판결이 허용되는 경우에 하며 사건이 계속중인 법원에서 마무리 작업으로 하는 것이므로 상소의 대상이 아니다. 그러나 법원이 소송목적을 뒷받침하는 공격방어의 방법에 관한 판단을 빠뜨리는 판단누락을 한 경우에는 추가판결로 마무리할 수 없는 위법한 판결이므로 상소 또는 재심(제451조 1항 9호)으로 구제를 받아야 한다.

---

572) 대판 2005. 5. 27, 2004다43824.
573) 대판 2009. 11. 26, 2009다58692.
574) 대판 2013. 6. 14, 2013다8830·8847.
575) 대판 2002. 5. 14, 2001다73573 참조.
576) 대판 2003. 5. 30, 2003다13604.
577) 대판 2008. 11. 27, 2007다69834·69841.

2) 취 급

가) 추가판결은 이미 선고한 판결과 별도의 판결이므로 상소기간도 별개로 진행한다.

나) 소송비용의 재판도 주문에 포함되어 있으나 그 누락은 별도의 규율을 받는다. 즉, 신청 또는 직권에 의하여 결정으로 추가판결을 할 것이나(제212조 2항) 종국판결에 대한 적법한 항소가 있는 때에는 그 결정은 효력을 잃고 항소심에서 제1심 판결과 합쳐서 소송의 총비용에 대해서 재판한다(제212조 3항).

마. 소송판결과 본안판결

1) 소송판결이라 함은 소송요건 또는 상소의 요건에 흠이 있는 것을 이유로 소 또는 상소를 부적법 각하하는 종국판결이다. 소송종료선언, 소취하무효판결(민소규 제67조 1항 2호)도 성질상 소송판결에 속한다.

2) 본안판결이라 함은 소를 제기한 청구의 이유 또는 상소를 제기한 불복신청 이유의 당부를 판단하는 종국판결이다. 소를 제기한 청구의 전부 또는 일부를 받아들이는 본안판결은 소의 유형에 따라 이행판결·확인판결·형성판결로 나누어진다. 청구가 이유 없다고 하는 기각판결은 모두 확인판결이다.

바. 판결의 성립

1) 판결내용의 확정

판결내용은 판결의 기초된 변론에 관여한 법관으로 구성된 법원이 확정한다(제204조 1항). 따라서 변론이 종결되기 이전에 법관이 바뀌었을 때에는 변론을 갱신하여야 한다(제204조 2항). 변론종결 이후 판결내용이 확정되기 이전에 법관이 바뀌었을 때에는 새로운 법관으로 하여금 판결내용을 확정시키기 위하여 변론을 재개한 다음(제142조) 변론을 갱신하여 판결을 하여야 한다. 판결내용이 확정된 뒤에는 관여 법관이 사망·퇴관·전임 등에 의하여 판결서에 서명할 수 없더라도 합의체의 다른 법관이 그 사유를 적으면 되기 때문에(제208조 4항) 판결의 성립에 아무런 영향이 없다.

2) 판결서(판결원본)

판결내용이 확정되면 법원은 이를 서면으로 작성한다. 이 서면을 판결서 또는 판결원본이라고 한다.

가) 판결서의 기재사항(제208조 1항)

a) 당사자와 법정대리인

b) 주 문 판결의 결론부분으로서 청구 또는 상소를 이유 있다고 하여 인용하거나 이유 없다고 하여 기각 또는 부적법 각하하는 것 등이다. 주문에는 그 밖에 소송비용의 재판(제104조, 제105조), 가집행선고(제213조 1항)나 가집행의 면제선고(제218조 2항)를 한다. 판결의 주문은 그 내용이 모호하면 기판력의 객관적 범위가 불분명해질 뿐 아니라 집행력·형성력 등 내용도 불확실하게 되어 새로운 분쟁을 일으킬 우려가 있으므로 그 주문이 명확하여 그 자체로서 어떤 범위에서 당사자의 청구를 인용하고 배척한 것인가를 그 이유와 대조하여 짐작할 수 있을 정도로 표시되고 집행에 의문이 없을 정도로 이를 특정하여야 한다.[578] 예를 들어 아파트단지 내의 자동차의 주차방해를 금지하는 청구에서 판결주문이 "특별한 사정이 없는 한 주차시간은 06:00부터 22:00까지로 제한한다"고 하였다면, 우선 특별한 사정이 무엇인지 주문자체에서 특정되지 아니하였고 주차시간을 06:00부터 22:00로 제한한다는 의미는 그 시간 동안 주차를 개시할 수 없다는 것인데 그렇다면 22:00 이후에는 주차를 계속할 수 없는지 불명료하여 판결주문이 특정되지 아니한 경우이다.[579]

c) 청구의 취지와 상소의 취지

d) 이 유 판결의 이유라 함은 법원이 어떤 사실상 및 법률상 이유로 주문과 같이 판결하였는가를 밝힌 부분을 말한다. 판결 이유에서는 주문이 정당함을 인정할 수 있는 범위에서 당사자의 주장과 그 밖의 공격방어의 방법에 관한 판단을 표시하면 되는 것이고(제208조 2항) 당사자의 모든 주장이나 공격방어의 방법에 관하여 판단할 필요가 없다.[580] 이유를 밝히지 않거나 이유에 모순이

---

578) 대판 2006. 9. 28, 2006두8334.
579) 대판 2006. 3. 9, 2005다60239.
580) 대판 2008. 7. 10, 2006재다218.

있으면 위법하여 파기사유가 된다(제424조 1항 6호).

　　e) 변론을 종결한 날짜(다만, 무변론 판결의 경우에는 판결을 선고하는 날짜)

　　f) 법　　원　　여기에서 법원이라 함은 판결서에 서명날인하는 법관이 소속된 관서로서의 법원을 가리킨다. 합의체의 경우에는 소속하는 부까지 적는 것이 실무상 관행이다.

　　g) 법관의 서명날인

　　나) 이유의 기재를 생략하는 경우　　a) 항소심 판결에 이유를 적는 데는 제1심 판결을 인용할 수 있고(제420조), b) 소액사건의 판결서(소심 제11조의2), c) 형사배상명령(소촉 제31조 2항 본문), d) 상고심의 심리불속행판결, 상고이유서를 제출하지 않은 이유로 하는 상고기각판결(상고특례 제5조 1항), e) 결정·명령(제221조 단서)도 이유를 생략할 수 있다.

　　다) 이유의 기재를 간소화하는 경우　　a) 무변론 판결(제257조), b) 자백간주(제150조 3항)가 적용되는 경우의 판결, c) 피고가 공시송달(제194조 내지 제196조)로 기일통지를 받고 변론기일에 출석하지 아니한 경우의 판결에는 청구를 특정함에 필요한 사항과 제216조 2항에서 정한 상계로 한 항변의 판단에 관한 사항만을 간략하게 기재할 수 있다(제208조 3항).

3) 판결의 선고

　　판결은 선고에 의하여 성립한다(제205조). 다만 상고심의 심리불속행판결은 선고를 요하지 아니하며 판결문이 상고인에게 송달됨으로써 그 효력이 생긴다(상고특례 제5조 2항). 법원이 변론을 종결할 때에 판결선고기일을 고지하였다면 당사자가 출석하지 아니하여도 선고의 효력이 있고, 선고기일소환장을 당사자에게 송달하지 아니하여도 위법이 아니다.[581]

4) 판결의 송달

　　판결선고 후 재판장은 즉시 판결서를 법원사무관등에게 교부하고(제209조) 법원사무관등은 판결서를 받은 날로부터 2주일 안에 당사자에게 송달하여야 한다(제210조). 다만 전자문서로 변환된 판결서는 전자적으로 송달할 수 있다(전자소송

---

581) 대판 2003. 4. 25, 2002다72514.

법 제11조). 판결이 송달되어야 상소기간의 진행되며(제396조, 제425조) 또 강제집
행도 개시된다(민집 제39조 1항). 판결 선고 후 판결문을 전자문서로 전산정보처리
시스템에 등재하고 그 사실을 전자적으로 통지하였지만 등록사용자가 판결문을 1
주일 이내에 확인하지 아니한 경우에 판결문 송달의 효력이 발생하는 시기는 등
재사실을 등록사용자에게 통지한 날의 다음 날부터 기산하여 7일이 지난 날의 오
전 영시가 되고, 상소기간은 민법 제157조 단서에 따라 송달의 효력이 발생한 당
일부터 초일을 산입해 기산하여 2주가 되는 날에 만료한다.[582]

5) 판결의 불가철회성, 경정, 기속력 및 확정

가) 판결의 불가철회성　　법원은 한번 선고한 판결을 철회하거나 변경할
수 없다. 판결이 성립하였는데 뒤에 함부로 바뀐다면 법적 안정을 해쳐 사건을 해
결하는 기능을 다할 수 없기 때문이다.

나) 판결의 경정　　판결의 경정이라 함은 판결의 판단내용을 바꾸는 것이
아니고 판결의 잘못된 계산이나 기재 그 밖에 이와 비슷한 잘못을 정정·보충하
는 것으로서(제211조 1항), 중간이자의 과다한 공제[583] 따위 등이다. 그 판결의 내
용을 실질적으로 변경하지 않는 범위 내에서 판결의 표현상 잘못이나 기재의 잘
못, 계산착오 또는 이와 비슷한 잘못을 법원 스스로 결정으로 정정·보충하여 강
제집행이나 가족관계등록부의 정정 또는 등기의 기재 등을 집행하는데 지장이 없
도록 하는 취지에서 인정되지만[584] 그와 같은 표현상의 잘못을 바로 잡는데 상소
라는 통상의 절차를 필요로 한다면 소송경제에 반하기 때문에 간략한 결정절차로
잘못을 고칠 수 있도록 하였다.[585] 그러므로 경정을 할 수 있는 오류에는 법원의
과실로 인한 경우뿐만 아니라 당사자의 청구에 잘못이 있어서 생긴 경우도 포함
한다.[586] 판결의 경정결정은 확정판결과 동일한 효력이 있는 청구의 포기·인낙

---

582) 대법원명령 2014. 12. 22, 2014다229016.
583) 대판 2007. 7. 26, 2007다30317.
584) 대결 2012. 2. 10, 2011마2177.
585) 청구변경이 소의 추가적 변경에 해당하는데 원심이 기존의 청구와 추가된 청구를 모두 판
　　단하면서도 청구변경의 취지를 교환적 변경으로 단정하여 주문에서 '원심에서 교환적으로
　　변경된 이 사건 소를 각하한다'고 기재한 사안에서, 판례는 이를 판결의 경정사유에 불과
　　하고 원심판결을 파기할 사유는 아니다(대판 2011. 9. 8, 2011다17090 참조)라고 하였다.
586) 대결 2012. 10. 25, 2012그249.

및 화해의 조서(제220조)와 결정·명령에도 준용된다(제224조).

다) 기 속 력   당해 사건의 절차 안에서 다른 법원을 구속하는 효력을 기속력이라고 한다. ① 이송결정은 이송받은 법원을 구속하고(제38조 1항) ② 사실심에서 적법하게 확정된 사실판단은 상고심을 기속하며(제432조) ③ 상고법원이 파기의 이유로 삼은 사실상 및 법률상의 판단은 사건을 환송받거나 이송받은 법원을 기속한다(제436조 2항 후문).

라) 판결의 확정

a) 개   념   판결을 한 법원은 스스로 그 판결을 변경할 수 없고 당사자가 상소를 제기하면 상급심 법원의 심사를 받아 그 판결이 취소될 가능성이 있을 뿐이다. 상급심 법원으로서도 직권으로 원심판결의 당부를 심사할 수 없으므로 당사자가 불복하지 아니하면 다시는 그 판결을 다툴 수 없게 된다. 이러한 상태를 판결의 확정이라고 한다. 판결의 내용에 따라 생기는 효력인 기판력·집행력·형성력 등은 이 확정을 기다려 발생한다.

b) 판결의 확정시기   i) 상소를 할 수 없는 판결(예, 상고심판결·제권판결)은 선고와 동시에 확정된다.[587] 제1심 및 항소심의 판결선고 이전에 불상소의 합의가 있을 때에는 판결선고와 동시에 확정되고, 판결선고 이후에 불상소의 합의를 한 경우에는 이미 발생한 상소권 및 부대상소권의 포기를 합의한 것이므로 그 성립과 동시에 판결이 확정된다. 다만 비약적 상고(제390조 1항 단서)의 합의가 있는 때에는 상고기간의 만료시에 확정된다.

ii) 당사자가 상소제기기간 이내에 상소하지 아니한 때에는 상소기간이 만료한 때에 확정된다. 상소를 제기하였다 하더라도 상소기간 경과 이후에 상소를 취하하거나, 상소를 제기하였으나 상소각하판결·상소장각하명령이 난 때에도 상소기간이 만료한 때로 소급하여 확정된다.[588]

iii) 상소기간 경과 이전이라고 하더라도 상소권이 있는 당사자가 상소권을 포기한 경우에는 포기를 한 때에 확정된다.

iv) 상소기간 이내에 상소가 제기되면 판결확정이 차단되므로 상소기각 판결

---

587) 다만 심리불속행판결은 선고를 요하지 아니하므로 심리불속행판결 정본이 상고인에게 송달되면서 확정된다(상고특례 제5조 2항 참조).

588) 대판 2014. 10. 15, 2013다25781 참조.

이 확정될 때에 원심판결이 확정된다.

v) 단순병합된 여러 개의 청구에 대한 하나의 판결에 대하여 일부만 상소한 경우에는 나머지 부분도 상소불가분의 원칙에 따라 즉시 확정되지 아니하고 항소심의 경우에는 항소심 판결시,[589] 상고심의 경우에는 상고심 판결시[590]에 확정된다(판결선고시설).[591]

c) **판결의 확정증명**   판결이 확정되면 당사자는 그 판결에 터 잡아 기판력을 주장할 수 있고, 등기신청이나 가족관계등록신고 등을 할 수 있으므로 판결의 확정을 증명할 필요가 있다. 그런데 판결의 확정사실은 판결 원본이나 정본에 나타나지 않으므로 판결확정의 유무를 알기 위해서는 소송기록을 보아야 한다. 따라서 판결의 확정증명 청구는 현재 소송기록을 보관하고 있는 법원사무관등에게 하여야 한다. 상소심에서 소송이 끝났더라도 소송기록은 제1심에서 보존하므로(제421조, 제425조) 확정증명의 교부는 제1심 법원의 법원사무관등으로부터 받아야 한다(제499조 1항). 다만 소송이 상소심에 계속 중에 그 사건의 판결일부가 확정된 때에는 소송기록이 상소심에 있기 때문에 확정부분에 대한 증명은 상소심법원의 법원사무관등으로부터 받아야 한다(제499조 2항).

사. 종국판결에 붙는 재판

1) 소송비용의 재판

가) 뜻   소송비용이라 함은 당사자가 해당 소송을 수행하고 재판하는 데 직접 필요하기 때문에 현실적으로 지출한 비용 가운데에서 법령에서 정한 범위에 속하는 비용을 말한다. 소송비용의 범위·액수와 예납에 관하여는 민사소송비용법·민사소송 등 인지법·변호사보수의 소송비용산입에 관한 규칙과 민사소송규칙 등이 규정하고 있다. 법원은 종국판결의 주문에서 직권으로 해당 심급에서의 소송비용을 부담할 당사자를 결정하여야 한다(제104조). 다만 일부판결 또는 중간의 다툼에 관한 재판에서는 미리 그 사항에 관한 비용을 재판할 수 있다(제104조 단서). 소송비용은 당사자 중 패소자가 부담하는 것을 원칙으로 하며(제98조), 과

---

589) 대판 2008. 3. 14, 2006다2940.
590) 대판 2001. 12. 24, 2001다62213.
591) 이시윤, 615면은 상고이유서 제출기간의 도과시에 확정된다고 한다(변론종결시설).

실책임주의가 적용되는 것이 아니다.[592] 판결주문에서는 예를 들어 「소송비용은 피고의 부담으로 한다」(원고 전부 승소의 경우), 「소송비용은 3등분하여 그 1은 원고의 부담으로, 나머지는 피고의 부담으로 한다」(원고 일부패소의 경우)와 같이 부담과 비율을 정하여 선고한다.

　　나) 소송비용의 확정　　　구체적인 소송비용의 액수를 정하려면 재판이 확정된 뒤에 제1심 수소법원에 소송비용의 확정 신청을 하여야 한다(제110조, 민소규 제18조). 이때 법원은 결정으로 재판을 한다. 이를 소송비용의 확정절차라고 한다. 구체적인 소송비용액의 계산은 사법보좌관의 직무에 속한다(법조 제54조 2항 1호). 이 결정에 대해서는 즉시항고를 할 수 있는데 항고에 앞서 먼저 판사에게 사법보좌관의 처분에 대한 이의신청을 하여야 한다(사보규 제4조).[593] 소송비용확정결정을 받으면 이를 집행권원으로 하여 강제집행을 할 수 있다.

　　다) 소송구조　　　소송비용을 지출할 자금능력이 부족한 사람에 대해서는 승소의 확실성이 없더라도 패소할 것이 분명하지 아니하는 한[594] 국가가 소송구조를 한다(제128조). 소송구조의 대상은 자연인에 한정되지 아니하며 법인이나 비법인 단체도 포함된다. 또 자금능력이 부족한 사람은 무자력자나 극빈자에 국한되지 아니하며 동거가족에게 필요한 생활을 해치지 않고서는 소송비용을 댈 수 없는 경우를 말한다. 소송비용에는 소송의 준비·소의 제기·수행뿐 아니라 변호사 선임비용도 포함한다.

　2) 가집행선고

　　가) 뜻　　　가집행선고라 함은 판결이 확정되기 이전에 확정판결과 같은 집행력을 부여하는 재판을 말한다. 패소당사자는 종국판결에 대하여 상소를 할 수 있기 때문에 상소로 판결의 확정이 지연되면 확정을 전제로 하는 집행력의 발생도 늦어져서 승소자의 권리실현이 지장을 받는다. 가집행선고제도는 이와 같이 판결의 확정이 지연되어 불이익을 받는 승소당사자를 보호하여 패소당사자의 상소의 이익과의 균형을 꾀하기 위해서 인정되는 제도이다.

---

592) 대판 1995. 6. 30, 95다12927.
593) 대결 2008. 3. 31, 2006마1488.
594) 이에 대한 입증책임은 소송구조를 받는 사람이 진다(대결 1995. 11. 22, 95마1180 참조).

나) 재산권의 청구에 관한 판결은 가집행의 선고를 붙이지 아니할 상당한 이유가 없는 한 직권으로 담보를 제공하거나 제공하지 아니하고 가집행을 할 수 있다는 것을 선고하여야 한다(제213조 1항). 재산권청구에 관한 판결이라면 민법 제837조에서 정한 이혼당사자 사이의 양육비판결도 가집행선고의 대상이다. 그러나 재산분할은 부부가 혼인 중에 취득한 실질적인 공동재산을 청산 분배하는 것을 주된 목적으로 하고 법원이 당사자 양쪽의 협력으로 이룩한 재산의 액수 기타 사정을 참작하여 분할의 액수와 방법을 정하는 것이므로 재산분할로 금전의 지급을 명하는 경우에도 판결 또는 심판이 확정되기 전에는 금전지급의무의 이행기가 도래하지 아니할 뿐만 아니라 금전채권의 발생조차 확정되지 아니한 상태에 있다. 따라서 재산분할의 방법으로 금전의 지급을 명한 부분은 가집행선고의 대상이 될 수 없다. 그리고 이는 이혼이 먼저 성립한 후에 재산분할로 금전의 지급을 명하는 경우라고 하더라도 마찬가지이다.[595]

다) 가집행의 선고는 집행보전을 목적으로 하는 가압류·가처분과 달리 하나의 집행권원으로 종국적으로 권리를 실현할 수 있다는 점에서 가집행선고를 붙인 판결에 터 잡은 강제집행은 본집행과 같다. 따라서 가집행선고의 집행력은 판결에 대한 상소에 의하여 정지되지 않는다. 가집행선고에 의한 강제집행을 정지하려면 법원의 강제집행정지 또는 취소의 결정(제500조, 제501조)이 있어야 한다.

라) 가집행선고를 붙인 본안판결을 변경하는 경우에 법원은 피고의 신청에 의하여 원고에게 가집행에 의한 지급물의 반환을 명해야 할 뿐 아니라 만약 피고가 가집행으로 인하여 또는 그 면제를 받기 위하여 손해를 받았을 때에는 그 손해배상을 명해야 한다(제215조 2항).[596] 가집행선고를 변경한 후 그 본안판결이 변경되었을 때에도 같다(제215조 3항). 이를 가집행선고의 효력상실로 인한 원상회복 및 손해배상책임이라 한다.

---

595) 대판 2014. 9. 14, 2012므1656 참조.
596) 따라서 가집행으로 인하여 지급된 것이 금전이라면 가집행채권자는 그 지급한 금전에 대하여 지급한 날 이후의 법정손해금을 지급하여야 한다(대판 2014. 6. 12, 2013다52073 참조).

3. 중간판결

가. 개   념

중간판결이라 함은 소송을 심리하던 중에 당사자 사이에 다툼이 되는 쟁점 심리사항을 종국판결에 앞서 해결하는 판결을 말한다. 심리를 정리하여 종국판결을 준비하는데 목적이 있다. 중간판결을 할 것인가는 법원의 재량이지만 실무상 좀처럼 중간판결을 하지 않고 종국판결의 이유 중에 표시하는 경우가 많다.

나. 중간판결사항(제201조)

1) 독립된 공격 또는 방어 방법

본안심리에 관한 쟁점 중에서 다른 것과 분리하여 판단할 수 있고 독립하여 판단을 하면 심리를 정리하는 구실을 할 수 있는 쟁점에 관한 공격 또는 방어방법을 말한다. 예를 들어 원고의 채무이행청구에 관하여 피고가 채무의 성립을 부인하면서 가정적(仮定的)으로 하는 채무의 변제, 소멸시효의 항변 등이다. 이 공격방어방법을 판단하면 바로 청구인용 또는 기각판결을 할 수 있는 경우에는 중간판결이 아니라 종국판결을 하여야 한다.

2) 중간의 다툼

소송절차에 관한 당사자 사이의 다툼 가운데에서 소송요건의 존부, 소의 취하의 유무, 소송행위의 추후보완 유무, 소송승계의 유무, 제454조 2항에서 정한 재심사유의 유무 등과 같이 독립된 공격 또는 방어방법에 속하지 않는 사항을 말한다. 이에 관하여 판단한 결과 소송을 마친 때에는 종국판결을 하여야 한다. 결정으로 재판할 사항(예, 제75조 1항, 제82조 2항)은 중간의 다툼이 있더라도 중간판결을 할 수 없고 결정으로 재판을 하여야 한다.

3) 청구의 원인과 액수에 다툼이 있는 경우의 그 원인

가) 개   념   여기에서 말하는 청구의 원인이란 소송목적 가운데 수량, 범위의 액수를 제외한 나머지 권리 또는 법률관계의 존부 자체에 관한 사항을 말

한다. 따라서 소장의 필수적 기재사항인 「청구의 원인」과 다르다.

나) 원인판결   액수에 관하여 다툼이 예상되는 경우에 먼저 청구 원인이 이유 있는지 여부를 심리하여 이유 없으면 구태여 액수에 관한 심리에 들어갈 필요가 없으므로 청구기각판결을 하고 만약 이유 있으면 중간판결로 이를 이유있다고 판단한 다음 액수에 관한 심리를 하면 된다. 이 중간판결을 원인판결이라고 한다. 불법행위로 인한 손해배상청구소송에서는 주로 손해의 원인과 손해액이 문제되는데 양쪽의 심리는 구별하기 쉽기 때문에 손해배상의 원인에 관하여 원인판결을 할 실익이 있다.

a) 원인판결에는 채권의 발생에 관한 사항(예, 가해자의 고의·과실, 위법성 및 손해발생에 관한 다툼) 및 소멸에 관한 사항(예, 변제, 소멸시효 등)을 심판하여야 한다. 상계의 항변도 포함되는데 자동채권은 수동채권과 밀접한 관계가 있기 때문에 원인판결에서 그 판단을 유보한다는 뜻을 명백하게 하면 종국판결을 할 때 판단할 수도 있다.

b) 원인판결을 하더라도 액수가 영이 되면 청구기각판결을 하여야 한다.

4) 재심사유의 존재

법원은 재심의 소가 적법한지 여부와 재심사유가 있는지 여부에 관한 심리 및 재판을 분리하여 시행할 수 있고(제454조 1항), 재심사유가 인정되면 중간판결을 한 뒤에 본안에 관한 심리와 재판을 할 수 있다(제454조 2항). 이 규정에 의하여 재심사유의 존재는 중간판결사항으로서 공격 또는 방어 방법이 되고 소송목적이 되지 아니한다.

다. 효   력

1) 중간판결을 하면 그 심급의 법원은 중간판결을 한 이유 중의 판단에 구속되지 않으나 중간판결의 주문에 표시된 판단에는 구속되므로 이를 전제로 종국판결을 하여야 한다.

2) 중간판결에는 기판력이나 집행력이 없다. 따라서 독립한 상소도 할 수 없으므로 종국판결을 기다려 이에 대한 상소와 함께 상소심의 판단을 받아야 한

다.[597] 상소심의 환송, 이송판결은 중간판결이 아니라 종국판결[598]이므로 독립한 상소의 대상이 된다.

3) 중간판결의 구속력은 상소심에 미치지 아니하기 때문에 상소심은 중간판결에 대한 불복에 대하여 속심으로 심리할 수 있다. 그러나 상소심이 종국판결을 파기 또는 취소하여 사건이 원심에 환송된 경우에도 중간판결을 취소하지 않은 이상 유효하므로 환송받은 심급에서는 중간판결을 무시하고 판단을 할 수 없다.

4) 중간판결은 종국판결이 아니기 때문에 소송비용에 관한 재판을 하여서는 안 된다.

Ⅲ. 판결의 흠

법원은 판결을 통하여 권리 또는 법률관계의 존부를 확정하는 형식으로 분쟁을 공권적으로 해결함으로써 사람들 사이의 법적 생활을 안정시킨다. 따라서 판결에는 형식적 확정 내지 법적 안정성이 강하게 요청되므로 판결로서의 구성요건을 갖추고 있다면 비록 그 절차 혹은 내용에 흠이 있다하더라도 원칙적으로 당연무효가 될 수 없고 상소나 재심 등 법률상 인정되는 시정수단에 의하여 취소됨에 불과하다. 그러나 판결의 기본적 구성요건 내지 성립요건을 갖추지 못하였을 때에는 판결로서 존재하지 않으며(비판결) 또 판결로서 존재하지만 그 내용적 효력이 생기지 않는 경우에는 무효의 판결이다.

1. 판결의 부존재 — 비판결(非判決)

가. 판결의 구성요건

판결로서의 외관을 갖추려면 다음의 기본적 구성요건을 충족하여야 한다. 이 구성요건을 갖추지 못하면 판결로서 존재하지 않는다. 이와 같은 판결의 부존재를 비판결이라고 한다.

---

597) 대판 2011. 9. 11, 2010다65818.
598) 대전판 1995. 2. 14, 93재다27 · 23.

1) 판결주체는 재판기관인 법원이다. 비법원(非法院)의 판결은 모두 비판결이다. 그러나 여기서의 판결법원은 재판기관으로 구성되면 족하다. 일단 재판기관이 되는 법원으로 구성하면 그것이 법률에 따라 구성되었는가의 여부, 법률에 의하여 판결에 관여할 수 없는 법관이 판결에 관여하였는지 여부는 문제되지 않는다.

2) 일정한 소송사건을 처리하기 위한 것이어야 한다. 예를 들어 법학전문대학원 학생에 대하여 강의용으로 만든 판결은 비판결이다.

3) 판결의 효력이 생기기 위해서는 선고라는 방식으로 고지되어야 한다(제205조). 사건을 변론 없이 판결로 각하하는 경우에도 선고를 하여야 한다. 그러므로 판결원본이 작성되었더라도 선고하지 아니하면 판결의 효력이 생기지 않는다. 선고기일소환장이 없어도 선고기일에 한 판결선고는 위법이 아니지만,[599] 선고조서가 없는 경우에는 판결이 선고되었다고 볼 수 없다.[600]

나. 비판결에 대한 구제

1) 비판결은 심급을 끝내지 않기 때문에 거듭 판결을 하여야 한다. 이 경우에 당사자는 절차의 속행을 신청할 수 있다.

2) 비판결이라 하더라도 판결정본이 송달되면 판결한 외관이 생기기 때문에 집행권원이 되어 민사집행을 당할 위험이 있다. 그 외관을 제거하기 위하여 상소할 필요성이 인정된다. 상소를 제기하면 이심(移審)의 효력이 생기기 때문에 상소제기 이후 원심에서는 비판결에 갈음하는 판결을 할 수 없다.

3) 비판결은 권리 또는 법률관계가 아니라 사실에 불과하기 때문에 판결의 부존재사실을 확인하는 이익이 없다.

4) 선고하지 않은 판결에 잘못하여 집행문이 부여된 경우와 같이 비판결에 터 잡아 이루어진 민사집행에 대해서는 집행문부여에 대한 이의신청(민집 제34조) 또는 집행문부여에 대한 이의의 소(민집 제45조)를 제기하여 구제받을 수 있다.

---

599) 대판 2003. 4. 25, 2002다72514; 대구고판 1975. 11. 5, 79나194.
600) 대판 1962. 1. 18, 4294민상152.

2. 판결의 무효 ─ 무효판결

가. 뜻

1) 무효판결이라 함은 판결로서 존재하지만 판결이 본래 갖추어야할 내용상의 효력, 즉 기판력·집행력·형성력 등이 없는 판결을 말한다.

2) 무효판결은 비판결과 달리 소송절차에서 판결로 존재하므로 해당 심급을 마치고 소송비용청구권도 생기며, 기속력이나 형식적 확정력도 있으나 다만 기판력 등 내용상 효력이 없다.

나. 무효판결의 예

1) 국내 재판권에 복종하지 않은 사람(재판권면제자)에 대한 본안판결

2) 실재하지 않은 자를 당사자로 한 판결

이 경우에는 판결이 확정되더라도 판결당사자가 실재하지 아니하기 때문에 내용상 효력이 생기지 않는다.

3) 소가 취하되었는데도 이를 간과하고 선고된 판결

소가 철회되어 소송계속이 없는 상태에서 판결이 되었다면 취소할 대상도 없기 때문에 내용상 효력이 없는 무효의 판결이다. 그러나 일부취하의 간과는 처분권주의에 위반된 것으로 상소사유에 불과하다.

4) 판결할 때 존재하지 않은 법률관계의 형성을 선언한 판결

예를 들어 부부 아닌 사람들에 대한 이혼판결 따위이다.

5) 현행법상 인정되지 않은 법률효과를 인정하는 판결

예를 들어 민법이 인정하지 않는 물권을 확인한다든가 그 설정을 명하는 판결 따위이다.

6) 민법 제103조에 반하는 위법한 지급을 명하는 판결

예를 들어 인신매매나 인육의 인도를 명하는 판결과 같이 판결주문에서 선량한 풍속이나 그 밖의 사회질서에 어긋나는 판결을 하는 경우에 그 효력을 어떻게할 것인가에 관하여 명문의 규정이 없다. 그러나 외국법원의 확정재판 등도 우리나라의 선량한 풍속이나 그 밖의 사회질서(민 제103조)에 어긋나면 효력이 없다(제217조 1항 3호)는 민사소송법의 취지에 비추어 우리나라의 그러한 확정재판 등도무효로 보아야 할 것이다. 그러나 민법 제103조 위반이 판결주문이 아니라 판결이유에 그치는 경우에는 무효판결이 아니다.[601]

7) 내용이 불명확하거나 모순되어 그 의미를 확정할 수 없는 판결

예를 들어 내용이 특정되지 아니하여 강제집행을 할 수 없는 화해조서[602]나판결[603]은 무효이다. 따라서 이 경우에는 소송목적이 같더라도 재차 소송을 제기할 수 있다. 판결이 일정 금액의 지급을 명하였으나 어떤 사실관계에 터 잡은 것인지 알 수 없는 경우에는 그 대상이 명확하지 아니하여 기판력이 생기지 아니하지만 집행은 가능하다. 반면 소멸된 물건의 인도를 명하는 판결과 같이 사실상 이행이 불가능한 이행을 명하는 판결은 강제집행이 불가능하지만 기판력은 있다.

8) 당사자적격의 흠을 간과한 판결

예를 들어 고유필수적 공동소송에서 정당한 당사자 일부를 누락한 판결, 주주 아닌 자가 제기하여 받은 주주총회결의취소의 판결 등은 무효이다.

9) 제217조 및 제217조의2의 승인요건을 갖추지 못한 외국법원의 확정재판 등

---

601) 대판 1962. 4. 18, 4294민상1288.
602) 대판 1995. 5. 12, 94다25216.
603) 대판 1998. 5. 15, 97다57658.

다. 무효판결에 대한 구제

1) 형식적 확정력

무효판결은 그 내용상 효력인 기판력, 집행력 및 형성력이 생기지 않으나 비판결과 달리 해당 심급을 마치게 하는 효력이 있다. 따라서 판결이 확정되어 형식적 확정력이 생기기 이전에는 상소로써 다툴 수 있다. 그러나 당사자가 소제기 이전에 이미 사망하였는데도 이를 간과한 판결과 같은 경우에는 사망한 자를 상대로 상소를 제기할 수 없으므로 이 경우에는 상소로써도 다툴 수 없다.[604] 따라서 이 경우에는 상속인을 상대로 새로운 소송을 제기하여야 할 것이다. 당사자적격의 흠을 간과한 판결에 대해서는 상소로 다툴 수 있으나 재심사유가 아니므로 재심으로는 다툴 수 없다. 따라서 이 경우에도 새로운 소송을 제기하여야 할 것이다.

2) 판결의 무효에 대한 주장

무효판결은 기판력 등 판결의 내용상 효력이 생기지 아니하므로 무효되기 이전의 소송과 동일한 소송목적을 대상으로 새로운 소송을 제기하든지 또는 이전 소송에서 판단된 법률관계의 부존재 확인을 구하는 소송을 제기하여 이전 소송에 대한 판결의 무효를 주장할 수 있다.

3) 집행력이 없는 무효판결

집행력이 없는 무효판결에 대하여 집행문이 부여된 경우에는 집행문부여에 대한 이의신청(민집 제34조), 집행문부여에 대한 이의의 소(민집 제45조)에 의하여 구제받을 수 있다.

3. 판결의 편취

가. 뜻

판결의 편취라 함은 당사자가 악의로 상대방이나 법원을 기망하여 피고가 알

---

604) 대판 2000. 10. 27, 2000다33775.

지 못하는 사이에 승소판결을 받거나 당사자 양쪽이 통모하여 허위의 진술로 승소판결을 받는 경우를 말한다. 예를 들어 원고가 허위의 채권을 주장한 다음 피고의 주소를 알고 있는데도 소재불명이라고 법원을 속여 공시송달의 방법으로 승소판결을 받거나 피고의 주소를 허위로 적어 그 주소에서 원고 또는 원고와 서로 통하는 제3자가 소송서류를 송달받게 한다음 마치 피고 자신이 송달받고도 불출석한 듯이 법원을 속여 자백간주의 형식으로 승소판결을 받는 경우, 당사자 양쪽이 집행을 하고 싶지 않으면서도 제3자에게 채권의 존재를 보이기 위해서 또는 이른바 제3자 집행을 하기 위해서 당사자가 통모하여 성명모용소송 등으로 승소판결을 받는 경우 등이다.

편취판결은 판결의 주체 및 재판권에 흠이 없을 뿐 아니라 판결의 형식과 내용에 있어 완전하다는 점에서 비판결이나 무효판결과 구별된다.

나. 소송법적 구제방법

편취판결에 대한 소송법상의 구제방법은 다른 경우와 다르지 아니하다. 즉, 판결이 확정되기 이전에는 상소에 의하여 언제든지 취소를 구할 수 있고, 상소기간의 경과로 판결이 확정되었는데 그 상소기간의 경과가 당사자가 책임질 수 없는 사유에 의할 때에는 상소의 추후보완(제173조)에 의하여 구제를 받을 수 있다. 만약 편취판결이 확정되더라도 재심사유가 있으면 재심의 소를 제기할 수 있다.

다. 실체법적 구제방법

편취판결을 취소할 수 있는 상소, 재심 등 소송법적 구제방법을 쓸 수 없는 경우에 실체법적으로 불법행위로 인한 손해배상청구 또는 부당이득반환청구를 할 수 있는지 문제된다. 왜냐하면 편취판결이 정의의 관념에 반하는 이상 이를 실체법적으로도 시정하여야 하기 때문이다.

1) 불법행위로 인한 손해배상청구

긍정설 및 부정설의 대립이 있으나 판례[605]는 「…판결이 확정되면 기판력에

---

605) 대판 1992. 12. 11, 92다18627.

의하여 그 대상이 된 청구권의 존재가 확정되고, 그 내용에 따라 집행력이 생기므로 그에 따른 집행이 불법행위가 되기 위해서는 당사자가 상대방의 권리를 해할 의사로 상대방의 소송관여를 방해하거나 허위의 주장으로 법원을 기망하는 등 부정한 방법으로 실제와 다른 내용의 확정판결을 취득하고 그 집행을 하는 것과 같은 특별한 사정이 있어야 한다.」고 하였다.

따라서 당사자가 상대방의 권리를 해할 의사로 상대방의 소송관여를 방해하거나 허위의 주장으로 법원을 기망하는 등 부정한 방법으로 실체와 다른 내용의 확정판결을 취득하고 그 집행을 하는 것과 같은 특별한 사정이 있는 경우에는 불법행위로 인한 손해배상청구를 할 수 있다. 그렇지 않고 당사자가 법원을 기망하는 정도에 이르지 않는 단순한 실체법적 권리관계에 반하는 허위주장을 하거나, 자신에게 유리한 증거를 제출하고 불리한 증거는 제출하지 아니하거나, 제출된 증거의 내용을 자기에게 유리하게 해석하는 등의 행위만으로는 확정판결의 위법한 편취에 해당하는 불법행위가 성립하지 않는다.[606)

2) 부당이득반환청구

판례[607)는 불법행위로 인한 손해배상청구와는 달리 부당이득반환청구를 허용하는 것은 이전 소송의 확정판결과 직접적으로 모순되므로 기판력으로 차단된다고 하면서 이를 부정한다. 다만 상대방의 주소를 허위로 하여 판결을 편취한 경우에는 그 판결이 상대방에게 송달 자체가 된 일이 없어 판결이 확정되지 아니하였으므로 절차기본권의 침해 여부를 따질 필요도 없이 바로 부당이득반환청구라는 별소를 제기할 수 있다.[608)

라. 집행법상의 구제방법―청구에 관한 이의의 소(민집 제44조)

당사자 한쪽이 부정한 방법으로 확정판결을 취득한 다음 이를 집행권원으로 하여 강제집행을 하는 경우에 그 집행을 청구에 관한 이의의 소나 집행문 부여에 대한 이의의 소 등으로 배제할 수 있는지 문제된다. 여러 가지 논의가 있으나 판

---

606) 대판 2010. 2. 11, 2009다82046 · 82053; 대판 2013. 4. 25, 2012다110286.
607) 대판 2001. 11. 13, 99다32905.
608) 대전판 1978. 5. 9, 75다634.

례[609]는, 확정판결의 내용이 실체법적 권리관계에 어긋나는 경우에 그 판결에 의하여 집행할 수 있는 것으로 확정된 권리의 성질과 그 내용, 판결의 성립경위 및 판결 성립 이후 집행에 이르기까지의 사정, 그 집행이 당사자에게 미치는 영향 등 제반 사정을 종합하여 볼 때 그 확정판결에 기한 강제집행이 현저하게 부당하고 상대방으로 하여금 그 집행을 감당하게 하는 것이 정의에 명백하게 반하여 사회생활상 용인할 수 없다고 인정되는 경우에는 그 집행은 권리남용으로서 허용되지 않는다고 하여 위와 같은 경우에 청구에 관한 이의의 소 등을 인정하고 있다. 그러나 집행권원에 기한 강제집행이 전체적으로 종료된 경우에는 청구에 관한 이의의 소나 집행문 부여에 대한 이의의 소를 제기할 이익이 없고[610] 나아가 확정판결의 내용이 실체법적 권리관계와 어긋날 여지가 있다는 사유만으로는 권리남용에 해당된다고 보기 어려우며[611] 확정판결이 실체법적 권리관계에 어긋난다는 점은 확정판결에 기한 집행이 권리남용이라고 주장하여 그 집행의 배제를 구하는 원고가 주장·입증하여야 한다.[612]

마. 당사자 양쪽이 통모하여 허위진술로 확정판결을 받은 경우

예를 들어 당사자가 제3자에게 채권의 존재를 과시하기 위하여 통모하여 허위진술로 확정판결을 받은 경우에는 기판력의 존재는 부정할 수 없다.[613] 그러나 강제집행을 할 경우에는 당사자 사이에 집행력을 배제하는 합의가 있다고 보아 청구에 관한 이의의 소(민집 제44조)를 제기할 수 있다.

---

609) 대판 2009. 10. 29, 2008다51359.
610) 대판 2014. 5. 29, 2013다82043 참조.
611) 대판 2014. 2. 21, 2013다75717 참조.
612) 대판 2014. 5. 29, 2013다82043 참조.
613) 대판 1968. 11. 19, 68다1624.

Ⅳ. 기판력(旣判力)

1. 기판력 일반론

가. 기판력의 뜻

종국판결이 확정되면 그동안 시비를 다투어오던 분쟁의 해결기준이 확정되므로 당사자는 물론 법원도 확정된 분쟁해결기준을 준수하여야 한다. 왜냐하면 종국판결이 확정되더라도 당사자 사이의 다툼이 지속되면 국가가 분쟁을 해결하기 위해 마련한 소송제도의 의미가 없게 되기 때문이다. 그리하여 확정된 종국판결이 당사자의 청구(소송목적)에 관한 판단으로 표시한 분쟁해결기준에 관해서 당사자는 같은 사건이 재차 문제될 때에도 그 판단내용에 반하는 주장을 하여 다툴 수 없고, 그 재판을 하지 아니한 다른 법원(이를 후소(後訴) 법원이라고 한다)도 그 재판을 한 법원(이를 전소(前訴)법원이라고 한다)의 판단에 어긋나는 판단을 할 수 없게 되는 구속을 받는다. 이러한 구속력을 기판력(旣判力)이라고 한다. 결국 기판력이란 분쟁의 종국적·강행적 해결을 위하여 확정판결에 주어진 힘이라 할 수 있다.

나. 본 질

기판력의 이와 같은 구속력의 근거에 관해서는 다음과 같은 다툼이 있다.

1) 실체법설과 소송법설

종국판결이 확정되면 당사자 사이의 실체적 법률관계도 그 판결이 표시한 판단에 따라 변경된다고 하는 견해가 실체법설이고, 이를 부정하는 견해가 소송법설이다. 실체법설은 확정판결을 당사자 사이의 화해계약과 같은 실체법상의 법률요건의 하나로 본다. 따라서 정당한 판결은 종래의 권리관계를 그대로 확정시킨다. 그러나 사실관계를 부당하게 잘못 인정한 부당판결은 실체법적 법률관계를 판결내용과 같이 부당하게 변경하여 판결과 일치시킨다. 확정판결의 이와 같은 힘이 기판력이라는 것이다. 그런데 실체법설에 의한다면 모든 판결은 결국 형성판결이 되어야 하고 그 효력이 제3자에게도 생겨야 한다. 그러나 기판력은 원칙적으로 당사자에게만 미치고 제3자에게 생기지 아니한다. 실체법설로는 이점을 설명하지 못한다는 등 결점이 있어 현재 지지를 받지 못하고 있다.

소송법설은 기판력을 소송법상의 효력으로만 본다. 따라서 기판력은 실체법상의 권리관계와는 관계없고 다만 전소법원 판결의 후소법원에 대한 구속력으로 본다. 따라서 부당판결도 실체법적 법률관계에는 어떤 영향을 주지 아니하며 그 재판을 하지 아니한 다른 법원, 즉 후소법원만 확정판결의 판단에 구속될 뿐이다.[614]

2) 모순금지설(구소송법설)과 반복금지설(신소송법설)

소송법설은 다시 후소법원에 대한 전소법원 판결의 구속내용에 관하여 모순금지설(소송법설 또는 구소송법설이라고도 한다)과 반복금지설(신소송법설이라고도 한다)로 나뉜다.

반복금지설은 기판력의 근거를 일사부재리(一事不再理)의 이념 내지는 사적 분쟁의 공권적 해결제도에 숨어있는 일회성의 해결요청에서 구하여 당사자가 소송을 반복하는 것을 금지하는 것으로 보고[615] 모순금지설은 국가재판의 통일이라는 요청에 의하여 후소법원은 전소법원이 한 확정판결의 판단과 모순된 판결을 할 수 없다는 것이다.[616]

반복금지설에 의하면 기판력은 일사부재리의 이념을 실현하는 수단이기 때문에 소극적 소송요건인데 대하여 모순금지설은 그러하지 아니하다는 점에 차이가 있으나 어느 학설에 의하더라도 기판력에 어긋나면 기각(棄却)이나 각하(却下)의 재판형식으로 배척된다는 점에서는 동일하므로 큰 차이가 없다. 또 양쪽 견해는 모두 국가재판의 통일 혹은 분쟁해결의 일회성의 요청을 그 주장의 근거로 내세우고 있다. 판례는 모순금지설의 입장이지만 이제는 반복금지설의 입장을 무시

---

614) 예를 들어 채무가 존재함에도 부존재한다는 부당판결이 확정된 경우에 실체법설에 의하면 채무는 실체법적으로 부존재하므로 채무자의 변제는 비채변제가 된다. 그러나 소송법설에 의하면 채무는 실체법적으로는 존재하지만 채권자가 소송으로 재차 채무의 존재를 주장할 수 없을 뿐이므로 채무자의 변제는 정당한 변제가 된다.

615) 이시윤, 618면; 정영환, 986면.

616) 송상현/박익환, 428면; 호문혁, 580면; 김홍엽, 754면; 대판 1976. 12. 14, 76다1488; 대판 1979. 9. 11, 79다1275.

하지 않는다.[617] 반복금지설이 간명하여 따르기로 한다.

3) 기판력을 정당화하는 근거

기판력이라 함은 분쟁의 종국적·강행적 해결을 위하여 확정 판결에 주어진 힘으로서 이 힘은 국가권력에 의한 강제력을 의미한다. 문제는 이 강제력을 정당화하는 근거가 무엇인가이다. 민사소송의 목적을 절차보장으로 보는 절차보장설에 의하면 이 근거를 당사자가 소송절차에서 대등하게 소송목적인 권리관계의 존부에 관하여 변론을 하고, 소송을 수행할 권능과 기회를 보장받는데 있다고 본다. 즉, 당사자가 대등하게 변론할 지위와 기회를 부여받은 이상 패소한 결과를 재차 다툰다는 것은 공평에 반하므로 절차보장은 당사자가 상대방에 대한 관계에서 기판력의 효과를 불이익하게 받는 것을 정당화한다는 것이다. 따라서 절차보장이 없는 자에 대해서는 기판력을 허용해서는 안 된다. 생각건대 기판력을 소송제도의 설치, 운영자인 국가의 측면에서 볼 때 법적 안정성·소송경제의 요청을 근거로 한다는 점은 부인할 수 없다. 그러나 재판을 받는 당사자의 입장에서 볼 때에는 절차보장설이 가장 타당하다. 따라서 법적 안정성·소송경제의 요청과 함께 절차보장을 받은 당사자의 자기책임에 기판력의 근거를 찾아야 할 것이다.[618]

다. 작용범위

기판력은 확정판결에서 판단된 권리 또는 법률관계가 후소법원에서 다시 문제될 때 이를 차단하는 모습으로 작용한다. 작용범위는 다음의 세 가지이다.

---

617) 대판 2013. 11. 28, 2013다19083은 기판력에 관해서 다음과 같이 판시한다. 「기판력이란 기판력 있는 전소 판결의 소송목적과 동일한 후소를 허용하지 않음과 동시에, 후소의 소송목적이 전소의 소송목적과 동일하지는 않다고 하더라도 전소의 소송목적에 관한 판단이 후소의 선결문제가 되거나 모순관계에 있을 때에는 후소에서 전소 판결의 판단과 다른 주장을 하는 것을 허용하지 않는 작용을 하는 것이다. 다만 이러한 확정판결의 기판력은 소송목적으로 주장된 법률관계의 존부에 관한 판단의 결론에만 미치고 그 전제가 되는 법률관계의 존부에까지 미치는 것은 아니므로, 예를 들어 매매계약의 무효 또는 해제를 원인으로 한 매매대금반환청구에 대한 판결의 기판력은 그 매매대금반환청구권의 존부에 관하여서만 발생할 뿐, 그 전제가 되는 선결적 법률관계인 매매계약의 무효 또는 해제에까지 발생하는 것은 아니다.」

618) 같은 취지: 이시윤, 619면 참조.

1) 동일관계

가) 개   념   이전 소송과 동일한 소송목적을 후소로 다시 제기하면 기
판력이 작용하여 재차의 심리와 판결을 차단한다. 예들 들어 소유권이전등기청구
소송에서 패소 확정된 원고가 다시 동일소송을 제기한다든지, 건물명도청구소송
에서 승소 확정된 원고가 다시 동일 소송을 제기한 경우, 채권자가 사해행위 취소
및 원상회복으로 인한 원물반환청구를 하여 승소판결이 확정된 뒤에 원물반환의
목적을 달성할 수 없다고 하여 다시 제기한 가액배상청구의 경우[619] 등과 같이 후
소의 소송목적이 전소의 그것과 동일한 경우에는 기판력이 작용하여 재차의 심리
와 판결이 차단된다.

나) 차단의 모습   판례가 취하는 모순금지설에 의하면 원고가 이전 소송
의 승소당사자인가 패소당사자인가에 따라 취급을 달리한다. 이전 소송의 승소당
사자가 동일소송을 제기한 경우에는 이미 승소판결을 받은 당사자에게 다시 승소
판결을 해줄 수 없으므로 소의 이익이 없다하여 소각하판결을 한다. 그러나 만약
재차의 승소판결을 해줄 필요가 있는 경우, 즉 판결원본이 멸실되었거나 시효중
단을 위하여 재차의 소송 이외에는 방법이 없는 경우,[620] 판결내용이 특정되지 아
니하여서 민사집행이 불가능한 경우 등에는 소를 제기할 이익이 있으므로 후소를
각하해서는 안 되고 본안판결을 하여야 한다. 다만 이 경우에 후소법원은 전소의
승소확정판결 내용과 어긋나서는 안 되므로 전소판결이 권리를 주장할 수 있는
실체법상의 요건을 갖추었는지 여부를 다시 심리할 수 없다.[621] 한편 이전 소송의
패소당사자가 승소를 목적으로 다시 동일소송을 제기한 경우에는 패소당사자의
승소목적이라는 소의 이익을 부정할 수는 없을 것이다. 하지만 법원은 확정판결
의 판단과 모순된 판결을 할 수 없으므로 청구기각판결을 하여야 한다.[622] 여기에
서 모순 여부의 판단은 후소법원의 사실심 변론종결시를 기준으로 한다.

---

619) 대판 2006. 12. 7, 2004다54978.
620) 대판 2010. 10. 28, 2010다61557: 인낙조서에 의하여 확정된 소유권이전등기청구권을 시효
중단할 필요성이 있는 경우에도 같다(대판 2001. 2. 9, 99다26979 참조).
621) 위 2010다61557 판결 참조.
622) 일부승소판결의 경우에도 승소부분에 대한 재소에 대해서는 소각하판결을 하여야 하고, 패
소부분의 재소에 대해서는 청구기각판결을 하여야 한다(대판 1979. 9. 11, 79다1275 참조).

반복금지설에 의하면 이전 소송에서 확정된 소송목적을 다시 제기하면 일사부재리의 이념에 반하여 소극적 소송요건의 흠이 되므로 당사자가 이전 소송의 승소자인가 패소자인가를 묻지 아니하고 소각하판결을 하여야 한다.

2) 모순관계

가) 개   념   같은 물건에 관한 원고의 소유권확인판결에 대하여 피고가 다시 소유권확인판결을 구하는 경우, 원고가 건물명도청구에 관한 승소확정판결을 받았는데 피고가 원고의 건물명도청구권 부존재확인을 구하는 경우 등과 같이 이전 소송의 소송목적과 후소의 소송목적이 동일하지 않더라도 논리적으로 양립할 수 없는 관계에 있는 정반대의 사항을 소송목적으로 삼고 있는 경우에 후소를 차단하여 논리적 양립불가피를 회피하여야 하는 관계를 말한다. 예를 들어 불법행위로 입은 인신손해의 배상청구소송에서 승소판결이 확정된 이후 피해자가 그 판결에서 손해배상액 산정의 기초가 된 기대여명보다 일찍 사망한 경우라도 그 판결이 재심의 소 등으로 취소되지 않는 한 전소의 승소확정 판결에 기하여 지급받은 손해배상금 중 일부를 부당이득이라고 하여 반환을 구하는 것은 전소판결의 기판력과 모순되어 허용할 수 없다.[623]

나) 차단의 모습   앞의 동일관계에서 이전 소송의 패소당사자가 다시 소를 제기한 경우와 유사하게 기판력에 의하여 후소가 차단된다. 즉, 이전 소송에서 판결로 확정된 소송목적과 모순되는 소송목적을 허용하면 분쟁의 종국적이고 강행적인 해결을 이룰 수 없기 때문이다. 따라서 판례의 모순금지설에 의하면 모순 여부는 본안에서 따져야 하기 때문에 기각의 본안판결을 하여야 하고, 반복금지설에 의하면 이 경우에도 동일소송의 반복으로 보아 각하판결을 한다.

모순 여부의 판단은 후소법원의 사실심 변론종결시를 기준으로 한다. 따라서 예를 들어 원고가 피고를 상대로 가옥명도청구를 제기하였다가 패소한 경우에 원고의 후소는 기판력에 의하여 차단되지만 원고가 이전 소송의 사실심 변론종결 이후에 그 가옥을 매수한 뒤에 다시 가옥명도청구를 한 경우에는 모순관계가 해소되므로 후소는 기판력에 의해 차단되지 않는다. 반복금지설도 대체로 모순금지설과 같은 입장이다.

---

623) 대판 2009. 11. 12. 2009다56665.

3) 선결관계

가) 개 념   원고가 소유권확인판결을 받은 뒤에 다시 소유권에 기한 건물명도청구소송을 제기한 경우와 같이 이전 소송의 소송목적이 후소로 제기한 소송목적의 선결적 법률관계에 있는 경우이다. 이 경우에도 전소와 후소의 소송목적이 동일한지 여부는 따지지 않는다. 여기에서 선결적 법률관계는 실체법상의 권리 또는 법률관계에 한정하지 않고 소송요건과 같은 소송상의 법률관계도 포함된다.[624] 주의할 것은 앞의 경우와 거꾸로 원고가 먼저 소유권에 기한 건물명도청구소송을 제기하여 승소확정판결을 받은 뒤에 다시 소유권확인소송을 후소로 제기한 경우에는 선결관계가 아니라는 것이다. 이 경우에는 이전 소송이 후소의 선결적 관계에 있지 아니하고 동일 및 모순관계에도 있지 아니하므로 기판력이 미치지 않는다. 따라서 다소 이상하지만 이전 소송으로 소유권에 기한 건물명도청구의 소를 제기하여 승소한 당사자가 후소에서 소유권확인 소송을 제기한 경우에 패소하더라도 기판력에 어긋나지 않는다.

나) 차단의 모습   이전 소송에서 확정된 선결적 법률관계는 후소에서도 그대로 구속력이 생겨서 법원은 이에 반하는 판단을 할 수 없다. 예를 들어 원고가 피고를 상대로 가옥에 관한 소유권확인소송을 제기하여 승소판결을 받은 뒤 다시 피고를 상대로 소유권을 근거로 가옥명도청구소송을 제기한 경우에 후소법원은 원고가 가옥에 관하여 소유권이 있다는 것을 전제로 가옥명도청구에 관하여 본안판결을 하여야 한다. 또 이전 배당이의의 소의 패소 본안판결에서 판단된 배당수령권의 존부는 확정된 배당액이 부당이득이므로 반환하여야 한다는 부당이득반환청구권의 성립여부를 판단하는데 있어서 선결관계에 있다.[625]

624) 예를 들어 갑이 을을 대위하여 병을 상대로 취득시효완성을 원인으로 한 소유권이전등기청구소송을 제기하였다가 을을 대위할 피보전채권이 없다는 이유로 소각하판결을 선고받고 확정된 후 병이 제기한 토지인도청구소송에서 갑이 다시 위와 같은 권리가 있음을 항변사유로서 주장하였던 사안에 대하여 대판 2001. 1. 16, 2000다41349는 「…이전 소송에 관한 판결은 소송판결로서 그 기판력은 소송요건의 존부에만 미친다할 것이지만, 그 소송요건에 관련하여 갑의 피보전채권이 없는 것이 확정된 이상 갑이 피보전채권이 있음을 전제로 다시 같은 주장을 하는 것은 이전 소송판결의 판단과 서로 모순관계에 있다고 하지 아니할 수 없다…」고 판시하였다. 위 대판은 직접적으로 모순관계에 관하여 언급하고 있지만 그보다는 선결적 법률관계에 관한 판시로 볼 수 있다.
625) 대판 2000. 1. 21, 99다3501.

여기서의 선결적 법률관계는 소송목적이 아니라 판결 이유 중의 판단이지만 분쟁의 종국적·강행적 해결을 위하여 후소 법원으로 하여금 이전 소송에서 판단한 선결적 법률관계와 다른 내용의 판단을 해서는 안 되는 내용상의 구속을 받게 한 것이다.

라. 직권조사

1) 기판력이 분쟁의 종국적·강행적 해결을 위한 구속력인 이상 그 존재는 법원이 직권으로 조사하지 않으면 안 되는 직권조사사항[626]이다.

2) 기판력의 존재는 소송요건이지만, 반복금지설은 소극적 소송요건으로, 모순금지설은 소의 이익으로 본다.

3) 기판력은 당사자의 합의에 의하여 확장하거나 부인, 소멸시킬 수 없다. 그러나 기판력이 확정하고 있는 실체법상의 권리관계는 그 효력이 제3자에게 미치는 경우가 아니라면 합의에 의하여 변동시킬 수 있다.[627]

4) 확정판결의 기판력에 어긋나는 판결은 당연무효가 아니며 상소 또는 재심(제451조 1항 10호)에 의하여서만 취소할 수 있다. 그러므로 재심에 의하여 어느 하나가 취소될 때까지 전·후 양쪽 확정판결은 모두 효력이 있다.[628]

마. 기판력이 있는 재판

1) 확정된 종국판결

확정된 종국판결은 모두 기판력이 있다. 종국판결을 준비하는 중간판결은 판결을 한 법원 및 당사자를 구속하는 효력이 있으나 후소법원 및 당사자를 구속하는 기판력은 없다.

가) 판결이 확정되면 그 판결의 전제된 법률 등에 관하여 헌법재판소의 위헌결정이 있더라도 기판력이 있다.[629]

---

626) 대판 1994. 8. 12, 93다52808.
627) 확정판결에 의한 금 1억원의 채무금을 채권자가 5,000만원으로 감액하는 경우 등이 이에 해당한다.
628) 대판 1997. 1. 24, 96다32706 참조.
629) 대판 1993. 4. 27, 92누9777; 대판 1995. 1. 24, 94다28017.

나) 종국판결 중에서 본안판결은 무효인 판결이 아니라면 청구인용이나 기각판결 모두에게 기판력이 있으나, 소송판결의 경우에는 소송요건의 흠에 관해서만 기판력이 생기고 본안판결로 판단하여야 할 소송목적의 존부에 관해서는 기판력이 없다. 따라서 소송요건의 흠을 보완한 경우에는 전소법원의 소송판결에 기판력이 생기지 않는다.[630] 마찬가지로 가압류·가처분소송에서의 확정된 결정도 본안판결에서 판단하여야 할 피보전권리의 존부에 관해서는 기판력이 생기지 아니하고 오로지 뒤의 가압류·가처분소송에서 동일한 피보전권리나 보전의 필요성에 관하여 달리 판단할 수 없다는 범위에서만 기판력이 인정된다.

다) 환송판결은 종국판결[631]이지만 그 자체로 확정되지 아니하고 원심법원에서 다시 심리를 하여야 하므로 기판력이 문제되지 않는다.[632]

2) 결정·명령

결정·명령은 소송의 진행과 관련된 사항에 관한 판단으로서 그 소송절차 내에서 효력이 있는 경우가 대부분이므로 기판력이 없는 경우가 많다.[633] 그러나 실체관계를 최종적으로 해결하는 것에는 기판력이 있다.[634] 예를 들어 소송비용에 관한 결정(제110조, 제114조),[635] 간접강제의 수단으로 하는 배상금의 지급결정(민집 제261조) 등이다.

3) 확정판결과 같은 효력이 있는 것

예를 들어 확정된 파산채권에 대한 파산 채권자표의 기재(회생 파산 제460조), 화해, 청구의 포기·인낙의 조서(제220조), 중재판정(중재 제35조), 조정에 갈음하는 결정(민조 제34조 4항), 이의신청이 없는 화해권고결정(제231조)[636] 등이다. 그러나 확정된 지급명령(제474조)에는 집행력만 있을 뿐 기판력이 없다.

---

630) 대판 2003. 4. 8, 2002다70181.
631) 대전판 1995. 2. 14, 93재다27·34.
632) 기속력만이 문제될 것이다.
633) 소송지휘에 관한 결정과 명령은 언제든지 취소할 수 있으므로(제222조) 기판력이 없다.
634) 대결 2002. 9. 23, 2000마5257.
635) 소송비용확정결정은 신청인의 소송총비용 신청에 관하여 기판력이 있다(대결 2011. 9. 8, 2009마1689 참조).
636) 대판 2012. 5. 10, 2010다2558.

4) 외국법원의 확정재판 등

여기에서 외국법원의 확정재판 등이라 함은 재판권을 가지는 외국의 사법기관이 그 권한으로 사법상(私法上)의 법률관계에 관하여 소송절차에서 한 종국적 재판으로서 외국법원의 확정판결 또는 이와 동일한 효력이 인정되는 재판 등을 말한다(제217조 1항). 따라서 확정판결과 결정·명령 및 위에서 설명한 확정판결과 같은 효력이 있는 것들은 모두 외국법원의 확정재판 등에 포함된다. 다만 소송의 심리에서 대립하는 당사자 양쪽이 평등하게 주장·입증의 기회를 갖게 하는 심리원칙이 보장된 재판절차를 따라야 한다. 재판의 내용은 구체적 급부의 이행 등 그 강제적 실현에 적합하여야 하고 그 재판의 명칭이나 형식 등이 어떠한지는 문제 삼을 필요가 없다.[637)

외국법원의 확정재판 등은 다음의 요건을 갖추었을 때에는 법원의 승인을 받아 기판력이 생기는데 그 요건이 충족되었는지에 관하여는 직권으로 조사하여야 한다(제217조 2항). 조사한 결과 그 요건을 충족하지 못하였을 경우에는 외국법원이 행한 외국인 사이의 재판이라고 하더라도 우리나라에서는 효력이 없다.

가) 국제재판관할권(제217조 1항 1호)　　　대한민국의 법령 또는 조약에 따른 국제재판관할권의 원칙상 그 외국법원에 국제재판관할권이 인정되어야 한다.

우리나라는 외국과 판결승인조약을 맺은 바 없으나 국제사법 제2조에서 국제재판관할에 관한 원칙을 규정하고 있다. 즉, 법원은 당사자 또는 분쟁이 된 사건이 대한민국과 실질적 관련이 있는 경우에 국제재판관할권을 갖는데 이 경우 법원은 실질적 관련 유무를 판단함에 있어 국제재판관할 배분의 이념에 부합하는 합리적인 원칙을 따라야 하며(국사 제2조 1항), 법원은 국내법의 관할 규정을 참작하여 국제재판관할권의 유무를 판단하되 제1항의 규정의 취지에 비추어 국제재판관할의 특수성을 충분히 고려하여야 한다(국사 제2조 2항).

나) 적법한 송달(제217조 1항 2호)　　　패소한 피고가 소장 또는 이에 준하는 서면 및 기일통지서나 명령을 적법한 방식에 따라 방어에 필요한 시간 여유를 두고 송달받았거나(공시송달이나 이와 비슷한 송달에 의한 경우를 제외한다) 송달받지 아니하였더라도 스스로 소송에 응하여야 한다. 따라서 피고가 거주하는 나라의 법

---

637) 대판 2010. 4. 29, 2009다68910.

률상 인정된 송달방식에 의하여 송달되어야 하고 단순한 우편에 의한 송달은 피고에게 방어의 기회를 줄 수 없으므로 적법한 방식이 아니다.[638]

다) 공서(public policy)(제217조 1항 3호)　　　a) 그 판결의 효력을 인정하는 것이 대한민국의 선량한 풍속이나 그 밖의 사회질서(민 제103조), 즉 공서에 어긋나지 아니하여야 한다. 외국법원의 판결을 승인함으로써 우리나라의 법질서에 혼란이 초래되는 것을 방지하기 위한 규정이다. 그러므로 우리나라 헌법의 핵심적 가치와 충돌되는, 예를 들어 일본의 한반도와 한국 국민에 대한 식민지배가 합법적이라는 규범적 인식을 전제로 한 외국판결은 무조건 공서에 위반되어 무효이다.[639]

공서에는 외국법원의 판결내용이 우리나라의 공서, 즉 민법 제103조에 위반되지 않는다는 것(실체적 공서)과 판결이 성립하는 절차과정이 공서에 위반하지 않는다는 것(절차적 공서)이 있다. 공서 위반 여부를 판단하기 위해서는 판결의 주문 및 이유, 판결의 내용 및 절차도 모두 심사하여야 한다. 판례는 우리나라 판결의 기판력에 어긋나고 피고의 방어권을 현저히 침해하여 이루어진 외국판결이나,[640] 피고가 판결국의 법정에서 원고의 기망행위로 판결을 편취당하였다는 사유를 주장할 수 없었고, 또 처벌받을 기망행위에 대하여 유죄의 확정판결과 같은 고도의 증명이 있는 경우[641]에는 절차적 공서에 위반되어 승인 내지 집행을 거부할 수 있다고 하였다.

b) 손해배상에 관한 확정재판 등의 승인(제217조의2)　　　손해배상에 관한 확정재판 등이 대한민국의 법률 또는 대한민국이 체결한 국제조약의 기본질서에 현저히 반하는 결과를 초래할 경우에 법원은 해당 확정재판 등의 전부 또는 일부의 승인을 거부할 수 있으며(1항), 법원이 그 승인의 요건을 심리할 때에는 외국법원이 인정한 손해배상의 범위에 변호사 보수를 비롯한 소송과 관련된 비용과 경비가 포함되는지와 그 범위를 고려하여야 한다(2항). 영미법계에서 인정되는 고액의 징벌적 손해배상(punitive damage) 등이 손해배상의 액수가 지나치게 거대하다

---

638) 대판 1992. 7. 14, 92다2585는 외교경로에 의하지 아니하고 자국영사에 의한 직접송달도 적법하지 아니하다고 하였다.
639) 대판 2012. 5. 24, 2009다22549.
640) 대판 1997. 9. 9, 96다47517.
641) 대판 2004. 10. 28, 2002다74213.

면 대한민국의 공서에 어긋나므로 비록 외국의 판결이라 하더라도 우리나라 법원
이 이에 관하여 실질적으로 재심사할 수 있다는 특별규정이다. 따라서 징벌적 손
해배상뿐 아니라 다른 손해배상도 공서에 위반되는지 여부를 재심사할 수 있다.
다만 법원이 재심사할 때에는 왜 그 손해배상액이 공서에 반하는지 그 이유를 밝
히고 승인할 손해배상액을 정해야 할 것이다.

라) 상호보증(제217조 1항 4호)   상호보증이란 외국이 우리나라의 판결을
승인하는 경우에만 우리나라도 그 나라의 판결을 승인하는 원칙이다. 국제법상
상호주의에서 영향을 받은 것이지만 승소당사자의 권리보호를 제한한다는 점에서
입법론적으로 비판을 받는다. 따라서 지나치게 엄격하게 해석할 필요는 없고 외
국과 우리나라의 승인조건이 중요부분에서 동등하면 충분하다. 판례642)는 더 나아
가 상호보증을 위하여 조약이 체결되어 있을 필요가 없고 해당 외국에서 동종의
판결을 승인한 사례가 없더라도 우리나라와 외국 사이에 동종판결의 승인요건이
현저히 균형을 상실하지 아니하고 중요한 점에서 실질적으로 차이가 없는 경우에
는 상호보증요건을 구비하였다고 하였다.

2. 기판력의 시적범위

가. 뜻

1) 시적범위의 뜻

민사판결서에는 변론을 종결한 날짜를 적어야 한다(제208조 1항 5호 참조). 그
러나 형사판결에서는 변론을 종결한 날짜를 적지 아니한다. 민사판결이나 형사판
결 모두 법적 3단 논법의 적용결과인 점은 같다. 다만 형사판결은 과거의 어떤 범
죄사실(법적 3단 논법의 소전제)의 유·무죄를 대상으로 하는데 대하여 민사판결은
어떤 사실의 존부에 관한 법률효과(법적 3단 논법의 결론)를 대상으로 한다는 점에
서 위에서와 같은 판결서 기재에 차이가 생긴 것이다.

---

642) 대판 2013. 2. 15, 2012므66·73 참조.

이해를 돕기 위해서 쉬운 예를 들어 본다.

어떤 사람이 타인의 물건 10개를 훔쳤다고 가정할 경우(법적 3단 논법의 소전제) 형사재판에서는 절도죄(형법 제329조)로 처벌을 받는 법률효과가 생기는데 이 법률효과는 시간의 경과나 훔친 물건의 반환에 의하여 변하지 않는다. 그러나 같은 사건을 민사사건으로 바꾸어 보면 시간이 경과되면서 피고가 원고에게 반환한 물건의 수량에 따라 원고가 구하는 법률효과가 달라진다. 즉, 3개를 반환하였으면 원고는 7개만 반환을 구할 수 있고 5개를 반환하였으면 원고는 5개만 반환을 구할 수 있다.

이와 같이 과거의 범죄 사실은 시간이 경과되더라도 변하지 않으나[643] 법률효과, 즉 사법상의 권리 또는 법률관계는 시간의 경과로 변동되므로 판결로 그 존부를 확정하려면 어느 시점에서의 권리관계가 문제되는가를 정하지 않으면 안 된다. 이것이 기판력의 시적 범위의 문제이다. 민사판결서에 적는 변론을 종결한 날짜는 기판력의 시적 한계를 명시하기 위한 것이다.

2) 표 준 시

기판력의 시적 범위를 정하는 기준 시점을 표준시라고 한다. 즉, 표준시는 기판력이 확정하는 권리 또는 법률관계의 존부 시점을 말한다. 민사판결에서의 표준시는 사실심의 변론종결일인데 다만 무변론판결의 경우에는 판결의 선고일이다(제208조 1항 5호). 재심대상판결의 변론종결 이후에 생긴 사유를 들어 재심을 청구한 사건의 경우에는 재심대상판결의 변론종결일이 아니라 재심판결의 변론종결일이 표준시이다.[644] 화해권고결정은 그 확정시가 표준시이다.[645]

---

643) 그러므로 형사재판은 대부분의 사건이 과거의 1회적 사실을 심리의 대상으로 하기 때문에 원칙적으로 시적 범위가 문제되지 않는다.
644) 대판 2003. 5. 13, 2002다64148.
645) 대판 2012. 5. 10, 2010다2558.

나. 차 단 효

1) 뜻

후소법원이 표준시에서 기판력 있는 판단에 반하거나 모순되는 판결을 할 수 없는 구속력을 차단효라고 한다.

2) 차단효의 작동 범위

차단효는 법적 3단 논법의 소전제인 사실에 관한 재판자료(사실에 관한 주장 및 증거자료의 제출)를 제출하는 시기의 제한과 결론인 법률효과(사법상의 권리 또는 법률관계)가 미치는 범위로 나타나므로 그 작동범위는 이 두 가지 측면에서 고찰할 수 있다.

가) 사실에 관한 주장 및 증거자료의 제출시기   사실에 관한 주장 및 증거자료(즉, 공격방어의 방법)의 제출은 원칙적으로 표준시인 사실심의 변론종결일까지 제출할 수 있고 그 이후의 제출은 차단된다.[646]

a) 원인무효사유   예를 들어 어느 부동산에 관한 매매계약이 무권대리라는 원인무효사유를 이유로 소유권이전등기의 말소를 구하였다가 패소 확정되었다면 표준시 이전에 존재하였던 민법 제103조, 제104조 위반의 행위, 통정허위표시 등과 같이 원인무효를 뒷받침하는 공격방법은 사실심 변론종결일 이후의 후소에서 제출할 수 없다.

b) 변제·면제·소멸시효의 완성, 한정승인   표준시에서 채무의 존재가 확정되어 그 채무의 이행을 명한 경우에 표준시 이전에 존재하였던 변제·면제·소멸시효,[647] 상속재산의 포기[648] 등 채무소멸에 관한 사유를 주장하지 아니하였다면 후소에서 주장하여 채무를 면할 수 없다. 그러나 상속재산의 한정승인은 상속채무의 존재 및 범위의 확정과는 관계가 없고 다만 판결의 집행대상을 상속재

---

646) 사실심의 변론종결 이전에 제출할 수 있었던 공격 방어방법은 새로운 소송에서 제출하여 전소의 기판력을 다툴 수 없다(대판 2014. 3. 27, 2011다79968 참조).

647) 소멸시효의 완성으로 권리가 당연히 소멸하고 시효의 주장은 소송상 항변권의 행사에 지나지 않는다(대판 1966. 1. 31, 65다2445)는 판례의 입장을 따른다.

648) 대판 2009. 5. 28, 2008다79876.

산의 한도로 한정함으로써 판결의 집행력을 제한할 뿐이므로 사실심의 변론종결일 이후에 한정승인 사실을 내세워 청구이의의 소를 제기할 수 있다.[649]

c) **집행증서**   집행증서(민집 제56조 4호)는 성질상 즉시 집행을 할 수 있고, 또 그 작성에는 법원의 관여가 없어 사실심의 변론종결일이라는 관념이 없다. 따라서 집행증서상 단순이행의무로 되어 있는 청구권이더라도 반대의무의 이행과 상환으로 이루어져야 하는 동시이행관계에 있을 경우에는 청구이의의 소(민집 제44조)로 다툴 수 있다.[650]

나) 권리 또는 법률관계의 범위

a) **표준시에서의 법률관계**   기판력이 확정하는 권리 또는 법률관계는 표준시인 사실심의 변론종결일에 한정하여 구속력이 생긴다.

예

원고가 피고에게 2011. 1. 1. 금 1,000만원을 빌려주었다고 하여 금 1,000만원의 대여금 반환청구소송을 제기하였는데 피고가 사실심의 변론종결일인 2011. 12. 31. 위 금 1,000만원을 변제한 경우에 원고의 청구는 기각된다. 그런데 이 경우에 원고의 피고에 대한 금 1,000만원의 대여금 채무가 부존재로 확인되는 권리관계는 표준시인 2011. 12. 31.자에 한정된다.

b) **표준시 이전의 법률관계**   표준시 이전의 법률관계에는 차단효가 생기지 않는다. 앞의 예에서 2011. 1. 1.부터 2011. 12. 30.까지 채무가 부존재한다고 다툴 수 있는 것을 차단하는 차단효는 생기지 않는다. 따라서 원고는 피고에게 위 채무의 존재를 전제로 위 기간 동안 발생한 이자를 청구할 수 있다.[651]

---

649) 대판 2006. 10. 13, 2006다23138.
650) 대판 2013. 1. 10, 2012다75123·75130 참조.
651) 대판 1976. 12. 14, 76다1488.

c) 표준시 이후의 법률관계

ⅰ) 원   칙   표준시 이후의 법률관계에 관해서도 차단효가 생기지 아니하므로 당사자는 후소에서 이에 관한 주장을 할 수 있다. 예를 들어 표준시에서 대여금채무가 확정되더라도 그 이후 채무의 변제 또는 면제 등이 있었다면 당사자는 청구에 관한 이의의 소(민집 제44조)를 제기하여 확정판결의 집행력을 배제할 수 있다. 판례는 표준시 이후의 법률관계를 넓게 보아 실체법상의 법률관계는 물론 소송상의 권리관계 또는 등기관계도 포함한다.[652] 하지만 다른 사건의 판결이유에서 전소 판결의 기초가 된 사실관계를 달리 인정하였다는 것은 변론종결 이후에 새로이 발생한 사유가 아니다.[653]

ⅱ) 표준시 이후의 사정변경   표준시 이후 토지가격이 지나치게 오르고 조세 등 부담이 증대되는 사정변경이 있는 경우에는 후소에서 증가된 차임을 잔부청구로서 청구할 수 있다.[654] 그 이론적 근거에 관하여 묵시적 일부청구설과 별개의 소송목적설이 대립하였는데 2002년 개정 민사소송법에서 정기금의 지급을 명한 확정판결에 대하여 사정변경에 의한 확정판결의 변경을 구하는 소(제252조)를 입법하여 이 문제를 해결하였다.

---

652) 예를 들어 갑이 을을 상대로 소유권이전등기말소청구의 소를 제기하였다가 위 등기에 앞선 병 명의의 소유권이전등기의 원인이 된 제소전 화해가 유효하게 존속중이라는 이유로 패소판결을 선고받고 그 판결이 확정되자, 위 제소전 화해에 대한 준재심의 소를 제기하여 제소전 화해를 취소시켰다면 제소전 화해의 취소는 표준시 이후의 법률관계라는 것이고(대판 1988. 9. 27, 88다3116 참조), 갑의 을에 대한 소유권이전등기가 병에게 이전되어(즉, 이행불능) 패소 확정되었는데 그 뒤에 병 명의의 소유권이전등기가 말소되었다면 병 명의의 소유권이전등기말소는 표준시 이후의 법률관계라는 것이다(대판 1995. 9. 29, 94다46817 참조).
653) 대판 2012. 7. 12, 2010다42259.
654) 대전판 1993. 12. 21, 92다46226.

정기금판결과 변경의 소(제252조)

(1) 뜻

(가) 정기금의 지급을 명한 판결이 확정된 뒤에 그 액수산정의 기초가 된 사정이 현저하게 바뀜으로써 당사자 사이에 형평을 크게 침해할 특별한 사정이 생긴 때에는 그 판결의 당사자는 장차 지급할 정기금 액수를 바꾸어달라는 소(제252조 1항)를 제기할 수 있다. 이 소를 제기할 때에는 소장에 변경을 구하는 확정판결의 사본을 붙여야 하고(민소규 제63조 3항) 제1심 판결법원의 전속관할에 속한다(제252조 2항).

(나) 정기금의 지급을 명한 판결이 대상이기 때문에 정기금지급의 손해배상판결만이 아니라 정기금 방식의 임금·연금 등의 지급판결도 이 소송의 대상이 된다. 하지만 신체상해로 인한 손해배상청구소송에서 일시금 배상이 아니라 정기금 배상을 명한 판결을 한 경우에 실익이 크다. 가해행위 자체는 과거의 일회적 사실이지만 이로 말미암은 실제의 손해가 장기간에 걸쳐 나타나는 경우에 그 손해배상은 장차 드러날 손해를 사실심의 변론이 종결될 때로부터 평가하여 일시금으로 배상을 명할 수도 있고 정기금으로 배상을 명할 수도 있다. 어느 경우에나 임금수준 등 손해배상액수 산정의 기초 사정이 현저하게 바뀔 수 있는데 변론이 종결될 때를 기준으로 일시금 또는 정기금배상청구권의 내용이 기판력으로 확정되면 더 이상 판결내용을 바꿀 수 없는 것이다. 그러나 정기금배상의 취지가 손해가 드러나는 시기에 맞추어 적절한 금액을 지급하는데 있다고 한다면 그 액수를 산정하는 기초가 된 사정이 현저하게 바뀜으로써 당사자 사이에 형평을 크게 침해할 특별한 사정이 생긴 때에는 기판력의 차단을 소멸시켜 새로운 합리적인 금액의 배상을 인정하는 것이 상당하다. 이 취지에서 정기금판결에 대한 변경의 소가 인정된 것이다.

(2) 장래의 이행을 명한 판결에 대한 적용 가부

이 소는 원칙적으로 변론종결 이전에 생긴 손해에 관하여 정기금배상을 명한 경우에 적용이 있다. 예상치 못한 후유증으로 인한 확대손해의 청구는 전소의 소송목적과는 별개의 소송목적이므로[655] 별개의 소송을 제기하면 될 것이고 이 소에 의할 것이 아니다. 문제는 변론종결일 이후 이행기가 도래하는 이행의무에 관하여 계속적으로 손해배상을 명하는 판결에 관하여서도 적용할 수 있느냐이다. 제252조가, 변론종결일 이전에 생긴 손해에 관한 정기금의 배상을 명하는 판결에 한하지 않고 정기금의 지급을 명한 판결 일반에 대하여 변경의 소를 허용하고 있으므로 장래의 이행을 명한 판결에 대해서도 적

---

655) 대판 1980. 11. 25, 80다1671.

용할 수 있다.[656] 따라서 장래 이행기의 도래분까지 정기금의 지급을 명하는 판결이 확정된 경우에는 그 소송의 사실심 변론종결일 이후에 그 액수 산정의 기초가 된 사정이 뚜렷하게 바뀜으로써 당사자 사이의 형평을 크게 해할 특별한 사정이 생긴 때에는 이전 소송에서 명시적 일부청구가 있었던 것과 동일하게 평가하여 전소판결의 기판력이 차액 부분에는 미치지 않는다.[657]

iii) 표준시 이후의 형성권행사와 차단효   ㄱ) 형성권이란 당사자 한쪽의 의사표시에 의하여 상대방과의 권리 또는 법률관계를 변경시킬 수 있는 힘 또는 법적 지위를 말한다. 계약의 취소권, 해제권, 상계권, 지상권자·임차인 또는 전차인의 건물매수청구권(민 제283조, 제643조, 제644조), 백지어음의 보충권(어음 제10조) 등이 이에 속한다. 형성권을 행사하는 데는 흔히 실체법상 제척기간의 제한이 있지만 소송법상으로는 그런 제한이 없기 때문에 판결의 기판력에 의하여 차단되지 아니하여야 형성권을 제척기간 내에서 제대로 행사할 수 있다. 그렇다고 하여 이전 소송의 표준시 이전에 형성권을 행사할 수 있는데도 이를 행사하지 아니하다가 패소한 당사자가 표준시 이후에 별개의 소송에서 형성권을 행사하여 확정판결을 뒤엎는다면 법적 안정을 해치게 되고 소송지연의 수단으로 악용되어 문제가 된다.

ㄴ) 그러므로 표준시 이전에 행사할 수 있었던 취소권[658]이나 해제권[659]은 표준시 이후 행사할 수 없다. 표준시 이후 백지어음의 보충권을 행사하여 어음금청구도 할 수 없다.[660] 상계권은 어차피 상계의 의사표시라는 방어방법에 의한 행사가 아니더라도 별개의 소송으로 제기할 수 있어 상계권의 행사에는 기판력이 생기므로(제216조 2항 참조) 확정판결의 기판력으로 차단되지 않는다.[661]

ㄷ) 그러나 상계권 이외의 형성권을 표준시 이후 행사하더라도 법적 안정을 해치지 않는다면 실체법상 승인된 형성권자의 법적 지위를 보장해주는 범위에서

656) 같은 취지: 이시윤, 635면.
657) 대전판 1993. 12. 21, 92다46226; 대판 2011. 10. 13, 2009다102452.
658) 대판 1959. 9. 24, 4291민상830.
659) 대판 1981. 7. 7, 80다2751.
660) 대판 2008. 11. 27, 2008다59230.
661) 대판 1998. 11. 24, 98다25344.

형성권자의 의사를 존중함이 바람직하다. 따라서 명의신탁해지,[662) 지상권자·임차인의 건물매수청구권[663)의 경우에는 이전 소송판결의 기판력에 의해 차단되지 아니하여 표준시 이후에도 행사할 수 있다.

3. 기판력의 객관적 범위

가. 뜻

확정판결이 기판력으로 후소법원의 판단을 차단한다면 그 차단 범위를 어떤 사항으로 할 것인가, 이것이 기판력의 객관적 범위에 관한 문제이다.

나. 판결주문의 판단

1) 소송목적 = 기판력의 객관적 범위

확정판결의 주문에 한하여 후소법원은 전소법원의 그와 어긋나는 판단을 할 수 없다. 그런데 기판력은 소송목적을 중심으로 그것과 동일, 모순, 선결관계에 있는 다른 소송목적에 관해서 작동되므로 기판력의 범위는 소송목적의 범위와 일치된다. 이와 같이 소송목적 = 기판력의 원칙[664)을 민사소송법은, 「기판력은 판결주문에 한하여 미친다(제216조 1항)」고 규정하고 있다.

따라서 기판력의 객관적 범위는 판결서에 적힌 주문(제208조 1항 2호) 이외에 다른 기재사항, 즉 청구의 취지 및 상소의 취지(동조 1항 3호)와 이유(동조 1항 4호)를 보아서 정해야 하므로[665) 승소판결의 기판력의 범위는 판결주문과 판결이유에 나타난 청구의 원인에 의하여 정하여지고 청구기각판결의 기판력의 범위는 청구의 취지와 판결이유에 나타난 청구의 원인에 의하여 정해진다.[666) 결국 기판력의

---

662) 대판 1978. 3. 28, 77다2311.
663) 대판 1995. 12. 26, 95다42195.
664) 원래 판결의 주문은 원고의 청구에 대한 법원의 결론을 밝힌 것으로서 원고는 소송목적인 권리 또는 법률관계에 관하여 법원에 판단을 구하였기 때문에 기판력은 소송목적의 존부에 관하여 생기는 것이다.
665) 소송목적의 특정에 관하여 통설이나 판례에 의하면 청구의 취지와 원인에 의하여, 소송법설에 의하면 청구의 취지에 의하여 특정되므로 판결서의 기재사항 중에서 청구의 취지나 판결 이유에 있는 청구원인을 보아야 소송목적을 특정할 수 있다.
666) 이행소송 및 형성소송의 경우이고 확인소송의 경우에는 원고승소의 판결의 경우에는 판결

객관적 범위는 소송목적의 크기와 일치된다고 할 수 있다.

2) 소송판결과 제220조의 조서의 기판력

가) 소송판결의 기판력　　기판력은 이미 성립한 판단이 반복되는 것을 금지하는 소극적 작용과 종전의 판단내용을 기준으로 이에 따라야 한다는 적극적 작용이 있다. 소극적 작용면에서 볼 때 소송요건의 흠을 이유로 부적법 각하하는 소송판결도 본안판결과 같이 모두 반복을 금해야 한다는 점에서 기판력이 인정된다. 다만 재판권, 소의 이익, 당사자적격 등을 부정한 소송판결에는 기판력을 인정함으로써 소송요건의 흠에 관한 판단의 반복을 금지하는 효과가 생기게 되나, 소제기행위의 유효요건으로서 소송능력이나 대리권 등의 흠에 관한 판단은 그 소제기행위의 무효만을 확정할 뿐이므로 후일 소제기행위의 유효요건을 갖춘 재차의 소제기행위에는 전소의 기판력이 작용될 여지가 없다.667)

나) 제220조의 조서　　제220조는 화해, 청구의 포기·인낙을 변론조서나 변론준비기일조서에 적은 때에는 그 조서는 확정판결과 같은 효력을 가진다고 규정한다. 판례668)는 그 조서에 대하여 무제한적인 기판력을 인정하고 있다.

3) 소송목적의 동일성과 기판력의 객관적 범위

기판력의 객관적 범위는 소송목적의 크기에 의해 결정된다. 우리 판례669)는 청구의 취지와 청구원인에 의하여 특정되는 실체법상의 권리 또는 법률관계의 주장을 소송목적으로 보고 실체법상의 권리마다 별개의 소송목적이 된다는 입장이다.

가) 소유권이전등기청구소송　　매매를 청구원인으로 하는 소유권이전등기청구소송의 소송목적은 매매를 원인으로 하는 소유권이전등기청구권이므로 기판력은 오로지 이 청구권의 존부에만 미치게 된다. 그러므로 여기에서 승소하더라

주문에 의하여, 원고청구기각의 경우에는 청구의 취지에 의해 정하여진다. 소송법설에 의하면 청구의 취지에 의해 소송목적의 범위가 정해진다.

667) 대판 2003. 4. 8, 2002다70181.
668) 대전판 1962. 2. 15, 4294민상914 등; 학설로서는 호문혁, 661면이 이 입장에 있다.
669) 반면, 소송목적을 뒷받침하는 공격방어방법은 아무리 달라지더라도 소송목적이 동일한 범위 내에서는 이전 소송판결의 기판력으로 차단되므로 소송목적과 공격방어방법의 차이는 기판력의 객관적 범위를 정하는데 중요한 요소가 된다.

도 소유권에 기판력이 생기지 아니하므로 기판력을 얻기 위해서는 소유권확인판결을 받아야 한다.[670] 시효취득[671] 또는 약정[672]을 청구원인으로 하는 소유권이전등기청구소송의 소송목적은 시효취득 또는 약정을 원인으로 하는 소유권이전등기청구권이므로 매매를 원인으로 하는 소유권이전등기청구권에 관한 소송에는 기판력이 미치지 않는다. 같은 이치로 명의신탁해지를 원인으로 하는 소유권이전등기청구의 기판력은 명의신탁사실의 존부에까지 미치지 아니하며,[673] 어떤 토지에 관한 특정부분의 매수를 청구원인으로 한 소유권이전등기청구권의 소송목적은 그 특정부분의 매매를 원인으로 하는 소유권이전등기청구권이므로 그 특정부분에 해당하는 지분매매의 소유권이전등기청구에는 기판력이 미치지 않는다.[674] 피담보채무의 변제로 양도담보권이 소멸되었음을 원인으로 한 소유권이전등기 회복등기청구의 기각 판결은 장래 잔존 피담보채무의 변제를 조건으로 한 소유권이전등기의 회복등기청구에 기판력이 미치지 않는다.[675] 또 매매계약의 무효 또는 해제를 원인으로 한 매매대금반환청구에 대한 인낙조서의 기판력은 매매계약에 기한 소유권이전등기청구소송에 미치지 않는다.[676]

나) 계약의 취소를 이유로 한 목적물반환청구소송 매매계약의 취소를 이유로 한 목적물반환청구소송에서의 소송목적은 목적물반환청구권이고 계약취소나 계약해제 등 형성권[677]은 모두 이를 뒷받침하는 공격방법이므로 이 청구의 기각판결이 확정되었다면 다시 계약취소를 계약해제로 바꾸어 소를 제기하여도 목적물반환청구권이라는 소송목적은 변함이 없으므로 전소확정판결의 기판력이 후소에도 미친다.

다) 건물명도 등 청구 소유권을 청구원인으로 하는 건물명도(또는 건물철거) · 토지인도청구소송의 소송목적은 소유권을 원인으로 하는 건물명도(또는 건물철거) · 토지인도청구권이므로 그에 관한 확정판결의 기판력은 점유권이나 약정

---

670) 대판 1987. 3. 24, 86다카1958.
671) 대판 1968. 3. 19, 68다123.
672) 대판 1996. 8. 23, 94다49922.
673) 대판 1999. 10. 12, 98다32441.
674) 대전판 1995. 4. 25, 94다17956.
675) 대판 2014. 1. 23, 2013다64793.
676) 대판 2005. 12. 23, 2004다55698.
677) 모든 형성권은 일반적으로 공격 또는 방어방법이다.

을 청구원인으로 한 건물명도(또는 건물철거) · 토지인도청구소송에 미치지 않는다.[678]

　　　라) 소유권이전등기말소청구소송　　　소유권이전등기말소청구소송의 소송목적은 소유권이전등기청구말소청구권[679]이므로 이에 관한 확정판결의 기판력은 소유권 확인[680]이나 소유권이전등기청구권[681]에 미치지 않는다. 따라서 소유권이전등기말소청구소송에서 원고가 승소하였다 하더라도 피고는 소유권부존재확인소송을 제기할 수 있고, 원고가 패소한 경우에 다시 피고를 상대로 소유권확인을 구할 수 있다.[682] 다만 소유권이전등기말소청구소송의 청구원인은 '등기원인의 무효'로 보므로 등기원인무효 사유인 무권대리, 불공정한 법률행위 등은 모두 소송목적인 소유권이전등기말소청구권을 뒷받침하는 공격방법에 불과하여 이 청구의 기각판결이 확정된 이후에 무권대리를 불공정한 법률행위로 바꾸어 다시 소를 제기하여도 전소법원의 소유권이전등기말소청구를 기각한 확정판결의 기판력이 후소법원에도 미친다.[683]

진정등기명의회복을 원인으로 한 소유권이전등기청구소송[684]

판례[685]에 의하면 소유권이전등기말소청구소송의 기판력은 후소인 진정등기명의회

---

678) 대판 2010. 12. 23, 2010다58889.
679) 대판 1986. 8. 19, 84다카1792.
680) 대판 1998. 11. 27, 97다22904.
681) 대판 1995. 6. 13, 93다43491.
682) 대판 1996. 12. 20, 95다37988.
683) 대판 1980. 9. 9, 80다1020.
684) 예를 들어 X명의의 A부동산에 관하여 갑이 문서를 위조하여 자기 앞으로 소유권이전등기를 넘긴 다음 다시 순차로 을, 병, 정 이름으로 소유권이전등기가 넘어간 경우에 X가 갑, 을, 병, 정을 상대로 소유권이전등기말소청구소송을 제기하는 것이 아니라 정만 상대로 진정등기명의회복을 원인으로 하여 소유권이전등기를 청구하는 소송을 진정등기명의회복을 원인으로 하는 소송이라고 한다. 소유권이전등기말소청구소송이나 진정등기명의회복을 원인으로 하는 소유권이전등기청구소송은 결국 A부동산에 관하여 X명의로 소유권을 회복한다는 데 본질을 같이 하고 있다.
685) 대전판 2001. 9. 20, 99다37894.

복을 원인으로 한 소유권이전등기청구소송에 미친다. 진정등기명의회복을 원인으로 한 소유권이전등기청구소송이나 이전 소송인 소유권이전등기말소청구소송은 모두 소유자의 등기명의회복을 위한 것으로 목적이 같고 소유권에 터 잡은 방해배제청구권으로서 법적 근거 등이 같아 결국 소송목적이 동일하다는 취지이다. 그러나 양쪽 소송은 당사자를 달리하므로 판례와 같이 동일 소송목적이라 하더라도 기판력을 미치게 할 수 없는 처지이다. 결국 위 판례의 입장은 원인무효의 등기를 정리함에 있어서 여러 사람을 피고로 하지 않고 최후 등기명의자 한 사람을 피고로 할 수도 있다는데 그 의의가 있다할 것이므로 위 판례는 진정등기명의회복을 원인으로 한 소유권이전등기청구소송의 경우에만 적용되는 특수한 판결로 보아야 할 것이다.

마) 이혼소송   이혼소송에서는 민법 제840조에서 정한 각 이혼사유마다 별개의 소송목적으로 보므로 원고가 어느 이혼사유를 들어 소를 제기하였다가 패소하더라도 다른 이혼사유를 들어 다시 이혼소송을 제기할 수 있다.

바) 채무부존재확인과 이를 원인으로 한 등기말소청구소송   채무부존재확인소송의 소송목적은 원고가 주장하는 특정한 권리 또는 법률관계의 부존재이므로 그 청구를 받아들인 인용판결은 그 법률관계의 부존재를 확정시키고 그 청구를 배척하는 기각판결은 그 법률관계의 존재를 확인시킨다. 그런데 판례[686]는 채권·채무의 존부에 관한 청구와 그 채권·채무를 원인으로 한 등기 말소청구권의 존부는 별개의 소송목적이 되어 채무부존재확인판결의 기판력은 채무부존재를 원인으로 하는 등기말소청구소송에 미치지 않는다고 한다. 그러나 채무부존재확인소송은 그 부존재확인을 원인으로 한 등기말소청구소송과 선결적 법률관계에 있으므로 그 부존재확인판결은 등기말소청구소송에서 미리 확인판결을 받은 경우와 마찬가지라 할 것이다. 따라서 채무부존재를 원인으로 한 등기말소청구소송에서 채무부존재의 확인 부분에는 기판력이 미친다고 하여야 할 것이다.

사) 사해행위취소소송   금전지급행위를 사해행위로 보아 그 취소를 구하면서 금전지급행위의 평가를 증여 또는 변제로 바꾸는 것은 공격방어방법의 변경이므로 소송목적에는 변함이 없다.[687]

---

686) 대판 1980. 9. 9, 80다1020.
687) 대판 2005. 3. 25, 2004다10985.

아) 재심소송   지금까지는 재심의 소도 소송상의 형성소송으로 보아 그 소송목적을 재심사유마다 별개로 보았으므로 당사자는 어느 하나의 재심사유를 들어 재심청구를 하였다가 패소하여도 다른 재심사유로 다시 소송할 수 있었다. 그러나 2002년 개정 민사소송법에서는 재심사유의 존재는 중간판결사항(제454조 2항)이므로 어느 하나의 재심사유를 들어 재심청구를 하였다가 패소하였다면 다른 재심사유로 다시 소송을 제기할 수 없다고 할 것이다.

자) 공시송달로 확정된 사건   이 경우에도 동일한 소송목적의 후소에 기판력이 미친다. 따라서 후소를 제기하려면 먼저 이전 소송의 승소 확정판결에 대하여 적법한 추완항소를 제기함으로써 그 기판력을 소멸시켜야 한다.[688]

다. 판결이유 중의 판단

1) 제216조 1항

제216조 1항은 「확정판결은 주문에 포함된 것에 한하여 기판력을 가진다」라고 규정하고 있으므로 판결이유 중의 판단에는 원칙적으로 기판력이 미치지 않는다. 따라서 판결이유에서 인정한 사실,[689] 전제사실, 선결적 권리 또는 법률관계, 항변, 법률판단 등에는 기판력이 작용하지 않는다. 예를 들어 상가입점상인들로 구성된 상가운영위원회가 유통산업발전법 제12조에서 정한 대규모점포개설자라고 주장하면서 구분소유자들을 상대로 체납관리비 지급 청구소송을 제기하여 승소확정판결을 받았다고 하더라도 그 판결의 기판력은 체납관리비청구권의 존부에만 생기고 그 전제가 되는 대규모점포개설자의 지위에는 미치지 아니하므로 구분소유자들은 상가운영위원회를 상대로 상가관리권부존재확인의 소를 제기할 수 있다.[690]

그러나 기판력이 판결이유 중의 판단에 미치지 않는다는 원칙은 논리필연법칙이 아니며 입법의 소산이라 할 수 있다. 기판력제도가 가장 먼저 정비된 영·미법에서는 오히려 판결이유 중의 판단에 기판력을 미치게 하는 것을 원칙으로 한다. 기판력을 판결주문에 한정시키면 첫째, 당사자에 대하여 그 청구에 관한 결론

---

688) 대판 2013. 4. 11, 2012다111340.
689) 대판 2005. 12. 23, 2004다55698.
690) 대판 2011. 10. 27, 2008다25220.

만을 고려하여 소송활동을 하여도 좋다고 하는 보장을 주고 둘째, 법원으로서도 그러한 당사자의 소송을 수행하는 태도를 계산하여 실체법의 논리적 순서에 꼭 구애받지 않고 결론에 도달하는 데 최단거리라고 생각되는 순서에 따라 심리할 수 있게 되어 소송을 자유롭고 탄력적으로 운영할 수 있으며 또 신속하게 결론을 끌어낼 수 있는 장점이 있다. 그러나 판결이유 중의 사실확정이나 법률판단에 기판력이 생기지 아니하기 때문에 다른 소송에서 같은 사실이나 같은 법률문제가 쟁점이 되더라도 이전 소송과 다른 사실인정을 할 수 있고 다른 판단이 가능하므로 반소나 중간확인의 소에 의하여 이들 사항에 관하여 판결주문에서 판단을 받아놓지 아니하면 심리의 중복을 피할 수 없게 되어 분쟁의 일회적 판단을 이룩할 수 없게 된다.[691] 그리하여 판결이유 중의 판단 그 가운데에서도 특히 선결적 법률관계에 관하여 어떤 구속력을 인정하자는 주장이 제기되고 있지만 우리 판례는 아직 이에 대하여 부정적인 입장이다.

2) 제216조 2항

제216조 2항은 「상계를 주장한 청구가 성립되는지 아닌지의 판단은 상계하자고 대항한 액수에 한하여 기판력을 가진다」라고 규정하고 있으므로 판결이유 중의 판단 가운데 상계에 관해서는 기판력이 있다.

가) 상계의 항변에 관한 판단   법원이 피고로부터 상계의 항변이 제출되어 그 효과에 관하여 판단할 때에는 소구채권(또는 수동채권)을 소멸시키는데 필요한 액수의 범위에서 반대채권(또는 자동채권)의 존부에 관하여 기판력이 생긴다. 상계의 항변은 상대방의 소구채권을 소멸시킨다는 점에서 변제의 항변과 같은 방어방법의 일종이나 상계의 의사표시를 하면 상대방에 대한 자동채권도 소멸시킨다는 점에서 마치 청구와 같은 구실도 하므로 상계의 항변에 관해서도 기판력이 인정되는 것이다. 다만 여기서의 상계는 민법 제492조 이하의 단독행위로서의 상

---

691) 선결적 법률관계를 중간확인의 소나 반소로 미리 확정시키면 이에 기초한 법률관계에서도 기판력이 있지만(예, 소유권의 확인을 받은 다음에 이에 기한 건물명도청구소송을 하는 경우에 소유권 부분에 기판력이 생긴다) 그 반대의 경우에는 기판력이 작용하지 않는다(예, 소유권에 기한 명도청구소송에서 승소판결을 받은 다음에 소유권확인소송을 하는 경우) 따라서 전소판결의 기판력은 소유권에 기한 명도청구권에 생기고 소유권에는 생기지 아니하므로 후소에서 소유권확인을 청구하더라도 패소할 수 있다.

계를 말하며 상계계약이 아니다.[692]

나) 기판력의 인정범위   a) 반대채권의 부존재를 이유로 상계의 항변을 배척한 경우에 반대채권의 부존재에 관하여 기판력이 생긴다. 예를 들어 원고가 피고에 대하여 지급기가 도래한 금 1,000만원의 물품대금 청구를 하였는데 피고가 원고에 대하여 지급기가 도래한 금 500만원의 대여금채권을 주장하고 상계의 의사표시를 한 경우에 피고의 상계의 항변이 받아들여지지 아니하면 피고의 원고에 대한 금 500만원의 대여금채권의 부존재에 기판력이 생긴다. 이와 같은 경우에 기판력이 생기지 아니한다면 피고는 별소로써 다시 반대채권을 청구할 수 있게 되어 불필요한 분쟁이 거듭될 우려가 있기 때문이다.

b) 상계의 항변을 받아들여 원고가 청구를 그 범위에서 기각한 경우에 원고의 소구채권과 피고의 반대채권이 동시에 존재하고 그것들이 상계의 의사표시에 의하여 소멸한다는 판단에 기판력이 생긴다. 앞의 예에서 피고의 상계항변이 받아들여졌다면 원고의 피고에 대한 금 1,000만원의 물품대금채권과 피고의 원고에 대한 금 500만원의 대여금채권 및 상계로 소멸하는 금 500만원에 대하여 모두 기판력이 생긴다. 위와 같이 풀이하지 아니하면 원고는 별소로써 피고의 반대채권이 당초부터 존재하지 아니하였다는 이유로 부당이득반환청구나 손해배상청구를 할 여지가 있고, 피고도 별소로써 원고의 피고에 대한 소구채권이 부존재한다고 하여 부당이득반환청구나 손해배상청구를 할 여지가 있어 불필요한 분쟁이 거듭될 우려가 있기 때문이다.

c) 상계의 항변에 대하여 기판력이 생기는 것은 청구의 당부를 판단함에 있어서 반대채권의 존부를 실질적으로 판단할 필요가 있는 경우에 한한다. 반대채권의 존부와 관계없이 소구채권의 존재가 부정되거나 상계의 항변이 실기(失機)한 공격방어방법으로 각하된 경우 또는 성질상 상계가 허용되지 않거나 상계부적상(相計不適狀)으로 배척된 경우에는 기판력이 생기지 않는다. 이들 경우에는 이전 소송에서 반대채권의 존부 자체가 판단되지 아니하여 그에 관한 분쟁이 해결되었다고 볼 수 없기 때문이다. 같은 이유로 상계부적상과 반대채권의 부존재를 택일적 이유로 해서 상계의 항변을 배척할 수 없다.

---

692) 대판 2014. 4. 10, 2013다54390 참조.

다) 상계의 항변에 관한 취급   상계의 항변에는 기판력이 생기므로 일반 항변과 달리 취급하여야 한다. 즉 상계항변은 먼저 소구채권의 존재를 확정한 다음 상계의 항변을 판단하여야 하며 소구채권의 존부를 확정하지 아니한 채 가정적으로 상계의 항변을 받아들여 청구기각을 하여서는 안 된다. 왜냐하면 상계항변은 통상 그 소구채권의 존재가 확정되는 것을 전제로 하여 행하여지는 일종의 예비적 항변으로서 소송상 상계의 의사표시에 의해 확정적으로 그 효과가 발생하는 것이 아니라 당해 소송에서 소구채권의 존재 등 상계에 관한 법원의 실질적 판단이 이루어지는 경우에 비로소 실체법상 상계의 효과가 발생하기 때문이다.[693] 다시 말하면 상계에 의하여 원고의 청구가 기각되면 피고의 반대채권도 소멸되는데, 만약 소구채권이 부존재인데도 그에 대한 판단을 하지 않고 상계의 항변을 받아들인다면 피고는 자기의 반대채권만 이유 없이 상실하기 때문이다. 따라서 상계항변에 의하여 전부 승소한 피고라도 소구채권의 부존재를 다투기 위해서 상소할 이익이 있다.

라) 상계의 충당   상계의 의사표시가 있는 경우, 채무는 상계적상 시에 소급하여 대등액에서 소멸한 것으로 보게 되므로, 상계에 의한 소구채권과 반대채권의 양 채권의 차액 계산 또는 상계충당은 상계적상의 시점을 기준으로 하게 된다. 따라서 그 시점 이전에 소구채권의 변제기가 이미 도래하여 지연손해가 발생한 경우에는 상계적상 시점까지의 소구채권의 약정이자 및 지연손해금을 계산한 다음 반대채권으로 그 약정이자 및 지연손해금을 먼저 소멸시킨 나머지 액수를 가지고 원본을 소멸시켜야 할 것이다.[694] 한편 상계의 경우에도 민법 제499조에 의하여 민법 제476조, 제477조에 규정된 변제충당의 법리가 준용되므로 여러 개의 반대채권이 있고 소구채권의 원리금이 반대채권의 원리금 합계에 미치지 못하는 경우에는 우선 반대채권의 채권자가 상계의 대상이 되는 반대채권을 지정할 수 있고, 다음으로 반대채권의 채무자가 이를 지정할 수 있으며, 양 당사자가 모두 지정하지 아니한 때에는 법정변제충당의 방법으로 상계충당이 이루어지게 된다. 그런데 상계를 주장하면 그것이 받아들여지든 아니든 상계하자고 대항한 액수에 대하여 기판력이 생기므로(제216조 2항) 여러 개의 반대채권이 있는 경우에

---

693) 대판 2013. 3. 28, 2011다3329 참조.
694) 대판 2005. 7. 8, 2005다8125 등 참조.

법원으로서는 그중 어느 반대채권에 대하여 어느 범위에서 상계의 기판력이 미치는지 판결 이유에서 당사자가 분명하게 알 수 있을 정도까지는 밝혀 주어야 할 것이다. 그러므로 상계항변이 이유 있는 경우에는, 상계에 의하여 소멸되는 채권의 금액을 일일이 계산할 것까지는 없다고 하더라도, 최소한 상계충당이 지정충당에 의하게 되는지 법정충당에 의하게 되는지 여부를 밝히고, 지정충당이 되는 경우라면 어느 반대채권이 우선 충당되는지를 특정하여야 할 것이며, 반대채권으로 이자나 지연손해금채권이 함께 주장되는 경우에는 그 기산일이나 이율 등도 구체적으로 특정해 주어야 할 것이다.[695]

마) 기판력이 미치는 반대채권부존재의 범위　　a) 반대채권이 소구채권에 미달한 경우(앞의 예)에 기판력에 의하여 다툴 수 없게 될 반대채권의 부존재의 액수는 상계로 대항한 액수, 즉 소구채권이 소멸된 범위에 국한된다(앞의 예에서 금 500만원의 대여금채권의 소멸에 기판력이 생긴다). 위의 경우 금 500만원의 대여금 채권 중 금 300만원을 상계로 제공하는 경우와 같이 반대채권의 일부만을 상계에 제공하는 것은 기판력제도의 취지에 비추어 명시 또는 묵시를 불문하고 허용되지 않는다. 같은 취지에서 반대채권 액수를 상계에 제공하여 그 일부만이 받아들여진 경우(앞의 예에서 금 500만원의 대여금채권 중에서 금 300만원 부분만 받아들여진 경우)에도 그 전액(앞의 예에서 금 500만원의 대여금채권)에 대하여 기판력이 미친다.

　　b) 반대채권이 소구채권을 초과하는 경우(앞의 예에서 소구채권이 금 500만원이고 반대채권이 금 1000만원인 경우)에는 상계하자고 대항한 액수에 한하여 기판력이 생기므로(제216조 2항) 기판력에 의하여 다툴 수 없게 될 반대채권부존재의 액수는 소구채권이 소멸된 범위에 그친다. 따라서 소구채권을 초과하는 반대채권의 액수에 대하여서까지 그 부존재의 기판력이 생기지 아니한다(앞의 예에서 반대채권 부존재의 기판력은 소구채권 금 500만원 해당액수이고 반대채권 금 1,000만원 전부가 부존재가 되는 것이 아니다).[696] 이 경우에 소구채권과 대등액에서 상계한다는 의사표시가 있는지 따지지 않고 일부만의 상계의사표시는 언제나 허용된다고 할 것이다. 따라서 남아 있는 반대채권 금 500만원 부분에 대해서는 소제기가 가능하므

---

695) 대판 2011. 8. 25, 2011다24814 참조.

696) 이 점에서는 단순한 수량적 가분채권의 일부청구에 관한 확정판결은 잔부청구에도 미친다는 결론의 예외가 될 것이다.

로 기판력이 어긋날 가능성이 있다.

c) 소구채권이 일부청구인 경우에 반대채권으로 상계하는 방법은 손해배상청구소송에서 과실상계를 하는 것과 같이 외측설에 의한다.

3) 항 변

가) 원 칙   상계의 항변을 제외하고는 판결이유 중에서 판단되는 동시이행의 항변, 유치권의 항변 등의 항변에 대해서는 그것이 판결의 기초가 되어도 기판력이 생기지 않는다. 예를 들어 원고가 피고에 대하여 매매계약에 기한 건물명도청구를 하였는데 피고가 매매잔대금이 남아 있다고 하여 이에 기한 동시이행의 항변을 한 경우에 법원에서 이 항변이 받아들여지더라도 매매잔대금의 존부에 대해서는 기판력이 생기지 아니한다.

나) 상계의 재항변   그런데 피고의 위 동시이행항변에 대하여 원고가 피고에 대하여 외상미수대금이 있다는 이유로 다시 상계의 재항변을 하였을 경우에 이 재항변에 대해서도 기판력이 생기지 않는다.[697] 그 이유는 상계의 재항변에 기판력이 생긴다면 동시이행항변에 제공된 매매잔대금지급청구권을 행사할 수 없게 되어 항변에 대해서도 실질적으로 기판력이 인정되는 결과가 되기 때문이다. 상계의 재항변에 대해서까지 기판력이 인정된다면 재항변에 재재항변 등 항변이 중첩되는 경우에 법률관계의 처리가 아주 어려워지고, 원고는 소의 추가적 변경이나 별소의 제기에 의하여 외상매수대금에 관하여 기판력을 부여할 수 있는데 피고는 결과적으로 원고에 대한 매매잔대금청구권을 상실하는데도 이에 관한 어떤 법적 조치를 취할 수 없어 원·피고가 불공평한 취급을 받게 된다. 요컨대 피고의 상계항변에 대하여 원고가 다시 피고의 반대채권을 소멸시키기 위하여 상계의 재항변을 하는 경우, 만약 법원이 원고의 소송상 상계의 재항변과 무관한 사유로 피고의 상계항변을 배척한다면 상계의 재항변을 판단할 필요가 없고, 법원이 피고의 상계항변이 이유 있다고 판단한다면 원고의 소구채권과 피고의 반대채권이 상계적상 당시에 대등액에서 소멸한 것으로 보게 될 것이므로 원고가 상계의 재항변으로써 상계할 대상인 피고의 반대채권이 그 범위에서 존재하지 아니하는 것이 되어 이때에도 역시 원고의 상계의 재항변에 관하여 판단할 필요가 없게 된다. 또

---

697) 대판 2005. 7. 22, 2004다17207.

원고가 소구채권 외에 피고에 대하여 다른 채권을 가지고 있다면 소의 추가적 변경에 의하여 그 채권을 당해 소송에서 청구하거나 별소를 제기할 수 있으므로 원고의 상계의 재항변은 이를 허용할 이익이 없다.[698]

4. 기판력의 주관적 범위

가. 뜻

확정판결에서 표시한 전소법원의 판단이 누구를 구속하여 후소의 제기를 차단하느냐가 기판력의 주관적 범위의 문제이다. 확정판결은 원칙적으로 당사자에 대하여 효력이 미치므로(제218조 1항) 이전 소송의 당사자는 확정판결의 판단 내용에 반하는 주장을 하여 다툴 수 없다. 이와 같이 기판력은 대립하는 당사자 사이에서 상대적으로 생긴다(기판력=상대성원칙).[699] 민사소송의 판결은 당사자 사이의 분쟁을 해결하기 위한 것이므로 그 효과도 당사자를 상대적으로 구속하면 충분하다. 당사자는 처분권주의·변론주의에 의하여 심판의 대상인 권리관계를 특정하고 그에 관하여 공격방어의 방법을 자유롭게 선택하여 제출할 기회를 부여받아 소송을 수행하였기 때문에 그 결과에 관하여 스스로 책임을 지는 것이 당연하다. 따라서 그러한 기회를 보장받지 못한 제3자에게 다른 사람들 사이에서 생긴 소송의 기판력을 강요하는 것은 재판을 받을 권리(헌 제27조 1항)를 침해하여 부당하다. 그러므로 소송 외의 제3자는 물론이고 소송에 관여한 대리인, 보조참가인, 공동소송인 독립의 원칙이 적용되는 다른 통상의 공동소송인들에게도 기판력은 미치지 않는다.

그런데 기판력의 상대성 원칙을 지나치게 고집하면 많은 노력과 비용을 들여 얻은 판결의 실효성을 확보하기 어려운 경우가 생길 우려가 있다. 그러기 때문에 제218조 1항은 당사자 이외에도 변론을 종결한 뒤의 승계인(변론 없이 한 판결의 경우에는 판결을 선고한 뒤의 승계인) 또는 그를 위하여 청구의 목적물을 소지한 사람 등 당사자와 밀접한 관계가 있는 제3자에게 기판력을 미치게 하였다.

---

698) 대판 2014. 6. 12, 2013다95964 참조.
699) 동일 당사자가 전소 소송목적과 동일한 소송목적을 후소에서 제기하는 것은 허용되지 않는다(대판 2014. 3. 27, 2011다49981 참조).

헌결 2014. 12. 19, 2013헌다1

　　헌법재판소의 심판절차에 관하여는 특별한 규정이 있는 경우를 제외하고는 헌법재판의 성질에 반하지 아니하는 한도에서 민사소송에 관한 법령을 준용한다(헌재 제40조 1항). 따라서 헌재결정의 주관적 범위에 관해서도 제218조 1항이 준용되어 헌재결정은 당사자, 변론을 종결한 뒤의 승계인(변론 없이 한 판결의 경우에는 판결을 선고한 뒤의 승계인) 또는 그를 위하여 청구의 목적물을 소지한 사람에 대하여 효력이 미친다고 할 것이다. 헌결 2014. 12. 19, 2013헌다1의 당사자는 청구인 대한민국 정부와 피청구인 통합진보당인데 그 결정 주문은 1. 피청구인 통합진보당을 해산한다. 2. 피청구인 소속 국회의원 김미희 · 김재연 · 오병윤 · 이상규 · 이석기는 의원직을 상실한다고 되어 있어 피청구인이 아닌 김미희 외 4인이 오로지 피청구인 소속 국회의원이었다는 이유로 국회의원직 상실결정을 하였다. 따라서 그 결정의 효력이 이들 피청구인 아닌 사람들에게 과연 미칠 수 있는지 문제된다. 우선 김미희 외 4인은 당사자가 아니다. 또한 통진당 당원이기 때문이 아니라 국민에 의하여 선출된 국회의원(헌 제41조 1항)이므로 제218조 1항의 변론종결후의 승계인에는 물론 청구의 목적물을 소지한 사람에도 해당되지 않는다. 결국 위 헌재결정은 당사자, 즉 청구인 대한민국 정부와 피청구인 통합진보당 사이에서만 효력이 있을 것이므로 위 헌결 주문 2항은 피청구인이 아닌 김미희 외 4인에게는 효력이 없다고 하여야 할 것이다.[700]

---

700) 기판력의 정당화 근거는, 패소당사자가 대등하게 소송목적인 권리관계의 존부에 관하여 변론을 하고, 소송을 수행할 권능과 기회를 보장받은 이상 패소한 결과를 재차 다툰다는 것은 공평에 반하다는데 있다. 즉 절차보장이 당사자가 상대방에 대한 관계에서 기판력의 효과를 불이익하게 받는 것을 정당화하는 것이다. 그런데 김미희 외 4인은 국회의원직을 상실당하는 불이익한 헌재결정을 받으면서도 당사자가 되지 아니하므로 소송에서 변론을 하고 소송을 수행할 권능과 기회를 전혀 보장받지 못함으로써 위 헌재결정의 기판력을 정당화시킬 수 없다는 데 문제가 있다.

나. 변론을 종결한 뒤의 승계인(변론 없이 한 판결의 경우에는 판결을 선고한 뒤의 승계인)(제218조 1항)

1) 변론종결 후(무변론판결의 경우에는 판결선고 후) 소송목적인 권리 또는 의무를 승계한 자

예를 들어 대여금 청구소송에서 채권의 양수인 또는 채무의 면책적 양수인 등이 이에 해당한다. 승계인의 전주(前主)는 원고나 피고를 가리지 않으며 승소자 쪽이든 패소자 쪽이든 불문한다. 승계의 모습도 포괄승계(상속·합병 등), 특정승계(채권양도·채무인수)를 구별하지 않으며 승계원인도 임의처분(계약·유증 등)이나 국가의 강제처분(전부명령·경매)을 모두 포함한다. 승계의 시기는 변론종결 후(무변론판결의 경우에는 판결 선고 후)이어야 하므로 부동산물권변동에 있어서는 등기 등 그 효력발생요건이 변론종결 후(무변론판결의 경우에는 판결선고 후)에 갖추어져야 승계가 된다. 제1차승계가 표준시 이전에 있었다면 제2차승계가 표준시 이후에 있어도 제2차승계인은 승계인에 해당되지 않는다.[701] 이전 소송의 소송목적이 후소의 소송목적과 동일, 모순 또는 선결관계에 있지 아니하여 후소가 전소 기판력의 객관적 범위에 해당하지 않는 경우에는 소송목적의 소송승계가 전소의 변론종결 이후에 이루어졌다고 하더라도 후소의 소송승계인은 이전 소송 기판력의 주관적 범위에 해당되지 않는다.[702] 그러므로 기판력의 주관적 범위에 해당하는지 여부는 먼저 기판력의 객관적 범위부터 따져보아야 할 것이다.

2) 변론종결 후(무변론판결의 경우에는 판결선고 후)에 당사자적격을 승계한 자

예를 들어 건물명도소송에서 목적 건물을 양수 또는 임차하거나 가옥철거소송에서 가옥을 양수한 자와 같이 소송목적인 권리의무 자체를 승계한 것은 아니나 소송목적을 다툴 수 있는 지위, 즉 당사자적격을 승계한 자도 승계인이 된다. 그런데 당사자적격은 소송법적으로 추상화된 개념이기 때문에 기판력을 확장하는 범위가 지나치게 확대될 가능성이 있다. 따라서 그 범위를 어떻게 합리적으로 조

---

701) 대결 1967. 2. 23, 67마55.
702) 대판 2014. 10. 30, 2013다53939 참조.

절할 것인가 문제된다.

가) 판   례

a) 물권적 청구권   판례[703)]에 의하면 소송목적이 대세적 효력이 있는 물권적 청구권일 때에는 승계인에게 기판력이 확장된다. 따라서 원인무효를 이유로 소유권이전등기의 말소를 명하는 판결은 소유권이라는 물권을 근거로 한 청구권을 기초로 한 것이므로 그 판결의 기판력은 표준시 이후 소유권이전등기를 마친 자,[704)] 근저당권설정등기를 마친 자,[705)] 경락취득자,[706)] 진정명의회복을 원인으로 한 소유권이전등기청구 및 근저당권설정등기 말소청구의 상대방[707)] 등에게 미친다. 위 소유권이전등기의 말소를 구하는 소송이 화해권고결정의 확정으로 창설적 효력이 생긴다고 하여 그 법적 성질이 채권적 청구권으로 바뀌지 않는다.[708)]

b) 채권적 청구권   이전 소송의 소송목적이 채권적 청구권의 성질이 있는, 예를 들어 매매를 원인으로 하는 소유권이전등기청구권인 경우에 이전 소송의 변론종결 후에 그 목적물에 관하여 소유권등기를 이전받은 사람은 기판력이 미치는 '변론종결 후의 승계인'에 해당되지 아니한다. 이러한 법리는 화해권고결정이 확정된 후 그 목적물에 관하여 소유권등기를 이전받은 사람에 관하여도 다를 바 없다.[709)] 따라서 매매를 원인으로 소유권이전등기를 명하는 판결은 매매라는 채권을 기초로 한 것이므로 그 판결의 기판력은 표준시 이후 소유권이전등기를 마친 자,[710)] 경락취득자[711)] 등에게 미치지 않는다. 또 소송목적이 취득시효완성을 원인으로 한 소유권이전등기청구권으로서 채권적 청구권인 경우에는 변론종결일 이후에 소유권이전등기를 마친 승계인에게 기판력이 미치지 않는다.[712)] 이

---

703) 대판 2003. 5. 13, 2002다64148.
704) 대판 1972. 7. 25, 72다935.
705) 대결 1963. 9. 27, 63마14.
706) 대판 1975. 12. 9, 75다746.
707) 대판 2003. 3. 28, 2000다24856.
708) 대판 2012. 5. 10, 2010다2558.
709) 대판 2012. 5. 10, 2010다2558.
710) 대판 1993. 2. 12, 92다25151.
711) 대판 1971. 3. 23, 71다234.
712) 대판 1997. 5. 28, 96다41649.

경우에 대비하여 채권적 청구권자는 대항할 수 없는 제3취득자의 출현을 막기 위해서 처분금지가처분을 해두어야 할 것이다.

한편 예를 들어 매매에 기한 토지인도청구소송의 소송목적은 토지소유권이 아니라 매매에 기한 토지인도청구권이므로 그 토지인도청구소송의 사실심 변론종결일 이후에 토지소유자로부터 토지의 점유를 승계취득한 제3자에 대하여서는 위 토지인도청구소송의 확정판결의 기판력이 미치지 않는다. 이 경우에 대비하여 점유이전금지가처분을 해두어야 점유자를 항정(恒定)할 수 있다.[713]

나) 승계인에게 고유한 이익이 있는 경우　　　예를 들어 동산의 선의취득자, 부동산의 시효취득자와 같은 승계인은 전주(前主)와 다른 자기고유의 이익을 갖고 있는 경우가 있다. 그들에게 절차보장의 기회를 주지 않고 기판력을 확장시키는 것은 헌법이 보장하는 재판청구권을 침해하는 것이 되어 부당하다. 따라서 그들에게 소송에서 자기 고유의 이익을 주장할 기회를 주어야 하는데 그 방법에 관하여 실질설과 형식설의 대립이 있다.

a) 실 질 설　　　이 설은 기판력의 확장 여부를 판정하기 위해서는 승계인에게 고유한 권한이 있는가를 실질적으로 심사하여 그러한 권한이 없는 경우에 한정하여 기판력을 승계인에게 확장하여야 한다는 견해이다.[714]

b) 형 식 설　　　이 설은 표준시 이후의 승계인에게 일단 기판력이 미치지만 승계인은 자기 고유한 이익·권한을 소송으로 주장할 수 있다는 견해이다.

c) 결　　론　　　양 학설은 결론에서 같지만 심리방법에 차이가 있다. 즉 실질설은 전주로부터 제3자에게의 승계 여부와 제3자의 고유권한 여부를 동시에 심리하여 기판력의 확장여부를 판정하자는 입장인데 대하여 형식설은 이들을 단계적으로 심리하자는 입장이다. 제218조 2항은 당사자가 변론을 종결할 때(무변론판결의 경우에는 판결을 선고할 때)까지 승계의 사실을 진술하지 아니한 때에는 변론종결(무변론판결의 경우에는 판결을 선고할 때) 이후에 승계한 것으로 추정한다고 규정한다. 위 규정의 취지는 결국 승계가 있으면 소송과정에서 그 사실이 밝혀지지 않는 한 일단 변론종결(무변론판결의 경우에 판결을 선고할 때) 이후에 승계가 있는 것으로 추정하여 기판력을 미치게 한 다음 승계인으로 하여금 뒤에 그 추정을 깨

---

713) 대판 1984. 9. 25, 84다카148.
714) 호문혁, 614면.

뜨리게 한다는 입장으로서 형식설에 부합된다고 하겠다. 위 규정을 이와 같이 형식설의 입장으로 풀이한다면 여기에서 승계를 진술할 자는 승계인이 아니라 피승계인으로 보아야 할 것이다.[715] 그 이유는 승계인은 변론종결(무변론판결의 경우에는 판결의 선고) 이후에도 자기의 고유한 이익을 주장·입증하여 기판력을 부정할 지위에 있는데 그 승계인으로 하여금 이전 소송의 과정에 참가하여 미리 승계 여부를 진술하게 한다는 것은 납득하기 어렵기 때문이다. 따라서 이 경우에는 피승계인이 변론종결(무변론판결의 경우에는 판결의 선고) 이전에 승계사실을 진술하지 아니하면 승계를 추정시키되 변론종결 이전의 승계를 주장하는 자에게 변론종결 이전의 승계사실을 주장·입증하게 하여 그 추정을 깨뜨리게 하는 것이 가장 합리적인 해석이다.[716]

다. 청구의 목적물을 소지한 사람(제218조 1항)

1) 특정물인도청구소송

특정물인도청구소송에서 본인을 위하여 그 대상이 되는 목적물을 소지하는 수취인·관리인 등은 자기를 위하여 목적물을 소지하는 사람이 아니기 때문에 본인이 소송에서 절차보장을 받았다면 따로 절차보장을 해줄 필요가 없다. 따라서 이들에게 기판력이 미치더라도 소지한 사람의 이익을 해치지 않는다. 여기에서 소지한 사람이란 물건의 본래의 효용에 기한 사용가치나 교환가치를 향수할 권한이 없고 오로지 본인을 위하여 목적물을 소지하는 사람에 한정된다고 할 것이다. 만약 물건의 사용가치나 교환가치를 향수하기 위하여 목적물을 소지하는 경우(예컨대 임차인이나 질권자 등)에는 목적물을 소지하는데 실체법적 이익이 있으므로 따로 절차보장이 이루어지지 않는 한 기판력이 확장될 수 없다.

2) 소지한 사람

소지한 사람을 위와 같이 풀이한다면 소지한 사람의 실체법적 지위는 본인에 의존되기 때문에 인도청구가 물권적인가, 채권적인가, 소지하는 시기가 변론종결

---

715) 같은 취지: 이시윤, 652면.
716) 대판 2005. 11. 10, 2005다34667·34674.

일(무변론판결의 경우에는 판결의 선고일) 이전인가, 이후인가를 가릴 필요가 없다.

3) 목적물의 명의상 소유자

목적물의 명의상 소유자라고 하더라도 인도청구의 집행을 면할 목적으로 피고로부터 가장(假裝)하여 허위로 양수를 받은 자도 피고를 위하여 목적물을 소지한 사람으로 풀이할 수 있다. 그 이유는 이 경우의 승계인에게 하는 목적물양도는 통정허위표시로서 승계인에게 고유한 이익이 없기 때문이다.

라. 소송을 담당한 경우의 이익귀속주체자(제218조 3항)

1) 원   칙

다른 사람을 위하여 당사자로서 소송을 수행한 사람이 받은 판결의 효력은 그 권리의무의 귀속주체인 본인에게도 미친다. 소송담당자는 본인의 수권에 의하여(임의적 소송담당) 또는 법정의 권한에 의하여(법정 소송담당) 본인의 권리관계에 관한 실체법상의 관리처분권을 갖고 있기 때문이다. 본인은 자기의 권리관계에 관하여 소송담당자가 한 실체법상의 처분에 복종해야 하므로 그 처분의 효과에 대응하는 판결의 효력에 복종하더라도 실체법적 이익을 침해당하는 바가 없다. 그리하여 파산재단에 관한 소송에서 파산관재인(회생 파산 제359조)이 받은 판결은 파산자에게, 유언집행자(민 제1101조)가 받은 판결은 상속인에게, 선정당사자(제53조)가 받은 판결은 선정자에게 각각 그 효력이 미친다.

2) 채권자대위소송 등

가) 채권자가 채무자를 상대로 피보전채권에 기한 이행청구소송을 제기하여 승소판결을 받았다면 그 판결의 당사자가 아닌 제3채무자는 피보전채권의 존재를 다툴 수 없다.[717] 또 제3자가 명의수탁자 등을 상대로 한 승소확정판결에 의하여 소유권이전등기를 마친 경우, 다른 소유권이전등기청구권자가 명의수탁자나 기타 종전의 소유자를 대위하여 제3자 명의의 소유권이전등기가 원인무효임을 내세워 그 등기 및 그에 기초한 또 다른 등기의 말소를 구하는 것은 확정판결의 기판력

---

717) 대판 2007. 5. 10, 2006다82700 · 82717.

에 저촉된다.[718] 그러나 이른바 3자 사이의 등기 명의신탁 약정과 그에 의한 등기가 부동산실권리자명의등기에 관한 법률에서 정한 유예기간 경과로 무효로 될 경우 명의신탁자는 매매계약에 기한 소유권이전등기청구권을 보전하기 위하여 매도인을 대위하여 무효인 명의수탁자로부터 등기의 말소를 구할 수 있다.[719] 채권자가 채권자대위권을 행사하여 제3채무자를 상대로 이행청구소송을 제기하였는데 채무자에 대한 피보전채권이 존재하지 않는다고 하여 소 각하 판결을 받은 경우에 그 판결의 효력은 채권자가 채무자를 상대로 제기한 다른 채무이행청구소송에는 미치지 않는다.[720] 또 채무자 소유의 부동산을 시효취득한 채권자의 공동상속인이 채무자에 대한 소유권이전등기청구권을 피보전채권으로 하여 제3채무자를 상대로 채무자의 제3채무자에 대한 소유권이전등기의 말소등기청구권을 대위 행사하는 경우에 그 공동상속인은 자신의 지분 범위 내에서만 대위행사할 수 있고 그 지분을 초과하는 부분에 관해서는 대위할 보전의 필요성이 없다.[721]

나) 문제는 채권자가 채무자의 소송담당자로서 채권자대위권을 행사하여 제3채무자를 상대로 채권자대위소송이나 추심소송을 제기하여 청구인용 또는 기각의 본안판결을 받은 경우에 그 판결의 효력이 피대위자인 채무자에게 미치느냐이다. 특히 채권자대위소송이나 제3자의 추심소송에서와 같이 소송담당자가 관리보전권능만 있고 처분권능이 없는 경우이다. 원래 대위·추심채권자는 자기의 채권을 보전하기 위하여 채무자의 권리에 관하여 소송을 수행하는 자이고 채무자를 위하여 소송을 수행하는 것이 아니다(담당자를 위한 법정소송담당).[722] 그러므로 채권자대위권의 행사로서 채무자를 위하여 상소를 제기하거나 재심의 소를 제기할 수 없다.[723] 따라서 채권자는 채무자의 채권을 추심할 수 있는 권능밖에 없으며[724] 면

---

718) 대판 2006. 1. 27, 2005다26505 등.
719) 대판 2013. 2. 15, 2012다46637.
720) 대판 2014. 1. 23, 2011다108095.
721) 대판 2014. 10. 27, 2013다25217.
722) 따라서 채권자대위소송에서 대위채권의 부존재 기타 대위요건을 갖추지 못한 때에는 채권자가 채무자를 대위하여 원고가 될 당사자적격이 없으므로 각하하여야 한다(대판 1988. 6. 14, 87다카2753 참조). 호문혁, 620면은 이 경우에 채권자의 대위권이 인정되지 않는다는 이유로 청구기각판결을 하여야 한다고 한다.
723) 대판 2012. 12. 27, 2012다75239.
724) 채권자가 채권자대위권을 행사하여 제3채무자에게 자기 앞으로 직접 급부를 구하여도 그 효과는 채무자에게 귀속된다(대판 1996. 2. 9, 95다27998 참조).

제 등 처분권한이 없으므로 대위·추심채권자가 받은 판결의 기판력을 채무자에게 확장시키는 데는 문제가 있는 것이다. 종전에는 이 경우에도 관리처분권이 소송담당자에게 있는 파산관재인·유언집행자와 같이 보아서 채무자에게 일률적으로 기판력이 미친다고 하였으나 이 견해는 앞에서 지적한 문제점을 간과함으로써 채권자가 소송에서 패소한 경우에 채무자의 권리를 처분한 것과 동일한 현상이 생기는 이유를 설명할 수 없었다. 그리하여 등장한 견해는 대위·추심소송의 소송목적을 채무자의 권리가 아니라 채권자 자신의 보전청구권으로 보아 기판력을 당사자에게 한정시키고 채무자에 대한 확장을 부정하자는 것이다(기판력부정설). 이 견해에 의하면 대위·추심소송의 채무자는 패소판결의 기판력을 받지 아니하므로 자기의 권리에 관한 소송수행권이 보장되지만 한편 제3채무자는 채권자에 대한 관계에서 승소하였다 하더라도 다시 채무자의 재차의 소송에 응하여야 하는 번거로움을 감수하지 않을 수 없다는 점에서 채무자와 비교하여 지나치게 불리한 대접을 받게 되어 부당하다. 그러므로 채무자에게 소송참가의 길을 터주어 절차보장을 해주는 것이 기판력 확장의 전제가 된다고 하겠다.[725] 그러한 견해에 따라 채권자가 채무자에게 소송고지 등의 방법으로 소송참가의 길을 열어준 경우에는 채무자가 이를 이용하지 않더라도 채권자 패소판결의 기판력이 채무자에게 확장된다. 그런데 채권자가 추심소송을 제기하면 채무자에게 그 소를 고지하여야 하고(민집 제238조), 채권자가 보존행위 이외에 권리를 대위행사한 때에는 채무자에게 통지하여야 하며(민 제405조 1항), 비송사건 절차법에 의한 재판상 대위신청의 허가는 법원이 직권으로 채무자에게 고지하도록(비송 제49조 1항) 되어 있다. 위 규정들의 취지는 대위소송에서 소송에 참가하지 못한 채무자로 하여금 소송에 참가할 길을 터줌으로써 채무자를 보호하기 위한 것이라 할 수 있다.

대법원판례는 한때 기판력부정설을 취하였다가 뒤에 채무자가 소송고지 등을 받아 대위소송이 제기된 사실을 알았을 때 한하여 불리한 판결의 기판력이 채무자에게 미친다고 하였다.[726] 판례의 입장이 채무자와 제3자를 공평히 대하면서도 분쟁을 일회적으로 해결할 수 있다는 점에서 가장 정당하다. 따라서 채권자가 채권자대위권에 기하여 채무자의 권리를 행사하고 있는 경우에 그 사실을 채무자

---

725) 이 경우에 채무자의 소송참가는 공동소송적 보조참가(제78조)에 의한다.

726) 대전판 1975. 5. 13, 74다1664.

에게 통지하였거나 채무자가 그 사실을 알고 있었던 때에는 채무자가 그 권리를 처분하여도 채권자에게 대항하지 못한다.[727]

3) 채무자가 제3채무자를 상대로 소송을 제기하여 판결을 받은 경우

채무자가 제3채무자를 상대로 소송을 제기하여 판결을 받은 경우에는 채권자로서는 채무자를 대위하여 자기의 채권을 보전할 필요성이 없으므로 채권자의 채권자대위소송은 부적법하여 각하된다.[728] 또 제3채무자는 채무자의 시효이익을 원용하여 쓸 수 없지만 실제로 채무자가 그 소송절차에서 소멸시효의 이익을 원용함으로써 채권자의 채무자에 대한 채권의 소멸시효가 완성되었다면 채권자는 더 이상 채무자를 대위할 채권이 없게 된다.[729]

4) 공동대위채권자가 채무자의 권리를 공동으로 행사하는 경우

공동대위채권자가 채무자의 권리를 공동으로 행사하는 경우에는 유사필수적 공동소송이다.[730] 공동채권자 상호간에 판결의 반사적 효력이 미치기 때문이다. 그런데 공동채권자 중 어느 한사람이 채권자대위권을 행사하였을 경우에 다른 공동채권자는 채권자대위권행사를 안 경우에 한정하여 이전 확정판결의 기판력을 받는다.[731] 따라서 이 경우에는 반사적 효력이 제한적으로 생긴다할 것이다.

마. 소송탈퇴자(제80조, 제81조, 제82조)

제3자가 독립당사자참가(제79조), 참가승계(제81조) 또는 소송인수(제82조)로 당사자가 되어 소송에 가입하였을 경우에 종전 당사자는 그 소송에서 탈퇴할 수 있는데 그 뒤에 제3자와 상대방 당사자 사이의 판결은 탈퇴자에 대하여도 기판력이 생긴다(제80조 단서, 제82조 3항).

---

727) 대판 2007. 9. 6, 2007다34135.
728) 대판 2002. 5. 10, 2000다55171.
729) 대판 2008. 1. 31, 2007다64471.
730) 대판 1991. 12. 27, 91다23486.
731) 대판 1994. 8. 12, 93다52808.

바. 일반 제3자에게 확장

민사소송은 대립하는 당사자 사이의 분쟁을 그들 사이에서 상대적으로 해결하면 충분하나 가족관계나 단체의 법률관계에서도 상대성의 원칙을 관철하면 이해관계인의 법률생활에 혼란을 일으킬 우려가 있다. 그리하여 판결의 효력을 일정범위의 제3자 또는 일반 제3자에게 확장하여 법률관계를 획일적으로 처리하게 되는데는 법률의 근거가 있어야 한다.

1) 일정한 이해관계인에게 확장되는 경우

일정한 이해관계인에게 확장되는 경우로서 파산채권확정소송이 파산채권자 전원에게 미치는 경우(회생 파산 제468조 1항), 회생채권 또는 회생담보권확정소송의 판결이 회생채권자·회생담보권자·주주·지분권자 전원에게 미치는 경우(회생 파산 제176조 1항) 등이다.

2) 가사소송

혼인·친생자·입양 등 가족관계를 다루는 가사소송에서는 가류 사건과 나류 사건의 청구를 받아들인 인용판결의 기판력은 일반 제3자 모두에게 미치고(가소 제21조 1항) 그 청구를 배척한 판결은 제3자가 그 소송에 참가하지 못한 데 대한 정당한 사유가 없을 때만 미치므로(가소 제21조 2항) 청구기각판결의 경우에 제3자가 소송에 참가하지 못한 정당한 사유가 있을 때는 판결의 효력이 확장되지 않는다. 이는 원·피고의 통정으로 제3자가 불이익을 받는 것을 막기 위한 것이다.

3) 회사관계소송

회사관계소송의 판결은 제3자에게 미치나 청구인용판결에 한정되며 청구기각판결은 소극적 확인판결에 불과하여 당사자에게만 미친다(상 제190조, 제328조, 제376조, 제380조, 제381조, 제430조, 제446조).

5. 기판력과 관련된 다른 효력

가. 집 행 력

1) 뜻

집행력은 두 가지 의미가 있다. 좁게는 재판에서 명한 이행의무를 민사집행에 의하여 실현할 수 있는 효력을 말한다. 흔히 집행력이라고 하면 이 의미의 집행력을 가리킨다. 이러한 집행력은 판결 가운데 이행판결에만 생기며 판결의 확정을 기다려 발생하는 것이 원칙이나 가집행선고에 의하여 판결이 확정되기 이전에도 부여할 수 있다. 넓게는 민사집행 이외의 방법으로 판결의 내용에 적합한 상태를 실현할 수 있는 효력을 말한다. 예를 들어 확정판결에 터 잡아 가족관계부 기재의 정정, 각종 등기의 말소 · 변경을 신청할 수 있는 것 등이다. 광의의 집행력은 이행판결에 한하지 않고 확인판결 · 형성판결에도 인정된다.

2) 집행력 있는 재판

이행판결과 같이 이행의무를 기재하여 그 의무에 관하여 민사집행을 할 수 있는 증서를 집행권원이라 한다.

가) 판결로써 협의의 집행력이 생기는 집행권원은 이행판결뿐이다.

나) 집행력은 판결에 한정되지 아니하며 확정판결과 같은 효력이 있는 각종 조서, 집행증서, 항고로 불복을 신청할 수 있는 판결 · 명령 · 형사배상명령 등에도 인정된다.

3) 집행력의 범위

집행력의 시적 범위, 객관적 범위, 주관적 범위[732]는 대체로 기판력에 준한다.

---

732) 주택임대차보호법상 대항력을 갖춘 임차인의 임대차보증금 반환채권이 가압류되었다면 임대주택의 양수인은 임대인의 지위를 당연승계하므로 채권가압류의 제3채무자에의 지위도 승계한다(대전판 2013. 1. 17, 2011다49523 참조).

4) 집행정지

가) 뜻   판결의 확정 또는 가집행선고에 기한 집행력에 터 잡아 강제집행이 실시되면 이에 대한 불복수단이 없는 경우에는 뒤에 원심 재판이 취소되더라도 그 회복이 불가능할 우려가 있다. 그래서 집행력에 대한 임시의 조치로 집행정지제도를 두었다.

나) 유   형

a) 재심 또는 상소의 추후보완신청으로 말미암은 집행정지(제500조 1항)
이 경우 불복의 이유로 내세운 사유가 법률상 정당한 이유가 있다고 인정되고 사실에 대한 소명이 있는 것을 요건으로 하여 법원은 당사자의 신청에 따라 담보를 제공하게 하거나 담보를 제공하지 아니하게 하고 강제집행을 일시 정지하도록 명할 수 있으며, 담보를 제공하게 하고 강제집행을 실시하도록 명하거나 실시한 강제처분을 취소하도록 명할 수 있다.

b) 상소의 제기 또는 변경의 소제기로 말미암은 집행정지(501조)   위의 요건과 절차에 따라 가집행선고가 붙은 판결에 대하여 상소를 한 경우 또는 정기금의 지급을 명한 확정판결에 대하여 제252조 제1항의 규정에 따른 소제기를 한 경우에도 법원은 제500조를 준용하여 집행정지를 할 수 있다. 다만 법원이 제500조에 따라 담보를 제공하게 하고 강제집행을 일지 정지할 때에 국가에 대해서는 인지첩부 및 공탁제공에 관한 특례법 제3조에 의거하여 담보를 제공하게 해서는 안 된다.[733]

나. 형 성 력

1) 뜻

형성력이라 함은 확정된 형성판결이 종전의 법률관계를 변경하는 효력을 말한다. 형성판결의 특유한 효력이다.

---

733) 대결 2010. 4. 7, 2010부1.

2) 형성력의 범위

가) 시적범위　　　형성력은 판결이 확정할 때에 생긴다. 즉 형성력의 표준 시는 판결확정시이므로 이 점에서 표준시가 변론을 종결할 때인 기판력과 구별된 다. 원래 형성판결에는 가집행선고를 붙일 수 없지만 잠정처분을 인가하거나 취 소하는 경우에 광의의 집행력을 주기 위하여 가집행 선고가 붙은 경우에는 판결 이 확정되기 이전에도 형성력이 생긴다. 예를 들어 청구에 관한 이의의 소(민집 제44조), 집행문부여에 대한 이의의 소(민집 제45조), 제3자 이의의 소(민집 제48조) 들에 대한 판결에서 집행의 정지·속행·취소를 명하는 사항에 관하여 직권으로 가집행선고를 붙이는 경우(민집 제47조 2항, 제48조 3항) 등이다. 형성력은 이와 같 이 판결의 확정에 의해서 생기지만 그 효력은 소급되기도 하고 소급되지 않기도 한다.

나) 형성력의 객관적 범위　　　형성소송의 대상이 되는 소송목적에 관하여 형성력이 생긴다.

다) 형성력의 주관적 범위　　　형성력에 의한 법률관계의 변동은 누구나 인 정하여야 하기 때문에 형성력은 일반 제3자에게 확장된다. 형성판결에 의하여 당 사자 사이의 법률관계는 발생·변경·소멸되는데 다른 제3자가 마음대로 이를 다 툴 수 있다면 판결에 구태여 형성력을 인정할 필요가 없기 때문에 법률관계를 획 일적으로 처리하기 위한 것이다.

6. 판결의 파생적 효력

가. 뜻

판결이 확정되면 그 내용에 따라 기판력·가집행·형성력이 생긴다. 이와 같 이 판결내용에 따라 생기는 효력은 판결이 본래 갖는 것들이다. 그런데 예를 들어 피참가인이 패소한 경우에 보조참가인 또는 소송고지를 받은 자에게 미치는 참가 적 효력 등과 같이 법률의 규정 또는 일정한 요건에 맞추어 판결에 특수한 효력 이 인정되는 경우가 있다. 이와 같은 효력은 판결의 본래 내용에 따른 효력이 아니므로 판결의 파생적 효력이라고 한다.

나. 법률요건적 효력

민법 그 밖의 실체법에 의하여 판결의 존재 자체가 법률효과를 발생시키는 법률요건이 되는 경우가 있는데 이를 법률요건적 효력(또는 사실효)이라고 한다. 즉 실체법규에 의하여 일정한 내용의 확정판결의 존재가 요건사실로 되고 여기에 어떤 법률효과가 주어지는 경우이다. 예를 들어 판결이 확정되면 중단된 시효가 다시 진행되는 것(민 제178조 2항), 단기소멸시효라도 판결이 확정되면 10년의 보통소멸시효로 되는 것(민 제165조 1항), 보증채무의 지급을 명한 판결을 받은 수탁보증인의 사전구상권의 현실화(민 제442조 1항 1호), 판결의 확정에 의한 공탁물회수청구권(민 제489조 1항) 등이다. 이와 같이 판결의 법률요건적 효력은 모두 실체법의 명문규정에 의하여 인정되고 있으므로 소송법상 효력이 아니라 실체법상 효력이다.

다. 반사적 효력

1) 개   념

법률요건적 효력은 제3자에게도 생길 수 있다. 즉 소송 외의 제3자는 원칙적으로 기판력을 받지 아니하지만 실체법상 당사자와 특별한 관계가 있는 경우에 판결의 반사적 영향으로 유리 또는 불리하게 그 효력을 받을 수 있는 경우가 생긴다. 예를 들어 채무자가 제3자와의 사이에서 채무자 소유의 재산의 귀속에 관한 소송에서 패소하면 민사집행의 대상재산이 줄어들므로 일반 제3자는 그만큼 불리하게 되고, 반대로 채무자가 승소하면 유리하게 되는 따위이다. 이와 같은 결과는 법원이 판결에서 명한 바도 없고 당사자의 의사와 관계없이 판결결과가 반사되어 부수적으로 이루어지는 것이기 때문에 판결의 반사적 효력(또는 반사효)이라고 한다. 그런데 법의 반사적 이익은 사실적 효력으로서 소송에서 주장할 수 없는 것이 원칙이다. 따라서 판결의 반사효도 제3자가 소송에서 주장할 수 있는지 문제이다. 다수설은 반사효를 일종의 법률요건적 효력으로 본다(반사효설).[734] 즉,

---

734) 호문혁, 643면; 이시윤, 662면도 같은 취지이다.

당사자 사이에서 자유롭게 처분할 수 있는 권리관계에 관하여 확정판결이 있으면 그 내용과 같이 권리관계가 실체화되기 때문에 판결내용과 같은 처분행위가 있는 셈이 되어 그 결과 실체법상 처분에 복종하여야 할 의존관계에 있는 제3자는 그 판결에 구속된다는 것이다. 생각건대 반사효는 실체법상의 효력이지만 소송상 전혀 이를 주장할 수 없게 한다면 매우 부당한 결론을 가져오기 쉽다. 예를 들면 채무자가 채권자의 대여금 청구소송에서 승소하여 대여금 채무를 이행하지 아니하게 되었더라도 그 보증인이 채권자의 보증금청구소송에서 앞의 주채무자 승소사실을 주장하지 아니하면 보증인이 패소할 수도 있다. 그 경우에 보증인은 보증채무를 이행하지 아니할 수 없게 되고 보증채무를 이행한 보증인은 주채무자에게 구상을 청구할 수 있어 채무자는 채권자에 대한 관계에서 실질적으로 패소하는거나 다름없는 이상한 결론에 이르게 된다. 이와 같은 현상은 소송법과 실체법의 간극(間隙), 즉 갭(gap)에서 오는 부득이한 것이라 하더라도 그 갭을 메우기 위하여 반사효를 소송에서 주장하도록 허용함이 바람직하다. 다만 그 이론적 근거가 문제되는데 기판력확장설은 명문의 규정이 없고 이를 인정하는 경우에 당사자와 제3자는 필수적 공동소송이 되어 소송수행의 자유가 지나치게 제약되므로 반사효설이 정당하다. 반사효설은 당사자의 처분행위를 실체법에서 수용하여야 할 법적지위에 있는 자가 소송상으로도 그 처분행위에 해당하는 판결내용의 결과를 받아들여야 한다는 것을 전제로 하므로 당사자에 대한 판결내용과 제3자의 실체법상 의존관계를 결합할 수 있게 되어 소송법과 실체법의 갭을 메울 수 있게 된다.

2) 반사효가 인정되는 경우

가) 주채무자와 보증인 사이　　　보증채무는 주채무에 부종(附從)하므로 주채무가 소멸하면 보증채무도 소멸한다. 따라서 채권자와 주채무자 사이에서 주채무자가 승소하면 보증인은 이를 쓰겠다고 원용하여 보증채무의 이행을 거절할 수 있다(즉 반사효가 제3자에게 유리하게 미친다). 그러나 보증채무는 주채무의 목적이나 형태보다 중해진 때에도 주채무자의 한도로 감축되므로(민 제430조) 주채무자가 패소한 경우 그 판결의 효력을 보증인에게 확장시킬 수 없다(즉 제3자가 불리한 경우에는 반사효가 미치지 아니한다).

나) 합명회사의 사원   합명회사의 사원은 회사의 재산으로 회사의 채무를 완제할 수 없는 때에는 연대하여 변제할 책임이 있고(상 제212조 1항) 사원이 회사 채무에 관하여 변제의 청구를 받은 때에는 회사가 주장할 수 있는 항변으로 그 채권자에 대항할 수 있어(상 제214조 1항) 회사의 채무에 관한 사원의 법적지위는 회사에 완전히 의존되어 있다. 따라서 합명회사에 대한 회사의 채무에 관한 판결은 승패를 묻지 않고 모두 그 사원에 미친다고 풀이되므로 사원은 회사의 패소판결에 승복하여야 하고 회사의 승소판결을 자기에게 유리하게 쓸 수 있다.

다) 연대채무자들 사이

a) 채무면제   어느 연대채무자에 대한 채무면제는 그 채무자의 부담부분에 한하여 다른 연대채무자의 이익을 위하여 효력이 있으므로(민 제419조) 다른 연대채무자는 그 부담부분에 한하여 면제를 자기에게 유리하게 쓸 수 있다.

b) 상   계   어느 연대채무자가 채권자에 대하여 채권이 있는 경우에 그 채무자가 상계할 때에는 채권은 모든 연대채무자의 이익을 위하여 소멸하므로(민 제418조 1항) 연대채무자가 채권자와의 소송에서 상계의 항변을 하면 수동채권인 연대채무와 자동채권은 상계하자고 대항한 액수에 한하여 소멸하는데 기판력이 생긴다(제216조 2항). 그 결과 당사자 사이에 상계의 효과가 확정되면 실체법상 상계의 절대적 효력과 결합하여 다른 채무자에 대하여도 반사효가 생김으로써 그들도 채권자에 대하여 이 판결을 원용하여 상계에 의한 채무소멸을 주장할 수 있는지 문제된다. 그런데 어느 연대채무자가 변제 기타 자기의 출재로 공동면책이 된 때에는 다른 연대채무자의 부담부분에 대하여 구상권을 행사할 수 있으므로(민 제425조 1항) 다른 연대채무자는 채권자에 대하여 채무를 면한다는 점에서는 유리하지만 상계를 한 연대채무자로부터 구상청구를 받는다는 점에서 불리하다. 따라서 연대채무자의 상계에 반사효를 인정하게 되면 채권자의 채권이 없거나 연대채무자에게 반대채권이 없는 경우에도 당사자 사이의 합의에 의한 상계를 허용하게 되고 다른 연대채무자는 그 효과를 승인하지 않을 수 없게 되어 부당하므로 상계에 관하여 반사효를 부정함이 타당하다.

c) 공유자들 사이   민법상 공유자는 그 지분을 자유로이 처분할 수 있으므로(민 제263조) 공유자들 사이에는 강한 독립성이 있다. 그러나 보존행위에 관하여는 각자가 단독으로 할 수 있기 때문에(민 제265조 단서) 그 범위에서는 공유자

상호간에 실체법상 의존관계가 있다 할 것이다. 따라서 공유물이 제3자로부터 침해받은 경우에 공유자 한사람이 보존행위로서 공유물의 반환 또는 방해배제를 청구하여 승소한 때에는 다른 공유자는 그 판결의 효력을 쓴다고 원용하면 반사효를 받을 수 있다. 하지만 어느 공유자의 보존권 행사의 결과가 다른 공유자의 이해와 충돌될 때에는 그 행사는 보존행위로 될 수 없다. 예를 들어 공유자 일부가 제기한 말소등기청구의 소송 도중 다른 공유자가 자신의 지분에 대한 부분이 자신과 무관하게 제기되었다고 하면서 취하서를 내고 증인으로 출석하여 피고의 주장이 사실이라고 진술한 경우에는 그러한 공유자의 지분에 대하여는 보존행위를 허용할 수 없다.[735] 그러나 공유자가 패소한 경우에는 보존행위가 되지 아니하기 때문에 실체법상 의존관계가 생기지 아니하여 반사효가 미치지 아니한다.

d) 채무자와 제3자와의 사이에 채무자의 재산에 관한 소송에서 받은 패소판결 부동산의 점유자가 취득시효완성을 원인으로 한 소유권이전등기를 하지 않고 있는 사이에 제3자가 등기명의인을 상대로 제소하여 그 부동산에 대한 소유권이전등기절차이행의 확정판결을 받아 소유권이전등기를 한 경우에 위 확정판결이 당연무효이거나 재심의 소에 의하여 취소되지 않는 한 부동산의 점유자는 원래의 등기명의인에 대한 소유권이전등기청구권을 보전하기 위하여 등기명의인을 대위하여 위 확정판결의 기판력에 저촉되는 제3자 명의의 소유권이전등기의 말소를 구할 수 없다.[736] 따라서 채무자와 제3자와의 채무자의 재산에 관한 소송에서 채무자가 받은 패소판결에 채권자도 구속된다. 그 근거가 무엇인가에 관하여, 채권자대위제도의 성질상 당연한 결론이며 기판력의 확장이라는 견해,[737] 채무자가 먼저 제3자 상대의 판결을 받았기 때문에 생기는 법률요건적 효력[738]이라는 견해가 있다. 그러나 이 결론은 부동산에 관한 점유취득시효 완성 이후에 취득시효 완성을 원인으로 한 소유권이전등기를 마치지 않은 상태에서 그 부동산에 관하여 제3자 명의로 소유권이전등기가 마쳐지면 취득시효가 완성되더라도 그 부동산의 소유권을 취득하지 못한다는 실체법상의 법리가 소송에 반영된 것에 불과하다. 결

---

735) 대판 1995. 4. 7, 93다54736 참조.
736) 대판 1992. 5. 22, 92다3892.
737) 정동윤/유병현, 740면.
738) 호문혁, 643면.

국 채무자와 제3자와의 사이에서 책임재산의 귀속에 관하여 채무자가 소송에서 패소판결을 받았을 때에는 채무자와 실체법상 의존관계에 있는 일반 채권자도 부득이 이를 승인하지 않을 수 없어 불리한 영향을 받는 반사적 효력에 관한 것이라고 볼 것이다.[739] 즉, 일반채권자가 이를 승인하지 않으면 채무자와 제3자 사이에 생긴 판결의 기판력이 무용지물이 되기 때문이다. 그렇다고 하여 채무자와 제3자 사이의 판결의 기판력이 제3자에게 미치는 제218조 1항의 경우가 아니므로 기판력이 적용될 여지가 없다.

---

739) 같은 취지: 이시윤, 661면.

제1절 병합청구소송

I. 소의 객관적 병합(제253조)

1. 뜻

1) 소의 객관적 병합이라 함은 원고의 피고에 대한 여러 개의 청구를 하나의 소송절차에서 심판하는 것을 말한다. 소의 객관적 병합은 청구가 복수라 하더라도 하나의 소송절차에서 이를 병합·심리하여 한 개의 판결을 하기 위한 것이므로 한 사람의 원고와 한 사람의 피고 사이에서 여러 개의 청구를 병합하는 경우는 물론 여러 사람의 원고와 피고 사이에서 하나 또는 여러 개의 청구를 병합하는 경우에도 성립한다. 다만 뒤의 경우에는 공동소송에 수반된다.

소의 객관적 병합의 취지

원래 민사소송절차는 한 사람의 원고가 한 사람의 피고에 대한 한 개의 소송목적을 심판대상으로 하여 조립되었다. 이것이 민사소송절차의 최소기본단위이다. 법원이 제시한 분쟁해결기준도 이 최소 기본단위를 전제로 하므로 당사자로 된 사람, 소송목적으로 된 권리관계에 이 기준이 적용된다. 이 점에서 법원의 분쟁해결은 개별적이고 다른 사람과 관련이 없는 상대적인 해결이다. 그런데 당사자 사이에서 여러 개의 권리관계에 관한 분쟁이 존재하는 경우, 관련분쟁을 동시에 해결하는 것이 당사자의 소송수행상의 부담을 경감하고, 청구가 서로 관련되었을 경우에는 심리를 중복시키지 않으면서 모순된 판단을 피할 수 있다. 이것이 소의 객관적 병합의 취지이다. 그러나 이를 무제한적으로 허용한다면 심리가 복잡해질 뿐 아니라 절차의 지연, 혼란 등 소송경제상 바람직하지 않은 사태가 생길 수 있어 소의 객관적 병합의 요건을 적절히 규제할 필요가 있다. 따라서 소의 객관적 병합의 요건(제253조)은 소송요건이면서 공동소송의 주관적 요건(제65조)과 달리 직권조사사항이다.

2) 소의 객관적 병합은 원고가 소를 제기하면서 여러 개의 청구를 병합하는 것이 보통이다(원시적 병합). 그러나 소를 제기하여 계속되는 소송 중에도 청구를 병합할 수 있다(후발적 병합). 후발적 병합은 원고가 하는 청구의 변경(제262조), 피고가 하는 반소의 제기(제269조), 원고 또는 피고가 하는 중간확인의 소의 제기(제264조) 등으로 생기기도 하고 법원이 하는 변론의 병합이나 판결의 병합으로 생기기도 한다.

2. 요   건

가. 여러 개의 청구가 같은 종류의 소송절차에 따르는 경우일 것(제253조)

위의 설명과 같이 여러 개의 청구를 병합하여 심리하면 그 소송절차는 하나가 된다. 그런데 심리의 원칙을 달리하는 청구를 병합하는 경우(예를 들어 어느 청구는 가사사건이고 어느 청구는 행정사건인 경우)에 이를 병합하면 서로 다른 변론 및 증거조사에 관한 기본원리가 하나의 소송절차에서 서로 충돌하여 오히려 심리의 노고가 더 커지게 되므로 그 경우에는 차라리 병합을 하지 않는 것이 좋다. 그래서 통상의 민사사건은 가압류·가처분 및 이에 대한 이의·취소사건,[1] 비송사건

---

1) 대판 2003. 8. 22, 2001다23225·23232.

및 조정사건과는 병합이 허용되지 않는다. 판례[2]에 의하면 재심소송에 새로운 민사상 청구를 제기하는 것도 허용되지 않는다. 그러나 재심소송은 재심대상 판결절차와 동일 소송절차이기 때문에 병합소송의 요건을 갖춘다면 사실심 판결에 대한 재심의 소에 다른 민사상 청구의 병합을 허용하여야 할 것이다. 통상의 민사사건과 행정사건은 원칙적으로 병합이 허용되지 않고 다만 행정사건과 관련되는 손해배상, 부당이득반환, 원상회복 등 관련 청구소송만 병합이 허용된다(행소 제10조). 통상의 민사사건에 가사소송이나 이혼 및 재산분할청구와 같은 가사비송은 병합할 수 없다.[3] 그러나 가사소송법은 가족관계사건과 관련되는 손해배상 및 원상회복 등 청구사건을 다류 가사소송사건으로 규정하여(가소 제2조 1항) 가사소송으로 심판할 수 있도록 하였고 다른 가사소송사건과 또는 가사비송사건은 청구의 원인이 동일한 사실관계에 기초하거나 1개의 청구의 당부가 다른 청구의 당부의 전제가 되는 경우에 이를 1개의 소로 제기할 수 있게 하였다(가소 제14조 1항). 제권판결에 대한 불복소송(제490조 2항)과 손해배상청구[4]는 같은 민사소송절차에서 심리하므로 병합할 수 있다. 중재판정취소소송(중재 제36조)과 통상의 민사소송도 같다.[5]

나. 수소법원이 관할권을 가질 것

여러 개의 청구에 관하여 다른 법원에 전속관할이 있을 때에는 서로 병합이 허용되지 않는다. 그 이외에는 수소법원이 병합된 청구 가운데에서 하나의 청구에 관하여 관할권을 가질 때에는 나머지 청구에 관해서도 제25조에서 정한 관련재판적에 의하여 관할권을 갖게 된다. 관련재판적의 쓸모는 이와 같이 소의 객관적 병합과 같은 경우에 당사자가 쉽게 관할 법원을 찾게 하는데 있다.

다. 청구 사이의 관련성은 필요하지 않다.

각 청구 사이에는 원칙적으로 관련성을 필요로 하지 않는다. 피고로서는 어차피 어느 하나의 청구에 관하여 소송에 응하여야 하므로 다른 청구에 관해서도

---

2) 대판 1997. 5. 28, 96다41649; 대판 2009. 9. 10, 2009다41977.
3) 대판 2006. 1. 13, 2004므1378.
4) 대판 1989. 6. 13, 88다카7962.
5) 같은 취지: 이시윤, 687면.

동시에 같은 소송절차에서 심판을 받는 것이 별도로 소송에 응하는 것보다 편리하기 때문이다. 그러나 위에서 설명한 바와 같이 행정사건에 민사청구를 병합할 경우에는 관련청구이어야 하고(행소 제10조) 여러 개의 가사소송사건 또는 다른 가사소송사건과 또는 가사비송사건은 청구의 원인이 동일한 사실관계에 기초하거나 1개의 청구의 당부가 다른 청구의 당부의 전제가 되는 경우에는 1개의 소로 병합하여 청구할 수 있으므로(가소 제14조 1항) 이 경우에도 관련청구이어야 한다.

3. 병합의 모습

가. 단순병합

원고가 여러 개의 청구를 다른 청구에 대한 판결의 결과와 관계없이 병렬적으로 병합하여 심판을 구하는 형태를 말한다. 예를 들어 매매대금청구와 대여금지급청구, 토지명도와 그 토지를 명도할 때까지 차임 상당의 손해배상청구를 병합하는 것 등이다. 앞의 매매대금청구는 대여금지급청구의 인용여부와 관계가 없고, 뒤의 토지 명도는 그 명도할 때까지 차임 상당의 손해배상 청구의 승패와 관계가 없지만 이를 병합하면 한 개의 판결을 할 수 있는 이점이 있다.

대상청구의 여러 법률관계

원고가 어떤 물건의 인도를 구하면서 그 물건의 인도가 이행불능 또는 집행불능이 될 것에 대비하여 하는 그 물건가액에 상당하는 금전청구을 대상청구(代償請求)[6]라고 한다. 본래의 청구에 대상청구를 아울러 병합하는 경우에 이 병합의 형태가 무엇인지 살펴본다.

(1) 인도를 구하는 물건이 종류물(예, 쌀이나 사과 등)인 경우
그 종류물의 인도이행판결이 확정되는 경우에 전국의 쌀이나 사과 등 종류물이 모두

---

6) 대판 1995. 12. 22, 95다38080: 「… 민법은 이행불능의 효과로서 전보배상과 계약해제 이외에는 다른 규정을 두고 있지 않으나 해석상 대상청구권을 부정할 이유가 없다.」

멸실되는 사태가 발생하지 않는 한 인도를 구하는 물건의 이행불능은 있을 수 없다. 그러나 집행채무자가 현재 그 물건을 가지고 있지 않는다면 집행불능이 된다. 이 집행불능은 변론종결 이후 확정판결 등 집행권원에 기해서 민사집행을 할 때에 비로소 발생되는 것이므로 이에 대비하여 미리 그 물건가액에 상당하는 금전청구, 즉 대상청구의 이행을 구하는 소송은 장래이행의 소이다. 따라서 원고가 어떤 물건의 인도를 구하면서 그 물건의 인도가 집행불능이 될 것에 대비하여 대상청구를 병합 청구하는 경우에 그 소송형식은 현재 이행의 소와 장래 이행의 소의 병합이다. 그러므로 법원이 원고의 인도청구를 인용하면 그 인도청구를 받아들이는 것을 전제로 하는 대상청구도 당연히 인용해야 하고 반대로 인도청구가 이유 없다고 하여 기각하면 대상청구도 기각해야 한다. 결국 인도청구와 대상청구는 선택적 병합이나 예비적 병합에서와 같이 청구 상호간에 배척이나 양립 여부가 문제되지 않는다는 점에서 단순병합으로 파악한다.

(2) 인도를 구하는 물건이 특정물(예, 특정 승용차)인 경우

원고가 어떤 특정물의 인도를 청구하는 경우에는 그 물건 자체의 멸실을 예상하여 이행불능을 원인으로 한 전보배상청구를 병합하여 청구할 수도 있고, 그 인도이행확정판결 이후에 목적물의 멸실로 인한 집행불능을 예상하여 대상청구를 병합하여 청구할 수도 있다. 이 경우 인도청구는 그 특정물의 존재를 전제로 하고 있는데 대해 이행불능을 원인으로 한 전보배상청구는 그 특정물의 멸실을 전제로 한다. 따라서 인도청구와 전보배상청구는 논리적으로 양립할 수 없는 관계이므로 그 청구들의 병합은 예비적 병합이다. 그러므로 원고는 병합된 청구 가운데에서 주위적 및 예비적 심판을 구할 심판순위를 미리 정해야 한다. 그러나 인도청구와 대상청구는 위에서와 같이 단순병합이므로 당사자가 미리 순위를 정할 필요가 없다. 따라서 인도청구를 기각하면 전보청구는 인용될 수 있으나 대상청구는 기각하여야 하며 인도청구를 인용하면 전보배상청구에 관해서는 따로 판단할 필요가 없지만 대상청구는 인용하여야 한다.

(3) 종류물이나 특정물이 아닌 경우

종류물이나 특정물의 인도청구가 아니더라도 예를 들어 부동산소유권이전등기절차이행청구소송에서 그 부동산소유권이전등기청구권이 압류된 경우에 본래의 급부청구인 부동산소유권이전등기가 집행불능될 것에 대비하여 전보배상을 대상청구로 부가하여 병합한 경우에도 현재이행의 소와 장래이행의 소의 단순병합이므로[7] 위의 대상청구의 병합에 관한 법리를 따라야 한다.

---

7) 대판 2011. 1. 27, 2010다77781.

나. 선택적 병합

1) 개 념

선택적 병합이란 여러 개의 청구 중 어느 하나가 인용되면 나머지 청구에 관해서는 심판을 바라지 않는 형태의 병합을 말한다. 예를 들어 피고에 대한 손해배상청구를 불법행위 또는 채무불이행을 원인으로 하는 경우, 대지의 인도청구를 소유권 또는 점유권을 원인으로 하는 경우 등이다.

법원은 어느 하나의 청구를 받아들이면 나머지 청구에 관해서는 심판할 필요가 없으나 원고의 청구가 모두 이유없을 때에는 일일이 청구 전부를 배척하는 판단을 하여야 한다. 선택적 병합은 논리적으로 양립할 수 있는 여러 개의 청구 사이에 인정되는 형태로서 병합된 청구 상호간에 심판순위를 따로 정할 필요가 없다는 점에서 예비적 병합과 다르다. 따라서 논리적으로 양립할 수 없는 여러 개의 청구를 선택적으로 병합하여 청구할 수 없다.[8] 또 원고의 청구가 병존하면서 중첩적으로 행사할 수 있는 경우에는 이를 선택적으로 병합하여 청구하였다고 하여 그 청구의 병합형태가 선택적으로 바뀌는 것이 아니다.[9]

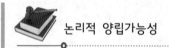

논리적 양립가능성

논리적으로 양립가능하다는 것은 어느 하나의 사실에 터 잡아 당사자가 구하는 여러 개의 청구들이 서로 겹칠 수 있지만 결국 어느 하나만 선택되는 경우를 말한다. 예를 들어 원고가 피고에 대하여 어떤 대지의 인도를, 소유권 또는 점유권에 기해서 청구하는데 대지에 대한 인도청구의 권원이 소유권이라고 해서 점유권이 배제될 리 없어 이 경우 소유권과 점유권은 논리적으로 양립된다. 또 원고가 피고를 상대로 손해배상청구를 하는데 그 권원이 불법행위일 수도 있고 채무불이행일 수도 있다. 이때 손해배상청구의 권원이 불법행위라고 해서 채무불이행이 성립되지 않는다고 할 수 없으므로 이 경우에

---

8) 대판 2014. 4. 24, 2012두6773.
9) 대판 2012. 9. 27, 2011다76747; 대판 2014. 12. 24, 2012다74304.

도 논리적으로도 양립된다.

반대로 논리적으로 양립불가능하다는 것은 어느 하나의 사실에 터 잡은 여러 개의 청구들이 양립된다면 모순되어 허용될 수 없는 경우를 말한다. 예를 들어 원고가 피고로부터 어떤 물건을 매수하였는데 이를 인도하지 않을 경우에 매매계약에 기하여 그 물건의 인도를 청구할 수도 있지만 그 물건이 멸실될 경우에는 부득이 목적물의 멸실로 인한 손해배상청구를 할 수밖에 없는데 인도청구는 목적물의 존재를 전제로 한 것이고 손해배상청구는 목적물의 멸실을 전제로 한 것이므로 서로 모순되어 양쪽 청구를 동시에 승소시킬 수 없다. 따라서 이 경우에는 어느 하나의 청구를 주위적으로 심판하여 달라고 청구를 하고 다른 청구에 관해서는 그 주위적 청구가 받아들여지지 않을 것을 조건으로 예비적으로 심판하여 달라고 청구하여야 한다. 이와 같이 논리적으로 양립할 수 없는 청구들에 대한 병합방식으로 예비적 병합이 이용된다.

물론 논리적으로 양립 가능한 경우에도 당사자는 자기의 이익을 지키기 위해서 심판의 순위를 지정할 수 있는데 이 경우에도 법원은 처분권주의의 원칙상 당사자가 지정한 순위에 따라서 심판할 의무가 있다. 하지만 그 청구의 병합형태가 예비적으로 바뀌는 것이 아니다.

2) 논리적으로 양립할 수 없는 청구를 선택적으로 병합할 수 없는 이유

예를 들어 매매계약의 유효를 이유로 하는 매매대금지급청구와 그 매매계약의 무효를 이유로 이미 매매계약의 이행으로써 인도한 목적물의 반환청구는 이를 선택적으로 병합할 수 없다. 왜냐하면 우선 논리적으로 양립할 수 없는 여러 개의 청구들 중 어느 하나의 선택을 법원의 전권에 맡긴다는 것은 처분권주의의 원칙에 위반된다. 또 서로 성질을 달리하는 여러 개의 청구 중 어느 것도 좋다고 하는 신청은 신청 자체가 불특정하게 되고, 서로 모순되고 배척적인 사실상 또는 법률상 진술을 동일 소송절차에서 동시에 주장하는 것이 되어 일관성이 없게 되기 때문이다. 판례도 같다.[10]

3) 법조경합·선택채권

법조경합관계에 있는 여러 개의 법규에 기한 청구는 당사자가 법원에 청구를

---

10) 대판 1982. 7. 13, 81다카1120.

할 때에는 특별 또는 택일관계에 있는 법규를 선택하여 하나의 청구를 하여야 하고, 선택채권(민 제380조)에 기한 청구는 하나의 실체법상 급부를 바탕으로 한 청구이므로 선택적 병합의 대상이 아니다.[11]

다. 예비적 병합

1) 개   념

예비적 병합이라 함은 주위적 청구가 받아들여지지 않을 것에 대비하여 그 인용을 해제조건으로 예비적 청구에 관하여 심판을 구하는 병합형태를 말한다. 예를 들어 어떤 목적물에 관하여 그 소유권이 있다는 이유로 주위적으로 인도청구를 하면서 그 목적물의 멸실로 소유권이 상실될 것을 우려하여 예비적으로는 해제조건의 성취, 즉 목적물의 멸실을 원인으로 손해배상청구를 하는 경우이다. 법원은 주위적 청구를 받아들일 경우에는 예비적 청구에 관하여 심판할 필요가 없지만 주위적 청구를 기각할 때에는 예비적 청구에 관하여 심판하지 않으면 안 된다.

2) 특   징

가) 여러 개의 청구가 논리적으로 양립되지 않는 관계에 있어야 한다.

a) 모순·배척적인 여러 개의 청구   서로 모순되고 배척적인 여러 개의 청구를 같은 소송절차 내에서 동시에 심판하려면 각 청구의 심리에 논리적인 순서를 붙여 모순되는 한 쪽의 주장(예, 매매계약이 무효라는 주장)이 다른 쪽의 주장(예, 매매계약이 유효라는 주장)의 가정적(假定的) 주장이 되게 함으로써 양쪽 사이에 주위와 예비의 관계에 있다는 것을 명백하게 할 필요가 있다. 그렇지 않으면 위에서 설명한 것과 같이 서로 모순되는 청구를 동시에 주장하는 셈이 되어 원고의 주장이 무의미하여지고 그 주장의 일관성에 흠이 되기 때문이다.

---

11) 교통사고로 인한 손배청구에 관해서는 이에 관한 자동차손해배상보장법 제2조가 민법 제750조의 특별법으로서 우선 적용되는 것이므로 선택적 병합의 대상이 아니고, 선택채권(예컨대 갑 말 또는 을 소 중의 어느 하나의 급부를 선택할 것을 목적으로 하는 채권)도 선택적 급부를 목적으로 하는 1개의 채권이므로 선택적 병합의 대상이 아니다.

b) **단순병합할 청구들을 예비적 병합으로 청구한 경우**   판례[12]는 논리적으로 무관계한 여러 개의 청구는 단순병합으로 처리하여야 할 것이고 이를 선택적 병합은 물론 예비적 병합청구로 병합하더라도 그 성질이 선택적 또는 예비적 병합이 되는 것이 아니라고 하였다. 기초되는 사실관계가 주위적 청구와 전혀 관련성이 없는 경우라면 원칙적으로 예비적 병합으로도 부적법하기 때문에 이 경우에 예비적 병합의 형태를 취한다면 법원은 소송지휘권을 행사하여 단순병합으로 변경하게 하여야 한다. 따라서 단순병합관계에 있는 청구를 예비적으로 병합하였다고 하여 원심법원이 주위적 청구의 인용을 이유로 예비적 청구를 판단하지 아니하였더라도 이 경우에는 그 성질이 예비적 병합이 아니라 단순병합이므로 판단하지 아니한 예비적 병합의 형식으로 된 청구부분은 여전히 제1심 법원에 소송계속중이어서 항소심이 아니라 제1심 법원에서 추가판결을 하여야 할 것이지 항소에 의하여 항소심에서 판결하여야 할 것이 아니다.[13]

부진정예비적 병합

논리적으로 양립할 수 있는 청구에 대하여 순위를 붙이거나[14] 수량적인 주위적 청구가 전부 인용되지 않을 경우에 대비하여 인용되지 않을 액수의 일부에 관하여 예비적으로 심판을 구할 수 있는데 이 경우에는 주위적 청구에서 인용되지 않은 액수에 관하여 예비적으로 판단할 수 있다.[15] 이를 부진정예비적 병합이라고 한다.

---

12) 대판 2008. 12. 11, 2005다51495.
13) 대판 2009. 12. 24, 2009다10898.
14) 주위적으로 계약의 무효확인을 구하고 예비적으로 인도한 목적물의 반환을 구하거나 주위적으로 계약의 유효확인을 구하고 예비적으로 유효한 계약의 이행을 구하는 것 등이다. 이러한 병합이 허용된다는 것에는 대판 2002. 10. 25, 2002다23598 참조.
15) 원고가 불법행위를 이유로 손해배상을 청구하는데 금 1억원을 주위적으로, 소송합의금 금 5,000만원을 예비적으로 병합한 경우 주위적 청구가 기각된 경우에 예비적으로 청구한 금 5,000만원의 소송합의가 이루어졌는지 여부에 관해서 판단하는 것을 말한다(이 경우 청구취지는 금 1억원이다).

나) 법원은 원고가 정한 심판 순위에 따라 심판하여야 한다.[16]   심판순서는 원고의 이익을 표현한 것이기 때문에 법원은 원고가 구하는 심판순서에 따라 심판하여야 한다.

4. 병합청구의 심판

가. 병합요건, 소송요건의 조사

병합요건은, 소송을 한 개로 심판할 것인가 아니면 여러 개로 심판할 것인가에 관한 법원심리에 관한 것이므로 소송요건으로서 직권조사사항이다. 그러므로 병합요건을 조사한 결과 여기에 흠이 있으면 병합이 허용되지 않기 때문에 소의 객관적 병합(제253조)의 경우에는 변론을 분리하여 별개의 소송으로 취급하여 심리하여야 하고, 청구의 변경(제262조), 반소(제269조) 등의 경우에는 그와 같은 후발적 병합을 허용해서는 안 될 것이다. 그 밖의 다른 소송요건은 각 청구마다 별개로 조사하여 소송요건에 흠이 있는 청구는 그 청구에 한정해서 각하하여야 한다. 병합의 형태가 무엇인지는 직권조사사항이 아니지만 선택적 병합인지 예비적 병합인지 여부는 당사자의 의사가 아닌 병합청구의 성질을 기준으로 판단하여야 한다.[17] 따라서 항소심에서의 심판 범위도 그러한 병합청구의 성질을 기준으로 결정하여야 하므로 실질적으로 선택적 병합 관계에 있는 두 청구에 관하여 당사자가 주위적·예비적으로 순위를 붙여 청구하였고, 그에 대하여 제1심 법원이 주위적 청구를 기각하고 예비적 청구만을 인용하는 판결을 선고하여 피고만이 항소를 제기한 경우에도, 선택적 병합에는 변함이 없으므로 항소심법원은 두 청구 모두를 심판의 대상으로 삼아 판단하여야 한다.

나. 심리의 공통

1) 같은 소송절차

병합된 여러 개의 청구는 같은 소송절차에서 심판한다(제253조). 따라서 기일

---

16) 대판 1993. 3. 23, 92다51204.
17) 대판 2014. 5. 29, 2013다96868.

은 모든 청구에 공통되며 변론이나 증거조사도 병합된 청구 전부에 관하여 공통적으로 실시한다. 제출된 소송자료나 증거자료는 모든 청구에 관해서 공통된 자료가 된다.

2) 변론의 분리(제141조)

가) 단순병합   단순병합의 경우에 어느 하나의 청구에 관하여 다른 청구와 분리하여 심판하는 변론의 분리가 가능하다. 다만 변론의 분리는 주요한 쟁점을 공통으로 하지 않는 각 청구에 관하여 병합을 한 경우에 하여야 하고 관련적 병합의 변론은 분리하여서는 안 된다.

관련적 병합

어느 하나의 청구가 다른 청구의 선결관계에 있는 경우(예, 소유권확인과 소유권에 기한 방해배제), 각 청구가 공통된 선결적 법률관계에서 파생한 경우(예, 소유권에 기한 인도청구와 퇴거청구)의 병합을 관련적 병합이라고 한다. 이 경우에는 법원이 소송지휘에 의하여 변론의 분리를 하지 않는 것이 좋다. 만약 변론의 분리가 허용되면 재판의 불통일 등 실체법상 허용하기 어려운 법률상태가 초래되는 판결이 있을 수 있기 때문이다.

예를 들어 소유권확인 청구와 소유권에 기한 방해배제 청구를 병합하여 심리하다가 이를 분리하여 각각 별개의 소송절차에서 심판하게 되면 소유권확인은 기각되었는데 소유권에 기한 방해배제는 인용되는 판결이 가능하다. 따라서 소유권이라는 물권이 한 쪽에서는 인정되고 다른 한 쪽에서는 인정되지 않는 이상한 결론이 될 우려가 있는 것이다.

나) 선택적 병합   판례[18]는 선택적으로 병합된 여러 개의 청구는 하나의 소송절차에서 불가분적으로 결합되었기 때문에 변론의 분리를 허용할 수 없다고 한다.

---

18) 대판 1998. 7. 24, 96다99.

다) 예비적 병합   논리적으로 양립할 수 없는 여러 개의 청구는 오로지 예비적 병합의 방법에 의해서만 심판하여야 하기 때문에 변론을 분리할 수 없다.[19]

다. 종국판결

1) 단순병합

병합된 청구들 전부에 관하여 심리가 성숙되면 하나의 전부판결을 한다. 이 경우에 어느 하나의 청구에 대하여 판단이 누락되면 추가판결(제212조)을 하여야 한다. 병합된 청구 중에서 어느 하나만 심리가 성숙되면 그 청구에 한정하여 일부판결을 할 수 있다. 다만 관련적 병합일 때에는 변론을 분리해서는 안 되는 것과 마찬가지 이유로 일부판결도 하여서는 안 된다. 그러나 이 경우에 법원이 일부 판결을 하더라도 관련적 병합이 본래 단순병합이라는 성격에 비추어 선택적 병합이나 예비적 병합에서 하는 부적법한 일부 판결의 취급과 달리 추가판결을 하여야 할 것이다.

일부판결에 대하여 상소하면 나머지 부분과 별개로 일부판결한 부분만 상소심에 이심되며 확정도 별도로 이루어진다. 하지만 전부판결의 일부에 대하여 상소하면 상소심의 대상은 상소한 부분뿐이지만 이심과 확정차단의 효력은 청구 전부에 대하여 생긴다(상소불가분의 원칙). 이 점에서 전부판결과 일부판결이 다르다.

 예를 들어 설명한다.

원고가 피고에 대하여 A 건물에 대해서는 소유권이 있다는 이유로 건물명도청구와 퇴거청구를, B건물에 대해서는 임대차계약의 해지를 이유로 건물명도청구를 하였다. 제1심 법원은 A건물에 대한 원고의 건물명도청구와 퇴거청구를 모두 인용하는 판결을 하

---

19) 대판 1995. 7. 25, 94다62017.

면서 B건물에 대한 원고의 청구에 대한 판결을 누락하였다. 이에 대하여 피고가 A건물에 대한 건물명도청구의 인용부분에 대해서만 항소하였을 경우에 항소심의 대상은 A건물 명도청구인용판결부분이지만 퇴거청구인용판결도 확정되지 아니하고 이심되므로 이에 대하여 추가판결을 해서는 안 된다. 물론 피고가 이 부분에 관하여 항소를 확장하면 항소심의 심판대상이 된다. 그러나 B건물에 대한 건물명도청구부분은 아직 판결이 선고되지 아니하였으므로 제1심에서 추가판결을 하여야 한다.

한편 원고의 본소청구 및 피고의 반소청구가 각 일부인용된 환송 전 원심판결에 대하여 피고만이 상고하였다면 피고 패소 부분만 각 상고되었으므로 위 상고심에서의 심리대상은 피고가 각 패소한 부분에 국한된다. 따라서 상고심이 상고를 받아들여 원심판결 중 본소 및 반소에 관한 각 피고 패소 부분을 파기 환송하였다면 환송 후 원심의 심판 범위도 환송 전 원심에서 피고가 각 패소한 부분(즉, 원고승소 부분)에 한정되는 것이 원칙이므로 환송 전 원심판결 중 본소에 관한 원고 패소 부분과 반소에 관한 피고 승소 부분은 각 확정되어 환송 후 원심으로서는 이에 대하여 심리할 수 없다.[20]

2) 선택적 병합

가) 전부승소판결　　선택적 병합은 심리의 결과 어느 청구 하나가 이유 있어 승소판결을 하면 그 심급에서 소송전부를 마치는 것이기 때문에 전부판결이다.

나) 항소심으로 이심　　전부 승소판결에 대하여 항소를 하면 판결이유에서 판단하지 않은 나머지 선택적으로 병합된 청구부분도 모두 항소심에 이심된다. 따라서 선택적으로 병합된 여러 개의 청구를 모두 기각한 제1심 판결에 대하여 상소를 하였는데 선택적 청구 중에서 어느 하나의 청구가 이유 있을 때에는 원심판결 전부를 취소하고 원고의 청구가 이유 있다고 인용하는 판결주문을 선고하여야 한다.[21] 만약 선택적으로 병합된 여러 개의 청구가 모두 기각된 것이 아니라 그 중 하나의 청구를 인용한 제1심 판결에 대하여 피고가 상소를 한 경우에도

---

20) 대판 1991. 5. 24, 90다18036; 대판 2013. 2. 28, 2011다31706 등 참조.
21) 대판 2007. 3. 29, 2006다79995.

병합된 여러 개의 청구가 모두 상소심에 이심되므로 상소심은 그 중 다른 어느 하나를 선택하여 인용할 수 있으나 그 경우에는 제1심 판결을 취소하고 새로이 청구를 인용하여야 하며, 청구들이 모두 이유 없는 경우에도 제1심 판결을 취소하고 청구 전부를 기각하는 판결을 한다.[22]

다) **일부판결**　　　판례[23]에 의하면 선택적으로 병합된 여러 개의 청구는 하나의 소송절차에서 불가분적으로 결합되었기 때문에 변론의 분리를 할 수 없으므로 일부판결을 할 수 없다.

3) 예비적 병합

가) **전부승소판결**　　　예비적 병합은 심리한 결과 주위적 청구가 이유 있어 승소판결을 하면 그 심급에서 소송 전부를 마치는 것이기 때문에 전부판결이다.

나) **변론의 분리**　　　논리적으로 양립할 수 없는 여러 개의 청구는 오로지 예비적 병합의 방법에 의해서만 심판하여야 하므로 변론의 분리나 일부판결은 허용되지 않는다.

다) **재판의 누락**　　　변론의 분리나 일부판결을 할 수 없으므로 재판의 누락이 있더라도 추가판결로 구제할 수 없다. 따라서 주위적 청구를 먼저 판단하지 않고 예비적 청구만을 인용하는 판결을 하거나 주위적 청구만을 배척하고 예비적 청구에 관하여 판단하지 않는 재판누락 상태에서 항소된 경우에 판례[24]는 제1심 판결이 예비적 병합사건에 관하여 일부판결을 하였다고 하더라도 전부판결로 취급하여 전체 소송이 항소심으로 이심된 것으로 인정한 다음 항소심에서 제1심 판결의 전부를 취소한 뒤에 새로이 각 청구에 대하여 자판(自判)하여야 한다고 하였다.[25] 상고의 경우에 판례[26]는 위의 경우에 판단누락을 이유로 원심 판결을 파

22) 대판 2006. 4. 27, 2006다7587 · 7594; 대판 2010. 5. 27, 2009다12580.

23) 대판 1998. 7. 24, 96다99.

24) 대전판 2000. 11. 16, 98다22253; 대판 2007. 10. 11, 2007다37790 · 37806.

25) 판례의 문제점은 누락된 주위적 청구 또는 예비적 청구의 재판에 관한 심급이익의 상실 우려일 것이다. 그러나 주위적 청구나 예비적 청구는 모두 밀접한 관련이 있고, 심리의 중요부분도 모두 공통되고 있기 때문에 누락된 청구에 관해서 실질적으로 심리를 다 마쳤다고 보아야 할 것이고, 또 항소심에서도 새로운 청구에 대한 추가적 변경이 가능한 점(제408조, 제262조)과의 균형상 각 청구에 대해서 자판할 수 있다는 판례가 정당하다.

26) 대판 2002. 9. 4, 98다17145.

기·환송할 수 있는데 만약 당사자가 판단누락의 위법사유를 지적하였음에도 상고심이 이를 간과하여 판결이 확정된 경우에는 제451조 1항 9호에서 정한 판단누락으로서 재심의 소를 제기할 수 있다고 하였다. 그러므로 재판을 누락한 예비적 청구부분은 상소 또는 재심으로 다투어야 하고 별소로 다투어서는 안 된다.

　　라) 판단의 순서　　　법원이 주위적 청구를 인용할 때에는 예비적 청구에 관해서는 판단할 필요가 없다. 이 경우에 주위적 청구의 일부만 이유 있어 인용된 경우에도 원고가 주위적 청구 일부를 특정하여 그 부분이 인용될 것을 해제조건으로 예비적 청구를 하였다는 등 특단의 사정이 없는 한 예비적 청구에 관한 판단이 필요하지 않다.[27] 그러나 주위적 청구를 기각할 때에는 예비적 청구에 관해서도 판단하여야 한다.

예비적 병합과 불이익변경금지의 원칙

　　원고가 피고에 대하여 주위적으로 소유권에 기한 목적물의 인도를 청구하고 예비적으로 목적물의 멸실을 이유로 손해배상청구를 하였는데 제1심은 주위적 청구를 기각하고 예비적 청구를 인용하였다. 예비적 청구의 인용판결에 대하여 피고만 항소한 경우에 주위적 청구도 이심은 되지만 부대항소가 없으면 항소심의 심판대상이 되지 않는다. 항소심에서 심리한 결과 오히려 원고의 예비적 청구가 이유 없고 주위적 청구가 이유 있는 경우에도 피고의 항소를 기각하여야 하고 제1심 판결을 취소하여 주위적 청구를 인용할 수 없다.[28] 불이익변경금지의 원칙이 적용되기 때문이다. 따라서 이 경우에 불이익변경금지의 원칙을 배제하기 위해서는 원고가 항소 또는 부대항소를 하여 주위적 청구를 항소심의 심판대상으로 삼아야 할 것이다.

---

27) 대판 2000. 4. 7, 99다53742.
28) 대판 2002. 12. 26, 2002므852.

선택적 병합과 불이익변경금지의 원칙

　선택적 병합의 경우에는 예비적 병합의 경우와 취급을 달리하여야 한다. 예를 들어 원고가 어떤 물건에 대한 인도청구의 권원으로 소유권 또는 점유권을 선택적으로 주장하였는데 제1심은 소유권에 기한 인도청구를 인용하였다. 피고만 항소하여 항소심 법원이 심리한 결과 제1심에서 인용된 소유권에 기한 인도청구 부분은 이유 없고 점유권에 기한 인도청구 부분이 오히려 이유 있을 때에는 예비적 병합의 경우와 달리 불이익변경금지의 원칙을 적용하지 않고 제1심 판결을 취소하여 제1심에서 인용된 그 건물에 관하여 점유권에 기한 인도청구를, 제1심이 소유권에 기한 인도청구를 인용한 부분 만큼 인용할 수 있다. 왜냐하면 선택적으로 병합된 위 두 개의 청구는 성질상 양립할 수 있고 양쪽 청구의 판단에 관하여 어떤 불이익의 차이를 예상할 수 없어 제1심에서 인용된 양적 분량을 초과하지 않는다면 불이익변경금지의 원칙은 문제되지 않기 때문이다.

라. 청구의 포기·인낙

1) 단순병합

　단순병합한 청구 가운데에서 어느 하나의 청구에 관해서도 청구의 포기·인낙은 자유로이 할 수 있으므로 그 포기·인낙된 청구는 소송이 종료되고 나머지 청구에 관하여서만 심리가 계속된다.

2) 선택적 병합

　선택적 병합의 경우에는 병합된 청구들이 성질상 양립할 수 있고 양쪽 청구의 판단에 관하여 어떤 불이익의 차이를 예상할 수 없으므로 어느 하나의 청구에 관하여 청구의 인낙이 성립되면 병합된 청구 전부에 관하여 소송이 종료된다고 하여야 할 것이다. 그러나 어느 하나의 청구에 대한 청구의 포기는 선택적 병합의 철회로 풀이하고 나머지 청구에 관하여 심판하여야 할 것이다.

3) 예비적 병합

판례[29]는 예비적 병합의 경우에는 그 성질상 주위적 청구에 관해서는 청구의 인낙이 허용되지만 예비적 청구만을 대상으로 한 청구의 인낙은 무효라고 한다. 그러나 주위적 청구가 인용되면 판례와 같이 무효로 보지만 주위적 청구가 기각되는 경우에는 예비적 병합의 성질상 인낙의 효력을 인정하여야 할 것이다.[30] 주위적 청구에 대한 청구의 포기는 물론 예비적 청구에 대한 청구의 포기도 모두 병합신청의 철회로 풀이하여 나머지 청구에 관하여 심판하여야 하기 때문이다. 이는 마치 독립당사자 참가소송에서 참가인의 소송탈퇴를 참가신청의 취하로 보고[31] 본소에 관하여 심판하여야 하는 것과 같은 취지이다.

II. 청구의 변경(제262조)

1. 뜻

원고가 소송계속중에 종전 소송절차를 유지하면서 소송목적, 즉 청구의 취지 또는 원인을 변경하는 것을 말한다(제262조). 단순히 청구를 이유 있게 하는 사실의 추가나 변경은 공격방법의 추가나 변경으로서 청구의 변경이 아니다. 청구의 변경은 소송계속 중에 이루어지므로 심리를 복잡하게 하는 면이 있어 로마법상의 actio에서는 이를 금지하였었다. 그러나 사회가 발전하면서 생활관계가 복잡해짐에 따라 종래의 소송절차를 이용하여 청구를 변경하여 심리할 필요성이 높아졌다. 민사소송법은 청구의 변경을 일정한 요건(뒤에서 나오는 「청구의 기초」의 동일성) 아래에서 허용하고 있다.

---

29) 대판 1995. 7. 25, 94다62017.
30) 같은 취지: 이시윤, 574면.
31) 대판 1991. 1. 25, 90다4723 참조.

2. 범위 및 모습

가. 청구변경의 범위

청구의 변경은 소송목적의 변경을 말한다. 제262조는 청구의 취지와 원인을 바꾸는 것을 「청구의 변경」이라고 하고 있다. 따라서 청구의 변경이란 소송목적의 구성요소인 청구의 취지와 청구의 원인의 변경을 의미한다. 판결절차로 이행하는 가압류이의신청절차에서도 청구의 기초에 변경이 없으면 신청이유의 피보전권리를 변경할 수 있다.[32]

1) 청구취지의 변경

가) 소송상의 청구는 원칙적으로 확인하는 소의 경우에는 청구의 취지로, 이행을 청구하는 소와 형성을 청구하는 소는 청구의 취지 및 청구의 원인으로 구성된다. 따라서 소송계속중에 종전 소송절차를 유지하면서 청구의 취지만을 변경하는 것은 언제나 청구의 변경이 되므로 확인하는 소를 이행을 청구하는 소로, 확인하는 소를 형성을 청구하는 소로 청구의 취지를 변경하는 것은 청구의 변경에 해당한다.

나) 청구의 확장은 피고의 방어목표가 확대되므로 청구 기초의 동일성을 요구하는 청구변경의 요건을 갖추어야 한다. 그러나 청구의 감축은 피고의 방어목표가 확대되는 것이 아니므로 구태여 청구 변경의 요건을 갖출 필요가 없다. 청구의 감축은 소의 일부 취하인지 청구의 일부 포기인지 문제되는데 판례[33]는 청구의 감축을 소의 일부취하로 보아서 피고가 본안에 관하여 소송에 응한 경우에는 피고의 동의(제266조 2항)를 받도록 하였다.

다) 동일한 청구취지의 범위 내에서 소장의 청구취지를 고치는 것, 예를 들어 소장에서 심판을 구하는 대상이 불분명하여 이를 명확하게 하기 위한 청구취지의 정정·보충 등[34]은 청구의 변경이 아니라 소장의 정정에 해당한다. 청구취지의 변경은 서면으로 신청하여야 하는데(제262조 2항) 준비서면의 형식으로 하여도

---

32) 대결 2009. 3. 13, 2008마1984.
33) 대판 2005. 7. 14, 2005다19477.
34) 대판 2008. 2. 1, 2005다74863.

무방하다.[35]

2) 청구원인의 변경

확인하는 소를 제외하고는 청구원인의 변경은 청구의 변경에 해당한다. 예를 들어 금 1억원의 지급을 구하면서 청구원인을 불법행위에서 채무불이행으로 변경하는 따위이다.

3) 청구의 취지 및 원인의 변경

언제나 청구의 변경이다.

4) 공격방법의 변경

소송목적을 뒷받침하는 공격방법의 변경, 예를 들어 매매계약의 취소를 원인으로 한 금 1,000만원의 반환청구를 매매계약의 해제를 원인으로 한 금 1,000만원의 반환청구로 변경하는 따위는 공격방법의 변경으로서 그로 인해서 소송목적이 되는 금 1,000만원의 반환청구가 변경되는 것이 아니므로 청구의 변경이 아니다. 사해행위취소청구의 채권자가 그 보전하고자 하는 채권을 추가·교환하는 것도 공격방법의 변경이다.[36] 사해행위취소청구권 자체가 소송목적이기 때문이다.

나. 청구변경의 모습

1) 교환적 변경

교환적 변경이라 함은 소송계속중에 구청구에 갈음하여 신청구를 제기하는 것을 말한다. 연혁적으로 보면 오랫동안 금지되었던 actio의 변경이 바로 교환적 변경이다. 교환적 변경은 신청구의 추가적 병합과 구청구의 취하를 합친 것이다. 따라서 피고가 본안소송에 응소한 때에는 제266조 2항에 따라 피고의 동의를 받아야 구청구에 대한 취하의 효력이 생긴다. 만약 피고의 동의를 받지 못하면 청구의 변경은 구청구와 함께 소송계속이 되는 신청구의 추가적 변경이 된다. 교환적

---

35) 대판 2009. 5. 28, 2008다86232.
36) 대판 2003. 5. 27, 2001다13532.

변경에 의하여 구 청구가 취하되더라도 구 청구의 제기에 의한 시효중단의 효력
은 소멸되지 않는다. 청구의 기초에 변경이 없기 때문이다. 따라서 구 청구에서
제출된 소송자료를 신 청구의 심리에 사용할 수 있다.

2) 추가적 변경

소송계속중에 이전의 청구를 유지하면서 새로운 청구를 추가하는 것을 말한
다. 청구가 소제기 이후에 객관적으로 병합되는 것이므로 병합요건(제253조)을 갖
추어야 한다. 추가의 형태는 소의 객관적 병합의 형태에 따라 단순·선택적·예비
적인 모습이 된다. 추가적 변경은 쟁점 및 증거의 정리를 거쳐 청구 그 자체 혹은
청구원인을 수정하거나 변경할 필요성이 큰 경우에 이용되고 있기 때문에 실무상
비교적 널리 이용되고 있다.

3. 요   건

가. 「청구의 기초」에 변경이 없을 것

1) 뜻

「청구의 기초」라는 용어는 우리나라 민사소송법과 일본 민사소송법의 규정
에만 있다. 연혁적으로는 일본 민사소송법이 청구변경금지의 원칙을 청구변경허
용주의로 바꾸면서 청구의 동일성을 표시하여 그 변경의 한계를 긋기 위하여 만
든 개념으로서 우리 법이 이를 수용한 것이다. 일반적으로는 피고와의 관계에서
청구 변경의 범위를 합리적으로 정하기 위한 요건이므로 청구의 변경으로 인하여
피고의 방어목표가 예상외로 변경됨으로써 불이익이 생기지 않도록 청구변경의
허용범위를 제한하는데 취지가 있다. 따라서 법원이 원고의 새로운 청구에 관하
여 종전 소송기록을 이용하여 심리하더라도 별 지장이 없는 경우, 즉 신·구 양쪽
청구의 주요한 쟁점이 공통되어 구 청구에 관한 소송자료나 증거자료를 신 청구
의 심리에 이용할 수 있는 관계에 있고 각 청구의 이익주장이 사회생활에서 같거
나 같은 분쟁에 관한 것이면 「청구의 기초」에 변경이 없는 경우로 볼 수 있다.

2) 구체적인 적용례

다음의 예는 「청구의 기초」에 변경이 없는 경우이다.

가) 같은 청구원인에 터 잡아 청구취지만을 변경하는 경우　예를 들어 청구금액만의 증감, 무조건의 명도청구를 상환이행의 명도청구로, 매매대금 청구에 덧붙여 예비적으로 매매가 무효인 경우에 인도된 목적물의 반환을 구하는 따위는 모두 매매라는 같은 청구원인에 터 잡은 경우이다. 그러나 같은 금액을 청구하는 경우라고 하더라도 매매대금 청구를 이와 전혀 관계없는 대여금청구로 바꾼다든가 갑 번지의 토지 소유권의 확인을 을 번지의 토지 소유권의 확인으로 바꾸는 것은 「청구의 기초」에 변경이 있는 경우이다.

나) 신·구 청구 중 어느 한쪽이 다른 쪽의 변형물이거나 부수물인 경우
예를 들어 수표 또는 어음금 채권과 그 원인채권, 가옥명도청구와 차임 상당의 손해배상청구 따위는 어느 한쪽이 다른 한쪽의 변형물이거나 부수물인 경우이다.

다) 같은 법률관계의 형성을 목적으로 하지만 법률적 구성을 달리하는 경우
예를 들어 물건의 인도를 소유권에 기해서 청구하였다가 점유권으로 바꾸는 경우이다. 모두 목적물의 인도라는 법률관계의 형성을 목적으로 하지만 법률적 구성을 달리하는 경우이다.

라) 같은 생활 사실인데 그 분쟁의 해결방법만을 달리하는 경우　예를 들어 약속어음금 청구를 피용자의 불법행위로 인한 사용자의 손해배상청구로 바꾸는 경우,[37] 채무부존재확인청구를 부당이득반환청구로 바꾸는 경우,[38] 대물변제를 원인으로 소유권이전등기절차의 이행을 구하면서 예비적으로 소유권이전등기의무의 이행불능이 될 경우에 대비하여 손해배상청구를 추가하는 경우,[39] 증여계약서의 위조를 원인으로 소유권이전등기의 말소를 구하였다가 예비적으로 명의신탁해지를 원인으로 소유권이전등기의 말소를 추가하는 경우[40] 등이다. 모두 같은 사실인데 그 분쟁의 해결방법만을 달리하는 경우이다.

---

37) 대판 1966. 10. 21, 64다1102.
38) 대판 1962. 10. 11, 62다364.
39) 대판 2009. 3. 12, 2007다56524.
40) 대판 1998. 3. 24, 97다44416.

위의 예는 제한적인 것이 아니다. 「청구의 기초」에 변경이 없다는 것은 원고
의 새로운 청구에 관하여 법원이 종전 소송기록을 이용하여 심리하더라도 별 지
장이 없는 경우이므로 위의 예가 아니더라도 피고가 원고의 새로운 청구에 관한
방어에 장애가 없는 경우에는 모두 「청구의 기초」에 변경없다고 하더라도 지장이
없다.

3) 피고가 동의한 경우

이와 같이 청구기초의 동일성을 요구하는 이유가 피고의 방어목표가 예상외
로 변경되어 입을지도 모를 불이익을 구제하자는데 있기 때문에 피고가 진술한
사실(항변 등 주요사실 뿐 아니라 적극부인의 내용인 중요한 간접사실 등)에 기초하여
원고가 청구를 변경한 경우에는 「청구의 기초」의 동일성은 문제되지 않는다. 또
피고가 청구의 변경에 대하여 이의하지 않고 있다가 본안에 관한 변론을 한 다음
그 청구변경의 적법성을 논하는 것은 소송절차에 관한 이의권(제151조)을 상실한
경우에 해당하여 허용되지 않는다.[41]

나. 소송절차를 현저히 지연시키지 않을 것

1) 「청구의 기초」에 변경이 없거나 피고가 동의 혹은 소송에 응한 경우에도
신 청구의 심판을 위한 종전 자료의 이용이 용이하지 아니하여 소송이 예상 이상
으로 지연되는 경우, 예를 들어 이자청구에 원본청구를 추가하는 것과 같이 추가
된 경제적 이익이 너무 커서 종전의 심리를 그대로 이용할 수 없어 오히려 별소
를 제기하는 것이 합리적일 때에는 청구의 변경을 허용할 필요가 없다.

2) 위와 같이 소송이 현저하게 지연된다는 이유로 추가적 변경이 허용되지
아니하여 부득이 별소를 제기하여야 한다면 이에 관하여는 재차의 소송이 가능하
도록 중복된 소제기의 금지원칙(제259조)이 적용되지 않는다.

다. 사실심의 변론종결(무변론선고의 경우에는 판결선고) 이전일 것

1) 소장이 피고에게 송달되기 이전에는 아직 소송계속이 없기 때문에 원고는
자유롭게 소장의 기재를 정정하거나 보충할 수 있다. 소장이 피고에게 송달된 이

---

41) 대판 2011. 2. 24, 2009다33655.

후에는 사실심의 변론종결 이전이라고 한다면 제1심에서는 물론 항소심에서도 제
1심과 같은 요건으로 청구를 변경할 수 있다. 그러나 원고가 제1심에서 전부 승소
한 경우에는 청구의 변경만을 목적으로 항소를 제기하는 것은 항소의 이익이 없
어 허용되지 않는다. 하지만 항소심에서 청구를 확장하지 않으면 뒤에 잔부청구
를 할 여지가 없는 경우에는 청구금액 확장을 위한 항소는 허용하여야 할 것이다.
다만 상대방이 항소한 경우에는 원고도 청구를 확장할 수 있는데 그 확장부분은
부대항소의 성질이 있다.[42]

2) 제1심이 소 각하의 소송판결을 하고 이에 대하여 원고가 불복 항소한 경
우에 항소심의 심판대상은 소 각하의 당부에 한정되고 청구 자체의 당부는 심리
할 수 없기 때문에 원칙적으로 청구 변경을 할 수 없다.

라. 소의 객관적 병합의 일반요건을 갖출 것

추가적 변경은 소의 객관적 병합의 하나이므로 제253조의 요건을 갖추어야
한다. 행정소송의 계속 중에 청구를 변경한 경우에도 변경된 신 청구에 관하여 특
단의 사정이 없는 한 전심절차 및 소제기 기간 등의 소송요건을 갖추어야 하고(행
소 제22조 2항·3항)[43] 「청구의 기초」에 변경이 없어야 한다.[44]

4. 변경절차

가. 서 면

청구취지의 변경은 서면으로 하여야 한다(제262조 2항). 그러나 소액사건은
말로 청구변경이 가능하다(소심 제4조). 청구원인의 변경은 소액사건이 아니더라도
언제나 말로 가능하다.

나. 상대방에게 송달

청구를 변경하는 서면은 신 청구의 소장에 해당하므로 상대방에게 바로 송달

---

42) 대판 1963. 1. 24, 62다801.
43) 대판 1984. 2. 23, 83누638.
44) 대판 1999. 11. 26, 99두9407.

하여야 한다(제262조 3항, 민소규 제64조 1항·2항). 이 송달에 의하여 신 청구에 관한 소송계속이 생기며 시효중단 또는 법률상 기간준수의 효과는 청구변경의 서면을 법원에 제출한 때부터 소급하여 생긴다(제265조).

5. 청구변경의 처리

가. 직권조사사항

청구의 변경 유무 또는 그 적법 여부는 법원의 직권조사사항이므로 그 요건에 관하여 의심이 있으면 법원은 언제라도 직권으로 조사할 수 있다.

나. 부적법한 경우

청구의 변경이 부적법하다고 인정되면 상대방의 신청에 의하여 또는 직권으로 그 변경을 불허하는 결정을 하여야 한다(제263조). 변경불허의 결정은 심리의 정리를 위한 중간적 재판이므로 독자적으로 불복할 수 없고 종국판결에 대한 상소와 함께 한다. 항소심이 제1심의 불허결정이 부당하다고 인정할 때에는 그 결정을 취소하여 청구의 변경을 허용한 다음 제1심의 속심으로서 스스로 신 청구에 대하여 심판할 수 있다.

다. 적법한 경우

청구의 변경이 적법하다고 인정되면 이를 허용하는 명시적 재판은 할 필요가 없으며 신 청구에 대하여 심판하면 된다. 청구의 변경을 허가하는 재판에 대해서는 상소에 의해서도 불복할 수 없다.

라. 신 청구에 대한 재판

청구의 변경이 인정되면 신 청구에 관해서 심판하게 되는데 이 경우 구 청구에 관하여 이미 수집된 자료는 신 청구의 자료가 되고 청구의 변경 이전에 한 자백은 청구의 변경 뒤에도 효력이 있다. 변경 전후의 청구들은 모두 「청구의 기초」가 동일하기 때문이다. 항소심에서 교환적 변경이 있으면 변경된 신 청구에 대해서는 사실상 제1심으로 재판하며,[45] 항소심에서 신 청구와 구 청구의 쟁점이 실질적으로 동일하면 반소의 제기도 허용된다.[46]

6. 청구변경의 간과

가. 교환적 변경의 간과

청구가 교환적으로 변경되었는데도 신 청구에 대한 판결을 하지 않고 구 청구에 관해서만 판결을 한 경우이다. 이 경우에는 소가 취하되어 소송계속이 없는데도 판결을 한 셈이므로 내용상 효력이 없는 무효의 판결로 보아야 할 것이다. 따라서 상소에 의하여 제1심 판결을 취소 또는 파기하여 구 청구에 관해서는 소송종료선언을 하고 신 청구에 관해서는 추가판결을 하여야 한다.

나. 추가적 변경의 간과

단순병합의 형태로 신 청구가 추가되는 추가적 변경을 하였는데도 구 청구에 대한 판결만을 하였거나 신 청구에 관하여서만 판결을 한 경우이다. 이때에는 판결을 하지 않은 청구는 아직 제1심에 소송계속중이므로 그에 관해서는 상소의 여지가 없고 제1심에서 추가판결을 하면 된다. 다만 신 청구의 추가가 선택적이거나 예비적일 때에는 제1심에서 일부판결을 할 수 없으므로 상소에 의하여 병합된 청구의 전부에 관하여 심판하여야 한다.

Ⅲ. 중간확인의 소(제264조)

1. 뜻

1) 중간확인의 소라 함은 어느 청구의 소송계속중에 그 청구에 관한 당부판단의 전제문제가 되는 법률관계(선결적 법률관계)의 존부에 관하여 그 소송절차에

---

45) 대판 2009. 2. 25, 2007다83908.
46) 대판 2012. 3. 29, 2010다28338 · 28345.

병합하여 제기하는 확인하는 소를 말한다(제264조).

2) 이 소송의 성질은 원고가 제기하면 청구의 추가적 변경, 피고가 제기하면 반소이다. 그러나 제264조에서 청구의 변경이나 반소와 별개로 규정하고 있으므로 청구의 기초의 동일성, 반소의 관련성 등에 관한 요건이 필요하지 않으며 항소심에서 피고가 중간확인의 반소를 제기하더라도 반소제기에서 요구되는 상대방의 동의(제412조 2항)는 필요하지 아니하다.

3) 원래 선결적 법률관계는 종국판결의 이유 중에 판단되므로 판결의 기판력이 생기지 않는다. 따라서 이에 대한 기판력을 얻는다는데 중간확인의 소의 의미가 있다.

중간확인의 소의 효용성

예를 들어 원고가 어떤 목적물에 대하여 소유권에 기한 인도청구를 하였는데 소유권이 부인되어 기각되었다고 하자. 원고가 다시 그 목적물에 대한 소유권 침해를 이유로 손해배상 청구를 한 경우 이전 소송 확정판결의 기판력은 소유권에 기한 인도청구권의 부존재에 관하여서만 발생하고 소유권 자체의 부존재에 관해서는 기판력이 생기지 아니하므로 후소에서 소유권이 인정되더라도 기판력에 어긋나지 아니하여 원고 승소판결이 가능하다. 피고는 이와 같이 패소될 경우에 대비하여 미리 중간확인의 반소로써 그 목적물에 관한 원고소유권부존재 확인을 청구하고 승소판결을 받아둔다면 뒤의 소송에서도 원고의 소유권이 인정되는 사태를 방지할 수 있는 것이다. 물론 중간확인의 소에 의하지 아니하고 별소로 확인하는 소를 제기할 수도 있으나 그 경우에는 소송절차도 2개이고 판결도 2개여서 심리의 중복에 의한 불경제, 재판의 불통일이 우려되므로 이미 있는 소송절차를 이용하는 중간확인의 소가 유용하다.

2. 요   건

가. 시   기

당사자 사이에 소송이 계속되고 사실심의 변론종결 이전이면 충분하다. 재심절차에서도 중간확인의 소를 제기할 수 있으나 재심사유가 인정되지 아니하여 재심청구가 기각되는 경우에는 중간확인의 소는 판결로 각하하여야 한다.[47]

나. 선결적 법률관계

 선결적 법률관계의 의미

선결적 법률관계란 소송목적의 전제되는 권리 또는 법률관계를 말한다. 사실이 아니고 권리관계이지만 법적 3단논법에서는 대전제가 아니라 소전제에 해당한다. 예를 들어 소유권에 기한 인도청구에서의 소유권의 존부, 매매계약에 기한 대금청구에서 매매계약의 존부 등이다. 그러나 불법행위로 인한 손해배상청구에서 불법행위는 법률행위가 아니므로 선결적 법률관계가 아니다. 이 경우에는 제201조 소정의 중간판결사항이므로 중간확인의 소를 제기할 수 없다.

1) 중간확인의 소도 확인하는 소이기 때문에 그 대상은 원칙적으로 법률관계이어야 하며 사실관계나 증서의 진정여부 혹은 과거의 법률관계는 이 소송의 대상이 아니다.

2) 본래의 청구를 판단하는데 선결적이어야 하기 때문에 비록 피고가 항변으로 주장한 법률관계라고 하더라도 선결적이라고 한다면 그에 관하여 중간확인의 소를 제기할 수 있다. 그러나 본래의 소가 취하·각하되거나 확인하는 대상이 된 법률관계에 관한 판단이 없이 청구기각 될 경우에는 선결적 법률관계가 소멸되므로 중간확인의 소도 각하된다.

3) 확인하는 이익이 있어야 한다. 즉, 당사자 사이에 원칙적으로 다툼이 있어

---

47) 대판 2008. 11. 27, 2007다69834·69941.

야 하는 등 확인하는 이익을 갖추어야 한다.

다. 다른 법원의 전속관할에 속하지 않을 것

중간확인의 소가 다른 법원의 전속관할에 속한 경우에는 본래의 청구와 병합하여 심판할 수 없기 때문이다. 이 경우에 중간확인의 소가 독립된 소의 요건을 갖추었을 때에는 분리하여 전속관할이 있는 법원으로 이송할 수 있다.

라. 본래의 청구와 같은 종류의 소송절차에 의할 것

중간확인의 소도 소의 객관적 병합의 하나이기 때문에 제253조에서 정한 같은 종류의 소송절차가 아니면 병합하여 심판할 수 없다. 예를 들어 국가를 상대로 불법행위를 이유로 손해배상청구를 하는 경우에 선결문제로서 행정청에서 한 처분의 효력이 문제되더라도 항고소송 사항이 되는 행정처분의 무효확인청구(행소 제35조)를 중간확인의 소로 제기할 수 없다.

3. 절   차

가. 소제기의 절차

중간확인의 소는 소송중의 소이기 때문에 소장에 준하는 서면을 법원에 제출하여야 하며(제264조 2항) 상대방에게 송달하여야 한다(제264조 3항). 이 서면을 송달할 때에 선결적인 법률관계의 존부에 관하여 소송계속이 생긴다.

나. 심   판

중간확인의 소의 처리 및 심판은 소의 추가적 변경(원고가 제기하는 경우) 또는 반소(피고가 제기하는 경우)에 준한다. 본래의 청구와 중간확인의 소는 단순병합의 형태이므로 변론의 분리가 불가능한 것은 아니나 관련적 병합의 관계에 있기 때문에 이를 회피하여야 한다.

Ⅳ. 반소(제269조)

1. 뜻

1) 반소라 함은 본소의 소송계속중에 피고가 원고를 상대로 제기하는 소송중의 소를 말한다. 피고에 의한 추가적 병합으로서 본소의 능동적 주체와 수동적 주체가 반소에서는 바뀌게 되므로 본소원고를 반소피고로, 본소피고를 반소원고라고 부른다.

2) 청구의 변경이나 반소는 모두 추가적 병합의 형태로서 소송 중의 소가 된다는 점에서 공통된다. 그러나 청구의 변경은 원고가 스스로 제기한 소송절차를 이용하는 것인데 대하여 반소는 원고가 제기한 소송절차를 피고가 수동적 입장에서 이용한다는 점에서 서로 다르다. 그러므로 수동적 당사자인 피고가 제기하는 반소에 대하여 능동적 당사자인 원고가 이용하는 청구의 변경과 동일한 요건을 요구하는 것은 공평의 원리에 맞지 않는다. 따라서 청구의 변경과 달리 반소는 청구뿐만 아니라 방어방법과 관련되는 경우에도 제기할 수 있어 청구의 변경보다 요건이 완화되었다.

3) 반소에는 본소청구기각 이상의 적극적 내용이 포함되어 있어야 한다.[48] 본소청구기각은 피고가 본소에 대해 응소하는 것만으로도 기대할 수 있으므로 반소를 제기하려면 본소청구의 기각을 바라는 이상의 적극적인 내용을 포함하여야 소의 이익이 있다. 그러므로 같은 법률관계에 관한 적극적 확인이나 이행을 청구하는 본소청구에 대하여 그 부존재의 확인을 구하는 반소는 허용되지 않는다. 그러나 이와 반대로 손해배상채무의 부존재확인과 같은 소극적 확인의 본소에 대하여 그 채무이행청구와 같은 적극적 반소를 제기하더라도 본소에 대한 확인하는 이익은 소멸되지 않는다. 왜냐하면 본소가 취하되면 피고는 원고의 동의 없이 일방적으로 반소를 취하함으로써 원고가 당초 추구한 소극적 확인의 본소에 대한 기판력을 취득할 수 없는 사태가 발생할 수 있기 때문이다.[49]

---

48) 대판 2007. 4. 13, 2005다40709·40716.
49) 대판 2010. 7. 15, 2010다2428·2435.

2. 모 습

가. 단순반소

단순반소라 함은 본소의 인용 여부와 관계없이 피고가 본소의 소송계속을 이용하여 원고에게 제기하는 반소를 말한다. 예를 들어 원고가 제기한 이혼청구의 본소에 대하여 피고도 원고를 상대로 이혼청구의 반소를 제기하는 경우 등이다. 본소청구의 인용이나 기각과 관계없이 반소를 독자적으로 심판하여야 하며 반소청구의 운명은 본소청구와 아무런 관계가 없다. 따라서 본소나 반소가 모두 인용되거나 기각될 수도 있다.

나. 예비적 반소

1) 본소청구가 인용 또는 기각될 것을 조건으로 심판을 구하는 반소를 말한이다. 예를 들어 원고의 본소가 매매를 원인으로 한 소유권이전등기청구소송인 경우에 피고가 본소의 인용을 예상하여 제기하는 잔대금 또는 반대급부 이행의 반소, 또는 본소의 기각을 예상하여 제기하는 이미 이전해 준 부동산의 반환을 구하는 반소 등이다. 실무에서 자주 등장하는 가지급물반환신청(제215조)도 성질은 예비적 반소이다.[50]

2) 본소가 각하, 취하되거나 본소인용조건의 예비적 반소에서 본소가 기각되는 경우와 같이 반소제기의 조건이 성취되지 아니하면 예비적 반소에 관하여 판단할 필요가 없다.[51] 그런데 본소청구기각 판결에 관하여 원고가 항소한 경우에는 판단하지 않은 예비적 반소도 같이 이심되므로 항소심에서 본소가 인용된 경우에는 예비적 반소에 관해서도 판단하여야 한다.[52] 본소와 예비적 반소의 논리적 양립불가능성·상호관련성을 중시하여야 하기 때문이다. 이 점이 단순반소와 다르다.

---

50) 대판 2005. 1. 13, 2004다19647 참조.
51) 대판 1991. 6. 25, 91다1615·1622.
52) 대판 2006. 6. 29, 2006다19061·19078.

다. 재 반 소

반소에 대한 재차의 반소를 말한다. 관련관계에 있는 여러 개의 청구를 재반소에 의하여 한꺼번에 처리하는 것이 소송경제에 알맞기 때문이다.

라. 교환적 반소·추가적 반소

소송계속 중에 반소도 새로운 소송목적을 추가할 수 있고 다른 소송목적으로 교환할 수도 있다. 제1심에서 적법하게 반소를 제기하였던 당사자가 항소심에서 반소를 교환적으로 변경하는 경우에 변경된 청구와 종전 청구가 실질적인 쟁점이 동일하여 청구의 기초에 변경이 없으면 그와 같은 청구의 변경도 허용된다.[53]

3. 요 건

가. 반소의 청구가 본소의 청구 또는 방어방법과 관련이 있을 것(제269조 1항 단서)

이 요건은 청구의 변경에서 「청구의 기초」에 변경이 없어야 한다는 제262조 1항의 요건과 같은 것이다. 다만 청구뿐만 아니라 방어방법과도 관련이 있으면 반소청구를 할 수 있다는 점에서 청구변경의 요건보다 완화되었다.

1) 본소청구와 관련

본소 및 반소가 소송목적이 되는 권리 또는 법률관계의 내용 또는 그 발생원인에서 법률상 또는 사실상 공통되는 것을 말한다. 예를 들어 원고 및 피고가 본소 및 반소로써 서로 상대방의 부정행위를 이유로 이혼소송을 제기하는 경우, 동일물에 관한 소유권확인의 본소와 임차권확인의 반소, 같은 사고를 원인으로 한 손해배상청구를 본소와 반소로 상대방에 대하여 서로 청구하는 경우 등이다.

---

53) 대판 2012. 3. 29, 2010다28338 · 28345.

2) 방어방법과 관련

본소의 방어방법과 관련된다는 것은 본소청구를 이유 없게 하는 사실이 반소청구를 이유 있게 하는 방어방법의 전부 또는 일부를 이루는 사실을 말한다. 예를 들어 원고의 소유권에 기한 목적물인도청구의 본소에 대하여 피고가 유치권항변을 하면서 피담보채권의 지급을 반소로 청구하는 경우 등이다. 다만 그 방어방법은 반소의 제기 당시에 현실로 제출되어야 하며 실체법적으로 성립할 가능성이 있어야 한다. 따라서 상계금지채권(민법 제496조 내지 제498조)에 기한 반소라든가 시기에 늦게 제출하여 각하된 항변(제149조, 제285조)에 기한 반소는 모두 부적법하다.

3) 상대방의 동의

관련관계는 청구 기초의 동일성과 같이 상대방이 동의하거나 응소하면 문제되지 않는다.

나. 시   기

1) 사실심의 변론종결 이전(제269조 1항)이다. 반소제기 이후에 본소가 각하 또는 취하되더라도 예비적 반소가 아닌 한 반소에는 영향이 없다. 다만 본소가 취하되면 피고는 원고의 소송에 응한 뒤에라도 그의 동의 없이 반소를 취하할 수 있으나(제271조) 본소가 각하된 경우에는 원고의 동의가 있어야 반소를 취하할 수 있다.[54] 제271조의 취지는 원고가 반소의 제기를 유발해 놓고 그로 인하여 제기된 반소만 유지하게 하는 것이 공평에 반한다는 데 있으므로 본소가 원고의 의사와 관계없이 부적법하다 하여 각하된 경우에는 원고의 동의를 얻어야 하는 것이다.

---

54) 대판 1984. 7. 10, 84다카298.

변론종결 이후 제기된 반소의 취급

가옥명도청구와 같이 명도를 빨리하여야 하는 사건에서 피고가 명도를 지연시키고자 필요비 및 유익비를 청구한다는 명목으로 변론종결일 이후에 변론재개신청을 하면서 반소를 제기하는 경우가 있다. 이는 반소로서는 부적법하지만 독립된 소송이므로 각하할 수 없다. 그런데 피고의 의도가 오로지 명도를 지연시키고자 하는데 있는 것이 명백한 경우에는 변론을 재개하지 아니하고 본소에 관한 판결부터 선고한 다음 반소를 별소로서 심리하면 될 것이다. 그렇지 않으면 본소에 대한 변론을 재개하여 본소와 반소를 함께 심리한다.

2) 항소심의 반소는 상대방의 동의나 응소가 있어야 한다(제412조). 이 점에서도 청구의 변경과 다르다. 다만 제1심에서 반소의 소송목적인 권리관계에 관하여 충분한 심리가 이루어져서 상대방의 심급 이익을 해칠 우려가 없는 경우, 즉 실질적인 쟁점이 동일하여 청구의 기초에 변경이 없는 경우에는 상대방의 동의나 응소 없이도 반소의 제기가 가능하다.[55] 예를 들어 중간확인의 반소, 본소와 청구원인을 같이하는 반소, 제1심에서 제출된 항변과 관련된 반소, 항소심에서 반소를 변경하여 예비적 반소를 추가하는 경우[56] 등에는 상대방의 동의나 응소가 불필요하다.

다. 본소와 같은 종류의 소송절차(제253조)

반소의 제기에 의하여 소의 객관적 병합이 이루어지기 때문이다.

라. 반소가 다른 법원의 전속관할에 속하지 않을 것(제269조 1항 단서 전단)

반소가 다른 법원의 전속관할에 속하면 본소와 병합할 수 없기 때문이다. 전속관할에는 전속적 합의관할을 포함하지 않는다. 본소를 지방법원단독판사가 심리 중에 피고가 합의사건에 속하는 청구에 관한 반소를 제기한 경우에는 직권 또

---

55) 대판 2013. 1. 10, 2010다75044 · 75051.
56) 대판 2003. 6. 13, 2003다16962 · 16979.

는 당사자의 신청에 의하여 결정으로 본소와 반소를 합의부로 이송하여야 한다(제269조 2항). 그러나 변론관할(제30조)이 생긴 뒤에는 이송할 수 없다(제269조 2항 단서).

마. 소송절차를 현저하게 지연시키지 않을 것(제269조 1항 본문)

청구의 변경과 동일한 취지로 이 요건을 반소에서도 요구하고 있다. 그러나 수동적 당사자인 피고가 제기하는 반소에 대하여 능동적 당사자인 원고가 이용하는 청구의 변경의 요건과 같이 소송절차를 현저히 지연시키지 않도록 요구하는 것은 무리이다. 따라서 청구의 변경과 달리 엄격하게 이 요건을 해석할 필요는 없다.

4. 심판절차

가. 반소의 제기는 본소에 준한다(제270조). 반소장에 반소의 취지를 명시하여야 하며 소액사건에서는 말로써 반소제기가 가능하다(소심 제4조). 인지는 소장에 붙이는 것과 같은 액수를 붙여야 하나, 반소의 소송목적이 본소와 같은 때에는 본소에 붙인 인지액을 공제한 액의 인지만 붙이면 된다(민인 제4조).

나. 반소에 관하여는 반소의 요건과 일반적인 소송요건을 조사하여야 한다. 다만 반소의 요건에 흠이 있다 하여도 반소를 각하할 것이 아니라 별개 독립의 소로써 요건을 갖추었을 때에는 독립된 소로써 취급하여야 할 것이다.

다. 반소는 본소와 병합하여 심판하여야 한다. 따라서 한 개의 전부판결을 할 것이나 반소가 본소와 관련이 없는 경우에는 변론의 분리나 일부판결이 가능하다. 그러나 관련이 있는 경우에는 심리의 중복과 재판의 불통일을 방지하기 위하여 변론의 분리나 일부판결을 피하여야 한다. 하나의 전부판결을 하는 경우에도 본소와 반소에 대하여 따로 판결주문을 기재한다. 그러나 소송비용의 재판은 패소자가 소송비용 전부를 부담하는 소송비용 불가분의 원칙(제98조)상 본소비용과 반소비용을 합하여 정하고 있다.

제2절　다수당사자소송

Ⅰ. 공동소송

1. 총　　설

가. 뜻

하나의 소송절차에 여러 사람의 원고 또는 피고가 관여하는 소송형태를 공동소송이라 한다. 원래 소송의 최소 기본 단위는 한 사람의 원고와 한 사람의 피고 사이에서 한 개의 소송목적을 두고 이루어진다. 그런데 당사자가 여럿이거나 소송목적이 복수이면 소송의 개수도 늘어나서 판결할 사건도 그만큼 많아진다. 법원과 당사자가 이것을 따로 따로 심리하여 판결하여야 한다면 심리의 노고가 그만큼 커지는 것이 당연하다. 공동소송은 여러 당사자 사이의 관련분쟁을 같은 소송절차에서 동시에 심판할 수 있으므로 공통되는 문제점에 관하여 심리의 중복을 피하고 분쟁의 통일적 해결을 기대할 수 있을 뿐만 아니라 법원과 당사자의 부담을 줄여주는 장점이 있는 것이다.

나. 역사적 고찰

로마법에서는 당사자가 다수로 되는 것을 원칙적으로 금하였다(소의 주관적 병합금지의 원칙). 중세 이후 독일 보통민사소송법에서도 처음에는 로마법의 전통에 따라 공동소송(또는 소의 주관적 병합[57])을 원칙적으로 금지하였다. 당시에는 소송의 심리절차에서 서면주의, 법정증거주의를 채택하고 있었기 때문에 소의 주관적 병합을 허용하면 서면 또는 증거가 복잡해져서 소송의 진행이 어렵기 때문이었다. 그러나 독일의 민족적 토대가 되는 게르만 사회에서는 예로부터 단체사상이

---

57) 하나의 소송절차에 여러 사람의 당사자가 관여하는 소송형태를 처음에는 단수의 당사자들 사이의 소송을 병합한다고 해서 소의 주관적 병합이라고 하여 지금까지도 공동소송을 소의 주관적 병합이라고 부르기도 한다.

뿌리 깊어서 개인 위주의 로마법과 달리 법인(geselschaft)과 조합(gemeinschaft)의 중간형식인 비법인사단(genossenschaft)이 사회생활의 한 단위를 이루고 있었다. 따라서 그 구성원이 외부에 대하여 법적주체로 활동하고 법률상 분쟁이 생기는 경우에 소송을 하는 것을 막을 수 없었기 때문에 비법인사단은 소송단체(streitgenossenschaft)로서 소송의 주체가 되었다. 때문에 그 소송단체의 소송에 대해서는 소의 주관적 병합 금지의 원칙을 적용할 수 없었던 것이다. 이와 같이 소의 주관적 병합 금지의 원칙은 처음에는 소송단체의 소송에서부터 철폐되다가 사회가 점차 발달하면서 나중에는 모든 소송에서 철폐되어 오늘에 이른 것이다.

다. 모 습

1) 고유필수적 공동소송

공동소송이 소송단체에 한정하여 소의 주관적병합금지의 원칙이 철폐된다면 소송단체의 소송과 다른 것과는 어떻게 구별하여야 할 것인지 문제 된다. 이 문제를 해결하기 위해서 공동소송이 제기되면 이에 응소하여야 하는 피고에게 공동소송존재의 항변(exceptio plurium litisconsortium)을 할 수 있도록 하였다. 피고가 이 항변을 하면 법원은 소송목적이 되는 실체법상 권리 또는 법률관계의 주체가 여러 사람일 때 그 전원이 당사자가 되지 않고 일부만 당사자가 되는 경우에는 그 소송을 각하하여야 한다. 결국 소송단체만 이 항변을 충족할 수 있고 그 경우에 한정하여 공동소송이 성립되었던 것이다. 따라서 소송단체는 언제나 공동소송으로만 소송을 할 수 있고 단독소송은 할 수 없었는데 여기서 이른바 고유필수적 공동소송의 개념이 생성되었다.

2) 유사필수적 공동소송

가) 사회생활이 점차 발달하고 복잡해지면서 소송단체 이외의 인적결합에도 공동소송을 허용할 필요성이 커지게 되었다. 학자들은 처음에는 소송목적을 가분적인 것과 불가분적인 것으로 구별하여 불가분채무의 경우에 한정하여 공동소송을 허용하였다. 그런데 불가분채무에서도 채무자는 모든 채권자를 위하여 각 채권자에게 채무를 이행할 수 있기 때문에(민 제409조 참조) 단독소송도 가능하여 문

제가 생겼다. 이에 불가분채무의 경우에도 당사자들이 모두 소송당사자가 되는 경우에는 공동소송이 되지만 단독소송을 하는 경우까지 막을 수 없었다.

나) 따라서 불가분채무의 당사자가 여럿인데 각자가 단독소송을 하는 경우를 제외하더라도 모두가 소송당사자가 되는 경우에는 소송목적인 채권·채무가 불가분이기 때문에 그 소송목적의 존부가 공동소송인 전원에 대하여 합일·확정되어야 한다. 이 경우에 모든 당사자는 고유필수적 공동소송의 경우와 같이 일치하여 소송을 수행할 의무가 생기는데 여기서 유사필수적 공동소송의 개념이 생성된 것이다. 지금은 불가분채무에 관한 공동소송은 공동소송인 전원에 대하여 합일·확정될 필요가 없는 통상의 공동소송의 범주에 들어간다.

3) 통상의 공동소송

사회생활이 더 복잡해지면서 소송단체나 소송목적이 불가분의 경우가 아니고 가분적인 경우에도 공동소송의 필요성이 커지자 드디어 공동소송존재의 항변이 전혀 적용되지 않는 공동소송이 등장하게 되었다. 이것이 통상의 공동소송이고 지금은 공동소송의 대세를 이루고 있다.

통상의 공동소송과 필수적 공동소송의 차이

예를 들어 갑이 을, 병, 정을 상대로 어떤 소송을 제기하여 판결이 확정되었다고 하자. 위 소송이 통상의 공동소송이었다면 그 판결의 기판력은 갑과 을, 갑과 병, 갑과 정 사이에서만 생기고 갑, 을, 병, 정들 상호간에는 생기지 아니한다. 그러나 위 소송이 필수적 공동소송이었다면 고유필수적 공동소송이든 유사필수적 공동소송이든 그 판결의 기판력은 갑과 을, 병, 정 상호간에 모두 생긴다. 이점만 제대로 알고 있으면 공동소송에 대한 이해가 훨씬 쉽다.

2. 통상의 공동소송(제65조)

가. 뜻

통상의 공동소송이라 함은 원래 개별적·상대적으로 해결되어야 할 여러 사람의 개별·단독사건이 하나의 소송절차에 결합된 형태의 소송을 말한다. 원래는 개별·단독소송이므로 판결의 기판력이 상대방과 공동소송인 각자에게 개별적으로 미치고 공동소송인 상호간에는 생기지 아니한다. 따라서 통상의 공동소송에서는 소송의 승패를 공동소송인 전원에 대하여 일률적으로 결정할 필요가 없고 공동소송인은 각자 독립하여 소송목적을 처분할 권능이 있기 때문에 개별적으로 소송을 수행할 수 있다.

나. 요 건

1) 주관적 요건(제65조)

통상의 공동소송에서는 여러 사람을 하나의 소송절차에 관여시킬만한 타당성·합리성이 있어야 하는데 이것을 통상공동소송의 주관적 요건이라 한다. 이 요건의 취지는, 청구 상호간에 일정한 공통성 또는 관련성이 있을 때에는 하나의 소송절차로 묶어서 심리하는 것이 분쟁해결에 합리적인 것이라는 데서 분쟁에 관계없는 사람들에 대해서까지 공동 심판하는 번잡을 피하자는 데 있다. 따라서 원고 쪽의 의사에 따라 공동심판을 받게 되는 피고 쪽에서 이의하지 않으면 그 요건을 갖추지 못하더라도 문제 삼을 필요가 없다. 그 의미에서 주관적 요건은 소송요건이지만 직권조사사항이 아니라 항변사항이다.

가) 소송목적이 되는 권리·의무가 공통된 때   예를 들어 여러 사람에 대하여 같은 물건에 대한 소유권의 확인청구를 하는 경우, 채권자의 여러 연대채무자에 대한 채무이행청구, 부진정 연대채무자에 대한 청구[58] 등의 경우이다.

나) 소송목적이 되는 권리·의무가 사실상 및 법률상 같은 원인으로 말미암아 생긴 때   예를 들어 동일사고로 인하여 사고를 입은 여러 피해자가 손해배상청구를 하는 등의 경우이다.

---

58) 대판 2012. 9. 27, 2011다76747.

다) 소송목적이 되는 권리·의무가 같은 종류이며 사실상 및 법률상 같은 종류의 원인으로 말미암은 때   예를 들어 여러 어음 발행인에 대한 각 별개의 어음금 청구, 여러 세입자에 대한 각각 차임청구를 하는 등의 경우와 같이 청구의 원인은 각자 다르지만 소송의 종류는 같은 경우이다. 여기에서는 가)와 나)의 경우와 달리 공동소송인들 서로간에 아무런 연관이 없고 단지 같은 원고나 피고가 되는 것에 불과하다.

2) 객관적 요건(제253조)

통상의 공동소송은 여러 사람의 또는 여러 사람에 대한 개별적 청구를 합쳐 심판하는 과정에서 각 사람의 또는 각 사람에 대한 청구에 관해서 저절로 소의 객관적 병합(제253조)이 이루어지므로 제253조의 요건을 갖추어야 한다. 이 요건은, 소송을 한 개로 심판할 것인가 아니면 여러 개로 심판할 것인가에 관한 법원 심리에 관한 것이므로 앞의 주관적 요건과 달리 소송요건이고 직권조사사항이다.

다. 공동소송인 독립의 원칙(제66조)

1) 뜻

공동소송인 독립의 원칙이라 함은 공동소송인 중에서 한 사람의 소송행위 또는 한 사람에 대한 상대방의 소송행위는 다른 공동소송인에게 영향을 주지 않는다는 원칙을 말한다. 즉, 공동소송인들은 다른 공동소송인들로부터 제약을 받지 아니하고 각자 독립하여 소송을 수행할 권능이 있다는 의미이다. 예들 들어 갑이 을, 병, 정을 상대로 공동소송을 제기한 경우에 갑의 소송행위는 갑과 을, 갑과 병, 갑과 정 사이에서만 분리하여 생기고 을과 병, 정의 소송행위들은 갑에게만 효력이 있을 뿐 을, 병, 정 상호 간에는 영향이 없다. 이와 같이 통상의 공동소송인들 각자는 개별적·상대적인 지위에 있다는 점에서 필수적 공동소송인과 다르다. 통상의 공동소송인에 대한 이와 같은 취급은 이 소송형태를 개별소송의 결합형태로 보기 때문이다. 그러므로 각 공동소송인과 상대방 사이의 계쟁이익은 실체법상 각 공동소송인과 상대방에 의하여 자유롭게 처분할 수 있는 것이기 때문에 이 처분의 자유는 다른 공동소송인의 간섭을 받아서는 안 된다. 이를 소송법적 관점에서 본다면 공동소송에 대한 심리의 결과로서 판결의 모순·저촉을 회피하기 위한 소송자료와 소송진행의 통일이라는 소송공동의 요청이 필수적 공동소송보다 높지 않으며, 계쟁이익을 처분할 수 있는 당사자의 자율성을 소송공동의 효용보다 우월시킨다는 정책적 판단이 통상의 공동소송의 핵심이라 할 것이다.

2) 내   용

가) 각 공동소송인에 대한 소송요건의 존부는 각 공동소송인마다 별개로 처리하여 소송요건을 갖추지 못한 공동소송인에 대해서는 개별적으로 소 각하 판결을 한다.

나) 소 또는 상소의 취하, 청구의 포기·인낙, 재판상 화해도 각자 자유롭게 하여 소송을 마칠 수 있다. 재판상 자백도 각 공동소송인마다 독자적으로 할 수 있다.

다) 소송의 진행도 반드시 통일적으로 할 필요가 없다. 기일, 기간도 별개로 진행한다. 각 공동소송인에 대하여 생기는 소송절차의 중단·중지의 사유는 다른 공동소송인에게 영향을 주지 않는다. 법원은 그와 같은 소송상태의 구체적 상황에 맞추어 어떤 공동소송인의 소송에 한정하여 변론의 분리 혹은 일부판결을 할 수 있다.

라) 각 공동소송인에 대한 소송자료는 모든 공동소송인에 대하여 공통되지 않으므로 소송의 결과도 각각 다를 수 있다.

마) 상소기간도 공동소송인마다 따로 진행하며 한 사람이 상소하면 그 사람의 소송에 한정하여 확정의 차단, 이심의 효력이 생긴다. 판결의 확정시기도 공동소송인마다 각각 다를 수 있다.

바) 이와 같이 통상의 공동소송에서 각 공동소송인은 각자 독립하여 소송을 수행할 수 있는 권능이 있기 때문에 공동소송인 독립의 원칙이 적용되지만 그 원칙은 각 공동소송인들이 계쟁이익을 처분할 수 있는 당사자의 자율성에 기하여 소송수행권을 독립하여 행사할 때 비로소 드러난다. 따라서 공동소송인들이 이 소송수행권을 행사하지 않으면 법원은 소송의 진행이나 변론 및 증거조사를 공통으로 하여 소송경제나 재판의 통일을 도모할 수 있다.

3) 한　계

가) 문제의 소재　　　통상의 공동소송인 가운데에서 위의 주관적 요건 다) 의 경우와 같이 소송목적이 되는 권리·의무가 같은 종류이며 사실상 및 법률상 같은 종류의 원인으로 말미암은 때에는 결론이 각각 다를 수 있기 때문에 심리의 병합만으로도 공동소송의 목적을 달성할 수 있다. 그러나 위의 주관적 요건 가)와 나)의 경우에는 공동소송인들 사이의 관련성 때문에 이론상으로는 결론이 구구해 지기 어렵다. 예를 들어 동일사고로 인하여 손해를 입은 여러 피해자가 손해배상 청구를 하는 경우에 누구는 승소하고 누구는 패소하는 경우란 상식적으로는 이해 하기 어렵기 때문이다. 따라서 공동소송인들 사이에서 같은 결론이 나와야 하는 데도 공동소송인독립의 원칙의 적용되면 실질적으로 같은 사건에 대하여 전혀 다 른 결론이 나올 가능성이 있는 것이다. 여기서 어떻게 하면 실질적으로 하나의 사 건에 관해서는 공동소송인 전원에게 같은 결론을 이끌어 낼 것이냐는 것이 문제 로 등장한다. 이 경우에 우선 재판장이 석명권 등 소송지휘권을 행사하여 실질적 으로 동일한 사건에 대하여 같은 결론을 유도할 수도 있으나 이것도 한계가 있다.

 순차로 이전된 소유권이전등기의 말소를 구하는 소송의 경우

(1) 예를 들어 X명의의 A부동산에 관하여 갑이 문서를 위조하여 자기 앞으로 소유권 이전등기를 넘긴 다음 다시 순차로 을, 병, 정 이름으로 소유권이전등기가 넘어간 경우 에 X의 갑, 을, 병, 정을 상대로 한 소유권이전등기말소청구소송은 권리관계의 합일적 인 확정을 필요로 하는 필수적 공동소송이 아니라 통상의 공동소송이다. 따라서 공동 소송인들 상호 간에 공격 또는 방어 방법의 차이에 따라 모순된 결론이 발생하더라도 이는 변론주의 아래에서 부득이한 현상으로서 판결이유가 모순되거나 이유불비가 아 니다.[59]

(2) 우선 X의 말소청구소송에서 피고 갑이 청구인낙을 하면 X와 피고 갑 사이에서는 다른 피고들과의 소송결과와 관계없이 청구인낙으로 소송이 종료되고 또 X가 피고 을에

59) 대판 1991. 4. 12, 90다9872; 대판 2008. 6. 12, 2007다36445.

대하여 청구포기를 하면 다른 피고들과의 소송결과와 관계없이 X와 피고 을 사이에서도 청구포기로 소송이 종료된다. 피고 병이 X의 청구원인사실을 자백하면 다른 피고들과 관계없이 X와 병과의 사이에서는 재판상 자백이 성립한다.

(3) X의 말소청구소송에 대하여 피고 정이 시효취득을 주장하는 경우에 그 주장은 원칙적으로 X와 피고 정 사이에서만 있는 것이므로 그 주장도 위 당사자 사이에서만 작용된다. 이를 주장공통의 원칙이라고 한다. 여기서 이른바 주장공통의 원칙을 다른 공동소송인 사이에서 적용할 수 있느냐는 문제가 생긴다.

(4) X의 말소청구소송에서 피고 모두가 시효취득의 주장을 하였는데 이 주장을 뒷받침하는 증거를 피고 을만 제출한 경우에 그 증거자료는 X와 피고 을 사이에서만 작용된다. 이를 증거공통의 원칙이라고 한다. 여기서 이 원칙을 다른 공동소송인 사이에서도 적용할 수 있느냐는 문제가 생긴다.

(5) X가 이 소송에서 피고 을, 병에 대해서는 승소하였지만 피고 정에 대하여 패소한 경우에 후순위등기에 대한 말소청구가 패소 확정됨으로써 그 이전 순위의 말소등기실행이 결과적으로 불가능하게 되더라도 그 말소를 구할 소의 이익이 있다.[60] X는 재판외의 거래에 의하여 정으로부터 A부동산에 관한 소유권이전등기의 말소에 관한 승낙을 얻을 가능성이 있기 때문이다. 그렇지 않으면 X는 처음부터 다시 갑, 을, 병을 상대로 소유권이전등기말소청구소송을 제기하여야 하는 불이익이 생긴다.

(6) 위의 문제와 별도로 X는 순차 이전된 위 소유권이전등기의 말소청구소송에서 패소한 다음 최후 명의자 피고 정을 상대로 소유권이전등기청구소송을 제기할 수 없다. 이미 기판력 부분에서 설명하였지만 반복한다면 대전판 2001. 9. 20, 99다37894는, 기판력이 작동되는 후소의 소송목적이 이전 소송의 그것과 '같은 경우'를 실질적으로 풀이하여 소유권이전등기청구권과 소유권이전등기말소청구권의 각 소송목적은 모두 진정명의자의 등기명의 회복을 위한 소송으로서 그 법적 근거와 성질이 같으므로 청구의 취지와 원인 등 소송형식이 다르더라도 이전 소송의 기판력이 후소에 미친다고 하였다.

나) 공동소송인 사이에서 증거공통의 원칙

a) 증거공통의 원칙   법원에서 실시한 증거조사의 결과는 그 증거제출자에게 유리하게 판단될 수 있을 뿐더러 상대방이 이 증거를 쓰겠다고 원용하지 아니하더라도 상대방을 위해서도 유리하게 작용할 수 있다. 자유심증주의 아래에서 법관은 증거제출자가 누구이냐를 따지지 않고 자유롭게 증거조사의 결과를 판단

---

60) 대판 1998. 9. 22, 98다23393; 대판 2008. 6. 12, 2007다36445.

할 수 있기 때문이다. 이것이 증거공통 원칙의 근거이며 이 원칙은 원·피고가 대립하는 대립당사자 관계에 있을 때 적용이 있다.

　b) 공동소송인 사이에서 증거공통의 원칙　　문제는 대립당사자 아닌 공동원고나 공동피고 사이에서도 이 원칙이 적용되느냐이다. 증거공통의 원칙을 공동소송인들 사이에서도 적용을 하면 증거를 제출하지 않은 공동소송인에게도 그 증거가 유리하게 작용할 수 있게 되어 공동소송인 독립의 원칙이 수정되므로 실질적으로 하나의 사건에 같은 결론을 이끌어낼 수 있기 때문이다. 우리나라 학설도 공동소송인 사이에 증거공통의 원칙을 적용하는데 반대하지 않는다. 또 이를 정면에서 부정하는 판례도 없다. 그 이유는 자유심증주의 아래에서는 해결하여야 할 사실이 하나라면 당사자가 다수라고 해도 법관의 심증은 하나이어야 하기 때문에 당사자가 다수라고 해도 공동소송인 사이에서는 증거공통의 원칙을 적용해야 한다는 것이다. 다만 공동소송인 사이에 이해관계가 상반되는 경우, 예를 들어 복수의 차량 충돌로 일어난 교통사고에서 피고들이 서로 상대방 차량의 과실로 사고가 생겼다고 하는 경우에는 당사자의 방어권 보장을 위하여 다른 당사자가 이를 쓰겠다고 원용하지 않는 한 이 원칙을 적용해서는 안 된다.

재판실무에서 증거공통 원칙의 적용

　구체적인 재판실무절차에서도 공동소송인 사이에서는 증거공통의 원칙을 적용할 필요가 있다. 준비서면은 물론 서증은 상대방뿐만 아니라 같은 공동소송인들에게 미리 보내주어야 하며, 서증에 관한 인부도 같은 공동소송인들에게 개별적으로 확인하여야 할 것이다. 또 증인신문에서도 주 신문을 신청한 공동소송인 이외의 다른 공동소송인들이 주 신문의 범위를 초과한 신문을 원한다든가 신문사항이 기본적으로는 동일하지만 일부 다른 내용이 있거나 관점이 다른 경우에는 증거신청서를 별도로 제출시켜 최초의 공동소송인의 주 신문, 다른 공동소송인의 주 신문에 이어서 상대방의 반대신문 순서로 신문할 필요가 있다.

다) 공동소송인 사이에서 주장공통의 원칙

a) 주장공통의 원칙   변론주의가 적용되면 법원은 당사자가 주장하지 않은 사실을 판결의 기초로 삼을 수 없다(주장책임). 그러나 그 주장은 당사자 한쪽이 변론에서 진술하기만 하면 이를 판결의 기초로 삼을 수 있고 어느 당사자가 그 주장을 하였는지는 따지지 않는다. 이 주장공통의 원칙은 원·피고가 대립하는 대립당사자 관계에 있을 때만 적용이 있다. 예를 들어 갑이 을·병·정을 상대로 어떤 소송을 제기한 경우 주장공통의 원칙은 갑과 을, 갑과 병, 갑과 정 사이에서만 적용될 뿐 을, 병, 정 사이에서는 이 원칙이 적용되지 않는다.

b) 공동소송인 사이에서 주장공통의 원칙   주장공통의 원칙을 공동소송인들 사이(위 예에서 을, 병, 정 사이)에서도 적용할 수 있다면 공동소송인 가운데에서 어느 한 사람이 주장을 하면 나머지 공동소송인도 주장한 것이 되어 주장하지 않은 나머지 공동소송인에 대한 관계에서도 판결의 기초로 할 수 있어 공동소송인 독립의 원칙이 수정된다. 즉, 증거공통의 원칙은 법원에 의한 사실인정·증거평가 차원의 문제인데 대하여 주장공통의 원칙은 소송자료 제출의 문제이기 때문에 주장공통의 원칙을 인정하면 자율적 소송수행의 자유를 확보하기 위한 심리의 원칙으로서의 변론주의가, 소송공동의 사실상 효용이라는 관점에서 제약되는 방향으로 수정되는 것이다. 그러므로 판례[61]는 증거공통의 원칙과는 달리 공동소송인 사이에서 이 원칙을 인정하면 공동소송인 독립의 원칙 자체가 부정된다고 하여 반대한다. 그러나 어느 공동소송인의 주장이 다른 공동소송인에게 이익이 되는 경우에는 다른 공동소송인이 그와 어긋나는 행위를 적극적으로 하지 않는 한 공통된 주장을 하였다고 인정하여야 할 수 있으므로 그 범위에서는 공동소송인 독립의 원칙을 수정하여 주장공통의 원칙을 허용할 수 있을 것이다.[62]

라) 공동소송인의 기일지정신청

어느 한 공동소송인이 기일지정신청을 한 경우에는 공동소송인 독립의 원칙과는 관계없이 공동소송인 모두에게 같은 기일을 적용하여 심리를 같이 하는 것이 좋다.

---

61) 대판 1994. 5. 10, 93다47196.
62) 같은 취지: 이시윤, 727면.

3. 필수적 공동소송(제67조)

가. 뜻

필수적 공동소송이라 함은 소송목적이 되는 권리·의무가 공동소송인 모두에게 합일적으로 확정되어야 할 공동소송을 말한다(제67조). 소송목적에 관하여 이해관계가 있는 모든 사람이 공동소송인이 되지 않으면 안 된다는 의미에서 필수적 공동소송이라고 하였으나 현재는 각자 단독으로 당사자가 될 수 있는데도 공동소송의 형태를 취하는 경우에 그들 공동소송인들 사이에서 합일·확정을 법률상 보장할 필요가 있는 소송을 유사필수적 공동소송이라고 하고, 이를 필수적 공동소송에 포함시키고 있다. 앞의 것을 고유필수적 공동소송이라고 한다. 필수적 공동소송은 통상의 공동소송과 달리 판결의 기판력이 상대방과 공동소송인 전원에게 미친다.

제67조 1항의 「합일적으로 확정되어야 할」

제67조 1항의 「합일적으로 확정되어야 할」이라는 법문은, 판결의 기판력에 의한 분쟁해결을 위해서 모순된 판단을 해서는 안 된다는 법률상의 요청을 말한다. 이 요청에 의하여 소송법적으로 소송공동의 강제라는 효과가 생긴다. 이와 대비되는 것이 제66조이다. 제66조의 법문은, 공동소송인 사이에서는 소송자료나 소송진행이 서로 영향을 주지 않는다고 공동소송인 독립의 원칙을 명시함으로써 소송공동의 강제라는 소송법적 효과를 부정하고 당사자의 자율적 소송수행의 자유를 존중한다. 결국 필수적 공동소송과 통상 공동소송과의 차이는, 당사자의 자율적 소송수행의 자유를 존중하고 통일적 분쟁해결을 사실상의 효과에 그치게 할 것인가(통상 공동소송), 당사자의 소송수행의 자유를 제약하더라도 분쟁의 통일적 해결을 확보하여야 할 법률상 요청이 있는가(필수적 공동소송)라는 관점에 있을 것이다.

나. 고유필수적 공동소송

1) 뜻

고유필수적 공동소송이라 함은 공동소송인 전원이 원고 또는 피고가 되지 않으면 당사자적격에 흠이 있는 소송을 말한다. 즉, 공동소송인 전원이 당사자가 되어 소를 제기하거나 제소당하지 않으면 안 된다고 함으로써 합일·확정이 강하게 요청되는 공동소송이다.

2) 범   위

가) 원   칙   고유필수적 공동소송에서 합일·확정의 근거는 실체법에서 구하여야 하므로 소송수행권의 기초도 실체법상의 권리에 관한 관리처분권에 있다. 따라서 고유필수적 공동소송의 범위는 원칙적으로 소송목적이 되는 권리 또는 법률관계에 관한 실체법상의 관리처분권이 여러 사람에게 공동으로 귀속되느냐를 기준으로 결정한다. 즉, 실체법상 관리처분권이 여럿에게 공동으로 귀속된 경우에는 전원이 당사자로 되지 않으면 안 된다. 그러나 개별적으로 행사할 수 있는 실체법상의 권능인 지분권, 보존행위, 불가분채권 등이 있는 경우에는 원칙적으로 판결의 기판력이 다른 사람에게 미치지 아니하기 때문에 단독소송을 제기할 수 있으므로 공동으로 소송을 제기하더라도 통상의 공동소송이 된다. 고유필수적 공동소송의 범위는 사회생활이 점차 복잡해지면서 개별적으로 행사할 수 있는 실체법적 권리가 확대됨에 따라 축소되는 경향이다.

나) 타인간 권리관계의 변동을 목적으로 하는 형성소송 또는 이와 같이 볼 수 있는 확인소송   예를 들어 제3자가 제기하는 친자관계확인소송에서는 부모 및 자를 공동피고로 하여야 하고,[63] 제3자가 제기하는 혼인무효, 취소소송도 부부를 공동피고로 하여야 한다(가소 제24조). 공유물분할청구소송,[64] 상속재산의 협의분할청구소송,[65] 공동상속인이 다른 공동상속인을 상대로 어떤 재산이 상속재산

---

63) 대판 1970. 3. 10, 70므1.
64) 대판 2012. 6. 14, 2010다105310; 대판 2014. 1. 29, 2013다78556.
65) 대판 1995. 4. 7, 93다54736.

이라는 확인을 구하는 소송,[66] 인접하는 토지의 한쪽 또는 양쪽이 여러 사람의 공유에 속하는 경우의 경계확정소송[67] 등도 이에 해당하므로 원고는 다른 공유자 전원을 공동피고로 하여야 한다. 집합건물의 소유 및 관리에 관한 법률 제24조 3항에서 정한 관리인 해임의 소는 관리단과 관리인 사이의 법률관계를 해소할 목적으로 하는 형성을 청구하는 소이므로 관리단과 관리인 모두를 공동피고로 하여야 하는 고유필수적 공동소송이다.[68]

다) 공동소유의 소송형태

a) 총   유   재산권이 총유인 경우에 권리주체는 비법인사단이고 구성원은 그 재산권의 사용수익권능을 갖고 있는데 불과하므로 지분의 관념은 없다. 대표자 또는 관리인이 있는 경우에는 그 사단의 이름으로 당사자가 될 수 있으나 (제52조) 이 경우에도 대표자가 소송을 제기하려면 정관에 다른 규정이 없는 한 사원총회의 결의를 거쳐야 한다.[69] 그러나 사원총회의 결의는 법인 아닌 사단의 대표자가 비법인사단 명의로 총유재산에 관한 소를 제기하는 경우에 그 의사결정과 특별수권을 위하여 필요한 내부적인 절차이다. 따라서 채권자가 채무자인 비법인사단에 대한 채권을 보전하기 위하여 채무자의 의사와는 상관없이 채무자의 권리를 대위하여 행사하는 경우에는 그 권리행사에 채무자의 동의를 필요로 하는 것은 아니므로, 사원총회의 결의 등 비법인사단의 내부적인 의사결정절차를 거칠 필요가 없다.[70] 총유물의 보존행위는 사원총회의 결의를 거쳐 사단 명의로 제소할 수 있으나[71] 그 구성원 전원이 당사자가 되어 소송을 제기하는 경우에는 고유필수적 공동소송이므로[72] 원고가 될 공동소유자 중 일부가 제소를 반대하면 소를 제기할 수 없어 문제가 있다.

b) 합   유   재산권이 합유인 경우에 합유물의 처분·변경은 합유자

---

66) 대판 2007. 8. 24, 2006다40980. 그러나 공동상속재산의 지분에 관한 지분권확인소송은 통상의 공동소송이다(대판 2010. 2. 25, 2008다96963·96970 참조).

67) 대판 2001. 6. 26, 2000다24207.

68) 대판 2011. 6. 24, 2011다1323.

69) 이 경우에도 대표자는 사원총회의 결의를 거쳐서 소를 제기하여야 하며 그 결의 없이 제기한 소송은 특별수권에 흠이 있어 부적법하다(대판 2007. 7. 26, 2006다64573; 대판 2011. 7. 28, 2010다97044 참조).

70) 대판 2014. 9. 25, 2014다211336 참조.

71) 이 경우는 공동소송이 아니라 단독소송이다.

72) 대전판 2005. 9. 15, 2004다44971.

전원의 동의를 받아야 하고(민 제272조) 합유자 전원의 동의를 받지 못하면 합유물에 대한 지분을 처분하지 못하므로(민제273조 1항) 고유필수적 공동소송이 된다.

① 여러 사람의 수탁자에 의한 신탁재산(신 제45조)에 관한 소송, 여러 사람의 파산관재인[73]에 의한 소송, 합유재산에 대한 소유권이전등기청구소송,[74] 동업약정자들의 토지소유권이전등기청구소송,[75] 합유부동산에 관하여 명의신탁해지로 인한 소유권이전등기청구소송[76] 등은 고유필수적 공동소송이다.

② 조합재산은 조합원의 합유(민 제704조, 제271조)에 속하므로 그 관리처분권도 조합원의 합유에 속하여서 조합체의 조합재산에 관하여 제3자가 제기하는 조합원들에 대한 공동소송은 고유필수적 공동소송이다.[77] 예를 들어 아파트신축사업을 동업하는 조합이 시공회사에게 공사대금 명목으로 제공한 건물에 대해서 시공회사가 분양계약을 원인으로 조합원들을 상대로 한 건물의 소유권이전등기청구소송[78]과 같은 경우이다. 그러나 이것은 조합원의 재산을 제3자에게 주장하는 경우이거나, 제3자가 조합에 대하여 조합재산에 대한 어떤 청구를 하는 경우이고 조합재산의 처분·변경에 관한 업무집행에 관하여는 민법 제706조 2항이 적용되므로 업무집행자가 없는 경우에도 조합의 업무집행에 조합원 전원의 동의는 필요하지 않고 과반수로 결정한다.[79] 그 결과 조합의 업무집행에 관하여 조합원 사이에서는 고유필수적 공동소송의 범주에 포함되지 않는 경우가 발생할 수 있다.

합유물의 보존행위는 각자 단독으로 할 수 있으므로(민 제272조 단서) 이를 공동으로 제소하더라도 고유필수적 공동소송이 아니라 통상의 공동소송이다.[80] 조합채무도 각자 채무(민 제712조)이므로 이에 대한 공동소송은 통상의 공동소송이다.[81]

c) 공유(민 제262조)　　① 물건이 지분에 의하여 여러 사람의 소유로 된

---

73) 대판 2009. 9. 10, 2008다62533.
74) 대판 1983. 10. 25, 83다카850.
75) 대판 1994. 10. 25, 93다54064.
76) 대판 1996. 12. 10, 96다23238.
77) 대판 2012. 11. 29, 2012다44471.
78) 대판 2010. 12. 23, 2010다77750.
79) 대판 1998. 3. 13, 95다30345 참조.
80) 대판 2013. 11. 28, 2011다80449.
81) 대판 1991. 11. 22, 91다30705.

경우를 공유라 하는데(민 제262조) 공유지분은 자유롭게 처분할 수 있으므로(민 제263조) 이에 대한 공동소송은 통상의 공동소송이다. 상속재산의 협의분할은 공동상속인 사이의 일종의 계약이므로 공동상속인 전원이 참여하여야 하고 일부상속인만의 협의 분할은 무효[82]이지만, 분할되기 이전의 상속재산은 민법 제1006조의 명문에 비추어 공유관계로 보아야 하므로 공동상속재산의 지분에 관한 지분권존재확인소송은 고유필수적 공동소송이 아니라 통상의 공동소송이다.[83]

② 공유물이라 하더라도 공유자 각자가 할 수 있는 보존행위(민 제265조 단서)에 기한 것이라면 그것이 공유물의 방해배제, 공유물의 인도 및 명도청구, 등기말소청구, 공유물지상의 건물철거청구, 공동명의의 소유권이전등기청구권 보전을 위한 가등기의 말소청구[84] 등은 모두 고유필수적 공동소송이 아니고 통상의 공동소송이다. 그러나 공유물의 보존행위를 각 공유자가 단독으로 할 수 있도록 한 취지는 그 보존행위가 긴급을 요하는 경우가 많고 다른 공유자에게도 이익이 되는 것이 보통이기 때문이므로, 어느 공유자의 보존권 행사의 결과가 다른 공유자의 이해와 충돌될 때에는 그 행사는 보존행위로 될 수 없다. 예를 들어 공유자 일부가 제기한 말소등기청구소송 진행 중에 다른 공유자가 자신의 지분에 대한 부분이 자신과 무관하게 제기되었다고 하면서 취하서를 내고 증인으로 출석하여 피고의 주장이 사실이라고 진술한 경우에는 그러한 공유자의 지분에 대하여는 보존행위가 허용되지 않는다.[85]

③ 공유물의 처분은 다른 공유자의 동의를 필요로 하므로(민 제264조) 이에 대한 공동소송은 고유필수적 공동소송이다. 즉, 제3자에 대한 공유권 확인소송, 택지개발예정지구내의 이주자 택지 공급대상자가 사망하여 공동상속인들이 이주자 택지에 관한 공급계약을 체결할 수 있는 청약권을 공동상속한 경우에 그 청약권에 기하여 청약의 의사표시를 하고 그에 대한 승낙의 의사표시를 구하는 소송[86] 등은 공동소송인들 전원이 당사자가 되어야 하는 고유필수적 공동소송이다.

---

82) 대판 1995. 4. 7, 93다54736 참조.
83) 대판 1965. 5. 18, 65다279; 대판 2010. 2. 25, 2008다96963·96970 참조.
84) 대판 2003. 1. 10, 2000다26425.
85) 대판 1995. 4. 7, 93다54736 참조.
86) 대판 2003. 12. 26, 2003다11738.

복수의 가등기권자가 매매예약완결의 의사표시를 하고 이에 기한 소유권이전등기청구소송을, 판례는 처음에 고유필수적 공동소송이라고 하였으나[87] 이제는 그 매매예약에 명문의 규정이 있으면 그에 의하고 그렇지 않으면 담보목적 등을 종합적으로 고려하여 고유필수적 공동소송인지 여부를 판단하여야 한다고 변경되었다.[88]

④ 분할 전 상속재산에 대하여 각 공동상속인은 각자 불가분채무(민 제409조)를 부담하므로 제3자는 공동상속인 각자에 대하여 개별적으로 분할 전 상속재산채무에 관하여 이행을 청구할 수 있고, 해산 전 조합재산에 대하여 각 조합원은 출자가액에 비례하여 손익분배의 비율이 있으므로(민 제711조 1항) 제3자는 조합원 각자에 대하여 조합채무에 관하여 손익분배의 비율에 따라 이행을 청구할 수 있으므로 모두 통상의 공동소송이다.

⑤ 제3자가 공유자 쪽에 대하여 제기하는 소송(수동소송)은 공유자 전원을 상대로 제기할 필요가 없으므로 통상의 공동소송이다. 그러나 공유물분할청구나 공유토지경계확정청구, 공동상속인 사이의 상속재산확인 등과 같이 공동소송인들 사이에서 합의·확정이 반드시 요구되는 소송에서는 제3자가 제기하는 수동소송도 고유필수적 공동소송으로 보아야 할 것이다.

 고유필수적 공동소송에서 원고가 될 공동소유자 중 일부가 제소를 반대하는 경우

공동소유에 관하여 고유필수적 공동소송이 성립되는 경우에 공동소유자 전원이 원고가 되지 않으면 안 된다. 그 경우에 공동소유자 일부가 소의 제기를 반대한다면 나머지 공동소유자들만으로는 소를 제기할 수 없게 되어 소의 제기를 원하는 다른 사람의 소권이 실질적으로 부정되는 결과가 된다. 따라서 이를 극복하기 위해서는 원고 되기를 거

87) 대판 1984. 6. 12, 83다카2282.
88) 대전판 2012. 2. 16, 2010다82530. 이 판례는 정당하다. 공동소유의 소송은 대외적 관계는 개별소송이 원칙이고, 대내적 관계는 공동소송이 원칙이므로 이 판례는 이 점을 고려하여 소송형태를 정하라는 취지이다.

부한 사람을 피고로 하여 소를 제기할 수 있다고 하여야 할 것이다.[89] 왜냐하면 원고로 될 것을 거부한 사람은 상대방의 이해와 공통되기 때문에 상대방과 함께 피고로 하더라도 무리가 없기 때문이다.[90] 고유필수적 공동소송에서 구성원 전원이 당사자가 된다는 의미는 반드시 구성원 전원이 모두 원고 또는 피고의 한쪽 당사자로 되어야 한다는 의미로만 해석할 것이 아니라 구성원 일부가 구성원이 아닌 제3자와 같은 입장에 있어서 구성원 사이에서는 서로 대립하는 관계에 있을 때에는 이를 반대 당사자로 함으로써 결국 구성원 전원이 당사자가 되는 것으로 충분하다고 풀이할 수 있다.

 공동소유소송에 대한 평가

(1) 판　례

판례는, 분쟁해결의 실질화, 소송경제의 관점에서 공동소유에 관한 분쟁을 대외적 관계와 대내적 관계로 나누어, 대외적 관계에서는 지분권, 보존행위(민 제265조 단서), 불가분채권(민 제409조), 불가분채무(민 제411조, 제412조)의 이론을 구사하여 소송공동강제의 범위를 축소함으로써 개별소송제기를 쉽게 하는 방향으로, 대내적 관계에서는 분쟁의 일률적 해결을 위하여 소송공동을 강제하는 방향으로 나가고 있다고 볼 수 있다. 그러나 아래와 같은 점을 고려할 필요가 있다.

(2) 소송공동강제의 축소필요성

고유필수적 공동소송의 소송법적 효과 내지 규율의 중대성에 비추어 다음과 같은 경우에는 그 소송공동강제의 범위를 축소할 필요성이 있다.

(가) 공동소송인이 되어야 할 사람이 하나라도 빠져서 그 소송을 부적법하다고 한다면 행방불명자가 포함되거나 공유관계자의 범위가 불명확한 경우에는 제소가 곤란해서 사실상 소송절차를 이용할 수 없게 된다. 또 위에서 본 바와 같이 고유필수적 공동소송에서 원고가 될 공동소유자 중 일부의 반대로 소제기를 할 수 없다면 이는 헌법이 보장하는 재판청구권(헌 제27조)의 침해도 우려된다.

---

89) 같은 취지: 신토코지(新堂幸司), 신민사소송법 제5판(일본, 홍문당, 헤세이 23년), 779면. 일본 최고재판소 헤세이 11. 11. 9, 민집 53권 8호 1421면은 공유자에 의한 경계확정소송에서 이 방법을 인정하고 있다.

90) 예를 들어 A, B, C는 X라는 물건의 공유자인바 Y가 이를 부인하고 있어 Y를 상대로 공유권확인을 청구하고자 하는데 C가 이를 반대하는 경우 A와 B는 Y와 C를 피고로 하여 「Y와 C는 A, B, C가 X의 공유권자임을 확인한다」고 청구할 수 있다.

(나) 피고로서 공동소송인이 되어야 할 사람 가운데서 원고의 청구를 다투지 아니하는 사람도 꼭 피고로 하지 않으면 안 된다는 것은 당사자의 합리적 의사나 실정에 반한다. 그러므로 이 경우에는 파산채권이 소송계속중인데 채권조사절차에서 그 파산채권에 대한 이의가 있어 파산채권자가 그 권리의 확정을 구하고자 하는 때에는 파산채권자는 이의자만을 소송의 상대방으로 하여 계속 중이던 소송을 수계하고 청구의 취지 등을 채권확정소송으로 변경하여야 하고(회생 파산 제464조) 이의하지 않은 사람은 상대방이 될 수 없다는 판례[91]에 비추어 원고의 청구를 다투지 아니하는 사람은 피고로 할 필요가 없을 것이다.[92]

(다) 고유필수적 공동소송에서 당사자가 될 사람이 일부 누락된 것을 법원이 간과하고 판결한 경우에는 기판력이 생기지 아니하므로 정당한 당사자들이 또는 정당한 당사자들에 대해서 새로운 소송을 제기하여야 하는데 이것은 소송경제에 반한다.

(라) 공동소송인 중 한사람에게 생긴 중단·중지사유가 공동소송인 전원에게 효력이 있다는 것은 소송지연의 원인이 된다.

(3) 소송공동강제의 확대필요성

한편 고유필수적 공동소송 형태를 탄력화함과 동시에 전면적인 분쟁해결의 효율성을 향상한다는 관점에서 소송공동강제를 확대할 필요성도 있다.

(가) 개별소송을 허용하면 공유자의 일부만을 상대방으로 하여 승소하는 경우에 집행의 곤란 등 분쟁이 완전히 해결될 수 없어 불합리하거나 비경제적일 수 있으므로 이 경우에는 개별소송을 금지할 필요성이 크다.

(나) 수동소송에서 공유자의 일부에 대한 소송을 인정하는 것은 원고의 피고선택권을 과대하게 인정하는 결과가 된다. 원고 측에 개별소송을 인정하는 경우에 피고는 여러 차례에 걸쳐 응소의 부담을 지게 되기 때문에 피고가 이를 피하기 위하여 다른 공유자들을 찾아서 소극적 확인소송을 제기하지 않으면 안 된다는 것은 불공평하다. 또 원고가 공동소유자 일부의 사람에 대하여 승소판결을 얻어서 그 집행권원에 기하여 목적물에 대하여 강제집행을 할 수 있다면 다른 공동소유자의 이익이 무시되는 위험이 있다.

---

91) 대판 1999. 7. 23, 99다22267; 대판 2009. 10. 29, 2009다58234; 대판 2013. 9. 12, 2012다95486·95493 등 참조.

92) 같은 취지: 이시윤, 732면.

다. 유사필수적 공동소송

1) 뜻

유사필수적 공동소송이라 함은 고유필수적 공동소송과 달리 공동소송인들이 반드시 소송을 공동으로 수행할 필요가 없고 개별적으로도 소송을 수행할 수 있으나 일단 공동소송의 모습으로 소송을 수행하는 경우에는 판결의 효력이 공동소송인 모두에게 합일적으로 확정되어야 하기 때문에 공동소송인 서로 간에 구구한 판결이 허용되지 않는 소송형태를 말한다. 공동소송인 가운데에서 한 사람이 받는 판결의 효력이 다른 공동소송인에게 미치는 경우에 주로 인정된다. 합일·확정소송 또는 우연필수적 공동소송이라고도 한다.

2) 범 위

가) 판결의 효력이 다른 공동소송인에게 미치는 경우   공동소송인 가운데 1인이 가령 단독으로 소송을 제기하더라도 그 판결의 효력이 다른 공동소송인과 상대방과의 사이에 확장되는 경우에 여러 사람이 제기하는 공동소송은 유사필수적 공동소송이다. 여기서 판결의 효력이 다른 공동소송인에게 미치는 경우라 함은 기판력(형성력 및 집행력을 포함한다)이 직접 제3자에게 미치는 경우를 의미한다. 예를 들어 여러 사람이 제기하는 회사합병무효의 소(상 제236조), 회사설립 무효·취소의 소(상 제184조), 주주총회 결의취소의 소(상 제376조), 주주총회결의 무효 및 부존재확인의 소(상 제380조) 등 판결의 대세적 효력이 인정되는 회사법상의 소송에 많다. 공동특허무효심결취소소송,[93] 이의를 하는 사람이 여럿인 파산채권·회생채권의 확정에 관한 소송(회생 파산 제462조, 제463조, 제171조), 동일 사업자를 상대로 한 여러 소비자 단체의 소비자단체소송(소비기 제75조)도 이에 속한다.

나) 판결의 반사효가 제3자에게 미치는 경우   판결의 반사효가 제3자에게 미치는 경우에도 합일·확정되어야 하므로 여러 사람이 제기하는 공동소송은 유사필수적 공동소송이다.[94] 예를 들어 공동대위채권자가 채무자의 권리를 공동으

---

93) 대판 2009. 5. 28, 2007후1510.
94) 대판 1991. 12. 27, 91다23486.

로 행사하는 경우, 공동압류채권자에 의한 추심소송(민집 제249조), 다수 주주에 의한 회사대표소송(상 제403조) 등이 이에 해당한다. 그러나 주 채무자와 보증인을 공동피고로 하는 소송에서 주 채무자의 패소 판결은 보증인에게 미치지 아니하기 때문에 그 경우에는 유사필수적 공동소송이 아니다.

라. 필수적 공동소송의 심판

1) 필수적 공동소송인의 소송상 지위

가) 소의 취하   필수적 공동소송에서는 판결이 공동소송인들 사이에서 합일적으로 확정되어야 하므로 소송을 수행할 때 공동소송인 사이에 긴밀한 연합관계를 필요로 한다. 그러므로 고유필수적 공동소송에서 공동 피고 중 한 사람에 대한 소의 취하는 인정되지 아니하며[95] 또 공동 피고 중에서 한 사람이 본안에 관하여 변론을 한 이상 피고 전원의 동의를 받지 아니하면 소를 취하할 수 없다. 그러나 유사필수적 공동소송에서는 원래 단독소송이 가능하기 때문에 각자 소를 취하할 수 있다.[96]

나) 기일의 출석요구, 판결의 송달   필수적 공동소송은 합일적으로 확정되어야 하므로 소송자료와 소송 진행이 통일되어야 한다. 따라서 이를 위해 기일의 출석요구, 판결의 송달도 각 공동소송인 전원에게 하지 않으면 안 된다.

다) 소송요건   필수적 공동소송이라 하더라도 소송요건은 각 공동소송인마다 개별적으로 조사한다. 조사한 결과 공동소송인 중에서 한 사람의 소송요건에 흠이 있고 그 흠을 사실심의 변론종결시까지 보정할 수 없을 때에는 고유필수적 공동소송의 경우에는 소송 전부를 각하하여야 한다.[97] 예를 들어 공유물분할청구소송에서 공유자를 누락하였거나, 공유자 지분이 제3자에게 이전되었는데 제3자가 당사자참가를 하지 아니한 경우[98] 등이다. 이와 같이 고유필수적 공동소송에서는 원고가 되어야 할 사람에게 누구를 당사자로 할 것인가에 관한 조사의무를 강하게 부담시켜 당사자가 되어야 할 사람 일부가 누락되면 소송 그 자체를

95) 대판 2007. 8. 24, 2006다40980.
96) 대판 2013. 3. 28, 2011두13729.
97) 대판 2012. 6. 14, 2010다105310.
98) 대판 2014. 1. 29, 2013다78556.

부적법하게 함으로써 소송공동의 강제를 실현한다. 그러나 유사필수적 공동소송
에서는 실체법상 개별제소의 기회가 주어진다면 개별제소가 가능하지만 일단 공
동으로 소를 제기하거나 제소된 이상 합일·확정이 요청되므로 소송요건의 흠이
있는 그 한 사람만의 소송을 각하한다.

라) 고유필수적 공동소송에서 소송요건 흠의 보완방법

a) 별소의 제기와 변론의 병합　　고유필수적 공동소송에서 어느 한 피고
에 대한 소송요건에 흠이 있어 소송 전부에 대한 각하판결이 있기 이전까지 원고
는 소송요건을 갖춘 별개의 소송을 제기하여 이미 제기한 공동소송의 변론에 병
합하면 소송요건의 흠을 보완할 수 있다.

b) 공동소송참가(제83조)　　뒤에서 다시 나오지만 소송목적이 한쪽 당사
자와 제3자에게 합일적으로 확정되어야 할 경우에 그 제3자는 공동소송인으로 소
송에 참가할 수 있어 고유필수적 공동소송에서 당사자의 일부가 누락된 경우의
흠을 보정할 수 있다.

c) 필수적 공동소송인의 추가(제68조)　　법원은 필수적 공동소송인 가운데
일부가 누락된 경우에는 제1심의 변론을 종결할 때까지 원고의 신청에 따라 결정
으로 원고 또는 피고를 추가하도록 허가할 수 있다(제68조 1항). 다만 원고의 추가
는 추가될 원고의 동의를 받아야 한다(제68조 1항 단서). 허가결정에 대하여 이해
관계인은 추가될 원고의 동의가 없었다는 것을 사유로 하는 경우에만 즉시항고를
할 수 있는데(제68조 4항) 이 즉시항고는 집행정지의 효력이 없다(제68조 5항). 추
가신청의 기각결정에 대하여는 언제든지 즉시항고를 할 수 있다(제68조 6항).

예비적·선택적 공동소송인 가운데 일부가 누락된 경우에도 제68조가 준용되
어(제70조 1항 참조) 제1심의 변론이 종결될 때까지 원고의 신청에 따라 결정으로
피고의 추가를 허가할 수 있다.[99] 따라서 고유필수적 공동소송인의 일부가 누락
되었을 때에는 이 규정에 의하여 흠을 보정할 수 있고, 유사필수적 공동소송에서
는 이에 의하여 당사자를 추가할 수 있게 된다.

공동소송인이 추가되면 처음에 소가 제기된 때에 추가된 당사자와의 사이에
소가 제기된 것으로 본다(제68조 3항). 주의할 것은 원고 측이 고유필수적 공동소
송인을 구성하고 있는데 그 일부 사람이 누락된 경우, 피고가 누락된 그 일부사람

---

99) 대판 2008. 4. 11, 2007다86860.

에 대하여 소송고지(제84조)를 하더라도 고지에 의하여 당연히 당사자가 되지 아니하므로 소송고지로 흠을 보정할 수 없다는 것이다.[100] 통상의 공동소송에서는 이 규정의 유추에 의해서 당사자의 추가를 허용하지 않는다. 따라서 회사의 대표이사가 개인 명의로 소송을 제기하였다가 회사를 당사자로 추가할 수 없다.[101]

2) 소송자료의 통일

가) 유리한 행위   공동소송인에게 유리한 행위는 공동소송인 중에서 한 사람이 하더라도 전원을 위하여 효력이 있다(제67조 1항). 예를 들어 한 사람이 상대방의 주장사실을 다투거나 증거를 제출하면 다른 공동소송인에게도 유리한 행위이므로 전원에게 효력이 있다. 또 공동소송인 중에서 한 사람이 기일에 출석하여 변론을 하거나 기간을 준수하면 다른 공동소송인에게 유리한 행위이므로 공동소송인 전원에게 기일 및 기간태만의 효과가 생기지 않는다. 따라서 결석한 공동소송인에 대하여 간주자백(제150조)이나 간주취하(제268조)[102]의 규정이 적용되지 않는다. 필수적 공동소송인 중에서 일부만 상소를 제기하더라도 상소의 효력은 공동소송인 전원에게 미친다.[103]

나) 불이익한 행위   그러나 불이익한 행위는 변론전체의 취지로서 불리하게 적용되는 경우를 제외하고는 공동소송인 전원이 함께 하지 않으면 효력이 없다. 예를 들어 청구의 포기·인낙 또는 재판상 화해는 불리한 행위로 평가되므로 공동소송인 전원이 함께 하지 않으면 효력이 없다. 또 공동소송인 중에서 일부만 출석하여 자백하더라도 불이익한 행위이므로 자백의 효력이 없다.[104] 상소의 취하는 불리한 원심판결의 확정이 초래되므로 불리한 소송행위로 평가되어 공동으로 하지 않으면 효력이 없다.

다) 공동소송인 한 사람에 대한 상대방의 소송행위   공동소송인 중 한 사람에 대한 상대방의 소송행위는 유리·불리를 묻지 않고 전원에게 효력이 있다(제

---

100) 대판 1993. 9. 28, 93다32095.
101) 대판 1998. 1. 23, 96다41496.
102) 그러나 유사필수적 공동소송의 경우에는 소의 취하가 허용되므로 간주취하도 적용된다.
103) 대판 2010. 12. 23, 2010다77750.
104) 공동소송인 1인이 자백하고 나머지가 부인하여 다투는 경우에는 변론전체의 취지로서 법관에게 불리한 심증형성의 원인이 될 것이다.

67조 2항). 따라서 기일에 한 사람이라도 출석하면 상대방은 준비서면에 기재하지 않은 사실이라도 진술할 수 있고 그 효과는 유리·불리를 묻지 않고 공동소송인 전원에 대하여 생긴다.

3) 소송진행의 통일

가) 변론 및 증거조사 변론 및 증거조사는 공통된 기일에 실시한다. 기판력에 어긋나는 것을 회피하기 위하여 변론의 분리(제141조)는 할 수 없다.

나) 일부판결 불허 필수적공동소송에서는 공동소송인 전부에 대하여 판결을 하여야 하고 일부에 대하여서만 할 수 없으므로 일부에 대하여 판결을 하는 경우에도 추가판결로 그 위법을 시정할 수 없다.[105] 이 경우에는 상소를 제기하여 상소심에서 원심판결을 취소하고 공동소송인 전부에 대하여 판단을 하여야 위법을 고칠 수 있다. 공동소송인 중 일부에 대한 판결에 대하여 그 일부에 대해서만 상소를 제기하였더라도 상소심에서는 상소하지 않은 나머지를 모두 포함시켜 필수적 공동소송인 전원에 대하여 판결을 하여야 하고 그렇지 않으면 위법이다.[106] 따라서 필수적 공동소송인에 대한 판결문에서 누락된 당사자도 위법한 일부판결을 시정하기 위하여 상소를 제기할 이익이 있다.

다) 소송절차의 중단·중지 공동소송인의 일부에 대하여 소송절차의 중단·중지의 원인이 생기면 다른 공동소송인에게도 소송절차의 중단·중지의 효과가 생겨서 소송절차 전부의 정지사유가 된다(제67조 3항). 그 정지 기간 안에서는 유효한 소송행위를 할 수 없다.[107]

라) 상소기간 상소기간은 각 공동소송인에게 판결정본이 송달된 때부터 개별적으로 진행되나 한 사람이 상소하면 다른 사람에게도 효력이 있기 때문에 공동소송인 전원의 상소기간이 끝날 때까지 판결은 확정되지 않는다.

마) 상소하지 않은 당사자 고유필수적 공동소송인에 대하여 상소가 제기된 경우에 상소하지 않은 당사자 또는 판결문에서 누락된 당사자의 소송상 지위에 관해서는 공동소송인 서로간의 합일·확정의 관계에 비추어 상소인 또는 피

---

105) 대판 2011. 2. 24, 2009다43355.
106) 대판 2011. 6. 24, 2011다1323.
107) 대판 1983. 10. 25, 83다카850.

상소인으로 보아야 할 것이나 인지 및 패소시의 상소비용을 부담시키지 않기 위하여 상소인이나 피상소인 아닌 합일·확정의 요청 때문에 이심되는 특수한 상소심당사자로 본다.[108] 판례는 상소하지 않은 공동소송인도 당사자로 취급하여 판단을 하여야 한다고 한다.[109] 그러나 실제로 상소한 공동소송인이 상소장 인지 및 패소시의 상소비용을 부담하고 상소심의 심판범위도 그 상소한 공동소송인에 의하여 정해지며 상소취하 여부도 그에 의하여 결정된다.

상소심 당사자는 합일·확정의 필요에 의하여 인정되는 특수한 당사자이므로 불이익변경금지의 원칙이 합일·확정의 필요와 어긋나는 경우에는 부득이 후퇴될 수밖에 없다. 따라서 상소심 당사자는 원심판결보다 불리한 판결을 받을 수 있다.

바) 후견감독인의 특별권한 　필수적 공동소송인 가운데 한 사람이 상소를 제기한 경우에 소송무능력자인 다른 공동소송인의 법정대리인은 그 상소에 관하여 후견감독인의 특별한 권한을 받을 필요가 없다(제69조, 제56조 1항). 한 사람이 상소하면 전원을 위하여 효력이 생기기 때문이다.

사) 소송비용의 부담 　필수적 공동소송인들이 패소하는 경우 패소시의 소송비용은 공동소송인들의 연대부담이다(제102조 1항 단서).

4. 예비적·선택적 공동소송(제70조)

가. 뜻

예비적 공동소송이라 함은 공동소송인들 가운데 일부의 청구가 다른 공동소송인의 청구와 법률상 양립할 수 없거나(원고의 경우) 공동소송인들 가운데 일부에 대한 청구가 다른 공동소송인에 대한 청구와 법률상 양립할 수 없는 경우(피고의 경우)의 공동소송을 말한다.

예를 들어 채권양수인의 양수금 이행청구와 함께 채권자가 본래 채무의 이행청구를 공동으로 제기하거나 주위적 원고로 입주자 대표회의, 예비적 원고로 구분소유권자로 제기한 경우,[110](원고의 예비적 청구) 본인에 대한 계약상 청구와 무

---

108) 이시윤, 738면.
109) 대판 2011. 6. 24, 2011다1323.
110) 대판 2012. 9. 13, 2009다23160.

권대리인에 대한 손해배상청구 또는 공작물의 점유자에 대한 손해배상청구와 소
유자에 대한 손해배상청구를 공동으로 제기하는 경우(피고의 예비적 청구) 등이다.
위와 같은 경우에 별소의 제기도 가능하다. 그러나 그 경우에 예를 들어 본인에
대한 계약상의 청구는 무권대리를 이유로, 무권대리인에 대한 손해배상청구는 유
권대리를 이유로 모두 기각될 수 있고 거꾸로 본인에 대한 계약상의 청구는 유권
대리를 이유로, 무권대리인에 대한 손해배상청구는 무권대리를 이유로 모두 인용
될 수 있어 당사자에게 불리하거나(양쪽 청구가 모두 기각되는 경우) 민사집행이 복
잡해질 우려가 있다(양쪽 청구가 모두 인용되는 경우). 그래서 이 경우에 대비하여
예비적 공동소송을 생각한 것이다.

선택적(또는 택일적) 공동소송은 예를 들어 피해자 갑이 을, 병 가운데 어느
한 사람으로부터 폭행을 당하여 손해를 입었는데 가해자가 누구인지 알 수 없는
경우에 을, 병을 공동피고로 하여 선택적으로 손해배상을 청구하는 경우를 말한
다. 그 법률적 구성은 예비적 공동소송과 차이가 없다.

예비적·선택적 공동소송은 제67조 내지 제69조가 준용되므로(제70조 1항) 필
수적 공동소송의 경우처럼 소송자료와 소송진행이 통일된다. 다만 청구의 포기·
인낙, 화해 및 소의 취하의 경우에는 각 공동소송인들의 계쟁이익을 처분할 수 있
는 자율성을 보장하기 위하여 제67조 내지 제69조가 준용되지 아니하여(제70조 1
항 단서) 공동으로 할 필요가 없으므로 소송자료와 소송진행의 통일이 보장되지
않는다. 하지만 판결은 모든 공동소송인에 대하여 하여야 하므로(제70조 2항) 재판
의 통일, 소송경제 및 당사자의 편의를 도모할 수 있는 장점이 있다.

나. 요   건

1) 제1심 변론종결시까지 소의 제기 또는 당사자의 추가에 의하여 할 수
  있다(제70조 1항에 의하여 제68조 1항의 준용).

당사자의 실질적 변론기회의 확보와 심급의 이익을 지키기 위해서이다. 그러
므로 소제기 당시는 물론 소송계속중에도 당사자를 추가하여 할 수 있고(제68조
준용)[111] 항소심에서도 상대방이 동의를 한다면 예비적·선택적 공동소송이 가능

---

111) 대판 2008. 4. 10, 2007다86860.

하다고 하여야 한다. 각각 별개의 소송으로 제기된 소송을 제1심의 변론이 종결될 때까지 당사자의 병합신청에 의해서도 할 수 있다.

2) 공동소송인 가운데 일부의 청구가 다른 공동소송인의 청구와 법률상 양립할 수 없어야 한다(제70조 1항).

가) 「법률상 양립할 수 없다」의 의미   판례[112]는, 여기서 「법률상 양립할 수 없다」의 의미를 「…동일한 사실관계에 대한 법률적 평가를 달리하여 두 청구 중에서 어느 한쪽에 대한 법률효과가 인정되면 다른 쪽에 대한 법률효과가 부정되어 두 청구 모두 인용될 수 없는 관계에 있거나 당사자들 사이의 사실관계 여하에 따라 또는 청구원인을 구성하는 택일적 사실인정에 의하여 어느 한 쪽의 법률효과를 긍정하거나 부정하면 이로써 다른 한쪽의 법률효과를 부정하거나 긍정하는 반대의 결과가 되는 경우로서 두 청구들 사이에서 한쪽 청구에 대한 판단이유가 다른 쪽 청구에 대한 판단이유에 영향을 주어 각 청구에 대한 판단과정이 필연적으로 상호 결합되어 있는 관계를 의미하며, 실체법적으로 서로 양립할 수 없는 경우 뿐만 아니라 소송법적으로 서로 양립할 수 없는 경우를 포함한다.」고 하였다. 예를 들어 주위적 피고에 대해서는 통정허위표시 또는 반사회질서의 법률행위를 이유로 소유권이전등기의 말소청구를, 예비적 피고에 대해서는 주위적 피고에 대한 청구가 배척되는 경우에는 이행불능을 이유로 한 전보배상청구를 하는 경우[113]이다. 그러나 부진정 연대채무관계는 한쪽의 채무가 변제로 소멸되면 다른 쪽의 채무도 소멸되는 관계이므로 부진정 연대채무관계에 있는 채무자들을 공동피고로 하여 제기된 이행을 청구하는 소는 그 공동피고에 대한 각 청구가 서로 법률상 양립할 수 없는 관계가 아니어서 예비적 공동소송이 아니다.[114] 「법률상 양립할 수 없다」라는 모순관계는 실체법 뿐만 아니라 소송법상의 경우도 포함하므로 법인 또는 비법인단체에서 그 대표자 또는 구성원 뿐만 아니라 단체 자체를 공동피고로 하는 경우에도 예비적·선택적 공동소송이 가능하다.[115]

---

112) 대결 2007. 6. 26, 2007마515; 대판 2011. 9. 29, 2009다7076.
113) 대판 2008. 3. 27, 2005다49430.
114) 대판 2009. 3. 26, 2007다36645.
115) 대결 2007. 6. 26, 2007마515.

나) 모순된 법률관계　　　이 소송은 예비적·선택적 공동소송인들 사이의 모순된 법률관계를 하나의 판결로 가려야 할 필요성에서 고안된 것이다. 청구가 법률상 양립할 수 있는 경우에는 비록 공동소송인들 사이에 순위를 부여한다 하더라도 주위적 당사자 뿐만 아니라 예비적·선택적 당사자도 모두 인용될 수 있어 실체적 법률관계와 강제집행에 곤란을 초래하기 때문에 허용될 수 없다.

다)「공동소송인 가운데 일부의 청구」　　　그런데 판례[116]는「공동소송인 가운데 일부의 청구」를 반드시 공동소송인 가운데 일부에 대한 모든 청구라고 해석할 근거가 없다고 하면서 주위적 피고에 대한 주위적·예비적 청구 가운데 주위적 청구 부분이 인용되지 아니할 경우 그와 법률상 양립할 수 없는 관계에 있는 예비적 피고에 대한 청구를 인용하여 달라는 취지로 결합하여 소를 제기하는 것도 가능하다고 하였다. 이 경우 주위적 피고에 대한 예비적 청구와 예비적 피고에 대한 청구가 서로 법률상 양립할 수 있는 관계에 있더라도 양쪽 청구를 병합하여 통상의 공동소송으로 심리할 수 있다는 것이다.[117]

3) 예비적 공동소송인들 사이에서는 순위가 정해져야 한다.

순위를 정하지 않으면 모순되고 배척적인 주장을 하나의 판결로 가리기 어렵기 때문이다. 다만 선택적인 경우는 그 자체가 모순·배척되는 관계이기 때문에

---

116) 대판 2009. 3. 26, 2006다47677.

117) 이 판례는 두 가지 문제를 제기한다. 우선, 주위적 피고와 예비적 피고는 논리적으로 양립할 수 없는 관계로서 단계를 달리하는 조건적 당사자들인데 어떻게 조건을 무시하고 대등한 당사자들 간의 통상의 공동소송으로 심리할 수 있는지 이해할 수 없다. 둘째, 판시에 의하면 예비적·선택적 공동소송에서도 통상의 공동소송이 파생할 수 있다는 결론인데, 그렇다면 변론의 분리나 일부판결이 가능하게 되어 예비적·선택적 공동소송의 범주를 벗어나게 되는 경우가 있을 수 있는바 이를 어떻게 처리할 것인지도 문제이다.

　　그런데 대판 2014. 3. 27, 2009다104960·104977은, 위 대판 2006다47677을 참조하면서도 그 판시 이유에서「민사소송법 제70조 제1항 본문이 규정하는 '공동소송인 가운데 일부에 대한 청구'를 반드시 '공동소송인 가운데 일부에 대한 모든 청구'라고 해석할 근거는 없으므로, 주위적 피고에 대한 주위적·예비적 청구 중 주위적 청구 부분이 인용되지 아니할 경우 그와 법률상 양립할 수 없는 관계에 있는 예비적 피고에 대한 청구를 인용하여 달라는 취지로 결합하여 소를 제기하는 것도 가능하다」고 판시하면서 위 대판 2006다47677에서 판시한「주위적 피고에 대한 예비적 청구와 예비적 피고에 대한 청구가 서로 법률상 양립할 수 있는 관계에 있으면 양쪽 청구를 병합하여 통상의 공동소송으로 심리할 수 있다」는 부분은 인용하지 않음으로써 저자가 지적한 부분의 문제점을 피해나가고 있다.

순위를 정할 필요가 필요 없다.

4) 공동소송의 요건을 갖추어야 한다.

예비적·선택적 공동소송도 공동소송의 하나이므로 공동소송의 주관적(제65조), 객관적(제253조) 요건을 갖추어야 한다.

다. 심   판

1) 소의 취하, 청구의 포기·인낙, 화해

예비적·선택적 공동소송인들은 소의 취하, 청구의 포기·인낙, 화해를 각자가 자유로이 할 수 있다(제70조 1항 단서). 이 점이 필수적 공동소송과의 가장 큰 차이이다. 그 결과 소의 취하를 제외하고 나머지 경우에는 예비적·선택적 공동소송인들 사이에 모순된 심판이 초래될 수 있어 문제이다. 예를 들어 원고가 주위적 피고(을)에 대해서는 대리인 병의 유권대리를 이유로 계약의 이행청구를 하고, 예비적 피고(병)에 대해서는 민법 제135조 1항에서 정한 무권대리인에 대한 계약의 이행 청구를 한 경우에 예비적 피고(병)가 원고의 청구를 인낙한 경우에도 을과 원고와의 관계에서 병이 유권대리로 인정된다면 을에 대한 청구도 인용되어야 하는 모순된 심판이 될 수 있다.

그러나 소의 객관적 병합에서 예비적 청구만을 대상으로 한 청구의 인낙이 무효라는 판례[118]에 비추어 위의 예에서 예비적 피고가 인낙을 하더라도 주위적 피고에 대한 원고의 청구가 유권대리를 이유로 인용된 경우에는 예비적 피고에 대한 원고의 청구는 기각하여야 할 것이다.

 대판 2008. 7. 10. 2006다57872

(1) 대판 2008. 7. 10. 2006다57872는, 조정을 갈음하는 결정에 관한 판례이지만 예

---

118) 대판 1995. 7. 25, 94다62017.

비적·선택적 공동소송에 관해서 매우 창의적인 입장을 취하고 있다. 즉, 조정을 갈음하는 결정에 대하여 당사자가 이의하지 아니하면 재판상 화해와 같은 효력이 있지만(민조 제34조 4항 참조) 조정담당판사는 직권으로 당사자의 이익이나 그 밖의 모든 사정을 고려하여 사건의 공평한 해결을 위한 조정을 갈음하는 결정(민조 제30조)을 할 수 있으므로 그 결정문에서 공동소송인들 일부의 분리·확정을 불허할 수도 있다. 이 판례는 이 점을 디딤돌로 하여, 일부 공동소송인만의 조정 성립이 모든 공동소송인들에 공통되는 법률관계의 형성을 조건으로 하는 이해관계의 조절 등 소송 진행의 통일을 목적으로 하는 제70조 1항 본문의 입법취지에 반하는 결과가 될 때에는 일부 공동소송인들만의 조정을 성립시켜 다른 공동소송인과의 관계에서 분리하여 확정시켜서는 안 된다고 판시한 것이다.[119]

(2) 위 판례의 입장은 통상의 공동소송에 관한 기존의 판례와 입장을 달리하고 있다. 이미 앞에서 설명한 바 있지만 판례[120]는 예를 들어 X명의의 A부동산에 관하여 갑이 문서를 위조하여 자기 앞으로 소유권이전등기를 넘긴 다음 다시 순차로 을, 병, 정 이름으로 소유권이전등기가 넘어간 경우에 X의 갑, 을, 병, 정을 상대로 한 소유권이전등기말소청구소송은 권리관계의 합일적인 확정을 필요로 하는 필수적 공동소송이 아니라 통상의 공동소송이므로 공동소송인들 서로 간의 공격·방어방법의 차이에 따라 모순된 결론이 발생하더라도 이는 변론주의 아래에서 부득이한 현상으로서 판결이유가 모순되거나 이유불비가 아니라고 하여 예비적·선택적 공동소송에 관한 위 판례와 입장을 달리하고 있다.

(3) 그러나 위 2006다57872 판례의 판시를 좀 더 숙고하여 보면 법원은 예비적·선택적 공동소송에 관해서 모순된 심판이 초래될 우려가 있는 경우에는 제70조 1항 단서의 규정에도 불구하고 해석론으로 일부 공동소송인에 대한 청구의 인낙과 재판상 화해를 불허할 수 있는 길을 열어놓아서 예비적·선택적 공동소송에 관해서 모순 없이 합리적으로 결론을 낼 수 있는 길을 터놓았다는데 위 판례의 참 뜻이 있다. 그렇다면 명문의 규정과 관계없이 화해는 물론이고 인낙도 제70조 1항 본문의 입법취지에 반하는 결과가 될 때에는 이를 불허하여야 할 것이다.

(4) 결국 위 판례에 의한다면 예비적·선택적 공동소송은 청구의 인낙이나 재판상 화해가 허용된다는 점에서 필수적 공동소송과 구별되지만 한편 화해나 인낙이 제70조 1항

---

119) 예비적 공동소송은 소의 주관적·예비적 병합의 법률적 구성의 곤란성 때문에 일본은 물론 독일에서도 입법을 주저하였었는데 우리나라에서는 과감하게 2002년 민사소송법개정을 할 때 이를 입법하였다. 그 후 이에 관한 법적 구성에 관해서는 여러 판례가 있었지만, 이 판례는 예비적 공동소송에 관하여 민사조정법 제30조를 디딤돌로 법적 구성을 하였다고 할 수 있다.

120) 대판 2008. 6. 12, 2007다36445.

본문의 입법취지에 반하는 결과가 될 때에는 법원이 이를 불허할 수 있다는 점에서 통상의 공동소송과도 구별되는 것이다. 그렇다면 예비적·선택적 공동소송의 법적 성질은 통상의 공동소송이나 필수적 공동소송과 구별되는 별개의 소송형태(준필요적 공동소송)라고 할 수 있다.

2) 재판상 자백

재판상 자백의 경우에는 제67조를 준용할 수 없다. 제67조에 의하면 주위적 및 예비적·선택적 당사자 전원이 자백하면 자백의 효력이 생기도록 되어 있지만 주위적 당사자와 예비적·선택적 당사자는 서로 법률상 양립할 수 없는 관계에 있기 때문에 예비적·선택적 공동소송의 독자적 입장에서 판단하여야 할 것이다.

　가) 동시자백　　　주위적 및 예비적 당사자 전원의 동시자백은 먼저 주위적 당사자에 대한 자백을 인정하여야 한다. 그 결과 주위적 당사자에 대한 소송에서 승소하면 예비적 당사자에 대한 소송은 자백에도 불구하고 기각되어야 한다. 주위적 당사자에 대한 소송이 기각되어 예비적 당사자에 대한 심판이 필요한 경우에는 예비적 당사자에 대한 자백을 인정하여 판결하여야 한다. 선택적 관계에 있는 예비적·선택적 소송에서 동시자백은 무의미한 자백이므로 자백의 효력을 부정하고 심판하여야 한다.

　나) 한쪽 자백　　　주위적 당사자는 자백을 하고 예비적 당사자는 부인을 한다든가, 그 반대의 경우이다. 먼저 주위적 당사자에 대한 관계에서 자백이 있으면 이를 전제로 심리를 하여 주위적 당사자의 소송이 인용되는 경우에는 예비적 당사자에 대해서는 기각하여야 한다. 그러나 주위적 당사자는 부인을 하였고 예비적 당사자가 자백을 하였는데 주위적 당사자에 대해서는 패소한 경우에는 예비적 당사자에 대한 심리는 자백을 전제로 하여야 할 것이다. 선택적 관계에 있는 예비적·선택적 공동소송에서는 어느 한쪽의 자백은 부인하는 다른 쪽과의 관계에서 배척되는 관계이므로 자백의 효력을 인정하여야 할 것이다.

3) 판　　결

예비적·선택적 공동소송인들의 모든 청구에 대하여 판결을 하여야 한다(제

70조 1항). 따라서 그 중 일부 공동소송인에 대해서만 판결하거나 남겨진 자를 위하여 추가판결을 할 수 없다.[121] 착오로 일부 공동소송인에 대해서만 일부판결을 하더라도 전부판결을 한 것으로 취급하여 상소로써 시정하여야 할 것이고 추가판결을 해서는 안 된다.[122] 따라서 누락된 예비적·선택적 공동소송인은 착오로 인한 일부판결을 시정하기 위하여 상소할 이익이 있다.[123] 그러나 당사자가 병합신청을 철회한 경우에는 각각의 소송에 대하여 별개의 판결을 하여야 한다.

4) 상　소

예비적·선택적 공동소송인들 중에서 한 사람이 상소를 제기하면 공동소송인 모두에 대하여 판결의 확정이 차단되고 상소심으로 이심되어 심판대상이 된다.[124] 상소심의 심판대상은 주위적·예비적 공동소송인들 및 그 상대방 당사자 사이의 합일적인 확정의 필요성을 고려하여 그 심판의 범위를 판단하여야 한다.[125] 그러므로 예비적 공동소송인 가운데에서 어느 한 사람의 상소가 이유 있어 원심판결을 파기(또는 취소)하는 경우에는 상소가 이유 없는 다른 한 사람의 청구부분도 함께 파기(또는 취소)하여야 한다.[126] 그렇지 않고 일부 공동소송인에 대한 판단을 누락하였더라도 추가판결로 구제할 수 없다.[127]

실　례

예를 들어 원고 갑이 어느 상점에 물건을 팔았지만 그 상점 주인이 을·병 가운데 누구인지 알 수 없어(택일관계) 을·병 모두에 대하여 예비적·선택적 공동소송을 제기하였는데 제1심에서 을에 대한 청구는 기각되고 병에 대한 청구는 인용된 경우에 항소심의

---

121) 대판 2008. 4. 10, 2007다36308.
122) 대판 2011. 2. 24, 2009다43355.
123) 대판 2008. 3. 27, 2006다49430.
124) 대판 2008. 3. 27, 2006두17765.
125) 대판 2011. 2. 24, 2009다43355.
126) 대판 2009. 4. 9, 2008다88207.
127) 대판 2011. 2. 24, 2009다43355.

심판을 살펴본다.

(1) 갑은 항소하지 아니하고 병만 항소하였는데 상점 주인이 을로 판명된 경우

을은 청구기각 되었으므로 항소하지 아니하였지만 제67조가 준용되는 결과 을에 대한 청구는 확정되지 아니하고 항소심에 이심되어 심판대상이 되었다. 그 경우 을의 지위는 항소인 또는 피항소인이 아니라 항소당사자로 보아야 할 것이다. 따라서 심리한 결과 상점 주인이 을로 판명된 경우에는 법률상 양립할 수 없는 공동소송인의 분쟁관계를 모순 없이 통일적으로 해결함으로써 재판의 통일을 기하려는 예비적·선택적 공동소송의 목적을 달성하기 위하여 원심판결을 취소하여 갑의 을에 대한 청구를 인용하고 병에 대한 청구를 기각하여야 한다. 여기에서 불이익변경금지의 원칙은 재판의 통일목적 때문에 부득이 적용될 수 없다.

(2) 갑·병이 모두 항소한 경우

이 경우에 을은 갑에 대한 관계에서 피항소인이므로 을이 가게 주인으로 판명된 경우에는 원심판결을 취소하여 갑의 을에 대한 청구를 인용하고 병에 대한 청구는 기각하여야 한다.

Ⅱ. 선정당사자

1. 뜻

가. 선정당사자라 함은 공동의 이해관계를 가진 다수의 여러 사람이 법인 아닌 사단 등에 해당하지 아니하여 당사자능력이 없는 경우에 그 가운데에서 선정되어 다수자 전체를 위한 당사자가 되는 한 사람 또는 여러 사람을 말한다(제53조). 당사자가 다수이면 송달 및 변론이 복잡하므로 이를 단순화하기 위한 것이다.

나. 이것은 임의적 소송담당이므로 그 이용 여부는 다수당사자 각자의 자유에 속한다. 민사조정법에서는 판사가 대표당사자의 선임을 명할 수 있다(민조 제18조 3항). 다만 증권관련집단소송에서의 대표당사자는 피해자 구성원의 선정 없이도 스스로 소송을 수행할 수 있는 당사자적격이 있다(증집소 제2조 4호). 그러나 선정당사자제도는 성질상 당사자가 대립되는 소송사건에만 적용되므로 비송사건에는 선정당사자에 관한 제53조가 준용 또는 유추적용될 수 없다.[128]

---

128) 대결 1990. 12. 7, 90마674·90마카11.

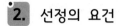

2. 선정의 요건

가. 다수의 여러사람이 존재

다수의 여러사람은 원고에 한정되지 아니하며 피고도 포함되고, 법에 제한이 없기 때문에 두 사람 이상이면 충분하다. 권리능력이 없는 비법인사단이 제52조에서 정한 대표자 또는 관리인이 있어 당사자능력이 있는 경우에는 선정당사자를 선정할 여지가 없으나 대표자 또는 관리인이 없는 경우에는 그 구성원들이 공동소송인으로서 당사자가 될 수 있으므로 선정당사자를 이용할 실익이 있다. 민법상 조합의 경우에도 업무집행조합원(민 제709조)이 없는 경우에 선정당사자를 이용할 수 있다.

나. 공동의 이해관계

공동의 이해관계를 가진다는 것은 다수자 상호간에 주요한 공격방어의 방법을 공통으로 하여 사회 관념상 상대방에 대하여 일체로서 대립한다고 인정되는 경우를 말한다. 제65조 전문에 해당하면 충분하다.[129] 제65조 후문의 경우와 같이 다수자의 권리·의무가 같은 종류일 뿐 주요한 공격방어의 방법을 공통으로 하지 아니하여 선정당사자의 선정이 허용되지 않는 경우[130]에도 선정자 스스로 선정당사자에게 소송수행권을 수여하였다면 실질적인 소송행위를 할 기회 또는 적법하게 해당 소송에 관여할 기회를 박탈당한 것이 아니므로 적법한 선정당사자가 된다. 따라서 그 선정당사자는 청구의 인낙을 할 수 있다.[131]

다. 공동의 이해관계를 가진 사람 가운데에서 선정

공동의 이해관계가 없는 제3자도 선정당사자가 될 수 있다고 하면 변호사대리의 원칙(제87조)을 잠탈할 우려가 있기 때문이다.

---

129) 대판 1999. 8. 24, 99다15474; 대판 2014. 10. 15, 2013다25781.
130) 대판 2007. 7. 12, 2005다10470.
131) 위 2005다10470 판결 참조.

3. 선정행위

가. 상대방 있는 단독행위

선정은 다수자 전체의 의사를 형성하는 것이 아니고 선정자 개인적 이익을 각자의 의사에 따라 처리하는 행위이다. 이 점에서 선정행위는 합동행위가 아니고 대리권 수여와 유사한 상대방 있는 단독행위이다.

나. 무 조 건

선정은 무조건적으로 하여야 한다. 심급은 조건이 아니므로 심급을 한정한 선정도 허용되지만[132] 심급의 제한에 관한 약정이 없는 한 선정의 효력은 소송을 마칠 때까지 있다.[133]

다. 선정의 시기

선정의 시기는 소송의 계속 전후를 묻지 않는다. 소송계속 이후에 선정하면 선정자는 당연히 소송탈퇴한 것으로 보게 되어(제53조 2항) 소송수행권을 상실하고 선정당사자가 소송을 수행한다.

4. 선정당사자의 지위

가. 당 사 자

선정당사자는 당사자 본인이고 대리인이 아니다. 따라서 선정당사자는 소송대리인에게 요구되는 특별한 권한(제90조 2항)이 없어도 소의 취하, 화해, 청구의 포기·인낙, 상소의 제기 등을 소송대리인에게 요구되는 특별수권(제90조 2항)이 없이도 할 수 있다. 선정당사자의 권한 및 개개의 소송행위에 선정자의 개별적인 동의가 필요하지 않는 것은 당연하다.[134] 소송수행에 필요한 모든 사법상의 행위

---

132) 대판 2003. 11. 14, 2003다34038.
133) 위 2003다34038 판결 참조.
134) 대판 2003. 5. 30, 2001다10748; 대판 2012. 3. 15, 2011다105966.

도 할 수 있다.

나. 여러 사람의 선정당사자

1) 같은 선정자단에서 여러 사람의 선정당사자가 선정되었을 때에는 선정당사자의 자격을 합유하기 때문에(신 제45조 참조) 고유필수적 공동소송인이 되어서 그 소송수행권은 전원이 함께 행사하여야 하는 제약을 받는다.

2) 그러나 다른 선정자단에서 여러 사람의 선정당사자가 선정되었을 때에는 통상의 공동소송이 되어서 위와 같은 제약이 없다.

다. 선정당사자의 자격상실

1) 선정당사자는 그의 사망, 선정자에 의한 선정행위의 취소로 그 자격을 상실한다. 선정당사자 본인에 대한 소 취하, 판결의 확정 등으로 공동의 이해관계가 소멸되어도 자격을 상실한다.[135] 선정당사자 자격의 취소 또는 변경은 선정당사자나 선정자로부터 상대방에게 통지하지 않으면 그 효력이 발생하지 않는다(제63조 2항). 선정자의 사망, 그 능력의 상실, 공동이익의 소멸은 제도의 취지로 보아 선정당사자의 자격에 영향이 없다(제95조의 유추).

2) 선정당사자가 여러 사람인 경우에 그 가운데 일부가 사망 기타 사유로 자격을 상실하였을 때에 소송수행권은 남는 자에게 이전하므로(신 제26조 2호의 유추) 남는 자가 다른 당사자를 위하여 소송행위를 한다(제54조).

3) 선정당사자 전원이 자격을 상실하였을 때에는 선정자 전원 또는 새로운 선정당사자가 수계할 때까지 소송절차가 중단된다(제237조 2항). 그러나 소송대리인이 있는 경우에는 중단되지 않는다(제238조).

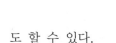 선정자의 지위

가. 소송탈퇴

소송이 법원에 계속된 뒤에 선정당사자를 선정하면 그 선정자는 당연히 소송

---

135) 대판 2006. 9. 28, 2006다28775.

에서 탈퇴한 것으로 본다(제53조 2항). 그러므로 선정자는 그 소송에 보조참가를 할 수 있고 증인이 될 수도 있으며 선정자가 변론기일에 출석하여 상대방과 화해를 하면 제소전 화해가 된다. 선정자의 소취하는 선정당사자가 이를 쓰겠다고 원용하지 않는 한 소 취하의 효력이 없다. 선정당사자가 선정자로부터 별도의 수권이 없이 변호사 보수에 관한 약정을 하였더라도 추인 등 특별한 사정이 없는 한 선정자에 대하여 효력이 없다.[136)

나. 판결의 선정자에 대한 효력

선정당사자가 받은 판결은 선정자에게 그 효력이 미친다(제218조 3항). 그러므로 판결문의 당사자표시에는 선정당사자만 표시하지만 별지에 선정자들을 표기한다. 선정당사자 자신도 선정행위를 하였다는 의미에서 선정자로 표기할 수 있다.[137)

선정당사자가 이행판결을 받았을 때에는 선정자를 위해 또는 선정자에 대해 강제집행을 할 수 있다. 이 경우에는 승계집행문이 필요하다(민집 제31조). 선정자가 선정당사자를 선정한 뒤에 상대방으로부터 소제기를 당하면 다른 사람을 선정당사자로 선정한 사실을 입증하여 당사자 아닌 사람에 대한 제소라는 이유로 소각하 신청을 할 수 있고, 선정당사자의 소송이 계속 중인데도 선정자가 별소를 제기한 경우에는 상대방은 선정자와 상대방의 소송이 중복되었다고 하여 소 각하를 구할 수 있다(제259조). 선정당사자에 대해서 소를 취하하면 그 취하의 효력은 당연히 선정자에게도 미친다. 선정당사자에 대한 판결의 효력은 선정자에 대해서도 미치므로 선정자도 재심의 소를 제기할 당사자적격이 있다.[138)

6. 선정당사자 자격의 흠

가. 소송요건, 직권조사사항

선정당사자의 자격은 당사자적격의 문제이므로 소송요건이 되고 직권조사사

---

136) 대판 2010. 5. 13, 2009다105246.
137) 대판 2011. 9. 8, 2011다17090.
138) 대판 1987. 12. 8, 87재다24.

항이다. 따라서 그 자격에 흠이 있는 경우에는 부적법 각하된다. 그러나 흠을 보정할 수 있으면 대리권에 흠이 있는 경우에 준하여 보정을 명할 수 있고 그때까지 일시 소송행위를 하게 할 수 있다(제61조, 제59조).

나. 추   인

선정당사자로서 자격에 흠이 있는 자가 소송행위를 하였더라도 변론을 종결할 때까지 당사자 전원이 그 자를 선정하여 소송행위를 추인하면 유효하게 된다(제61조, 제60조).

다. 자격 흠의 간과

선정당사자의 자격에 흠이 있는 것을 간과한 판결은 당사자적격 흠의 경우와 동일하게 상소에 의하여 취소할 수 있으나 재심사유가 아니므로 판결이 확정되면 재심의 소로써 다툴 수 없다. 그러나 선정당사자의 자격에 흠이 있다면 그는 정당한 당사자가 아니므로 그에 대한 판결의 효력은 선정자에게 생기지 않는다.

Ⅲ. 소송참가

1) 소송참가라 함은 제3자가 타인 사이에 계속 중인 소송에 참가하는 소송행위를 말한다. 현행법상으로는 보조참가(제71조 이하), 공동소송적 보조참가(제78조), 독립당사자참가(제79조), 공동소송참가(제83조)가 있다.

2) 소송외의 제3자가 이미 계속 중인 다른 사람들 사이의 소송 결과에 이해관계를 갖는 경우는 흔하다. 제3자로서는 그 소송절차에서 자기의 이익을 옹호·보전할 기회를 갖고서 이를 계기로 하여 분쟁의 일거 해결을 꾀하거나 소송당사자와 제3자와의 장래에 발생할 분쟁을 미리 방지할 수 있기를 바라기 때문이다. 한편, 계속 중인 소송의 당사자는 제3자의 참가에 의하여 관련분쟁을 전면적으로 해결하는 이익이 있지만 심리가 중복되고 복잡해지는 것도 부인할 수 없으므로 제3자의 참가를 꺼릴 수 있다. 법원은 하나의 소송절차에서 관련 분쟁을 전면적으로 해결한다고 하는 심리의 효율 및 분쟁해결 범위의 확대라는 이익이 있지만

심리의 복잡화라는 불편을 감수해야 하는 문제도 있기 때문에 제3자의 소송참가
에 신중을 기한다.

　　3) 민사소송법은 제3자의 소송참가에 관하여, 분쟁형태와 위와 같은 당사자
상호 이해관계의 정도에 따라 소송당사자와 동격으로 참가하는 당사자 참가(독립
당사자참가, 공동소송참가)와 소송당사자를 보조하는 참가(보조참가, 공동소송적 보조
참가)를 두고, 각 참가제도의 취지·기능과 각 참가제도 상호의 기능적 관련 및 역
할분담의 관점에서 요건 설정(참가의 요건)과 절차 규정을 만들었다. 참가의 요건
은 소송당사자의 의사에 반하더라도 제3자의 참가를 허용할 것인가 아닌가를 선
별하는 기준이 되기 때문에 그 기준이 각 참가제도의 기능을 좌우한다.

1. 보조참가

가. 개　　념

1) 뜻

보조참가라 함은 소송결과에 대하여 이해관계 있는 제3자가 한쪽 당사자를
돕기 위하여 법원에 계속 중인 소송에 참가하는 것(제71조)을 말한다. 참가하는 사
람을 보조참가인 또는 종된 당사자, 참가를 받는 사람을 피참가인 또는 주된 당사
자라고 한다.

2) 다른 참가와의 구별

보조참가인은 상대방에 대한 관계에서 자기의 청구에 관한 심판을 구하지 아
니하고 피참가인을 돕는데 그친다. 이 점에서 당사자로 소송에 참가하는 독립당
사자참가나 공동소송참가와 구별된다(보조참가의 종속성). 그러나 보조참가의 목적
은 피참가인을 승소시켜 자기의 이익을 지키는데 있으므로 일정한 이해관계가 있
는 한 당사자의 의뢰가 없어도 자기의 이름과 비용으로 소송에 참가한다는 점에
서 대리인과 구별된다(보조참가의 독립성).

나. 요 건

1) 다른 사람 사이의 소송이 계속 중일 것(제71조)

가) 보조참가인은 법원에 계속 중인 소송의 당사자를 돕기 위한 것이기 때문에 다른 사람과의 사이에서 소송이 계속 중이어야 한다.[139] 자기가 제기한 소송의 상대방을 돕는 것은 무의미하여 허용될 수 없으나 자기편 공동소송인 또는 예비적·선택적 공동소송에서 자기와 모순관계에 있는 다른 공동소송인을 패소시키기 위하여 상대방 측에 참가하는 것은 허용된다.

나) 한 사람이 동시에 대립당사자 양쪽의 참가인이 될 수 없다. 그러나 참가인은 양쪽으로부터 소송고지를 받을 수 있고, 그 때에는 판결의 참가적 효력도 양쪽 당사자와의 관계에서 받는다. 예를 들어 갑이 을에 대하여 매매대금청구소송을 제기한 경우에 갑은, 을의 대리인 병의 대리권이 인정되지 않거나 표현대리에 의해서도 을에게 대금지급의무가 인정되지 않을 때에는 병에게 소송고지를 하여 무권대리인에 대한 손해배상청구의 의사표시를 할 수도 있고, 을도 갑에게 매매대금을 지급할 경우에 대비하여 병에게 소송고지를 하여 목적물인도청구의 의사표시를 할 수 있다. 이 경우 병은 갑 또는 을 어느 한쪽에 보조참가를 하여야 하며 양쪽에 다 보조참가를 할 수 없다.

다) 법문에 「계속 중인 소송」이라고 하였으므로 판결절차를 의미하지만 이 참가는 새로운 소를 제기한다는 실질이 없어 판결절차 이외의 재판절차에도 보조참가를 거부할 이유가 없다. 판결절차라면 상고심에서도 참가할 수 있고, 판결 확정 후에는 재심의 소(제451조 1항)의 제기와 동시에 참가신청을 할 수 있다(제72조 3항). 당사자가 대립되는 판결절차로 이행될 독촉절차, 가압류·가처분절차 등에서도 보조참가신청이 가능하다. 다만 판례는 대립당사자 소송구조를 갖추지 못한 결정절차에는 보조참가를 허용하지 않는다.[140]

라) 보조참가는 법원에 계속 중인 소송당사자를 돕기 위한 것이므로 보조참

---

139) 공정거래위원회가 명한 시정조치에 대하여 그 취소 등을 구하는 행정소송에서 그 행위의 상대방은 공정거래위원회를 보조하기 위하여 보조참가를 할 수 있다(대결 2013. 7. 12, 2012무84 참조).

140) 대결 1994. 1. 20, 93마1701.

가 신청을 취하하지 않는 한 소송계속을 마칠 때까지 참가의 효력이 있다.

2) 소송결과에 대한 이해관계(참가이유)

보조참가는 궁극적으로 참가인의 이익을 지키기 위한 것이므로 보조참가를 하려면 소송결과에 대한 이해관계가 있어야 한다. 이를 참가의 이유 또는 참가의 이익이라고 한다.

가) 법률상 이해관계　　이해관계는 법률상 효과가 생기는 것이어야 하고 법률상 효과와 관계없는 사실상의 것이어서는 안 된다.[141] 다음은 법률상의 이해 관계가 없는 경우이다.

a) 독자적 이익이 인정되지 않는 경우　　예를 들어 단순한 우정에 기한 참가는 허용되지 아니하며 제218조 1항에서 정한 청구의 목적물을 소지한 사람도 법률상 이해관계가 없다.

b) 보조참가인이 소송당사자로 예상할 수 없는 경우　　예를 들어 어떤 목적물의 인도청구소송에서 원고와 직접 관계가 없는 피고의 일반 채권자는 피고패소의 경우에 책임 재산이 감소되므로 이를 방지하기 위해서 보조참가를 하고 싶으나 인도청구소송의 원고와 관계에서 당사자로 될 가능성이 없기 때문에 법률상 이해관계가 없는 것이다.

나) 소송결과에 대한 이해관계[142]

a) 선결적 법률관계　　소송결과에 대한 이해관계라 함은 판결주문에 나타난 소송목적인 권리 또는 법률관계에 관한 판단이 참가인의 법적 지위에 영향을 주는 경우, 즉 참가인의 법률상 지위가 논리적으로 소송목적인 권리관계의 존부를 전제로 하는 경우(선결적 법률관계)이다.

예를 들어 i) 채권자가 보증인을 상대로 한 대여금청구소송에서 보증인이 패소하면 주채무자에게 구상할 수 있는데 이 경우 주채무자의 구상의무는 보증인의

---

141) 대판 2000. 9. 8, 99다26924; 대판 2014. 10. 30, 2012두17223.

142) 판례(대결 2014. 5. 29, 2014마4009)는 '소송결과에 대한 이해관계'를, 해당 소송에서 판결의 기판력이나 집행력을 당연히 받는 경우 또는 해당 소송에서 판결의 효력이 직접 미치지는 아니한다고 하더라도 적어도 그 판결을 전제로 하여 보조참가를 하려는 자의 법률상 지위가 결정되는 관계에 있는 경우라고 판시하였다. 전단은 공동소송적 보조참가(제78조)의 이해관계를, 후단은 선결적 법률관계를 의미한다.

패소판결이 논리적 전제이므로 주채무자는 보증인의 승소를 위해서 보조참가를 할 수 있다.

ii) 제3자가 매수인을 상대로 어떤 물건의 소유권을 주장하여 인도청구를 한 경우에 매수인이 패소하면 매수인은 민법 제570조에서 정한 매도인의 담보책임을 물어 매도인을 상대로 손해배상청구를 할 수 있다. 이 경우 매도인의 손해배상의무는 매수인의 패소판결을 논리적 전제로 하므로 매도인은 매수인의 승소를 위해서 보조참가를 할 수 있다.

iii) 교통사고에서 여러 사람의 피해자가 있는 경우에 어느 피해자의 손해배상청구소송의 결과는 다른 피해자의 손해배상청구소송의 논리적 전제가 아니고 과실과 같은 판결이유만 공통으로 할 뿐이다. 따라서 이 경우에는 보조참가를 할 수 없다. 그러나 공동불법행위자 중에서 어느 한 사람은, 피해자가 원고가 되어 다른 공동불법행위자를 피고로 하여 제기한 소송에서 원고를 위해서 보조참가를 할 수 있다. 이 경우 원고의 승소는 보조참가인의 법적 책임을 완화시킬 수 있기 때문이다.[143)]

b) **선택적·택일적 법률관계**　　소송결과에 대한 이해관계는 위에서와 같은 선결적 법률관계 뿐만 아니라 A권리와 B권리 가운데에서 실체법적으로 어느 한쪽에 대한 권리만 인정되는 선택적·택일적 법률관계의 경우에도 인정된다. 예를 들어 갑이 을, 병 가운데 한 사람이 자기의 물건을 훔쳐갔다고 하여 을, 병을 상대로 선택적으로 물건인도청구소송을 제기한 경우에 을은 갑의 병에 대한 청구소송이 승소해야 자기에 대한 갑의 청구가 기각될 수 있으므로 갑에게 보조참가를 할 수 있다.

c) 참가인은 그 법적 지위를 지키기 위하여 다른 소송법상의 구제수단(예, 제79조, 제83조)이 있다고 하여도 보조참가를 할 수 있다.

3) 소송결과를 현저히 지연시키지 않을 것

소송결과를 현저히 지연시키지 아니하여야 한다. 뒤늦은 보조참가와 보조참가인의 새로운 주장을 심리하기 위하여 소송절차가 현저하게 지연되는 것은 소송당사자에게 불리하기 때문이다.

---

143) 대판 1999. 7. 9, 99다12796.

4) 일반적 소송요건

보조참가신청은 소송행위이므로 당사자능력 및 소송능력이 필요하다. 따라서 행정청은 당사자능력 및 소송능력이 없어 보조참가를 할 수 없다.[144] 반면 학교법인의 임원에 대한 임원취임승인취소의 행정소송에서 학교법인은 피고가 되는 관할청을 위하여 보조참가를 할 수 있다.[145]

이 요건은 직권조사사항이므로 그 흠이 있으면 보정을 명하고 보정에 응하지 아니할 때에는 결정으로 보조참가신청을 각하하여야 한다.

다. 참가절차

1) 참가신청

가) 보조참가의 신청은 서면 또는 말(제161조)로 참가의 취지(참가할 소송 및 어느 당사자를 보조하는가의 표시)와 참가의 이유(소송의 결과에 대한 이해관계를 갖고 있다는 사정)를 밝혀 계속된 법원에 제기한다(제72조 1항).

나) 서면으로 참가를 신청한 경우에는 그 서면(제72조 2항)을, 말로 신청한 경우에는 그 조서(제161조 3항)를 당사자 양쪽에 송달하여야 한다.

다) 참가신청은 소를 제기하기 이전에 미리 할 수 없으나 참가인으로서 할 수 있는 소송행위, 예를 들어 재심의 소(제451조 1항), 지급명령의 이의신청(제470조), 상소의 추후보완(제173조)과 동시에 할 수 있다(제72조 3항).

2) 참가의 허부

가) 참가의 방식이나 참가의 이유의 유무는 법원의 직권(제73조 2항) 또는 당사자가 이의가 있는 경우(제73조 1항)에 조사하며, 당사자가 참가에 대하여 이의 없이 변론하거나 변론준비기일에서 진술한 때에는 이의를 신청할 권리를 잃는다(제74조).

나) 참가신청에 대하여 이의신청이 있더라도 본 소송의 절차는 정지되지 않

---

144) 대판 2002. 9. 24, 99두1519.
145) 대판 2001. 1. 19, 99두9674.

으므로 참가불허의 결정이 있더라도 그 결정이 확정될 때까지 참가인은 참가인으로서 할 수 있는 일체의 소송행위를 할 수 있다. 그러나 참가불허결정이 확정되면 그 소송행위는 효력을 잃는다(제75조 1항). 다만 그 경우에도 피참가인이 그 소송행위를 원용하면 참가를 허용하지 아니하는 결정이 확정되어도 그 소송행위는 효력이 있으므로(제75조 2항) 법원의 참가불허결정은 보조참가신청을 원하는 피참가인에게는 큰 의미가 없다.

라. 소송상의 지위

1) 이중적 지위

보조참가인은 자기의 이익을 지키기 위하여 타인의 소송활동을 보조하는 사람이다. 따라서 피참가인으로부터의 독립적이면서도 피참가인의 승소를 돕는다는 종속적인 이중의 성격이 있다. 여기서 독립성을 강조하면 보조참가인은 소송당사자의 지위와 비슷하게 되고 종속성을 강조하면 당사자의 보조자에 불과하다.

2) 독립적 지위

가) 보조참가인은 독자적 권능으로 소송에 관여한 사람이므로 법원은 당사자와 별도로 보조참가인에게 기일의 소환, 소송서류 등을 송달하여야 한다. 따라서 보조참가인에 대한 기일의 소환이 없으면 적법하게 기일을 열 수 없다.[146]

나) 보조참가인은 자기의 계산으로 소송에 관여한 사람이기 때문에 피참가인과 별도로 상대방과의 사이에서 소송비용의 부담에 관한 재판을 받는다(제103조).

다) 보조참가인은 자기의 참가신청을 자유롭게 취하할 수 있다. 그러나 그 경우에도 소송당사자로부터 소송고지를 받는 자와 동일한 지위에 있기 때문에 참가적 효력(제77조)을 받는다. 또 참가인이 한 소송행위는 참가신청의 취하와 관계없이 피참가인이 이를 쓰겠다고 원용하면 그 효력이 있다(제75조 2항의 유추).

라) 보조참가인은 원칙적으로 피참가인과 동일한 일체의 소송행위를 할 수 있다(제76조 1항 본문). 따라서 참가인은 사실을 주장하거나 다툴 수 있으며 각종

---

146) 대판 2007. 2. 22, 2006다75641.

이의, 증거신청, 상소 기타 일체의 소송행위를 할 수 있다. 다만 참가인의 소송행위는 그 종속적 성격 때문에 여러 가지 제한을 받는다.

3) 종속적 지위

가) 제3자   보조참가인은 소송당사자가 아니라 제3자이다. 따라서 참가인 명의로 판결을 받을 수 없고 증인 또는 감정인이 될 능력이 있다.

나) 소송절차의 중단   피참가인의 사망, 소송능력의 흠 등으로 소송절차의 중단사유가 발생하면 참가인에 대한 관계에서는 소송절차가 중단되지만 참가인의 사망 등 위와 같은 중단사유가 발생할 때에는 피참가인의 소송절차는 중단되지 않는다.[147] 보조참가인의 사망 등 소송절차의 중단사유는 피참가인에게 미치지 않고 참가인의 승계인이 수계하는 절차만 남기 때문에 그 경우에는 새로운 참가인이 나올 때까지 참가인의 소송관여가 사실상 중단될 뿐이다. 그 기간 안에 판결에 영향을 주는 중요한 소송행위를 할 기회를 상실하였을 때에는 참가적 효력이 미치지 않는다.

다) 참가할 때의 소송정도로 보아 피참가인도 할 수 없는 행위(제76조 1항 단서) 보조참가인이 참가하였을 때의 소송 진행 상태로 보아 피참가인이 이미 할 수 없게 된 행위는 참가인도 할 수 없다. 그와 같은 행위를 참가인에게 허용하는 것은 보조참가인의 종속적 성격에 반하기 때문이다. 예를 들어 시기에 늦은 공격방어방법의 제출, 상고심에서 사실자료의 제출, 피참가인이 철회할 수 없는 자백의 취소 등은 보조참가인도 할 수 없다. 피참가인의 상소기간이 경과한 뒤에 참가인이 상소기간이 남았다고 하여 상소를 제기할 수 없다.[148] 그러나 보조참가인이 그 상고기간 내에 적법하게 상고를 제기하고 상고이유서 제출기간 내에 상고이유서를 제출한 이상,[149] 피참가인의 상고이유서 제출기간이 도과되었더라도 그 상고이유서의 제출은 적법하다.[150]

---

147) 대판 1995. 8. 25, 94다27373.
148) 대판 1969. 8. 19, 69다949; 대판 2007. 9. 6, 2007다41966.
149) 예를 들어 상고기록접수통지서가 피고에게 2011. 12. 8.에, 피고보조참가인에게 2011. 12. 9.에 각 송달되었는데, 피고보조참가인이 자신의 상고이유서 제출기한인 2011. 12. 29.에 상고이유서를 제출하여 피고의 상고이유서 제출기한인 2011. 12. 28.을 도과한 경우이다.
150) 대판 2012. 11. 29, 2011두30069.

라) 피참가인의 소송행위와 어긋나는 행위(제76조 2항)　　「피참가인의 소송행위와 어긋난다」는 것은 피참가인의 의사와 명백하게 또 적극적으로 어긋나는 경우를 의미한다.[151] 따라서 피참가인이 명백하게 다투지 아니한 경우에는 보조참가인이 다툴 수 있고,[152] 피참가인이 아직 상소하지 아니한 경우에는 상소도 할 수 있다. 그러나 피참가인의 자백은 참가인이 부인할 수 없으며 피참가인이 소를 취하하거나 상소포기를 한 뒤에는 참가인이 소제기를 하거나 상소를 제기할 수 없다. 참가인의 행위와 어긋나는 행위를 피참가인이 뒤에 한 경우에도 참가인의 행위는 무효로 된다. 피참가인의 생각이 참가인의 뜻에 우선하기 때문이다. 따라서 참가인이 제기한 항소를 피참가인이 취하 또는 포기할 수 있다.[153]

마) 피참가인에게 불이익한 행위　　명문의 규정이 없으나 피참가인을 승소시키기 위해서 참가한다는 보조참가의 취지로 보아 청구의 포기·인낙, 화해, 소 또는 상소의 취하와 같이 피참가인에게 불이익한 행위는 할 수 없다. 자백도 자기에게 불리한 사실을 인정하는 것이므로 허용해서는 안 된다.

바) 소송을 처분하거나 변경하는 행위　　보조참가는 종전의 소송을 전제로 하여 피참가인의 승소를 위한 참가이기 때문에 청구의 변경,[154] 반소의 제기, 중간확인의 소를 제기할 수 없다.

사) 사법상의 권리행사　　피참가인이 재판 외에서 상계, 취소, 해제 등 의사표시를 한 경우에 보조참가인이 소송에서 이를 원용하여 쓰는 것은 문제가 없다. 또 법률에 의하여 제3자에게 그 권한 행사를 인정하는 경우, 예를 들어 채권자대위권의 행사(민 제404조), 보증인이 주채무자의 반대채권으로 상계할 수 있는 경우(민 제418조, 제434조) 등에는 참가인도 제3자로서 피참가인의 권리를 행사할 수 있다. 그러나 일반 소송대리인이 본인의 이름으로 할 수 있는 사법행위, 예를 들어 계약의 취소권, 해제권, 해지권 등 형성권은 보조참가인이 자기의 이름으로 할 수 없다. 다만 이 경우 참가인이 본래 할 수 없는 피참가인의 권리를 행사하더라도 피참가인이 바로 이에 대하여 이의하지 아니하면 유효로 볼 수 있다. 이는

---

151) 대판 2007. 11. 29, 2007다53310.
152) 위 2007다53310 판결 참조.
153) 대판 2010. 10. 14, 2010다38168.
154) 대판 1992. 10. 9, 92므266.

본인이 무권대리 행위를 묵시적으로 추인한 경우와 같기 때문이다.

마. 판결의 보조참가인에 대한 효력(참가적 효력)(제77조)

제77조에서 정한 보조참가인에 대한 재판의 효력을 참가적 효력이라고 하며, 기판력과 구별하고 있다.

1) 참가적 효력의 주관적 범위

참가적 효력은 피참가인이 패소한 경우에 피참가인과 참가인 사이의 공평에 기한 책임분담 사상에 근거한다. 따라서 피참가인과 참가인 사이에서만 참가적 효력이 생기고 참가인과 피참가인의 상대방과의 사이에서는 효력이 생기지 않는다. 예를 들어 채권자·보증인 사이의 보증채무 이행청구소송에서 주채무자가 보증인 쪽에 참가하여 채무의 부존재를 주장하였으나 채무가 존재한다고 하여 패소되었는데 뒤에 주채무자가 보증인으로부터 구상청구를 당한 경우에 주채무자는 보증인에 대하여 주채무의 존재를 다툴 수 없다. 그러나 채권자가 주채무자를 상대로 대여금청구소송을 제기한 경우에는 참가적 효력이 생기지 아니하므로 주채무자는 다시금 주채무가 존재하지 않는다고 다툴 수 있다.

이에 대하여 보조참가소송에서 판결의 기초는 상대방·피참가인·보조참가인 3자 사이에서 형성되기 때문에 구속력의 근거인 소송결과에 대한 책임의 분배도 이들 3자 사이에 이루어져야 한다는 견해(신기판력설)가 있다. 이 견해에 의하면 주채무자는 위의 두 번째 경우에도 주채무의 존재를 다툴 수 없어 합리적인 면이 있으나 판례는 이 견해를 채택하지 않고 있다.

2) 참가적 효력의 객관적 범위

참가적 효력은 판결 주문뿐 아니라 판결이유 가운데 나타난 사실의 인정이나 선결적 법률관계, 공격방어의 방법에 관한 판단에도 미친다. 이 점에서 기판력과 차이가 있다. 하지만 그 범위는 이전 소송에서 확정된 판결 결론의 기초가 된 사실상 및 법률상의 판단 가운데에서 보조참가인이 피참가인과 공동이익으로 주장하거나 다툴 수 있었던 사항에 한정된다.[155] 예를 들어 을이 병으로부터 매수한

---

155) 대판 2007. 12. 27, 2006다60229.

물건에 관하여 갑이 을을 상대로 소유권에 기한 인도청구소송을 제기하여 병이 이 소송에서 을을 위하여 보조참가하면서 그 물건의 소유권이 자기에게 있었다고 주장하였으나 을이 패소한 경우에 뒤에 을이 병을 상대로 타인의 권리를 매매하였다고 하여 손해배상청구소송을 제기하였을 때 병이 을에 대하여 그 물건의 소유권이 자기에게 있었다는 주장은 참가적 효력에 의하여 차단된다.

3) 참가적 효력의 배제(제71조의 제외례)

참가인이 소송에 관하여 공격·방어, 이의, 상소, 그 밖의 모든 소송행위를 하여야 하는데 이를 할 수 없거나 소송행위를 하였더라도 그 소송행위가 효력을 가지지 아니한 때(제77조 1호), 피참가인이 참가인의 소송행위를 방해한 때(제77조 2호), 피참가인이 참가인이 할 수 없는 소송행위를 고의나 과실로 하지 아니한 때(제77조 3호)에는 참가적 효력이 보조참가인에게 미치지 아니한다. 참가적 효력은 참가인이 충분하게 소송을 수행할 수 있는 것을 전제로 하므로 그러한 보장이 없는 상태에서 참가적 효력을 인정하는 것은 부당하기 때문이다. 제77조 1호 내지 3호는 참가인이 충분하게 소송을 수행할 수 없었던 경우를 유형적으로 열거하여 참가적 효력이 생기지 않게 한 것이다.

2. 공동소송적 보조참가

가. 뜻

1) 공동소송적 보조참가라 함은 계속 중인 소송에 대한 판결의 효력이 소송의 상대방과 제3자에게 미치는 경우에 그 제3자가 자기의 권리를 지키기 위하여 계속 중인 소송에 보조참가 하는 것을 말한다(제78조). 보조참가인은 계속 중인 소송의 당사자적격이 없으나 소송에 참가하지 아니하더라도 다른 사람 사이의 판결의 효력을 받아야 하기 때문에 이때 보조참가인이 받은 판결의 효력은 참가적 효력이 아니라 기판력이다. 따라서 보조참가인은 그 소송에서 참가적 효력에 따른 피참가인의 종속적 지위에서 벗어나므로 필수적 공동소송인에 준하여 소송을 수행할 권능이 인정된다. 만약 당사자적격이 있는 경우에는 공동소송참가를

할 수 있다(제83조).

2) 그 법률상 성질은 유사필수적 공동소송에 준한다.[156] 만약 고유필수적 공동소송에 준한다면 공동소송참가(제83조)가 되기 때문이다.

나. 예

1) 제3자의 소송담당

제3자가 소송담당을 하는 경우에는 소송담당자가 받는 판결의 효력이 권리의 귀속주체에게 미친다(제218조 3항). 그러므로 권리의 귀속주체는 당사자적격이 없더라도 이 참가의 형태로 소송에 관여할 수 있다. 파산관재인의 파산재단에 관한 소송(회생 파산 제359조)의 채무자 또는 파산재단에 속하는 재산의 소유자, 회생회사 관리인의 소송(회생 파산 제78조)에서의 회생회사, 선정당사자소송(제53조)에서의 선정자, 주주의 대표소송(상 제403조)에서의 회사, 채권자대위소송(민 제404조)에서의 채무자 등의 소송참가는 모두 공동소송적 보조참가이다.

2) 형성소송에서 출소기간이 지난 제3자

형성소송은 출소기간의 제한이 많다(상 제376조 1항, 행소 제20조, 민 제861조, 제862조 등). 판결의 효력을 받는 제3자가 소송참가를 하는 경우에 출소기간이 지나지 않으면 당사자적격이 있으므로 공동소송참가를 할 수 있으나 출소기간이 지나면 당사자적격이 없으므로 공동소송적 보조참가를 하여야 한다.

3) 가사소송, 회사소송, 행정소송 등에서 당사자 적격이 없는 제3자

이들 소송에서는 판결의 효력이 일반 제3자에 미치는 경우가 많다(가소 제21조, 상 제190조, 행소 제29조 등). 이와 같은 소송에서 당사자적격이 없는 제3자가 소송에 참가하면 공동소송적 보조참가가 된다.[157]

---

156) 대결 2013. 3. 29, 2012마43 참조.

157) 행정소송사건에서 참가인이 한 보조참가가 행정소송법 제16조의 제3자의 소송참가에 해당되지 아니하여도 판결의 효력이 참가인에게 미치는 행정소송의 성질상 공동소송적 보조참가를 할 수 있다(대판 2013. 3. 28, 2011두13729 참조).

다. 지   위

1) 불이익한 행위

불이익한 행위는 피참가인과 참가인이 같이 하여야 한다(제67조 1항 준용). 그러므로 피참가인의 자백, 청구의 포기·인낙, 재판상 화해도 참가인이 다투면 효력이 없다. 참가인이 상고를 제기하면 피참가인이 상고를 포기하거나 상고를 취하하여도 상고의 효력이 있다.[158] 그러나 공동소송적 보조참가의 성질이 유사필수적 공동소송에 준하므로 참가인이 반대하더라도 피참가인은 소를 취하할 수 있다.[159]

2) 참가적 효력

공동소송적 보조참가인도 보조참가인이기 때문에 참가적 효력을 받는다.

3) 피참가인에 대한 상대방의 소송행위

피참가인에 대한 상대방의 소송행위는 유리·불리를 묻지 않고 참가인에게 효력이 있다(제67조 2항 준용).

4) 소송절차의 중단·중지

공동소송적 보조참가인에게 생긴 소송절차의 중단·중지 사유는 피참가인에게도 소송절차의 중단·중지 사유(제67조 3항)가 된다.

5) 독 립 성

공동소송적 보조참가인은 보조참가인과 달리 독립성이 있으므로 상소기간도 참가인에 대한 판결의 효력이 송달된 때로부터 독립하여 계산한다. 상소하면 참가인·피참가인 모두에게 효력이 있기 때문에 모두의 상소기간이 끝날 때까지 판결이 확정되지 않는다. 그들 가운데 한 사람이 상소를 제기한 경우에 다른 사람이

---

158) 대판 1967. 4. 25, 66누96.
159) 같은 취지: 이시윤, 783면 및 위 대판 2011두13729 참조.

소송무능력자인 때에 그 소송대리인은 상소에 관하여 후견감독인으로부터 특별한 권한을 받을 필요가 없다(제69조, 제56조 1항).

3. 소송고지

가. 뜻

소송고지는 소송계속중에 당사자가 그 소송에 참가할 수 있는 제3자에게 소송계속의 사실을 통지하는 것을 말한다. 성질은 단순한 사실의 통지이지만 제3자에게 소송참가의 기회를 주고 참가적 효력을 미칠 수 있게 하여 피고지자가 이전 소송의 확정판결에서 인정된 사실과 판단에 반하는 주장을 하지 못하게 함으로써 피고지자에게 패소한 경우의 책임을 분담시킬 수 있다는 점에서[160] 많이 이용되고 있다.

나. 요건(제84조)

1) 소송계속중일 것

소송고지는 소송계속중에 할 수 있으므로 당사자가 대립되는 판결절차 또는 판결절차로 이행하는 독촉절차, 재심절차 등에서도 소송고지가 가능하다. 소송계속중이라면 상고심에서도 할 수 있다. 그러나 민사집행, 화해, 조정, 중재 등은 소송계속이 없기 때문에 소송고지를 할 수 없다.

2) 고 지 자

그 소송의 당사자인 원·피고, 보조참가인 및 피고지자(제84조 2항)가 모두 고지자이다.

3) 피고지자

피고지자는 참가적 효력을 받아야 할 자이므로 소송결과에 이해관계가 있는 제3자이다. 따라서 이해관계가 없는 제3자에 대한 소송고지는 요건을 갖추지 못

---

160) 대판 2007. 11. 29, 2005다23759.

하였으므로 시효중단 등 소송고지의 효력이 없다.[161] 제3자가 당사자 양쪽으로부
터 소송고지를 받는 경우도 있는데 이 경우에는 승소당사자와의 사이에서는 참가
적 효력이 없고 패소자와의 사이에서만 그 효력이 있다.

다. 고지방식

고지자가 소송고지를 하려면 그 이유와 소송의 진행정도를 기재한 서면을 법
원에 제출하여야 하고(제85조 1항), 법원은 이 서면을 피고지자와 상대방에게 송달
하여야 한다(제85조 2항). 고지서의 송달만으로 참가인에 대한 재판과 동일한 효력
이 피고지자에게 미치게 되므로 고지를 할 때에는 참가할 경우 및 참가하지 않을
경우에 고지자·피고지자·상대방에게 구체적으로 어떠한 효과가 있는지 예고하
여야 하며, 고지의 내용도 피고지자의 방어이익을 실질적으로 보장할 수 있도록
소송의 내용을 상세하게 기재할 필요가 있다.

라. 효   과

1) 소송법상의 효과

소송고지를 받았다고 하여 당연히 참가인이 되는 것은 아니며 참가 여부는
피고지자의 자유이다. 그러나 피고지자가 소송고지를 받으면 실제 소송에 참가하
였는지 여부를 떠나 참가적 효력을 받는다. 피고지자가 참가신청을 한 경우에 상
대방은 이의할 수 있으나 고지자는 이의할 수 없다.

2) 실체법상의 효과

소송고지를 하면 실체법상 시효중단의 효력(어 제70조 3항, 수 제51조, 제64조),
최고의 효과(민 제174조)가 있다.

---

161) 대판 1970. 9. 17, 70다593.

4. 독립당사자참가

가. 뜻

독립당사자참가라 함은 제3자가 법원에 계속 중인 소송(본소)에 소송목적의 전부나 일부가 자기의 권리라고 주장하거나(권리주장참가) 소송결과에 따라 권리가 침해된다고 주장하고 당사자의 양쪽 또는 한쪽을 상대방으로 하여 참가(사해방지참가)하는 것을 말한다(제79조 1항). 여기서 「소송목적의 전부나 일부가 자기의 권리」라고 함은 참가인의 권리가 원고의 권리와 그 주장 자체에서 논리적으로 양립할 수 없는 관계에 있는 권리라는 의미이고, 「소송결과에 따라 권리가 침해된다」라고 함은 참가인의 권리 또는 법률적 지위가 본소의 원고와 피고가 해당 소송을 통하여 참가인을 해할 의사를 갖고 있다고 객관적으로 인정되어 그 소송의 결과 침해될 우려가 있는 경우를 말한다.

독립당사자참가는 당사자로서 소송에 참가하는 것이지 당사자 한쪽을 보조하기 위한 참가가 아니므로 당사자참가를 한 사람은 예비적으로 보조참가를 할 수 없다.[162]

나. 구 조

3개소송병합설과 3면소송설의 대립이 있다.

1) 3개소송병합설

3개소송병합설이란 제3자가 독립당사자로 소송에 참가함으로써 같은 권리관계를 둘러싼 3개의 소송, 즉 원·피고 사이, 참가인·원고 사이, 참가인·피고 사이의 3개소송이 병합되면 제67조가 준용되어 3개소송 사이에 같은 분쟁에 관하여 모순이 없는 통일적 판결이 성립한다고 한다.[163] 이 학설에 대해서는 어째서 2개소송 또는 4개소송이 병합되면 제67조가 준용되지 못하며, 3개소송이 병합되어야 제67조가 준용되는지 설명하지 못하며 3개소송이 병합되더라도 변론의 분리, 당사자의 병합신청의 철회에 의하여 각각의 소송으로 돌아갈 수 있는데 그 경우에

---

162) 대판 1994. 12. 27. 92다22473·22480.
163) 이시윤, 790면.

모순 없는 해결이 불가능하게 된다는 비판을 받는다. 더구나 현행 독립당사자참
가는 한쪽 참가가 가능하여 2개소송만으로도 독립당사자참가의 구조가 가능한데
3개소송병합설로는 이 구조를 설명할 수 없다.

2) 3면소송설(또는 3당사자 소송설)

3면소송설(또는 3당사자 소송설)이란 소송은 하나이지만 대립하는 당사자가 셋
이라는 견해로서 판례[164]가 지지한다. 독립당사자참가는 3개의 소송주체가 동시
에 각각 다른 두 사람에 대하여 다투는 경우를 소송절차에 반영하지 않으면 안
되는 구조인데 2당사자대립의 원칙은 이 법리를 알지 못하므로 3면소송설이 타당
하다. 더구나 현행 독립당사자 참가는 한쪽 참가를 할 수 있으므로 2개소송만으
로도 독립당사자참가의 구조가 가능한데 이 경우에도 3당사자는 유지되므로 3면
소송설(또는 3당사자 소송설)로 설명을 할 수 있다.

3면소송설에 대한 비판은 첫째, 원고의 본소 취하 또는 참가신청의 취하로
소송 전체가 취하되지 아니하고 2당사자소송으로 환원되는 것, 둘째, 참가인의 참
가신청과 참가인이 원고가 되어 별개의 소송을 제기하는 것이 중복된 소송이 되
는 것, 셋째, 판결주문이 3개가 되는 것을 설명하지 못한다는 것이다. 그러나 첫
째, 대립경쟁관계의 3파소송에서 어느 1파의 소송이 취하된다고 하여 나머지 소
송이 종료될 이유가 없고, 둘째, 소송경제와 사법(司法)의 위신을 위한 중복된 소
제기의 금지원칙이 독립당사자참가 소송에서만 제외될 이유가 없으며, 셋째, 3면
소송이라고 해서 판결주문이 3개가 되지 못할 리 없기 때문에 3면소송에 대한 비
판은 타당하지 못하다.

3) 3개소송병합설에 대한 비판

나아가 3개소송병합설에 대한 비판을 덧붙인다. 3개소송병합설에서의 「병
합」은 제65조나 제253조의 병합과 성격이 다르다. 예를 들어 참가인의 원고에 대
한 소유권확인, 참가인의 피고에 대한 소유권확인, 원고의 피고에 대한 소유권확
인 중에서 제65조나 제253조에 의한 병합은 참가인의 피고에 대한 소유권확인과
원고의 피고에 대한 소유권확인 뿐이고 참가인의 원고에 대한 소유권확인은 병합

---

164) 대판 1980. 7. 22, 80다362·363 등.

이 아니라 병행심리가 가능할 뿐인데 그것은 법원의 소송지휘에 의한 것이므로 병행심리 자체도 할 수 없는 경우가 생긴다. 그러나 제79조에 의해서 3개소송은 병합심리를 할 수 있으므로 제79조가 3개소송의 「병합」을 허용하는 명문규정으로 볼 수 있다. 즉, 제79조는 제65조나 제253조의 일반 병합규정과 질적 차이가 있는 것이다. 그런데 제79조에 의하면 독립당사자참가는 한쪽 참가가 가능하다. 앞의 예에서 참가인의 피고에 대한 소유권확인, 원고의 피고에 대한 소유권확인도 독립당사자참가로서 허용되는 것이다. 이 경우에 병합되는 소송은 2개뿐인데 2개 소송은 제65조나 제253조의 일반병합규정에 의하여서도 병합이 가능하여 구태여 제79조에 의할 필요가 없는 것이다. 즉, 제65조나 제253조와 제79조 사이에 질적 차이가 없으므로 왜 제67조가 제65조나 제253조에서는 준용되지 않고 제79조에서만 준용되는지 설명할 수 없다. 결국 3개소송병합설은 한쪽 참가를 허용하지 않는 양쪽 참가의 독립당사자참가에서는 설명할 수 있을지 몰라도 한쪽 참가가 허용되는 현행 제79조에서는 더 이상 유지될 수 없다고 생각된다. 3면소송설은 한쪽 참가의 경우에도 당사자는 셋이 되므로(3당사자 소송) 3개소송병합설과 같은 결함이 없다.

다. 요 건

1) 다른 사람 사이의 소송(본소)이 계속 중일 것

가) 독립당사자참가도 소송참가의 하나이므로 법원에 다른 사람 사이의 소송(본소)이 계속 중이어야 한다. 본소의 보조참가인도 제3자이므로 참가가 가능하며 통상의 공동소송인도 법률상 서로 기판력이 미치지 않는 각자 독립적 지위에 있으므로 다른 공동소송인과 상대방과의 소송에 참가를 할 수 있다.

나) 독립당사자 참가는 새로운 소제기의 실질이 있기 때문에 판결절차가 법원에 계속 중인 경우에 참가할 수 있다. 따라서 판결절차 아닌 민사집행절차, 경매절차, 증거보전절차, 제소전 화해절차 등에는 참가할 수 없다. 그러나 독촉절차는 이의신청 후 판결절차로 이행되므로(제472조) 참가할 수 있다. 독립당사자참가가 적법하면 상대방인 원·피고는 참가인을 상대로 반소를 제기할 수 있다.[165]

---

165) 대판 1969. 5. 13, 68다656·657·658.

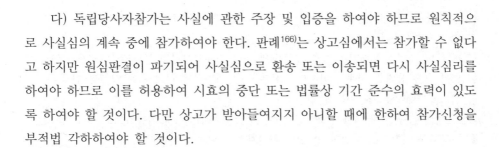

다) 독립당사자참가는 사실에 관한 주장 및 입증을 하여야 하므로 원칙적으로 사실심의 계속 중에 참가하여야 한다. 판례[166]는 상고심에서는 참가할 수 없다고 하지만 원심판결이 파기되어 사실심으로 환송 또는 이송되면 다시 사실심리를 하여야 하므로 이를 허용하여 시효의 중단 또는 법률상 기간 준수의 효력이 있도록 하여야 할 것이다. 다만 상고가 받아들여지지 아니할 때에 한하여 참가신청을 부적법 각하하여야 할 것이다.

2) 참가사유가 있을 것

가) 권리주장참가(제79조 1항 전단)　　제3자가 「소송목적의 전부나 일부가 자기의 권리임을 주장」하고 참가하는 경우이다. 그러므로 참가인이 본소의 소송목적이 아닌 다른 채권의 확인을 본소의 당사자에게 구하는 참가는 할 수 없다.[167] 소송목적이 자기의 권리에 속한다고 주장하려면 참가인의 청구 및 이를 이유로 한 권리주장이 본소의 청구 또는 이를 이유로 한 권리주장과 논리적으로 양립될 수 없는 관계에 있어야 한다. 그러므로 배타적이고 대세적 효력이 있는 물권인 경우가 대부분이다. 물론 채권의 경우에도 논리적으로 양립할 수 없는 경우에는 독립당사자참가가 가능하다. 참가하려는 소송에 여러 개의 청구가 있는 경우에도 그 가운데 어느 하나의 청구와 논리적으로 양립할 수 없는 관계에 있으면 참가신청은 적법하다.[168] 이에 의하여 3당사자 사이의 모순된 분쟁을 일거에 해결할 수 있기 때문이다.

 독립당사자참가가 허용되는 논리적으로 양립할 수 없는 경우

(1) 갑이 을에 대하여 어떤 부동산에 대한 소유권확인을 구하는 소송에서 병이 갑과 을을 상대로 역시 자기의 소유권확인을 청구하는 참가를 한 경우.

---

166) 대판 1994. 2. 22, 93다43682 · 51309.
167) 대판 2002. 2. 5, 99다53674 · 53681.
168) 대판 2007. 6. 15, 2006다80322 · 80339.

부동산 소유권은 대세적 효력이 있으므로 갑과 병의 소유권은 논리적으로 양립할 수 없어 참가사유가 있다.

(2) 갑이 을에 대하여 어떤 부동산에 대한 소유권이전등기청구소송을 제기하였는데 병이 갑을 상대로 매매를 이유로 소유권이전등기청구를 하고 을을 상대로 위 부동산의 인도를 청구하는 참가를 한 경우.

병의 을을 상대로 한 부동산인도청구는 갑을 대위해서만 가능하므로 결국 갑과 병의 청구는 논리적으로 양립할 수 있어 참가사유가 되지 않는다.

(3) 타인 명의로 부동산을 매수하는 경우와 같이 이름만 매수자인 갑이 매도인을 상대로 소유권이전등기청구를 한 소송에서 매수대금을 댄 사실상 매수자 병이 갑을 상대로 매수인 지위확인을, 을을 상대로 해서는 소유권이전등기를 청구하는 참가를 한 경우.

이 경우에는 채권적 청구라고 하더라도 이름만 매수자와 사실상의 매수자의 청구는 논리적으로 양립할 수 없으므로 참가사유가 있다.

나) **사해방지참가**(제79조 1항 후단)   제3자가 「소송결과에 따라 권리가 침해된다고 주장」하고 참가하는 경우이다. 예를 들어 갑이 소유권에 기하여 을을 상대로 물건의 인도를 구하는 소송을 제기하였다. 병이 그 물건은 을에게 보관시킨 자기 물건인데 그 물건의 소유권이 없는 갑이 을과 통모하여 병의 권리를 침해할 목적으로 물건인도청구소송을 제기하였다고 주장하며 갑에 대해서는 소유권확인을, 을에 대해서는 물건의 인도를 청구하면서 독립당사자 참가를 하는 경우를 말한다. 「소송결과에 따라 권리가 침해된다고 주장」하는 의미에 관하여 판례[169]는, 본소의 원고와 피고가 당해 소송을 통하여 참가인을 해할 의사를 갖고 있다고 객관적으로 인정되고 그 소송의 결과 참가인의 권리 또는 법률상 지위가 침해될 우려가 있다고 인정되는 경우라고 하고 있다(사해의사설).

---

169) 대결 2005. 10. 17, 2005마814; 대판 2007. 4. 26, 2005다3526·3533; 대판 2009. 10. 15, 2009다42130·42147.

'사해의사를 객관적으로 판정할 수 있는 경우'

예를 들어 패소할 수 없는 당사자 한쪽이 답변서나 준비서면을 제출하지 않고 기일에 불출석하거나 제3자와 이해를 같이하는 당사자가 제3자의 의사에 반하여 자백·인낙 등을 하는 경우 등이 당사자가 소송을 수행하는 모습으로 보아 사해적인 소송수행이 명백한 경우이다. 계쟁권리가 논리적으로 양립할 수 있다고 하더라도 사해의사가 있다고 인정되는 경우에는 사해방지참가를 할 수 있다.[170] 이 점에서 권리주장참가와 구별된다. 한편, 원고의 피고에 대한 청구의 원인행위가 사해행위라는 이유로 제3자가 사해행위취소를 청구하는 경우에 그 판결의 효력은 제3자와 원고 또는 제3자와 피고 사이에서만 상대적 효력이 생길 뿐이므로 제3자가 원고와 피고의 소송에 사해방지참가를 하더라도 원고와 피고 사이의 법률관계에는 영향을 줄 수 없다. 따라서 이 경우의 사해방지참가는 사해행위를 방지할 목적을 달성할 수 없게 되므로 부적법하다.[171]

3) 참가의 취지가 있을 것

참가인은 원·피고에 대하여 자기의 청구를 정립해야 한다. 독립당사자참가 제도의 취지가 원·피고 및 참가인 사이의 3파 분쟁을 한꺼번에 해결하려는데 있기 때문이다.

가) 양쪽 참가   참가인은 원·피고에 대하여 적극적으로 청구를 정립해야 한다. 2002년 민사소송법이 개정되기 이전의 판례는 단순히 소의 각하 또는 기각의 판결을 구하는 경우,[172] 참가인의 청구가 본소 청구와 논리상 양립할 수 있는 경우,[173] 형식상 별개의 청구가 있더라도 어느 한 쪽에 대한 소의 이익[174]이나 확인의 이익[175]이 없는 경우, 종전 당사자 한쪽이 당사자능력이 없는 경우,[176]

---

170) 대판 1990. 4. 27, 88다카25274 · 25281.
171) 대판 2014. 6. 12, 2012다47548 · 47555.
172) 대판 1992. 8. 18, 95다22795 · 22801.
173) 대판 1975. 3. 25, 74다897 · 898.
174) 대판 1970. 2. 10, 69다73 · 74.
175) 대판 1981. 7. 28, 80다2532 · 2533.
176) 대판 1968. 12. 24, 64다1574.

종전 당사자에 대한 청구가 주장 자체에서 이유 없는 경우,[177] 종전 당사자 양쪽에 대한 청구의 판결 결과가 각각 달라질 수 있는 경우,[178] 당사자 한쪽에 대하여 승소가능성이 있으나 다른 당사자에 대하여는 승소가능성이 없는 경우[179] 등에는 형식상 양쪽 참가라고 하여도 3파 분쟁이 아니기 때문에 모두 부적법하다고 하였다. 그러나 지금은 한쪽 참가가 허용되기 때문에 형식상 양쪽 참가를 하지 아니하여도 실질적으로 3파 분쟁인 경우에는 허용되어야 할 것이다.

나) 한쪽 참가　　　계쟁권리가 참가인과 피참가인 사이에 논리적으로 양립할 수 없는 관계에 있기 때문에 소송 중 분쟁이 현재화될 관계에 있거나(권리주장참가) 계쟁권리가 참가인과 피참가인 사이에 양립할 수 있는 관계에 있다고 하여도 피참가인이 상대방과 결탁하여 참가인의 권리를 침해할 염려가 있는 경우(사해방지참가)에는 어느 한쪽에 참가하더라도 독립당사자참가가 허용된다. 그러나 한쪽 참가를 하더라도 소송의 모습은 3파 분쟁을 유지하여야 하며 그렇지 않으면 부적법하다고 해야 한다.[180] 그렇지 않으면 제67조를 준용하기 어렵기 때문이다.

4) 참가인의 청구는 본소청구와 같은 종류의 절차에서 심판될 것

참가인의 독립당사자참가는 본소와 청구병합의 형태로 이루어지므로(제253조) 같은 종류의 절차에서 심판되어야 한다. 따라서 통상의 민사소송절차와 재심은 병합할 수 없으므로[181] 본소가 통상의 민사소송절차인 경우에 참가인은 재심으로 참가할 수 없다.

5) 일반적 소송요건

참가신청은 새로운 소제기의 실질이 있기 때문에 참가요건 이외에 당사자능력, 소송능력 등 일반적 소송요건을 갖추어야 한다.

---

177) 대판 1995. 6. 9, 94다9160 · 9177.
178) 대판 1970. 11. 30, 68다2356 · 2357.
179) 대판 1992. 8. 18, 90다9452 · 9469.
180) 이시윤, 796면은 한쪽 참가를 준 독립당사자참가라고 하여 양쪽 참가와 성질을 달리 보지만 구체적으로 독립당사자참가와 어떻게 성질을 달리하는가에 관해서는 설명이 없다. 저자는 양쪽 참가이든 한쪽 참가이든 모두 제79조 1항에 근거하고 있으므로 양자는 모두 동일한 독립당사자참가 형태라고 본다.
181) 대판 1997. 5. 28, 96다41649; 대판 2009. 9. 10, 2009다41977.

라. 참가절차

1) 참가신청

참가신청의 방식은 보조참가의 신청(제72조)에 준하므로(제89조 2항), 참가의 취지와 참가의 이유를 밝혀 본소가 계속 중인 법원에 제출하여야 한다. 다만 참가신청은 새로운 소제기의 실질을 갖고 있기 때문에 소액사건(소심 제4조) 이외에는 반드시 서면에 의하여야 하며, 소장에 준하는 인지를 붙여야 한다(민인 제6조 1항). 권리주장참가는 독자적으로 실체법상의 권리를 주장하는 경우이므로 참가신청서를 제출하면 참가인의 청구에 관하여 시효중단의 효력이 생긴다(제265조의 유추).

2) 참가의 허가여부에 대한 재판

독립당사자참가신청은 새로운 소제기와 같으므로 보조참가와 달리 종전 당사자의 이의 유무에 불구하고 직권으로 그 참가요건 및 소송요건을 조사한다. 이들 요건을 조사한 결과 그 요건들이 모두 갖추어지지 않으면 참가신청을 각하한다.[182] 그러나 참가요건을 갖추지 못하더라도 소송요건을 갖추고 있는 경우에는 참가신청을 각하할 것이 아니라 계속 중인 본소에 독립당사자참가신청을 병합시켜 공동소송으로 심리할 수 있으며 만약 본소의 당사자에 대하여 공동소송의 요건을 갖추지 못하여 병합심리를 할 수 없을 때(예, 본소의 변론종결 후에 참가신청을 한 경우)에는 별개 독립의 소로 심리함이 타당하다.[183]

마. 본안의 심판

독립당사자참가의 취지는 원고·피고·참가인의 3자를 대립·견제시켜 한꺼번에 분쟁을 해결하는데 목적이 있다. 따라서 원고 및 참가인의 청구에 관하여 공통된 자료에 의하여 통일된 판결을 하여야 하고 당사자의 일부에 대해서만 판결을 할 수 없다.

독립당사자참가소송에서 3자의 관계는 어느 한쪽은 다른 양쪽과 서로 대립과

---

182) 대판 1993. 3. 12, 92다48789·48796.
183) 같은 취지: 이시윤, 799면.

연합의 관계에 있어 이 경우의 연합관계는 마치 필수적 공동소송인 사이와 같고 대립관계는 필수적 공동소송인과 그 상대방과의 관계와 같기 때문에, 제79조 2항에 의하여 필수적 공동소송인과 그 상대방과의 대립을 명백하게 하는 제67조가 준용된다. 따라서 제67조를 독립당사자 참가의 소송수행 과정에 반영시키면 결국 전체적으로 3자 상호간의 배척관계를 유지시킬 수 있는 것이다.

1) 심리의 공통

가) 제67조 1항의 준용   두 당사자 사이의 소송행위가 나머지 한 사람에게 불이익을 주는 경우에는 두 당사자 사이에서도 효력이 없다(제67조 1항 준용). 예를 들어 원·피고 사이의 자백,[184] 청구의 인낙 또는 화해,[185] 상소의 취하는 참가인이 다투면 효력이 없다. 그러나 처분권주의의 원칙상 3자가 모두 합의하면 재판상 화해를 할 수 있고, 원고의 청구포기도 참가인의 청구와 모순되지 않으면 허용하여야 할 것이다. 참가인은 언제나 참가를 취하할 수 있으므로 참가의 포기도 가능하다고 하여야 할 것이다.[186] 원·피고·참가인 중에서 어느 한 사람에게 유리한 소송행위는 같은 입장에 있는 나머지 한 사람에 대하여도 효력이 있다. 예를 들어 피고가 불출석하여도 참가인이 출석하면 원고에 대항하여 같은 입장에 있는 피고에게 불출석의 불이익이 없다.

나) 제67조 2항의 준용   한 사람의 다른 한 사람에 대한 소송행위는 나머지 한 사람에 대하여도 효력이 있다(제67조 2항 준용). 예를 들어 참가인의 원고에 대한 준비서면의 진술은 불출석한 피고에 대해서도 진술의 효력이 있다.

다) 제67조 3항의 준용   기일은 공통으로 정하지 않으면 안 된다. 따라서 3당사자 가운데에서 어느 한 사람에 대하여 중단·중지의 사유가 있으면 3당사자 사이의 소송 전체가 정지되고(제67조 3항 준용), 변론의 분리는 허용되지 않는다.[187] 그러나 상소기간과 같이 소송행위를 위한 기간은 3자 사이에 개별적으로 계산한다.

---

184) 대판 2009. 1. 30, 2007다9030·9047.
185) 대판 2005. 5. 26, 2004다25901·25918.
186) 반대 취지: 이시윤, 799면.
187) 대판 1995. 12. 8, 95다44191.

2) 본안에 관한 판결

가) 3당사자 사이에 모순 없는 심판을 하여야 하기 때문에 하나의 전부판결로서 동시에 심판을 하여야 한다. 한쪽 참가를 한 경우에도 동일하다. 일부판결은 양쪽 참가이든 한쪽 참가이든 허용되지 않으므로 어느 경우에나 추가판결로서 보충할 수 없고 위법을 시정하는 상소에 의하여 상소심의 전부판결로 구제를 받아야 한다.

나) 소송비용은 3당사자 가운데서 한 사람이 승소하면 제102조를 준용하여 패소한 다른 두 사람의 분담으로 하고, 패소한 두 사람 사이에서는 청구를 정립한 적극적 당사자가 부담한다.

3) 판결에 대한 상소

예를 들어 갑이 을을 상대로 어떤 물건에 대하여 소유권에 기한 인도청구의 본소를 제기하였는데 병이 갑을 상대로 해서는 그 물건의 소유권확인을, 을을 상대로 해서는 소유권에 기한 인도청구를 하면서 독립당사자참가를 하였다. 제1심에서 갑의 승소판결이 선고되었고 이에 대하여 을만 상소를 제기한 경우 상소심은 어떻게 할 것인가. 즉, 상소하지 않은 병에 대한 판결부분이 분리·확정되는가. 그렇지 아니하고 이심된다면 상소심에서 병에 대하여 어떻게 판단할 것인가. 특히 상소심에서 심리한 결과 병의 독립당사자참가가 이유 있는 경우의 판단 등이 문제된다. 독립당사자참가는 분쟁의 실체가 3면소송이지만 상소가 되면 상소인·피상소인의 2면소송이 되어 소송의 실체와 처리방식에 차이가 생기기 때문에 이런 문제가 발생한다.

가) 병의 소송상 지위

a) 제1설 상소인설·피상소인설   그러나 병은 상소를 제기한 일도 상소를 제기당한 일도 없으므로 이 견해는 부당하다

b) 2면소송환원설   상소하지 않은 병은 분리 확정되고 상소를 계기로 갑·을의 2면소송으로 환원된다는 설이다. 그러나 그렇게 되면 갑·을·병 사이의 분쟁을 일거에 해결한다는 독립당사자참가의 본래의 취지에 반하여 부당하다.

c) 상소인도 피상소인도 아닌 상소당사자설   독립당사자참가의 취지를

살리기 위해서 병의 판결도 분리·확정되지 않고 상소심에 이심되지만 상소인이나 피상소인이 아닌 상소당사자라는 견해이다(통설). 이 견해가 가장 정당하다.

나) 상소당사자설의 전개

a) 상소당사자   피고만이 상소를 제기하고 참가인이 상소를 제기하지 아니하더라도 참가인에 대한 판결부분도 3면소송을 유지하기 위해 상소심에 이심된다. 다만 참가인은 상소인이 아니므로 상소취하권이 없으며 상소장에 인지를 붙일 의무가 없고 상소비용을 부담하지 않으며 상소심판결서에 상소인이나 피상소인이라고 표시를 해서는 안 된다.

b) 불이익변경금지원칙의 부적용   불이익변경금지의 원칙은 2당사자소송구조에서 당사자의 상소권을 보장하기 위하여 인정되므로 3당사자 사이의 합일·확정을 필요로 하는 3면소송에서는 그대로 적용하기 어렵다. 따라서 상소심에서 심리한 결과 병의 소유권이 인정되는 경우에는 병의 상소 여부에 불구하고 합일·확정의 필요에 의하여 병 승소의 판결을 할 수 있다.[188] 다만 불이익변경금지의 원칙을 적용하지 않으려면 참가인의 참가신청이 적법하고 합일·확정의 필요가 있어야 한다.[189] 따라서 제1심에서 참가인의 참가신청이 부적법하여 각하되었다면 본소의 양쪽 당사자 소송만 남게 되므로 그 경우에는 불이익변경금지의 원칙이 적용되어서 병 승소의 판결은 할 수 없고 상소를 기각하여야 한다.

바. 2당사자소송으로 환원

1) 본소의 취하 또는 각하

참가인이 독립당사자참가를 한 뒤에도 원고는 본소를 취하할 수 있다. 이 경우에 참가인과 상대방은 본소를 유지할 이익이 있기 때문에 원고는 참가인과 상대방의 동의를 받아야 한다.[190] 원고가 본소를 취하하면 참가인의 원·피고에 대한 공동소송이 된다(공동소송잔존설).[191] 본소가 각하되어도 참가인의 원·피고에 대한 공동소송이 된다.[192] 다만 한쪽 참가에서는 참가인과 원고 혹은 참가인과 피

---

188) 대판 2007. 10. 26, 2006다86573·86580.
189) 대판 2007. 12. 14, 2007다37776·37783.
190) 대결 1972. 11. 30, 72마787.
191) 대판 1991. 1. 25, 90다4723.
192) 그러나 판례는 이 경우에 참가신청을 각하하여야 한다고 한다(대판 1981. 7. 28, 81다카

고 사이의 단일소송이 남는다.

2) 참가신청의 취하 또는 각하

참가인은 소의 취하에 준하여 참가신청을 취하할 수 있다. 따라서 원·피고가 본안에 관하여 변론을 한 경우에는 양쪽의 동의(제266조 2항)를 받아야 한다. 참가신청을 취하하면 원·피고 사이의 본소만 남는다. 참가신청이 각하된 경우에도 동일하다. 참가인이 원·피고 가운데서 어느 한쪽의 청구만 취하하면 본소에서 남은 당사자와 참가인과의 공동소송형태가 된다. 참가신청이 취하 또는 각하된 경우에 참가인이 제출한 증거방법은 원고나 피고가 쓰겠다고 원용하지 않는 한 그 효력이 없다.

3) 소송탈퇴(제80조)

가) 뜻　　a) 제3자가 독립당사자참가를 한 경우에 종전의 원고 또는 피고가 당사자로서 소송을 계속할 필요가 없는 때에는 소송에서 탈퇴할 수 있다(제80조). 이를 소송탈퇴라고 한다. 예를 들어 피고가 채무의 존재는 인정하지만 참된 채권자가 원고인지 제3자인지 알 수 없기 때문에 정당한 채권자에게 채무를 변제하고자 원고의 청구를 다투었는데 제3자가 채권자라고 하여 소송에 참가한 경우에 소송의 결말을 원고와 참가인에게 맡기고 소송에서 탈퇴하는 것과 같은 경우이다. 3면소송은 그로 인하여 소송관계가 종료되고[193] 2당사자 소송으로 환원되므로 탈퇴한 자는 제3자로서 증인이 될 수 있다. 참가인의 소송탈퇴는 참가신청의 취하로 보아야 한다.[194]

b) 제80조의 법문에서는 소송탈퇴의 범위를 권리주장참가에 국한시킨 듯이 되어 있으나 권리주장참가의 경우에 소송탈퇴를 할 필요성이 크다는 의미이지 사해방지참가를 제외하는 취지는 아니다. 사해방지참가에서도 참가인 지위의 논리적 전제를 이루는 청구의 권리자가 되는 당사자[195]에 관해서는 소송탈퇴의 필요

65·66 참조).

193) 대판 2011. 4. 28, 2010다103048.

194) 대판 2010. 9. 30, 2009다71121.

195) 예를 들어 갑이 소유권에 기하여 을을 상대로 물건의 인도를 구하는 소송에서, 병이 그 물건은 을에게 보관시킨 자기 물건인데 그 물건의 소유권이 없는 갑이 을과 통모하여 병의

성이 있다(다수설).

나) 요   건   a) 제3자의 독립당사자참가가 적법·유효한 경우에 한정하여 본소의 당사자만이 탈퇴할 수 있다.[196] 독립당사자참가가 부적법하여 각하되는 경우에는 당사자들은 소송을 계속하여야 하므로 탈퇴할 수 없다.

b) 상대방의 승낙을 받아야 한다. 탈퇴로 인하여 상대방이 그동안 소송을 유지한 이익이 침해될 우려가 있기 때문이다. 참가인의 승낙은 받을 필요가 없다. 왜냐하면 소송탈퇴를 하더라도 판결의 효력이 탈퇴당사자에게 미쳐서(제80조 단서) 마치 탈퇴당사자에 대한 소송계속이 유지되어 3면소송과 같은 결과가 되기 때문이다.

c) 양쪽 참가의 경우에만 가능하다. 왜냐하면 한쪽 참가의 경우에는 형식상 2당사자 소송이 이미 형성되어 탈퇴의 의미가 없기 때문이다.[197]

다) 탈퇴자에 대한 판결의 효력   소송탈퇴를 하더라도 남아 있는 당사자에 대한 판결의 효력은 탈퇴자에 대하여도 미친다(제80조 단서). 그 효력은 일단 기판력으로 보아야 할 것이다. 독립당사자참가는 보조참가와 달리 피참가인과 참가인과의 사이에 협력관계가 없으므로 참가적 효력으로 볼 수 없기 때문이다. 또한 판결이 이행판결인 경우에 이행청구권의 존부만이 탈퇴자에 미치고 집행력이 생기지 아니하면 강제집행의 길이 막히므로 집행력을 포함한다고 보아야 한다.

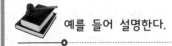

예를 들어 설명한다.

원·피고 사이의 건물명도청구소송에서 참가인이 원고에 대해서는 소유권확인을, 피고에 대해서는 건물명도 청구를 하면서 독립당사자참가를 하였는데 피고가 소송탈퇴를

권리를 침해할 목적으로 물건인도청구소송을 제기하였다고 하여 갑에 대해서는 소유권확인을, 을에 대해서는 물건의 인도를 청구하는 사해방지참가를 하였을 경우에 갑을 의미한다.
196) 대판 2012. 4. 26, 2011다85789.
197) 이시윤, 804면은 한쪽 당사자참가의 경우에도 소송탈퇴가 가능하다고 한다.

하였다. 그 결과 2당사자 소송으로 환원되면 참가인의 원고에 대한 소유권확인청구만 남게 된다. 법원의 심리 끝에 원고가 승소하면 판결주문은 「참가인의 원고에 대한 청구를 기각한다」라는 소극적 확인판결 뿐이다. 여기서 판결의 효력을 오로지 기판력으로만 본다면 원고는 소극적 확인판결로서 피고에 대한 건물명도를 받을 수 없는 것이 당연하다. 따라서 이 경우에는 집행력을 포함하는 것으로 보아서 판결주문에 「참가인의 원고에 대한 청구를 기각한다」 이외에 「피고는 원고에게 ○○건물을 명도하라」고 이행의무를 선언하여 두면 이것이 집행문(민집 제29조)과 같은 역할을 하여 강제집행을 할 수 있게 된다.

5. 공동소송참가

가. 뜻

소송목적이 한쪽 당사자와 제3자에게 합일·확정될 경우에 그 제3자가 계속 중인 소송의 원고 또는 피고와 공동소송인으로서 참가하는 것을 말한다(제83조). 제3자가 소송에 참가하면 제67조가 적용되어 필수적 공동소송이 된다.

나. 적용범위

공동소송참가가 당사자와 참가인이 유사필수적 공동소송관계에 있는 경우에 적용이 있다는 점에는 이론이 없다.[198] 문제는 고유필수적 공동소송의 경우에도 이 규정에 의하여 공동소송인 일부가 누락된 흠을 보정할 수 있느냐이다. 필수적 공동소송인의 추가규정(제68조)에 의하여 당사자적격의 흠을 보정할 수 있다는 것과의 균형상 제3자도 스스로 참가하여 당사자적격의 흠을 보정할 수 있다고 하여야 하므로 고유필수적 공동소송에서도 적용이 있다고 하여야 할 것이다.

다. 요 건

1) 소송계속중일 것

여기서의 소송계속이라 함은 판결절차를 의미한다. 문제는 상고심에서도 참

---

198) 주주의 대표소송에 회사가 상법 제404조 1항에 의해서 참가하는 것은 공동소송참가이다 (대판 2002. 3. 15, 2000다9086 참조).

가할 수 있느냐이다. 유사필수적 공동소송에서는 공동소송인이 되지 아니하여도 판결의 효력이 미치게 되므로 법률심인 상고심에 참가하지 못할 이유가 없을 것이다. 그러나 고유필수적 공동소송에서는 공동소송인의 존재 자체가 당사자적격이므로 일부 공동소송인이 누락되는 흠이 있을 경우에 그 흠의 보정이 가능한 사실심에서 참가하여야 할 것이다. 사실심이라면 제1심이나 항소심을 묻지 않는다는 점에서 제1심에서만 가능한 필수적 공동소송인의 추가(제68조)와 구별된다.

2) 당사자적격

이 참가는 별소의 제기에 갈음하기 때문에 참가인이 상대방에 대하여 본소청구의 인용 또는 기각과 같은 내용의 주장을 할 당사자적격이 있어야 한다. 당사자적격이 없으면 판결의 효력을 받더라도 공동소송적 보조참가 밖에 할 수 없다.

Ⅳ. 당사자의 변경

당사자의 변경이라 함은 소송계속중에 제3자가 종전 당사자에 갈음하거나(당사자의 교체) 병행하여(당사자의 추가) 소송절차에 가입하는 것을 말한다. 여기에는 임의적 당사자변경과 소송승계가 있다.

1. 임의적 당사자변경

가. 총 설

1) 뜻

임의적 당사자변경이라 함은 원고가 피고 이외의 자를 피고로 교체 또는 추가한다든지 처음의 원고 이외의 제3자가 원고에 갈음하거나 추가되는 것을 말한다. 어느 청구에 관하여 당사자로 하여야 할 자를 잘못하여 빠뜨린 경우에 이를 보정하여 처음의 소송을 관철하기 위하여 한다. 종전 당사자의 지위를 승계하지 않는다는 점에서 소송승계와 다르다. 또 이전 당사자와 새 당사자와의 사이에 동일성이 없다는 점에서 그 동일성을 해치지 않고 소장 등의 표시만을 고치는 표시 정정과 구별된다.

2) 이론구성

임의적 당사자변경은 뒤에서 보는 바와 같이 교환적 당사자변경과 추가적 당사자변경으로 나눌 수 있다. 제261조 4항에서는 피고의 경정신청을 허가한 결정이 있는 때에는 종전의 피고에 대한 소는 취하된 것으로 본다고 규정하고 있고, 제68조 3항에서는 필수적 공동소송인의 추가가 있을 때에는 처음 소가 제기된 때에 추가된 당사자와의 사이에 소가 제기된 것으로 본다고 규정하고 있다. 따라서 이 규정들을 합쳐서 살펴보면 교환적 당사자변경은 신소제기와 구소취하의 구조를, 추가적 당사자변경은 공동소송의 구조를 취하였다고 할 것이다.

나. 형 태

1) 교환적 당사자변경

가) 뜻 　　소송계속중에 새로운 당사자가 종전 당사자에 갈음하여 소송절차에 가입하는 것을 말한다. 종전 당사자와 새로운 당사자 사이에서는 동일성이 없다.

나) 형 태

a) 피고의 경정 　　피고의 경정이란 이전의 피고를 배제하고 새로운 제3자로 피고를 바꾸는 것을 말한다. 원고가 피고를 잘못 지정한 것이 명백한 때에는 제1심 법원은 변론을 종결할 때까지 원고의 신청에 의하여 결정으로 피고의 경정을 허가한다(제260조 1항). 이전의 피고에 대한 소는 취하된 것으로 본다(제261조 4항).

b) 원고의 경정 　　소송계속중에 원고가 자신에 대한 표시를 잘못하였을 경우에 그 동일성을 유지하는 범위에서 이를 바로잡는 것은 어느 경우에나 허용된다. 그러나 피고가 교환적 변경절차에 의하여 반대 당사자인 원고를 경정하는 것은 있을 수 없다.[199] 처분권주의를 지배원리로 하는 우리 민사소송법에서는 소

---

199) 대판 1994. 5. 24, 92다50232.

송을 원고의 지배에 두기 때문에 다른 사람의 의사에 의하여 함부로 원고가 그의 지위를 벗어날 수 없는 까닭이다.

2) 추가적 당사자변경

가) 뜻　　추가적 당사자변경이라 함은 소송계속중에 제3자가 종전 당사자와 병행하여 소송절차에 가입하는 것을 말한다.

나) 형 태

a) 각종 소송참가　　보조참가(제71조)·공동소송적 보조참가(제78조)·독립당사자참가(제79조)·공동소송참가(제83조)는 법이 명문으로 허용하는 당사자 추가의 형태이다. 그러나 각종 소송참가와 추가적 당사자변경은 구별되어야 한다. 즉, 소송참가는 제3자가 자기의 의사에 의해 소송에 관여함으로써 당사자가 추가되는 소송형태이고 추가적 당사자변경은 소송계속중에 당사자가 제3자를 소송에 관여시킴으로써 당사자가 추가되는 소송형태이기 때문이다. 따라서 추가적 당사자변경의 방식에 의하여 소송참가를 할 수 없으며, 소송참가의 형식으로 추가적 당사자변경을 할 수 없다.

b) 필수적 공동소송인의 추가(제68조)와 예비적·선택적 공동소송(제70조) 이 경우도 법이 명문으로 허용하는 당사자 추가의 형태이다.

다. 요건 및 효과

1) 요 건

가) 어느 경우에도 제1심의 변론이 종결될 때까지 할 수 있다(제260조 1항, 제68조 1항). 당사자의 실질적 변론의 기회를 확보하고 심급의 이익을 지키기 위해서이다. 그러므로 항소심에서도 심급의 이익이 박탈되는 불이익을 입은 상대방이 새로운 당사자와의 사이에서 분쟁을 한꺼번에 해결할 필요에 의해서 새로운 당사자의 추가에 동의한다면 당사자변경이 가능하다고 풀이할 것이다.[200]

나) 교환적 당사자변경의 경우에는 당사자를 잘못 지정한 것이 명백하여야 한다(제260조 1항). 판례[201]는 청구원인의 기재 자체로 보아 원고가 법적 평가를

---

200) 같은 취지: 이시윤, 812면.
201) 대결 1997. 10. 17, 97마1632.

잘못하여 피고의 지정을 그르치거나 법인격의 유무에 관하여 착오를 일으킨 경우 등이 이에 해당한다고 하였다. 그러나 이 요건을 엄격하게 해석할 필요가 없으며 관련된 당사자를 소송에 가입시킴으로써 분쟁을 한꺼번에 통일적으로 해결할 필요가 있다면 어느 경우에도 허용하여야 할 것이다.[202) 예를 들어 학교법인을 피고로 한다는 것이 학교시설의 책임자를 피고로 한 경우, 공작물의 설치·보존의 흠을 이유로 손해배상을 청구할 때 피고를 점유자로 하여야 할 것을 소유자로 한 경우 등이 모두 당사자를 잘못 지정한 때에 해당한다. 법원은 원고가 피고를 잘못 지정한 경우에 석명권을 행사하여 피고를 경정하게 하여야 하고 이를 게을리하면 위법이다.[203)

다) 교환적 당사자변경은 신소의 제기와 구소의 취하로 이루어지므로 피고가 본안에 관하여 변론을 하였을 때에는 피고의 동의를 받아야 하고(제260조 1항), 추가적 당사자변경에서 제3자를 원고로 추가할 때에는 그 제3자의 동의를 받아야 한다(제68조 1항 단서).

라) 추가적 당사자변경으로 필수적 공동소송이 되는 경우에는 합일·확정이라고 하는 필수적 공동소송의 요건(제67조)을 갖추어야 하고, 예비적·선택적 공동소송이 되는 경우에는 법률상 양립할 수 없다는 예비적·선택적 공동소송의 요건(제70조)을 갖추어야 한다.

2) 효   과

가) 임의적 당사자변경에서는 신 당사자가 구 당사자의 지위를 그대로 승계하지 아니하므로 구 당사자가 한 종전 소송수행의 결과는 신 당사자에게 미치지 않는다. 따라서 법원은 신 당사자에 대하여 새로운 변론절차를 열어야 할 것이다. 다만 신 당사자가 구 당사자의 변론이나 증거조사의 결과를 쓴다고 원용할 때에는 그 효력이 신 당사자에게 지속된다.

나) 임의적 당사자 변경은 신 소제기의 실질이 있으므로 교환적 당사자변경의 경우에는 변경신청이 있는 때(제265조), 추가적 당사자변경의 경우에는 처음 소가 제기된 때(제68조 3항)로 소급하여 시효의 중단 또는 법률상 기간 준수의 효

---

202) 같은 취지: 이시윤, 812면.
203) 대판 2004. 7. 8, 2002두7852 참조.

력이 있다.

2. 소송승계

가. 총   설

1) 뜻

소송승계라 함은 소송계속중에 당사자의 사망, 소송목적의 양도로 인하여 당사자를 둘러싼 실체관계에 변동이 생겨서 당사자적격이 종래의 당사자로부터 다른 자에게 옮겨지는 것을 말한다. 소송승계가 이루어지면 종전 당사자는 당사자적격을 상실하게 된다. 그럼에도 불구하고 그로 하여금 소송을 그대로 진행시켜도 좋은가라는 문제가 일어난다. 로마법에서는 소송계속중에 실체관계의 변동 자체를 금지하였다(양도금지주의). 독일민사소송법은 비록 실체관계에 변동이 생기더라도 당사자적격에 영향을 주지 않게 하였다(당사자항정주의). 우리나라는 실체관계의 변동과 더불어 당사자적격의 변동을 인정하면서 새로운 실체법상의 권리귀속자에게 소송승계를 허용한다(소송승계주의). 소송승계주의는 실체법상의 권리자와 소송수행자를 일치시키는 장점이 있으나 실체법상의 권리가 변동되면 종전 당사자는 당사자적격을 상실하므로 새로운 당사자에게 소송승계가 이루어지지 않는 한 종전 당사자의 또는 그에 대한 소송은 당사자적격의 흠을 이유로 패소를 면할 수 없게 된다. 따라서 그와 같은 패소를 면하기 위해서는 실체법상의 권리변동 때마다 승계인을 새로운 당사자로 하지 않으면 안 되기 때문에 승계절차를 밟기 위한 시간과 비용의 부담이 크다는 점에 문제가 있다.

2) 소송승계의 모습

소송승계에는 당사자의 사망 등 일정한 승계원인이 생기면 법률상 당연히 소송승계가 이루어지는 당연승계와 당사자의 의사표시에 의한 계쟁물의 양도 등의 경우와 같이 승계절차를 밟아야 소송승계가 이루어지는 특정승계가 있다. 현행법상 특정승계의 방법으로는 참가승계(제81조)와 인수승계(제82조)가 있다.

3) 효   과

가) 소송이 승계되면 신 당사자는 구 당사자의 지위를 그대로 승계한다. 변론이나 증거조사의 결과는 그대로 신 당사자에게 미치고 종전의 소제기에 의한 시효중단이나, 법률상 기간 준수의 효과도 그대로 신 당사자에게 미친다. 채권자대위권에 기하여 계약금반환청구를 하다가 해당 피대위채권을 양수하여 교환적으로 양수금청구로 청구를 변경하더라도 계약금반환청구의 동일성이 유지되고 시효중단의 효력은 특정승계인에게 미치는 점에 비추어 채권자대위소송의 시효중단의 효력은 계약금반환청구소송에도 미친다.[204]

나) 구 당사자가 할 수 없는 자백의 취소, 시기에 늦은 공격방어방법의 제출 등은 신 당사자도 할 수 없다.

다) 소송비용은 당연승계의 경우에는 신 당사자가 이어받는다. 특정승계의 경우에는 특별한 사정이 없는 한 승계되지 않는다.

나. 당연승계

1) 뜻

당연승계라 함은 소송계속중에 실체법상의 승계사유가 생기면 그 사유가 바로 소송에 반영되어서 당사자가 법률상 당연히 교체되는 것을 말한다. 법은 이 경우에 신당사자로 되어야 할 자의 이익을 보호하기 위하여 일정한 기간 동안 소송절차를 중단하고 승계인으로 하여금 소송을 수계(受繼)하도록 하고 있으므로 어떤 승계원인이 당연승계의 사유가 되는가는 주로 소송절차의 중단 및 수계의 규정으로부터 알 수 있다.

2) 승계의 원인

가) 당사자의 사망(제233조)   가장 전형적인 당연승계의 사유이다. 그러나 권리의 성질이 일신전속권이어서 상속성·양도성이 부정되는 경우에는 당사자의 사망으로 대립당사자의 소송구조가 소멸되므로 소송은 승계되지 않고 종료된

---

204) 대판 2010. 6. 24, 2010다17284.

다(예외, 가소 제16조). 상속을 포기할 수 있는 기간 이내에 포기한 때(민 제1019조 내지 제1021조)에도 소송은 승계되지 않는다. 승계인에는 상속인 이외에 포괄적 수증자(민 제1078조), 유언집행자(민 제1093조이하), 상속재산관리인(민 제1040조) 등이 있다. 재산일부의 특정수증자는 유언의무자에 대하여 유증의 이행을 청구할 채권을 취득함에 불과하고 당연승계자가 아니다.[205]

    나) 법인의 합병으로 인한 소멸(제234조)

    다) 당사자인 수탁자의 임무종결(제236조)

    라) 일정한 자격에 기하여 당사자로 된 자의 자격상실(제237조 1항)

    마) 선정당사자 전원의 자격상실(제237조 2항)

    바) 파산 선고 또는 파산절차의 해지(제239조, 제240조)

    사) 회생개시절차개시결정 또는 회생절차종료(회생 파산 제59조 1항·4항)

3) 소송상의 취급

    가) 소송절차가 중단되는 경우   소송계속중에 당연승계의 사유가 발생하면 소송절차가 중단된다. 그러므로 승계인 또는 그 상대방(제241조)은 소송절차의 수계를 신청하여야 한다. 수계신청이 있으면 법원은 이를 상대방에게 통지한다(제242조). 수계신청의 적법 여부는 법원의 직권조사사항이므로(제243조 1항) 법원은 직권으로 승계사유 및 승계인의 적격을 직권으로 조사하여 흠이 있을 때에는 결정으로 수계신청을 기각하고 그 적격이 인정된 때에는 승계인에 의한 소송수행을 허용하여야 한다. 소송이 속행된 뒤에 수계인의 승계적격이 없다고 판명된 경우에는 당사자적격이 없는 것과 동일하게 취급하여야 한다. 따라서 잠칭 수계인 또는 그에 대한 소송은 당사자적격의 흠을 이유로 판결로써 각하하여야 할 것이지만 판례[206]는 이 경우에 수계재판을 취소하고 수계신청을 각하하라고 하였다. 그러므로 진정 수계인에 대한 관계에서는 아직도 중단상태에 있으므로 다시 수계신청을 하여야 한다.

    나) 소송대리인이 있어 중단되지 않는 경우   피승계인에게 소송대리인이 있어 소송절차가 중단되지 아니하는 경우에는 당연승계의 사유가 생기더라도 소

---

205) 대판 2010. 12. 23, 2007다22866.
206) 대판 1981. 3. 10, 80다1895.

송절차는 그대로 진행된다(제238조). 소송대리인은 계속하여 구 당사자의 이름으로 소송을 수행하게 되지만 실질적으로는 신 당사자의 소송대리인으로 소송을 수행하는 것이므로 판결의 효력은 신 당사자에게 생긴다.[207] 그러나 민사집행을 하려면 승계인에 대하여 승계집행문을 부여받지 않으면 안 되므로(민집 제31조) 이때 승계인이 누구인지 조사하여야 할 것이다. 만약 판결단계에서 승계사실과 승계인이 판명되었을 때에는 소송대리인이 있어 소송수계의 필요성이 없기 때문에 구태여 수계절차를 밟을 필요 없이 판결문에 승계인을 당사자로 표시하면 된다.

다. 특정승계

1) 소송목적의 양도

가) 뜻　　소송계속중에 당사자의 의사표시에 의하여 소송목적이 되는 권리 또는 법률관계가 제3자에게 양도됨으로써 당사자적격이 이전되는 것을 말한다. 계쟁물의 양도라고도 한다. 계쟁물이 양도되면 당사자적격에 변동이 생기므로 제3자가 제81조 및 제82조에 의하여 소송승계를 하지 않는 한 종전 당사자의 또는 당사자에 대한 소송은 당사자적격의 흠으로 말미암아 각하 또는 기각된다.

나) 평　가　　당사자의 의사표시에 의하여 소송목적이 되는 권리 또는 법률관계가 제3자에게 양도되는 여러 경우를 평가하여 본다.

a) 소제기 이전에 양도한 경우　　소송에 아무런 영향을 주지 않는다. 다만 소제기 이전에 소송목적의 양도사실을 원고가 모르고 양도인을 상대로 소송을 제기하였다가 소송계속 이후 그 사실을 안 경우에 양수인으로 당사자를 변경할 수 있느냐는 것은 당사자 변경의 문제이다. 교환적 당사자 변경의 경우에는 당사자를 잘못 지정한 것이 명백하여야 변경할 수 있다(제260조 1항).

b) 소제기 이후 변론종결 이전의 양도　　전형적인 소송승계의 경우로서 참가승계(제81조)와 소송인수(제82조)에 의하여 소송승계가 이루어진다.

c) 변론종결 이후 양도　　변론종결 이후 소송목적이 양도되었을 때에는 종전 당사자에 대한 판결의 효력은 승계인에게 미치므로(제218조 1항) 소송에 영

---

[207] 대결 1992. 11. 5, 91마342.

향을 주지 않는다.

　　다) 소송승계주의의 결함에 대한 대책　　소송계속중에 실체법상의 권리관계가 변동되는 것을 소송승계에 반영하게 되면 당사자는 상대방의 권리변동 사실을 주의 깊게 관찰하여 실체관계의 변동이 있는 경우에는 즉시 소송승계의 방도를 갖추어야 하며, 그렇지 아니하면 피고의 실체관계에 변동이 있는 경우 원고의 소제기는 당사자적격을 상실한 자에 대한 소송이 되어 패소하게 된다. 독일의 당사자항정(恒定)주의는 소송승계주의의 이 결함을 해소하기 위한 입법이다. 소송승계를 허용함으로써 생기는 결함에 대한 현행법상의 대처 방법으로 다음과 같은 방법이 있다.

　　a) 추정승계인(제218조 2항)　　제218조 2항은 당사자가 변론을 종결할 때까지 승계사실을 진술하지 아니한 때에는 변론을 종결한 뒤에 승계가 있는 것으로 추정하여 승계인에게 기판력을 미치게 하고 있다. 이 규정은 승계사실을 은폐하여 기판력을 받지 않으려는 당사자를 제재하려는 취지에서 나온 것이다. 추정승계인 규정은 소송승계주의의 결점을 시정하는 역할을 할 수 있다.

　　b) 가처분제도　　현상의 변경으로 당사자가 권리를 실행하지 못하거나 이를 실행함에 현저히 곤란할 경우가 있는 때에는 계쟁물에 관하여 가처분을 할 수 있다(민집 제300조). 가처분에 의하여 소송목적의 대상물에 관한 현상의 변경을 금지한 결과 피고 쪽 당사자를 고정시킬 수 있으므로 원고 쪽이 가장 잘 이용하는 피고의 고정방법이다.

　2) 참가승계(제81조)

　　가) 뜻　　참가승계라 함은 소송계속중에 계쟁물이 양도되었을 때 그 양수인이 그때까지 형성된 유리한 소송상태를 이용하기 위하여 스스로 소송절차에 참가하는 것을 말한다. 권리와 의무는 표리관계이므로 권리의 양수인은 물론이고 실체법상의 의무의 승계인도 종전 소송수행과정에서의 유리한 소송상태를 이용하기 위하여 이 참가 방식으로 참가할 수 있다(제81조).

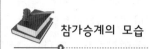 참가승계의 모습

예를 들어 원고로부터 권리를 승계하였다고 주장하는 Z가 승계참가를 하려면 피고에 대해서는 원고의 청구와 동일한 청구의 취지 및 원인 외에 권리승계사실을 청구원인에 추가한 신 청구를 주장하고, 원고에 대해서는 권리의 승계원인에 관한 적극적 확인청구를 하여 3면소송이 되게 한다. 또 피고로부터 채무를 승계하였다고 주장하는 Z가 승계참가를 하려면 원고에 대해서는 채무부존재확인의 소극적 확인청구를 하고 피고에 대해서는 적극적 확인청구를 하여 3면소송이 되게 한다.

참가승계는 독립당사자참가(제79조)의 방식으로 소송에 참가하여야 하지만(제81조) 양수인과의 사이에서 대립·견제관계가 있는 것이 아니고 오히려 공동관계에 있으므로 권리의 일부 양도 혹은 양도인이 승계사실을 다투고 탈퇴하지 않는 경우를 제외하고는 3면소송관계가 성립하지 않는다.[208] 따라서 양도인이 승계사실을 다투지 않는 경우에는 한쪽 참가가 가능하고,[209] 양도인인 종전 당사자의 소송대리인이 승계참가인의 소송대리를 하였다 해도 양쪽 대리가 아니다.[210] 만약 피승계인 원고에 대한 승계참가가 이루어졌으나 피고의 부동의로 원고가 탈퇴하지 못한 경우에는 원고의 청구와 승계참가인의 청구는 통상의 공동소송관계에 있다.[211] 권리의 일부만 승계한 경우에도 동일할 것이다. 그러나 피승계인 원고가 승계참가인의 승계사실 자체를 다투는 경우에는 3면소송이 성립한다.

나) 승계의 원인　　a) 소송승계는 실체법상 권리의무의 이전을 전제로 해야 하므로 일신전속권에 관하여는 소송승계가 문제되지 않는다. 일신전속권이 아니라면 매매·양도 등 의사표시에 의한 경우 이외에도 집행처분(매각결정·전부명령)을 포함하며, 승계취득이든 원시취득(예, 수용 등)이든 가리지 않는다.

b) 승계는 예를 들어 건물철거소송에서 철거청구권과 같이 소송상 청구로서

<hr>

[208] 대판 1975. 11. 25, 75다1257·1258.
[209] 대판 1976. 12. 14, 76다1999.
[210] 대판 1991. 1. 29, 90다9520·9537.
[211] 대판 2004. 7. 9, 2002다16729.

주장된 소송목적 그 자체의 양도는 물론 철거청구소송에서 철거대상물과 같이 소송목적의 대상 목적물을 양도하는 것도 포함한다. 그러나 단순한 점유의 승계,[212] 부동산소유권이전등기의 이행의무를 승계하지 않고 소유권이전등기를 마치는 것[213]은 제외된다.

다) 절 차   a) 독립당사자참가(제79조)의 형식에 의한다. 따라서 참가승계인은 피승계인 및 상대방에 대해서 청구를 정립하여야 한다. 다만 피승계인 (실체법상 권리·의무의 양도인)이 승계사실을 다투지 아니할 때에는 한쪽 참가가 가능하다.

b) 참가신청은 소의 제기에 해당하므로 법률심인 상고심에서는 참가승계신청을 할 수 없다.[214]

c) 참가요건은 소송요건이기 때문에 그 요건을 갖추었는지 여부는 직권으로 조사하여야 하며 부적법하면 변론을 거쳐 판결로 참가신청을 각하하여야 한다.[215] 각하판결은 반드시 당사자에 대한 판결과 함께 할 필요가 없다.[216]

라) 효 과   a) 승계참가를 하면 그 시기와 관계없이 소제기할 때에 소급하여 시효의 중단, 법률상 기간준수의 효력이 생긴다(제81조)

b) 승계참가에 의하여 소송승계가 이루어지므로 참가인은 종전 당사자와의 소송상태를 승인할 의무를 진다. 그러나 피승계인이 승계인의 승계사실을 다투어 3면소송이 성립할 때에는 3자 사이에 대립·견제관계가 이루어지므로 승계인에게 참가할 때까지의 소송상태를 승인할 의무가 없다.

3) 인수승계(제82조)

가) 뜻   인수승계라 함은 소송계속중에 당사자의 신청에 의하여 제3자를 소송에 강제로 끌어들이는 것을 말한다. 인수인은 의무승계인에 한정되지 아니하며 권리양수인도 당사자의 신청에 의하여 인수승계인이 될 수 있다(제82조 1항). 예를 들어 가옥명도청구소송에서 피고의 점유권원이 명백하여 피고승소가 명백하

---

212) 대결 1970. 2. 11, 69마1286.
213) 대결 1983. 3. 22, 80마283.
214) 대판 2001. 3. 9, 98다51169.
215) 대결 2007. 8. 23, 2006마1171.
216) 대판 2012. 4. 26, 2011다85789.

게 되었는데 원고가 되는 가옥소유자가 그 가옥을 제3자에게 매도하여 피고로서는 재차 가옥양수인의 명도청구소송에 응하여야 할 경우에 피고는 재차 응소의 번잡을 피하기 위하여 권리의 양수인인 가옥양수인을 인수신청에 의하여 소송에 끌어들임으로써 한꺼번에 분쟁을 해결할 수 있다. 결국 참가승계와 인수승계는 승계인이 권리자인가 의무자인가에 따라 구별되는 것이 아니라 승계인이 자발적으로 소송에 참가하느냐(참가승계) 아니면 당사자의 의사에 의하여 강제로 소송에 관여하는가(인수승계)에 따라 달라진다고 할 수 있다.

　나) 요　　건

　a) 소송계속중일 것　　　인수신청은 신 소제기의 실질이 있으므로 사실심의 변론이 종결되기 이전에 하여야 하며 법률심인 상고심에서는 할 수 없다.

　b) 승계의 원인

　i) 교환적 인수　　　원칙적으로 승계인에 대한 신·구 청구가 동일하여야 한다. 예를 들어 원고가 채권을 제3자에게 양도한 경우, 피고의 채무를 제3자가 인수한 경우, 소유권확인청구의 목적물을 제3자가 취득한 경우 등이다. 이를 교환적 인수[217]라고 한다. 그러므로 교환적 인수에서는 동일하지 않은 청구의 소송인수는 할 수 없다. 예를 들어 임대차계약이 끝난 것을 이유로 대지의 인도를 구하는 소송에서 제3자가 그 대지위에 건물을 신축한 경우에 대지와 건물은 별개의 부동산이므로 건물철거를 구하기 위한 인수신청은 허용할 수 없는 것이다.

　ii) 추가적 인수　　　종전당사자 이외의 제3자를 당사자로 추가하여 인수신청 하는 것을 말한다. 이 경우에는 신·구 청구가 반드시 동일할 필요가 없다. 예를 들어 토지임차인에 대한 건물철거청구, 토지인도청구의 소송계속중에 토지 임차인이 건물의 일부를 전대(轉貸)하였다면 철거의무는 퇴거의무를 포함하므로 전차인을 상대로 한 소송인수신청, 원인무효를 이유로 한 소유권이전등기말소청구의 소송계속중에 피고가 제3자에게 소유권이전등기를 마쳤을 경우에 그 제3자에 대한 소송인수신청 등이다.

　다) 절　　차　　　승계인의 소송인수에 관한 제82조는 참가승계와 달리 독립당사자참가방식에 따라 인수하도록 규정하고 있지 아니하므로 소송인수신청인이 인수인에 대한 청구를 정립할 필요가 있는지 문제된다. 추가적 인수의 경우에

---

217) 교환적이라고 하여 종전 당사자에 대한 소취하를 전제로 하지 않는다.

는 인수인에 대한 청구를 정립하여야 한다는데 반대설이 없다. 그러나 교환적 인수의 경우에는 다수설은 인수인에 대한 청구를 정립할 필요가 없다고 한다. 하지만 전주(前主)에 대한 청구와 인수인에 대한 청구는 이론상 별개의 청구이기 때문에 인수신청인을 적극적 당사자로 하여 청구를 제시하게 하는 것이 정당하다. 소극적 당사자인 피고가 인수신청을 하는 경우에도 인수신청인은 인수인에 대하여 채무부존재의 소극적 확인청구를 할 필요가 있다. 인수 또는 승계인에 해당되는지 여부는 소송요건이 아니라 본안에서 판단하여야 할 사항이므로 이에 해당하지 않으면 청구기각판결을 하여야 하고 소 각하판결을 해서는 안 된다.[218]

라) 종전당사자의 탈퇴   종전 당사자는 승계 및 인수참가신청이 적법한 경우에 상대방의 동의를 얻어 소송탈퇴를 할 수 있다. 그 경우 판결의 효력은 탈퇴한 당사자에게 미친다(제82조 3항, 제80조).[219]

---

218) 대판 2005. 10. 27, 2003다66691.
219) 대판 2012. 4. 26, 2011다85789.

제4장 상소와 재심

제2편 본　론

제1절　상소심절차

Ⅰ. 처음에

1. 상소의 뜻과 목적

가. 뜻

　　상소라 함은 재판이 확정되기 이전에 상급법원에 그 취소·변경을 구하는 당사자의 불복신청을 말한다. 재판이 확정되기 이전에 하는 불복절차로서 그에 의하여 재판의 확정이 차단된다(제498조). 따라서 확정재판에 대한 재심(제451조 이하), 준재심(제461조), 불복할 수 없는 결정 또는 명령에 대한 특별항고(제449조)와 구별되고, 상급법원에 대한 불복신청이라는 점에서 같은 심급 안에서 이루어진 재판에 대한 불복신청인 각종 이의(예, 제138조, 제441조 1항, 제69조 2항 등)나 심급을 전제로 하지 않는 제권판결에 대한 불복의 소(제490조), 중재판정취소의 소(중재 제36조)와 구별된다.

나. 상소의 종류

1) 상소에는 항소·상고, 항고의 세 종류가 있다.

항소·상고는 모두 종국판결에 대한 상소로써 이에 터 잡아 판결절차인 상소심절차가 열리며 항고는 결정·명령에 대한 불복신청이다.

2) 재판의 형식과 불복신청

법원이 판결로 판단하여야 할 재판을 결정이나 명령으로 잘못된 형식의 재판을 한 경우에 그 불복방법은 상소인지 항고인지 문제된다. 주관설과 객관설의 대립이 있다. 주관설은 현재 이루어진 법원의 판단형식에서 불복신청의 방법을 선택한다는 견해이다. 예를 들어 판결로 할 것을 결정으로 한 경우에는 항고의 방법으로 불복해야 한다는 것이다. 객관설은 현재 이루어진 법원의 판단형식에 구애받지 않고 마땅히 이루어져야 할 법원의 판단형식에 따라 불복신청의 방법을 선택해야 한다는 견해이다. 위의 예에서 불복의 방법은 항고가 아니라 상소라는 것이다. 객관설에 의하여야 하겠지만 당사자에게 원심법관 이상의 정확한 법률지식을 기대하여야 하므로 따르기 어렵다. 주관설에 의한다.[1]

다. 상소의 목적

1) 당사자의 구제

상소는 기본적으로 당사자가 부당한 재판으로 받은 불이익을 구제하는 제도이다. 법원이 재판에 대한 국민의 신뢰를 획득하여 권위를 지키기 위해서는 적정한 재판으로 당사자의 불이익을 제거하지 않으면 안 된다. 법은 이를 위해서 법원에서 취급하는 사건을 사실 및 법률의 양쪽에서 검토하는 사실심을 두 차례, 오로지 법률의 면에서만 검토하는 법률심을 한 차례 여는 3심제도를 채택하고 있으므로 재판에 불만이 있는 당사자는 3심제도의 반복심판에 의하여 불이익을 구제받을 수 있게 된다.

---

1) 이시윤, 786면의 선택설도 결론에서 주관설과 일치한다.

2) 법령에 대한 해석·적용의 통일

법원은 상급심으로 올라갈수록 그 수가 적어지므로 상소를 하다보면 사건은 마지막으로 우리나라에서 유일하게 존재하는 대법원의 심판을 받게 되어 결국 법령의 해석과 적용이 통일됨으로써 법적 안정을 도모할 수 있다.

3) 신속 및 공평의 요청과의 조화

상소에서는 재판의 적정과 함께 신속한 심리도 중요하다. 경미한 소액사건에 관하여 다른 사건과 동일하게 3심제도를 그대로 적용하는 것은 해결하여야 할 사건의 가치와 그에 드는 경비·노력과의 균형에서 볼 때 합리적이 아니다. 또 당사자의 구제라는 관점에서 보더라도 패소당사자의 불이익만을 강조하는 것은 공평하지 아니하므로 승소자를 위해서 신속하게 소송을 확정할 필요가 있다. 현행법은 상소에 의한 부당한 소송지연을 방지할 목적으로 소액사건에서의 상고 및 재항고 이유를 대폭 제한하고(소심 제3조) 기타의 사건에서도 상고심절차에 관한 특례법을 두어 상고이유를 제한하고 있다(특히 상고특례 제4조, 제5조의 심리의 불속행).

2. 상소심의 심판대상

가. 심판대상

상소심도 원심과 마찬가지로 상소요건, 즉 소송요건을 갖추어야 한다. 그러나 상소심이 심판대상으로 하는 것은 상소요건과 더불어 청구(소송목적)가 아니라 상소인의 원심재판에 대한 불복신청의 당부 내지 원심판결의 파기(상고심), 취소·변경(항소심)의 요구이다. 요컨대 상소심의 심판대상은 상소요건과 원심재판에 대한 상소인의 불복신청의 당부라 할 수 있다.

나. 상소요건

1) 일반적 요건

가) 원심재판이 불복신청할 수 있는 성질의 재판이며 또 당사자가 선택한 상소가 그 재판에 적법한 불복신청방법일 것.

나) 상소제기행위가 방식에 맞으며 유효할 것.

다) 상소기간이 경과되기 이전이거나 경과된 이후에는 추후보완의 요건을 갖출 것.

라) 상소인이 원심재판에 대하여 불복의 이익이 있을 것.

마) 당사자 사이에 상소하지 않는다는 합의가 없거나 또는 상소인이 상소권을 포기하지 않을 것.

2) 상소요건의 구비시기

상소요건이 상소기간 내의 상소제기 등 상소제기행위 자체에 관한 요건인 경우에는 상소를 제기할 때를 표준으로 한다. 그러나 뒤의 상소의 이익을 제외한 그 밖의 사항은 심리가 종결될 때, 즉 항소심은 변론종결일, 상고심은 판결선고일을 표준으로 한다. 따라서 상소제기 이후라도 상소의 이익이 없어지면 상소는 부적법하게 된다.

3) 상소의 이익

가) 개   념   상소의 이익이라 함은 당사자가 원심재판에 대하여 상소를 제기함으로써 그 불복의 당부에 관하여 상소심의 재판을 구할 수 있는 지위(즉, 상소제도를 이용할 수 있는 지위)를 말한다. 소의 이익에 대비되는 개념으로서 그 존재는 상소의 적법요건이므로 흠이 있는 경우에는 상소를 각하하여야 한다.

나) 상소 이익의 기준   어떤 경우에 상소의 이익을 인정할 것인가에 관하여 판례[2]는 일찍부터 원심에서 당사자의 「신청」과 이에 대한 원심재판의 「주문」을 비교하여 뒤가 앞보다 질적 또는 양적으로 부족한 경우에만 상소의 이익을

---

2) 대판 1981. 7. 28, 80다2298; 대판 1997. 10. 24, 96다12276.

인정한다(형식적 불복설). 따라서 상소 이익의 존부는 상소제기 당시에 재판의 주문을 표준으로 한다.[3] 판결이유에 대한 불만에는 상소의 이익이 없다.[4] 판례 및 형식적불복설은 신청과 재판과의 형식적 차이라는 기준을 제시하여 상소 이익의 존부 판단을 용이하게 또 객관적·획일적으로 확정하는 장점이 있다. 판례를 따르면 이익·불이익 여부는 판결의 주문만을 기준으로 하여야 하므로 전부승소판결을 받은 사람은 상소의 이익이 없다. 그러나 원심에서 상소인의 신청이 없거나 신청이 명백하지 않은 경우(예, 피고가 명백하게 청구기각이나 소각하 판결을 구하지 않은 경우, 제3자가 상소의 제기와 동시에 참가신청을 하는 경우)에는 상소 이익의 존부 판단이 명확하지 않는 단점이 있다. 그러므로 형식적 불복설을 기준으로 하되 당사자가 원심판결을 파기 또는 취소하지 않고 그대로 확정시키면 기판력 등으로 더 이상 다툴 수 없어 불이익을 받는 경우에 예외적으로 상소의 이익을 인정하여야 할 것이다(예외를 인정하는 형식적 불복설).

다) 구체적인 경우

a) 전부승소한 경우   원칙적으로 상소의 이익이 없으나 판결의 확정으로 기판력에 의하여 별소의 제기가 차단되어 유리한 신청을 할 기회가 상실될 우려가 있는 경우에는 상소를 인정한다. 예를 들어 묵시적 일부승소판결의 경우에 청구확장을 위한 상소,[5] 이혼청구의 기각판결을 받은 피고가 자기도 이혼청구를 하기 위하여 반소의 제기를 위한 상소의 경우 등이다.

b) 소각하 판결   피고는 청구기각의 본안판결을 받지 못하였다는 점에서 불이익이 있으므로 상소할 수 있다. 원고도 승소의 목적을 달성하지 못하였으므로 상소의 이익이 있으나 청구기각 사유를 들어 상소할 수는 없다. 자기에게 더 불리한 사유를 주장하기 때문이다.

c) 상계의 항변   승소한 피고라도 소구채권의 부존재를 이유로 승소하는 것이 자동채권을 소멸시키는 상계의 항변이 인용되는 경우보다 이익이 되기 때문에 소구채권의 부존재를 다투기 위하여 상소할 수 있다.

d) 주위적 청구기각·예비적 청구인용   청구를 일부 받아들인 원심판결

---

3) 대판 1983. 10. 25, 83다515.
4) 대판 2011. 2. 24, 2009다43355; 대판 2014. 4. 10, 2013다54390.
5) 대판 2010. 11. 11, 2010두14534.

에 대해서는 원·피고 모두 상소의 이익이 있으므로 주위적 청구가 기각되고 예비적 청구가 인용된 경우에는 원고는 주위적 청구기각에 대하여, 피고는 예비적 청구의 인용에 대하여 모두 상소할 수 있다.

　　e) 제1심 판결결과를 수용하고 불복하지 않은 경우　　당사자들이 제1심 판결 결과를 그대로 수용하고 불복하지 않은 당사자는 그에 대한 항소심 판결이 제1심 판결보다 불리하지 않는 경우에는 상소의 이익이 없다.[6] 예를 들어 원고의 청구를 일부인용하는 제1심 판결에 대하여 원고는 항소하였으나 피고는 항소나 부대항소를 하지 아니한 경우, 제1심 판결의 원고 승소 부분은 원고의 항소로 인하여 항소심에 이심은 되지만 항소심의 심판범위에서는 제외된다. 따라서 항소심이 원고의 항소를 일부인용하여 제1심 판결의 원고 패소 부분 중 일부를 취소하고 그 부분에 대한 원고의 청구를 인용하였더라도 이는 제1심에서의 원고 패소 부분에 한정된 것이며 제1심 판결 중 원고 승소 부분에 대하여는 항소심이 판결을 한 바 없어 이 부분은 피고들의 상고 대상이 될 수 없다. 그러므로 원고 일부 승소의 제1심 판결에 대하여 아무런 불복을 제기하지 않은 피고는 제1심 판결에서 원고가 승소한 부분에 관하여는 상고를 제기할 수 없는 것이다.[7] 같은 이치로 당사자들이 제1심 판결 결과를 그대로 수용하고 분쟁을 종결하기로 소송외에서 합의한 경우에도 상소의 이익이 없다.

3. 상소의 효력

가. 확정차단의 효력

　　판결은 상소를 제기할 수 있는 기간 또는 그 기간 이내에 적법하게 제기되었을 때에는 원심판결이 확정되지 아니하므로(제498조) 상소는 재판의 확정을 차단하는 효력이 있다. 다만 일반적으로 항고는 집행정지의 효력이 없으므로(민집 제56조 1호) 항고의 대상이 되는 결정·명령의 집행을 저지하려면 별개의 집행정지를 받아야 한다(제448조).

---

6) 대판 2009. 10. 29, 2007다22514.
7) 대판 2014. 2. 13, 2013다212509 참조.

나. 이심의 효력

상소가 제기되면 사건 전체가 원심법원을 떠나 상소심에 계속하게 된다. 이를 이심의 효력이라 한다.

다. 상소불가분의 원칙

1) 개괄적 고찰

가) 뜻　　　상소불가분의 원칙이라 함은 상소인이 원심재판의 일부에 한정하여 불복신청을 하더라도 확정차단과 이심의 효력은 불복한 범위가 아니라 사건 전체에 대하여 생기는 효력을 말한다.

예를 들어 원·피고 사이에 하나의 거래관계에서 파생된 세 개의 약속어음금 청구사건을 병합하였는데 제1심에서 제1의 약속어음금 청구만 인용되고 제2 및 제3의 약속어음금청구가 기각된 경우에 원고가 제2의 청구기각부분에 한정하여 불복하더라도 확정차단의 효력과 이심의 효력은 제2의 청구만 아니라 제1 및 제3의 청구 전체에 대하여 생기는 것이다. 원래 상소인이 불복을 신청하지 아니한 부분에 대하여 당사자는 변론할 필요도 없고(제407조 1항) 법원도 그 부분에 대한 원심재판을 변경할 수 없으나(제415조) 상소불가분의 원칙이 적용되어 그 부분만 따로 확정되지 못한다. 이와 같이 이심의 범위와 상소심의 심판범위는 일치되지 않으므로 첫째, 인용된 제1의 청구도 항소심에 이심되어 미확정으로 집행력이 없기 때문에 제1심 판결에서 가집행선고가 되지 아니한 경우에는 항소심이 제1심 판결에 대하여 가집행선고를 할 수 있고(제406조), 둘째, 제1 및 제3의 청구에 관하여서도 항소심에 소송계속이 생기기 때문에 항소인은 제1 및 제3의 청구에 관하여 청구 및 항소취지를 확장하여 불복신청의 범위를 확대할 수 있고, 거꾸로 피항소인은 제1의 청구에 관하여 부대항소를 제기할 수 있다. 물론 제1 또는 제3의 청구에 관하여 당사자들이 상소하지 않기로 합의하거나 또는 부대상소권을 포기하였다면 그 부분이 독립하여 확정되는 것은 당연하다.

그러나 제1 및 제3의 청구에 관하여 청구의 취지를 확장하거나 부대항소가 없는 이상 제2에 대한 항소가 기각되면 항소심 판결의 선고와 동시에 제1 및 제3

의 청구에 대한 제1심 판결도 확정되므로,[8] 그 때 제1 및 제3의 청구에 관한 판결에도 기판력이 생겨 당사자는 이 판결에 어긋나는 주장을 할 수 없다.[9] 주의할 것은 이 경우에도 심판할 대상은 제2사건뿐이므로 항소법원이 제1 및 제3사건에 대해서 판결을 하는 것은 위법이다.[10]

상고심에서 상소불가분의 원칙의 적용은 항소심과 동일하지만 상고이유서 제출기간(제427조)이 있기 때문에 항소심에서와 같이 자유롭게 불복신청의 범위를 확장하거나 부대상고에 의하여 심판의 범위를 확대할 수 없다.

나) 취 지 상소불가분의 원칙에 의하여 불복신청의 대상과 이심의 범위를 구별하는 취지는, 한편에서는 상소인의 의사를 존중하여 심판의 범위를 정하고 다른 편에서는 원심재판과의 일체성을 중시하여 당사자로 하여금 재판 전체를 공격할 수 있게 한다는데 있다.

2) 원칙의 범위

가) 소의 객관적 병합 이 경우에 단순병합의 경우는 물론이고 선택적 병합이나 예비적 병합의 경우에도 당연히 상소불가분의 원칙이 적용된다. 그런데 주의할 것은 선택적 병합에서 하나의 청구가 인용되어 나머지 청구에 대한 판단이 없는 경우, 예비적 병합에서 주위적 청구가 인용되어 예비적 청구를 판단하지 않은 경우, 예비적 반소에서 본소가 배척되어 반소청구를 판단하지 아니한 경우에도 판단하지 않은 나머지 청구에 관해서도 이심의 효력이 있다는 것이다. 따라서 단순병합이 아닌 나머지 병합의 경우에 제1심에서 인용된 부분이 항소심에서 이유 없어 배척할 때에는 당사자가 항소심의 심판범위를 확장하지 아니하여도 항소심은 제1심 판결을 취소하고 제1심에서 판단하지 않은 나머지 부분에 대해서 판단하여야 한다.[11]

나) 통상의 공동소송 이 경우에는 공동소송인 독립의 원칙에 의해서 상소불가분의 원칙이 적용되지 않는다. 따라서 통상의 공동소송에서는 공동소송인

---

8) 대판 2001. 4. 27, 99다30312.

9) 대판 2008. 6. 26, 2008다24791 · 24807.

10) 대판 2009. 10. 29, 2007다22514 · 22521.

11) 대전판 2000. 11. 16, 98다22253.

!가운데에서 한 사람의 또는 그에 대한 상소는 다른 공동소송인에 관한 청구에 대한 판결에 상소의 효력이 미치지 아니하여 상소되지 않은 부분은 확정된다.

다) 필수적 공동소송   이 경우에는 합일·확정의 필요에 의하여 상소불가분의 원칙이 적용된다.

Ⅱ. 항소심절차

1. 항소의 개념

항소라 함은 제1심의 종국판결에 대하여 그 취소·변경을 구하는 불복신청을 말한다(제390조). 그 신청인을 항소인, 상대방을 피항소인이라고 한다. 항소의 목적은 주로 패소당사자의 불이익을 구제하는데 있으나 불복신청의 이유는 사실인정의 당부에 한정되지 않으며 법령위반도 주장할 수 있다.

1) 항소의 대상은 지방법원 단독재판 또는 지방법원 합의부의 제1심 판결이다. 고등법원의 제1심 판결에 대해서는 항소가 생략되고 상고만이 허용된다(제422조 1항).

2) 항소는 종국판결에 대하여 인정된다. 중간판결 기타 중간적 재판에 대해서는 독립하여 항소할 수 없다.

3) 항소에 의하여 항소심절차가 시작된다. 이 점에서 항소심절차가 시작된 뒤에 항소인이 불복범위를 변경하거나 피항소인이 부대항소하는 것과 구별된다.

2. 재판장의 항소장 심사권

가. 제1심 재판장의 항소장 심사권(제399조)

항소장은 제1심 법원에 제출하여야 하므로 제1심 재판장은 항소장의 필수적 기재사항의 흠 등을 심사할 수 있다. 흠이 있으면 상당한 기간을 정하여 보정을 명하고(제399조 1항) 그 흠을 보정하지 아니한 경우와 항소기간을 넘긴 것이 분명한 때에는 제1심 재판장은 명령으로 항소장을 각하한다(제399조 2항).[12] 항소권의 포기 등으로 제1심 판결이 확정된 뒤에 제출한 항소장도 제1심 재판장이 각하한다.[13] 이 각하명령은 항소법원의 재판을 대신하여 판단하는 2차적 처분이 아니라 자기 몫으로 하는 1차적 처분이다.[14] 따라서 이 명령에 대해서는 즉시항고를 할 수 있는데(제399조 3항) 그 성질은 재항고가 아니라 최초의 항고이므로 항고기간도 2주일(제425조, 제396조 1항)이 아니라 1주일(제444조)이고, 항고법원은 제2심이고 대법원이 아니다.

나. 항소심재판장의 항소장심사권(제402조)

항소장이 항소기록과 더불어 항소심으로 송부되면 항소심재판장은 항소장을 다시 심사한다. 제1심 재판장이 항소장의 필수적 기재사항(제397조 2항)의 누락, 인지미보정의 경우에도 그 보정명령을 하지 아니한 경우에는 항소심재판장이 항소인에게 상당한 기간을 정해서 그 기간 내에 흠을 보정하도록 하여 보정을 명한다(제402조 1항). 항소심재판장은 항소인이 항소장의 흠이나 인지 또는 주소의 보정명령을 받고도 이에 따르지 아니한 때 또는 제1심 재판장이 제399조 2항에 따른 항소장각하를 하지 아니한 때에는 명령으로 항소장을 각하하지 않으면 안 된다(제402조 2항). 그러나 항소장부본을 송달할 때에 소송기록에 나타난 다른 주소로 송달해보지 않고 보정명령에 불응한다고 함부로 항소장을 각하할 수 없다.[15] 피항소인에게 항소장부본이 송달되면 항소인에게 변론기일 소환장이 송달불능 되더라도 공시송달로 변론기일을 실시함은 별론으로 하고 명령으로 항소장을 각하할 수 없다.[16] 이 각하명령에 대해서는 즉시항고를 할 수 있다(제402조 3항).

---

12) 다만 상고장 부본등의 송달을 위한 원심재판장의 송달료보정명령에 따른 보정을 하지 아니하였다고 하여 원심재판장은 그러한 사유만으로 상고장을 각하할 수 없다(대결 2014. 5. 16, 2014마588 참조).
13) 대결 2006. 5. 2, 2005마933.
14) 대전결 1995. 1. 20, 94마1961.
15) 대결 2011. 11. 11, 2011마1760.
16) 대결 1995. 5. 3, 95마337.

3. 항 소 권

가. 항소권의 발생

항소권이라 함은 항소의 이익이 있는 자가 제1심 판결에 대하여 불복할 수 있는 권리를 말한다. 제1심 판결에 의하여 불이익을 받는 자에게 상대방과의 관계에서 생기는 개념이다.

1) 항소권의 주체는 당사자에게 한정되는 것이 원칙이다. 보조참가인은 피참가인이 항소권을 포기하지 않는 한 스스로 항소를 제기할 수 있으나 당사자가 아니기 때문에 항소인이 되지 않는다. 다만 항소와 동시에 당사자 참가신청을 한 제3자(제79조, 제83조)는 당사자가 아니더라도 항소권이 있다.

2) 가사소송에서 검사는 상대방이 되므로(가소 제24조) 항소권이 있다.

나. 불항소의 합의

항소권은 당사자가 미리 항소하지 아니하기로 합의한 때에는 발생하지 않는다. 이를 불항소의 합의라고 한다. 불항소의 합의는 특정한 사건에 관해서 심급제도의 적용을 배제하는 합의로서 불항소의 합의를 하면 상고의 여지도 없다는 점에서 상고할 것을 유보하고 항소를 생략하기로 하는 비약적 상고의 합의와 다르다. 불항소의 합의를 하면 판결은 상소기간의 경과를 기다릴 필요 없이 판결을 선고할 때에 확정된다. 불항소의 합의가 유효하게 성립하면 제1심 판결은 선고와 동시에 확정되며 소송계속도 소멸된다. 따라서 이를 무시한 항소는 부적법하여 각하되므로 판결선고 이후 당사자가 다시 합의하여 불항소의 합의를 해제한다고 해서 소송계속이 부활되지 않는다.

다. 항소권의 소멸

항소권은 제1심 판결의 선고로 발생하며 그 뒤 항소권의 포기 또는 상실로 소멸된다. 그 소멸 후의 항소는 부적법하지만 상대방의 항소에 대해서는 부대항소를 제기할 수 있다.

4. 부대항소

가. 뜻

부대항소라 함은 항소권이 없는 피항소인이 항소인의 항소제기에 부대(附帶)하여 자기에게 유리하게 항소심판의 범위를 확장하는 신청을 말한다. 당사자 양쪽이 모두 항소권이 있을 때에는 각자 독립하여 항소를 제기할 수 있으므로 부대항소의 문제가 일어나지 않는다. 그러나 피항소인이 자기의 항소권을 포기 또는 상실하여 더 이상 항소를 제기할 수 없는 경우에 항소인만 불복의 범위를 마음대로 변경할 수 있다면 공평에 반한다. 그리하여 피항소인으로 하여금 항소인의 불복신청으로 한정된 심판범위를 피항소인에게도 유리하게 원심판결을 변경할 기회를 줌으로써 당사자 사이의 공평(公平)을 도모하자는 것이 부대항소의 취지이다. 따라서 피항소인이 부대항소를 할 수 있는 범위는 항소인이 불복신청한 범위로 제한되지 않는다.[17] 그러나 통상의 공동소송에서는 공동소송인 일부만 항소를 제기하였는데 피항소인이 항소한 공동소송인 이외의 다른 공동소송인을 상대로 부대항소를 제기할 수 없다.[18] 항소하지 않은 공동소송인은 공동소송인 독립의 원칙에 따라 확정되어 항소심에 이심되지 않기 때문이다.

나. 성 질

부대항소에도 항소와 동일하게 항소의 이익이 필요하느냐에 관하여 다툼이 있으나 판례[19]는 부대항소는 항소가 아니라 공격적 신청 내지 특수한 구제방법이기 때문에 항소의 이익이 필요 없다고 한다(비항소설). 따라서 피고만이 항소한 경우에 전부 승소한 원고도 청구를 확장할 수 있고 원고만이 항소한 경우에 전부 승소한 피고도 반소를 제기할 수 있는데 모두 부대항소로 간주된다.[20] 또 부대항소를 하지 아니하고 청구의 취지를 확장하거나 변경하더라도 부대항소로 보아야 한다.[21]

---

17) 대판 2003. 9. 26, 2001다68914.
18) 대판 1994. 12. 23, 94다40734.
19) 대판 1980. 7. 22, 80다982.
20) 대판 2008. 7. 24, 2008다18376.
21) 대판 1995. 6. 30, 94다58261.

다. 효 력

1) 부대항소에 의하여 항소심의 심판범위가 확장된다. 원래 항소심의 심판범위는 불복신청의 범위에 국한되기 때문에(제407조 1항, 제415조) 항소인의 불복신청뿐이라면 항소인에게 원심판결 이상의 불이익한 변경을 할 수 없다(불이익변경금지의 원칙). 그런데 부대항소를 제기하면 항소법원의 심판범위가 그만큼 확장되는 결과 항소인에게 원심판결 이상의 불이익한 판결이 가능하다.

2) 부대항소는 상대방의 항소에 편승한 것이기 때문에 항소의 취하 또는 각하에 의하여 효력을 잃는다(제404조 본문). 항소심의 종국판결이 상고심에서 파기환송되더라도 항소인이 항소를 취하하면 부대항소의 효력이 상실된다.[22] 물론 부대항소인이 독립하여 항소할 수 있는 기간 안에 제기한 부대항소는 독립된 항소로 본다(제404조 단서). 이를 독립부대항소라고 한다.

5. 제1심과 항소심과의 관계

가. 개괄적 고찰

원래 제1심의 심판대상은 원고가 주장하는 청구의 당부이므로 제1심에서의 청구의 변경은 바로 심판대상의 변경을 초래한다. 그러나 항소심의 심판대상은 청구의 당부가 아니라 항소인의 제1심 판결에 대한 불복신청의 당부이므로 항소심에서 청구를 변경하려면 그 청구의 당부와 항소인의 항소에 대한 응답이 어떠한 관계에 있는지 따져야 하는데 여기에 관해서는 제1심과 항소심과의 관계, 즉 항소심의 구조를 이해할 필요가 있다.

1) 항소심의 구조에 관한 기본원칙

가) 복심주의   이 원칙은 제1심의 소송자료와 관계없이 항소심 자신이 수집한 자료에 터 잡아 항소인의 불복신청에 대한 당부를 판단하는 것을 말한다.

나) 사후심주의   이 원칙은 항소심이 스스로 사실인정을 할 수 없고 제1

---

22) 대판 1995. 3. 10, 94다51543.

심의 자료로부터 제1심 판결의 사실인정이 납득할 수 있는가를 검토하여 그 판결의 당부를 판단하여야 하는 원칙을 말한다.

　　다) 속심주의　　　이 원칙은 복심주의와 사후심주의의 절충방식으로서 항소심이 필요한 한도에서 스스로 독자적인 사실인정을 하고 여기에 법을 적용하여 사건을 재심리한 다음 그 결과에 따라 제1심 판결의 당부를 판단하는 원칙을 말한다. 스스로 사실인정을 할 수 있다는 점에서 복심주의와 유사하고 사후심주의와 구별되지만 항소심이 사실인정을 하여 사건을 재심사하더라도 제1심이 수집한 자료에 기초한다는 점에서 사후심주의에 가깝고 복심주의와 구별된다.

2) 구체적 적용

　　위의 각 원칙들이 뚜렷하게 차이를 드러내는 경우로는 항소심에서 청구를 교환적으로 변경할 때이다. 예를 들어 원고가 피고에 대하여 대여금채권에 터 잡아 금 1,000만원의 지급을 구하는 소를 제기하였는데 제1심이 원고의 청구를 전부 받아들이는 판결을 하였고, 이에 대해서 피고가 항소하였다. 그런데 항소심에서 원고는 청구를 교환적으로 변경하여 부당이득반환청구로서 금 1,000만원의 지급을 구하였다. 항소심에서 심리한 결과 교환적으로 변경한 청구가 이유 있지만 제1심 판결에서 인용한 액수와 동일한 금액의 지급을 명하여야 할 경우에 항소심에서 청구가 교환적으로 변경되면 구 청구에 대하여는 소송계속이 소멸되므로 항소심은 제1심 판결에 대한 불복신청의 당부를 판단할 대상이 없게 되고 신 청구에 대하여서만 사실심으로서 심리할 의무만 지게 된다.

　　가) 복심주의　　　항소심이 신 청구에 대하여 제1심으로 심리하였으므로 제1심 판결과 주문을 같이 하였더라도 항소를 기각하여서는 안 되고 피고에게 부당이득반환으로서 금 1,000만원의 지급을 명하는 새로운 판결을 하여야 한다.

　　나) 사후심주의　　　항소심의 재판은 제1심 판결에 대한 불복신청의 당부를 심판하는 과정을 통하여서만 실시되므로 비록 항소심에서 청구의 교환적 변경이 이루어졌다 하더라도 신 청구에 대해서는 마치 제1심 판결이 이루어진 것으로 취급하여 그에 대한 불복신청이 있는 것으로 판단하여야 한다. 따라서 앞의 경우에 피고에게 금 1,000만원의 지급을 명하는 판결을 하여서는 안 되고 제1심 판결의 주문이 정당하다고 하여 항소를 기각하는 판결을 하여야 한다.

다) 속심주의   항소심은 제1심 판결에 대한 불복신청의 당부를 심판의 제1차 대상으로 하며 원고 청구의 당부는 제2차적이고 간접적이므로 항소가 이유 있는 경우에 한하여 청구의 당부에 대한 판단이 주문에 나타나게 되나 항소심에서 청구의 교환적 변경이 이루어진 때에는 신 청구에 관한 항소심의 심판은 구 청구에 관한 제1심 판결과 무관계하게 이루어졌기 때문에 비록 판결의 주문 표현이 동일하더라도 신 청구에 대하여 제1심으로 새로운 판결을 하여야 한다. 따라서 청구의 교환적 변경은 복심주의와 동일한 결론이 된다.

또 항소심에서 신 청구가 추가된 경우에 그 신 청구에 관해서도 제1심으로 새로운 판결을 하여야 한다.[23] 선택적으로 병합된 여러 개의 청구 중 제1심 법원이 어느 하나를 인용하는 판결을 하였고 피고가 항소한 결과 항소심에서 제1심 법원이 인용한 청구와 다른 청구를 인용하는 판결을 하였더라도 항소기각을 하는 것이 아니라 제1심 판결을 취소하고 새로운 판결을 하여야 한다.[24]

라) 결   론   속심주의의 입장은 판례와 학설이 모두 지지한다. 결국 속심주의에 의하면 청구가 제1심에서 판단되었을 때에는 그 판단의 당부만 심사하면 되고 청구가 제1심에서 판단되지 아니한 새로운 것일 때에는 실질적으로 제1심으로서 판단하는 것이다(즉, 제1심 판결을 취소할 필요가 없다). 제1심에서 인용된 청구에 대하여 피고가 항소하였는데 원고가 항소심에서 예비적 청구를 추가하였으나 주위적 청구가 이유 없고 예비적 청구가 이유 있는 경우에는 제1심 판결을 취소하여 주위적 청구를 기각한 다음 예비적 청구를 인용하여야 한다.[25] 그런데 항소심에서 소의 교환적 변경이 이루어지면 제1심 판결은 소의 취하로 실효되므로 항소심은 교환된 새로운 청구에 관하여 제1심으로 재판하여야 하는바 그 뒤에 항소인이 항소를 취하한다 하더라도 항소취하는 그 대상이 없어 아무런 효력이 없다.[26] 이 경우 법원은 항소취하와 관계없이 기일을 정하여 소송을 진행하여야 한다.[27]

---

23) 대판 2011. 7. 28, 2010다36568.
24) 대판 2006. 4. 27, 2006다7587 · 7594.
25) 대판 2011. 2. 10, 2010다87702.
26) 대판 1995. 1. 24, 93다25875.
27) 대판 2008. 5. 29, 2008두2606.

나. 청구의 양적 확장

1) 문제되는 경우

예를 들어 원고가 피고를 상대로 금 1,000만원의 손해배상청구를 하였을 때에 제1심 판결 후 항소심에서 청구의 양적 확장이 문제되는 경우를 들어 본다. 첫째, 원고의 청구가 전부 기각되어 원고가 항소한 다음 금 1,500만원으로 청구를 확장한 경우, 둘째, 원고의 청구 중 금 200만원 부분만 받아들여지고 나머지가 기각되었는데 그 제1심 판결에 대하여 원·피고 양쪽 또는 어느 한쪽이 항소한 다음 원고가 금 1,500만원으로 청구를 확장한 경우, 셋째, 원고의 청구가 전부 받아들여졌는데 항소심에서 원고가 청구를 금 1,500만원으로 확장한 경우이다.

2) 원고의 청구가 전부 기각된 경우

가) 원고의 본래의 청구나 확장된 청구가 모두 이유 없을 때에는 속심주의의 원칙에 따라 항소심은 본래의 청구를 기각한 제1심 판결은 정당하므로 이에 대한 원심의 항소는 기각하고, 확장된 청구에 대해서는 항소심이 사실상 제1심으로서 심판하였으므로 확장된 청구를 기각하여야 한다. 따라서 항소심판결의 주문은 「원고의 항소 및 당심에서 확장된 청구를 기각한다」고 판시한다.

나) 원고의 본래의 청구만 이유 있을 때에는 항소심은 속심주의의 원칙에 따라 제1심 판결을 취소하고 피고에 대해서 금 1,000만원의 지급을 명하여야 하고 확장된 청구는 기각한다. 항소심판결의 주문은 「제1심 판결을 취소한다. 피고는 원고에게 금 1,000만원을 지급하라. 원고의 당심에서 확장된 청구를 기각한다」고 판시한다.

다) 원고의 확장된 청구만 이유 있을 때에는 원고의 항소를 기각하고 피고에 대하여 금 500만원의 지급을 명하여야 한다.

라) 원고의 본래의 청구 및 확장된 청구가 모두 이유 있을 때에는 제1심 판결을 취소한 다음 피고에 대하여 금 1,500만원의 지급을 명한다.

3) 원고의 청구가 일부만 인용되는 경우

제1심에서 원고의 청구 금 1,000만원 중 금 200만원 부분만 인용되고 나머지가 기각되었을 경우에 원·피고 양쪽 또는 어느 한쪽도 항소할 수 있다. 문제되는 경우를 검토한다.

가) 항소인이 일부만 한정하여 불복한 경우　항소하는 원고 또는 피고는 패소부분 전부에 대하여 불복하지 아니하고 일부에 한정하여 불복할 수 있다. 예를 들어 원고는 청구 중 금 800만원 부분이 기각되었으나 항소취지에서 금 700만원 또는 금 600만원에 한정하여 불복할 수 있고, 피고도 인용된 원고청구 금 200만원 중 항소취지에서 금 100만원 부분에 한정하여 불복신청을 할 수 있다. 처분권주의가 적용되기 때문이다. 이 경우에 항소심의 심판대상은 항소인이 항소취지에서 불복신청한 범위에 국한되지만 항소에 의한 확정차단의 효력과 이심의 효력은 불복한 부분에 대하여서만 생기는 것이 아니라 사건 전체에 대하여 생기므로 항소인은 뒤에 항소취지를 확장하거나 감축하여 불복신청의 범위를 조절할 수 있다.

나) 속심주의　위의 경우에 항소가 이유 있는 경우와 이유 없는 경우의 항소심의 재판은 앞에서와 같이 속심주의의 원칙에 따라 처리한다. 즉, 원고가 항소심에서 청구를 확장하였는데 청구 전부가 이유 없을 때에는 제1심 판결을 취소하여 원고의 제1심 및 당심에서 확장된 청구를 기각하고, 원고의 확장된 청구까지 이유 있을 때에는 제1심 판결을 취소하여 피고에게 청구 전액의 지급을 명하여야 한다. 그 밖에 제1심 판결에서 인용된 부분만 이유 있거나 확장된 청구만 이유 있는 경우에는 앞의 예에 의해서 판단하면 된다. 다만 어느 경우에나 제1심 판결의 일부를 취소하여야 한다.

4) 원고의 청구가 전부 인용된 경우

가) 피고의 항소가 없는 경우　a) 먼저 피고의 항소가 없는 데도 원고가 청구를 확장하기 위해서 항소할 수 있는지 문제되는데 이는 상소 이익의 문제로서 예를 들어 묵시적 일부청구의 전부인용판결에 대하여 일부청구를 전부청구로 확장하기 위하여 항소하는 경우와 같이 원고가 항소할 수 있는 경우가 있다.

b) 원고가 항소하여 청구를 확장하였으나 항소심에서 심리한 결과 오히려 확장된 청구는 물론 본래의 청구마저 이유 없다 하더라도 원고의 항소와 확장된 청구만 기각하여야 하고 그 이상 더 나아가 제1심 판결마저 취소하고 원고의 청구를 기각할 수 없다. 불이익변경금지의 원칙이 적용되기 때문이다. 이 원칙에 의하여 당사자는 불복신청을 하더라도 제1심 판결 이상으로 불이익한 판결을 받을 염려가 없게 됨으로써 상소권을 보장받게 된다.

c) 본래의 청구 및 확장된 청구가 모두 이유 있을 때에는 제1심 판결을 취소하고 피고에 대하여 본래의 청구 및 확장된 청구의 합계액의 지급을 명한다.

나) 피고의 항소가 있는 경우   이미 부대항소 부분에서 설명한 바와 같이 피고만이 항소한 경우에 전부 승소한 원고는 부대항소에 의하여 청구를 확장할 수 있는데 그 취급은 앞에서와 같다.

다. 청구의 양적 감축

피고가 항소하였는데 원고가 항소심에서 청구의 양적일부를 취하하거나 감축한 때에는 그 부분은 처음부터 소송계속이 없었던 셈이 되므로 제1심 판결은 그 범위에서 당연히 효력이 없다. 따라서 항소심은 나머지 부분에 대해서만 제1심 판결의 당부를 가려야 한다. 그 결과 원고의 청구가 모두 이유 없을 때에는 제1심 판결을 취소하고 원고의 청구를 기각하여야 하겠지만 청구가 이유 있을 때에는 항소기각의 판결을 한다. 실무상으로는 주문의 내용을 명백하게 하기 위하여 「피고의 항소를 기각한다. 제1심 판결의 주문 제○항은 당심에서 청구의 감축에 의하여 다음과 같이 변경되었다. 피고는 원고에게 금 ○○원을 지급하라」고 표시한다.

6. 항소심의 종국판결

가. 항소각하

항소법원은 항소요건에 흠이 있어 항소가 부적법할 때에는 변론없이 판결로써 항소를 각하한다. 항소각하는 항소법원에서 하여야 한다(제413조).

나. 항소기각

항소법원은 제1심 판결이 상당하거나 그 이유가 부당하다고 하여도 다른 이유로 결론이 정당하다고 인정할 때에는 항소기각판결을 한다(제414조).

다. 항소인용

1) 제1심 판결의 취소　　항소법원은 제1심 판결이 정당하지 아니하다고 인정하거나(제416조) 제1심 판결의 절차가 법률에 어긋난 때(제417조)에는 그 판결을 취소하여야 한다. 「판결의 절차가 법률에 어긋난 때」라 함은 판결의 성립과정 자체에 흠이 있어 그 존재에 의심이 있는 경우로서 예를 들어 변론에 관여한 일이 없는 법관이 판결에 관여하거나 판결원본에 의하지 않고 판결을 선고한 경우 등이다.

2) 제1심 판결을 취소한 경우의 조치

가) 자판(自判)　　항소법원이 스스로 제1심을 대신하여 소에 대한 판결을 하는 경우이다. 항소심은 사실심이므로 자판이 원칙이다.

나) 환　　송　　항소심 법원이 소송요건의 흠을 이유로 소 각하 판결을 한 제1심 판결을 취소한 경우에는 본안의 심리를 위하여 제1심 법원으로 환송하여야 한다(제418조 본문). 다만 제1심에서 본안판결을 할 수 있을 정도로 심리가 된 경우 또는 당사자의 동의가 있는 경우에는 항소심 법원은 스스로 판결할 수 있다(제418조 단서). 각하할 판결을 기각으로 판결하였을 때에는 제1심 판결을 취소하고 각하하여야 하고 환송하는 것이 아니다.[28] 환송판결도 종국판결[29]이므로 이에 대하여 불복상고할 수 있다. 이 경우에는 사건이 제1심으로 환송되지 아니하고 소송기록이 상고심으로 보내진다. 환송판결에 대한 상고기각의 판결이 선고되면 비로소 소송기록은 제1심으로 보내지므로 환송받은 제1심 법원이 다시 심판하게 되는데 그때에는 항소법원이 취소의 이유로 한 법률상 및 사실상의 판단에 기속된다(법조 제8조).

---

28) 대판 1991. 8. 27, 91다13243.
29) 대전판 1981. 9. 8, 80다3271.

다) 이　　송　　　전속관할위반을 이유로 제1심 판결을 취소할 때에는 사건을 직접 제1심의 전속관할법원에 이송하여야 한다(제419조).

7. 불이익변경금지의 원칙

가. 개　　념

제1심에서 심판된 사건은 항소의 제기에 의하여 원칙적으로 그 전부가 제1심을 떠나 항소심에 이심된다(상소불가분의 원칙). 그러나 이 경우 항소심은 사건 전부에 대하여 심판하는 것이 아니라 당사자가 불복 신청한 범위 내에서만 심판하지 않으면 안 된다(제415조). 그 결과 법원은 당사자가 불복 신청한 이상으로 유리한 재판을 할 수 없고(이익변경의 금지), 항소인에게 제1심 판결 이상으로 불이익하게 재판할 수 없다(불이익 변경의 금지). 이 원칙은 상고심(제425조), 항고심(제443조), 재심[30]에서도 준용된다. 이 원칙이 인정되는 근거는 불복 신청인에게 불복의 범위를 한정할 권능을 주어야 한다는 사상에 터 잡은 것으로서 처분권주의가 상소심에 구현된 것이다. 이 원칙에 의하여 당사자는 불복신청을 하더라도 원심판결 이상으로 불이익한 판결을 받을 염려가 없게 되어 상소권을 보장받게 된다.

나. 내　　용

1) 원　　칙

가) 유리·불리의 기준　　　불이익변경금지 원칙을 적용할 때 「불이익의 유무」는 보통 기판력의 객관적 범위를 기준으로 한다. 예를 들어 청구를 일부 인용하고 일부 기각한 제1심 판결에 대하여 원고만이 항소한 경우에 항소심이 원고의 청구가 전부 이유 없다고 판단하여도 항소를 기각할 수 있을 뿐 제1심 판결을 취소하여 청구 전부를 기각할 수 없다. 왜냐하면 제1심 판결 중에서 인용 및 기각한 부분에 기판력이 생기는데 원고는 기각부분에만 불복신청을 하였기 때문에 불복하지 않은 인용부분을 변경할 수 없기 때문이다. 따라서 피고가 제1심 판결을 취소하려면 인용부분에 대한 항소 또는 부대항소를 제기하여야 한다. 또한 기판력

---

30) 대판 2003. 7. 22, 2001다76298.

이 생기지 아니하는 판결이유 중의 판단에는 불이익변경금지의 원칙이 적용되지
않는다.[31] 따라서 판결이유의 변경은 항소인에게 더 불리하게 변경될 수 있다.

나) 상계의 항변　　그러나 판결이유 중의 판단에 기판력이 생기는 상계의
항변(제216조 2항)의 경우에는 불이익변경의 원칙이 적용된다.

a) 예를 들어 금 1,000만원의 대여금청구(소구채권 또는 수동채권)에 대하여 피
고가 금 1,000만원의 물품대금채권(반대채권 또는 자동채권)으로 상계항변을 하였
더니 제1심 판결이 이 소구채권과 반대채권을 모두 받아들여 원고의 청구를 기각
하였는데 원고만이 항소한 경우에 항소심이 심리한 결과 소구채권의 부존재, 반
대채권의 존재를 긍정하더라도 제1심 판결을 취소하여 청구기각을 할 수 없고 항
소기각의 판결을 하여야 한다. 제1심 판결에 대하여 피고도 소구채권의 부존재
또는 불성립을 입증하여 청구기각을 구할 이익이 있는데 그러한 피고의 항변 또
는 부대항소가 없는데도 제1심 판결을 취소하는 것은 불이익변경금지의 원칙에
어긋나기 때문이다. 따라서 이 경우에 청구기각판결을 하려면 피고가 항소 또는
부대항소를 하여야 할 것이다.

b) 피고만이 항소한 경우에 반대채권의 부존재가 인정된다고 하더라도 상계
의 항변을 배척하고 청구인용판결을 할 수 없고 항소기각판결을 하여야 한다.[32]

c) 금전채무불이행의 경우에 발생하는 원본채권과 지연손해금채권은 별개의
소송목적이므로, 불이익변경에 해당하는지 여부는 원금과 지연손해금 부분을 각
각 따로 비교하여 판단하여야 하는 것이고, 별개의 소송목적을 합산한 전체 금액
을 기준으로 판단하여서는 아니 된다.[33] 이행권고결정에 관한 청구이의의 소에
있어서도 그 이행권고결정에서 병합된 각 소송목적별로 불이익변경 여부를 따로
판단하여야 한다.[34]

다) 예비적 청구의 병합　　a) 예비적 청구가 병합된 경우에 제1심의 주위
적 청구를 기각, 예비적 청구를 인용한 전부판결에 대하여 원고만 항소하였는데
항소심에서 심리한 결과 주위적 청구는 물론 예비적 청구도 이유 없다는 결론에

---

31) 대판 2004. 7. 9, 2003므2251 · 2268.
32) 대판 1995. 9. 29, 94다18911.
33) 대판 2005. 4. 29, 2004다40160; 대판 2009. 6. 11, 2009다12399 등 참조.
34) 대판 2013. 10. 31, 2013다59050.

이르더라도 불이익변경금지의 원칙에 의하여 항소기각판결을 하여야 한다. 항소심의 심판대상은 주위적 청구 기각뿐이기 때문이다.

b) 위의 경우에 피고만 항소하였는데 주위적 청구가 이유있고 예비적 청구가 이유 없다는 결론에 이르더라도 불이익변경금지의 원칙에 의하여 항소기각판결을 하여야 한다. 항소심의 심판대상은 예비적 청구 인용뿐이기 때문이다.[35]

c) 항소심에서 주위적 청구를 기각하고 예비적 청구를 인용하였는데 피고만 상고한 경우에 상고심에서 심리한 결과 주위적 청구는 이유 있으나 예비적 청구가 이유 없어 원심판결을 파기하더라도 불이익변경금지의 원칙이 적용되어 예비적 청구만 원심법원에 계속하게 된다.[36]

물론 이 경우에 상고심판결의 선고와 동시에 주위적 청구기각의 원심판결이 확정되고 이어서 환송 이후의 원심법원이 예비적 청구에 관해서만 재심리를 하여 그 결과 예비적 청구도 기각될 수도 있지만 그와 같은 위험을 피하기 위하여 원고가 상고 또는 부대상고를 할 책임이 있을 것이다. 그런데도 원고가 그 책임을 다하지 아니하였다면 그 책임을 감수하는 것은 당연하다.

2) 예 외

가) 판결절차 위반(제417조)　　　제1심 판결의 성립절차가 법률에 어긋나고 그것이 당사자가 포기할 수 없는 성질인 경우에는 항소심은 항소인의 이익·불이익을 묻지 아니하고 제1심 판결을 취소할 수 있다(제417조). 예를 들어 판결이 선고기일이 아닌 때에 선고된 경우(제207조) 등에는 원고의 일부승소판결에 대하여 원고만 항소하더라도 항소심은 제1심 판결 전부를 취소할 수 있다.

나) 직권탐지주의·직권조사사항　　　불이익변경금지의 원칙은 처분권주의가 구현된 것이기 때문에 직권탐지주의가 적용되거나 직권조사사항에 관해서는 적용이 없다.

다) 부적법한 일부판결　　　일부판결을 할 수 없는데도 일부판결을 한 경우에는 항소심에서 제1심 판결을 취소하여 전부에 대하여 판결을 하여야 하므로 불이익변경금지의 원칙은 문제될 수 없다.

---

35) 대판 1995. 2. 10, 94다31624.
36) 대판 2001. 12. 24, 2001다62213 참조.

　　라) 소송판결　　　소송요건의 흠을 이유로 소를 각하한 소송판결에는 원칙적으로 불이익변경금지의 원칙이 적용되지 않는다. 그런데 소 각하한 제1심 판결에 대하여 원고만 항소를 제기한 경우에 항소심에서 심리한 결과 소송요건에 흠이 없고 오히려 청구가 이유없는 경우에도 소 각하 판결보다는 청구기각의 판결이 원고에게 더 불리하므로 항소기각의 판결을 하여야 한다.[37]

　　마) 성질상 비송사건　　　성질상 비송사건으로서 법원의 재량으로 판결내용을 정할 수 있는 형식적 형성소송은 불이익변경금지의 원칙이 적용되지 않는다. 예를 들어 경계확정소송에서 항소심은 제1심 법원이 정한 경계선이 정당하지 아니하다고 인정할 때에는 정당하다고 인정하는 경계를 정할 수 있다.

　　바) 항소심에서의 상계주장　　　제1심 판결의 변경은 불복신청의 한도에서 할 수 있지만 상계에 관한 주장을 시인한 때에는 예외로 한다(제415조 단서). 예를 들어 원고의 대여금청구소송에서 피고가 변제의 항변을 한 결과 원고의 청구가 일부 기각된 경우에 피고는 불복하지 아니하고 원고만 항소하였는데 항소심에서 피고의 상계항변을 받아들인 경우에는 비록 원고만 항소를 하였어도 제1심 판결을 취소하여 원고의 청구를 기각한다는 것이다. 위의 경우에 불이익변경금지의 원칙에 따라 원고의 항소를 기각할 수밖에 없다면 피고는 항소심에서 상계로 주장한 반대채권까지 상실하게 되어 부당하기 때문이다.

　　사) 환송 후 원심의 소송절차　　　환송 후 원심의 소송절차는 환송 전 항소심의 속행이므로 당사자는 원칙적으로 새로운 사실과 증거를 제출할 수 있음은 물론, 소의 변경, 부대항소의 제기뿐만 아니라 청구의 확장 등 그 심급에서 허용되는 모든 소송행위를 할 수 있고, 이러한 이유로 환송 전의 판결보다 상고인에게 불리한 결과가 생길 수 있다.[38]

다. 이익변경의 금지

　　불이익변경금지의 원칙은, 신청인에게 그 신청을 초월하여 이익을 주는 것을 금지하는 취지도 포함한다. 이를 이익변경의 금지라고 한다. 따라서 항소심은 항소인의 불복신청 범위를 초월할 수 없다. 예를 들어 원고의 금 1억원의 대여금 청

---

37) 대판 2001. 12. 11, 99다56697.
38) 대판 1991. 11. 22, 91다18132 등 참조.

구 가운데서 제1심이 금 6,000만원만 인용하였는데 원고가 항소취지로 금 8,000만원으로 한정하여 항소를 제기한 경우에 항소심에서 금 1억원이 인정되더라도 금 8,000만원 이상으로 원고의 청구를 인용할 수 없다. 또 원심판결의 수량 및 범위에 관한 불복신청은 그 정도가 낮거나 그에 갈음할 판결의 신청도 포함한다. 예를 들어 금 1억원의 청구 중에서 6,000만원은 받아들여지고 4,000만원이 기각된 판결에 대하여 원고가 액수를 한정하지 아니하고 패소부분 전부에 대하여 항소한 경우에 항소심이 심리한 결과 8,000만원이 이유 있고 2,000만원만 이유 없을 때에는 원고의 불복신청은 금 8,000만원의 지급을 명하는 판결을 구하는 취지도 포함하므로 제1심의 금 6,000만원에 금 2,000만원을 더해 줄 수 있다.

Ⅲ. 상고심절차

1. 상고의 개념

가. 상고의 뜻

상고라 함은 원칙적으로 사실심의 종국판결에 대하여 법률심인 상고심에 상소하는 것으로서 원심판결이 적법하게 확정한 사실을 전제로 법률적인 면에서 그 당부에 대한 판단을 구하는 불복신청이다.

1) 상고는 원칙적으로 항소심의 종국판결에 대한 상소이다. 즉 고등법원이 제2심으로서 한 판결과 지방법원 본원 합의부가 제2심으로서 한 판결이 상고의 대상이 된다(제422조 1항). 다만 당사자 사이에 비약적 상고의 합의가 있는 제1심 판결에 대해서는 항소심이 생략되므로 직접 상고할 수 있다(제422조 2항, 제390조 1항 단서).

2) 법원의 판결 아닌 준사법기관의 심판에 대해서도 명문의 규정이 있는 경우에는 상고할 수 있다. 해난사건에 관한 중앙심판원의 재결에 대한 상고가 이에 속한다(해심 제74조).

나. 상고의 목적과 기능

상고는 법률심에 상소하는 불복신청이므로 항소와 비교하면 불복의 범위가 매우 제한되어 있다. 그러나 상고 역시 항소나 항고와 같이 부당한 재판으로부터 불이익을 받는 당사자의 구제를 제1의 목적으로 하는 제도이다. 다만 상고의 이유가 법령위반으로 제한되고, 국가의 최고법원인 대법원에서 재판을 받기 때문에 상고제도는 법령의 해석·적용을 전국적으로 통일함으로써 국민의 법률생활을 안정화시키는 구실을 하는 것이다. 이 기능을 충분하게 실현하기 위해서는 대법원을 전원합의체로 하여 상고법원(협의의 의미의 법원)을 유일하게 하고 상고이유를 제한하여 불필요한 사건으로 인한 상고심 법관의 부담을 완화시킬 필요가 있다. 이 필요에 따라 상고심절차에 관한 특례법은 상고이유를 제한하고 있다. 그러나 상고법원이 하는 법령의 해석·적용의 통일이라는 작용은 어디까지나 당사자에 의한 상고의 제기를 매개로 하는 것이고 상고심의 시작 자체는 당사자의 의사와 비용으로 하는 것이므로 법령해석의 통일 작용만 중시하고 당사자의 구제목적을 무시해서는 안 될 것이다.

다. 법률심으로서의 상고심

상고심은 원심판결의 당부를 그 법률적인 면에서만 심사하기 때문에 항소와 달리 사후심적 구조를 취한다. 따라서 상고심은 새로운 사실인정을 할 수 없고 원심의 사실인정을 전제로 판단하므로 당사자도 상고심에서는 새로운 청구를 하거나 청구 취지의 변경, 정정을 하지 못하며[39] 원심에서 인정된 사실관계에 관하여 새로운 주장이나 증거를 제출하지 못한다. 그러나 예외적으로 직권조사사항인 소송요건이나 상소요건의 존부, 재심사유의 존부, 원심의 소송절차 위반 여부 등을 판단할 때에는 새로운 사실을 참작할 수 있으며 필요한 증거조사를 할 수 있다.

---

39) 대판 1996. 11. 29, 96누9768.

2. 상고이유

가. 민사소송법상의 상고이유

상고할 수 있는 사유를 상고이유라고 한다. 그 사유를 주장하지 않는 상고는 부적법하며 그 주장이 정당하다고 인정할 때에는 원심판결을 파기하여야 한다. 상고는 법령위반에 관한 주장을 이유로 하지 않으면 안 되지만 모든 법령위반이 상고이유가 되는 것은 아니다. 민사소송법은 상고제도의 취지 혹은 소송경제 등의 관점에서 중대한 법령의 위반을 열거하고 그 위반이 원심판결에 영향을 미쳤는지 여부에 따라 영향을 미친 경우에만 상고할 수 있는 경우(일반적 상고이유, 제423조)와 원심판결에 영향을 미치지 않더라도 위반만 있으면 상고할 수 있는 경우(절대적 상고이유, 제424조)로 구별하여 상고이유를 제한하고 있다.

1) 일반적 상고이유

상고는 판결에 영향을 미친 헌법·법률·명령 또는 규칙의 위반, 즉 법령의 위반이 있다는 것을 이유로 드는 때에만 할 수 있다(제423조).

가) 법령의 범위   여기서의 법령이라 함은 법원이 준수하여야 할 법규를 말한다. 제423조가 열거하고 있는 헌법·법률·명령·규칙 이외에 지방자치단체의 조례, 우리나라가 비준·체결한 국제조약·국제협정도 포함되며 외국의 법령도 준거법이 되는 한 우리나라의 법령과 같이 취급하여야 한다.

나) 법령위반의 원인   법령위반의 원인에는 법적 3단 논법의 대전제가 되는 법령 자체의 효력이나 내용을 오해하는 경우(법령해석의 오해)와 법적 3단 논법의 결론부분을 이끌어내기 위해서 어떤 구체적인 사실을 인정할 때 그것이 법규의 구성요건에 해당하는지 여부에 대한 평가를 잘못한 경우(법령적용의 오해)가 있다.

다) 법령위반과 판결에 대한 영향   법령위반은 판결에 영향을 미칠 때 비로소 상고이유로 삼을 수 있다. 「판결에 영향을 미친다」라 함은 법령위반이 없었더라면 다른 판결이 나올 수 있는 개연성이 있는 경우를 말한다.

라) 법령위반의 형태

a) 절차에서의 과오 ① 원심의 절차에 소송법규위반이 있는 경우이다. 예를 들어 당사자가 주장하지 않는 사실의 인정, 자백에 관한 효력의 오인, 증거조사절차의 위법 등이 이에 속한다. 다만 소송법규위반 중 훈시규정 위반은 법률상 효력에 영향이 없기 때문에 상고이유가 될 수 없다. 임의규정 위반도 소송절차에 관한 이의권을 포기하거나 상실되면 상고이유가 되지 않는다. ② 절차상의 과오는 그것이 직권조사사항에 관한 것이면 상고이유로서 주장하지 아니하여도 당연히 조사대상이 되지만 그 밖에는 상고이유로서 주장된 것에 한하여 조사하여야 한다. 일반적으로 법관이 주재하는 소송절차에는 위법이 없다고 보아야 하며 가령 위법이 있다고 하더라도 당사자가 주장하지 않는 한 결론에 영향이 없다고 추정할 수 있기 때문이다. ③ 절차상의 과오는 그것이 명백하게 판결 내용에 영향을 미치는 범위에서 원심판결의 파기이유가 된다. 다만 판결절차의 위반 및 절대적 상고이유는 그러하지 아니하다.

b) 판단에서의 과오 원심판결 중 청구의 당부에 관한 법률 판단이 부당한 경우를 판단에서의 과오라고 한다. 주요사실에 대하여 법령을 적용하는 것은 법원의 직책에 속하기 때문에 이에 관한 판단에서의 과오는 당사자가 상고이유로 지적하지 않더라도 조사의 대상이 된다. 이 과오가 인정되어 판결의 결론에 대한 영향이 명백하더라도 다른 이유로 판결의 결론을 유지할 수 있는 경우에는 상고이유가 없게 된다.

2) 절대적 상고이유(제424조)

절차에서의 과오는 판결 내용에 대한 영향이 명백하지 않은 경우가 많기 때문에 제424조 1항은 중대한 절차위반을 열거하고 그 사유가 있으면 판결에 대한 영향이 있는지 여부를 묻지 않고 원심판결을 파기하도록 하였다. 이와 같은 사유를 절대적 상고이유라고 한다. 구체적으로 살핀다.

가) 판결법원 구성의 위법(1호) 예를 들어 임명자격에 흠이 있는 사람으로 구성된 법원, 합의체의 구성원수가 부족하거나 초과되는 경우 등이다.

나) 판결에 관여할 수 없는 법관의 관여(2호) 예를 들어 제척 원인 또는 기피의 재판이 있는 법관, 파기 환송된 원심판결에 관여한 법관 등이 관여한 경

우이다.

다) 전속관할에 관한 규정에 어긋난 때(3호)

라) 대리인에 대한 특별수권에 흠이 있는 때(4호)[40]   물론 이 사유로 원심판결을 파기할 때까지 본인의 추인이 있으면 상고이유로 되지 않는다.

마) 공개규정에 어긋난 때(5호)

바) 이유를 밝히지 아니하거나 이유에 모순이 있는 때(6호)   이유를 밝히지 아니한다는 것은 판결이유의 기재가 누락되거나 불명확한 경우[41] 또는 판결에 영향을 미치는 중요 사항에 관한 판단의 누락 또는 심리미진으로 인하여 그 사항에 관한 판결이유로서의 체제를 갖추지 못한 경우를 말한다. 이유모순이라 함은 판결이유의 문맥이 일의성(一義性)을 잃어서 전후 모순되어 판결이유로서의 체제를 갖추지 못한 경우를 말한다. 판결에 이유를 기재하도록 하는 법률의 취지는 법원이 증거에 의하여 인정한 구체적 사실에 법규를 적용하여 결론을 도출하는 방식으로 이루어진 판단과정이 불합리하거나 주관적이 아니라는 것을 보장하기 위하여 그 재판과정에서 이루어진 사실인정과 법규의 선정, 적용 및 추론의 합리성과 객관성을 검증하려고 하는 것이다.[42]

나. 상고심절차에 관한 특례법에서의 상고이유

1) 개   설

가) 취   지   상고제도는 대법원을 꼭지점으로 하여 각급 법원을 피라미드형으로 이루어지게 함으로써 사건의 심리가 상고법원에 집중된다. 그 결과 상고법원의 부담이 과중하여지고 그로 인하여 소송이 현저하게 지연되어 국민의 권리구제가 늦어지는 결함이 생길 수 있다. 그러므로 법령의 해석·적용을 통일한다는 국가적 목적수행의 효율과 국민의 권리구제의 실효를 꾀하기 위하여 상고를 제한할 필요성이 있는 것이다. 상고제한의 방법으로서는 상고 금액의 증액이나

---

40) 소장 부본부터 공시송달의 방법으로 송달되어 피고가 귀책사유 없이 소나 항소가 제기된 사실조차 모르는 상태에서 피고의 출석 없이 변론기일이 진행되어 패소판결을 받은 경우에는 제424조 1항 4호 사유를 유추하여 절대적 상고이유가 된다(대판 2011. 4. 28, 2010다98948 참조).

41) 대판 2005. 1. 28, 2004다38624.

42) 대판 2014. 8. 28, 2014다23508 참조.

상고허가에 의해서도 할 수 있으나 상고이유를 제한하는 방법에 의해서도 이루어진다. 우리나라에서는 1994. 9. 1.부터 시행되는 상고심절차에 관한 특례법에서 심리불속행제도를 신설하여 특정한 상고이유 이외에는 심리를 불속행시키는 형식으로 상고이유를 제한한다.

상고심절차에 관한 특례법은 대법원이 법률심으로서의 기능을 효율적으로 수행하게 하고 법률관계를 신속하게 확정함을 목적으로 하는데, 상고이유를 제한하여 상고의 남용으로 인한 승소자의 권리실현 지연을 방지하고 상고심의 과중한 업무량을 줄임으로써 상고법원이 법률심으로서의 기능을 강화한다는데 있다 할 것이다.

나) 특례법의 적용범위　　a) 특례법은 민사소송·가사소송 및 행정소송(특허법 제9장과 이를 준용하는 규정에 따른 소송을 포함)의 사건에 적용한다(상고특례 제2조).

b) 가압류·가처분에 관한 판결(상고특례 제4조 2항) 및 민사소송·가사소송·행정소송의 재항고 및 특별항고사건 등(상고특례 제7조)에 관하여서는 상고이유를 더욱 제한하여 상고 특례법 제4조 1항 4호 내지 6호의 사유까지도 심리의 불속행 사유로 하고 있다.

2) 심리의 불속행(상고특례 제4조 1항)

가) 개　　설　　대법원은 상고이유에 관한 주장이 상고특례법 제4조 1항 각 호의 사유를 포함하지 아니하거나 또는 상고특례법 제4조 3항에 해당된 때에는 더 나아가 심리를 하지 아니하고 판결로 상고를 기각하는데, 이러한 심리불속행에 의한 판결은 판결이유를 기재하지 아니할 수 있게 함으로써 판결이유를 작성하는 노고를 경감하게 하고 있다. 이 경우의 판결은 선고를 요하지 아니하고(상고특례 제5조 2항) 판결원본을 법원사무관등에게 교부하여 즉시 영수일자를 부기하고 날인한 후(상고특례 제5조 3항) 상고인에게 송달됨으로써 그 효력이 생긴다(상고특례 제5조 2항). 「판결은 선고하여야 한다」라는 원칙에 대한 예외이다. 심리불속행판결은 법원조직법 제7조 1항 단서에 의하여 3인 이상의 대법관으로 구성된 소부(小部)에서 심리하는 경우에 한하여 할 수 있으므로 대법원 전원합의체 사건의 경우에는 심리불속행판결을 할 수 없다. 심리불속행판결은 원심법원으로부터 상

고기록을 송부받은 날로부터 4월 이내에 하여야 한다(상고특례 제6조 2항).

나) **상고특례법 제4조 1항의 사유**   상고인의 상고이유에 관한 주장이 다음과 같은 사유를 포함하지 아니하면 심리불속행 사유가 된다.

a) **원심판결이 헌법에 위반하거나 헌법을 부당하게 해석한 때(1호)**   헌법에 위반된다 함은 법관이 주재하는 소송절차의 운용이 헌법에 위반하거나 판결이유가 헌법에 위반되어 국민의 기본권을 침해하는 경우이다. 예를 들어 법관이 남·여를 구별하여 여성이 제기한 민사재판은 무조건 비공개로 심리한다든지, 여성의 당사자적격을 부인하는 따위로 헌법상의 평등권 규정을 위반한 경우이다. 한편 헌법을 부당하게 해석한 때라 함은 판결 이유를 설시함에 있어서 헌법해석을 잘못한 경우와 법률·명령·규칙 또는 처분이 헌법에 위반되는지 여부의 해석을 잘못한 경우를 말한다. 다만, 법률이 헌법에 위반되는지 여부가 재판의 전제되는 경우에는 법률의 위헌 여부 심판은 헌법재판소의 관할사항이므로(헌 제111조 1항 1호) 대법원이 해당 법률의 헌법 위반을 인정할 때에는 헌법재판소에 심판을 제청하여 그 심판에 따라 재판을 하여야 한다.

b) **원심판결이 명령·규칙·처분의 법률위반여부에 대하여 부당하게 판단한 때(2호)**   명령·규칙·처분이 법률에 위반되는지 여부는 대법원에 최종심사권이 있다(헌 제107조 2항). 행정청의 처분 등 어떤 사실에 적용된 명령·규칙 또는 처분이 상위 법률에 위반되는지 여부는 하급심법원도 심사하여 판단하는데 그 판단이 부당한 때에는 심리의 속행사유가 된다. 그러나 하급심이 법령 자체의 해석을 잘못하는 것은 법리오해로서 본호에 해당되지 않고 제4조 1항 5호에 해당될 것이다.

c) **법률·명령·규칙 또는 처분에 대하여 대법원판례와 상반되게 해석한 때(3호)**   여기서의 대법원판례라 함은 현재 대법원이 법률·명령·규칙 또는 처분에 대해서 법률적 견해를 표시한 판결·결정을 말한다. 판례위반을 주장하려면 그 판례를 구체적으로 명시하여야 한다(민소규 제131조).

d) **법률·명령·규칙 또는 처분에 대한 해석에 관하여 대법원판례가 없거나 대법원판례를 변경할 필요가 있는 때(4호)**   이것은 구체적 사실에 적용된 법률·명령·규칙 또는 처분에 대한 해석, 즉 법리에 관하여 아직 대법원판례가 없거나 이에 관한 대법원판례가 있더라도 이를 변경할 필요가 있는 경우를 말한다. 따라서 구체적 사실에 적용되지 않는 법리는 제외된다 할 것이다.

e) 제1호 내지 제4호 외에 중대한 법령위반에 관한 사항이 있는 때(5호)
여기서의 법령위반이 무엇인가에 관하여 의문이 있으나 이 법 제정 당시의 법원
행정처장이 국회에서 답변할 때 「여기에는 종래의 채증법칙위반도 포함된다고 발
언한 점」[43]에 비추어 제423조에서 정하고 있는 판결에 영향을 미친 헌법·법률·
명령 또는 규칙의 위반에는 채증법칙 위반도 포함된다 할 것이다. 그렇다면 결국
일체의 법령위반이 모두 상고이유로 되어 특례법을 제정한 의미가 없게 되므로
법령위반 중 중대한 법령위반만을 심리속행사유로 함으로써 상고의 남발을 억제
시켜야 할 것이다. 문제는 중대한 법령위반의 의미인데 그 의미는 결국 대법원판
례가 정할 것이지만 원심판결의 승패를 달리할 법령위반, 즉 상고인에게 승소 가
능성이 있는 경우로 풀이하여야 할 것이다.

f) 제424조 1항 1호 내지 5호의 사유가 있는 때(6호)　　　제424조 1항 1호
내지 5호의 의미는 앞에서 설명하였다. 6호(이유불비 또는 이유모순)는 제외되고 있
으나 이유불비 또는 이유모순의 정도가 심하여 원심판결의 승패를 달리할 경우에
는 중대한 법령위반에 관한 사항이 있다고 하여 심리속행의 사유가 될 것이다.

다) 상고특례법 제4조 3항의 사유　　　상고이유에 관한 주장이 심리속행의
사유를 포함하더라도 그 주장 자체로 보아 이유가 없거나 원심판결과 관계가 없
거나 원심판결에 영향을 미치지 아니한 때에는 심리불속행판결을 할 수 있다. 그
러나 제424조 1항 1호 내지 5호는 직권조사사항인 점에 비추어 원심판결에 영향
을 미치지 아니하더라도 심리불속행판결을 할 수 없다고 하여야 할 것이다.

라) 재심사유　　　재심사유도 상소로 주장할 수 있기 때문에(제451조 1항 단
서) 상고이유가 된다.

3. 상고심의 종국판결

항소심판결에 준한다.

가. 상고각하판결

상고요건에 흠이 있는 경우에는 판결로써 상고를 각하한다(제425조, 제413조).

---

43) 국회사무처 간행, 제169회 국회법제사법위원회 회의록 제4호, 63면.

원심재판장이 상고의 방식에 잘못이 있는 등의 흠을 발견하지 못하고 상고장을 각하하지 아니한 경우에는 상고심의 재판장이 명령으로 상고를 각하한다(제425조, 제402조).

나. 상고기각판결

정한 기간 안에 상고이유서를 제출하지 아니하거나(제429조) 상고가 이유 없다고 인정할 때(제425조, 제414조 1항)에는 상고기각판결을 하여야 한다. 상고이유대로 원심판결이 부당하다 하여도 다른 이유에 의하여 결과적으로 정당하다고 인정할 때에는 상고기각을 한다(제425조, 제414조 2항).

다. 상고인용판결

1) 환송 또는 이송

가) 환송판결   사건에 관하여 사실심리를 하지 않으면 원심판결에 갈음하는 재판을 할 수 없을 때에는 사건을 원심법원에 환송하며, 원심법원이 제척 등의 관계로 환송심을 구성할 수 없을 때에는(제436조 3항) 다른 동등한 법원으로 이송하여야 한다(제436조 1항). 또 소가 부적법하다 하여 각하한 제1심 판결을 유지한 항소심 판결을 파기하였을 때에는 제1심 판결을 취소하여 사건을 제1심 법원에 환송한다(제425조, 제418조).

나) 이송판결   전속관할의 규정에 어긋난 제1심 판결을 유지한 항소심 판결을 파기하였을 때에도 제1심 판결을 취소하여 관할 제1심 법원에 이송한다(제425조, 제419조).

다) 환송(또는 이송)**판결의 기속력**

a) 취   지   환송(또는 이송)을 받은 법원이 다시 심판을 하는 경우에 환송이후의 심리과정에서 새로운 주장이나 증거가 제출되어 기초된 사실관계에 변동이 생기지 않는 한 상고법원이 파기이유로 한 법률상 및 사실상의 판단에 기속된다(제436조 2항 후문, 법조 제8조). 원심이 종전의견을 고집하여 상고법원과 다른 판단을 한다면 심급제도를 유지하기 곤란하기 때문에 그와 같은 기속력을 부여하였다. 이 기속력은 같은 심급 및 하급심에만 생기고 상급심법원에는 미치지

아니한다.[44)]

b) **기속을 받을 판단**   하급심법원은 파기이유로 한 사실상과 법률상의 판단에 기속된다.

ⅰ) 사실상의 판단이라 함은 상고심이 확정한 직권조사사항에 관한 사실,[45)] 재심사유의 존재에 관한 사실 및 절차위반[46)]에 관한 판단을 말한다. 파기이유로 삼지 아니한 본안에 관한 사실 판단은 포함되지 않는다. 그러므로 환송받은 법원에서는 소의 변경이나 새로운 공격방어방법을 제출할 수 있고[47)] 새로운 사실을 인정할 수 있다.[48)]

ⅱ) 법률상의 판단이라 함은 구체적 사실에 대한 법률적 가치판단을 말한다. 예를 들어 일정한 계약에 터 잡은 청구권이 민법 제103조에서 정한 선량한 풍속 기타 사회질서에 위반되는지 여부 혹은 민법 제746조에서 정한 불법원인급부에 해당되는지 여부 등에 관하여 표시한 판단을 말한다. 법률상의 판단은 명시적인 판단 뿐 아니라 명시적이 아니더라도 파기이유가 되는 부분과 논리적 필연적 관계가 있어서 파기이유의 전제로서 볼 수 있는 판단부분도 포함한다.[49)]

ⅲ) 기속력은 파기의 이유가 된 판단에 대해서 생긴다. 따라서 판결의 기회에 표시하는 법률상의 방론, 부수적 지적사항에는 기속력이 없다.[50)] 제1차와 제2차의 환송판결이 서로 어긋날 때에는 제2차 환송판결에 기속된다.[51)]

c) **기속력의 소멸**   기속력은 파기의 이유가 된 원심판결의 사실상 및 법률상의 판단이 정당하지 아니하다는 소극적인 면에서 생기므로[52)] 새로운 사실의 인정이나 법령의 변경이 있으면 소멸된다. 따라서 이 경우에는 환송 이전의 판결과 동일한 결론이더라도 위법이 아니다.[53)]

---

44) 대결 1995. 5. 15, 94마1059 · 1060.
45) 대판 2011. 12. 22, 2009다75949.
46) 대판 1964. 6. 30, 63다1193.
47) 대판 2007. 6. 29, 2005다48888.
48) 대결 1987. 1. 30, 86프2.
49) 대판 2012. 3. 29, 2011다106136.
50) 대판 1997. 4. 25, 97다904.
51) 대판 1981. 9. 8, 80다2904.
52) 대판 1995. 10. 13, 95다33047.
53) 대판 1996. 1. 26, 95다12828.

2) 파기자판(제437조)

상고법원이 원심판결을 파기하는 경우에도 ① 확정된 사실에 대한 법령적용의 위반을 이유로 판결을 파기하는 경우에 사건이 그 사실에 의하여 재판하기 충분한 때 ② 사건이 법원의 권한에 속하지 아니함을 이유로 하여 판결을 파기하는 때에는 자판을 하여야 한다(제437조). 파기 자판을 하는 경우에 상고법원은 항소심의 입장에서 재판하게 된다.

3) 심리불속행판결(상고특례 제4조 1항)

앞에서 설명하였다.

Ⅳ. 항 고

1. 항고의 뜻

가. 항고라 함은 결정 또는 명령이라고 하는 형식적 재판에 대한 독립된 상소이다. 상급법원에 대한 불복신청이라는 점에서 결정·명령에 대한 같은 심급내의 불복신청인 이의(제138조, 제441조 등)와 다르다. 항소·상고와의 차이점은 항고는 간이·신속한 결정절차에 의하며 원심법원이 스스로 자기가 한 결정을 변경할 기회를 갖는다는 점이다.

나. 각 심급의 종국판결에 대해서는 항소·상고가 인정되고 종국판결의 전제 또는 준비를 위한 중간적 재판에 대한 불복은 종국판결과 함께 상급심의 판단을 받을 수 있으나(제392조), 소송의 진행에 부수하거나 또는 그로부터 파생하는 절차사항을 모두 종국판결에 대한 상소로써 해결하려한다면 소송절차를 복잡하게 하고 또 소송경제에도 반하게 된다. 따라서 사건의 실체와 관련이 깊지 아니하고 또 절차의 안정을 위하여 신속하게 해결할 필요가 있는 사항은 종국판결과는 별개로 상소하게 한 다음 간이한 절차로 신속하게 처리하는 것이 합리적이라는 데 항고의 뜻이 있다. 이 밖에도 판결에 이르지 않고 결정·명령으로 사건이 종결되는 경우(예, 소장각하명령), 재판이 종국판결 이후에 이루어진 경우(예, 소송비용확정

결정), 종국판결의 명의인이 아닌 제3자에 대한 재판(예, 제3자에 대한 문서제출명령)에 대해서는 종국판결에 대한 상소와 별개로 항고를 인정할 필요가 있다.

2. 항고의 종류

가. 통상항고 · 즉시항고

통상항고라 함은 항고제기기간에 제한이 없는 항고를 말한다. 원심재판을 취소할 실익(항고이익)이 있는 한 언제라도 제기할 수 있다.[54] 즉시항고라 함은 불변기간이 1주일의 항고기간(제444조 1항) 이내에 제기될 것이 요구되는 항고를 말한다. 신속하게 확정시킬 필요가 있는 재판에 관하여 법이 명백하게 허용된 경우에 한하여 인정된다.[55] 즉시항고를 하면 원심재판이 집행정지되는 효력이 있다(제447조).

나. 최초의 항고 · 재항고

최초의 항고는 문자 그대로 처음에 제기되는 항고이고[56] 재항고는 최초의 항고에 대한 항고심의 결정과 고등법원 또는 항고법원의 결정·명령에 대한 항고를 말한다(제442조). 최초의 항고에는 항소의 규정이 준용되고 재항고에는 상고의 규정이 준용된다(제443조).

다. 특별항고 · 일반항고

특별항고는 불복신청을 할 수 없는 결정·명령에 대해서 대법원에 하는 항고이다(제449조).[57] 이것은 형식적으로 확정된 결정이나 명령에 대한 비상구제절차

---

54) 권리행사최고 및 담보취소 신청의 기각결정에 대한 항고는 통상항고이다(대결 2011. 2. 21, 2010그220 참조).
55) 민법 제837조에서 정한 이혼당사자 사이의 양육비청구사건은 즉시항고의 대상이다(대판 2014. 9. 4, 2012므1656 참조).
56) 원심법원의 항고장각하결정에 대한 즉시항고는 원심법원의 자기 몫에 대한 항고이므로 최초의 항고이다(대전결 1995. 1. 20, 94마1961).
57) 민사집행법상 담보물변경신청을 기각한 결정에 대하여는 즉시항고를 할 수 있다는 규정이 없고 또 항고를 일반적으로 허용하는 제439조, 제440조의 적용대상도 아니므로 특별항고로

라는 점에서 본래의 상소는 아니다. 특별항고가 아닌 항고를 일반항고라고 한다.

3. 항고의 적용범위

항고는 모든 결정·명령에 허용되는 것이 아니며 상소의 여지가 있거나 법률이 인정한 경우에 한하여 허용된다. 항고는 한쪽 당사자만 불복하는 절차이므로 항고장에 반드시 피항고인을 표시할 필요가 없고 또 항고장을 반드시 상대방에게 송달하여야 하는 것이 아니다.[58]

가. 항고할 수 있는 결정·명령

1) 소송절차에 관한 신청을 기각한 결정·명령(제439조)

가) 소송절차에 관한 신청이라 함은 법원의 모든 소송처리방법에 관한 신청을 말한다. 관할의 지정신청(제28조), 제척 또는 기피신청(제45조), 소송인수신청(제82조), 수계신청(제241조), 공시송달신청(제194조) 따위이다. 이를 기각한 결정·명령에 대하여 항고할 수 있다.[59] 그러나 관할의 지정결정(제28조 2항), 제척 또는 기피의 인용결정(제47조 1항), 소송수계결정, 재판장의 인지보정명령,[60] 기일변경신청의 기각결정[61] 따위에는 항고할 수 없다.

나) 명문의 규정이 없으나 필수적 변론에 터 잡은 모든 재판은 항고의 대상이 되지 않는다. 필수적 변론에 터 잡은 재판은 종국판결의 전제로서 사건의 심리와 밀접한 관련이 있기 때문에 종국판결과 일체로 불복을 신청하게 하는 것이 적당하기 때문이다.

2) 형식에 어긋나는 결정·명령(제440조)

판결로 재판하여야 할 사항에 대해서 결정 또는 명령을 한 재판에 대해서는

써만 불복할 수 있다(대결 2014. 1. 3, 2013마2042 참조).

58) 대결 1966. 8. 12, 65마473.

59) 이 항고는 항고심의 결정 이전에만 취하할 수 있다(대결 2004. 7. 21, 2004마535 참조). 이 점에서 종국판결의 확정 이전에는 언제든지 할 수 있는 소의 취하와 다르다.

60) 대결 2012. 3. 27, 2012그46.

61) 대결 2008. 11. 13, 2008으5.

항고할 수 있다.

3) 법률이 개별적으로 인정한 경우

이 경우 거의 즉시항고이다.[62] 다만 비송사건은 두 당사자가 대립하는 구조가 아니므로 당사자가 아니더라도 권리침해를 당한 제3자는 항고할 수 있는데(비송 제20조 1항) 이 항고는 즉시항고가 아니므로 집행정지의 효력이 없다(비송 제21조).

4) 집행절차에 관한 집행법원의 결정·명령(민집 제15조 6항)

특별한 규정이 있어야 즉시항고가 인정되고 집행정지의 효력이 없다.

5) 보전처분에 대한 이의·취소

가압류·가처분 이의신청과 가압류·가처분 취소신청에 대하여는 결정으로 재판하도록 되어 있다(민집 제286조 3항, 제287조 3항, 제288조 3항, 제301조, 제307조 2항). 이 결정에 대하여는 즉시항고할 수 있다(민집 제286조 7항, 제287조 5항, 제288조 3항, 제301조, 제307조 2항).

6) 원심법원에서 각하하여야 할 즉시항고를 항고법원에 송부한 경우

항고법원이 즉시항고를 바로 각하하여야 한다.[63]

나. 항고할 수 없는 결정·명령

1) 불복이 금지된 재판(예, 제28조 2항, 제337조 3항 전단, 제465조 2항 등.
특별항고는 상소에 관한 규정이 준용되므로 해석상 불복이 금지된다) 및 항고 이외의 방법으로 불복이 인정된 재판(예, 화해권고결정·이행권고결정·조정을 갈음하는 결정·지급명령·가압류결정·가처분결정·위헌제청신청기각결정 등)

---

62) 법원의 직권에 의한 소송비용담보제공결정(제117조)에 대해서도 제121조를 준용하여 즉시 항고를 할 수 있다(대결 2011. 5. 2, 2010부8 참조).

63) 대결 2006. 3. 27, 2006마1023.

2) 대법원의 재판

대법원의 결정이나 명령에 대해서는 항고·재항고를 할 수 없음은 물론이고 특별항고도 할 수 없다.[64]

3) 수명법관 또는 수탁판사의 재판(제441조 1항)

항고는 법원의 결정 및 재판장이 독립된 자격으로 명령한 것에 대한 불복신청이므로 합의체의 일원으로서의 수명법관이나 수탁판사의 명령에 대해서는 항고할 수 없다. 이 경우에는 당사자가 이의하면 수소법원이 결정으로 재판을 하고(제138조, 제443조) 수명법관 또는 수탁판사의 재판이 만약 수소법원이 할 재판으로서 항고할 수 있는 성질의 것이라면(예, 제332조) 먼저 수소법원에 이의한 다음(제441조 1항) 그 결정을 거쳐서 항고할 수 있다(제441조 2항). 이를 준항고라고 한다.

4) 즉시항고의 제기기간이 경과하거나 항고권이 상실되는 경우

당연히 항고할 수 없다.

4. 항고제기의 효과

가. 재도의 고안

항고가 제기되면 판결의 경우와 달리 원심재판의 불가철회성이 배제되므로 원심법원은 스스로 항고의 당부를 심사하고 만약 항고가 이유 있다고 인정하면 스스로 자기의 결정을 경정할 수 있다(제446조 1항). 이를 재도의 고안이라고 한다. 여기서의 「경정」이라 함은 단순히 잘못된 계산이나 기재를 고치는 것이 아니라 재판주문의 취소·변경을 의미한다. 법령위반의 경우뿐만 아니라 사실인정이 부당하다는 이유로 취소·변경도 할 수 있으며 이를 위해서 새로운 사실 및 증거를 참작할 수 있다. 그러나 절차상의 과오를 이유로 한 취소의 경우를 제외하고는 주문을 바꾸지 않고 이유만을 고치는 것은 허용할 수 없다.

---

64) 대결 1984. 2. 7, 84그6.

나. 이심의 효력

원심법원이 항고가 이유 없다고 인정하는 때에는 사건을 항고법원에 보내야 한다(제443조 2항, 제400조). 이로 인하여 사건은 항고법원에 계속한다.

다. 집행정지의 효력

결정·명령은 즉시 집행력이 생기는 것이 원칙이지만(민집 제56조 1호) 즉시항고를 하면 원심재판이 집행정지되는 효력이 있다(제447조). 다만 증인에 대한 과태료·감치결정(제311조 8항 단서)과 집행법원의 재판에 대한 즉시항고(민집 제15조 6항)는 집행정지의 효력이 없다. 통상항고에는 집행정지의 효력이 없으나 항고법원 또는 원심법원이나 판사는 항고에 대한 결정이 있을 때까지 원심재판의 집행을 정지하거나 기타 필요한 처분을 명할 수 있다(제448조). 집행정지 등의 재판은 신청 또는 직권으로 할 수 있는데 이 재판에 대하여 당사자는 불복할 수 없다(제500조 3항의 유추).

5. 재 항 고
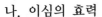

가. 뜻

재항고라 함은 항고법원의 종국결정과 항소법원의 결정 및 명령에 대한 항고를 말한다. 재판에 영향을 미친 헌법·법률·명령 또는 규칙의 위반을 이유로 드는 때에만 할 수 있다(제442조)

나. 재항고의 적용범위

1) 항고법원의 결정과 고등법원 또는 항소법원의 결정·명령이 재항고의 대상이다. 여기서 항고법원의 결정이라 함은 고등법원 또는 지방법원항소부가 항고심으로서 한 결정(법조 제28조 1호·2호, 법조 제32조 2항)을 말하고, 고등법원 또는 항소법원의 결정·명령이라 함은 고등법원 또는 지방법원항소부가 최초로 한 결정·명령을 말한다.

2) 재항고를 할 수 있는지 여부는 항고법원의 결정 내용에 의한다. 항고를 부적법하다고 각하한 재판에 대해서는 언제나 재항고할 수 있다(제439조). 항고를 기각한 결정도 항고가 허용되는 원심재판을 유지하는 것이므로 재항고할 수 있으며 재항고권자는 항고인에 한정된다. 항고를 받아들인 결정에 대해서는 그 내용이 항고에 적합한 것에 한하여 재항고할 수 있다. 예를 들어 기피신청을 받아들인 결정에 대해서는 항고할 수 없으므로(제47조 1항) 항고심의 기피를 받아들인 결정에 대하여도 재항고할 수 없다.

3) 재항고가 통상항고인가 즉시항고인가도 항고법원의 결정 내용에 의한다. 즉시항고를 기각한 결정에 대한 재항고는 즉시항고이다. 따라서 항고제기기간은 20일이 아니라 1주일이다(제444조 1항). 통상항고 또는 즉시항고를 받아들인 결정에 대한 재항고는 그 결정내용이 즉시항고에 적합하면 즉시항고, 그렇지 않으면 통상항고이다.

6. 특별항고

특별항고라 함은 불복할 수 없는 결정·명령에 대하여 대법원에 하는 항고이다. 재판에 영향을 미친 헌법위반이 있거나 재판의 전제가 된 명령·규칙·처분의 헌법 또는 법률의 위반 여부에 대한 판단이 부당하다는 것을 이유로 하는 때에만 제기할 수 있다(제449조 1항). 따라서 불복할 수 없는 결정이나 명령이라고 하더라도 법률에 위반되거나 대법원판례에 위반된 것은 특별항고사유가 아니다.[65]

여기서 불복할 수 없는 결정이나 명령에 대하여 「재판에 영향을 미친 헌법위반」이 있다고 하려면 신청인이 그 재판에 필요한 자료를 제출할 기회를 전혀 부여받지 못한 상태에서 그 결정이 있었다든가, 판결과 그 소송의 전 과정에 나타난 자료에 의하여 판결에 명백한 오류가 있어 판결이 경정되었어야 할 것인데도 불구하고 법원이 이를 간과하여 기각 결정한 경우를 말한다.[66]

특별항고는 재판확정 이후의 불복방법이므로 보통의 상소가 아니며 재심에

---

65) 대결 2014. 5. 26, 2014그502.
66) 대결 2011. 10. 28, 2011그184.

유사한 비상불복절차이다. 명문으로 불복신청이 금지되는 결정·명령(예, 제28조·제47조)뿐만 아니라 불복신청방법이 인정되지 않는 경우[67]에 특별항고를 할 수 있다. 그러나 불복신청의 방법이 있는 경우,[68] 대법원의 결정·명령[69]에 대해서는 특별항고를 할 수 없다.

제2절 재심절차

I. 재 심

가. 재심의 뜻

재심이라 함은 확정된 종국판결에 대하여 그 소송절차에 중대한 흠이 있거나 판결의 기초가 된 자료에 그냥 둘 수 없는 흠이 있을 때에 당사자가 그 판결의 취소와 재심판을 구하는 불복신청을 말한다. 확정된 종국판결은 기판력이 생기는데 이 기판력을 깨뜨리는 유일한 방법이 재심이다. 재심제도는 법적 안정의 요구와 정의 내지 구체적 타당성의 조정을 위한 것이다.

나. 재심소송의 구조

1) 단계적 구조

재심은 확정된 종국판결에 대한 비상한 불복제도이다. 먼저 재심사유의 존부를 심리하여 그 존재가 인정되는 경우에 구 소송의 본안에 관하여 재심리를 한다. 2002년 개정 민사소송법은 재심사유에 관한 중간판결제도(제454조)를 도입하여

---

67) 대결 1984. 3. 27, 84그15.
68) 대결 1983. 11. 25, 83그37.
69) 대결 1987. 9. 15, 87그30.

재심을 단계적 구조로 하였다.

2) 재심소송의 소송목적

가) 2원론(소송상 형성소송설)　　　확정판결의 취소요구와 구(舊) 소송의 소송목적 두 가지로 구성된다는 견해이다. 확정판결의 취소요구를 소송목적으로 한다는 점에서 소송상 형성을 청구하는 소이다. 이 견해는 소송절차에 중대한 흠이 있는 확정판결을 취소하여 새로운 판결을 한다고 하는 재심의 목적과 그 절차를 그대로 반영한다는 점에서 뛰어나다. 종래의 통설·판례[70]이다.

나) 1원론(본안소송설)　　　구 소송의 본안에 관한 재심요구가 소송목적이라는 견해이다. 따라서 확정판결의 취소요구는 독립하여 소송목적이 되지 아니하고 재심의 적법요건에 지나지 아니하여 재심소송은 상소와 유사하다. 다만 이 견해에 의하더라도 구 소송이 잘못된 경우에는 원판결(즉, 재심대상판결)을 취소하는 판결을 하는데 이것은 재심대상판결의 방치로 인한 혼란을 회피하기 위하여 하는 것이라고 한다.

다) 개정 민사소송법(제454조)　　　2002년 개정 민사소송법 제454조는, 법원은 재심의 소가 적법한지 여부와 재심사유가 있는지 여부에 관한 심리 및 재판을 분리하여 먼저 시행할 수 있고(1항), 그 경우에 법원은 재심사유가 있다고 인정한 때에는 그 취지의 중간판결을 한 뒤 본안에 관하여 심리·재판한다(제454조 2항)고 규정하고 있다. 이 규정에 의하면 구 소송의 확정판결(즉, 재심대상판결)의 취소를 구하는 재심사유의 존재는 중간판결사항으로서 공격방어의 방법에 불과하고 소송목적이 되지 아니한다. 따라서 재심사유의 존재는 수단적인 것이고 본래적인 것이 아니므로 재심소송의 구조는 2원론이 아니라 1원론이라 할 것이다. 그러므로 당사자가 재심사유를 여러 개 주장하더라도 재심소송의 소송목적은 1개이므로 청구의 병합이 될 수 없다. 다만 1원론에 의하더라도 재심사유는 재심의 적법요건이 아니어서 이를 알지 못하여 주장하지 못하였을 경우에는 재심기간을 넘겼다고 실권되지 아니하므로(제456조 1항 참조) 새로운 재심의 소를 제기할 수 있다.

---

70) 대판 1994. 12. 27, 92다22473·22480 등.

다. 재심기간

1) 대리권의 흠(제451조 1항 3호) 및 기판력의 저촉사유(제451조 1항 10호)는 재심기간에 제한이 없다(제457조). 다만 여기서의 대리권의 흠이란 대리권이 처음부터 없는 경우를 의미하고[71] 대리권은 있지만 소송행위에 필요한 특별수권의 흠이 있는 경우[72](예, 종중의 무권한 대표자,[73] 회사의 무권한 대표이사 등)에는 제456조의 제한을 받는다.

2) 대리권의 흠 및 기판력의 저촉사유를 제외한 그 밖의 재심사유에 관해서는 재심대상판결이 확정된 후 재심사유를 안 날로부터 30일 이내에 재심의 소를 제기하여야 한다(제456조 1항). 따라서 일반적으로 재심할 소의 제기기간은 특별한 사정이 없는 한 당사자가 판결정본을 받았을 때부터,[74] 소송대리인이 있었던 경우에는 그 대리인이 판결정본을 송달받았을 때부터 진행한다.[75] 검사의 불기소처분에 불복하여 항고나 재정신청절차를 거친 경우에는 그 결정의 통지를 받은 때로부터 계산한다.[76] 30일의 기간은 불변기간이므로(제456조 2항) 추후보완이 허용된다(제173조). 여러 개의 재심사유를 주장한 때에는 각 재심사유를 안 때부터 재심기간이 진행한다.[77]

3) 재심사유의 존재를 알지 못하여도 구소송의 재심대상 판결이 확정되어 5년이 경과되면 재심의 소를 제기할 수 없다(제456조 3항). 따라서 판결이 확정되기 이전에 재심사유가 발생하였을 때에는 그 판결확정일부터 5년이 재심기간이다. 그러므로 피의자의 사망, 공소권의 소멸, 사면 등의 사실이 재심대상판결 이전에 생겼을 때에는 그 판결 확정시부터 재심기간이 진행한다.[78] 5년의 기간은 불변기간이 아니라 제척기간이므로 추후보완이 허용되지 않는다. 만약 재심사유가 재심대상 판결이 확정된 후에 발생한 경우에는 그 사유가 발생한 때부터 5년이다

---

71) 대판 1994. 6. 24, 94다4967.
72) 대판 1980. 12. 9, 80다584.
73) 대판 1999. 10. 22, 98다29051.
74) 대판 2011. 5. 13, 2011재다14.
75) 대판 2000. 9. 8, 2000재다49.
76) 대판 1997. 4. 11, 97다6599.
77) 대판 1993. 9. 28, 92다33930.
78) 대판 1988. 12. 13, 87다카2341.

(제456조 4항).

4) 유죄의 확정판결이 요구되는 경우(제451조 2항)에는 그 유죄의 판결 등이 확정된 때부터 5년이다.[79] 이 경우에도 유죄의 확정판결을 안 때에는 제456조 1항에 따라 그때부터 30일이 재심기간이다.

라. 재심관할법원

1) 서증의 위조, 변조, 거짓 진술 등 사실인정에 관한 것을 재심사유로 하는 경우에는 상고기각 판결의 경우에도 사실심법원에 관할이 있다.[80]

2) 항소심이 본안판결을 하였을 때에는 제1심에 대하여 재심을 제기할 수 없다(제451조 3항).

3) 같은 사건에 대하여 심급을 달리하는 법원이 한 판결에 대하여 재심청구를 병합하여 제기한 경우에는 상급법원이 재심사건 전부에 대한 관할이 있다(제453조 2항 본문).

마. 재심사유(제451조 1항 1호 내지 11호)

1) 뜻

재심의 소는 제451조 1항에 한정적으로 열거된 재심사유에 근거한 경우에 제기할 수 있고 이에 해당되지 아니한 때에는 부적법 각하된다. 그 의미에서 재심사유는 소의 적법요건이다.

2) 상소와 재심과의 관계

가) 제451조 1항 단서(재심사유의 보충적 원칙)   당사자가 상소에 의하여 그 사유를 주장하였거나 이를 알고 주장하지 아니한 때에는 재심의 소를 제기할 수 없다. 이를 재심사유의 보충적 원칙이라고 하는데 재심의 이와 같은 성질은 재심사유가 당연히 상고이유가 되는 것을 전제로 한 것이다.[81] 따라서 당사자가 재심사유를 상소로써 주장하였으나 기각되거나 재심사유를 알면서 상소심에서 주장

---

79) 대판 1988. 12. 13, 87다카2341.
80) 대판 2000. 4. 11, 99재다746.
81) 소액사건에서는 재심사유가 상고이유가 되지 아니하므로 재심사유의 보충성이 없다.

하지 아니한 경우에는 같은 사유로 재심의 소를 제기할 수 없다. 그러나 제451조 1항 단서에 따라 재심의 소를 제기할 수 없으려면 구 소송의 상소절차에서 유죄의 확정판결이 확정되었다는 등 2항 사실도 아울러 주장하였어야 하고 그러한 주장을 구 소송에서 하지 아니하였다면 재심의 소를 제기하는데 지장이 없다.[82]

   나) 제451조 2항 사실   제451조 1항 4호 내지 7호의 경우에는 처벌받을 행위에 대하여 유죄의 판결이나 과태료부과의 재판이 확정된 때 또는 증거부족 외의 이유로 유죄의 확정판결이나 과태료부과의 확정재판을 할 수 없을 때에만 재심의 소를 제기할 수 있다. 판례[83]는 제451조 2항 사실을 재심의 적법요건으로 본다. 즉, 재심이 남용되는 폐해를 방지하기 위하여 재심의 소를 재심사유가 존재할 개연성이 현저한 경우로 한정시켜야 하기 때문에 제451조 2항 사실이 요구된다는 것이다. 여기에서 말하는 증거의 부족 이외의 이유로 유죄의 확정판결 등을 할 수 없는 때라 함은 범인의 사망, 사면, 공소시효의 완성[84] 및 피고인의 정신착란[85] 등의 사유로 유죄판결을 받지 못하게 된 경우를 말하므로 소재불명으로 인한 수사불능,[86] 기소유예처분,[87] 무혐의 불기소처분[88] 등은 포함되지 않는다. 이와 같이 4호 내지 7호의 가벌적 행위는 유죄의 판결 등 2항 사실의 존재를 필요로 하는데 대하여 나머지 재심사유는 재심의 소를 제기하는데 2항 사실의 존재를 요구하지 않는다.

3) 개괄적인 재심사유

   가) 제451조 1항 1호 내지 3호   절대적 상고이유와 같으므로 재심사유와 판결 결과와의 인과관계를 묻지 않는다. 1, 2호는 재판의 공정을 담보할 법원의 적법한 구성, 법관자격의 흠이 재심사유가 된 것이고 3호는 기본적인 절차권을 보장하기 위한 적법한 대리권의 흠을 재심사유로 한 것이다.

---

82) 대판 1988. 2. 9, 87다카1261.
83) 대판 1989. 10. 24, 88다카29658.
84) 대판 1985. 11. 26, 85다418.
85) 대판 1964. 5. 12, 63다859.
86) 대판 1959. 7. 23, 4291민상444.
87) 대판 1960. 12. 27, 4292행상43.
88) 대판 1999. 5. 25, 99두2475.

나) 제451조 1항 4호 내지 7호   재심사유와 판결 결과와의 인과관계를 필요로 하며, 가벌적 행위로서 유죄의 확정판결을 요구한다(제451조 2항).

다) 제451조 1항 8호 내지 10호   8호는 재판 또는 행정처분이 변경된 경우이고 9호는 공격방어방법에 관한 판단누락이 재심사유이며 10호는 기판력이 서로 저촉된 경우의 해결방법을 재심으로 한 경우이다.

라) 제451조 1항 11호   11호의 전단은 상대방의 주소 또는 거소를 알면서도 소재불명이라고 법원을 속여 공시송달의 방법으로 소송절차를 진행하는 경우를 말하고 11호 후단은 상대방의 주소 또는 거소를 허위로 기재하여 그 상대방으로 하여금 소송서류를 받을 수 없게 하고 허위주소에 기재된 제3자가 송달을 받는 경우를 말한다. 이 가운데서 공시송달의 방법으로 소송절차를 진행한 경우가 재심사유에 해당한다는 것은 다른 반대견해가 없다. 공시송달은 그 요건에 흠이 있더라도 법관이 이를 잘못 인정하여 일단 공시송달이 되면 송달의 효력에는 영향이 없으므로[89] 상소기간이 진행되어 판결의 확정에 지장이 없기 때문이다.

허위주소로 소제기한 경우에는 이에 관해서 당사자 확정부분에서 설명한 바 있다. 대법원전원합의체 판결[90]은 이 경우에는 재심에 의하지 아니하고 상소나 별소에 의하여야 한다고 하였다.

마) 민사소송법이외의 재심사유   상법 제406조의 사해재심, 헌법재판소법 제68조 2항의 위헌여부제청신청기각결정에 대한 헌법소원이 인용된 경우의 재심(헌재 제75조 7항)[91] 등이다.

4) 재심사유의 소송절차적 활용

재심의 소는 확정판결의 오류를 시정하는 수단이다. 그러나 판결이 확정되기 이전의 소송절차에서도 이 재심사유를 활용하여 소송절차를 원활하게 운용하는

---

89) 대전결 1984. 3. 15, 84마20.

90) 대전판 1978. 5. 9, 75다634.

91) 그러나 법률조항 자체는 그대로 둔 채 법률조항에 관한 특정내용의 해석만을 위헌으로 선언한 한정위헌결정에는 헌재 제47조가 규정하는 위헌결정이 효력이 없으므로 법원에 대한 기속력이 없어 재심사유가 아니라는 것이 판례이다(대판 2013. 3. 28, 2012재두299 참조). 이시윤, 931면은, 이 판례는 헌결 1997. 12. 24, 96헌마172·173과 저촉되는 문제가 있다고 하여 의문을 표시하고 있다.

경우가 늘어나고 있다. 현재로서는 주로 제451조 1항 3호, 5호, 9호가 두드러지게 활용된다.

가) 제451조 1항 3호(대리권 등의 흠)　　a) 이것은 당사자의 절차기본권을 보장하기 위한 것으로서 절대적 상고이유(제424조 1항 4호)이기도 하다. 무권대리인에 의한 대리행위는 물론 당사자 본인이나 그 대리인의 소송행위가 배제되는 경우가 이에 해당한다.

b) 그런데 직접 대리권과는 관계가 없어도 소송에서 당사자의 절차기본권이 침해를 받는 경우, 예를 들어 소송절차의 중단사유가 생겼는데도 이를 간과하고 판결이 선고된 경우,[92] 채무자회생 및 파산에 관한 법률 제49조에서 정한 회생절차개시결정을 법원이 간과하여 관리인의 소송수계가 이루어지지 아니한 상태에서 판결이 선고된 경우[93]와 같이 적법한 승계인의 권한을 배제한 위법이 있는 경우에도 적법한 대리인의 대리가 없는 것과 같이 취급하여 상소로 구제받을 수 있다.

c) 상소심에서 이를 지적하였는데도 이를 간과하여 판결이 확정된 경우에는 재심의 소를 제기할 수 있지만 그 경우의 재심사유는 제451조 1항 3호(대리권등의 흠)가 아니라 제451조 1항 9호(판단누락)이다.

나) 제451조 1항 5호(형사상 처벌받을 행위)　　a) 다른 사람의 형사상 처벌받을 행위로 인한 자백 또는 공격방어방법의 제출행위는 유죄의 확정판결(제451조 2항)을 근거로 재심사유로 할 수 있다.

b) 그런데 판례는 형사상 처벌받을 다른 사람의 행위로 말미암아 상소를 취하한 경우,[94] 지급명령이의신청을 취하한 경우[95]에도 원심판결의 확정 또는 지급명령의 확정이라는 결과가 초래되므로 제451조 1항 5호에서 정한 '형사상 처벌을 받을 다른 사람의 행위로 말미암아 자백을 하였거나'에 준하는 재심사유가 인정된다고 하여 상소 또는 지급명령이의신청의 취하의 효력을 다툴 수 있도록 하였다. 다만 같은 조 2항에 따라 유죄의 확정판결 등을 조건으로 한다.[96] 재차 소송이 금지되는 종국판결선고 후의 소취하는 제소가 금지되므로 형사상 처벌받을 다

---

92) 대전판 1995. 5. 23, 94다28444.
93) 대판 2011. 10. 27, 2011다56057.
94) 대판 1985. 9. 24, 82다카312·313·314; 대판 2012. 6. 24, 2010다86112.
95) 대결 2012. 11. 21, 2011마1980.
96) 위 대결 2011마1980 참조.

른 사람의 행위로 말미암아 소취하를 한 경우에도 위와 동일하게 풀이하여 소취하의 효력을 다툴 수 있다고 하여야 할 것이다.

c) 당사자가 법원에서 자백한 사실은 증명을 필요로 하지 않지만 형사상 처벌을 받을 행위로 인하여 자백한 경우에는 제451조 1항 5호를 유추하여 제288조 단서에서 정하고 있는, 진실에 어긋나느냐의 여부와 관계없이 자백을 취소할 수 있다. 다만 확정판결에 대한 재심과는 다르므로 유죄의 확정판결을 전제로 할 필요는 없다.

다) 제451조 1항 9호(판단누락)   a) 판결에 영향을 미칠 중요사항에 관하여 판단을 누락한 때에는 재심을 제기할 수 있다. 여기서의 판단누락이라 함은 당사자가 소송에서 적법하게 제출한 공격방어의 방법으로서 판결에 영향을 미칠 중요한 사항에 관하여 법원이 판결이유 중에서 판단을 표시하지 아니한 경우를 말한다.[97] 따라서 당사자의 일부누락, 소송목적이나 청구에 관한 판단누락은 여기서 제외된다.

b) 그런데 판례는 법률상 일부판결을 할 수 없는데도 일부판결을 한 경우에 재심사유인 제451조 1항 9호를 응용하고 있다. 즉, 위법한 일부판결을 한 경우에는 나머지에 대해서 잔부판결을 할 수 없으므로 이 경우에는 전부판결로 취급하여 상소로 사건 전체를 상소심에 이심시키면[98] 상소심은 판결누락에 관하여서도 공격방어방법에 관한 판단누락(제451조 1항 9호)을 유추하여 원심판결을 취소한 다음 환송(제418조, 제436조) 또는 자판하도록 하여 위법한 일부판결을 시정하도록 한 것이다. 원래 판단누락은 공격방어의 방법에 관한 판단누락을 의미하고 청구 또는 소송목적의 누락과는 다름에도 불구하고 위법한 일부판결에 대해서는 추가판결을 할 수 없으므로 판례는 부득이 이를 판단누락으로 취급하여 구제방법을 마련한 것으로 보인다.

c) 소의 예비적 병합과 같이 일부판결을 할 수 없는 병합청구소송에서, 예를 들어 주위적 청구기각·예비적 청구 판단누락과 같은 위법한 일부판결을 한 경우에도 전부판결을 한 것으로 취급하여 앞에서와 같은 방법으로 상소로 구제를 받

---

97) 대판 1995. 12. 22, 94재다31.
98) 대판 1998. 7. 24, 96다99.

을 수 있도록 하였다. 그런데 판례[99]는 더 나아가 상고심에서 이를 지적하였음에
도 이를 간과하여 판단누락이 확정된 경우에는 공격방어의 방법에 관한 판단누락으
로 보아 제451조 1항 9호의 사유를 이유로 재심의 소를 제기할 수 있도록 하였다.

d) 필수적 공동소송이나 독립당사자참가소송에서 당사자 일부가 누락된 경
우에도 위의 방법으로 위법을 시정할 수 있도록 하였다. 당사자 일부가 누락되었
더라도 당사자 전원에 대한 전부판결을 한 것으로 취급하여 누락된 당사자도 상
소를 제기할 수 있도록 하고, 상소에 의하여 사건 전체가 상급심에 이심되면 상급
심은 판단누락(제451조 1항 9호)을 유추하여 원심판결을 취소한 다음 환송(제418조,
제436조) 또는 자판하는 것이다. 주의하여야 할 것은 판결이 확정되면 이 경우에
는 재심으로는 구제받을 수 없다. 당사자의 누락은 재심사유가 되는 판단누락이
아니기 때문이다.

Ⅱ. 준 재 심

가. 뜻

확정판결과 같은 효력이 있는 제220조의 조서(화해조서, 포기·인락조서)와 즉
시항고로 불복을 신청할 수 있는 확정된 결정·명령에 대한 재심을 준재심이라
한다(제461조). 원래 준재심의 대상은 즉시항고로 불복을 신청할 수 있는 결정·명
령뿐이었으나 1961. 9. 1.자 민사소송법 중 개정법률에 의하여 제220조의 조서까
지 준재심의 범위가 확대되었다. 그로 인하여 재판상 화해의 흠은 오로지 준재심
의 방법으로밖에 다툴 수 없게 되어 이른바 무제한기판력설의 근거가 되었다.

나. 청구적격

준재심의 대상은 「제220조의 조서」와 「즉시항고로 불복을 신청할 수 있는
결정이나 명령」이다.

1) 제220조의 조서에는 화해, 청구의 포기·인락조서가 있으나 그 밖에 화해
와 동일한 효력의 조정조서(가소 제59조 2항, 민조 제29조)도 포함한다.

---

99) 대판 2002. 9. 4, 98다17145.

2) 「즉시항고로 불복을 신청할 수 있는 결정이나 명령」에는 소장각하명령(제 254조 2항), 소송비용에 관한 결정(제110조, 제113조, 제114조), 과태료의 결정(제363 조, 제270조 1항), 상소장각하명령(제402조, 제425조), 매각허가결정(민집 제26조 1항) 등이 있다.

다. 준재심사유

원칙적으로 재심사유(제451조)가 준용된다(제461조). 그러나 재심사유 중 판결에서 생길 수 있는 흠을 예상하여 규정하고 있는 제451조 1항 1호, 6호 내지 11호 등은 준용되기 어렵다.

라. 준재심절차 및 심판

1) 준재심절차

가) 준재심절차에는 확정판결에 대한 재심절차가 모두 준용되므로(제461조) 재심법원(제453조)·재심기간(제456조, 제457조)·재심소장(제458조)·심판의 범위(제 549조)·결과가 정당한 경우의 재심기각(제460조)[100] 등의 각 규정이 준용된다.

나) 제소전 화해조서,[101] 제220조의 조서에 대한 준재심은 신청이 아니라 소의 방법으로 제기하여야 하므로 결정절차가 아니라 판결절차에 의해 심판하여야한다. 다만 인지는 소장의 1/5만 납부하면 된다(민인 제8조 2항). 심판대상이 결정·명령인 경우에는 신청의 방식으로 준재심신청을 제기하여야 한다.

2) 준재심의 심판

가) 준재심신청이 방식에 위배되거나 이유 없으면 각하한다.

나) 준재심신청이 이유 있는 경우에 심판대상이 결정·명령이면 원결정이나명령을 취소하여야 하고, 제220조의 조서이면 판결로 그 조서를 취소하고 부활하는 소송에 대하여 자판하여야 한다. 심판대상이 제소전 화해이면 판결로 화해조서를 취소하고 제소전 화해신청을 각하하여야 할 것이다.

---

100) 대판 1998. 10. 9, 96다44051은 제460조의 준용을 반대한다.
101) 대결 1962. 12. 18, 62마19.

3) 심판의 효력

가) 심판대상이 제220조의 조서인 경우에는 준재심판결의 확정에 의하여 조서의 효력은 실효되므로 종전 소송은 부활되어 변론이 속행된다.

나) 심판대상이 제소전 화해인 경우에는 준재심판결의 확정에 의하여 부활될 소송이 없음은 물론 그 제소전 화해에 의하여 생긴 법률관계가 처음부터 없었던 것이 된다.[102]

---

102) 그러므로 소유권이전등기의 근거가 된 제소전 화해가 준재심대상 판결로 실효되더라도 그 등기가 실체관계에 부합하여 유효하다는 새로운 주장은 준재심판결의 기판력에 어긋나지 않는다(대판 1996. 3. 22, 95다14275 참조).

제5장

특별절차

I. 소액사건심판절차

1. 소액사건의 범위

소액사건이라 함은 소송목적의 값이 금 2,000만원을 초과하지 아니하는 금전 그 밖의 대체물이나 유가증권의 일정수량의 지급을 목적으로 하는 민사사건을 말한다(소심규 제1조의2). 따라서 동산·부동산 등 특정물에 관한 청구는 소송목적의 값이 금 2,000만원을 초과하지 아니하여도 소액사건이 아니다. 소송 중에 여러 개의 소액사건을 법원이 병합 심리하여 그 합산액이 소액사건의 범위를 넘어도 소제기시에 소액사건이면 소액사건이다.[1] 소액사건을 간이하고 신속하게 처리하기 위한 민사소송법의 특례법이 소액사건심판법이다. 소액사건심판법에는 소장의 송달, 기일의 지정 등 재판의 신속을 위한 규정이 있기 때문에 주택임대차보호법이나 상가건물임대차보호법상에서 정한 보증금반환청구에 관한 소송에서도 소송목적 값의 액수를 묻지 아니하고 소액사건심판법의 일부조항(제6, 7, 10, 11조의2)을 준용하고 있다(주택임대차보호법 제13조, 상가건물임대차보호법 제18조 참조).

2. 관 할

소액사건은 지방법원(또는 지원) 관할구역 내에서는 단독판사의 관할이지만,

---

1) 대판 1992. 7. 24, 91다43176.

시·군법원 관할구역 안의 사건은 시·군 법원 판사의 전속적 사물관할에 속한다 (법조 제7조 4항, 제33조, 제34조).

3. 이행권고제도

가. 개   념

법원은 독촉절차 또는 조정절차에서 소송절차로 이행되거나 청구의 취지나 원인이 불분명한 때, 그 밖에 이행권고가 적절하지 아니하다고 인정하는 때를 제외하고는 결정으로 소장 부본이나 제소조서 등본을 붙여서 피고에게 청구의 취지대로 이행할 것을 권고할 수 있다(소심 제5조의3). 이를 이행권고라고 한다. 피고가 이행권고에 대하여 결정서 등본을 송달받은 날로부터 2주일 이내에 서면으로 이의신청을 하면 변론기일이 열리며(소심 제5조의4), 이의신청을 하지 아니하거나 이의신청이 취하 또는 각하결정이 확정되면 확정판결과 같은 효력이 있다(소심 제5조의7). 이행권고결정이 확정되면 집행문이 없더라도 결정서 정본에 의하여 강제집행을 할 수 있다(소심 제5조의8).

나. 청구에 관한 이의의 소와의 관계

1) 소액사건심판법 제5조의7 제1항은 이행권고결정에 관하여 피고가 일정한 기간 내 이의신청을 하지 아니하거나 이의신청에 대한 각하결정이 확정된 때 또는 이의신청이 취하된 때에는 그 이행권고결정은 확정판결과 같은 효력을 가진다고 규정하고 있다. 그러나 확정판결에 대한 청구이의 이유를 변론이 종결된 뒤(변론 없이 한 판결의 경우에는 판결이 선고된 뒤)에 생긴 것으로 한정하고 있는 민사집행법 제44조 2항과는 달리, 소액사건심판법 제5조의8 3항은 이행권고결정에 대한 청구에 관한 이의의 주장에는 위 민사집행법 규정에 의한 제한을 받지 아니한다고 규정하고 있으므로, 확정된 이행권고결정에 관하여는 그 결정 이전에 생긴 사유도 청구에 관한 이의의 소에서 주장할 수 있다.[2] 이에 비추어 보면 위 소액사건심판법 규정들의 취지는 확정된 이행권고결정에 확정판결이 가지는 효력 중 기판

---

2) 대판 2009. 5. 14, 2006다34190.

력을 제외한 나머지 효력인 집행력 및 법률요건적 효력 등의 부수적 효력을 인정하는 것이고 기판력까지 인정하는 것은 아니다.

2) 제461조에 의하여 준용되는 제451조의 재심은 확정된 종국판결에 재심사유에 해당하는 중대한 흠이 있는 경우에 그 판결의 취소와 이미 종결된 소송을 부활시켜 재심판을 구하는 비상의 불복신청방법으로서 확정된 종국판결이 갖는 기판력, 형성력, 집행력 등 효력의 배제를 주된 목적으로 하는 것이다. 그러므로 기판력을 가지지 아니하는 확정된 이행권고결정에 설사 재심사유에 해당하는 흠이 있다고 하더라도 이를 이유로 제461조가 정한 준재심의 소를 제기할 수는 없고 청구이의의 소를 제기하거나 또는 전체로서의 강제집행이 이미 완료된 경우에는 부당이득반환청구의 소 등을 제기할 수 있을 뿐이다.[3]

4. 절차상의 특례

소액사건은 이행권고가 이루어지지 아니하면 소송절차에 회부되는데 소액채권자의 권리구제를 위해서 여러 가지 특례를 인정하고 있다. 주요한 점을 열거한다.

가. 소송대리에 관한 특칙(소심 제8조)

소액사건에서는 제88조, 제89조의 특칙으로 당사자의 배우자·직계혈족·형제자매이면 변호사가 아니더라도 법원의 허가 없이 소송대리인이 될 수 있게 하였고, 이 소송대리인의 자격은 당사자의 신분관계 및 수권관계를 서면으로 증명하는 것으로 충분하다.

나. 말로 하는 소제기(소심 제4조, 제5조)

소액사건에서는 소장이라고 하는 서면 대신에 말로 하는 소제기가 가능하고 양쪽 당사자가 법원에 임의로 출석하여 변론할 수 있도록 하였다.

---

3) 위 대판 2006다34190 판결 참조.

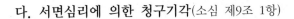

다. 서면심리에 의한 청구기각(소심 제9조 1항)

법원은 소장·준비서면 기타 소송기록에 의하여 청구가 이유 없음이 명백한 때에는 구술심리주의의 예외로 변론 없이 청구를 기각할 수 있다.

라. 조서의 기재 생략(소심 제11조)

조서는 당사자가 이의가 있는 경우를 제외하고 판사의 허가가 있는 때에는 이에 기재할 사항을 생략할 수 있다. 그러나 변론의 방식에 관한 규정의 준수와 화해, 청구의 포기·인낙, 소의 취하 및 자백에 대해서는 그 기재를 생략할 수 없다. 다만 화해, 포기·인낙의 조서를 작성할 때 청구원인은 기재하지 아니할 수 있다(민소규 제31조 단서).

마. 공휴일·야간의 개정(소심 제7조의2)

판사는 필요할 경우 근무시간의 또는 공휴일에도 개정할 수 있다.

바. 상고 및 재항고의 제한(소심 제3조)

소액사건에 대한 제2심 판결이나 결정·명령에 대하여는 ① 법률·명령·규칙 또는 처분의 헌법위반 여부와 명령·규칙 또는 처분의 법률위반 여부에 대한 판단이 부당한 때 ② 대법원판례에 상반되는 판단을 한 때에 한정하여 상고 또는 재항고를 할 수 있게 함으로써 상고 및 재항고를 대폭 제한하고 있다. 일반 법령위반(제423조, 제424조)은 원칙적으로 상고이유가 되지 아니한다. 다만 판례[4]는, 다수의 소액사건들이 하급심에 계속되고 재판부에 따라 엇갈리는 판단을 하는 경우에는 '대법원 판례에 상반되는 판단을 한 때'의 요건을 갖추지 아니하여도 대법원의 본질적 기능을 수행하는 차원에서 법령위반의 잘못에 관하여 직권으로 판단할 수 있다고 하였다.

---

4) 대판 2004. 8. 20, 2003다1878.

Ⅱ. 독촉절차

1. 뜻

독촉절차라 함은 금전 그 밖의 대체물이나 유가증권의 일정한 수량을 지급하라는 청구에 대하여 법원이 신청인의 신청에 따라 상대방에게 그 지급을 명령할 수 있는 절차를 말한다(제462조). 지급명령의 신청인을 채권자, 상대방을 채무자라고 한다. 채권자가 통상의 소송절차에 의할 것인가 독촉절차에 의할 것인가는 자유로이 선택할 수 있으며 독촉절차도 소송절차의 하나이기 때문에 특별한 규정이 없는 한 민사소송법 총칙편의 규정이 적용된다. 채무자가 지급명령을 받고도 다투지 않은 경우에는 지급명령에 확정력 및 집행력이 부여됨으로써 통상의 판결절차보다 간이하고 신속하게 집행권원을 얻게 한다는 점에서 특별소송절차라 할 수 있다. 이 절차는 당사자를 소환하지 아니하고 인지액이 저렴한 점 등에 이용가치가 있다.

2. 지급명령의 신청

가. 관할법원

소송목적의 값에 불구하고 시·군 법원판사(법조 제34조 1항 2호) 또는 사법보좌관(법조 제54조 2항 1호)의 업무에 속하며 토지관할은 채무자의 보통재판적이 있는 곳이나 근무지, 거소지, 의무이행지, 어음·수표의 지급지 또는 사무소·영업소, 불법행위지 법원의 전속관할이다(제463조).

나. 특별요건

민사소송법의 일반요건 이외에 다음의 지급명령에 관한 특별요건이 필요하다.

1) 청구는 금전 그 밖의 대체물 또는 유가증권의 일정한 수량의 지급을 목적으로 할 것(제462조 본문)

이와 같은 청구는 그 집행이 용이함과 함께 미리 일찍 집행하더라도 원상회복에 별로 지장이 없기 때문이다. 그러므로 현재(최초의 이의신청기간 경과 이전) 즉시 집행할 수 없는 조건부 또는 기한부 청구는 허용되지 않는다. 그러나 현재의 청구라면 반대급여와 맞바꾸어 이행을 구하는 것도 가능하다.

2) 채무자에 대한 지급명령을 국내에서 공시송달에 의하지 아니하고 송달할 수 있는 경우일 것(제462조 단서)

공시송달로 지급명령을 송달하면 채무자는 사실상 지급명령을 송달받을 수 없어 그에 대한 이의를 할 수 없기 때문이다. 따라서 지급명령이 송달불능 되면 독촉절차는 진행되지 않는다.

다. 신청절차

지급명령의 신청에도 그 성질에 반하지 않는 한 소에 관한 규정이 준용되므로(제464조) 신청은 원칙적으로 서면에 의하여야 하며 신청서에는 당사자, 법정대리인, 청구의 취지와 원인을 적어야 한다(제249조). 전산정보처리조직을 이용하여 지급명령을 신청하고자 하는 사람은 신청서를 전자문서로 작성하여 제출할 수 있다(전자소송법 제3조).

붙이는 인지액은 소장의 10분의 1이다(민인 제7조 2항). 지급명령의 신청이라 하더라도 재판상 청구이므로 그 신청할 때에 청구에 관하여 시효중단의 효력이 생긴다(제265조).

3. 지급명령신청에 대한 재판

가. 신청의 각하

신청이 관할위반이거나 신청요건에 흠이 있는 경우 또는 신청의 취지 자체로 보아도 청구가 이유 없는 것이 명백한 때[5]에는 신청을 각하한다(제465조 1항 전문). 병합된 여러 청구의 일부에 관하여 이와 같은 사유가 있으면 그 일부만을 각하한다(제465조 1항 후문). 각하결정에 대해서 채권자는 불복신청을 할 수 없다(제

---

5) 예를 들어 사해행위의 취소나 물건의 인도를 지급명령으로 신청한 경우 등이다.

465조 2항). 각하결정에 대해서는 확정판결과 달리 기판력이 생기지 아니하므로 거듭 지급명령을 신청하거나 새로 소를 제기할 수 있기 때문이다.

나. 지급명령

각하사유가 없으면 그 취지에 따라 지급명령을 할 수 있고 당사자 양쪽에 송달한다(제469조 1항). 지급명령에는 당사자, 법정대리인, 청구의 취지와 원인을 기재하고 지급명령이 송달된 날로부터 2주일 이내에 이의신청을 할 수 있음을 덧붙여 적어야 한다(제468조).

다. 소제기신청 및 소송절차에 회부

채권자는 법원으로부터 채무자의 주소를 보정하라는 명령을 받은 경우에는 소제기신청을 할 수 있고(제466조 1항) 지급명령을 공시송달에 의하지 아니하고는 송달할 수 없거나 외국으로 송달하여야 할 때에는 법원은 직권에 의한 결정으로 사건을 소송절차에 부칠 수 있다(동조 2항). 이 결정에 대하여는 불복할 수 없다 (동조 3항). 이 경우에도 소의 제기는 지급명령을 신청한 때에 있는 것으로 본다 (제472조 2항).

4. 채무자의 이의

가. 지급명령에 대한 이의

지급명령에 대한 이의라 함은 채무자가 청구의 당부에 관하여 통상의 소송절차에서 심판을 해달라는 신청을 말한다. 독촉절차에서 채무자에게 주어진 유일한 대항수단이다. 이의신청에는 아무런 이유를 붙일 필요가 없으며 그 신청만으로 독촉절차에서 통상소송으로 이행한다. 이의신청기간은 지급명령송달 이후 2주일 이내이다(제470조, 제468조). 그러나 이의신청기간 이내에 회생절차개시결정 등과 같은 소송중단사유가 생긴 경우에는 이의신청기간의 진행이 정지된다.[6]

---

6) 대판 2012. 11. 15, 2012다70012.

나. 채무자 이의신청의 효력

채무자가 이의신청을 하면 그 범위 안에서 지급명령은 그 효력을 상실하며 (제470조 1항) 소의 제기는 이의할 때가 아니라 지급명령을 신청한 때에 있는 것으로 본다(제472조 2항).

다. 소송절차의 이행

지급명령에 대한 이의신청은 이의를 적법한 것으로 취급하여 변론기일의 지정이나 소송기록의 송부 등 소송절차로 이행하는 조치를 할 때까지 이의를 취하할 수 있다.

5. 지급명령의 확정

지급명령에 대하여 이의신청이 없거나 이의신청을 취하하거나 각하결정이 확정된 때에는 지급명령이 확정되고 집행력이 인정된다(제474조). 따라서 확정된 지급명령은 집행권원이 되어 집행문을 부여받을 필요 없이 지급명령 정본에 의하여 강제집행을 할 수 있다(민집 제58조 1항). 제474조는 확정판결과 같은 효력이 있다고 규정하고 있으나 그 취지는 지급명령으로 확정된 채권의 소멸시효기간을 10년으로 하기 위한 것일 뿐 기판력을 인정하기 위한 것이 아니다(이설 없음). 따라서 채권자도 기판력을 얻기 위해 채무자를 상대로 채권존재확인소송을 제기할 수 있고, 채무자가 채무를 갚았을 때에는 채권자를 상대로 채무부존재확인소송을 제기할 수 있다.

사항색인

저자약력

서울대학교 법과대학 졸업
사법시험합격
서울 민사지법 부장판사
국민대학교 법과대학 교수 및 학장
한국민사소송법학회 회장
현재 법무법인(유)에이펙스 고문 변호사

신민사소송법강의

초판인쇄   2015년 7월 5일
초판발행   2015년 7월 15일

지은이   강현중
펴낸이   안종만

편 집   김선민·한두희
기획/마케팅   조성호
표지디자인   홍실비아
제 작   우인도·고철민

펴낸곳   (주) **박영사**

           서울특별시 종로구 새문안로3길 36, 1601
           등록 1959. 3. 11. 제300-1959-1호(倫)
전 화   02)733-6771
f a x   02)736-4818
e-mail   pys@pybook.co.kr
homepage   www.pybook.co.kr
ISBN   979-11-303-2762-4   93360

정 가   39,000원